JAHRBUCH DES SIMON-DUBNOW-INSTITUTS (JBDI)
SIMON DUBNOW INSTITUTE YEARBOOK (DIYB)

2011

V&R

Jahrbuch des Simon-Dubnow-Instituts
Simon Dubnow Institute Yearbook

X

2011

Vandenhoeck & Ruprecht

Redaktionsanschrift:

Jahrbuch des Simon-Dubnow-Instituts/Simon Dubnow Institute Yearbook
Simon-Dubnow-Institut für jüdische Geschichte und Kultur an der Universität Leipzig,
Goldschmidtstraße 28, 04103 Leipzig

E-Mail: redaktion@dubnow.de
www.dubnow.de

Lektorat: Monika Heinker
Übersetzungen ins Englische: William Templer

Bestellungen und Abonnementanfragen sind zu richten an:

Vandenhoeck & Ruprecht
Abteilung Vertrieb
Robert-Bosch-Breite 6
D-37070 Göttingen

Tel. +49 551 5084-40
Fax +49 551 5084-454
E-Mail: order@v-r.de / abo@v-r.de
www.v-r.de

Mit 9 Tabellen

Bibliografische Information der Deutschen Nationalbibliothek

Die Deutsche Nationalbibliothek verzeichnet diese Publikation in der Deutschen Nationalbibliografie; detaillierte bibliografische Daten sind im Internet über http://dnb.d-nb.de abrufbar.

ISBN 978-3-525-36937-1
ISBN 978-3-647-36937-2 (E-Book)

Gesamtherstellung: Hubert & Co, Göttingen

Gedruckt auf alterungsbeständigem Papier.

Inhalt

Schwerpunkt
Über literarisierte Geschichte nach 1945
Herausgegeben von Susanne Zepp

Editorial

Traditionell reflektiert das Jahrbuch des Simon-Dubnow-Instituts mit seinen Beiträgen, die von gegenwärtigen und ehemaligen Mitarbeitern des Hauses, in der Mehrheit aber von geladenen Gästen verfasst werden, das thematische Profil des Instituts. Dies gilt für die Artikel, die den ständigen Rubriken zugeordnet sind und trifft ebenso auf die Ausgestaltung der jeweiligen Themenschwerpunkte zu. Letztere erwachsen dabei meistens aus den internationalen akademischen Veranstaltungen des Instituts. Wie schon mehrfach in der Geschichte des Jahrbuchs umfasst auch die vorliegende Ausgabe zwei thematische Schwerpunkte: Zum einen handelt es sich um einen Schwerpunkt zur jüdischen Präsenz in der kommunalen Selbstverwaltung in Ostmitteleuropa, vornehmlich in der krisengeschüttelten Zwischenkriegszeit. Er basiert auf den Erträgen einer von *Hanna Kozińska-Witt* (Rostock, zuvor Leipzig) und *Marcos Silber* (Haifa) im Jahr 2009 organisierten zweitägigen Leipziger Konferenz zu ebendiesem Thema. Zum anderen befasst sich dieses Jahrbuch in einem größeren Komplex mit Fragen literarisierter Geschichte nach 1945. Dieser von *Susanne Zepp* (Berlin/Leipzig) herausgegebene Schwerpunkt ist aus dem Forschungskolloquium am Simon-Dubnow-Institut im Wintersemester 2009/10 hervorgegangen. Es sind unterschiedliche Ausprägungen jüdischer Geschichtserfahrung in verschiedenen sprachlichen und räumlichen, vom Zweiten Weltkrieg in Mitleidenschaft gezogenen Zusammenhängen, die hier mittels eines literaturwissenschaftlichen Zugriffs auf ihre erkenntnisreiche Verknüpfung von literarischer Repräsentation und historischem Verstehen hin untersucht werden. Wie in jeder Ausgabe führen die Herausgeber jeweils zu Beginn in den von ihnen betreuten Gegenstand ausführlich ein und unterstreichen damit, dass es sich bei den Schwerpunkten durchaus um eigenständige Publikationen handelt.

Eine weitere Säule des Jahrbuchs bildet der *Allgemeine Teil*, der in zeitlicher Folge vier Beiträge zu Themen jüdischer Existenzerfahrung versammelt. Der Beitrag von *Yael Kupferberg* (Berlin) befasst sich mit den von Heinrich Heine hervorgebrachten Verwandlungen der deutschen Sprache und dem Phänomen Witz als Ausdruck einer sich in Form und Inhalt dieser Poetik niederschlagenden Profanierung. *Mirjam Thulin* (Frankfurt am Main) entwickelt anhand des Vereins Mekize Nirdamim das dichte Netz jüdischer Gelehrsamkeit wie es sich im Kontext der Texttradition der Wissenschaft des Judentums vornehmlich in der zweiten Hälfte des 19. Jahrhunderts ausgebildet hat. *Hans-Joachim Hahn* (Berlin) weist anhand des Sprachdenkens von Eugen Rosenstock-Huessy auf die besondere intellektuelle Konstellation hin, die einen akademisch-exzentrischen wie christlich-häretischen jüdischen Apostaten hervorgebracht hat – und dies in einer diachronen Linie, die sich vom Spätwilhelminismus bis in die Lebenswelt der 1960er Jahre in Amerika hinzieht. *Robert Zwarg* (Leipzig) zeigt die Bedeutung der Universität Madison in Wisconsin für die Übertragung radikaler Traditionen aus dem intellektuellen Milieu der Frankfurter Schule in die Vereinigten Staaten auf und fokussiert hier vornehmlich die zweite, von der Forschung bislang wenig beachtete Generation derjenigen Intellektuellen, die in den 1940er Jahren in Amerika geboren wurde.

Die Rubrik *Gelehrtenporträt* nimmt sich in einem Beitrag von *Klaus Kempter* (Heidelberg) dem Historiker und Publizisten Joseph Wulf an. Die Darstellung vermittelt einen Ausschnitt aus einem größeren Projekt zu Wulfs Werk- und Wirkungsgeschichte und zeichnet das Profil eines Churban-Historikers nach – eines der ersten Gelehrten der Ereignisgeschichte des Holocaust, der das, was er in umfangreichen Büchern dokumentierte, in den Jahren zuvor selbst durchlebt hatte. In der Rubrik *Dubnowiana* untersucht *Dan Miron* (New York) die Lese- und Rezeptionspraxis literarischer Texte durch Simon Dubnow. Der Beitrag geht auf einen Vortrag auf der zum 150. Geburtstag des Historikers vom Simon-Dubnow-Institut im November 2010 ausgerichteten Jahreskonferenz zurück. Diese Konferenz war Teil eines in New York, Leipzig und Jerusalem durchgeführten Veranstaltungszyklus zu Dubnows Ehren. An dieser Stelle sei an die Veröffentlichung der deutschen Übersetzung der von Viktor E. Kelner in russischer Sprache verfassten Biografie Simon Dubnows durch das Dubnow-Institut erinnert, die ebenfalls 2010 im Zuge dieser Ehrung mit dem Ziel geschah, die Bekanntheit seines Namensgebers in der akademischen und weiteren Öffentlichkeit zu steigern. In der Rubrik *Aus der Forschung* stellt *Felix Heinert* (Köln) einen Aspekt seiner Untersuchungen zum Rigaer *kahal* dar. Er zeigt die Prinzipien jüdischer Selbstverwaltung weit nach Abschaffung der jüdischen Autonomie in Russland als diskursives Moment einer komplexen Geschichtserzählung auf. In der Rubrik *Literaturbericht* schließlich präsentiert *Ferenc Laczó* (Jena) die ungarische jüdische Zeitschrift *Libanon* und ihre Themenauswahl in den dramatischen Jahren zwischen 1936 und 1943 – der Zeitspanne also, die bis zur fast vollständigen Vernichtung des ungarischen Judentums währte.

Mit diesem Band erscheint das Jahrbuch des Simon-Dubnow-Instituts nunmehr zum zehnten Mal. Keineswegs selbstverständlich, aber dafür umso erfreulicher ist es, das sich das Periodikum inzwischen als international führendes Journal zur jüdischen Geschichte und Kultur etabliert hat, das überdies eine spezifische Patina kennzeichnet: diese bildet sich aus dem zur Tradition gewordenen Bestreben, die jüdische Geschichte als diasporische Geschichte und damit im Kontext der sie umgebenden Kulturen zu verstehen. Dass dies und die Kontinuität des Jahrbuchs überhaupt möglich wurde, verdankt der Herausgeber an erster Stelle den vielen Autorinnen und Autoren, die jedes

Jahr aufs Neue das Jahrbuch mit ihren Beiträgen bereichern; und er verdankt es den Herausgebern der Schwerpunkte, die mit ihrer Auswahl von Beiträgen den Blick für vielfach komplexe Zusammenhänge schärfen und auf diese Weise zur besonderen Qualität des Jahrbuchs beitragen. Vornehmlich gilt der Dank des Herausgebers aber auch den Mitarbeitern des Instituts, die von Jahr zu Jahr durch ihr großes Engagement das Jahrbuch zu dem werden lassen, was es ist. Stellvertretend für alle Beteiligten seien an dieser Stelle Christoph Böwing, Markus Kirchhoff, Ottfried Fraisse, Laura Jokusch und Petra Klara Gamke-Breitschopf genannt, die für die Redaktion des Jahrbuchs bislang verantwortlich zeichneten. Und auch Monika Heinker und William Templer, die beide in den vergangenen zehn Jahren durch ihre Lektoratsarbeit und durch ihre Übersetzungen eine eigene Tradition im Rahmen des Jahrbuchs ausgebildet haben, gilt der besondere Dank des Herausgebers.

Die drei Letztgenannten haben in enger Zusammenarbeit auch die vorliegende Ausgabe in der bewährten Form auf den Weg gebracht und dabei die eingegangenen Beiträge wachsen und reifen lassen. Hierfür sei ihnen, wie auch Lina Bosbach, die nunmehr zum dritten Mal in Folge den Entstehungsprozess des Jahrbuchs vom Manuskriptstadium bis zur Fahnenkorrektur durch ihre engagierte Assistenz bereichert hat, herzlich gedankt.

Dan Diner Leipzig/Jerusalem, Herbst 2011

Allgemeiner Teil

Yael Kupferberg

Von der poetischen Sprache des Diesseits – Heinrich Heine und der Logos des Witzes

Mit der poetischen Sprache Heinrich Heines, schreibt Hannah Arendt, seien »weder Kunstkritik noch Judenhaß je fertig geworden.«[1] Denn Heine vermochte es, jenseits der »Doktrin von der Erbsünde oder christlichem Schuldbewußtsein« zu schreiben. Die Leistung Heines bestehe unübertroffen und unvergleichlich darin, das Sakrale der deutschen Dichtung zu demaskieren, mit dem Sakralen zu brechen – und trotzdem einer Poesie gerecht zu werden, die unter Berücksichtigung des Kreatürlichen des Menschen höchsten künstlerischen Bestand hat. Heine allein bringe es zuwege, das »Kunstschöne« eingedenk des »Risses« zu artikulieren – den »Zauber« des poetischen Wortes zu bewahren und diesen gleichermaßen als unwahr zu entlarven – als Vergehen am Menschen, indem das poetische Wort die schlechte Wirklichkeit noch überhöht.

Diese dialektische Spannung der poetischen Sprache Heines – es ist das witzige Schreiben – wurde Gegenstand einer frenetischen Abwehrreaktion bis in das 20. Jahrhundert hinein.[2] Der Witz Heines, der es ermöglicht, Lust zu verschaffen, ohne die Gesetze des Zivilisatorischen auszuhebeln, war der deutschsprachigen Rezeption ein Sakrileg, ein Tabubruch. In der negativen Rezeption des Witzes formulierte sich jedoch nicht allein ein Widerstand gegen einen ästhetischen Bruch, sondern hier schrieben sich eine Reihe von Diskursen ein, die das Politische, Religiöse und Ideelle erfassten bis hin zu der Formel, dass Heine gar kein »deutscher Dichter« sei – vielmehr habe es Heine »nur zu elenden deutschsprachigen, aber rein jüdischen Gedichten«[3] gebracht. Dieses Postulat Freiherr Börries' von Münchhausen, Senator der Akademie der deutschen Dichtung, manifestiert den vollständigen Ausschluss Heines aus der deutschen Literaturgeschichte im Jahr 1933. Die Anstrengungen, Heine aus der deutschen Literatur zu verdrängen, begleiten das Schaffen des Dichters. Noch bis in die siebziger Jahre des 20. Jahrhunderts wurde der Witz Heines als fremd wahrgenommen.

1 Hannah Arendt, Die verborgene Tradition, Frankfurt a.M. 1976, 50.

2 Der vorliegende Beitrag stützt sich auf die Dissertation: Yael Kupferberg, Dimensionen des Witzes um Heinrich Heine. Zur Säkularisation der poetischen Sprache, Würzburg 2011.

3 Wolfgang Lutz, Schluß mit Heinrich Heine!, in: Nationalsozialistische Monatshefte (1936), 817.

JBDI / DIYB • Simon Dubnow Institute Yearbook 10 (2011), 15–35.

Als »fremd«, »obszön« und »frivol« bezeichneten nicht allein die Zeitgenossen Heines eine Energie, die Sigmund Freud in der Studie *Der Witz und seine Beziehung zum Unbewußten* (1905) als Sublimation von sexueller Energie analysierte. Der Witz gilt Freud als große Leistung, denn er allein vermöge es, in den verdichteten, verschobenen, verkehrten Wortspielen die Wirklichkeit infrage zu stellen – der inneren und der äußeren Zensur zu entkommen – und Lust zu verschaffen. Heine avancierte zum »Lieblingsdichter« Freuds, weil er es wagt, der verfolgten Lust höchsten künstlerischen Ausdruck zu geben. Die poetische Sprache Heines verhallt nicht, sondern sie bindet, so wie der Witz sein Publikum bindet, einschwört, aufschreckt, verunsichert – im Tabubruch. Das ist die Wirksamkeit des Witzes: Der negativen Rezeption gilt dieses poetische Schreiben als unversöhnlicher Akt gegen die romantisch aufgeladene »heilige Sprache«.[4] Die abwehrende Haltung insistiert auf der Sakralität der deutschen Poesie. Die Abwehr ist nicht allein eine ästhetische. Sie richtet sich gegen das zivilisatorische, säkularisierende Potenzial des Witzes – gegen »das demokratische Prinzip im Reiche des Geistes«, denn der Witz ist »der Volkstribun, der, ob auch ein König wolle, sagt: *ich will nicht*!«[5]

Die kommunizierte Lust

Die Sprache Heines geht über die traditionelle Verneinung der Affinität zwischen ästhetischer Lust an der Kunst und ihrem erotischen, sexuellen Subtext hinweg. Heine bricht mit der wirkmächtigen Vorgabe des »interesselosen Wohlgefallens« am Schönen, so wie Kant es beschrieben hat[6] – das heißt »interesselos« vor allem in erotischer Hinsicht.[7] Denn das »interesselose Wohlgefallen« am Schönen bezieht sich bis in das 20. Jahrhundert hinein insbesondere auf das Erotische. Das Ästhetische erscheint so frei von jeder erotischen Regung, dass Adorno der Ästhetik Kants vorhielt, sie werde »zum kastrierten Hedonismus, zu Lust ohne Lust«.[8]

4 Novalis, Schriften. Die Werke Friedrich von Hardenbergs, hg. von Richard Samuel in Zusammenarbeit mit Hans-Joachim Mähl und Gerhard Schulz, 5 Bde., Stuttgart 1960–1988, Bd. 1, 135.

5 Ludwig Börne, Aus meinem Tagebuche, in: ders., Sämtliche Schriften, hg. von Inge und Peter Rippmann, 2 Bde., Düsseldorf 1964, Bd. 2, 810 f.

6 Vgl. Immanuel Kant, Ästhetische und religionsgeschichtliche Werke (Kritik der Urteilskraft § 2), in: ders., Sämtliche Werke, hg. von Felix Gross, 6 Bde., Leipzig 1912–1921, Bd. 6, 54 f.

7 Siehe hierzu Thomas Anz, Literatur und Lust, Glück und Unglück beim Lesen, München 1998, 92.

8 Theodor W. Adorno, Ästhetische Theorie, in: ders., Gesammelte Schriften, hg. von Rolf Tiedemann u. a., 20 Bde., Bd. 7, Frankfurt a. M. [6]1996, 25.

Heine kommentiert, in Deutschland herrsche »der Aberglaube, daß man kein Philosoph sey wenn man gut schriebe«[9] und macht dafür insbesondere Kant verantwortlich, der »seine Kritik der reinen Vernunft in einem so grauen, trockenen Packpapierstyl geschrieben« habe und eigentlich »Philister« gewesen sei.[10] Dieser »Packpapierstyl« ist nicht dem ästhetischen Anspruch allein geschuldet. Wie in der poetischen Sprache gilt es auch in der Philosophie, das Stoffliche zu verhüllen, zu überdecken und mit einem spezifischen distinktiven Duktus auszustatten, um soziale Hierarchien aufrechtzuerhalten: Ihr sakraler Gestus manifestiert den Dünkel, um als Legitimationsmacht die bestehende Ordnung zu stützen. Heine konterkariert diesen distinktiven Anspruch und sucht ihn in seiner Sprache aufzuheben. Seine Sprache übernimmt eine soziale Funktion:

»Große deutsche Philosophen [...] werden vornehm die Achsel zucken über den dürftigen Zuschnitt alles dessen, was ich hier vorbringe. Aber sie mögen gefälligst bedenken, daß das wenige was ich sage, ganz klar und deutlich ausgedrückt ist, während ihre eignen Werke, zwar sehr gründlich, unermeßbar gründlich, sehr tiefsinnig, stupend tiefsinnig, aber eben so unverständlich sind. Was helfen dem Volke die verschlossenen Kornkammern, wozu es keinen Schlüssel hat? [...]

Ich glaube, es ist nicht Talentlosigkeit, was die meisten deutschen Gelehrten davon abhält, über Religion und Philosophie sich populär auszusprechen.«[11]

Der Unverständlichkeit der philosophischen Sprache setzt Heine eine Sprache entgegen, die auf lustvolle Kommunikation abzielt. Diese Kommunikation korrespondiert mit Heines prinzipieller Kritik an der Abwendung der Philosophie von der Aufklärungsbewegung – jener Bewegung, die sich, so Hegel, als »Popularphilosophie« auf den Verstand fixiere und die Vernunft vernachlässige. Er distanziert sich vehement von ihr;[12] er wertet sie als »Unphilosophie« ab, die die Wahrheiten der Philosophie zu zerstören gedenke, so dass sie auch von der »Gemeinheit« verstanden werde. Diese zutiefst distinktive Haltung setzt diejenigen herab, die die philosophischen Einsichten sprachlich zu vermitteln vermögen:

9 Heinrich Heine, Zur Geschichte der Religion und Philosophie in Deutschland, Drittes Buch, in: ders., Historisch-kritische Gesamtausgabe der Werke, hg. von Manfred Windfuhr, 16 Bde., Hamburg 1973–1997 (Düsseldorfer Heine-Ausgabe; nachfolgend DHA), Bd. 8/1, 83.

10 Ebd.

11 Ebd., Erstes Buch, in: DHA, Bd. 8/1, 13.

12 Vgl. Georg Wilhelm Friedrich Hegel, Einleitung. Über das Wesen der philosophischen Kritik überhaupt und ihr Verhältnis zum gegenwärtigen Zustand der Philosophie insbesondere (1802), in: ders., Jenaer Schriften, Werke, hg. von Eva Moldehauer, 20 Bde., Frankfurt a. M. 1990, Bd. 2, 171–187. Zu »Populärphilosophie« in der deutschen Geistesgeschichte siehe Christoph Böhr, Philosophie für die Welt. Die Populärphilosophie der deutschen Spätaufklärung im Zeitalter Kants, Stuttgart 2003, und Helmut Holzhey/Walther Ch. Zimmerli (Hgg.), Esoterik und Exoterik in der Philosophie, Stuttgart 1977.

»Es braucht eine Idee der Kunst oder der Philosophie sich nur blicken zu lassen, so geht es gleich an das Zubereiten, bis die Sache für die Kanzel, Kompendien und für den Hausbedarf des Reichsanzeigerischen Publikums zurechtgerührt ist.«[13]

Für Hegel ist die Philosophie verwirkt, wenn sie sprachlich auf subjektive, lokale oder temporäre Situationen eingeht – dies bedeutete den Verlust ihres Begriffs. Vielmehr sei die Philosophie dem menschlichen Verstand entgegengesetzt und könne ihre Darstellung allein aus ihrer singulären und absoluten Idee beziehen. Heine misstraut diesem Duktus und vermutet vielmehr: »Ich glaube, es ist Scheu vor den Resultaten ihres eigenen Denkens, die sie nicht wagen dem Volke mitzutheilen.«[14] Das »Resultat«, das die Sprache verhüllt, entlarvt Heine dialektisch als den revolutionären Aufstand, als aggressive Gewalt unterdrückter germano-mythologischer Triebstruktur, die, ist sie einmal geweckt, verheerend wüten wird:

»Lächelt nicht über den Phantasten, der im Reiche der Erscheinungen dieselbe Revoluzion erwartet, die im Gebiete des Geistes statt gefunden. Der Gedanke geht der That voraus, wie der Blitz dem Donner.«[15]

Heine ist der Erste, der die Revolution aus dem Geist der Philosophie voraussagt,[16] ohne ihre Dynamik zu verkennen, in der sich die Vernunft gegen sich selbst und gegen den Menschen wenden wird:

»Die deutsche Revoluzion wird darum nicht milder und sanfter ausfallen, weil die Kantesche Critik, der Fichtesche Transzendentalidealismus und gar die Naturphilosophie derselben vorausging. […] noch schrecklicher als Alles, wären Naturphilosophen, die handelnd eingriffen in eine deutsche Revoluzion und sich mit dem Zerstörungswerk selbst identifiziren würden. Denn wenn die Hand des Kantianers stark und sicher zuschlägt, weil sein Herz von keiner tradizionellen Ehrfurcht bewegt wird; wenn der Fichteaner muthvoll jeder Gefahr trotzt, weil sie für ihn in der Realität gar nicht existirt: so wird der Naturphilosoph dadurch furchtbar seyn, daß er mit den ursprünglichen Gewalten der Natur in Verbindung tritt, daß er die dämonischen Kräfte des altgermanischen Pantheismus beschwören kann, und daß alsdann in ihm jene Kampflust erwacht, die wir bey den alten Deutschen finden, und die nicht kämpft um zu vernichten, noch um zu siegen, sondern bloß um zu kämpfen. […] und wenn einst der zähmende Talisman, das Kreuz, zerbricht, dann rasselt wieder empor die Wildheit der alten Kämpfer, die unsinnige Berserkerwuth, wovon die nordischen Dichter so viel singen und sagen. […] die alten steinernen Götter erheben sich dann aus dem verschollenen Schutt, und

13 Hegel, Einleitung. Über das Wesen der philosophischen Kritik überhaupt und ihr Verhältnis zum gegenwärtigen Zustand der Philosophie insbesondere, 183.

14 Zur Geschichte der Religion und Philosophie in Deutschland, Erstes Buch, in: DHA, Bd. 8/1, 13.

15 Ebd., Drittes Buch, in: DHA, Bd. 8/1, 118.

16 Siehe dazu Christian Liedtke, »Die Gewalt des fortschreitenden Nachdenkens«. Heinrich Heine und die Philosophie, in: Marc Rölli/Tim Trzaskalik (Hgg.), Heinrich Heine und die Philosophie, Wien 2007, 15–40, hier 26.

reiben sich den tausendjährigen Staub aus den Augen, und Thor mit dem Riesenhammer springt endlich empor und zerschlägt die gothischen Dome. Wenn Ihr dann das Gepolter und Geklirre hört, hütet Euch, Ihr Nachbarskinder, [...] Ihr könntet Euch leicht an den Flammen die Finger verbrennen. Lächelt nicht über meinen Rath, über den Rath eines Träumers, der Euch vor Kantianern, Fichteanern und Naturphilosophen warnt.«[17]

In der Kommunikation dessen, was Heine in der deutschen Philosophie zu lesen vermag, verhüllt sich ihr durchaus gewaltsamer regressiver Inhalt: der Kampf von Ratio und Lust wirft den Menschen in die Mythologie und Magie, er greift auf die pantheistische, heidnische Vergangenheit zurück. Dieser Pantheismus befreie zwar von der »Last« des Geistes – verzichte aber keinesfalls auf Gewalt, sondern legitimiere diese. Insofern erscheint der Pantheismus nicht als harmloses Kulturgut. Er erweist sich in der Deutung Heines als das Verdrängte, das sich als Gewalt gegen das (monotheistische) Gesetz erheben und noch weit hinter das Christentum zurückfallen wird.[18] Der »Herzschlag des deutschen Volks«[19] erscheint als ein Mythos der Stärkeren, die mit »bewußte[r] Kraft«[20] sich zum eigennützigen Recht verhelfen, und zwar durch den archaisch legitimierten, mythologischen Verstoß gegen die als Entfremdung wahrgenommene Zivilisation. Die deutsche Revolution setzt Heine mit der Revolution des vorchristlichen Glaubens gleich. Sie beschwört er in den Zeilen so pittoresk herauf[21] und sie ist es, die das Recht des Stärkeren stützt. Das ist das Unbewusste der deutschen Sprache, die die »nordischen Dichter« besingen und ästhetisch überhöhen.

In *Geständnisse* (1854) postuliert Heine: »Gutseyn ist besser denn Schönheit.«[22] Und das ist nicht nur ein moralisches Diktum. Es ist auch ein poetischer Anspruch, der es sich zur Aufgabe macht, die poetische Sprache von ihrem sakralen Schein zu befreien. Damit ist Heine selbst der einzige »unter den berühmten Namen der deutschen Dichtung«, der »in aller Affinität zur Romantik, einen unverwässerten Begriff von Aufklärung bewahrt« hat.[23] Das impliziert auch, dass die Sprache Heines auf die soziale Wirklichkeit rekur-

17 Zur Geschichte der Religion und Philosophie in Deutschland, Drittes Buch, in: DHA, Bd. 8/1, 117–119.

18 Siehe hierzu Wolf-Daniel Hartwich, Deutsche Mythologie, Berlin 2000, 51.

19 Die romantische Schule, Drittes Buch, in: DHA, Bd. 8/1, 202.

20 Ebd., 204.

21 Freud beschreibt die psychologische Konstitution: »Man könnte sagen, sie sind alle ›schlecht getauft‹, unter einer dünnen Tünche von Christentum sind sie geblieben, was ihre Ahnen waren, die einem barbarischen Polytheismus huldigten.« Ders., Der Mann Moses und die monotheistische Religion, in: ders., Gesammelte Werke. Chronologisch geordnet (1950), hg. von Anna Freud u. a., 19 Bde., London 1940–1952, 1968, 1987 (Nachdruck Frankfurt a. M. 1999), Bd. 16, 156–246, hier 198.

22 Geständnisse, in: DHA, Bd. 15, 45.

23 Theodor W. Adorno, Die Wunde Heine, in: ders., Gesammelte Schriften, Bd. 11, 95–97, hier 96.

riert – die Idee wird zur Materie. »Gutseyn ist besser denn Schönheit« stellt sich gegen die Hinwendung der deutschen Philosophie zur Ästhetik, zur Poesie: »Die Poesie ist der Held der Philosophie. Die Philosophie erhebt die Poesie zum Grundsatz [...], Philosophie ist die Theorie der Poesie«[24] – das postuliert Novalis und begrenzt damit die traditionelle Bindung der Kunst an die Vernunft. Die Ästhetik, das Schöne, löse die Geschichtsphilosophie ab. Die Geschichte als unvollkommen wahrgenommene Wirklichkeit stehe der Kunst gewissermaßen als Negation entgegen. So ist »die Kunst eben deswegen dem Philosophen das Höchste, weil sie ihm das Allerheiligste gleichsam öffnet«.[25] Nicht die geschichtliche Konkretion, sondern »die ästhetische Anschauung ist die objektiv gewordene intellektuelle«[26] – das ästhetische Primat löst die Vernunft ab. Diese Absage an die Geschichte ist zugleich eine Absage an das Eingreifen in die Wirklichkeit.[27] Mit dem Diktum »Gutseyn ist besser denn Schönheit« wird Heine angreifbar. Denjenigen, die dem Ästhetischen das Primat einräumen, gilt er, der die ästhetischen Vorgaben konterkariert, weder als Dichter noch als Philosoph.

Heine selbst besteht darauf, dass er einen poetischen, sprachlichen Bruch vor allem in der Form vollzieht: »Nein, ich gestehe bescheidentlich, mein Verbrechen war nicht der Gedanke, sondern die Schreibart, der Styl.«[28] Es scheint, als greife seine Sprache die vorherrschende Sprache der sogenannten Kunstperiode – die stets der Form das Primat vor dem Inhalt einräumte – an, ohne der »Tendenz« zu verfallen, das heißt ohne allein auf das politische Zeitgeschehen poetisch, also sprachlich zu reagieren. Der in *Deutschland. Ein Wintermährchen* formulierte Anspruch, »hier auf Erden schon / Das Himmelreich [zu] errichten«,[29] heißt eingedenk des Schönen, Überkommenes zu destruieren, denn sonst wäre seine (wenn auch von außen angegriffene) Selbstwahrnehmung als »deutscher Dichter«[30] hinfällig. Dafür aber bedurfte er der »neuen Sprache«,[31] eben jener Sprache, die sich nicht in der ästhetischen Verhüllung gefällt und damit Gewalt legitimiert, sondern die aus der

24 Novalis, Schriften (Fragmente), in: ders., Schriften. Die Werke Friedrich von Hardenbergs, hg. von Paul Kluckhohn und Richard Samuel, 6 Bde., Darmstadt 1956–2006 Bd. 2, 590 f.

25 Friedrich Wilhelm Joseph Schelling, System des trancendentalen Idealismus (1800), in: ders., Sämmtliche Werke, 10 Bde., Stuttgart 1856–1861, Bd. 3, 327–634, hier 625 und 628.

26 Schelling, System des trancendentalen Idealismus, 628.

27 Siehe zu diesem Konnex Odo Marquard, Transzendentaler Idealismus – Romantische Naturphilosophie – Psychoanalyse, Köln 1987, 131–144.

28 Zu *Die Götter im Exil.* Bruchstücke, in: DHA, Bd. 9, 294.

29 Deutschland. Ein Wintermährchen, in: DHA, Bd. 4, 92.

30 Buch der Lieder, Die Heimkehr XIII, in: DHA, Bd. 1/1, 223.

31 Odo Marquard, Skepsis in der Moderne. Überlegungen in Blick auf Heinrich Heine, in: Joseph A. Kruse/Bernd Witte/Karin Füllner (Hgg.), Aufklärung und Skepsis, Internationaler Heine-Kongreß 1997 zum 200. Geburtstag, Stuttgart 1997, 907–918, hier 913.

Illusion der Ästhetik heraustritt. Das ist die gefühlte Lust, die Heine mitschreibt, in eine Sphäre hinein, die zwar ästhetische, jedoch keine erotische Lust zulässt.

Dass Heine dieses Ideal verletzt, weil er das Schöne mit der Lust – die Idee mit der Wirklichkeit – koppelt, klingt noch in der Studie *Skepsis in der Moderne* des Philosophen Odo Marquard aus dem Jahr 1997 an: *Zur Geschichte der Religion und Philosophie in Deutschland* sei ein »hinreißender Text«.[32] Diese Bewertung deutet auf die Außerdiskursivität der Sprache und der Form Heines hin. Indem Marquard den Essay Heines affektiv »empfindet«, mahnt er das ästhetisch Inadäquate der Sprache an – sie korrespondiere nicht mit den Inhalten der deutschen Philosophie. Das Kompliment schließt die herablassende Geste ein. Demgegenüber steht die »Rettung« der Philosophiegeschichte Heines: Klaus Briegleb postuliert gar, dass es sich bei den Texten Heines überhaupt um Philosophie handele[33] – ja, die neuere Forschung tendiert dazu, Heine zu rehabilitieren.[34]

Diese Umdeutung und Bewertung täuscht nicht darüber hinweg, dass Heine etwas begeht, das der deutschen Philosophie und der Kunst fremd bleibt. Es ist, darauf weist Heine selbst hin und Adorno wird es formästhetisch begründen, sein »styl«.[35] Denn das essayistische Schreiben Heines über Philosophie enttarne ihn, so Adorno, als »Luftmenschen«,[36] als Juden.[37] In *Der Essay als Form* schreibt Adorno über das Dogma der Form in der deutschen Philosophie und erfasst damit das Schreiben Heines:

»Der Essay pariert nicht der Spielregel organisierter Wissenschaft und Theorie […]. Weil die lückenlose Ordnung der Begriffe nicht eins ist mit dem Seienden, zielt er nicht auf den geschlossenen Aufbau, deduktiven Aufbau oder induktiven Aufbau.«[38]

In diesem Sinne »schreckt er zurück vor dem Gewaltsamen des Dogmas«.[39] »Das innere Formgesetz des Essays ist die Ketzerei« postuliert Adorno am Ende seines Essays zum Essay. Dies betrifft Heine in doppelter Weise, als

32 Ebd., 911.

33 Klaus Briegleb, Bei den Wassern Babels. Heinrich Heine, jüdischer Schriftsteller in der Moderne, München 1997, 124.

34 Gideon Freudenthal, Heines poetische Geschichte der Philosophie, in: Klaus Briegleb/Itta Shedletzky (Hgg.), Das Jerusalemer Heine-Symposion. Gedächtnis, Mythos, Modernität. Hamburg 2001, 111–127; Nils Björn Schulz, Eine Pädagogik des Stils. Überlegungen zu Heines Philosophieschrift, Würzburg 2005; Zvi Tauber, Heinrich Heine interkulturell gelesen, Nordhausen 2006; Rölli/Trzaskalik (Hgg.), Heinrich Heine und die Philosophie.

35 Zu *Die Götter im Exil*. Bruchstücke, in: DHA, Bd. 9, 294.

36 Theodor W. Adorno, Der Essay als Form, in: ders., Gesammelte Schriften, Bd. 11, 9–33, hier 10.

37 Siehe hierzu Nicolas Berg, Luftmenschen. Zur Geschichte einer Metapher (= toldot. Essays zur jüdischen Geschichte und Kultur; Bd. 3), Göttingen 2008.

38 Adorno, Der Essay als Form, 10.

39 Ebd.

Dichter und als »Philosoph«,[40] indem er die Lust in die poetische Sprache einschreibt, sie gar aufdeckt – und nicht bloß als befreiende Größe, sondern auch als durch die Verdeckung verzerrte, archaische Lust, die er in der deutschen Philosophiegeschichte apokalyptisch darstellt. Die kunstschöne Sprache ist an der Verdrängung beteiligt; sie erweist sich als affirmativ und verhüllt die Gewalt. Das »Leiden an der unbefriedigten Realität«[41] wird im Kunstwerk, in der Form überhöht und im ästhetischen Genuss noch bestätigt. Und dieser bloß »innerpsychische Vorgang der Reinigung und Erhebung verhält sich zum je gegebenen politischen und sozialen status quo kompensativ und affirmativ.«[42] Insofern vollzieht Heine einen paradigmatischen Wechsel: Sein Witz verweist auf das Verdrängte. Seine poetische Sprache wendet sich gegen die sakrale Konnotation und affirmative Tendenz der Poesie und Philosophie, die mit der Romantik ihren historischen Höhepunkt erreichte. Die »schamlose«[43] Sprache, der Witz, entblößt und verletzt ein Tabu, das Goethe Mephistopheles in den Mund legte: »Das Beste, was du wissen kannst, / Darfst du den Buben doch nicht sagen«.[44]

Die witzige Sprache allerdings sagt »Es«. Damit ist die Sprache mit ihrem Thema konfrontiert: Es ist der Riss, den der Verzehr vom Baum der Erkenntnis im »Erkennen« geschaffen hat. Während die verdeckende, sakrale Sprache verzerrt, »die immer nur von demselben spricht«,[45] wäre das witzige Schreiben der Versuch, die Sprache von der Scham zu befreien, die die Kultur ihr aufzwingt – also die Entdeckung der »eigentlichen Sprache«[46] des Menschen – die Befreiung aus der Unmündigkeit. Es wäre der Verweis auf diese Zerrissenheit und rekurrierte noch in der Technik, in der »Verdichtung, Verschiebung, Darstellung durchs Gegenteil, durch ein Kleinstes usw.«[47] auf die falsche Ordnung, die in »metrischen Gewanden«[48] überhöht wird und gegen die Heine anschreibt:

40 Heinz Pepperle, Heinrich Heine als Philosoph, in: Gerhard Höhn (Hg.), Heinrich Heine. Ästhetisch-politische Profile, Frankfurt a. M. 1991, 155–175.

41 Johannes Weber, Heines »Frivolität« und »Subjektivität« in der älteren deutschen Literaturgeschichtsschreibung, in: Heinz L. Arnold (Hg.), Heinrich Heine, edition Text und Kritik, München 1982, 84–116, hier 103.

42 Ebd.

43 Nur eine Referenz von vielen: Robert Prutz, Vorlesungen über die deutsche Literatur der Gegenwart, Leipzig 1847, 239.

44 Ilse Grubrich-Simitis, Einleitung. Sigmund Freuds Lebensgeschichte und die Anfänge der Psychoanalyse, in: Sigmund Freud, »Selbstdarstellung«. Schriften zur Psychoanalyse, Frankfurt a. M. 1989, 25.

45 Georges-Arthur Goldschmidt, Als Freud das Meer sah. Freud und die deutsche Sprache, Frankfurt a. M. 2005, 114.

46 Ebd., 141.

47 Freud, »Selbstdarstellung«, 91.

48 Vorrede zur zweiten Auflage, Buch der Lieder (1837), in: DHA, Bd. 1/1, 564.

»Wer von seinem Herzen rühmt, es sey ganz geblieben, der gesteht nur, daß er ein prosaisches weitabgelegenes Winkelherz hat. Durch das meinige ging aber der große Weltriß, [...] Einst war die Welt ganz, [...] und es gab ganze Dichter. Wir wollen diese Dichter ehren [...]; aber jede Nachahmung ihrer Ganzheit ist eine Lüge, eine Lüge, die jedes gesunde Auge durchschaut und die dem Hohne dann nicht entgeht.«[49]

Die Wirklichkeit verlangt so nach einer Sprache, die sie abbilden kann – es ist die Sprache, die sich eingedenk des »Risses« artikuliert, nicht aber den Schein aufrechterhält. Und die dichterische Sprache Heines spiegelt das gebrochene Erleben und weigert sich, in der Verhüllung zu erstarren: »Es will mich bedünken, als sey in schönen Versen allzuviel gelogen worden, und die Wahrheit scheue sich in metrischen Gewanden zu erscheinen.«[50] Deswegen macht die Dichtung Heines die »maladie de siècle« sichtbar und enthüllt diese in seiner Poesie.

Die Abwehr

Die Abwehr reagiert auf die Sprache Heines – vor allem auf den Witz – eindeutig. Sie artikuliert sich als eine »Verschiebung von außerliterarisch motiviertem Moralismus zu wissenschaftlich-ästhetischen Verdikt«.[51] Dass Heine die poetische Sprache säkularisierte, indem er das Wirkliche nicht nur zum Thema machte, sondern vor allem sprachästhetisch fundierte, nämlich im witzigen Schreiben, ist der persistente Vorwurf ihm gegenüber.[52] Er, der sich als »der größte deutsche Lyriker, [...] ganz naturgemäß neben Goethe und Schiller« stellte,[53] vollzog ein Sakrileg.

Für große Teile der deutschsprachigen Rezeption galt die Poesie als sakrale Emanation – als Ausdruck des Religiösen, als Übersetzung des Christlichen. Noch die jüngere Rezeption verweist in der Abwertung der Dichtung Heines auf diese sakrale Signatur, begreift seine poetische Sprache als »Grenzphänomen des Ästhetischen« – dies im Jahr 1966. Bezüglich der *Reisebilder* mahnt Hermand: »Hier nach ›Dichtung‹ zu suchen, wäre von vornherein verfehlt.«[54] Insbesondere »Heines ›Witzigkeit‹« wird »als geschmackloses Französeln,

49 Die Bäder von Lukka, Reisebilder, Dritter Theil, in: DHA, Bd. 7/1, 95.

50 Vorwort von 1837 zur Neuauflage, Buch der Lieder (1837), in: DHA, Bd. 1/1, 564.

51 Weber, Heines »Frivolität« und »Subjektivität« in der älteren deutschen Literaturgeschichtsschreibung, 95.

52 Trotz des Widerstands war Heine seit etwa 1840 einer der bekanntesten Schriftsteller Europas; jedes Jahr entstanden zu Werk und Person um die 250 Rezensionen und Notizen. Vgl. Jan-Christoph Hauschild/Michael Werner, »Der Zweck des Lebens ist das Leben selbst«. Heinrich Heine. Eine Biographie, Köln 1997, 627.

53 Théophile Gautier (1855), in: DHA, Bd. 5, 80.

54 Jost Hermand (Hg.), Das junge Deutschland. Texte und Dokumente, Stuttgart 1966, 373.

gallischer Zynismus oder voltairisierende Schlüpfrigkeit« angeprangert, die, so die Kritiker Heines, »jeden Sinn für den urdeutschen Humor eines Jean Paul vermissen lasse«. Heine erscheint als »innerlich zerfressener Propagandist des gallischen Eros«,[55] der, so Georg Neu 1835, die deutsche Sprache »notzüchtige«.[56]

1910 formulierte Karl Kraus: Heine entzauberte – sexualisierte – die poetische Sprache und lockerte ihr »so sehr das Mieder«, »dass heute alle Kommis an ihren Brüsten fingern können.«[57] Und Adorno konstatierte: Mit Heine »ward schließlich die Dichtung hinabgezogen in die Sprache von Zeitung und Kommerz« – die Sprache sei ihm bloß Instrument und nicht Heimat.[58]

Kraus und Adorno urteilten noch in dem Bewusstsein, dass die poetische Sprache die Immanenz der Sakralität beherberge.[59] Das war ein affirmativer Rekurs auf den deutschen Idealismus, fast eine romantische Position; denn insbesondere die Romantik übersetzte das Sakrale in die Poesie. Friedrich Schlegels erklärte Absicht »auf Muhameds und Luthers Fußstapfen zu wandeln«[60] hieß, er beabsichtigte eine neue Religion zu stiften, in der die Poesie zum Medium des Göttlichen avanciert. Die Kunst wurde zum Gebet, der Künstler zum Schöpfer. Das poetische Wort war das »Zauberwort«,[61] das die Glückseligkeit versprach. Es war ein religiöser Enthusiasmus, der der Erneuerung der Religion galt, der Erneuerung des Sakralen, das eine Synthese anstrebte von Vernunft und Phantasie, von Kunst, Religion und Wissenschaft, von Theorie und Praxis, von Individuum und Gesellschaft. Insbesondere dem poetischen Wort wurde diese synthetisierende Potenz zugesprochen; es war nicht menschlich, sondern eine religiöse, unantastbare Instanz.[62] Die Poesie avancierte zu einer Religion und das poetologische Denken um 1800 war religiös eigenmächtig, göttlich.[63] Die deutsche Sprache strebte hin zur poetischen

55 Ders., Erotik im Juste Milieu, in: Wolfgang Kuttenkeuler (Hg.), Heinrich Heine. Artistik und Engagement, Stuttgart 1977, 86–104, hier 90.

56 Ebd.

57 Karl Kraus, Heine und die Folgen, München 1910, 12. »Seit dieser Prosa, diesem Buch der Lieder / hats jeder leicht, die Lust der Sprache zu verringern. / Er löste ihr das Mieder, / damit sie an ihren Brüsten fingern.«

58 Adorno, Die Wunde Heine, 95.

59 Siehe hierzu prägnant formuliert von Georg Bollenbeck: »Sie [die Kunst] ist, wie es seit der Frühromantik heißt, Gegenstand von ›Andacht‹ und ›Weihe‹.« Ders., Bildung und Kultur. Glanz und Elend eines Deutungsmusters, Frankfurt a. M. 1996, 214.

60 Zit. nach Heinz Gockel, Poesie und Mythos. Zum Mythosbegriff in Aufklärung und Frühromantik, Frankfurt a. M. 1981, 272, Anm. 51.

61 Joseph von Eichendorff, Wünschelrute, in: ders., Werke, hg. von Hartwig Schultz, 6 Bde., Frankfurt a. M. 1990–2008, Bd. 1, 328.

62 Siehe Johanna Bossinade, Die religiöse Sprache Friedrich Schlegels im Kontext seiner Poetologie, in: Alexander von Brunnen (Hg.), Romantische Religiosität, Würzburg 2005, 67–88.

63 Ebd.

Sprache und damit zum Sakralen. Diese romantische Vorstellung übertraf noch den Begriff der »Kunstperiode« von 1750–1830 (die von der Wiege Goethes bis zu seinem Tod reichte), ihre Vorstellung von der Idee der Kunst, von dem freien poetischen, objektiven Kunstwerk, so das Postulat Hegels.

Dieses kulturelle Paradigma gilt – noch bis in die siebziger Jahre des 20. Jahrhunderts. In dem berühmten Aufsatz *Zum Problem der epischen Integration* hält Herman Meyer fest, dass die Literaturwissenschaft nicht ohne den Begriff der »Ganzheit« auskomme, da dieser Begriff der Maßstab alles Ästhetischen sei.[64] Daher verfehle Heines »geistreich-witzelnde Prosa« den Charakter der Kunst – nach Dichtung zu suchen sei hernach »vergeblich«.

Karl Kraus beklagt die mangelnde Grenzziehung zwischen Poesie und Publizistik, Friedrich Gundolf postuliert, Heine sei der »verhängnisvolle Erleichterer der deutschen Sprache, Vermischer und Verschieber« geworden, Benedetto Croce möchte den Poeten vom Artisten unterschieden wissen und wertet Heine als »Artisten« ab, Walter Muschg spricht in Anlehnung an Baudelaires Worte von Heines »verfaulte[m] Literatentum« und Herman Meyer angesichts der Prosa Heines von »subjektivistische[r] Geistreichshaltung«.[65] Differenzierter urteilt Wolfgang Preisendanz. In der poetischen Sprache Heines artikuliere sich die Vermittlung des modernen Bewusstseins.[66] Diese permanente Brechung, die die Sprache Heines vollziehe, spiegele die neue politische und gesellschaftliche Wirklichkeit. Insofern gelte sie als ein artistisches Phänomen; der Witz sei eine Form der Politisierung der Literatur. Damit sei die dichterische Wirkungsabsicht Teil eines neuen Dichtungsbegriffs: »Fast noch mehr als für die Zeitgenossen ist Heines Prosa, ist seine Schreibart den Späteren bis auf den heutigen Tag ein Zwitter von Dichtung und Publizistik geblieben.«[67] Der Zwitter – die hybride Sprache Heines – trifft auf die sakral konnotierte poetische Sprache, die das christliche Paradigma fortschreibt. Die witzige Sprache Heines durchbricht dieses Paradigma und wendet sich gegen die Sakralität der poetischen Sprache, die den Bruch, die Trennung von Geist und Körper – Idee und Wirklichkeit – noch in der Sphäre der Kunst verabsolutiert.

Die Abwehr gegen diese poetische Sprache nimmt sich deshalb so vehement aus, weil die deutsche Poesie als ästhetische Übersetzerin des Sakralen der Trennung von Geist und Körper gehorcht. Insofern begeht der Witz Hei-

64 Vgl. dazu Herman Meyer, Zarte Empirie. Studien zur Literaturgeschichte, Stuttgart 1968, 12–32.

65 Zit. nach Wolfgang Preisendanz, Heinrich Heine, Werkstrukturen und Epochenbezüge, München 1983, 27f.

66 Ebd., 25.

67 Ebd.

nes einen Tabubruch, denn er insistiert auf diesem Bruch, dieser Trennung, auf der Grundlage christlicher Kultur. In der Wahrnehmung ihrer Gegner kommt die Sprache Heines einer rituellen Schändung gleich.

Der Witz – ein Sakrileg

Gustav Pfizer, Lyriker der Schwäbischen Schule, postulierte 1838: »Heine kann […] nicht mehr vorschützen, daß er nur ein harmloser, etwas leichtsinniger Dichter, eine honigsammelnde Biene sey, die sich nur in der Nothwehr des Stachels bediene; er hat mehr von der Natur der Wespe angenommen, oder gar der Hornisse«,[68] indem er die deutsche Dichtung missbrauchte.[69] Das Politische war es bei Weitem nicht allein, das die spezifische Abwehr hervorrief. »Die Waffe dieses literarischen Demagogen […] ist nicht ein ehrliches Ritterschwert, sondern oft ein glänzender Galanteriedegen oder ein Stilett«,[70] beanstandete Pfizer und verknüpfte damit seine Abneigung gegen alles Französische, das das Deutsche verrate. Und diese Dichotomie war noch von dem Judentum Heines überlagert. Schon Pfizer redete vom »Judaisiren«[71] und verknüpfte die Sprache Heines mit dessen Judentum. Xanthippus (alias Franz Sandfoß) verfestigte diese Stoßrichtung und erspähte in der heineschen Sprache »Sprachsünden«, die das »Reinheitsgebot« verletzten[72] – und machte damit die romantische, sakral konnotierte Sprache der Dichtung zum Korpus Christi, den Heine eben als »Hornisse« mit dem Stachel seiner Sprache attackiere und vergifte.

Die Metaphorik der Abwehr war eine prononcierte. Die fast beiläufige, jedoch signifikante Bemerkung des Philosophen Kuno Fischer von 1889 nahm Pfizers Bild auf: »Einer unserer witzigsten Schriftsteller, Heinrich Heine, besaß […] die Kraft des Witzes und das Naturell, sich nicht geniert zu fühlen. […] Phrenologisch zu reden: ihm fehlt das Organ der Ehrfurcht.«[73] In diesen Zeilen erscheint der Konnex: Die fehlende »Ehrfurcht« vor der Sprache – Fischer spielte hier auf die jüdische Herkunft Heines an – führe dazu, dass der Witz Heines ein »Stachel« sei, der »nicht bloß spielt, sondern durch-

68 Gustav Pfizer, Heine's Schriften und Tendenz, in: Deutsche Vierteljahrsschrift, Jg. 1838, 167–247, hier 171.

69 Siehe Vertreter des Jungen Deutschland wie Ludwig Börne, Karl Gutzkow, Heinrich Laube, Theodor Mundt und Ludolf Wienbarg, um die prominentesten zu nennen.

70 Pfizer, Heine's Schriften und Tendenz, 200.

71 Ebd., 217.

72 Xanthippus (Franz Sandfoß), Was dünket euch um Heine? Ein Bekenntnis, Leipzig 1888, 52.

73 Kuno Fischer, Über den Witz. Ein philosophischer Essay (1889), Tübingen 1996, 52f.

bohrt«[74] und insofern den sakralen Korpus der deutschen Sprache vergifte. Im Witz Heines werde die Poesie verlacht, verhöhnt, vernichtet; das Heilige »geschändet«. Das Vergehen Heines wog schwer. Es erschien als der symbolische Mord an dem in die deutsche Poesie übersetzten Christus. Die gefühlte sprachliche Verletzung der deutschen Sprache, der Sprache und der Form der Kunst und der Philosophie avancierte zum rituellen Delikt. Diese Metaphorik Fischers folgte der Sprache der Ritualmordlegende, der Legende von der Hostienschändung. Allein, die Schändung hatte sich vom christlichen Kind und von der Hostie auf die deutsche poetische Sprache verschoben. Den Kritikern erschien der Witz tatsächlich als Angriff auf die christlich konnotierte poetische Sprache, weil er auf dem Materiellen, dem Körperlichen, insistiert – indem Heine im Witz die narzisstisch geprägte Idee der »Reinheit« torpediert und als unwahr aufdeckt – und dagegen anschreibt: Der Dichtung Heines ist ein Widerstand gegen den Schein, gegen das Synthetische eingeschrieben, der sich fast als Dekonstruktion des Symbols, des Bildes, ausnimmt. Heine greift damit nicht weniger als das »Bild Gottes« an. Es ist die Idee des Christentums, dass Gott ein Mensch war. Diese Idee ist eine in den Idealismus ästhetisch übersetzte und manifestiert sich in der Synthese von Ethik und Ästhetik.[75]

Die Rezeption reagierte aggressiv auf Heines »Tat«, und mehr noch: auf Heine selbst. Denn Dichtung und Dichterpersönlichkeit wurden zusammengedacht – das Schreiben über die Dichtung, über den Witz schloss den Autor ein und die kommunizierte Lust wurde Heine als »frivol« angelastet. Damit wurde eine unmittelbare Einheit zwischen dem Autor und seiner Ausdrucksabsicht einerseits und dem literarischen Text und seiner sinnlich wahrnehmbaren Form andererseits unterstellt.[76] Heine sei eben »frivol«, »schamlos«, »unsittlich«, und diese Züge fänden sich ganz und gar in seiner Dichtung wieder.[77]

Selbst der Junghegelianer Arnold Ruge verurteilte Heine als »Frevler« und hielt an der christlichen Konnotation der Poesie fest:

74 Ebd., 55 f.

75 Friedrich Schiller bemerkt: »Hält man sich an den eigenthümlichen Charakterzug des Christenthums, der es von allen Monotheistischen Religionen unterscheidet, so ligt [sic] er in nichts anderm als in der Aufhebung des Gesetzes oder des Kantischen Imperativs, an dessen Stelle das Christentum eine freie Neigung gesetzt haben will. Es ist also in seiner reinen Form Darstellung schöner Sittlichkeit oder der Menschwerdung des Heiligen, und in diesem Sinne die einzige ästhetische Religion.« Schillers Briefe, in: Friedrich Schiller, Kritische Gesamtausgabe, hg. von Fritz Jonas, 7 Bde., Stuttgart 1892–1896, Bd. 4, 236.

76 Dieter Burdorf, Poetik der Form, Stuttgart 2000, 41.

77 1908 notiert Erich Eckertz in *Heine und sein Witz* zu Heine selbst: »Seinem Leben selbst fehlt vor allem eins, was auch dem Witze fehlt: einheitliche Entwicklung; es ist sprunghaft und unstet, unfest und verworren.« Ders., Heine und sein Witz, Berlin 1908, 25.

»Er hat den Tempel der Liebe, der Wahrheit des Herzens geschändet und entweiht, die Poesie selber ist ihm nun wirklich ein großer lügenhafter Traum. [...] In diesem Sinne [...] muss die Heine'sche Poesie schuldig gesprochen werden, die Lüge statt der Wahrheit und die Häßlichkeit statt der Schönheit zum Inhalt zu haben, allenthalben wo sie ihren Witz und ihr Genie gegen die Substanz kehrt und statt des erheiternden Scherzes einen betrübenden Frevel begeht. [...] Und wer das Heilige entweiht und einen Frevel begeht, wird der das Heilige kennen, oder wird er es nicht vielmehr grade für unheilig und verworfen halten, seine That aber für gut und berechtigt?«[78]

Gleichwohl nahm die Rezeption das »Vergehen« Heines zum Anlass, seine »obszöne« Sprache zu überbieten und seine Dichtung gar zu pathologisieren:

»der Aussatz, das prickelnde Brennen und Jucken, das schamlose Hervortreten des inneren Krankheitsstoffes, als Witz, als Spaß, der Nihilismus als Frivolität, die Selbstvernichtung als Selbstverhöhnung [...]. Dies war der Standpunkt Heines: Heine hatte den Muth der Gemeinheit: ein zweideutiges, ein beklagenswertes Verdienst.«[79]

Obgleich der Literaturhistoriker Robert Prutz trotz seiner Abwehr die literaturgeschichtliche Leistung Heines anerkannte, war das moralische Urteil über das Werk, das religiös und eben nicht nur national begründet wurde, gefällt. Und der Literaturkritiker Wolfgang Menzel, den Heine als »Franzosenfresser« und »Denunziant« bezeichnete, brachte seine Abwehr 1859, drei Jahre nach Heines Tod, in grellem Ton zum Ausdruck. »Die tiefste Korruption der deutschen Sprache« vollziehe eben Heine:

»Da es ihm mißlang, den romantischen Ritter zu spielen, [...] fand er in seiner Bosheit ausreichende Mittel, um sich an der Natur und Gesellschaft zu rächen [...]. Sein Geist und Witz [...] mußten ihm nur dienen, alles Heilige und Hohe, Edle und Unschuldige in der Welt zu lästern. Seine Feder wurde buchstäblich zur Kotschleuder. Im Buch der Lieder stimmt er noch zuweilen einen romantischen Minneton an, aber im Bewußtsein, daß es ihm nicht stehe, zerreißt er gewöhnlich die Saite mit einem grellen Mißton. [...] Auch in den Reisebildern sucht er den Hauptreiz im Herabziehen des Heiligen und Ernsten ins Gemeine. Wir sehen da den Judenjungen, mit der Hand in den Hosen, frech vor den italienischen Madonnenbildern stehen. Zugleich spottete er mit vielem Witz über die politischen und sozialen Zustände. [...] Schließlich gestand Heine selbst, seine ganze Poesie sei vergiftet, und wie eine verbissene Natter schlug er den letzten abgebrochenen Zahn in den eignen Leib.«[80]

Dieses Wüten gegen Heine bestimmte das gesamte Spektrum der negativen Rezeption und äußerte sich in Beschreibungen wie äußere Hässlichkeit, sexuelle Impotenz, (fäkale) »Beschmutzung« der deutschen Dichtung, Schän-

78 Arnold Ruge, Heinrich Heine, charakterisiert nach seinen Schriften (1838), in: Karl Theodor Kleinknecht (Hg.), Heine in Deutschland. Dokumente seiner Rezeption, 1834–1956, Tübingen 1976, 28–43, hier 42.

79 Prutz, Vorlesungen über die deutsche Literatur der Gegenwart, 239 f.

80 Wolfgang Menzel, Die tiefste Korruption der deutschen Dichtung, in: Hermand (Hg.), Das junge Deutschland, 335–341.

dung der Jungfrau Maria, Profanisierung des Sakralen und – letzten Endes – Selbstvernichtung.

Auch Ludwig Börne echauffierte sich; für Heine sei alles »Spaß«: die Sprache, die Philosophie, die Kunst, die Literatur. Börne legt den Konnex des »Unernstes« und des Sexuellen frei:

»In diesem Pariser Flüchtling hat die Poesie ihre niedrigste Stufe erreicht [...]. Die substanziellen Gestalten des Geistes, Liebe, Wahrheit und Freiheit, sind ihm entfremdet. Frivolität ist Frevel gegen den Geist schlechthin. Alles nur scheinbare Sicheinlassen ist Hurerei. [...] Die Poesie der Lüge.«[81]

Die Zuschreibung »Poesie der Lüge« gehörte seit Heines Reise nach Paris 1831 zum Repertoire der abwehrenden Reaktion – »als ideologische Metapher philosophischen Ordnungswahns oder als der politische Fixpunkt, an dem sich die Exilfahnder aller Couleur über Heine verständigen können«.[82] Die Abwehr verdeutlicht sich als »verklemmte Gewaltsamkeit des Ausgrenzungsgestus«.[83] Denn offenkundig entlarvt sich die Kritik am Witz als Abwehr des Sexuellen, als Berührung mit der Körperlichkeit. Heine schreibt gegen eine poetische Sprache an, die sakralisiert, statt aufzuklären. Diese Tat galt der Abwehr als »Ritualmord«. Insofern begründete sich auf der Ebene der Sprachphilosophie, der Ästhetik und der Literaturkritik der Pogrom; das Gerücht gegen die Juden erhält sich – als Bestand des antisemitischen Jargons.

Der Witz und die Ordnung

»[I]ch kann meine eignen Schmerzen nicht erzählen ohne daß die Sache komisch wird«,[84] erwähnte Heine in einem Brief an Moses Moser aus dem Jahr 1832. »Komisch« ist hier im doppelten Sinn des Wortes zu erfassen, als »lustig« und als »eigenartig«. Denn die erheiternde Aufdeckung durch den Witz hat etwas Verstörendes. Es ist das ambivalente Sich-Einlassen auf die verdrängte Lust, auf die der Witz verweist und eigenartig, seltsam, fremd und zugleich bekannt anmutet.[85] Hierin besteht aber das emanzipatorische Poten-

81 Zit. nach Klaus Briegleb, Opfer Heine? Versuche über Schriftzüge der Revolution, Frankfurt a.M. 1986, 159.

82 Ebd., 161.

83 Ebd.

84 Heine an Moses Moser am 28. November 1832, in: Heinrich Heine, Werke, Briefe, Lebenszeugnisse. Säkularausgabe, hg. von den Nationalen Forschungs- und Gedenkstätten der klassischen deutschen Literatur in Weimar (seit 2003: Klassik Stiftung Weimar) und dem Centre National de la Recherche Scientifique in Paris, Berlin/Paris 1970ff., Bd. 20, 127.

85 Das ähnelt dem »Unheimlichen«: »Das Unheimliche des Erlebens kommt zustande, wenn verdrängte infantile Komplexe durch einen Eindruck wieder belebt werden, oder wenn

zial des Witzes. In der Aufdeckung schenkt er dem Verdrängten Gehör und lässt zu, dass verschiedene Bedeutungen und Ebenen sich überlagern, ohne sich gegenseitig zu verdrängen. Der Witz erweist sich als prinzipiell egalitär und gleicht einem politischen Postulat,[86] da seine Technik Grenzüberschreitungen der Diskurse (ästhetischer, politischer, ideeller, menschlicher Art) vollzieht. Der Witz übergeht diese Grenzen in Form und Inhalt »spielend« und erfasst die disparaten Diskurse als Ganzes. Damit verweist er auf die künstliche Trennung von Lebensbereichen und behält das Partikulare, Disparate im Bezug zum Ganzen im Blick. Diese Grenzüberschreitung muss als Provokation schlechthin gelten, die die zerrissene Gesellschaft kaum zu ertragen weiß. Heine selbst erklärte den Witz zur Waffe, der die Ordnung durchbricht: »Und diese Witzart, eine Verknüpfung von Gedanken, eine wilde Ehe zwischen Scherz und Weisheit« (das rekurriert auf Jean Paul), gelte es »[zu] rühmen, [...], da es viele trockene Leute in der Welt giebt, die den Witz gern proscribiren möchten, und man täglich hören kann, wie Pantalon sich gegen diese niedrigste Seelenkraft, den Witz, zu ereifern weiß, und als guter Staatsbürger und Hausvater die Polizey auffordert ihn zu verbieten.«[87]

Die Abwertung des Witzes,[88] auf die Heine anspielte, ist in die Signatur des Zeitgeists eingebettet. Sie gehorcht den Deutungsmustern des christlichen Abendlands. Witz wird gegenüber der »Einsicht« als »Einfall« abgewertet.[89] Lebhaftigkeit kennzeichne den Einfall: lustvoll, eruptiv, gesundend,[90] und Gründlichkeit zeichne sich durch ausgearbeitete Gedankenführung nach logischen Regeln und umständlich-umsichtige Argumentation aus. Der Witz, das sind Ungeduld, Neugier und Dreistigkeit bis hin zur Schamlosigkeit[91] – er laufe ins Nichts.[92] Damit ist die Negativbesetzung philosophisch und ideolo-

überwundene primitive Überzeugungen wieder bestätigt werden.« Sigmund Freud, Das Unheimliche, in: ders., Gesammelte Werke, Bd. 12, 229–268, hier 263.

86 Siehe hierzu Otto F. Best, Der Witz als Erkenntniskraft und Formprinzip, Darmstadt 1989, 118.

87 Die Deutsche Literatur (1828), in: DHA, Bd. 10, 241.

88 Vor allem mit der Abwertung des Französischen gerät der Witz in Misskredit. Noch Lessing hält am Witz als ästhetischem Grundprinzip fest und Gottsched zollt dem Witz als Verstandeskraft Anerkennung. Siehe dazu Best, Der Witz als Erkenntniskraft und Formprinzip, 70.

89 Kant differenziert: Dem »lebhaften oder feinen« Witz sei der Einfall zuzuordnen, der »gründlichen und scharfsinnigen« Urteilskraft die Einsicht. Siehe Otto F. Best, Volk ohne Witz, Frankfurt a. M. 1993, 139. Vgl. dazu Thomas Hecken, Witz als Metapher, Tübingen 2005, 23–26.

90 Helmuth Plessner, Lachen und Weinen, in: ders., Philosophische Anthropologie, hg. von Günter Dux, Frankfurt a. M. 1970, 115.

91 Best, Volk ohne Witz, 139.

92 Hier sei auf die Arbeit von Wolfgang Preisendanz verwiesen, Über den Witz, Konstanz 1970, 10f.

gisch fundiert. Der Witz wird im Kontext einer sakral definierten Ordnung verurteilt.[93] Das ordnende Prinzip, das sich auch in der poetischen Sprache manifestiert, steht dem Diskurs um den Witz vor.[94] Diese philosophisch begründete Abwertung erweist sich als religiös fundiert. Jean Paul postuliert, der Witz sei stets »Gottesleugnung« und in seiner Verneinung des »Erhabenen« (des geistigen Bilds) hänge er immer noch mit ebendiesem zusammen. Der Witz und das »Erhabene« sind Haltungen, die dem empfundenen Leiden an der Welt grundsätzlich unterschiedlich begegnen. Im »Erhabenen« wird das subjektive Leiden an der Welt im Genuss an der Objektsituation gelöst – es verharrt als Objekt. Der Witz hingegen bestärkt das Selbstbewusstsein des mündigen Subjekts und relativiert das Leiden. Während die Last menschlicher Existenz sich im ästhetischen Genuss gleichzeitig erhebt und vernichtet, de facto also einen »Selbstverlust« darstellt und gleichzeitig als Objekt verharrt, »erhebt« der Witz das Subjekt über das Objekt und erwirkt ein »höchstes Selbstgefühl«.[95] Das Subjekt sieht nicht länger »empor«, sondern »herab«. Zum mündigen Subjekt erhoben, beherrscht es in der Rezeption der witzigen Pointe seine Existenz in den gesellschaftlichen und politischen Verwicklungen – die gesellschaftlichen und religiös fundierten Hierarchien werden umgekehrt, verlacht, diskreditiert.

Das »Erhabene«, die »Freiheit im Ästhetischen«[96] bestätigt die Objektsituation des Menschen. Insofern ist die Behauptung Albert Welleks richtig, das »Erhabene« sei »mit dem Witzigen unvereinbar« und übersetze das Prinzip

93 Kant formuliert: »Lediglich den Einfällen alles [zu] verdanken haben heißt: dem bloßen Glück des Schicksals sein Leben anzuvertrauen.« Siehe Best, Volk ohne Witz, 140. »Einsichten« hingegen seien eben »die Wirkung der anhaltenden Arbeit und Geduld«, während Einfälle »von der bloßen Gelegenheit« abhingen, vom Zufall. Das heißt, dass der Zufall die Ordnung stört, an der sich der Mensch orientiert (Best, Volk ohne Witz, 140). Insofern gilt der Witz als »Unordnung« und korrespondiert mit dem hebräischen »Tohu wa vohu« (1 Mose 1,2), das von Luther als »wüst und leer« übersetzt wird, als »Unordnung«, die allein durch Gottes Hand geordnet wird.

94 Bezüglich der hebräischen Poesie schreibt Herder, dass sie mit »ihrem kurzen parabolischen Ton«, ihren oftmals wiederholten »kühne[n] Vergleichungen« und »wenig ausgeführte[n] Gleichnisse[n]« in der deutschen »periodischen Sprache« notwendig ihren sprachlich bedingten Charakter ändern müsse, denn: »Wir müssen also jene zerstückte[n] Bilder, die sich wiederholen, zu einem ganzen ordnen.« Johann Gottfried Herder, Über die neuere deutsche Literatur, Zwote Sammlung von Fragmenten. Eine Beilage zu den Briefen, die neueste Literatur betreffend (1767), in: ders., Werke, hg. von Ulrich Gaier, 10 Bde., Frankfurt a.M. 1985, Bd. 1, 261–336, hier 274–274. Ordnung gilt als religiöses Prinzip, als ein System von Klarheit und Übersichtlichkeit. Unordnung bedeute »Sündhaftigkeit« – in dieser Abwertung radikalisiert sich die Abwertung des Witzes, denn die »zerstückte[n] Bilder« der hebräischen Poesie korrespondieren mit der kurzen, pointierten Form des Witzes: Das Periodische, das »Ganze« entzieht sich der Ordnung, unterläuft und bricht diese gar.

95 Fischer, Über den Witz, 27.

96 Ebd.

des Glaubens.[97] Der Witz hingegen ist das kommunikative Signum von Vernunft – er verwirklicht die Befreiung aus der »selbstverschuldeten Unmündigkeit«. Das »Erhabene« fügt sich insofern in die sakrale Ordnung ein, der Witz rebelliert gegen diese Ordnung, indem er den Objektstatus aufbricht. Das ist ein politisches Mandat. Insofern wäre die Witzarbeit Heines eine lustvolle Destruktion der gesellschaftlichen Ordnung. Andererseits konstruiert diese Destruktion selbst eine neue und den Bedürfnissen des selbstbestimmten Ich entsprechende gesellschaftliche Stellung, dies jedoch ohne die Sicherheit in der Kultur aufs Spiel zu setzen.[98] Hierin besteht Heines zivilisatorische Leistung.

Der Witz als Existenz

Das Destruktive des Witzes ist formästhetisch begründet: »Its absolute combinative quality is always threatened from below by its inferior, fleeting, almost formless character.«[99] Als wie »formlos« der Witz Philippe Lacoue-Labarthe und Jean-Luc Nancy auch gelten mag, sein Charakter konkretisiert sich im Widerstand gegen eine Form und eine Ordnung: »It was never really possible to assimilate Witz to a genre or a work.«[100] Der Witz erscheint als resistent, als nicht »assimilierbar« gegenüber einer Ordnung. Diese Resistenz erweist sich nicht nur als kommunikativ, sondern sie verweist auf eine spezifische Korrelation, die sich als Gleichnis zur jüdischen Existenz übersetzen ließe. Diese Existenz ist verstörend, denn partizipierend weist sie auf eine andere Wirklichkeit hin. André Jolles formuliert: »So müssen wir denn zunächst sagen, daß in der Form Witz, wo immer wir ihn finden, etwas gelöst wird, daß der Witz irgendein Gebundenes entbindet.«[101]

Zumindest die Wörter »gelöst« und »entbindet« gemahnen an die Analysen Adornos und Horkheimers: »Gleichgültig wie die Juden an sich selber beschaffen sein mögen, ihr Bild, als des Überwundenen, [...] des Glücks ohne Macht, des Lohnes ohne Arbeit, der Heimat ohne Grenzstein«,[102] die jüdische Existenz erscheint als ein Zustand außerhalb der Ordnung, außer-

97 Albert Wellek, Witz – Lyrik – Sprache, Bern 1970, 20.

98 Vergleiche dazu die Formel Freuds: »Der Kulturmensch hat für ein Stück Glücksmöglichkeit ein Stück Sicherheit eingetauscht.« Ders., Das Unbehagen in der Kultur, in: ders., Gesammelte Werke, Bd. 14, 419–506, hier 474.

99 Philippe Lacoue-Labarthe/Jean-Luc Nancy, The Literary Absolute. The Theory in German Romanticism, übers. von Philip Barnard und Cheryl Lester, New York 1988, 54.

100 Ebd.

101 André Jolles, Einfache Formen, Halle 1956, 206.

102 Theodor W. Adorno/Max Horkheimer, Elemente des Antisemitismus. Grenzen der Aufklärung, in: Theodor W. Adorno, Dialektik der Aufklärung, Gesammelte Schriften, hg. v. Rolf Tiedemann u. a., 20 Bde., Bd. 3, Frankfurt a. M. ^{3}1996, 192–234, hier 225.

halb einer (politischen) Form. In dieser Wahrnehmung korrespondiert die jüdische Existenz mit dem Witz: Der Witz scheint das Ideal, das Bild – Nancy und Lacou-Labarthe bekräftigen das[103] – zu hinterfragen – etwas anderes zu leben, im Zustand der Kritik, des Diasporischen. Darin erweist sich auch die Dekonstruktion des Bildes und des Ideals, das zu dem wird, was es ursprünglich war: das Menschliche. Der Witz negiert die Transzendenz, den Schein, das Jenseitige, und darin liegt seine Renitenz, sein rebellischer Charakter, der Charakter des Außenseiters. Der Witz erweist sich als zweischneidig. Zwar ist er ein Medium des Mündigen, jedoch entsteht er aus der Isolation heraus. Denn Witz ist insbesondere eine Notwendigkeit. Er weist auf seinen Ursprung hin, denn jede Bedingung des Witzes rekurriert auf Zensur.[104] Diese ist die Initiation des Witzes in einer gesellschaftlichen Situation, in der die politische, die oppositionelle Tat untersagt ist. Der Witz spiegelt im Verständnis eines individualpsychologischen Ausdrucks eine politische Struktur. In beiden Fällen verwehrt eine autoritäre Instanz das Ausleben der Lust, die sich als Konsequenz ihren Weg in der Verschiebung bahnt, als Witz. Und Heine weiß darum. Zur humoristischen Schreibweise heißt es in einem bezeichnenderweise von der Zensur gestrichenen Passus in *Die romantische Schule*:

»Die Schriftsteller, die unter Censur und Geisteszwang aller Art schmachten, […] sind ganz besonders auf die ironische und humoristische Form angewiesen. Es ist der einzige Ausweg welcher der Ehrlichkeit noch übrig geblieben, und in der humoristisch ironischen Verstellung offenbart sich diese Ehrlichkeit […].«[105]

Ironie,[106] das gleiche gilt für den Witz, resultiert aus einer unter Zwängen und Zensur stehenden Existenz. Die Zensur drängt den Dichter in die Rolle des »Narren«. Je mehr Heine diese Rolle meistert, desto weniger kann er politisch wirken. Je ausgefeilter die Anspielungen, die subtilen und offenen Witze sind, desto kleiner wird das Publikum, das ebendiese Witze erfassen kann,[107] denn der Witz verlangt eine psychische Übereinstimmung von Dichter und Publikum.[108]

103 Lacoue-Labarthe/Nancy, The Literary Absolute, 55.

104 Siehe dazu Michael G. Levine, Writing through Repression. Literature, Censorship, Psychoanalysis, Baltimore, Md., 1994.

105 Die romantische Schule, Zweites Buch, in: DHA, Bd. 8/1, 183 f.

106 Insbesondere die »Ironie« verbinde Heine mit der Romantik, postuliert Sandra Kerschbaumer, Heines moderne Romantik, Paderborn 2000, 244. Die These, dass sich die romantische Ironie und Heines Begriff gleichen, bleibt zu bezweifeln. Denn Heine schreibt außerhalb der sakralen Ordnung, in der die Romantik, das betont er stetig, begriffen ist.

107 Vgl. dazu Norbert Altenhofer, Harzreise in die Zeit. Zum Funktionszusammenhang von Traum, Witz und Zensur in Heines früher Prosa, in: ders., Die verlorene Augensprache. Über Heinrich Heine, Frankfurt a. M. 1993, 7–57, hier 34.

108 Sigmund Freud, Der Witz und seine Beziehung zum Unbewussten, in: ders., Gesammelte Werke, Bd. 6, 169.

Insofern erscheint Heine als doppelt exiliert. Der Witz ist, so formuliert es André Jolles, in keiner »Form« zu Hause, das heißt auch, er steht außerhalb der ästhetischen Betrachtung und kann »an und für sich« auf keinen »ästhetischen Wert Anspruch erheben«.[109] Heine, einem »unserer witzigsten Schriftsteller«,[110] wird der Rang des Dichters abgesprochen.[111] Joseph von Eichendorff, Zeitgenosse Heines, urteilt 1847 über ihn:

»Heine war der erste der in dem verwilderten Feldzuge das: sauve qui peut! öffentlich ertönen ließ [...]. Alles, was inzwischen am Glauben Schiffbruch gelitten, folgte, eben so frech aber weniger witzig als Heine, seinem willkommenen Signalrufe; und so entstand bei einer neuen Generation [...] die allerneueste Poesie, die wir folglich als die antichristliche bezeichnen können.«[112]

Heines Witz gilt in diesem Kontext als Sakrileg, er selbst ist vertrieben, im Pariser Exil. Die »antichristliche« Poesie Heines verstört nicht nur, weil sie die Kritik mit dem Ästhetischen vereint, die Lust im Schönen gewährt, sondern auch weil sie enthüllt und die »Kornkammern«, das Wissen, popularisiert.[113] Auf diese gesellschaftliche Dimension wies 1929 der Psychoanalytiker Theodor Reik hin:

»Derjenige, der einen Witz ›macht‹, verstößt sozusagen gegen die sakrosankten Verpflichtungen, welche die Gesellschaft anerkennt. Er löst sich von der Masse ab und setzt sich so dem Verdacht aus, das Privileg der Aggression, deren Versuchung alle unbewußt in sich verspüren, für sich allein in Anspruch nehmen zu wollen. [...] Sie [die Person] hatte den Mut aufgebracht, das auszusprechen, was alle unbewußt fühlen und nicht auszusprechen fähig waren. Der Betreffende ist deshalb Objekt der Bewunderung, aber auch des erbitterten, unbewußten Neides. [...] Wer sich so getraut, bestimmten, von

109 Theodor Lipps, Komik und Humor. Eine psychologisch-ästhetische Untersuchung, Hamburg 1898, 250.

110 Fischer, Über den Witz, 52.

111 Die ältere Forschung deutet Heines Prosa vor allem als Negation des ästhetischen Programms der Kunstperiode, sodass, wie Preisendanz bemerkt, »auch das Artistische der Schreibart« lediglich »zur Funktion nichtästhetischer Wirkungsabsichten zu werden« scheint. Ders., Heinrich Heine, 24. Die normative Verbindlichkeit des ästhetischen Programms der Kunstperiode ist langlebig und führt dazu, dass Heine tendenziell der Status des (deutschen) Dichters abgesprochen wird; er wird der politisch-sozialen Literatur zugeordnet und erscheint als Renegat der deutschen Poesie.

112 Joseph von Eichendorff, Die geistliche Poesie in Deutschland, in: ders., Werke in sechs Bänden, hg. von Wolfgang Frühwald, Brigitte Schillbach und Hartwig Schulz, Frankfurt a.M. 1990–2008 Bd. 6, 349–368, hier 364. Eichendorff rekurriert hier explizit auf *Die romantische Schule*.

113 Nicht zufällig wird Heines Dichtung als »frivol« bezeichnet; das verweist auf die wahrgenommene sexuelle Tendenz des Witzes hin. Ernst Wilhelm Hengstenberg, der Ideologe der klerikalen Restauration, bezeichnet Heine als literarischen Hauptvertreter des »simonistischen Dogmas«, also als Vertreter der »Rehabilitation des Fleisches«, und verurteilte die von Heine geforderte »Religion der Geschlechtslust«. Zit. nach Weber, Heines »Frivolität« und »Subjektivität« in der älteren deutschen Literaturgeschichtsschreibung, 85.

allen unbewußten gefühlten, aber sozial verbotenen Regungen Wort zu leihen, hat sich allen Gefahren ausgesetzt, die den kühnen Rechtsbrecher bedrohen.«[114]

Demnach bestünde die Abwehr gegen den Witz in der Abwehr der Gebote und der Installation der Zivilisation. Die Gewalt richtete sich dann gegen jene, die sich innerhalb der Kultur Lust zu verschaffen vermögen. Die individualpsychologische Konstellation korrespondiert mit der politischen Schlagkraft des Witzes: er ist ein Ereignis von allgemeinem Interesse. Er ist ein politisches Ereignis, denn er trifft auf den sozialpsychologischen Nerv des bürgerlichen Wertegefüges. Der Witz weist auf die sexuellen Tabus hin und bietet gleichwohl eine soziale Form von Sinnlichkeit an. In diesem Sinne muss die Abwehr gegen den Witz, verkleidet in der Debatte um Ästhetik, als Verweigerung einer Tat gedeutet werden, die an das unterdrückte Lustbedürfnis des (historischen) Rezipienten appelliert: die Besinnung auf den Menschen. Die im Witz geweckte Lust ist eine Erinnerung an eine andere Welt, deren Verwirklichung noch aussteht.

114 Theodor Reik, Lust und Leid im Witz, Wien 1929, 83 f.

Mirjam Thulin

Tradition und Edition: Der Verein Mekize Nirdamim als gelehrtes Netzwerk

Im 17. Band von Heinrich August Pierers (1794–1850) *Neuestem encyclopädischen Wörterbuch der Wissenschaften, Künste und Gewerbe* wird der »Wissenstrieb« als ein »dem Menschen angeborene[s] Streben« beschrieben, »zu allgem[ein] gültigen Erkenntnissen (Wissen) zu gelangen«. Er äußere sich »beim rohen Menschen als Neugierde, beim gebildeten als Wissbegierde«.[1] Der Eintrag dokumentiert die Offenheit und den aufklärerischen Universalcharakter des Wissens und ist mit neuer Rhetorik zugleich Spiegel einer veränderten Wirklichkeit und ihres Wissenschaftsimperativs. In dem Bild von Wissen und Wissenschaft, wie es sich im 19. Jahrhundert durchsetzte, wurden Gelehrsamkeit und der Erwerb von Wissen von bloßer leidenschaftlicher Neugier geschieden.[2] Eine systematische und anwendungsorientierte Auffassung von Wissen beziehungsweise Wissenschaft – und damit eine gerichtete Wahrnehmung der Wissensinhalte und -gebiete – wurde für die Aneignung von Wissen verbindlich. Der Mediziner Ludwik Fleck (1896–1961) beschrieb diese Form der gerichteten Wahrnehmung in der Zwischenkriegszeit erstmals als wissenschaftlichen »Denkstil«.[3] Flecks Studien zur Geschichtlichkeit und Konstruktion der »wissenschaftlichen Tatsache«, über die Abgrenzung von »Erfahrung« und »Tatsache«, über die Schaffung einer standardisierten Forschergemeinschaft durch einen bestimmten »Denkstil« und über eine geschichtlich verortbare Epistemologie wurden schließlich zu

1 Art. »Wissenstrieb«, in: Universal-Lexikon der Gegenwart und Vergangenheit oder neuestes encyclopädisches Wörterbuch der Wissenschaften, Künste und Gewerbe, hg. von Heinrich August Pierer, 3. Aufl. (4. Ausg.), Bd. 17, Altenburg 1852, 634. – Diesem Artikel liegt das Kapitel über den Verein Mekize Nirdamin meiner Dissertationsschrift »Kaufmanns Nachrichtendienst. Ein jüdisches Gelehrennetzwerk im 19. Jahrhundert« (Universität Leipzig, 2011) zugrunde. Die Arbeit wird derzeit für den Druck vorbereitet.

2 Zur Neugierde bis dahin vgl. Lorraine Daston, Die kognitiven Leidenschaften. Staunen und Neugier im Europa der frühen Neuzeit, in: dies., Wunder, Beweise und Tatsachen. Zur Geschichte der Rationalität, Frankfurt a. M. 2001, 77–97.

3 Hinsichtlich Flecks Schriften vgl. bes. Ludwik Fleck, Entstehung und Entwicklung einer wissenschaftlichen Tatsache. Einführung in die Lehre vom Denkstil und Denkkollektiv, hg. von Lothar Schäfer und Thomas Schnelle, Frankfurt a. M. 1980, bes. 53–55, 85. Ferner ders., Erfahrung und Tatsache. Gesammelte Aufsätze, hg. von Lothar Schäfer und Thomas Schnelle, Frankfurt a. M. 1983.

JBDI / DIYB • Simon Dubnow Institute Yearbook 10 (2011), 37–67.

einem Wegbereiter der seit einigen Jahren diskutierten historischen Epistemologie.[4]

In der europäischen beziehungsweise aschkenasischen Judenheit waren nach der Haskala, der jüdischen Aufklärung, und im Zuge des Emanzipationsdiskurses rationale Denkstrukturen und Verwissenschaftlichung auch für den Umgang mit den jüdischen Wissens- und Traditionsbeständen bestimmend geworden. Eine wissenschaftliche Bewegung, insbesondere in Gestalt der seit den 1820er Jahren sogenannten Wissenschaft des Judentums, wurde Träger und Akteur dieses Transformationsprozesses im jüdischen Bereich. Das Ethos einer modernen jüdischen Gelehrsamkeit, jüdisches Wissen in Wissenschaft zu übersetzen, und die damit verbundene Epistemologie einer Wissenschaft des Judentums verbanden die Gelehrten in einem weit gespannten Netzwerk, in dem sie miteinander kommunizierten und hinsichtlich ihrer Erkenntnisse über die Wissensinhalte und -gebiete aufeinander aufbauten.[5]

Diese netzwerkförmige Kommunikation der Gelehrten wurde für die jüdische Wissenschaft umso bedeutsamer, als deren Institutionalisierung im Vergleich mit anderen im 19. Jahrhundert entstandenen Geistesdisziplinen vergleichsweise spät einsetzte. Dies lag zum einen daran, dass das Judentum bis zu Beginn des 19. Jahrhunderts eigene Lehrstätten besaß, die das traditionelle jüdische Lernen, das Talmud-Tora-Studium, hauptsächlich prägten und weitgehend autonom regelten. Mit Einführung der staatlichen allgemeinen Schulpflicht, mit der Pluralisierung des Judentums im Zuge der Haskala sowie der Ausformung und Ausbreitung der jüdischen Wissenschaftsdisziplin kam die Forderung nach modernen Institutionen auf. Sie fand in der jüdischen Gemeinschaft jedoch lange Zeit keine Akzeptanz. Schließlich kam es 1829 in Padua zur Gründung des ersten modernen Rabbinerseminars. Am bekanntesten wurden schließlich aber die Seminare der preußisch-deutschen Wissenschaft des Judentums: das Breslauer Jüdisch-Theologische Seminar (gegr. 1854), die Berliner Hochschule für die Wissenschaft des Judentums (gegr. 1872) sowie das ebenfalls in Berlin angesiedelte Orthodoxe Rabbinerseminar (gegr. 1873).[6] Die institutionelle Verankerung der Wissenschaft des Juden-

4 Hans-Jörg Rheinberger, Historische Epistemologie zur Einführung, Hamburg 2007.

5 Zum Ethos einer modernen jüdischen Gelehrsamkeit vgl. Ismar Schorsch, The Ethos of Modern Jewish Scholarship, in: ders., From Text to Context. The Turn to History in Modern Judaism, Hanover, N.H., 1994, 158–176. Für den konstitutiven Zusammenhang von Ethos und Epistemologie siehe Peter Galison/Lorraine Daston, Wissenschaftliche Koordination als Ethos und Epistemologie, in: Elmar Schramm u.a. (Hgg.), Instrumente in Kunst und Wissenschaft. Zur Architektonik kultureller Grenzen im 17. Jahrhundert, Berlin 2006, 319–361.

6 Zu den Rabbinerseminaren siehe die Beiträge in Julius Carlebach (Hg.), Wissenschaft des Judentums. Anfänge der Judaistik in Europa, Darmstadt 1992.

tums wurde zudem dadurch verzögert, dass dieser als Wissenschaftsdisziplin keine Anerkennung zuteil wurde. Die Versuche ihrer Institutionalisierung fanden sowohl in allgemeinen Bildungseinrichtungen als auch in der Universität aus judenfeindlichen beziehungsweise antisemitischen Gründen keinerlei Unterstützung.

Daher bildeten die von mehreren Gelehrten gemeinschaftlich verwirklichten Vereins-, Publikations- und Forschungsprojekte einen wesentlichen institutionellen Rahmen der jüdischen Wissenschaft und der Gelehrtenkommunikation im 19. Jahrhundert. Insbesondere literarische Gesellschaften oder Vereine, deren Mitglieder über zahlreiche Länder, mitunter auch Kontinente, verstreut waren, bestanden allein durch das Engagement ihrer Mitglieder und deren Kommunikation untereinander. Ethos und Epistemologie einer Wissenschaft des Judentums dienten als Grundlage der Zusammenarbeit und prägten mittels der kommunikativen Verflechtung ihrer Mitglieder einen interaktiven und kollektiven Empirismus.[7] Struktur, Funktionsweise und verhandelte Inhalte solcher kleineren und größeren gelehrten Netzwerke sind in der brieflichen Kommunikation der jüdischen Gelehrten überliefert. Trotz der im 19. Jahrhundert vermehrt erscheinenden Zeitungen und wissenschaftlichen Periodika bewahrten Briefe ihre für Gelehrtennetzwerke konstituierende Funktion. Sie dienten nicht nur der wissenschaftlichen Kommunikation, sondern bildeten die Grundlage persönlicher Beziehungen zwischen jüdischen Gelehrten und damit der Gelehrtengemeinschaft. Darum sind Briefe eine maßgebliche Quelle für die Analyse jüdischer Korrespondenz- und Wissensnetze im 19. Jahrhundert.

Im Weiteren soll mit dem bis heute in Jerusalem existierenden Verein Mekize Nirdamim (Erwecker der Schlummernden) ein spezifisches Korrespondenz- und Wissensnetz der jüdischen Wissenschaftsbewegung untersucht werden. Die Geschichte dieses Vereins gibt beispielhaft über die Gelehrtengemeinschaft selbst Aufschluss, sie veranschaulicht deren Arbeitsorganisation sowie den von der Wissenschaft des Judentums geleisteten Wissenswandel im jüdischen Bereich. Nach einer Einführung in die Anfänge des Vereins sollen insbesondere die spätere Zeit, in der David Kaufmann (1852 1899) und Abraham Berliner (1833–1915) den Verein leiteten, sowie die kommunikativen Verflechtungen der Mitglieder in den Blick genommen werden.

7 Zum Begriff des »kollektiven Empirismus« siehe Lorraine Daston, Die Kultur der wissenschaftlichen Objektivität, in: Otto Gerhard Oexle (Hg.), Naturwissenschaft, Geisteswissenschaft, Kulturwissenschaft. Einheit – Gegensatz – Komplementarität?, Göttingen 1998, 9–39, hier 36.

Die Anfänge der Hevrat Mekize Nirdamim

Im Jahr 1861 wurde der Verein Mekize Nirdamim von Eliezer Lippmann Silbermann (1819–1882) im ostpreußischen Lyck (poln. Ełk) gegründet.[8] Silbermann war nicht nur Schächter, sondern auch Redakteur des zwischen 1856 und 1903 erscheinenden hebräischsprachigen Wochenblatts *Ha-Maggid* (Der Erzähler/Der Bote).[9] Als solcher warb er noch vor der eigentlichen Gründung des Vereins im *Ha-Maggid* für das Unternehmen. Am 12. September 1861 schließlich gab Silbermann die Gründung des Vereins durch den Abdruck des zweiseitigen Statuts im *Ha-Maggid* bekannt.[10] Neben Eliezer Lippmann Silbermann hatten der Berliner Rabbiner Michael Sachs (1808–1864) und dessen Schwager, der Londoner Oberrabbiner Nathan Marcus Adler (1803–1890), das Statut der Hevrat Mekize Nirdamim (Gesellschaft der Erwecker der Schlummernden), wie der Verein sich auf Hebräisch bezeichnete, mit unterzeichnet. Dem Statut gemäß sollte der Hauptzweck des Vereins sein, den Druck mittelalterlicher hebräischer Manuskripte und kaum verfügbarer klassischer Schriften der jüdischen Literatur gemeinsam zu finanzieren und dadurch kostengünstig herauszugeben. Bald nach der Vereinsgründung unterstützten weitere namhafte jüdische Gelehrte den Verein durch ihre Mitgliedschaft: Samuel D. Luzzatto (auch Schadal genannt, 1800–1865) aus Padua, Albert Abraham Cohn (1814–1877) aus Paris, der Bibliothekar der Hebraica-Sammlung des British Museum London, Joseph Zedner (1804–1871), sowie der Bankier und Philanthrop Moses Montefiore (1784–1885), ebenfalls aus London.[11] Mit diesen Persönlichkeiten an der Spitze war der Verein ein Zusammenschluss von Gelehrten, die vor allem

8 Diese erste Phase ist teilweise anhand des Engagements von Michael Sachs für den Verein im Rahmen seiner Biografie beschrieben, vgl. Margit Schad, Rabbiner Michael Sachs. Judentum als höhere Lebensanschauung, Hildesheim u.a. 2007, 417–421. Ebenso ist die dritte Vereinsphase, die ca. 1909 beginnt, in Teilen mittels der Wissenschaftsbiografie Aron Freimans thematisiert worden, vgl. Rachel Heuberger, Aron Freimann und die Wissenschaft des Judentums, Tübingen 2004, 303–309. Offizielle Dokumente über den Verein während seiner Ansiedlung in Lyck sind aufgrund des Verlusts des Königsberger Archivs nicht überliefert.

9 Zur Geschichte der Zeitschrift *Ha-Maggid* siehe Josef Lin, Die hebräische Presse. Werdegang und Entwicklungstendenzen, Berlin 1928, 19–21; Gideon Kouts, La naissance de la presse hébraique moderne. Les grands périodiques en Europe 1856–1886, Paris 1993, 85–117, 173. Wie auch bei der Herausgabe des *Ha-Maggid* hatte Silbermann im Verein, zu Beginn namentlich im Statut erwähnt, die Hilfe und Unterstützung von David Gordon (1831–1886). Zu Gordon vgl. Yosef Salmon, David Gordon and Ha-Maggid. Changing Attitudes toward Jewish Nationalism, 1860–1882, in: Modern Judaism 17 (1997), 109–124.

10 Das Gründungsstatut siehe [o.A.], Mekize Nirdamim, in: Ha-Maggid 6 (1861), 225f. (hebr.).

11 Vgl. Hevrat Mekize Nirdamim, in: Ha-Maggid 46 (1861), 305f., hier 306 (hebr.).

dem konservativen beziehungsweise orthodoxen Judentum zuzurechnen waren, und auch später rekrutierten sich die Mitglieder vornehmlich aus diesen Kreisen. Einige Vereinsmitglieder sympathisierten zudem mit nationaljüdischen Ideen und pflegten Kontakt zu Moses Hess (1812–1875). Zur gleichen Zeit waren einige von ihnen auch Mitglieder der Alliance Israélite Universelle oder später der Bewegung Hibbat Zion (Liebhaber Zions), deren Presseorgan die Zeitschrift *Ha-Maggid* wurde.

Wie das Gründungsstatut festhielt, sollte der Verein neben dem Druckprogramm die moderne jüdische Gelehrsamkeit allgemein und den Kontakt unter den Gelehrten im Besonderen fördern. Dies geschah zunächst durch die Anbindung des Vereins an die Zeitschrift *Ha-Maggid*, denn diese verfügte von Beginn an über eine Sektion wissenschaftlicher Studien zur jüdischen Literatur und Geschichte. Darüber hinaus sollten durch den Druck jüdischer Schriften in hebräischer Sprache und mittels der Vereinsorganisation das jüdische Gemeinschaftsgefühl und die Solidarität in der Diaspora überhaupt gestärkt werden. Aus diesem Grund wurde auch das Hebräische in der alltäglichen Vereinsorganisation und in der Korrespondenz zwischen den Gelehrten als Arbeitssprache verwendet, wodurch der Verein sich die Unterstützung osteuropäischer und traditioneller Rabbiner und Gelehrter sichern konnte. Insbesondere im Vereinsvorstand wurde zudem stets auf Ausgewogenheit zwischen Mitgliedern aus den westlichen und östlichen Ländern geachtet; von Beginn an war Eliezer Lippmann Silbermann bemüht, anerkannte Gelehrte aus den jüdischen Zentren Osteuropas für den Verein zu gewinnen. Darum war es von großer Bedeutung, dass Silbermann im Februar 1862 im *Ha-Maggid* berichten konnte, dass auch der geachtete Gelehrte Matthitjahu Straschun (1817–1885) und dessen Vater Samuel Straschun Zaskowitzer (1794–1872) aus Wilna den Verein aktiv unterstützten.[12] Weitere jüdische Gelehrte aus Osteuropa wie der Rabbiner Salomon Ganzfried (1804–1886) aus Ungvár/Ungarn, der Verfasser des religionsrechtlichen Kompendiums *Kizzur Schulchan Aruch* (1864), und Meir Löb Malbim (1809–1880), eine rabbinische Autorität und bedeutender Bibelkommentator aus Kiew, unterstützten gleichfalls das Vereinsvorhaben. Doch auch reformorientierte Gelehrte wie der Szegediner Oberrabbiner Leopold Löw (1811–1875), äußerten sich wiederholt anerkennend über die Stellung und die Aktivitäten der Hevrat Mekize Nirdamim innerhalb des »Vereinswesens in Israel«, diese sei einer der herausragenden zeitgenössischen »Cultur- und Litteraturvereine«.[13] Leopold Löw hielt bereits in einer frühen Ankündigung fest, dass zunächst »werthvolle hebräische Manuskripte, insbesondere aus der Zeit der

12 Vgl. [o. A.], Ad Hevrat »Mekize Nirdamim«, in: Ha-Maggid 7 (1862), 57 (hebr.). Ebenso wird Matthitjahu Straschun wenig später als Gründungsmitglied geführt, vgl. ebd., 394; [o. A.], ebd. 8 (1863), 153 (hebr.).

13 Leopold Löw, Das Vereinswesen in Israel, in: Immanuel Löw (Hg.), Gesammelte Schriften

arabischen Kulturepoche«, zum Druck kommen sollten. Bei Vergrößerung des Vereins und seiner Mittel sollten darüber hinaus »seltene Druckwerke neuerdings aufgelegt, und später auch Werke lebender Schriftsteller« herausgebracht werden.[14] Die Mitglieder des Vereins Mekize Nirdamim einte folglich in ihrer Zusammenarbeit der Wille zur Sammlung, Bewahrung und Stabilisierung jüdischen Wissens. Auf dem Plan des Verlagsprogramms standen Bibelkommentare, Midraschim, ethische, liturgische und halachische Schriften, rabbinische Responsa und mittelalterliche Poesie. Diese traditionellen Schriften sollten nach modernen wissenschaftlichen Maßstäben bearbeitet und in hebräischer Sprache ediert werden. Die Realisierung des Druckprogramms, das somit der textuellen Tradition und wissenschaftlichen Edition gleichermaßen verpflichtet war, bildete den Hauptzweck des Vereins und machte die gemeinschaftliche Arbeit der geografisch verstreuten Mitglieder aus. Der Anfangsbeitrag für die Vereinsmitgliedschaft betrug zwei preußische Taler; freilich konnte auch mehr gegeben werden. Für die Subskription erhielten die Mitglieder die gedruckten Schriften des Vereins.

Die Förderer und Mitglieder der Hevrat Mekize Nirdamim kamen in der Gründungs- und ersten Vereinsphase vor allem aus Osteuropa, sogar aus Indien und Nordafrika.[15] Hingegen konnte der Verein kaum Mitglieder aus den Kreisen reformorientierter jüdischer Gelehrter in Westeuropa werben. Vielmehr war er in dieser ersten Phase der Kritik prominenter Forscherpersönlichkeiten wie Abraham Geiger (1810–1874) oder Moritz Steinschneider (1816–1907) ausgesetzt. Steinschneider monierte das Fehlen nichtrabbinischer Texte im Druckprogramm und störte sich am exklusiven Gebrauch des Hebräischen als Editions- und Verkehrssprache. Dennoch fiel Steinschneiders Rezension über Jehuda Halevis *Divan*, die erste große Edition des Vereins Mekize Nirdamim, anerkennend aus.[16] Gleichwohl blieb er dem Verein gegenüber kritisch eingestellt. Neben seiner Missbilligung des Verlagsprogramms wandte Steinschneider ein, dass Silbermann als Schächter nicht die notwendige »wissenschaftliche Gründlichkeit« für das Unternehmen besitze, und bezeichnete die Zusammensetzung des Vorstands als »undemokratisch«, weil konservative beziehungsweise orthodoxe und aus Osteuropa stammende Gelehrte überwogen.[17] Infolgedessen lehnte Steinschneider sowohl die Mitgliedschaft als auch die Mitarbeit ab.

von Leopold Löw, Bd. 2, Szegedin 1890 (Nachdruck Hildesheim u. a. 1979), 133–164, hier 161.

14 Dies und das vorangegangene Zitat aus Leopold Löw, Der Verein »Mekize Nirdamim«, in: Ben Chananja 4 (1861), 333.

15 Schad, Rabbiner Michael Sachs, 418.

16 Vgl. Moritz Steinschneider, Diwan des Jehuda ha-Levi, in: Hebräische Bibliographie – Hamazkir 8 (1865), 50 f.

17 Das Zitat vgl. Schad, Rabbiner Michael Sachs, 418, Anm. 444.

Wenngleich der Verein anfangs innerhalb von zwei Jahren fast 1200 Mitglieder hatte werben können, musste er doch nach einem Jahrzehnt mangels Subskribenten auf die Bücher seine verlegerischen Aktivitäten einstellen. Schließlich ruhte seit dem Tod Silbermanns im Jahr 1882 jedwede Tätigkeit. Schon Ende der 1870er Jahre hatten Heinrich Graetz (1817–1891), Historiker am Breslauer Jüdisch-Theologischen Seminar, und der Lemberger Gelehrte Salomon Buber (1827–1906) über eine Neugründung des Vereins unter der Ägide der Alliance Israélite Universelle korrespondiert.[18] Nach Aussage von Graetz sollte er künftig »besseres u[nd] billiger liefern« und nicht nur Editionen hebräischer Handschriften, sondern auch Abhandlungen in hebräischer, deutscher, französischer und englischer Sprache bereitstellen.[19] Wissenschaftliche Preisaufgaben, an denen sich die Alliance sowie ihr Wiener Zweig, die Israelitische Allianz, beteiligen wollten, sollten ausgeschrieben werden. Allerdings zerschlug sich die Initiative von Graetz und Buber schon im Frühjahr 1880.[20]

Die erfolgreiche Neugründung des Vereins Mekize Nirdamim gelang schließlich David Kaufmann, einem jungen Professor am Rabbinerseminar in Budapest, und Abraham Berliner, Dozent am Orthodoxen Rabbinerseminar Berlin, im Jahr 1884. Noch ehe David Kaufmann mit Abraham Berliner zusammentraf, hatte er die Notwenigkeit textkritischer Ausgaben bekräftigt und die mangelnde Qualität vorhandener Editionen jüdisch-mittelalterlicher und halachischer Texte beklagt. In einem Brief an Leopold Zunz (1794–1886), den Begründer der Wissenschaft des Judentums, hatte Kaufmann schon im Jahr 1878 geschrieben, dass ihm Editionen als »das [D]ringendste« erschienen, um fortan über jüdische Literatur und Geschichte arbeiten zu können. Er misstraue sogar vorliegenden Übersetzungen, die er kaum mehr zu benutzen wage, ohne die Originaldokumente zu konsultieren.[21] Bisweilen ärgere er sich über die »Weiberarbeit unserer Literatur«, und er bemängelte Textstudien und Editionen, die nur noch den Grundsätzen eines »professio-

18 Vgl. Graetz an Buber, Breslau, 21. März 1879, in: Heinrich Graetz. Tagebuch und Briefe, hg. und mit Anmerkungen versehen von Reuven Michael, Tübingen 1977, 355–356. Salomon Buber, der Großvater Martin Bubers, wirkte in Lemberg für die Alliance, vgl. Salomon Buber. (Der Vertrauensmann der A.I.U. in Lemberg, am 28. Januar 1907 im 80. Lebensjahr gestorben), in: Ost und West 7 (1907), Sp. 137–140.

19 Das Zitat vgl. Graetz an Buber, Breslau, 21. März 1879, in: Heinrich Graetz. Tagebuch und Briefe, 356.

20 Vgl. Graetz an Buber, Breslau, 9. April 1880, in: ebd., 364.

21 Das Zitat vgl. Kaufmann an Zunz, Budapest, 20. Januar 1878, National Library of Israel Jerusalem (nachfolgend NLI), Leopold und Adelheid Zunz Collection (Zunz-Archiv), Arc. 4° 792 Zunz/G 16a–356.53.

nellen Büchermachen[s]«, also einer rein berufsmäßigen Editionspraxis, folgten.[22]

Aufgrund dieser Einschätzung war das Bedürfnis Kaufmanns nach der Wiederbelebung des Vereins Mekize Nirdamim nicht verwunderlich. Im Sommer 1884 schließlich traf David Kaufmann bei seinem Kuraufenthalt in Mährisch Aussee (tschech. Úsov) mit Abraham Berliner zusammen. Obschon beide Gelehrte einander durch einige Veröffentlichungen Kaufmanns in Berliners *Magazin für die Wissenschaft des Judentums* kannten, beide mehr als zwanzig Jahre voneinander trennten und sie zudem unterschiedlichen religiösen Richtungen des deutschsprachigen Judentums angehörten, schlossen sie Freundschaft. Bedeutsam wurde die nähere Verbindung zwischen David Kaufmann und Abraham Berliner schließlich aufgrund des noch in Aussee gefassten Entschlusses, den Verein Mekize Nirdamim wiederzubeleben.

Der Hebräische Litteratur-Verein Mekize Nirdamim

Auch in der zweiten Vereinsphase suchte der Verein Mekize Nirdamim zunächst das Licht der jüdischen Öffentlichkeit, um seine Neugründung bekannt zu machen und Mitglieder zu werben, neuerdings jedoch in den deutsch-jüdischen Wissenschaftszeitschriften. Noch Anfang Juli 1884 verfasste David Kaufmann einen Aufruf, der nur wenige Monate später, Anfang September, in der *Allgemeinen Zeitung des Judentums* (AZJ) erschien und die Wiedergründung des Vereins bekannt gab.[23] In der Meldung wurden neben dem künftigen Geschäftsführer Abraham Berliner und David Kaufmann bereits der Orientalist Joseph Derenbourg (1811–1895), Rabbiner Moses Levi Ehrenreich (1818–1899), Baron David von Günzburg (1857–1910), Albert Abraham Harkavy (1835/39–1919), Salomon Halberstam (1832–1900), Rabbiner Marcus M. Jastrow (1829–1903) und Adolf Neubauer (1831–1907) als Gründungsmitglieder angegeben. Innerhalb kürzester Zeit also hatten Berliner und Kaufmann andere herausragende jüdische Gelehrte für ihr Projekt gewonnen: Derenbourg hatte den eigens für ihn geschaffenen Lehrstuhl für talmudische und nachbiblische Wissenschaften an der École Pratique des Hautes Études (EPHE) in Paris inne, Ehrenreich amtierte in Rom und war damit der Vatikanischen Bibliothek und den dorti-

22 Die Zitate vgl. Kaufmann an Isidore Loeb (?), Budapest, 24. November 1878, Archives de l'Alliance Israélite Universelle Paris (AAIU), Hongrie I B.

23 Vgl. [o. A.], Zeitungsnachrichten. Berlin, 18. August (Privatmith.), in: AZJ 36 (1884), 569.

gen Hebraica-Sammlungen nahe, Günzburg war nicht nur selbst Orientalist, sondern förderte in St. Petersburg tatkräftig maskilische Kreise durch Geldmittel, Harkavy fungierte als Bibliothekar in der Kaiserlichen Öffentlichen Bibliothek in St. Petersburg, Halberstam war Geschäftsmann in Bielitz (poln. Bielsko) und wie Günzburg passionierter Sammler von Hebraica, Marcus M. Jastrow amtierte als konservativer Rabbiner in Philadelphia (Pa.) und Adolf Neubauer schließlich hatte in den 1850er Jahren während der Katalogisierung der Bestände der Bodleian Library in Oxford eng mit Moritz Steinschneider zusammengearbeitet und wirkte als Bibliothekar und Lektor für rabbinisches Hebräisch an der Oxford University.

Die Mitgliederzahlen des Vereins stiegen nach dessen Wiederbelebung stetig an. Im April 1885 bereits meldeten die Frankfurter *Populär-wissenschaftlichen Monatsblätter*, dass der neu gegründete Verein Mekize Nirdamim 200 Mitglieder zähle.[24] Im Dezember 1885 berichtete Berliner im *Jüdischen Literaturblatt* von mittlerweile 445 Förderern und Mitgliedern.[25] Die Mitglieder des Vereins Mekize Nirdamim hatten ihren Wohnsitz in mehr als zwanzig Ländern weltweit. Sie kamen aus Mitteleuropa oder aus Städten wie Libau und Riga, aus Jerusalem, Johannesburg, Janina in Griechenland oder aus Orten des heutigen Bulgariens und Weißrusslands, aus Tunesien und Argentinien.[26] In seinem Artikel im *Jüdischen Literaturblatt* wies Berliner auch auf die ersten Vereinseditionen ein Jahr nach der Wiedergründung hin: den *Perush 'al Sefer Yezirah* (Kommentar zum Buch der Schöpfung) des Isaac Barcelona (1885), der *Teshuvot ha-Ge'onim* (Responsa der Geonim) (1885–1887), herausgegeben von Albert Harkavy und korrigiert von dem Wilnaer Gelehrten Matthitjahu Straschun, sowie der fortan in dieser zweiten Vereinsphase halbjährlich erscheinenden Zeitschrift *Kobez al Yad* (Handschriftensammlung) mit kleinen Stücken aus hebräischen Manuskripten.[27]

Die zweite Phase unterschied sich von der Gründungsphase durch die noch größere geografische Ausbreitung des Vereins und durch Organisation und Verkehrssprache der Mitglieder – das Deutsche rückte neben das Hebräische und zunehmend in den Vordergrund. Nicht nur in den Zirkularien, die Abra-

24 Vgl. [o. A.], Mitteilungen, in: Populär-wissenschaftliche Monatsblätter 5 (1885), 93. Zweifelsohne hatte der Herausgeber der *Monatsblätter*, Adolf Brüll (1846–1908), der ein Kindheitsfreund David Kaufmanns war, von diesem die Meldung erhalten.

25 Vgl. Abraham Berliner/Julius Kalmus, Mekize Nirdamim, in: Jüdisches Literaturblatt 15 (1866), 36.

26 Vgl. hierfür das Mitgliederverzeichnis des letzten Jahres der zweiten Vereinsphase: Verzeichnis der Mitglieder des hebräischen Litteratur-Vereins »Mekize Nirdamim«. 19. Jahrgang 1903, Berlin 1904.

27 Die Zeitschrift erschien zwischen 1885 und 1904. Seit den 1960er Jahren wird *Kobez al Yad. Minora Manuscripta Hebraica* als neue Reihe wieder im Programm des Vereins Mekize Nirdamim in Jerusalem geführt.

ham Berliner regelmäßig verschickte und die auf Deutsch abgefasst waren, sondern auch in den Korrespondenzen der Mitglieder überwog das Deutsche als Verkehrssprache. Neuerdings erfreute sich der Verein zudem einer engen Verbindung zu Moritz Steinschneider, der sich in der ersten Vereinsphase nicht hatte beteiligen wollen, nun aber Vorschläge für das Verlagsprogramm machte.[28]

Hinsichtlich der Vorstandsmitglieder wurde weiterhin versucht, ein Gleichgewicht zwischen den Herkunftsländern zu halten, indem bei Verlust eines Mitglieds dieses immer durch einen Nachfolger aus demselben Land ersetzt wurde. Desgleichen versuchte das Leitungsgremium eine Balance der in den Ländern und Regionen einflussreichen und anerkannten Institutionen und Persönlichkeiten zu finden, wie eine Bitte Berliners an Markus Brann (1849–1920), Historiker am Breslauer Jüdisch-Theologischen Seminar, im September 1895 vermuten lässt, er möge zusammen mit dem französischen Oberrabbiner Zadoc Kahn (1839–1905) und dem dänischen Oberrabbiner David Simonsen (1853–1932) dem Vorstand des Vereins beitreten.[29] Die Mitgliedschaft im Verein bedeutete auch in der zweiten Phase eine aktive Teilnahme am Verlagsprogramm. Mitglieder wurden folglich gebeten, das Kopieren von Handschriften, das Kollationieren oder Korrigieren von Druckbögen zu übernehmen. Da die Mitglieder jedoch die zu druckenden Werke selbst vorschlugen und damit ein großes Interesse an korrekten Editionen vorausgesetzt war, fand sich immer Personal.

Eine Herausforderung, die dem Verein bereits in der ersten Phase insbesondere in Russland begegnet war, setzte sich in der zweiten Phase fort: die sich ständig wandelnden Auflagen für die Produktion von Druckerzeugnissen in Russland und die russische Zensur. Über die Jahre verbesserten sich Lage und Handlungsmöglichkeiten der jüdischen Gelehrten in Russland kaum. Seit April 1881 bedrohten außerdem Pogrome die Juden auf russländischem Gebiet. Ein Vereinsrundschreiben Berliners aus dem Jahr 1901 verrät, dass zu diesem Zeitpunkt die Zensur in Russland das Editionsprogramm vonseiten der russischen Mitglieder stark einschränkte, denn sie durften für die Vereinsschriften weder werben noch sie vertreiben.[30]

Die erstrangige Quelle für die vom Verein Mekize Nirdamim geleistete Wissensproduktion, Wissenschaftskommunikation sowie für die Vereinsorganisation sind die Korrespondenzen der hier im Zentrum stehenden zweiten

28 Kaufmann an Berliner, Budapest, 2. Juni 1885, in: Ferdinand Rosenthal, Briefe Prof. Kaufmann's an Berliner, in: Aron Freimann/Meir Hildesheimer (Hgg.), Festschrift zum siebzigsten Geburtstage A. Berliner's, Frankfurt a.M. 1903, 301–330, hier 308.

29 Berliner an Brann, Berlin, 12. September 1895, NLI, Markus Brann Collection, Arc. Ms. Var. 308/124.

30 Vereinsrundschreiben Berliners, Berlin, 25. November 1901 [Schreibmaschine], mit handschriftlichen Zeilen an Brann, NLI, Arc. Ms. Var. 308/124.

Vereinsphase. Vier überlieferte Briefkonvolute berichten über die Vereinsgeschichte: die Briefe David Kaufmanns an Abraham Berliner, die von Berliner versandten Rundschreiben an die Vorstandsmitglieder des Vereins, die überlieferten Briefwechsel Kaufmanns und Berliners mit weiteren Vorstands- und Vereinsmitgliedern sowie deren Briefwechsel mit Vereinskollegen und anderen Gelehrten über den Verein Mekize Nirdamim. Die Verbundenheit und der enge Austausch aller Vereinsmitglieder miteinander wurde nicht zuletzt an dem im Jahr 1900 erschienenen Gedenkbuch für David Kaufmann sichtbar, an dem sich zahlreiche Mitglieder nicht nur des Vorstands mit einem Beitrag beteiligt hatten.[31]

Wiederbelebung und Vereinsorganisation: Die Briefe Kaufmanns an Berliner

Die Briefe David Kaufmanns an Abraham Berliner dokumentieren neben der persönlichen Freundschaft der beiden Gelehrten die gemeinsame Organisation und Koordination des Vereinsprojektes in Form einer brieflichen Wissenschaftskommunikation. Kaufmanns Briefe an Berliner wurden 1903 von Kaufmanns Schwager, dem Breslauer Rabbiner Ferdinand Rosenthal (1838–1921), ediert.[32] Allerdings handelt es sich nur um einen Ausschnitt aus der Gesamtkorrespondenz. Zum einen ließ Rosenthal Briefpassagen aus, zum anderen ist mit Blick auf Kaufmanns allgemeine Brieffrequenz zu vermuten, dass Rosenthal zahlreiche Briefe nicht berücksichtigte. Berliners Antwortschreiben an Kaufmann sind aufgrund des Verlusts von dessen Nachlass im Zweiten Weltkrieg in Budapest nicht überliefert.[33] Indes erschließt sich der Inhalt von Berliners Schreiben teilweise aus Kaufmanns Briefen.

In den Briefen Kaufmanns an Berliner seit ihrer Begegnung im Sommer 1884 wird die Arbeitsteilung zwischen Berliner und Kaufmann bei der Vereinsorganisation deutlich. Wie es auch in Korrespondenzen Abraham Berliners mit anderen Vereinsmitgliedern sichtbar wird, oblag ihm die eigentliche Organisation und Verwaltung des Vereins Mekize Nirdamim. Er formulierte und versandte die Zirkularien an den Vorstand, sammelte die Mitgliedsbeiträge ein und verwaltete den Fonds des Vereins. Berliner arbeitete daneben

31 Markus Brann/Ferdinand Rosenthal (Hgg.), Gedenkbuch zur Erinnerung an David Kaufmann, 3 Bde., Breslau 1900.

32 Vgl. die bereits mehrfach zitierte Ausgabe, Briefe Prof. Kaufmann's an Berliner.

33 Ein Gesamtnachlass Berliners ist ebenfalls nicht mehr vorhanden, lediglich eine kleine Sammlung im Archiv der NLI Jerusalem sowie ein echter Nachlass in der Universitätsbibliothek Frankfurt am Main mit nur wenigen Korrespondenzen von und an Berliner. Beide Archivsammlungen enthalten keine Korrespondenzen von David Kaufmann.

mit dem Verlag H. Itzkowski in Berlin zusammen, der in dieser zweiten Phase die Vereinswerke druckte, und besorgte die Auslieferung an die Mitglieder und Subskribenten. Diese Arbeit wurde für Berliner, der als Dozent am Orthodoxen Rabbinerseminar regelmäßig lehrte und für seine Forschungsarbeiten oft nach Italien reiste, allerdings zunehmend beschwerlich. David Kaufmann, der die Mühen der Organisation und Redaktionsarbeit früh erkannte, hatte sich deshalb schon bald dafür ausgesprochen, dass für die Verwaltung des Vereins ein Honorar gezahlt werden sollte.[34] Aufgrund der geringen Einnahmen jedoch war dies nicht zu realisieren. Berliner gestand Mitte der 1890er Jahre in Briefen an Kaufmann und andere Vorstandsmitglieder immer wieder seine Erschöpfung ein. Kaufmann schlug daraufhin den Rabbiner Heinrich Brody (auch Henrik Bródy, 1868–1942) aus Náchod in Ostböhmen als bezahlten Mitarbeiter Berliners vor.[35] Da dies ebenso wenig zu finanzieren war, enthielten Kaufmanns Briefe oftmals Ermutigung und Anerkennung, er würdigte Berliners Vereinsarbeit als selbstlose Tätigkeit zum Wohl der jüdischen Wissenschaft.[36]

Darüber hinaus versuchte Kaufmann, am Budapester Rabbinerseminar selbst durch zahlreiche Lehrveranstaltungen absorbiert, Abraham Berliner bei allen Verwaltungs- und Organisationsaufgaben aktiv zu unterstützen. Später bezeichnete Berliner Kaufmann neben Salomon Halberstam als seinen größten Helfer in der Vereinsarbeit.[37] Gemeinsam mit Kaufmann traf Berliner auch die inhaltlichen Entscheidungen hinsichtlich des Editionsprogramms. Kaufmann bestimmte die Geschwindigkeit der Kommunikation und Häufigkeit der Zuschriften in der Korrespondenz mit Berliner. Wenn Berliners Antworten auf seine Mitteilungen und Anfragen länger ausblieben, beschwerte sich Kaufmann und vermutete gar persönliche Ablehnung oder Gleichgültigkeit. Kaufmanns rege Briefkommunikation kam der Bekanntheit des Vereins jedoch zugute. Stets empfahl Kaufmann den Verein weiter, warb neue Mitglieder und Geldgeber und trieb Mitgliedsbeiträge ein. Zudem stellte er oftmals den Kontakt zu osteuropäischen und italienischen Mitgliedern her und blieb mit jenen Gelehrten in regelmäßiger Verbindung. Nicht selten verband Kaufmann mit diesen Mitgliedern eine herzliche Freundschaft, etwa mit Salomon Halberstam, oder entfernte Verwandtschaft wie mit dem Florentiner Oberrabbiner Samuel Hirsch Margulies (1858–1922). Die Briefe Kaufmanns

34 Vgl. Kaufmann an Berliner, Aussee, 8. Juli 1884, in: Briefe Prof. Kaufmann's an Berliner, 303.

35 Kaufmann an Berliner, Heringsdorf, 2. August 1894, in: ebd., 328; Kaufmann an Berliner, Budapest, 31. Januar 1898, in: ebd., 330.

36 Vgl. beispielsweise Kaufmann an Berliner, Budapest, 5. Juni 1896, in: ebd., 329.

37 Vgl. Vereinsrundschreiben Berliners, Bad St. Moritz, Villa Edelweiß, 19. Juli 1899, Det Kongelige Bibliotek Kopenhagen (nachfolgend KB), David-Simonsen-Archiv, Korrespondenzen.

an Berliner zeugen ebenso von seinen Plänen zu eigenen Editionen im Verlag des Vereins.[38] Er bemühte sich darüber hinaus um das Sichten und Suchen von relevanten Handschriften sowie um deren Kollationierung. Es ist davon auszugehen, jedoch anhand der Druckausgaben nicht immer nachweisbar, dass Kaufmann zahlreiche Abschriften von Handschriften erstellte oder zum Zwecke der Edition selbst mit anderen Lesarten verglich. In Kenntnis der Tatsache, dass dies eine mühselige und zeitaufwendige Arbeit darstellt, trat Kaufmann dafür ein, Kollegen hierfür gegebenenfalls Geld zu zahlen.

Die Funktionen und Aufgaben, die sich auf die Briefe Kaufmanns an Berliner zurückführen lassen, belegen, dass die Kommunikation zwischen beiden die Schnittstelle für organisatorische, verlegerische, arbeitstechnische, finanzielle wie auch persönliche Fragen und Entscheidungen hinsichtlich des Vereins Mekize Nirdamim bildete. Im Zusammenhang mit den Rundschreiben und Korrespondenzen mit weiteren Vereinsmitgliedern geben sie Auskunft über Arbeitsabläufe und die miteinander verflochtenen Themenbereiche.

Chroniken der Wissensproduktion: Die Rundschreiben

Ein zentrales briefliches Kommunikationsmittel bei der Koordination und Organisation des Vereins Mekize Nirdamim bildeten die Vereinsrundschreiben. Sie verschafften den Mitgliedern des Vorstands rasch und zu gleicher Zeit allgemeine Informationen. Diese Zirkularien sind nicht für alle Vereinsjahre nachweisbar, aber es ist zu vermuten, dass solche Rundschreiben von Abraham Berliner bis zu zwei Mal im Jahr versandt wurden. Sie enthielten üblicherweise einen kurzen Bericht über die laufenden und die fertiggestellten Projekte, die Bitte um Beiträge und Editionsvorschläge sowie vereinzelt detailliertere Erläuterungen zur Bedeutsamkeit eines Schriftwerks oder dessen Arbeitsstand. Zugleich stellten sie eine Möglichkeit dar, durch Nennung der Namen die Arbeit von Herausgebern einiger Editionen im Kollegenkreis besonders zu würdigen. Die Arbeitsberichte über die Schriften folgten den Jahrgängen der Schriftenreihe, deren Zählung in der zweiten Vereinsphase erneut einsetzte – also wurde das Jahr 1885 als erster Jahrgang gezählt.

Im Rundschreiben zum 14. Jahrgang der Schriftenreihe im Jahr 1898 verwies Berliner auf die Tätigkeit Salomon Halberstams, Albert Harkavys, des Warschauer Rabbiners Samuel A. Poznanski (1864–1921), des jungen Aron

38 Vgl. beispielsweise Kaufmann an Berliner, o.O.u.D., vermutlich Mitte Juni 1885, in: Briefe Prof. Kaufmann's an Berliner, 309.

Freimann (1871–1948) sowie des Posener Rabbiners Wolf Feilchenfeld (1827–1913).[39] Hier wurden personelle Verbindungen der jüdischen Wissenschaftsbewegung sichtbar: Samuel Poznanski und Aron Freimann, die Schüler Moritz Steinschneiders waren, rückten in der dritten Vereinsphase selbst an die Spitze des Vereins vor; Wolf Feilchenfeld war seit Studienzeiten ein enger Freund Esriel Hildesheimers (1820–1899), des Gründers und Direktors des Orthodoxen Rabbinerseminars in Berlin. Gleichfalls im Rundschreiben von 1898 gab Berliner ausführliche Erörterungen zu David Messer Leon und dessen *Kebod Hachamim* (Ehre der Weisen), das Isaac M. Hirschenson (auch Hirschensohn, 1844–1898?) vor seinem Tod aus Handschriften der Bodleian Library zu kopieren begonnen hatte. Messer Leons *Kebod Hachamim* erschien ein Jahr später im Verlag des Vereins.[40]

Doch auch Finanz- und Personalfragen wurden in diesen Zirkularien zur Sprache gebracht. Gerade zur Jahrhundertwende kämpfte der Verein immer wieder mit finanziellen Engpässen. In seinem Rundschreiben zum 15. Jahrgang der Schriftenreihe vom Mai 1899 informierte Berliner seine Kollegen über das Defizit des Vereins, das er durch den Verkauf früherer Vereinspublikationen zunächst hatte decken können.[41] Ebenso bat er um die Einzahlung der Mitgliedsbeiträge. Erneut fügte er dem Schreiben eine kommentierte Auflistung der in Arbeit befindlichen Editionen an und er erwähnte unter anderem Simon Eppenstein (1864–1920), Rabbiner in Briesen, und wiederum Aron Freimann als Bearbeiter von Editionen.[42] Außerdem wurde in dem Rundschreiben das Ausscheiden des römischen Rabbiners Moses Levi Ehrenreich aus Altersgründen mitgeteilt. Berliner schlug vor, an dessen Stelle Rabbiner Samuel H. Margulies aus Florenz in den Vorstand aufzunehmen.

Das schon weniger als zwei Monate später folgende Zirkular Berliners vom 19. Juli 1899 schließlich stand im Zeichen des »Hinscheiden[s] unseres teuren David Kaufmann«.[43] Kaufmann war während eines Urlaubs in Karlsbad gestürzt und infolge von Komplikationen plötzlich verstorben. Berliner berichtete, er habe Kaufmann noch nach Karlsbad geschrieben und sei in Erwartung einer baldigen Antwort gewesen. Er schlug nun vor, zu Kaufmanns Gedächtnis einen Teil seiner verstreuten hebräischen Abhandlungen

39 Vereinsrundschreiben Berliners, Berlin, 27. Januar 1898, KB, David-Simonsen-Archiv, Korrespondenzen.

40 Vgl. die Ausgabe David Messer Leon, Kebod Hachamim, Berlin 1899.

41 Vereinsrundschreiben Berliners, Berlin, 25. Mai 1899, KB, David-Simonsen-Archiv, Korrespondenzen.

42 Simon Eppensteins Edition erschien als Solomon Astruc, Midrash ha-Torah, Berlin 1899.

43 Vereinsrundschreiben Berliners, Bad St. Moritz, Villa Edelweiß, 19. Juli 1899, KB, David-Simonsen-Archiv, Korrespondenzen.

und begonnenen Handschrifteneditionen vereint zum Druck zu bringen.[44] Die Lücke, die durch Kaufmanns Tod entstanden war, war Berliner gewillt bald zu schließen und er beantragte, Wilhelm Bacher (1850–1913), Kaufmanns Kollegen am Budapester Rabbinerseminar, als neues Mitglied in den Vorstand zu berufen. Berliner beschloss dieses Rundschreiben mit dem Hinweis auf laufende Editionsvorhaben.

Das Rundschreiben zum 16. Jahrgang der Vereinsschriften aus dem Jahr 1901 begann mit dem Hinweis auf die wieder einmal defizitäre Finanzlage.[45] Berliner erinnerte an die Überproduktion von Drucken seit mehreren Jahren, hoffte aber zugleich auf den Verkauf der Restbestände. Nicht zuletzt aufgrund der Finanzprobleme hatte Berliner wohl entschieden, das Zirkular über die Vorstandmitglieder hinaus auch an andere Mitglieder und potenzielle Gönner zu versenden. Kurz führte er in das Programm des 17. Jahrgangs ein und gab den Abschluss der langjährigen *Divan*-Edition bekannt, woran er einen Dank an den Bearbeiter Heinrich Brody anschloss.[46] Elkan N. Adler (1861–1946) aus London, Sohn von Nathan M. Adler und einst ein Freund David Kaufmanns, führte Berliner als Bearbeiter hebräischer poetischer Stücke ein. Im Rundschreiben überwogen ein weiteres Mal die Personalfragen, insbesondere Berliner selbst betreffend. Schon seit Jahren fühlte er sich der Verwaltung des Vereins aus Altersgründen nicht mehr gewachsen und wies nun darauf hin, dass man ohne ein Gehalt keinen Helfer für ihn finden würde. In diesem Zusammenhang erwähnte Berliner den Vorschlag Salomon Bubers über die Ausweitung des Vereins in die östlichen Länder und Regionen und die damit verbundene Herabsetzung des Jahresbeitrags um die Hälfte. Buber wollte durch mehr Mitglieder im Osten den Verein und dessen Finanzen sichern, die Vereinsarbeit besser verteilen, was hieß, Berliner zu entlasten. Daneben hatte er vorgeschlagen, die Vereinsschriften künftig bei der Verlagsbuchhandlung zu lagern und sie durch diese und nicht mehr durch Berliner versenden zu lassen. Berliner indes wandte sich gegen Bubers Vorschläge. Er erklärte, dass er aus Kostengründen keinesfalls einer Buchhandlung die Lagerung und Versendung der Schriften überlassen wolle, da die Seminarbibliothek des Orthodoxen Rabbinerseminars bislang unentgeltlich als Lagerort der Vereinsschriften diente. Der Verein sollte weiterhin ehrenamtlich und

44 Dieses Vorhaben kam nicht zur Ausführung. Jedoch erstellte Halberstam für das Kaufmann-Gedenkbuch eine Liste von dessen hebräischen Abhandlungen, vgl. Salomon Halberstam, Verzeichnis der hebräischen Schriften David Kaufmanns, in: Brann/Rosenthal (Hgg.), Gedenkbuch zur Erinnerung an David Kaufmann, 85–112.

45 Vereinsrundschreiben Berliners, Berlin, 14. November 1901 [Schreibmaschine], mit handschriftlichen Zeilen an Simonsen, KB, David-Simonsen-Archiv, Korrespondenzen; ebenso erhalten in: NLI, Arc. Ms. Var. 308/124, mit handschriftlichen Zeilen an Brann.

46 Der *Divan* von Jehuda Halevi erschien als: Divan le-R. Yehudah ha-Levi, Lyck/Berlin 1864–1898.

damit kostengünstig verwaltet werden. Überdies plädierte Berliner dafür, den Verein nicht weiter zu vergrößern, sondern ihn vielmehr in seiner bisherigen Form zu festigen. Auf dem Wege des Rundschreibens fragte er abschließend Albert Harkavy nach dem Verbleib der Zinsen des Vereinskapitals, die an den russländischen Zweig des Vereins gegangen waren und von denen die Edition der Schriften des mittelalterlichen Philosophen Saadia Gaon durch Harkavy ermöglicht werden sollten, die bis dahin noch nicht erschienen waren.

Über die wissenschaftliche Kommunikation und Koordination hinaus zeugen die hier beispielhaft dargestellten Rundschreiben nicht nur von der Präsenz weiterer Mitglieder und ihrem Anteil an der Arbeit des Vereins Mekize Nirdamim, sondern auch von der Interaktion und Verflechtung der einzelnen Mitglieder, der Regionen und der Länder. Bei Auseinandersetzungen nahmen die zahlreichen am Verein partizipierenden Mitglieder entsprechend ihren Lebens- und Arbeitsumständen unterschiedliche Positionen ein und unterbreiteten deshalb voneinander abweichende Vorschläge, wie etwa in der Frage der Erweiterung des Einzugsgebiets in die östlichen Regionen. Nicht nur in dieser Angelegenheit zeichnete sich die zentrale Rolle der deutschsprachigen beziehungsweise westlichen jüdischen Forscher in dieser zweiten Vereinsphase ab.

In der Vereinspost überwogen generell Briefe, das heißt sie sind mehrheitlich überliefert. Postkarten hingegen wurden für organisatorische Angelegenheiten wie die Erinnerung an Beitragszahlungen oder kurze Mitteilungen zu Korrekturen benutzt. Es scheint, als habe nur der Vorsitzende des Vorstands, also Abraham Berliner, das vorgedruckte Briefpapier des Vereins Mekize Nirdamim besessen. Darauf war der Verein in Transkription und in deutscher Sprache als »Hebräischer Litteratur-Verein Mekize Nirdamim« ausgewiesen. Erst in der zweiten Druckzeile erschien in hebräischen Lettern seine hebräische Bezeichnung »Hevrat Mekize Nirdamim«. Nach unten folgte ein schlichter geschwungener Querstrich. Rechtsbündig unter diesem Strich waren Ort, Jahr und der Straßenname von Berliners Privatadresse vorgedruckt, Tag und Monat des Schreibens mussten eingetragen werden. Jedoch verwendete Berliner nicht selten auch seinen eigenen Briefkopf für die Vereinsbelange, der ihn als »Dr. A. Berliner« und Rabbiner auswies. Berliner griff zum Beispiel im März 1900 auf das vorgedruckte Mekize-Nirdamim-Briefpapier zurück, um Markus Brann mitzuteilen, dass er begonnen hatte, seinen Artikel für das Gedenkbuch für David Kaufmann zu schreiben.[47]

47 Berliner an Brann, Berlin, 1. März 1900, NLI, Arc. Ms. Var. 308/124.

Die Briefwechsel der Mitglieder

Über die Briefe Kaufmanns an Berliner und die Rundschreiben Berliners hinaus dokumentieren die Briefwechsel der beiden Hauptverantwortlichen mit den Mitgliedern sowie deren Korrespondenzen die Formen der Kommunikation und Koordination des Vereins, dessen Topografie wie auch die personellen und freundschaftlichen Verflechtungen. Aus den Korrespondenzen der Vereinsmitglieder erschließen sich auch Verbindungen zu jüdischen Gelehrten im 19. Jahrhundert, die nicht dem Verein Mekize Nirdamim angehörten.

Grenzen in Bezug auf Glaubensfragen oder hinsichtlich der Observanz wurden in den Korrespondenzen nicht thematisiert, hingegen die Ausbreitung des Vereins Richtung Polen und Russland sowie die Voraussetzungen und staatspolitischen Umstände, unter denen die jüdischen Gelehrten der verschiedenen Länder und Regionen lebten und forschten. So hatte offenbar, ähnlich wie Salomon Buber zuvor, auch Rabbiner Jakob Freimann, Cousin und Schwager Aron Freimanns, dafür geworben, den Verein nach Osten hin zu erweitern. Berliner gestand Freimann, dass der Verein auch bei Jahreswechsel 1901/02 mit einem finanziellen Defizit von 400 Mark rang.[48] Wie zuvor Buber gegenüber, äußerte Berliner jedoch wiederholt Vorbehalte bezüglich der Anzahl möglicher Käufer der Vereinsschriften in Polen und Russland, die seiner Ansicht nach das Defizit des Vereinskapitels nicht würden decken können und er wies auf die nur allmähliche Ausbreitung und Akzeptanz des Vereins bei östlichen Juden hin. Ebenfalls Freimann gegenüber klagte Berliner über die Last der Vereinsverwaltung.

Wie die Briefe Albert Harkavys an Moritz Steinschneider belegen, war der Bibliothekar der Kaiserlichen Öffentlichen Bibliothek in St. Petersburg schon seit den 1870er Jahren mit Abraham Berliner bekannt. Harkavy hatte unter anderem in Berlin und Paris studiert und richtete seine Briefe in einem fast fehlerfreien Deutsch an die jüdischen Gelehrten im deutschen Sprachraum. In vielen seiner Briefe ließ Harkavy neben Abraham Geiger auch Berliner durch Steinschneider grüßen und wies damit die Bekanntschaft der in Berlin wohnenden Gelehrten untereinander nach.[49] Die zahlreichen Briefe und Post-

48 Vgl. hierzu einen Brief und drei Postkarten von Berliner an Jakob Freimann, alle Berlin, 27. März 1902, 12. September 1905, 18. September 1905 und 25. Februar 1906, Archiv des Leo-Baeck-Instituts New York (nachfolgend LBI), Jakob Freimann Collection, AR 3489, Ar-B 363 3489.

49 Vgl. Harkavy an Steinschneider, St. Petersburg, 28. Dezember 1870, 9. Januar 1871 und 13. Juni 1873 sowie Wien, 21. September 1873, Jewish Theological Seminary New York, Manuscript Collection (nachfolgend JTS), Moritz Steinschneider Collection, Arc. 108, Reel 5.

karten Abraham Berliners an Moritz Steinschneider zeugen überdies von der Beteiligung Steinschneiders an den Aktivitäten des Vereins Mekize Nirdamim in seiner zweiter Phase.[50] Berliner und Steinschneider korrespondierten über gemeinsame Treffen, auch in Angelegenheiten des *Magazins für die Wissenschaft des Judentums*, das unter anderen Berliner herausgab, über Zusendungen, die Kataloge Steinschneiders und beider Schriften. Die Briefe Kaufmanns an Salomon Halberstam belegen ebenfalls, dass Kaufmann schon vor der Vereinsarbeit in regelmäßigem Kontakt mit dem Petersburger Bibliothekar gestanden hatte.[51] Geografische und politische Abgeschiedenheit sowie politische Repressalien, unter denen manche Gelehrte litten, waren somit nicht unbedingt gleichbedeutend mit Isolation von der jüdischen Gelehrtengemeinschaft. Jedoch waren die Forschungsbedingungen für einen jüdischen Gelehrten in Russland keinesfalls mit denen im deutschen Sprachraum vergleichbar. Nach einer Auslandsreise, auf der Harkavy in Berlin und Leipzig mehrere Bücher erworben hatte, musste er monatelang warten, ehe sie ihm vom russischen Zoll ausgehändigt wurden. Beamte hatten anhand der von Steinschneider an Harkavy versandten Bücher und der von diesem erstellten Bücherliste alle Titel peinlich genau kontrolliert und nach den Maßgaben der Zensur eingehend überprüft, ehe sie dem Adressaten ausgehändigt wurden.[52]

Die Ausbreitung des Vereins in das westliche Europa und in die Vereinigten Staaten gestaltete sich dagegen weniger problematisch; Begegnungen und Besuche waren einfacher zu realisieren, mögliche Arbeitsverhältnisse konnten zur Sprache kommen und ernsthaft erwogen werden. Die Briefe Joseph Derenbourgs aus Paris an Abraham Berliner, die die Jahre von 1876 bis zur Neugründung des Vereins 1884 umfassen, weisen die frühzeitige Bekanntschaft der beiden Gelehrten miteinander nach.[53] Derenbourg stand ebenso mit Leopold Zunz, Salomon Munk (1805–1867), seinem Vorgänger als Bibliothekar der Bibliothèque Nationale in Paris, und Adolf Neubauer in Verbindung. Im Jahr 1878 berichtete auch David Kaufmann Leopold Zunz von seiner Reise nach Paris und im Besonderen davon, dass er die dortigen

50 Es handelt sich um ca. einhundert Briefe und Postkarten, die den intensiven Kontakt beider bis mindestens 1894 belegen, vgl. JTS, Arc. 108, Reel 2.

51 Vgl. beispielsweise Kaufmann an Halberstam, Budapest, 18. November 1877, JTS, Salomon Halberstam Collection, Arc. 48 (MS 3645 1544:5).

52 Harkavy an Steinschneider, St. Petersburg, 6. und 18. Januar 1873 [1874?], JTS, Arc. 108, Reel 5.

53 Die Briefe Derenbourgs sind erhalten als Festgabe für dessen achtzigsten Geburtstag in einer Edition Berliners, vgl. Abraham Berliner, Aus Briefen Joseph Derenburg's an Adolf [Abraham] Berliner. Festgabe zum 21. August 1891, Berlin 1891, bes. 5–28.

»Vertreter unserer Wissenschaft« – zu jener Zeit weilte neben Derenbourg auch Adolf Neubauer in der Stadt – angetroffen hatte.[54]

Salomon Schechter (1847–1915), der aus Rumänien stammende, in Cambridge lehrende Gelehrte und Bearbeiter der Dokumente der Kairoer Geniza, hatte für Berliner und Kaufmann im vierten Jahr der Schriftenreihe eine Liste von Desideraten zusammengestellt.[55] Neben einem solchen Austausch über den Verein Mekize Nirdamim wurden auch Schechters Werdegang sowie institutionelle Veränderungen und Erneuerungen in der jüdischen Gelehrtengemeinschaft thematisiert. Nachdem Schechter 1902 als neuer Direktor an das Jewish Theological Seminary in New York berufen worden war und begonnen hatte, es zu reorganisieren, erkundigte sich Berliner im Oktober 1902, ob das Seminar bereits wiedereröffnet sei, und teilte mit, dass er von Samuel Krauss (1866–1948), zu jener Zeit Professor am Budapester Seminar und später Rektor der Israelitisch-Theologischen Lehranstalt in Wien, wisse, dass dieser und Samuel Poznanski für das Jewish Theological Seminary als Dozenten in Aussicht genommen worden waren.[56] Auch Markus Brann vom Breslauer Jüdisch-Theologischen Seminar fragte zu dieser Zeit bei Schechter an, wie es um die Berufungen von Krauss und Poznanski stehe.[57] Wie Krauss nahm auch Poznanski den Ruf nach New York letztlich nicht an.

Durch die Tätigkeit des Vereins Mekize Nirdamim sind neben den vergleichsweise statischen Faktoren des Gelehrtennetzwerks – den Personen und institutionellen Orten – auch die Mobilität und Reisebewegungen der Gelehrten im 19. Jahrhundert nachvollziehbar. Vor allem die Vereinskorrespondenzen sind hierfür eine maßgebliche Quelle. Zunächst war die Wiederbelebung des Vereins Mekize Nirdamim der Begegnung Berliners und Kaufmanns im Kurort Aussee geschuldet gewesen und Kaufmann beklagte später in seinen Briefen an Berliner oft den fehlenden direkten Austausch.[58] Daneben wird deutlich, dass Salomon Halberstams Privatbibliothek im schlesischen Bielitz ein bevorzugtes Reiseziel für die jüdischen Gelehrten von Ost und West bildete. So wusste Harkavy aus St. Petersburg Mitte 1886 dem Sohn und Nachfolger Leopold Löws in Szeged, Rabbiner Immanuel Löw (1854–1944), zu berichten, dass Adolf Neubauer Salomon Halberstam

54 Er zeigte sich allerdings enttäuscht darüber, dass er Senior Sachs verpasst hatte, vgl. Kaufmann an Zunz, Paris, 17. September 1878, in: Markus Brann, Mitteilungen aus dem Briefwechsel zwischen Zunz und Kaufmann II, in: Jahrbuch für jüdische Geschichte und Literatur 6 (1903), 120–157, hier 120–123.

55 Berliner an Schechter, Berlin, 31. Juli 1889, JTS, Solomon Schechter Collection, Arc. 101, 2/15.

56 Berliner an Schechter, Berlin, 8. Oktober 1902, JTS, Arc. 101, 2/15.

57 Brann an Schechter, Breslau, 25. September 1902, JTS, Arc. 101, 2/29.

58 Vgl. Kaufmann an Berliner, Ostende, 28. Juli 1888, in: Rosenthal, Briefe Prof. Kaufmann's an Berliner, 322.

besucht und dessen Bibliothek konsultiert hatte.[59] Abraham Berliner beschrieb Halberstams »seltene Privat-Bibliothek« 1881 in einer besonderen Abhandlung.[60] Die Bedeutsamkeit von Halberstams privater Sammlung begründete Berliner damit, dass Gelehrte wie Steinschneider, Neubauer, aber auch die Wiener Rabbiner Adolf Jellinek (1821–1893) und Moritz Güdemann (1835–1918) bei Halberstam gearbeitet hatten.[61] Im Jahr 1885 besuchte Abraham Berliner mehrmals selbst den Bielitzer Gelehrten.[62] Daneben bekunden die Briefe Albert Harkavys aus Russland, dass dieser sich mehrmals nach Berlin aufmachte, um dort Abraham Geiger oder Moritz Steinschneider zu treffen. Im Jahr 1873 besuchte Harkavy außerdem Leipzig und traf dort die Orientalisten Ludolf Krehl (1825–1901), Otto Loth (1844–1881) sowie weitere Mitglieder der Deutschen Morgenländischen Gesellschaft.[63]

Jenseits der Begegnungen und des gelehrten Austauschs, der meist informell gehaltenen Reisen und Korrespondenzen nahmen die Verbindungen zwischen den jüdischen Gelehrten mit der Neugründung und Festigung des Vereins allmählich auch institutionelle Formen an. Dabei lagen nicht wenigen dieser formellen Verbindungen, die später auch Bedeutung für die Arbeit des Vereins Mekize Nirdamim erlangten, persönliche Freundschaften zugrunde. So korrespondierte vom Breslauer Seminar aus Heinrich Graetz nachweislich seit den 1860er Jahren mit Salomon Halberstam und Salomon Buber. Für die Erarbeitung und spätere Korrektur seiner *Geschichte der Juden* (1853–1876) überließ Halberstam dem Historiker bereitwillig Handschriften und Bücher aus seiner Bibliothek, beantwortete Graetz' wissenschaftliche Anfragen und unterstützte dessen Studenten, sofern sie Material für eine Seminar- oder Abschlussarbeit aus seiner Sammlung benötigten.[64] Graetz und Buber wiederum kannten sich nicht nur als gelehrte Kollegen, sondern auch von mehreren Kuraufenthalten in Karlsbad. Im Jahr 1879 korrespondierte Graetz mit Salomon Buber über seine Arbeit an der Schrift *Sekhel tov* (Guter Sinn) des Rabbi Menachem bar Schlomo, die Buber offenbar

59 Harkavy an Immanuel Löw, St. Petersburg, 8. Juni 1883, NLI, Immanuel und Leopold Löw Collection, ARC 4° 794/A–K.

60 Vgl. Abraham Berliner, Eine seltene Privat-Bibliothek, in: Magazin für die Wissenschaft des Judentums 8 (1881), 108–116; ders., Eine seltene Privat-Bibliothek. Fortsetzung, in: ebd. 9 (1882), 170–173.

61 Berliner, Eine seltene Privat-Bibliothek, 108.

62 Kaufmann an Berliner, Ostende, 4. August 1885, in: Briefe Prof. Kaufmann's an Berliner, 311.

63 Vgl. Harkavy an Steinschneider, Berlin, 6. August 1873, in: JTS, Arc. 108, Reel 5.

64 Vgl. Graetz' Briefe an Halberstam, in: Heinrich Graetz. Tagebuch und Briefe. Ein Teil der Briefe wurde zuerst publiziert als: Ismar Elbogen, Aus H. Graetz' Briefwechsel an S. J. Halberstam, in: Festskrift i anledning af professor David Simonsens 70-aarige fødselsdag, Kopenhagen 1923 [Festschrift aus Anlass von Professor David Simonsens 70. Geburtstag], 380–396.

schon geplant hatte, ehe der Verein Mekize Nirdamim unter Berliner und Kaufmann das ehrgeizige Projekt in das Verlagsprogramm aufnahm und um die Jahrhundertwende die Drucklegung realisierte.[65] Mit Joseph Derenbourg, Mitglied des Zentralkomitees der Alliance Israélite Universelle, war Graetz ebenfalls bekannt, nicht zuletzt aufgrund seiner Funktion als Vorsitzender des Lokalkomitees der Alliance in Breslau.[66]

Freilich waren auch durch das gemeinsame Studium Freundschaften zwischen den Gelehrten entstanden. Moritz Güdemann war zusammen mit dem späteren Münchener Rabbiner Joseph Perles (1835–1894) am Breslauer Jüdisch-Theologischen Seminar ausgebildet worden, ebenso wie David Kaufmann und Markus Brann Studienkollegen waren; wenige Semester später folgten ihnen David Simonsen und Samuel H. Margulies in das Seminar.[67] Es ergaben sich unter den Vereinskollegen neben den gelehrten gleichermaßen verwandtschaftliche Verbindungen. Kaufmann berichtete Berliner über einen Schwager Baron David Günzburgs in Budapest, mit dem er gesellschaftlich verkehrte.[68] Ebenso besuchte Berliners Schwager David Kaufmann in Budapest.[69]

Salomon Halberstam, David Kaufmann und Markus Brann jedenfalls kannten einander vor der gemeinsamen Mitgliedschaft im Verein Mekize Nirdamim, wie eine Mitteilung Berliners an Brann belegt. Berliner begrüßte auf Vermittlung Halberstams im Mai 1888 Brann als neues Mitglied des Vereins.[70] Wenige Tage zuvor wiederum hatte sich Brann bei David Kaufmann nach den Aufnahmebedingungen erkundigt.[71] Brann wurde, vielleicht auf Anraten Kaufmanns, schon bald in die Vereinsgeschäfte eingebunden, ehe er im September 1895 von Berliner in den Vorstand gebeten wurde.

65 Graetz an Buber, Breslau, 21. März 1879, in: Heinrich Graetz. Tagebuch und Briefe, 355f. Der Kommentar erschien als: Midrash Sekhel Tov von Menahem ben Solomon, 2 Bde., Berlin 1900–1902. Vgl. hierzu auch die Ankündigung Berliners in: Vereinsrundschreiben Berliners, Bad St. Moritz, Villa Edelweiß, 19. Juli 1899, KB, David-Simonsen-Archiv, Korrespondenzen.

66 Vgl. Graetz an Derenbourg [bzw. an AIU], Breslau, 25. November 1878, in: Heinrich Graetz. Tagebuch und Briefe, 352.

67 Zu Perles vgl. deshalb vor allem die Würdigungen der Vereinsmitglieder: David Kaufmann, Dr. Joseph Perles (1894), in: Markus Brann (Hg.), Gesammelte Schriften von David Kaufmann, Bd. 1, Frankfurt a.M. 1908, 307–312; ders., Dr. Joseph Perles' wissenschaftliche Leistungen, in: Jüdisches Literaturblatt 23 (1894), 67f.; Wilhelm Bacher, Joseph Perles 1835–1894, in: Jewish Quarterly Review 7 (1894), 1–23; S[alomon] J[oachim] Halberstam, The Writings of Perles, in: ebd. 8 (1895), 364.

68 Kaufmann an Berliner, o.D.u.O., vermutlich Anfang 1886, in: Briefe Prof. Kaufmann's an Berliner, 315.

69 Kaufmann an Berliner, Budapest, 23. Februar 1890, in: ebd., 325.

70 Berliner an Brann, Berlin, 20. Mai 1888, NLI, Arc. Ms. Var. 308/124.

71 Vgl. Kaufmann an Brann, Budapest, 11. Mai 1888, NLI, Arc. Ms. Var. 308/681a, Mappe 1/2.

Die im Studium geknüpften oder auf anderem Wege vermittelten persönlichen Beziehungen entwickelten sich durch den beruflichen Werdegang zu institutionellen Verbindungen, die schließlich für die Zwecke des Vereins Mekize Nirdamim genutzt wurden. Grundsätzlich schienen aufgrund der Existenz des Vereins die Rabbinerseminare in Breslau, Budapest und Berlin stärker zusammenzuarbeiten. Markus Brann in Breslau, David Kaufmann in Budapest und Abraham Berliner in Berlin bekleideten nicht nur Dozentenstellen an den Seminaren, sondern fungierten auch als Bibliothekare der Institutionen und traten als solche durch die Vereinsarbeit in weiterreichende fachliche Verbindung. Seiner Nähe zu David Kaufmann, aber wohl auch zunehmend zu Markus Brann ist es daneben anzurechnen, dass Berliner wenigstens seit 1893 das Hausjournal des Breslauer Seminars, die *Monatsschrift für Geschichte und Wissenschaft des Judentums*, die Brann und Kaufmann seit 1892 in der Nachfolge Heinrich Graetz' gemeinsam herausgaben, für das Orthodoxe Rabbinerseminar in Berlin bestellte.[72] Die drei Gelehrten sprachen sich zunehmend auch darin ab, was in der Breslauer *Monatsschrift*, Berliners *Magazin* oder in den Vereinsveröffentlichungen zum Druck kommen sollte.[73] Überdies verband sie das pädagogische Feld. So wandte sich Berliner im August 1895 nach Rücksprache mit Kaufmann an Markus Brann und schlug diesem die Schaffung einer kostengünstigen Editionsreihe mit den wesentlichen »mittelalterlichen Klassiker[n] oder geschichtliche[r] Literatur« für »unsere Hörer«, also für die konservativen und orthodoxen Rabbinatsstudenten gleichermaßen, vor.[74]

Neben diesen direkten Begegnungen und Verbindungen resultierten viele indirekte Kontakte zwischen den Gelehrten aus der Vereinsarbeit. Ein Mittel, diese indirekten oder nur flüchtigen Beziehungen aufrechtzuerhalten, war das Ausrichten von Grüßen. Beispielsweise ließ Kaufmann David Zvi Hoffmann (1843–1921), der zu jener Zeit neben Berliner als Dozent am Orthodoxen Rabbinerseminar in Berlin tätig war und nach Hildesheimers Tod 1899 Rektor der Lehranstalt wurde, mehrmals durch Berliner grüßen.[75] Immer wieder erkundigte sich Kaufmann über Berliner auch nach Esriel Hildesheimer

72 Eine frühere Akquirierung ist nicht nachweisbar, vgl. aber Berliner an Brann, Berlin, 3. Januar 1893, NLI, Arc. Ms. Var. 308/124; vgl. auch Brann an Immanuel Löw, Breslau, 26. November 1904, NLI, Arc. Ms. Var. 308/852.

73 Dies belegt beispielsweise Berliner an Brann, Berlin, 18. Februar 1898, NLI, Arc. Ms. Var. 308/124.

74 Die Zitate vgl. Berliner an Brann, Bad Brückenau, 13. August 1895, NLI, Arc. Ms. Var. 308/124.

75 Kaufmann an Berliner, Budapest, 30. März 1885, in: Briefe Prof. Kaufmann's an Berliner, 307.

und richtete Grüße an ihn aus.[76] Hildesheimer steuerte kleinere Arbeiten zur Schriftenreihe des Vereins Mekize Nirdamim bei.[77]

In verschiedener Weise wirkte das Korrespondenznetz des Vereins außerdem als soziales Netzwerk. Dies betraf nicht nur die jungen Absolventen, die, von den älteren Vereinsmitgliedern unterstützt, hier ihre Gutachter fanden wie im Falle David Simonsens, dem Berliner gestattete, ihn als Referenz anzugeben.[78] In besonderem Maße konnte über die Vereinskommunikation und -organisation auch verarmten Gelehrten geholfen werden. Ein Beispiel hierfür war der Kustos der günzburgschen Bibliothek Senior Schneur Sachs (1816–1892) in Paris. Zwar hatte Kaufmann ihn 1878 in Paris nicht persönlich angetroffen, doch sorgte er dafür, dass Sachs als bezahlter Kopist für den Verein in der Sammlung der Familie Günzburg in Paris beschäftigt wurde.[79] In der Person von Senior Sachs stellte sich dabei eine Verbindung zur hebräischsprachigen Wissenschaft des Judentums dar, denn zwischen 1854 und 1856 edierte er die Zeitschrift *Kerem Chemed* (Der liebliche Weinberg, 1833–1856). Kaufmann schätzte Sachs' Konjekturen bei der Edition gedruckter Texte und bezeichnete ihn als den »glänzendsten unter den jüdischen Kritikern«.[80] Im März 1886 organisierte Kaufmann für Senior Sachs sogar eine Geldsumme zum siebzigsten Geburtstag. Sechs Jahre später, als Senior Sachs wieder in Not geriet, veranstaltete der Verein Mekize Nirdamim erneut eine Sammlung für den greisen Gelehrten.[81]

Doch auch die ständigen Sorgen Albert Harkavys in St. Petersburg blieben im Verein nicht ungehört. Im Jahr 1897 korrespondierten Berliner und Simonsen über einen Artikel Harkavys, der eine »bittere Klage« enthielt.[82] Berliner vermutete, dass dies aus den Petersburger Lebensumständen resultiere. Harkavy äußerte seine Sorgen zumeist gegenüber Moritz Steinschneider in Berlin und Immanuel Löw in Szeged. Er fühlte sich von dem zum

76 Vgl. beispielsweise Kaufmann an Berliner, o. D. u. O., vermutlich Anfang 1886, in: ebd., 315.

77 Hildesheimer an Berliner, Berlin, 16. Mai 1887, Central Archives for the History of the Jewish People Jerusalem (nachfolgend CAHJP), Azriel Hildesheimer Collection.

78 Berliner an Simonsen, Bad St. Moritz, 12. August 1897 [Postkarte], KB, David-Simonsen-Archiv, Korrespondenzen.

79 Kaufmann an Berliner, Budapest, 30. März 1885, in: Briefe Prof. Kaufmann's an Berliner, 308.

80 Das Zitat vgl. David Kaufmann, Senior Sachs. Zu seinem 70. Geburtstage, in: Jüdisches Literaturblatt 15 (1886), 91 f., hier 92.

81 Vgl. Berliner an Perles, Berlin, 8. Juni 1892, LBI, Joseph Perles Collection AR 1351, Reel 3. Als Anlage enthält der Brief einen gedruckten Aufruf zur Unterstützung von Sachs, den Berliner, wie er Perles schrieb, noch an die Vereinsmitglieder in Wien, Budapest und Frankfurt am Main senden wollte.

82 Berliner an Simonsen, Berlin, 6. Mai 1897, KB, David-Simonsen-Archiv, Korrespondenzen.

Christentum konvertierten Daniel Chwolson (1819–1911) in der Petersburger Orientalistischen Fakultät nicht nur zurückgesetzt, sondern auch angefeindet. Ende der 1860er Jahre, noch vor Chwolson, hatte Harkavy selbst in der engeren Auswahl für die Professur für die Geschichte des Orients gestanden und Probevorlesungen gehalten. Jahrelang zögerte die Leitung der Fakultät eine Entscheidung hinaus, bis die Professur schließlich Daniel Chwolson zugesprochen wurde. Harkavy wurde stattdessen im Jahr 1876 mit der Leitung der Orientalischen Abteilung der Kaiserlichen Öffentlichen Bibliothek beauftragt. Er war tief enttäuscht und überzeugt, dass Chwolson gegen ihn intrigiert hatte.[83] Infolgedessen wurde die Freundschaft zu Gelehrten außerhalb Russlands für Harkavy umso wichtiger, die ihm überdies Möglichkeiten zur Veröffentlichung, beispielsweise in der Breslauer *Monatsschrift* oder in Berliners *Magazin*, gaben.

Wissenschaftliche Themenfelder und Arbeitsorganisation: Die Briefthemen

Über das Vereinsprojekt, die wissenschaftliche Kommunikation und Verflechtung hinaus wurde mittels der Korrespondenzen und Begegnungen die praktische Wissensproduktion verhandelt, nämlich die Arbeitsteilung und die wissenschaftlichen Themenfelder. Das Korrespondentennetz der jüdischen Gelehrten, ob vereinsbezogen oder nicht, gewährleistete hierbei einen Austausch über den aktuellen Quellen- und Forschungsstand auf internationaler Ebene. Die Briefe Kaufmanns an Berliner sowie die der anderen Korrespondenten legen die hauptsächlichen Briefthemen dar: das Suchen geeigneter Schriften für die Druckausgaben, die Diskussion um die Form der Einleitungen und Kommentare zu den Editionen und was diese wissenschaftlich zu leisten hätten, die praktische Arbeit selbst, David Kaufmanns eigene Tätigkeit im Verein sowie das Gebiet des Sammelns und jüdische Sammlungen schlechthin.

In den ersten Briefen Kaufmanns an Abraham Berliner bestimmte zunächst die Suche nach geeigneten seltenen Schriftwerken, die in das Verlagsprogramm aufgenommen werden sollten, und die Diskussion über mögliche Fortsetzungen begonnener Werke aus der ersten Vereinsphase den Austausch der beiden Gelehrten. Kaufmanns frühe Briefe enthielten daher zahlreiche

83 Diese Wahrnehmung Harkavys bestätigt auch seine öffentliche Stellungnahme in der *Zeitschrift der Deutschen Morgenländischen Gesellschaft* (ZDMG) nach einer Mitteilung Chwolsons ebd. vom 1. November 1878, vgl. Albert Harkavy, Erklärung, in: ZDMG 32 (1878), o. S.

Editionsvorschläge. Bis zuletzt votierte Kaufmann aufgrund der Quellenlage gegen den Druck einzelner oder ausgewählter poetischer Stücke hebräischer Literatur. Vielmehr bevorzugte er vollständig überlieferte Werke.[84] Allerdings äußerte sich Kaufmann bei Editionsvorschlägen stets konstruktiv und nannte zumeist auch gleich mögliche Bearbeiter der Editionen. Die Vorschläge zeugen vom Kreis seiner Kontakte mit jüdischen Gelehrten auch in Russland und den polnischen Gebieten. Er kannte nicht nur die Gelehrten Straschun, Halberstam, Günzburg oder Harkavy persönlich, sondern gleichfalls und in umfassender Weise deren Beschäftigungsfelder und Kompetenzen, die man für den Verein nützlich machen konnte. Zusätzlich wurde von Kaufmann und Berliner zum ersten Jahrgang des Vereinsprogramms die Reihe *Kobez al Yad* eingerichtet. Als zwischen 1885 und 1904 zweimal im Jahr erscheinende Zeitschrift des Vereins ermöglichte sie die Edition kleinerer hebräischer Manuskripte und wurde als Herausgabe der Vorstandsmitglieder und damit unter Verweis auf Abraham Berliner, David Günzburg, Salomon Halberstam, Albert Harkavy, Marcus M. Jastrow, Moses Ehrenreich, David Kaufmann und Matthitjahu Straschun geführt.

Ein weiterer Themenbereich in den Korrespondenzen war die Form der Editionskommentare und der Annotationen und deren Aufgabe. In Kenntnis der Arbeitsschwerpunkte und Kompetenzen von zahlreichen Gelehrten erklärte David Kaufmann sich bereit, sie für geeignete Aufgaben anzusprechen.[85] Kaufmann vertrat die Meinung, in erster Linie traditionelle halachische Werke zu edieren und hielt Kommentierungen, etwa beim *Sefer Chassidim* (Buch der Frommen), zuweilen für überflüssig und allenfalls eine kurze Einleitung für notwendig.[86] Die Kommentare und Annotationen sahen sich in der zweiten Vereinsphase in besonderem Maße dem Ethos und der Epistemologie einer Wissenschaft des Judentums verpflichtet. Selten jedoch wurde der Zusammenhang zwischen dem Vereinsprojekt und der Epistemologie einer Wissenschaft des Judentums so deutlich artikuliert wie in einem Brief Samuel Poznanskis im Namen des Vereins Mekize Nirdamim vom Januar 1914 an den Vorstand der Jüdischen Gemeinde Posen. Aus Anlass der Berufung Jakob Freimanns als Rabbiner nach Posen beglückwünschte er die Gemeinde zu ihrem neuen Rabbiner und fügte an, dass die Berufung »nicht nur für unseren Verein, sondern überhaupt für die Wissenschaft des Judentums« ein großer Gewinn sein werde.[87]

84 Kaufmann an Berliner, Budapest, 19. November 1884, in: Briefe Prof. Kaufmann's an Berliner, 305.

85 Kaufmann an Berliner, Budapest, 23. Oktober 1884, in: ebd., 304.

86 Kaufmann an Berliner, Budapest, 23. Februar 1890, in: ebd., 325. Vgl. die schließlich entstandene Ausgabe: Sefer Chassidim, hg. von Jehuda Wistinetzki, Berlin 1891.

87 Poznanski und Simonsen an den Vorstand der Jüdischen Gemeinde Posen, Kopenhagen, Frankfurt am Main und Warschau, 25. Januar 1912, LBI, AR 3489.

Über die Maßstäbe kritischer Edierung und korrekten Kopierens kam es zuweilen zu Auseinandersetzungen. Ein Beispiel dafür ist Joseph Derenbourgs Edition des maimonidischen Mischna-Kommentars. Derenbourg edierte das arabische Original des Kommentars zur Mischna *Seder Tohorot* mit einer Einleitung und fügte ihm eine hebräische Übersetzung an. David Kaufmann jedoch zeigte sich unzufrieden mit der hebräischen Übersetzung und wandte sich gegen die Emendationen des Herausgebers.[88] Schließlich wurde das Werk in der Form Derenbourgs ediert und Kaufmann trat im Vereinsinteresse, sich auf die Verantwortlichkeit des Bearbeiters berufend, von weiterer Kritik an Derenbourgs Ausgabe zurück.[89]

Nicht alle Arbeitsschritte jedoch mussten in die Hand eines einzelnen Gelehrten gelegt werden. Kaufmann machte beispielsweise in Bezug auf den Leipziger Rabbiner Simon Hurwitz (gest. 1900) deutlich, dass er ihn für das Kopieren, nicht aber für die Herausgabe ganzer Texte für fähig hielt.[90] Hurwitz erarbeitete im Auftrag des Vereins eine Edition einer der berühmtesten Ausgaben des Festtagsgebetbuchs, des *Mahzor Vitry*.[91] Kaufmann selbst hatte dieses Projekt vorangetrieben, Berliner und David Simonsen übernahmen die Korrektur der Druckbögen.[92]

Um korrekte Ausgaben edieren zu können, war die Transkription von Handschriften ebenfalls von großer Wichtigkeit und wurde in den Korrespondenzen des Vereins entsprechend thematisiert und koordiniert. Der Vorstand in der zweiten Vereinsphase trat dafür ein, dass Kopien durchaus für Geld angefertigt werden konnten, doch sollte das Mitglied, welches mit dieser Arbeit betraut war, die Verantwortung für die geleistete Arbeit tragen.[93] Das Kopieren der Manuskripte war unter den damaligen Umständen ein besonders aufwendiger Arbeitsschritt. Nicht alle Gelehrten konnten sich Reisen zu den Bibliotheks- und Archivorten leisten und Handschriften aus öffentlichen

88 Kaufmann an Berliner, Budapest, 30. März 1885, in: Briefe Prof. Kaufmann's an Berliner, 306f.

89 Kaufmann an Berliner, Budapest, 2. Juni 1885, in: ebd., 307. Die Edition erschien als Maimonides, Seder Tohorot im Perush. Commentaire sur la Mischnah Seder Tohorot, publié pour la première fois en Arabe et accompagné d'une traduction hébraique par Joseph Derenbourg, 3 Teile, Berlin 1888–1890.

90 Kaufmann an Berliner, Budapest, 26. Januar 1887, in: Briefe Prof. Kaufmann's an Berliner, 319.

91 Es erschien als Mahzor Vitry, Berlin 1889–1893.

92 Zum Vorschlag der Edition vgl. Kaufmann an Berliner, Budapest, 2. Juni 1885, in: Briefe Prof. Kaufmann's an Berliner, 308. Vgl. auch Vereinsrundschreiben Berliners, Berlin, 27. Januar 1898, KB, David-Simonsen-Archiv, Korrespondenzen.

93 Kaufmann an Berliner, Budapest, 23. Oktober 1884, in: Briefe Prof. Kaufmann's an Berliner, 304. Vgl. auch Vereinsrundschreiben Berliners, Berlin, 14. November 1901 [Schreibmaschine], hier: die handschriftlichen Zeilen an Simonsen, KB, David-Simonsen-Archiv, Korrespondenzen.

Bibliotheken waren kaum ausleihbar. Durch seine weite Verzweigung über die hier vorgestellten Vorstandsmitglieder hinaus konnte der Verein Mekize Nirdamim indes auf ein Netz von Kopisten in beinahe jeder Stadt Europas zurückgreifen. Im Idealfall wie bei Albert Harkavy oder Adolf Neubauer waren die Kopisten Bibliothekare größerer Hebraica- und Judaica-Sammlungen. Aus den erwähnten Gründen griff man nicht selten auch auf die Besitzer privater Sammlungen zurück. Hier war es schon eher möglich, hebräische Manuskripte für ein paar Wochen zu entleihen. Doch sollte für das Verleihen von Handschriften zuweilen eine Entschädigung aus der Vereinskasse gezahlt werden, wie Kaufmann vorschlug.[94]

David Kaufmanns eigene wissenschaftliche Tätigkeit für den Verein Mekize Nirdamim betraf alle genannten organisatorischen und inhaltlichen Bereiche. Zwar war er nicht der offizielle Leiter oder Verwalter des Vereins, doch er gehörte zum Vorstand und war Berliner persönlich eng verbunden. Wieso nicht zwei oder drei Personen gemeinsam – wie in der dritten Phase David Simonsen, Samuel Poznanski und Jakob Freimann – die Vereinsgeschäfte erledigten, lässt sich nicht nachvollziehen. Dass Kaufmann seit 1892 zusammen mit Markus Brann die *Monatsschrift* herausgab, kann allerdings ein Grund dafür sein, dass beide nie die Leitung übernahmen. Gleichwohl wirkte David Kaufmann an allen Aufgaben mit. Zu Beginn schon stellte er seine Expertise dem Verein für Korrekturen in der Schriftenreihe zur Verfügung, indem er sich zur Durchsicht historischer und religionsphilosophischer Texte bereit erklärte.[95] Neben den Vereinsveröffentlichungen trug Kaufmann Aufsätze zu Berliners *Magazin für die Wissenschaft des Judentums* und dessen hebräischer Abteilung »Ozar Tov« (Guter Schatz) bei und schickte zahlreiche eigene Kommentare, Druckbögen und Glossen an Berliner. Kaufmann war außerdem stets bereit, an Gelehrte wie Straschun, Halberstam oder den Oberrabbiner von Padua und Professor für Hebräisch und Chaldäisch an der Universität Padua, Eude Lolli (1826–1904), für die Mitarbeit, im Besonderen für das Bereitstellen von Handschriften heranzutreten, wovon überwiegend seine ersten Briefe an Berliner zeugen. Aufgrund der stets prekären Finanzierung suchte Kaufmann nach Kräften Mäzene für das Projekt zu gewinnen, er versandte Aufrufe an alle bedeutenden Rabbiner und setzte Anzeigen in verschiedene Blätter. Kritik äußerte Kaufmann nicht nur gegenüber der Vertretung des Vereins in England, sondern auch der in den östlichen Ländern, denn er fand »Warschau, Wilna, überhaupt Russland müssten ganz anders vertreten sein«.[96] Wie bereits dargelegt, hatte der Verein in der zweiten Phase

94 Vgl. Kaufmann an Berliner, Budapest, 23. Oktober 1884, in: Briefe Prof. Kaufmann's an Berliner, 304.

95 Kaufmann an Berliner, Budapest, 23. Oktober 1884, in: ebd., 304 f.

96 Kaufmann an Berliner, Budapest, 7. Januar 1886, in: ebd., 313.

tatsächlich sein Zentrum eher im mittleren und westlichen Europa und, in der Person Marcus M. Jastrows, beginnend auch in den Vereinigten Staaten. Der internationale Charakter konnte erhalten werden. Nachdem Berliner Kaufmann wiederholt seine Erschöpfung ob der Vereinsangelegenheiten gestanden hatte, ermunterte ihn dieser mit Worten etwa der Art, dass die Arbeit des Vereins »Juden aller Zonen« erfreuen werde.[97] Ebenso erkannte Kaufmann den Beitrag jener aktiven Mitglieder an, deren Arbeit in den Publikationen kaum Würdigung fand, wie oftmals die von Adolf Neubauer geleisteten Korrekturen.[98]

Eine zentrale Aufgabe des Vereins betraf die Zusammenarbeit mit den jüdischen Sammlern und institutionellen Hebraica- und Judaica-Sammlungen, die dem Verein Mekize Nirdamim in der zweiten Phase bis 1904/05 zur Verfügung standen. Um die Handschriften für den synoptischen Vergleich zusammenstellen und daraus kritische Editionen erarbeiten zu können, war es für den Verein entscheidend, in Kontakt mit den Besitzern oder Bibliothekaren der großen Hebraica- und Judaica-Sammlungen der Zeit zu treten oder sie gar für den Verein und seine Arbeit, wenn nötig gegen Geldleistungen, zu gewinnen. Neben Moritz Steinschneider, dem großen Bibliografen und Kenner der Bibliotheken und ihrer Schätze, widmeten sich auch Abraham Berliner und David Kaufmann der hebräischen Bibliografie und der Beschreibung gelehrter Sammlungen. Berliners private wie akademische Reisen führten ihn zumeist nach Italien. Über die in Italien aufgefundenen Bibliotheken und Handschriften berichtete er in Vorträgen und Aufsätzen.[99] Er verfügte zudem über eine Sammlerbibliothek, in die er ein breiteres Publikum mittels einer wissenschaftlichen Abhandlung einführte.[100]

In Budapest besaß David Kaufmann eine der bedeutendsten und bis heute erhaltenen privaten Sammlungen.[101] Im Jahr 1895 wurde diese durch den Ankauf der Sammlung von Marco Mortara (1815–1894) aus Mantua, einem berühmten italienischen Rabbiner und Bibliophilen, erweitert, dessen Bibliothek wiederum auf der des Händlers und Philanthropen Gabriel Trieste (1784–1860) basierte. Die Kaufmann-Sammlung, die heute in der Ungari-

97 Kaufmann an Berliner, Budapest, 13. Januar 1886, in: ebd. 313.

98 Kaufmann an Berliner, Budapest, 4. Februar 1886, in: ebd., 314.

99 Sie sind versammelt in Abraham Berliner, Ein Gang durch die Bibliotheken Italiens (1876), in: ders., Gesammelte Schriften. Bd. 1: Italien, Frankfurt a. M. 1913 (Nachdruck Hildesheim u. a. 1988), 1–29; ders., Aus den Bibliotheken Italiens (1874–1875), in: ebd., 31–103, und ders., Von den Handschriften Italiens (1873–1904), in: ebd., 105–154.

100 Abraham Berliner, Aus meiner Bibliothek. Beiträge zur hebräischen Bibliographie und Typographie, Frankfurt a. M. 1898.

101 Zur Geschichte der Sammlung und besonderen Stücken vgl. István Ormos, David Kaufmann and his Collection, in: Éva Apor (Hg.), David Kaufmann Memorial Volume, Budapest 2002, 125–196, bes. 141–172.

schen Akademie der Wissenschaften aufbewahrt wird, umfasst 594 Handschriften und 1092 Druckwerke. David Kaufmann wirkte darüber hinaus für den Verein durch seine Kontaktaufnahme zu jüdischen Sammlern und Besitzern größerer Hebraica- und Judaica-Sammlungen, etwa zu den Günzburgs, zu Halberstam und Abraham Merzbacher (1812–1885), oder zu Gelehrten, die nahe großer Sammlungen lebten, wie beispielsweise Harkavy, Neubauer, Perles und Steinschneider. An den Letzteren wandten sich ohnehin beinahe alle Gelehrten der Zeit.

Für die Wissenschaft des Judentums im Allgemeinen und den Verein Mekize Nirdamim im Besonderen gewannen daneben die Bibliotheken der Rabbinerseminare zunehmend an Bedeutung.[102] Die Sammlungen des seit 1854 existierenden Breslauer Jüdisch-Theologischen Seminars, des 1873 eingerichteten Orthodoxen Rabbinerseminars in Berlin und der 1877 eröffneten Landes-Rabbinerschule in Budapest konnten durch ihre dem Verein angehörenden Bibliothekare Markus Brann, Abraham Berliner und David Kaufmann für das Projekt genutzt werden. Durch gezielte Akquise oder den Ankauf von Gelehrtennachlässen wuchsen die Seminarbibliotheken zu herausragenden Spezialsammlungen an. Für die Bibliothek des Budapester Rabbinerseminars beispielsweise bildeten zwei Privatsammlungen, die von Lelio della Torre (1805–1871) aus Padua und die des ungarischen Rabbiners David Oppenheim (1816–1876), den Grundbestand. Auch später erhielt die Seminarbibliothek weitere Schenkungen und im Jahr 1900 zählten 15550 Bände, 31 Manuskripte und 49 Inkunabeln zum Bestand der Bibliothek der Landes-Rabbinerschule.

Schlussbemerkungen

Die jüdischen Vereine im 19. Jahrhundert erfüllten, wie die Historikerin Simone Lässig ausführte, vor allem zwei Funktionen: Zum einen entsprachen Vereine der soziokulturellen Kommunikationsstruktur und der kulturellen Alltagspraxis der bürgerlichen Gesellschaft; zum anderen stützten sie das eigene (jüdische) Selbstverständnis und boten eine eigene Teilöffentlichkeit und Geselligkeit.[103] Dieser vor allem sozialgeschichtlichen Sicht kann mit

102 Zu den Seminarbibliotheken siehe auch, mit Schwerpunkt auf Breslau, Gregor Pelger, Wissenschaft des Judentums und englische Bibliotheken. Zur Geschichte historischer Philologie im 19. Jahrhundert, Berlin 2010, 61–64.

103 Simone Lässig, Jüdische Wege ins Bürgertum. Kulturelles Kapital und sozialer Aufstieg im 19. Jahrhundert, Göttingen 2004, 520–562.

Blick auf die moderne jüdische Wissens- und Wissenschaftsgeschichte im Allgemeinen und der Geschichte der Wissenschaft des Judentums im Besonderen das Modell wissenschaftlicher Kollektivität hinzugefügt werden. Aufgrund der fehlenden Institutionalisierung der Wissenschaft des Judentums und ihrer Ausgrenzung aus der Universität, verständigte sich die jüdische Gelehrtengemeinschaft wesentlich in Netzwerken der Korrespondenz, des Austauschs und des Reisens. Die Wissenschaft des Judentums war folglich eine transnationale Kommunikationsgemeinschaft von rabbinischen und nichtrabbinischen Gelehrten, die im 19. Jahrhundert jüdisches Wissen mittels wissenschaftlicher Dokumentationsweisen wie Bücher und Zeitschriften produzierte, sicherte, vermittelte und verstetigte. Die technischen Möglichkeiten des 19. Jahrhunderts ebneten die Wege zu einer regelmäßigen, preiswerten und weitreichenden Gelehrtenkommunikation. Wissenschaftsprojekte wie der Verein Mekize Nirdamim waren neben einzelnen Gelehrtenpersönlichkeiten, neben Zeitschriften oder Rabbinerseminaren Teil der spezifischen Institutionalisierung der Wissenschaft des Judentums und Bezugspunkt der jüdischen Gelehrtennetzwerke.[104] Die Korrespondenzen der Vereinsmitglieder dokumentieren das Zusammenwirken dieser Bezugspunkte und zeigen, dass viele Gelehrte, die später Vereinskollegen wurden, sich schon vor diesem gemeinschaftlichen Projekt kannten oder gar befreundet waren. Das Bündnis zwischen den konservativen und orthodoxen jüdischen Gelehrten kam nicht nur durch persönliche Freundschaften wie die zwischen David Kaufmann und Abraham Berliner erst zustande, sondern wurde durch sie erhalten und gestärkt. Die zunächst persönlichen und freundschaftlichen Kontakte wurden durch das Unternehmen vernetzt, erweitert und schließlich für die Vereinsarbeit, das Verlagsprogramm und seine Erfordernisse genutzt sowie in formelle und institutionelle Verbindungen überführt.

Die Hevrat Mekize Nirdamim beziehungsweise der später so genannte Hebräische Litteratur-Verein Mekize Nirdamim war damit den Strukturen und der Funktionsweise der Sozietäten, die ein Jahrhundert zuvor in Blüte gestanden hatten, ähnlich.[105] Von den »heiligen Bruderschaften« (hebr. *hevre kadischa*) oder den Lehrklausen, die bis dahin, meist lokal beschränkt, gelehrte jüdische Männer zusammenbrachten, unterschied sich jedoch der

104 Vereine fungierten gleichfalls als Bezugspunkt für Missionsgesellschaften, vgl. Rebekka Habermas, Mission im 19. Jahrhundert. Globale Netze des Religiösen, in: Historische Zeitschrift 287 (2008), 629–679, bes. 642–652.

105 Hierzu siehe bes. Ludwig Hammermayer, Akademiebewegung und Wissenschaftsorganisation. Formen, Tendenzen und Wandel in Europa während der zweiten Hälfte des 18. Jahrhunderts, in: Erik Amburger u. a. (Hgg.), Wissenschaftspolitik in Mittel- und Osteuropa, Berlin 1976, 1–84; Holger Zaunstöck, Art. »Sozietätsbewegung«, in: Friedrich Jaeger (Hg.), Enzyklopädie der Neuzeit, Bd. 12, Stuttgart u. a. 2010, Sp. 279–283.

Verein Mekize Nirdamim.[106] Ziel waren nicht mehr wie in den Bruderschaften und Klausen die Einhaltung der religiösen Vorschriften und das Talmud-Tora-Studium, sondern die Verbreitung von kritischen Texteditionen. Ebenso wenig musste der Verein unter dem Druck religiöser Vorschriften gerechtfertigt werden. Das Vereinsprojekt Mekize Nirdamim bildete insofern ein wahlfreieres, loseres Gelehrtenbündnis als die gelehrten jüdischen Gesellschaften zuvor. Vielmehr gewann das Vereinsprojekt durch das Ethos einer modernen jüdischen Gelehrsamkeit und die Epistemologie einer Wissenschaft des Judentums seinen Zusammenhang. Hierbei hatte das Streben nach Ethos und Epistemologie einer modernen jüdischen Wissenschaft im Verein eine erste Standardisierung jüdischen Wissens in der Moderne zur Folge, denn die Forscher schrieben durch ihr Verlagsprogramm gleichsam einen Kanon der mittelalterlichen und klassischen jüdischen Texte fest. Die persönlichen Auffassungen beziehungsweise wissenschaftlichen Absichten der einzelnen Gelehrten wurden dabei in Editionsvorschläge, Kommentare und Annotationen umgewandelt. Die Sammlung, Neuordnung, Bewahrung und Vermittlung der jüdischen Tradition nach modernen Kriterien erfolgte im Verein Mekize Nirdamim schließlich in Form der wissenschaftlichen Editionen.

Wie schon in der Gründungs- und ersten Vereinsphase blieb das Unternehmen auch unter Leitung Berliners und Kaufmanns eine Initiative aus einer überwiegend konservativen beziehungsweise orthodoxen Richtung der jüdischen Wissenschaftsbewegung. Allerdings verlagerte sich der Verein durch seine leitenden Persönlichkeiten zunehmend in die Rabbinerseminare und in die deutschsprachige Wissenschaft des Judentums. Durch die Partizipation neuer Mitglieder rückte er in die Nähe wichtiger Bibliotheken und Hebraica-Sammlungen und konnte daher von manchem institutionellen Hintergrund profitieren.

106 Jacob Katz, Tradition und Krise. Der Weg der jüdischen Gesellschaft in die Moderne, München 2002 (zuerst Hebr. 1958), 261 f. Katz beschreibt hier allerdings in erster Linie die maskilischen Gesellschaften.

Hans-Joachim Hahn

Akademischer Exzentriker, häretischer Christ oder »nichtjüdischer Jude«: Aspekte des Sprachdenkens bei Eugen Rosenstock-Huessy

Die vielschichtige Biografie sowie das »Sprachdenken« von Eugen Rosenstock-Huessy (1888–1973) bilden für die jüdische Geschichte einen ebenso interessanten wie sperrigen Gegenstand. Der aus einem assimilierten jüdischen Elternhaus stammende Rosenstock verstand sich selbst, seit er im Alter von 17 Jahren zum Christentum konvertierte, zeitlebens als protestantischer Christ und nicht als jüdisch.[1] Eine weitere »Konversion« vollzog er vom fachwissenschaftlichen Shootingstar zum Dissidenten im Universitätsbetrieb. Wie der Theologe Michael Zank pointiert schreibt, stellte der Sprachphilosoph, Jurist und Historiker Rosenstock nach jüdischen Maßstäben einen Abtrünnigen, nach christlichen Vorstellungen einen Häretiker und für Akademiker einen Exzentriker dar.[2]

Das berühmte »Leipziger Nachtgespräch« zwischen Franz Rosenzweig (1886–1929), Rudolf Ehrenberg (1884–1969), einem konvertierten Vetter Rosenzweigs, und Rosenstock vom 7. Juli 1913 gilt längst als ein *lieu de mémoire* der jüdischen Geschichte. Während dieses Gesprächs revidierte Rosenzweig in der Konfrontation mit dem Christen Rosenstock seine zuvor gefasste Entscheidung für eine Konversion zum Christentum. Hier wurde die Grundlage für Rosenzweigs bewusstes Judentum gelegt und damit die Entstehung seines philosophischen Hauptwerks *Der Stern der Erlösung* erst ermöglicht. Doch Rosenstocks umfangreiches eigenes Werk und seine Biografie können darüber hinaus auch als Teil der jüdischen Geschichte verstanden werden; die Konfrontation zwischen ihm und Rosenzweig am 7. Juli 1913 sowie der anschließende Briefwechsel stellen dabei einen zentralen

1 Beispielhaft sei an sein Nachwort zur englischen Ausgabe des im Jahr 1916 mit Franz Rosenzweig (1886–1929) geführten Briefwechsels erinnert. Rosenstock weist den Schluss, den Interpreten aus der Analyse des Briefwechsels zogen, er sei durch den Austausch mit Rosenzweig in einen Juden verwandelt worden, weit von sich. Vgl. Eugen Rosenstock-Huessy (Hg.), Judaism despite Christianity. The »Letters on Christianity and Judaism« between Eugen Rosenstock-Huessy and Franz Rosenzweig, Tuscaloosa, Ala., 1969, 71.

2 Michael Zank, The Rosenzweig–Rosenstock Triangle, or, What can we Learn from »Letters to Gritli«. A Review Essay, in: Modern Judaism 23 (2003), 74–98, hier 80.

JBDI / DIYB • Simon Dubnow Institute Yearbook 10 (2011), 69–87.

Ausgangspunkt dar. In dem provokativen Potenzial, das in Rosenstocks dreifach exzentrischer Position steckt, spiegeln sich die historischen Bedingungen jüdischer Intellektueller während der ersten Hälfte des 20. Jahrhunderts. Der in dieser außergewöhnlichen Biografie angelegte Umgang mit multiplen Zugehörigkeiten soll hier aufgegriffen und als Orientierungsfaden genutzt werden, um die Bedeutung Rosenstocks für die jüdische Geschichte umfassender zu ermessen, als ihn lediglich auf die Rolle des »christlichen« Gegenübers von Rosenzweig zu reduzieren.

Bislang erfuhr Rosenstock-Huessy zumeist nur ein partielles Interesse, etwa als origineller Außenseiter der deutschen Geschichtsschreibung, wofür sich Bernd Faulenbachs biografischer Essay anführen lässt, in dem unter anderem Gehalt und Bedeutung einiger der zentralen Arbeiten Rosenstock-Huessys diskutiert werden.[3] Im Folgenden sollen die verschiedenen Teilidentitäten, zu denen der Sprachphilosoph ebenso wie der Rechtshistoriker und der Soziologe gehören, im Zusammenhang mit Rosenstock-Huessys marginalisiertem Judentum untersucht werden. Jüdische Geschichte als *allgemeine* Geschichte verstanden fragt auch nach der unterschiedlichen Verfasstheit jüdischer Lebenswelten unter den Bedingungen der Moderne.[4] Eine solche Betrachtung, die ebenso an den lebensweltlichen Bedingungen jüdischer Biografien ansetzt wie sie deren kollektive (zum Beispiel generationelle oder habituelle) Bedingtheit im Wechselspiel mit und innerhalb der jeweiligen nichtjüdischen Umgebung untersucht, erscheint gerade im Hinblick auf Rosenstock-Huessy besonders fruchtbar. Denn der Ansatz ermöglicht es auch, das wissenschaftliche Lebenswerk eines Konvertiten unter dem Gesichtspunkt, wie die eigene Herkunft sich auf Entwicklungsmöglichkeiten, Karriereaussichten oder auf Themenwahl auswirkten, zu befragen.

Ausgehend von einem ausführlichen biografischen Überblick diskutiert der vorliegende Aufsatz Rosenstock-Huessys »Sprachdenken« im Kontext seiner Auseinandersetzung mit Rosenzweig und der gemeinsamen Ablehnung universitären Wissens sowie seiner jüdischen Herkunft und Konversion. Erkenntnisleitend ist die Hypothese, dass die auffällige Wandlungsfähigkeit von Rosenstock-Huessys Denken bei gleichzeitiger Ausprägung einer gewissen Dogmatik zentraler Einsichten im Kontext der generellen Bedingungen für assimilierte Juden in Deutschland während des Kaiserreichs, des Ersten Weltkriegs und der Weimarer Zeit zu verstehen ist. In einem zweiten Schritt

3 Bernd Faulenbach, Eugen Rosenstock-Huessy, in: Hans-Ulrich Wehler (Hg.), Deutsche Historiker, Bd. 9, Göttingen 1982, 102–126, hier 104.

4 Vgl. dazu Dan Diner, Geschichte der Juden. Paradigma einer europäischen Geschichtsschreibung, in: ders., Gedächtniszeiten. Über jüdische und andere Geschichten, München 2003, 246–262. Außerdem Raphael Gross/Yfaat Weiss (Hgg.), Jüdische Geschichte als Allgemeine Geschichte. Festschrift für Dan Diner zum 60. Geburtstag, Göttingen 2006.

erfolgt eine knappe Übersicht über die Rezeptionsgeschichte des »Leipziger Nachtgesprächs«, des späteren Briefwechsels zwischen Rosenstock und Rosenzweig sowie der »Gritli«-Briefe. Da andernorts zu diesen Themenkomplexen bereits ausführlich publiziert wurde und eine eingehendere Darstellung den Rahmen dieses Beitrags ohnehin sprengen würde, soll hier vor allem eine knappe Auswertung von einigen späteren Textzeugnissen und Selbstdeutungen Rosenstock-Huessys erfolgen, in denen er auf diese zentrale Auseinandersetzung mit Rosenzweig selber Bezug nimmt. Daran schließt sich die Analyse eines bislang wenig beachteten, äußerst ambivalenten Aufsatzes aus dem Jahr 1951 an, in dem sich der antiakademische Impuls Rosenstock-Huessys mit einem zumindest vordergründig antijüdischen Ressentiment verbindet, was Fragen zu seiner Konversion aufwirft. Den Schluss bildet die Diskussion der These, ob und inwiefern Rosenstock-Huessy als »nichtjüdischer Jude« im Sinne Isaac Deutschers verstanden werden kann.[5]

Eine Biografie zwischen Universität, Sprachphilosophie und Arbeitswelt

Nach dem Ersten Weltkrieg lehnte Rosenstock, der von 1912 bis 1914 als damals jüngster Privatdozent im Kaiserreich an der Universität Leipzig gelehrt hatte, das Angebot ab, seine Hochschullaufbahn an der dortigen Juristischen Fakultät fortzusetzen. Damit beendete er eine vor dem Krieg nahezu beispiellose Universitätskarriere, deren weiterer Entwicklung wegen der Konversion nichts im Weg gestanden hätte. Rosenstock hatte mit beachtenswerten Beiträgen innerhalb der mediävistischen Rechtsgeschichte reüssiert. Im Februar 1909 hatte er in Heidelberg seine Dissertation über die deutschen Provinzialversammlungen vom 9. bis 12. Jahrhundert eingereicht, die ein Jahr später im Druck erschienen war.[6] Es folgten bis 1914 zwei weitere akademische Studien, die ihn als brillanten Quellenkritiker ausgewiesen und ihn im Austausch mit der wissenschaftlichen Fachwelt seiner Disziplin gezeigt hatten.[7] Von den Zunftvertretern war allerdings bereits seine 1912 abgeschlossene und publizierte Habilitation zu Ostfalens Rechtsliteratur unter

5 Isaac Deutscher, Der nichtjüdische Jude. Essays, vollständige Neuausgabe, mit einem Beitrag von Tamara Deutscher und einer Einführung von Detlev Claussen. Aus dem Englischen von Eike Geisel, Berlin 1988 (Erstausgabe 1958), 59–74.

6 Eugen Rosenstock, Herzogsgewalt und Friedensschutz. Deutsche Provinzialversammlungen des 9.–12. Jahrhunderts, Breslau 1910.

7 Ders., Ostfalens Rechtsliteratur unter Friedrich II. Texte und Untersuchungen, Weimar 1912; ders., Königshaus und Stämme in Deutschland zwischen 911 und 1250, Leipzig 1914.

Friedrich II. wegen des sich andeutenden, die Grenzen der Fachdisziplin überschreitenden Interesses für Sprache beanstandet worden, und tatsächlich ließ Rosenstock in den Exemplaren für die Habilitationskommission das kritisierte letzte Teilkapitel aus. Jahrzehnte später berichtete er, dass er in jener Fassung gezielt den Satz »Die Sprache ist weiser als der, der sie spricht.« eingefügt hatte.[8] In diesem auf den ersten Blick wenig anstößigen Satz, der von den Fachvertretern zurückgewiesen worden war, steckte jedoch nach Rosenstock-Huessys späterem Verständnis »der Keim alles seitdem Ausgesprochenen«; dieser Satz stehe »am Ende seiner privaten Existenz mit der ›Sprache‹« und habe ihn der aus seiner Sicht hegemonialen »vorjohanneischen« Sprachauffassung entrissen.[9] Aus dieser Kontroverse um einen Nebenaspekt seiner Habilitation konstruierte der Sprachphilosoph im Nachhinein den ausschlaggebenden Bruch mit der akademischen Welt, den er mit dem Hinweis auf den Evangelisten Johannes als entscheidender Zäsur christlich kodierte.

Das Jahr 1912 bezeichnet auch den Zeitpunkt, an dem Rosenstock sich erstmals mit der Idee der »Arbeitslager« beschäftigt hat, die er später, ab 1926, erneut aufgriff. Insofern spricht einiges dafür, dass bereits in jenem Jahr erste Zweifel am Sinn einer ausschließlich akademischen Karriere in seinem Denken manifest wurden.[10] Dies bestätigt ein Blick auf die in der bei Böhlau veröffentlichten Buchfassung – jedoch nicht in der Habilitationsschrift – enthaltenen Seiten. Dort offenbart sich ein durchaus eigenwilliger Syntheseversuch Rosenstocks, wenn die Autoren des mittelalterlichen Sachsenspiegels mithilfe des Deutungsschemas der Gegenüberstellung von partikularen Entwicklungen und universalen Tendenzen der Zeit interpretiert werden. So habe Eike von Repgow (zwischen 1180/90 bis nach 1233), der maßgebliche Verfasser des Sachsenspiegels, sein Ziel eine selbstständige deutsche Rechtswissenschaft zu begründen nicht etwa aus persönlichem Unvermögen oder indivi-

8 Eugen Rosenstock-Huessy, Mihi est propositum. Ein autobiographischer Zusatz zur »Sprache des Menschengeschlechts«, in: ders., Ja und Nein. Autobiographische Fragmente aus Anlaß des 80. Geburtstages des Autors im Auftrag der seinen Namen tragenden Gesellschaft, hg. von Georg Müller, Heidelberg 1968, 17–106, hier 62. Tatsächlich hat der Satz einen etwas anderen Wortlaut und soll daher hier noch einmal vollständig zitiert werden: »Das geistige Verhalten des Zeitalters war nur durch den Unitarismus der lateinischen hieratischen Sprache aufrechtzuerhalten, denn die lebendige Volkssprache überwältigt allemal das Denken des einzelnen Menschen, der sie zu meistern wähnt; sie ist weiser als der Denker, der selbst zu denken meint, wo er doch nur ›spricht‹, und damit der Autorität des Sprachstoffs gläubig vertraut; sie leitet seine Begriffe unbewußt zu einer unbekannten Zukunft vorwärts.« Rosenstock, Ostfalens Rechtsliteratur unter Friedrich II., 144.

9 Rosenstock-Huessy, Mihi est propositum, 62.

10 Der heute durch den Nationalsozialismus kontaminierte Begriff »Arbeitslager« war es noch nicht zu dem Zeitpunkt, als Rosenstock unter diesem die Idee gemeinsamer Arbeitszusammenkünfte von Arbeitern, Bauern und Studenten zusammenfasste.

duellen Gründen verfehlt, sondern weil er noch nicht in einem jenseits der Scholastik angesiedelten Traditionsverhältnis stand.

Rosenstock entwirft an dieser Stelle ein Wissenschaftsverständnis, das Traditionen stets voraussetzt. Dabei gerät bereits das Verhältnis von Lehrenden und Lernenden in den Blick und deutet insofern auf den Pädagogen und Mitbegründer des »dialogischen Existentialismus«, wie das »Sprachdenken« Rosenstocks und Rosenzweigs auch genannt wurde, voraus: »Denn eine Wissenschaft besteht erst da, wo der Schüler von einem Lehrer zubereiteten Wissensstoff übernimmt und nicht von vorne zu beginnen braucht.«[11] Das Motiv eines emphatisch verstandenen Lehrer-Schüler-Verhältnisses, das hier erstmals auftaucht, enthält in nuce bereits die originelle Verbindung von pädagogischem Ethos und akademischem Nonkonformismus, die Rosenstocks Lebenswerk durchzieht.

Seine nächste Studie, das gewichtige »Professorenbuch« *Königshaus und Stämme in Deutschland zwischen 911 und 1250* (1914) markiert dann den »Abschluß seiner frühen in Kommunikation mit der Fachwissenschaft entstandenen Forschungen«[12] und in gewissem Sinn auch ihren Höhepunkt. Der erste Satz des Vorworts weist die Arbeit als »systematische[n] Versuch über das deutsche Reichsrecht des lateinischen Mittelalters« aus.[13] In Abgrenzung zu anderen Darstellungen der deutschen Rechtsgeschichte im Mittelalter, die den Eindruck einer durch Willkür und Gewalt entstandenen Entwicklung erweckten, war es Rosenstocks Anliegen, diese im Anschluss an Jacob Grimm als einen »notwendigen Vorgang« zu erklären.[14] So sehr er hier also einerseits auf der wissenschaftlichen Systematik der Darstellung beharrt, zeigt sich andererseits die Tendenz zu großen Synthesen, die vor allem sein wohl bekanntestes universalhistorisches Werk, *Die Europäischen Revolutionen* (1931) auszeichnet.

Im selben Jahr, in dem *Königshaus und Stämme* erschien, heiratete Rosenstock Margrit Huessy, die er während eines Aufenthalts in Florenz 1913/14 kennengelernt hatte. Beim »Leipziger Nachtgespräch« vom 7. Juli 1913 war sie noch nicht zugegen gewesen. Dass Rosenstock seine spezifische Sprachauffassung beziehungsweise sein »Sprachdenken« schon im zeitlichen Kontext seiner ersten akademischen Arbeiten spätestens ab 1912 zu entwickeln begann, steht außer Frage. Ein Profil erhielt dieses Denken jedoch erst zwischen 1913 und 1920 vor dem Hintergrund der Kriegserfahrung, die Rosenstock als eine Entwertung vor allem des akademischen Denkens erlebte, und in der Beschäftigung mit Franz Rosenzweig, der als zeitweiliger Geliebter

11 Rosenstock, Ostfalens Rechtsliteratur unter Friedrich II., 145.
12 Faulenbach, Eugen Rosenstock-Huessy, 104 f.
13 Rosenstock, Königshaus und Stämme in Deutschland zwischen 911 und 1250, V.
14 Ebd., VI.

von Rosenstocks Frau während dieser Zeit etwa 1500 Briefe an sie verfasste.[15] Erst die komplizierte und intellektuell herausfordernde Situation im Austausch mit seinem Gegenüber Rosenzweig bildete die Grundlage für das, was Letzterer das »neue Denken« genannt hat.[16] So wird erklärlich, wie die Sprache im Austausch mit Rosenzweig schließlich zum zentralen, lebenslangen Gegenstand der Forschung Rosenstocks werden konnte.[17]

Eugen Rosenstocks Interessen und berufliche Aspirationen richteten sich nach dem Ersten Weltkrieg zunächst auf Tätigkeitsfelder außerhalb der Universität. Deshalb lehnte er das Angebot Carl Muths (1867–1944), des Herausgebers der katholischen Zeitschrift *Hochland*, Mitherausgeber der Zeitschrift zu werden, ebenso ab wie das von Rudolf Breitscheid, der 1918/19 als Mitglied der USPD preußischer Innenminister war und ihn als Staatssekretär zur Ausarbeitung einer Verfassung für die Weimarer Republik vorgeschlagen hatte.[18] Dennoch hatte Rosenstock, wie er in einer späteren Darstellung dieser Zeit mitteilt, angesichts des Untergangs des Deutschen Reichs und unter dem Eindruck der Katastrophe des Weltkriegs »für die neue Volksbildung ein neues Gerüst der deutschen Rechts- und Verfassungsgeschichte« entworfen.[19] In diesem Zusammenhang steht auch der Gedanke, ein Gelehrter müsse erst »die offenkundige Erschütterung des Volkskörpers miterleiden, bevor er seine wissenschaftlichen Tatsachen herauspräparieren« könne.[20] In dieser Äußerung klingt sowohl seine Zurückweisung einer rein akademischen Wissenschaft an, deren Legitimation und Autorität nicht auf Erfahrungswissen gründe, als auch die positive Bezugnahme auf eine nationale Gemeinschaft, die noch rückblickend im dubiosen Begriff »Volkskörper« ihren Ausdruck findet. Im Februar 1919 schlug Rosenstock-Huessy seiner ehemaligen Leipziger Fakultät vor, sie solle statt des Kaisers und des Gene-

15 Grundlegend: Harold M. Stahmer, The Letters of Franz Rosenzweig to Margrit Rosenstock-Huessy. »Franz«, »Gritli«, »Eugen« and »The Star of Redemption«, in: Wolfdietrich Schmied-Kowarzik (Hg.), Der Philosoph Franz Rosenzweig (1886–1929). Internationaler Kongreß Kassel 1986, Freiburg i. Br./München 1988, 109–137; außerdem Zank, The Rosenzweig–Rosenstock Triangle.

16 So der Titel eines Aufsatzes, mit dem Rosenzweig in einer Art Nachwort zu *Der Stern der Erlösung* sein »Sprachdenken« erläutert und darin Rosenstock als entscheidenden Einfluss benennt. Vgl. Franz Rosenzweig, Das neue Denken. Einige nachträgliche Bemerkungen zum »Stern der Erlösung«, in: Der Morgen (1925), H. 4, 426–451.

17 Den philosophischen Voraussetzungen und Implikationen dieses »Sprachdenkens« geht vor allem Wilfrid Rohrbacher nach: Das Sprachdenken Eugen Rosenstock-Huessys. Historische Erörterung und systematische Explikation, Stuttgart u. a. 1973.

18 Siehe z. B. Andreas Möckel, Eugen Rosenstock-Huessy in Breslau – zwischen Universität und Erwachsenenbildung, in: Stimmstein, Jahrbuch der Eugen Rosenstock-Huessy Gesellschaft 2 (1988), 70–85, hier 72.

19 Rosenstock-Huessy, Mihi est propositum, 46.

20 Ebd., 47. Diese Passage wird auch angeführt von Faulenbach, Eugen Rosenstock-Huessy, 122.

ralstabs die staatsrechtliche Schuld für den Ersten Weltkrieg übernehmen.[21] Vielleicht lässt dieser erstaunliche Vorschlag sich am ehesten vor dem Hintergrund seiner Kritik am akademischen Denken verstehen, dem er die Katastrophe des Kriegs zumindest teilweise anlastete. Möckel deutete diesen Vorschlag dagegen als Ausdruck eines Strebens nach radikaler Reinigung von nationalistischen Vorstellungen.[22] Auf der Ebene der Sprachverwendung, das heißt vor allem in der Metaphorik, die für den Sprachphilosophen zu Recht von großer Bedeutung war, verbindet sich die Zurückweisung einer bestimmten Form von Wissenschaft mit anderen Diskursen der Zeit, deren Analyse für ein Verständnis Rosenstocks nicht unerheblich ist.[23]

1919 ging Rosenstock zu Daimler-Benz, um im Auftrag des Betriebsrats eine Werkszeitung ins Leben zu rufen. Zwei Jahre später gründete er in Frankfurt am Main die Akademie für Arbeit, die er allerdings 1922 bereits wieder verließ. Auch wenn Rosenstock danach bis zu seiner Pensionierung 1957 fast ununterbrochen als Hochschullehrer – dabei überwiegend in der Position eines Professors – beschäftigt war, durchzieht sein Lebenswerk eine auffällige antiakademische Rhetorik und Polemik.

Zunächst lehrte Rosenstock von 1923 bis 1933 in Breslau als ordentlicher Professor Rechtsgeschichte und bürgerliches Handels- sowie Arbeitsrecht. Während dieser Zeit, 1931, entstand auch die bereits erwähnte Arbeit *Die Europäischen Revolutionen*, die er später ins Englische übertrug.[24] Im selben Jahr wie dieses Opus Magnum veröffentlichte er eine zusammen mit Carl Dietrich von Trotha herausgegebene Sammlung von Berichten über die von ihm seit 1927 im schlesischen Löwenberg (heute Lwówek Śląski) veranstalteten Arbeitslager. In seinem eigenen Beitrag rekurrierte Rosenstock dabei auf einen Volksbegriff, den er in Opposition zu dem der Politiker, die die Staatsgeschicke lenken, verstanden wissen wollte. Auch in anderen Schriften aus der Zeit der Weimarer Republik entwickelte er ein durchaus originäres Verständnis der Bezeichnung »Volk«, die er als Verwandlungsbegriff auffasste. In der Schrift *Angewandte Seelenkunde* (1924) interpretierte er die Bezeichnung »Volk« bereits als Teil seiner anthropologischen Grammatik, deren anticartesianisches Subjektverständnis das »Ich« immer relational, in einem Verhältnis zu anderen stehend, begriff.[25] Dabei kehrte implizit auch

21 Möckel, Eugen Rosenstock-Huessy in Breslau – zwischen Universität und Erwachsenenbildung, 75.

22 Ebd.

23 Rosenstock-Huessy misst der Metapher einen hohen Stellenwert bei: »Die Metapher kommt als die erste Sprechweise in uns hinein; sie ist nichts Zweites.« Vgl. Rosenstock-Huessy, Mihi est propositum, 65.

24 Ders., Out of Revolution. An Autobiography of Western Man, New York 1938.

25 Eine frühe Fassung der Schrift findet bereits im Briefwechsel mit Rosenzweig 1916 Erwähnung und wurde für dessen Werk *Der Stern der Erlösung* bedeutsam.

die aus dem ausgeklammerten Teilkapitel seiner Habilitationsschrift bekannte Vorstellung von der (Volks-)Sprache als einer die Möglichkeiten des Individuums übersteigende, es mit den vorausgegangenen Generationen verbindenden Kraft wieder:

»Denn des Menschen Seele muß längst gelebt worden sein, ehe sie die Einzelpersönlichkeit des ›Ich‹ anziehen kann. Auch dann bleibt diese Ichkraft gottähnlicher Zielbewußtheit nur ein Urelement neben den beiden andern. Der Mensch, der nicht immer auch in der dritten Person und in der zweiten Person zu leben fähig bleibt, ist ein Narr seines Ich, kein Gott oder Held. Eine solche Gruppe von Menschen aber ist Brandfackel und Kriegsschar, Heer, nicht Volk. Denn das Volk heißt wegen seiner Verwandlungskraft, weil es nie in der ersten Person erstarrt, Volk.«[26]

1933 ließ Rosenstock sich von seinen akademischen Ämtern in Breslau beurlauben, gerade noch rechtzeitig, bevor er von den nationalsozialistischen Machthabern als »Nichtarier« dazu genötigt werden konnte. Am 9. November verließ er Deutschland und ging in die Vereinigten Staaten. Seit dieser Zeit führte er den Doppelnamen Rosenstock-Huessy. Nach seiner Auswanderung hatte er ein Jahr lang die Kuno-Francke-Professur für deutsche Kunst und Kultur an der Harvard University inne. Im Anschluss wechselte er in die Historische und Philosophische Fakultät, wo er jedoch wegen seiner christlichen Überzeugungen aneckte und nach eigenen Angaben auch keine Kolleggelder erhielt.[27] 1935 ging er ans Dartmouth College in Hanover, New Hampshire, und erwarb unweit davon in Norwich, Vermont, die Farm »Four Wells«, die er bis zu seinem Tod bewohnte und bewirtschaftete.

Die Ursache für Rosenstock-Huessys lebenslange Skepsis gegenüber der Institution Universität lag in der akademischen Welt des ausgehenden Wilhelminismus und der Weimarer Republik begründet und hat vermutlich mehr mit seiner Konversion zu tun, als von ihm selbst thematisiert wurde. Dietmar Kamper vertritt die These, dass sowohl Rosenzweig als auch Rosenstock-Huessy sich zeitlebens »vom Akademismus und vom humanistischen Relativismus der bei sich selbst beruhigten Wissensdisziplinen« nicht nur abgestoßen fühlten, sondern auch Rückwirkungen ihres eigenen Sprechens auf diese »geschlossenen Systeme« mitreflektierten.[28] Allerdings unterschieden sich

26 Eugen Rosenstock, Angewandte Seelenkunde. Eine programmatische Übersetzung, Darmstadt 1924, 35.

27 Eugen Rosenstock-Huessy, Das Geheimnis der Universität, in: ders., Das Geheimnis der Universität. Wider den Zerfall von Zeitsinn und Sprachkraft. Aufsätze und Reden aus den Jahren 1950 bis 1957, hg. und eingeleitet von Georg Müller, mit einem Beitrag von Kurt Ballerstedt: Leben und Werk Eugen Rosenstock-Huessys, Stuttgart 1958, 17–34, hier 23. Siehe auch Christoph Richter, Im Kreuz der Wirklichkeit. Die Soziologie der Räume und Zeiten von Eugen Rosenstock-Huessy, Frankfurt a. M. 2007, 32.

28 Dietmar Kamper, Das Nachtgespräch vom 7. Juli 1913. Eugen Rosenstock-Huessy und Franz Rosenzweig, in: Schmied-Kowarzik (Hg.), Der Philosoph Franz Rosenzweig (1886–1929), 97–104, hier 102 f.

die institutionellen Anbindungen bei beiden Intellektuellen. So wandte sich Rosenzweig mit der Gründung des Jüdischen Lehrhauses in Frankfurt am Main dezidiert vom etablierten Universitätssystem ab. Dagegen blieb Rosenstock-Huessy, der sich immerhin dreimal in seinem Leben habilitierte und in einem zentralen Aufsatz über die Figur des Privatdozenten als bedeutenden Schrittmacher für Entwicklungen im Bereich des Wissens reflektierte, dem akademischen Betrieb letztlich stärker verhaftet; in seinen Arbeiten und Vorträgen näherte er sich immer wieder dem Verhältnis von akademischer und außerakademischer Lehre.[29] Um mit einer Formulierung Kurt Ballerstedts zu argumentieren: Rosenstock-Huessy stand eher quer zu den traditionellen universitären Institutionen als dass er sich gegen sie gestellt hätte.[30]

Die Konfrontation mit Rosenzweig und ihre Rezeption

Die Briefe Franz Rosenzweigs, die 1935 von der Witwe Edith Rosenzweig im Schocken-Verlag herausgegeben wurden, enthalten im Anhang den Briefwechsel zwischen Rosenstock und Rosenzweig aus dem Jahr 1916, versehen mit einem kurzen Kommentar von Rosenstock.[31] Diese Edition bildete die Grundlage einer frühen, vor allem innerjüdischen Rezeption des »Nachtgesprächs« und der in Briefen fortgeführten Auseinandersetzung, allerdings »unter Ausschluß der Öffentlichkeit«, wie Hans Joachim Schoeps schrieb.[32] Schoeps maß dem Gespräch zwischen Rosenzweig und Rosenstock wie auch jenem zwischen Martin Buber und Karl Ludwig Schmidt im Jahr 1933 – die ihm beide Inbegriff »existenzieller« jüdisch-christlicher Religionsgespräche der Gegenwart waren – in seiner 1937 entstanden Studie zu diesem Thema höchste Bedeutung bei. Eine breitere Rezeption wurde durch die nationalsozialistische Verfolgung, die Entrechtung der Juden und schließlich den Genozid zunächst verhindert. In zwei grundlegenden Aufsätzen von Alexander Altmann und Dorothy M. Emmet aus den Jahren 1944 und 1945 im *Journal of Religion* wurde die Briefkorrespondenz zwischen Rosenstock und Rosenzweig – an Schoeps anknüpfend – jedoch als eines der wichtigsten religiösen Dokumente der Gegenwart gewürdigt. 1969 besorgte Rosenstock-Huessy

29 Rosenstock-Huessy, Das Geheimnis der Universität, 22.

30 Kurt Ballerstedt, Leben und Werk Eugen Rosenstock-Huessys, in: Rosenstock-Huessy, Das Geheimnis der Universität, 297–305, hier 298.

31 Franz Rosenzweig, Briefe. Unter Mitwirkung von Ernst Simon ausgewählt und hg. von Edith Rosenzweig, Berlin 1935, 637–720.

32 Hans Joachim Schoeps, Jüdisch-christliches Religionsgespräch in neunzehn Jahrhunderten. Die Geschichte einer theologischen Auseinandersetzung [1937], Frankfurt a.M. 1949, 11.

noch selbst eine englischsprachige, kommentierte Edition des Briefwechsels, in die er die beiden Aufsätze von Altmann und Emmet aufnahm.[33] Weitere wichtige Veröffentlichungen waren die Ende der 1970er Jahre und Anfang der 1980er Jahre erschienenen Aufsätze von Paul Mendes-Flohr und Jehuda Reinharz sowie von Amos Funkenstein, die zum Teil unbekannte Selbstzeugnisse Rosenzweigs zugänglich machten und Rosenzweigs intellektuelle und religiöse Entwicklung vor allem auch im Vorfeld des »Nachtgesprächs« beleuchteten.[34]

In diesen Beiträgen lag das Erkenntnisinteresse insbesondere auf der Darstellung von Rosenzweigs Entwicklung, wozu die Rosenstock-Quellen hinzugezogen wurden. Ebenfalls Anfang der achtziger Jahre stellten Harold Stahmer und Hugo Gotthard Bloth den großen Einfluss Rosenstock-Huessys auf Rosenzweig heraus und betonten, dass die Biografie Franz Rosenzweigs nicht ohne die Rezeption dieses grundlegenden Gesprächs zu verstehen sei.[35] Stahmer wiederum präsentierte 1986 auf der großen Rosenzweig-Tagung in Kassel erstmals die »Gritli«-Briefe, wodurch die Quellenlage zum Verständnis der Rosenstock-Rosenzweig-Korrespondenz fundamental verändert und erweitert wurde.[36] Nicht nur wurde mit einem Mal deutlich, wie selektiv Edith Rosenzweigs Briefedition war – vor allem konnten Rosenzweigs biografische Situation und die Bedeutung der Korrespondenzen aller Beteiligten für die Entstehung seines Opus Magnum bestätigt und wesentlich genauer erfasst werden. Stahmer unterschied für die Periode von Rosenzweigs Arbeit an *Der Stern der Erlösung* einen »inner circle« – Eugen und Margrit Rosenstock sowie Rudolf und Hans Ehrenberg – und einen »outer circle« – Gertrud Oppenheim, Adele Rosenzweig und Victor von Weizsäcker –, mit denen Rosenzweig seinen *Stern* in Briefen diskutierte.[37]

33 Rosenstock-Huessy (Hg.), Judaism despite Christianity.

34 Paul R. Mendes-Flohr/Jehuda Reinharz, From Relativism to Religious Faith. The Testimony of Franz Rosenzweig's Unpublished Diaries, in: The Leo Baeck Institute Year Book 22 (1977), 161–174; Amos Funkenstein, The Genesis of Rosenzweig's »Stern der Erlösung«. »Urformel« and »Urzelle«, in: Jahrbuch des Instituts für Deutsche Geschichte, Beiheft 4 (April 1982), 17–29.

35 Siehe Harold Stahmer, »Speech-Letters« and »Speech-Thinking«. Franz Rosenzweig and Eugen Rosenstock-Huessy, in: Modern Judaism 4 (1984), H. 1, 57–84, deutsch in: Berliner Theologische Zeitschrift 3 (1986), H. 2, 307–329; Hugo Gotthard Bloth, Was geschah im »Leipziger Nachtgespräch« am 7. Juli 1913 zwischen den Freunden Eugen Rosenstock, Franz Rosenzweig und Rudolf Ehrenberg?, in: Mitteilungsblatt der Eugen-Rosenstock-Huessy-Gesellschaft (1982), 2–14. Außerdem zum »Nachtgespräch«: Wolfgang Ullmann, Die Entdeckung des neuen Denkens. Das Leipziger Religionsgespräch und der Briefwechsel über Judentum und Christentum zwischen Eugen Rosenstock und Franz Rosenzweig, in: Stimmstein, Jahrbuch der Eugen-Rosenstock-Huessy-Gesellschaft 2 (1988), 147–178; Kamper, Das Nachtgespräch vom 7. Juli 1913, 97.

36 Stahmer, The Letters of Franz Rosenzweig to Margrit Rosenstock-Huessy.

37 Ebd., 129.

Auch das »Nachtgespräch« beschäftigte die Forschung weiter, wovon nicht zuletzt die aktuelle Monografie von Franco Rest aus dem Jahr 2008 zeugt, die das Gespräch unter Hinzuziehung weiterer Quellen zu erschließen sucht.[38] Es ist sehr wahrscheinlich, dass Franz Rosenzweig, als er Anfang des Jahres 1913 nach Leipzig reiste, sich mit dem Gedanken trug, zum Christentum zu konvertieren. Ansonsten falle es schwer, so die Philosophin Rivka Horwitz, eine Erklärung dafür zu finden, »warum er monatelang in Leipzig Rosenstocks Vorlesungen über mittelalterliches Recht hörte und mit ihm regelmäßig zum Mittagessen ging.«[39] Rosenzweig hielt sich von Januar bis Juli 1913 in Leipzig auf. Zuvor war er nach einem bis zum Physikum betriebenen Medizin- und angeschlossenem Philosophiestudium mit der Arbeit *Hegel und der Staat* (1912) bei Friedrich Meinecke in Heidelberg im Fach Philosophie promoviert worden. Horwitz schlägt vor, diese Monate als eine Zeit »ununterbrochener Dispute mit Rosenstock« zu betrachten.[40] Von Rosenzweigs drei christlichen Freunden – neben Rosenstock waren dies Hans und Rudolf Ehrenberg – sei 1913 nur Rosenstock fest im Christentum verankert gewesen.[41] Allerdings waren alle drei konvertierte Juden. Aus späteren Briefen Rosenzweigs schließt Horwitz, dass Rosenstock ihn in der Nacht des 7. Juli 1913 gedrängt habe, seine »verschwommene Einstellung« aufzugeben.[42] So war es der zwei Jahre jüngere Rosenstock, durch den Rosenzweig seine Entscheidung, zum Christentum zu konvertieren, infrage gestellt sah und diese Entscheidung in der Folge revidierte. In seinen Briefen nennt Rosenzweig die abgesagte Konversion einen »Rückweg«.[43]

Vermutlich stellte die Konversion auch für Rosenstock keine Selbstverständlichkeit dar. Zumindest scheint es plausibel, nach Spuren einer Selbstvergewisserung des eigenen Identitätsentwurfs – auch wenn Rosenstock diese Begriffe vermutlich abgelehnt hätte – zu fragen. Indirekte Hinweise finden sich zum einen in den Briefen Rosenzweigs und zum anderen in einzelnen Texten Rosenstocks. Ein Brief Rosenzweigs an Margrit Rosenstock vom 13. November 1918 enthält an einer Stelle Reflexionen über Eugen Rosenstocks Annäherungen an den Katholizismus:

»Sieh einmal: im Grunde will Eugen doch nur mehr Tradition, mehr Selbstverständlichkeit, mehr ›Tatsächlichkeit‹ um sich spüren, als er im Protestantismus gefunden hat; und das meint er nun im Katholizismus zu finden. Aber in Wahrheit findet ers da auch nicht

38 Franco Rest, Zweig und Stock. Zur Geschichte eines religionsdialogischen Nachtgesprächs, Münster 2008.

39 Rivka Horwitz, Warum ließ Rosenzweig sich nicht taufen?, in: Schmied-Kowarzik (Hg.), Der Philosoph Franz Rosenzweig (1886–1929), 79–96, hier 84.

40 Ebd., 86.

41 Ebd.

42 Ebd., 87.

43 Rosenzweig, Briefe, 70.

(die beiden Kirchen sind ja gleich alt – Paulus und Petrus! denk an die Eßgeschichte in der Ap. Gesch.). Er kann es nirgend finden. Das findet man nur, wenn man es nicht sucht, sondern hat. *Wäre er Jude geblieben, so würde ers gefunden haben*. Nun er Christ geworden ist, müßte er in der Konsequenz dieses Schrittes bleiben, d. h.: da er nie traditionsgebundener Binnenchrist werden kann, freier, nur auf seinem Sattel geltender Grenzerchrist werden. Grade in seiner Freiheit, in seiner Ich-E.R.-heit wirkt er und ist er echt. Je dogmatischer er, in Religion wie in Politik, auftritt, um so – unechter wirkt (und ohne es zu wissen auch: ist er).«[44]

Was Rosenzweig in diesen Zeilen zum Ausdruck bringt, ist die Hypothese einer unerfüllten Traditionssehnsucht des Konvertiten Rosenstock, der im Wunsch nach »mehr Tradition« gerade die Möglichkeiten als »Grenzerchrist«, also als Konvertit im Sinne eines *Vermittlers* zwischen Christentum und Judentum, verfehle und in der Konsequenz in Religion und Politik in Dogmatik erstarre. Die Pointe ist, dass Rosenstock *als Jude* in der Perspektive Rosenzweigs bereits besessen habe, worauf sein Begehren sich jetzt richte. Nun darf natürlich die Außenperspektive Rosenzweigs auf Rosenstock nicht mit dessen Selbstwahrnehmung verwechselt werden. Dennoch mag sie aber als Hinweis genommen werden auf ein mögliches Motiv, das sich durch die Texte Rosenstocks zieht, ohne jedoch explizit verhandelt zu werden: seine Herkunft aus dem Judentum. Dass auch Rosenstocks Position als Christ im berühmten »Nachtgespräch« auf dem Spiel stand, mag im Sinne des »existentiellen Dialogismus« als notwendige Bedingung des von den Kontrahenten geteilten Grundprinzips *Respondeo, etsi mutabor* (Ich antworte, auch wenn ich mich ändern muss) angenommen werden. Daher scheint es besonders aufschlussreich, wie Rosenstock im Laufe seines Lebens diese Auseinandersetzung mit Rosenzweig gedeutet hat.

Rosenstock-Huessy kam in seinen späteren Schriften verschiedentlich auf das Gespräch und die sich hieran anschließende Korrespondenz zurück. Bereits sein zweiseitiges Vorwort in der von Edith Rosenzweig besorgten Ausgabe der Briefe Rosenzweigs stellt einen Deutungsversuch dar, worin er dem persönlichen Austausch eine überzeitliche und überpersönliche Geltung zusprach. So gehe es im Briefwechsel »um die ewigen, typischen, überpersönlichen Fragen des Daseins von Jud und Christ inmitten der Völkerwelt, um ihre ›theologische Existenz heute‹.«[45] Diese Reihung von Adjektiven unterstützt eine Perspektive, die gerade von den individuellen biografischen und zeitlichen Bedingungen absieht, die doch eigentlich im Zentrum des unter anderem in dieser Korrespondenz entwickelten »Sprachdenkens« stehen sollten. Ebenfalls auffällig ist die Gegenüberstellung der Entitäten »Jud«

44 Zit. nach Stahmer, The Letters of Franz Rosenzweig to Margrit Rosenstock-Huessy, 134 (Hervorhebungen durch den Verfasser).

45 Eugen Rosenstock, Einleitung, in: Rosenzweig, Briefe, 638 f., hier 638.

und »Christ«, die in dieser Rhetorik kaum als Verwandlungsbegriffe gedeutet werden können und sich insofern von Rosenstocks Verständnis des Begriffs »Volk« unterscheiden. Hier zeigt sich ein Charakteristikum von Rosenstocks Schriften: die Verknüpfung eines relationalen Sprach- und Subjektverständnisses, nach dem ein »Ich« sich erst durch den Anruf eines »Du« konstituiert, mit essenzialistischen Figuren.

Bei näherem Hinsehen wirft die Sprachgestalt weitere Fragen auf. Was ist mit der Aussage intendiert, die »Leidenschaftlichkeit« der Auseinandersetzung dürfe nicht über die »objektive Wahrheit« hinwegtäuschen? Noch rätselhafter erscheint der nachfolgende Satz: »Schon in den Briefen selber wird ausführlich davon gesprochen, daß nur in dieser *äußersten Notwehr der Seele* Aussicht besteht, die Wahrheit in Lebensfragen zu erfahren.«[46] Hinsichtlich seines Gegenstands unterscheidet Rosenstock in seinem Vorwort den Briefwechsel deutlich vom »Nachtgespräch«, das den Gegensatz zwischen »Offenbarungsglaube und Philosophiegläubigkeit« behandelt habe.[47] Die Position des Offenbarungsglaubens im »Nachtgespräch« ebenso wie die des Christen im Briefwechsel bezeichnen dabei seinen eigenen Standort, während »Philosophiegläubigkeit« und »Jud« Rosenzweig zugeordnet sind. Mit diesen Aussagen hat Rosenstock die nachfolgenden Forschungen zum »Nachtgespräch« zweifellos nachhaltig beeinflusst. Dabei verschleiern die genannten klaren Positionierungen gerade die bedeutenden Ambivalenzen dieses Dialogs, der nicht zuletzt auch durch das Verhältnis von Rosenzweig zu Margrit Huessy beeinflusst war. Die auffällige Diskrepanz zwischen dem Bemühen um ein Festhalten an klaren Oppositionen und dem Pathos, das eine Formel wie die von der »äußersten Notwehr der Seele« nahelegt, lassen hier ein weitergehendes Konfliktpotenzial erahnen.

In dem Aufsatz *Mihi est propositum* deutete Rosenstock die Begegnung mit Rosenzweig im synthetisierenden Rückblick und vor dem Hintergrund seiner Sprachauffassung, seiner »Grammatik der Seelen«, ein weiteres Mal.[48] Er nennt Rosenzweig hier seinen »Gegenspieler«, dem er sich anvertraut habe, der bei ihm wiederum auf die »felsenharte Tatsache« gestoßen sei, dass er auch den menschlichen Geist für ein bloßes Geschöpf halte.[49] An anderer Stelle spricht er sogar von einem »Duell«.[50] In dieser Deutung der damaligen

46 Ebd., 638 (Hervorhebung durch den Verfasser).

47 Ebd., 639.

48 Die relevante Passage in *Mihi est propositum* befindet sich auf den Seiten 70–75. Der Text soll 1950 entstanden und 1965 ergänzt worden sein.

49 Ebd., 75 und 70.

50 Dazu auch Kamper, Das Nachtgespräch vom 7. Juli 1913, 102. Kamper analysiert Rosenstock-Huessys Metaphorik, um das »Nachtgespräch« als paradigmatisch zu interpretieren für eine Situation, in der »ein Austausch von Lebensrhythmen und Biographien« stattfindet. Ebd., 104.

Auseinandersetzung brachte Rosenstock-Huessy das Christentum nun nicht mehr nur zum Judentum in Opposition, »sondern auch gegen die akademisch-platonische Welt bloßen Denkens« in Stellung.[51] Mit seiner Metaphorik suggerierte er Festigkeit (das Adjektiv »felsenhart« aus dem semantischen Feld von »Härte«) als Voraussetzung für eine lebensbedrohliche Form des Disputs (»Duell«, »Gegenspieler«). Die spezifische Sprachverwendung als Strategie zur Heroisierung der eigenen Sprecherposition im damaligen Gespräch lässt sich unschwer erkennen. Zu dieser Festigkeit gehörte auch der Rekurs auf drei religiös kodierte Grundformen, die er mit seinem Sprachverständnis voraussetzte: »Sprache« und »künftige Lehre«, die aus dieser Auffassung von Sprache hervorgehe, werde sich entweder christlich, jüdisch oder heidnisch äußern, da Sprache stets »trinitarisch« sei.[52] Diese drei Äußerungsformen verband Rosenstock mit den Namen »Moriah«, dem Berg des Isaak-Opfers (= jüdisch), »Patmos«, der Insel auf der Johannes in der Verbannung um 90 n. Chr. seine Offenbarung verfasst haben soll (= christlich) sowie »Eleusis«, einem Ort nordwestlich Athens (= heidnisch; griechisch).[53] Es folgte der Verweis auf einen Text, in dem er diese drei »künftigen Weltformen« genauer beschreibt, den Essay *Die jüdischen Antisemiten oder die akademische Form der Judenfrage*. Im Folgenden soll dieser Aufsatz vor dem Hintergrund von Rosenstock-Huessys Bestreben analysiert werden, seine Deutung der Auseinandersetzung mit Rosenzweig festzuschreiben. Zu diesem Zweck sei eine Stelle aus dem *Prologue/Epilogue to the Letters – Fifty Years Later* angeführt, die den Briefwechsel als ein gegen die akademische Zunft gesetztes »Ereignis« feiert:

»Über diesen ›existentiellen‹ Briefwechsel ist viel Unsinn verzapft worden. […] Wie dem auch sei, nach fünfzig Jahren dürfte es Eugen als dem überlebenden Teilnehmer des Dialogs nun möglich sein, die Tatsachen in eine etwas bessere Perspektive zu rücken, als es bis heute geschehen ist, und dem Leser dabei zu helfen, die Scharfeinstellung auf das wirkliche Geschehen zu finden. Von ihren wertvollen Ausführungen über Christentum und Judentum einmal abgesehen, bedeuten diese Briefe in *einem* Punkt ein wirkliches Ereignis: Hier wurde der Objektivitätsschwindel der akademischen Zunft in seiner ganzen tödlichen Wirkung auf die westliche Welt erkannt.«[54]

51 Rosenstock-Huessy, Mihi est propositum, 71.
52 Ebd., 72.
53 Ebd., 72 f.
54 Zit. nach Kamper, Das Nachtgespräch vom 7. Juli 1913, 101.

Produktiver Selbsthass

Der Aufsatz *Die jüdischen Antisemiten oder die akademische Form der Judenfrage* erschien 1951. In zugespitzter Form lassen sich hier Probleme des Denkens von Rosenstock-Huessy, seiner antiakademischen Polemik und seiner Ambivalenzen gegenüber Jüdischem veranschaulichen, die für sein Gesamtwerk kennzeichnend und vor allem in seinen Texten nach dem Zweiten Weltkrieg und dem Holocaust anzutreffen sind. Der Essay beginnt mit der erstaunlichen Feststellung, »Antisemitismus« sei ein akademischer Ausdruck. Unbekümmert um die tatsächliche Entstehungsgeschichte des Begriffs – die Wortschöpfung wird gemeinhin dem Journalisten Wilhelm Marr zugeschrieben und war von vornherein der Objektivierung und Bemäntelung eines Hasses geschuldet, der sich *ausschließlich* gegen Juden richtete –, behauptete Rosenstock-Huessy gleich im nächsten Satz einen Zusammenhang zwischen Antisemitismus und Humanismus, was in der Logik seiner Argumentation soviel hieß wie: zwischen Antisemitismus und dem akademischen Denken schlechthin. Um seinem provokativen Titel zu begründen, unterstellte er im nächsten Argumentationsschritt, die »akademisch gebildeten Juden« seien seit der Emanzipation in großer Zahl Antisemiten gewesen, eine These, die er exemplarisch anhand von Karl Marx und Sigmund Freud belegte. Beide hob er besonders heraus und prangerte sie als »zwei der furchterregendsten Antisemiten« an, freilich ohne dies zu begründen, sieht man einmal davon ab, dass er in Anspielung auf Freuds *Der Mann Moses und die monotheistische Religion* (1939) verkürzend anführte, Freud habe mit achtzig Jahren geschrieben, die Juden hätten Moses ermordet.[55] Spätestens im dritten Abschnitt seines Essays wird deutlich, vor welchem Hintergrund Rosenstock-Huessy seine Konstruktion baute. Der »Antisemitismus« sei für die emanzipierten und akademisch gebildeten Juden, die er als »Griechen aus der Beschneidung« bezeichnete, der Ersatz für das Christentum. Statt sich nach dem Vorbild Rosenstock-Huessys für das Christentum entscheiden zu müssen, hätte der »Antisemitismus« diesen Juden eine »rein akademische Existenz« erlaubt. Folgt man trotz der verstörenden Setzungen, mit denen der Text arbeitet, der Argumentation, zeigt sich der Versuch einer Systematisierung und dialektischen Synthetisierung. Zentrales Anliegen Rosenstock-Huessys ist auch hier das Postulat der drei Grundfiguren »Jude«, »Christ« und »Heide«, die aufeinander angewiesen seien. Diese hatte er bereits, wie gezeigt, in *Mihi est propositum* verwendet und sie sind auch in diversen Texten aus *Die Sprache des Menschengeschlechts* (1963/64) zu finden. Mithilfe

55 Dass Freuds *Der Mann Moses und die monotheistische Religion* selbst u. a. eine Auseinandersetzung mit dem völkischen Nationalismus und Antisemitismus darstellt, vor dem Freud gerade noch nach London entkommen konnte, sei hier nur nebenbei angemerkt.

dieser Grundfiguren bekräftigte Rosenstock-Huessy seine These, dass der Mensch »trinitarisch« sei.[56] Gleichzeitig ging es ihm darum, in Variation dieses Grundmodells die Entwicklung nicht homogener Staatsvölker im 19. Jahrhundert in Europa darzustellen. Dafür bezog er sich auf den wiederum abgewandelten Topos von Israel als dem auserwählten Volk – »das Christus geboren hatte« – womit er Christentum und Judentum miteinander verband. Seine These lautete: »Wenn Israel das auserwählte Volk war, das Christus geboren hatte, dann drohte jeder Nation das Weltgericht einer universalen Geschichte für alle Nationen.«[57]

In dem Aufsatz bietet er eine eigenwillige Deutung des Emanzipationsprozesses an: Für den Zeitraum von 1800 bis 1933 hätte »der unaufhörliche Zutritt des jüdischen Elements« als Magna Charta für alle europäischen Nationen gegolten.[58] An späterer Stelle heißt es, dass sich vor der »Juden-Emanzipation«, als »alle Völker Europas sich christlich nannten«, die drei Grundfiguren »Heide«, »Jude« und »Christ« jeweils wechselseitig einfach hätten »verachten« können.[59] Unter den Bedingungen der Moderne, so ließe sich die Gesamtaussage paraphrasieren, sei es dann zu komplizierteren Verflechtungen und Wechselbeziehungen zwischen diesen drei Größen gekommen. Rosenstock-Huessy verbindet seine Ideen über den modernen Staat mit dem Reichsgedanken und damit mit einer imperialen anstelle einer ethnonationalen Vorstellung des Staats, in dem auch Juden – »geborene Israeliten« – Bürger werden konnten.[60] In Deutschland sei dieser Prozess der Nationsbildung jedoch 1933 beendet worden, als »Judenstämmlinge« und »Deutschstämmige« lieblos auseinandergefallen seien und die Nation zur bloßen »Sache« wurde.[61] Ohne hier auf das Problem der inadäquaten Beschreibung, die den geschichtlichen Entwicklungen kaum angemessen erscheint, ausführlicher einzugehen – den Beginn der nationalsozialistischen Herrschaft als ein Auseinanderfallen von »Judenstämmlingen« und »Deutschstämmigen« zu charakterisieren, stellt dabei nur eine von zahlreichen problematischen Setzungen dar –, soll die Grundthese des Aufsatzes genauer betrachtet werden. Diese gipfelte in der Behauptung, dass nach dem Zweiten Weltkrieg und der

56 Eugen Rosenstock-Huessy, Die jüdischen Antisemiten oder die akademische Form der Judenfrage, in: ders., Das Geheimnis der Universität, 44–55, hier 53. Ursprünglich erschien der Aufsatz in: Frankfurter Hefte 6 (1951), 8–17.

57 Ebd., 44.

58 Ebd., 45. Zur Frage der Periodisierung siehe auch Rosenzweigs Deutung der Philosophiegeschichte, die um 1800 zu dem Ende ihrer selbstgestellten Aufgabe einer »denkenden Erfassung des All« gekommen sei. Vgl. Franz Rosenzweig, Der Stern der Erlösung, Heidelberg ^{3}1954 (1. Aufl. 1921), Zweiter Teil, 21 f.

59 Ebd., 51.

60 Ebd., 45.

61 Ebd.

Vernichtung der europäischen Juden »jeder von uns in seiner Existenz die drei Elemente des Juden, Heiden, Christen wird anerkennen müssen, um mit dem vierten Menschen, der Bestie in uns, je nachdem fertig zu werden«.[62] Rosenstock-Huessy ging es also nicht um reale Juden, sondern um eine Typologie *des* Juden als einer religiösen Grundfigur im Verhältnis zu anderen religiösen Grundfiguren. Gleichzeitig wollte er mit diesen Konstrukten grundlegende Probleme menschlicher Existenz erfassen. Dabei operierte er mit changierenden Begriffen und Redefiguren, die zum Teil erheblich von den üblichen Verwendungen abwichen. Besonders schillernd war sein Gebrauch des Begriffs »Antisemitismus«, worunter er sowohl eine sehr weitreichende Vorstellung von »jüdischem Selbsthass« subsumierte als auch den Hass nichtjüdischer Europäer auf Juden. Letzteren hielt er im Gegensatz zum »jüdischen Selbsthass« nicht für »schöpferisch« und in seiner Form als »Schatten des messianischen Deutschtums oder Polentums« für historisch erledigt.[63]

Woher aber stammte die Annahme eines verdienstvollen, schöpferischen »jüdischen Selbsthasses«, dem er in seinem Text eine geschichtsmächtige Kraft zubilligte und den er vom nichtjüdischen Antisemitismus deutlich unterschieden wissen wollte? In der »Selbstüberwindung« begeisterter Antisemiten »jüdischer Abstammung« erkannte er nicht zuletzt die Verheißung von etwas Gutem, ja, er behauptete sogar, dass Geist nur da wehe, »wo wir uns selber zu einem Stück hassen«.[64] Es liegt daher nahe, diese Gedanken auch auf die Biografie Rosenstock-Huessys zu beziehen und die Figur der Selbstüberwindung als eine Form der Auseinandersetzung mit seinem Religionswechsel zu verstehen. Damit wäre der Wechsel schöpferisch gedeutet und somit von der »Schulsprache des Humanismus« und dem Akademismus unterschieden; wenn mit dem »Sprachdenken« gleichzeitig eine »neue Epoche der Anteilnahme aller ausgerufen« ist, dann kann der gewesene Jude und gewordene Christ Rosenstock-Huessy zu guter Letzt alles in sich vereinen.[65] Dazu passt auch seine Briefäußerung an Rosenzweig vom 4. Oktober 1916: »Ich glühe deutsche und jüdische Gaben und Besitztümer ein, beim Versuche Christ zu werden.«[66] Immer wieder rückte er Transformationen und Synthesen in den Blick, die er sprachlich aus zuvor formulierten Gegensätzen erzeugte. Auch auf der Ebene eines projizierten, von außen zugeschriebenen Judentums benannte Rosenstock-Huessy gelegentlich eine Zugehörigkeit. So berichtete er in seinem Aufsatz *Biblionomica* (1959), er habe im Sommer

62 Ebd., 51.
63 Ebd., 45 und 49.
64 Ebd., 49.
65 Ebd., 54.
66 Rosenzweig, Briefe, 664.

1933 drei Monate lang in Berlin im Olympiastadion verbracht, um dort in der Altersklasse der über Vierzigjährigen das goldene Sportabzeichen zu erwerben. Anekdotisch hielt er fest, dass am Ende »die Nazi-Ausweise meinen *echt jüdischen Namen* als Empfänger des goldenen Sportabzeichens« trugen.[67] Im »Sprachdenken«, worin die Anrufung durch den Namen grundlegend ist, scheint die Berufung auf den »echt jüdischen Namen« im rückblickenden Triumph über die NS-Behörden nicht zufällig zu sein.

Transformiertes Judentum und universelle Emanzipation

Zweifellos war Rosenstock-Huessy eine schillernde Persönlichkeit, die auch politisch nicht leicht zu fassen ist. Nur auf den ersten Blick kurios erscheint zum Beispiel seine Aufnahme in das Handbuch zur Konservativen Revolution durch den Publizisten und Vordenker der Neuen Rechten Armin Mohler. Über Rosenstock-Huessy steht dort: »Er ist mit der etwas schweifenden Pathetik seines umfangreichen Werkes schwer irgendwo einzuordnen.«[68] Tatsächlich gehört auch die Facette eines modernen Konservativen zu seiner widersprüchlichen Erscheinung. Aufsätze wie *Das Dritte Reich und die Sturmvögel des Nationalsozialismus* (1931) zeigten ihn gar als einen antiliberalen Autor, der in der Endphase der Weimarer Republik für Deutschland eine zukünftige Führungsrolle unter den besiegten Nationen Europas und damit eine Weltaufgabe gewinnen mochte.[69]

Isaac Deutscher vertrat in seinem berühmten Aufsatz *Der nichtjüdische Jude* (1958) die These, dass der jüdische Abtrünnige, der über das traditionelle Judentum hinausgelangt sei, selbst wiederum in einer jüdischen Tradition stehe, und er begründete diese Ansicht mit einer Ahnenreihe von Baruch Spinoza über Heinrich Heine, Karl Marx, Rosa Luxemburg und Leo Trotzki bis Sigmund Freud.[70] Als gemeinsame Charakteristika dieser »nichtjüdischen Juden«, unter denen sich kaum zufällig auch Karl Marx und Sigmund Freud befanden, die Rosenstock-Huessy als »jüdische Antisemiten« bezeichnete und ihnen damit in seiner eigentümlichen Vorstellung von »jüdischem Selbst-

67 Eugen Rosenstock-Huessy, Biblionomica, in: ders., Ja und Nein, 148–165, hier 163 (Hervorhebung durch den Verfasser).

68 Armin Mohler/Karlheinz Weissmann, Die Konservative Revolution in Deutschland 1918–1932. Ein Handbuch, 6., völlig überarbeitete und erweiterte Aufl., Graz 2005, 496.

69 Eugen Rosenstock-Huessy, Das Dritte Reich und die Sturmvögel des Nationalsozialismus (erschienen unter dem Pseudonym L. Stahl), in: Hochland 28 (1931), 193–211. Wieder abgedruckt in: Tumult. Schriften zur Verkehrswissenschaft, Nr. 20, hg. von Frank Böckelmann, Dietmar Kamper und Walter Seitter, Wien 1995, 16–36.

70 Deutscher, Der nichtjüdische Jude, 60.

hass« gleichzeitig eine besondere Schöpferkraft zusprach, zählte Deutscher auf, dass sie die Grenzen des Judentums gesprengt hätten, weil sie es für zu beschränkt, zu archaisch und zu einengend empfunden hätten. Sie hätten jenseits des Judentums nach ihren Zielen und Idealen gesucht und seien so zum »Inbegriff für viele der bedeutendsten Leistungen des neuzeitlichen Denkens« geworden; sie verkörperten dessen tiefgreifende Umwälzungen, die während der letzten drei Jahrhunderte in Philosophie, Ökonomie und Politik stattgefunden hätten.[71] Deutscher definierte die von ihm unterstellte Gemeinsamkeit als »jüdisch« in einem *habituellen* Sinne und sprach ihnen damit etwas von der »Quintessenz« jüdischen Intellekts und Lebens zu: »Sie waren *a priori* außergewöhnlich insofern, als sie als Juden an der Grenze zwischen unterschiedlichen Zivilisationen, Religionen und nationalen Kulturen gelebt haben und an der Grenze zwischen unterschiedlichen Epochen geboren und aufgewachsen sind.«[72] Mit anderen Worten, für Deutscher erwies es sich als eine lebensweltlich fundierte »jüdische« Eigenschaft, dass einige abtrünnige Juden gerade aufgrund der Liminalität ihrer jüdischen Herkunft zu Schrittmachern der Moderne werden konnten. Seine Thesen sollten dabei weniger als eine Kritik am traditionellen Judentum verstanden werden. Vielmehr unternahm der selbst orthodox aufgewachsene Deutscher mit ihnen den umgekehrten Versuch der »Rettung« einer bedeutenden Gruppe von abtrünnigen Juden für das Judentum.

Rosenstock-Huessy kann ohne Weiteres in diese Tradition nichtjüdischer Juden aufgenommen werden. Seine akademische Exzentrizität als »Sprachdenker« prägte einen Strang der Sprachphilosophie im frühen 20. Jahrhundert mit, der implizit bis in gegenwärtige Subjekttheorien hineinstrahlt. Wichtiger noch mag die Konvergenz mit Deutschers Plädoyer für eine Zurückgewinnung des Bewusstseins von der Bedeutung einer universellen menschlichen Emanzipation sein, für die weite Teile von Rosenstock-Huessys Lebenswerk einstehen – trotz der genannten antiliberalen Aufsätze und der teilweise antijüdischen Textpassagen. Aus der Perspektive jüdischer Geschichtsschreibung ist die gleichwohl auf vielerlei Weise in die Texte Rosenstock-Huessys eingeschriebene Auseinandersetzung mit den Lebensbedingungen von Juden in Europa vor allem während der ersten Hälfte des 20. Jahrhunderts aufschlussreich.

71 Ebd.
72 Ebd.

Robert Zwarg

Frankfurt in Madison – Zur Rezeption der Kritischen Theorie in Amerika

Werke und Wirkung der ersten Generation der Kritischen Theorie – Theodor W. Adornos, Max Horkheimers, Herbert Marcuses und anderer – haben inzwischen ein nahezu unüberschaubares Korpus an Sekundärliteratur nach sich gezogen. Jene, die an diese Tradition anschlossen – überwiegend in den 1940er Jahren in Amerika geborene Denker und Denkerinnen –, sind jedoch in der Forschung bisher weitgehend unbeachtet geblieben. Während das Leben und Wirken Adornos und seiner Zeitgenossen in Amerika bis in die fünfziger Jahre bereits detailreich erforscht ist,[1] scheinen die sechziger Jahre und ihre Folgen, mit anderen Worten, das Schicksal der sogenannten Frankfurter Schule in Amerika erst langsam in den Fokus der Wissenschaft zu rücken.[2] Möglicherweise auch deshalb, weil viele Protagonisten der zweiten Generation noch am Leben sind und weil die Kritische Theorie in Amerika kontinuierliches Interesse erfährt, existiert bis heute keine rezeptionsgeschichtliche Auseinandersetzung mit ihrem Erbe in der Neuen Welt.

Der folgende Beitrag möchte anhand ausgewählter Quellen und Forschungsbeiträge die Grundfragen und Rahmenbedingungen einer Beschäftigung mit der Rezeption der Kritischen Theorie in Amerika skizzieren. Neben der Frage, wie und auf welchem Wege der intellektuelle Transfer deutscher und europäischer Theorie sich vollzog und welchem Interesse er folgte, steht vor allem zur Diskussion, ob, wie und in welchem Kontext die Kritische Theorie sich in diesem Prozess veränderte. Das Nachleben der Frankfurter Schule in Amerika wird sich im Zuge dieser Überlegungen als Aufleben herausstellen, als politisch motivierte Hinwendung zu Europa als geistig-intellektuellem Arsenal im Zusammenhang mit der amerikanischen New Left. Der Ort dieser Rezeption ist die Universität, ein besonders in den sechziger Jahren politisch umkämpfter Raum. So bieten sich für die Analyse zwei Kraftfelder an: einerseits das Verhältnis zwischen der historischen Erfahrung, die sich in der europäischen Tradition sedimentiert – also Zwischenkriegszeit

1 Vgl. jüngst Thomas Wheatland, The Frankfurt School in Exile, Minneapolis, Minn., 2009; Eva-Maria Ziege, Antisemitismus und Gesellschaftstheorie. Die Frankfurter Schule im amerikanischen Exil, Frankfurt a. M. 2009.

2 Die 2001 erschienene Einführung in die Philosophie in Amerika von Bruce Kuklick behandelt die Kritische Theorie auf gut drei Seiten und bezieht sich lediglich auf Marcuse: A History of Philosophy in America 1720–2000, Oxford 2001, 229–231.

JBDI / DIYB • Simon Dubnow Institute Yearbook 10 (2011), 89–111.

und Nationalsozialismus –, und der amerikanischen Realität der sechziger und siebziger Jahre, die durch die Lektüre der Kritischen Theorie verstanden werden sollte; anderseits die Spannung zwischen Akademie und politischem Impuls. Maßgeblich hierfür sind zwei bis heute verlegte Zeitschriften, die als Kompass für die historischen, politischen und geistesgeschichtlichen Zusammenhänge der amerikanischen Beschäftigung mit der Kritischen Theorie dienen können. In ihnen sieht die Forschung die zentralen Medien der Rezeption.[3] Die Rede ist zum einen von der 1968 in Buffalo gegründeten Zeitschrift *Telos*, ein synkretistisches Medium des europäisch-amerikanischen intellektuellen Transfers, wobei sich die dort verhandelten Positionen über die Jahre hinweg sehr stark wandelten, weg von einem deutlich von der New Left geprägten Profil hin zu eher konservativen Positionen;[4] zum anderen von der *New German Critique*, die erstmals 1973 als Publikation des German Studies Department an der Universität Madison erschien. In diesen beiden Zeitschriften veröffentlicht ein Milieu, auf das sowohl in der Primär- als auch in der Sekundärliteratur immer wieder rekurriert wird.[5] Als zentrale

3 Vgl. Wheatland, The Frankfurt School in Exile, 297; Stephen Eric Bronner, Introduction. From the First to the Second Edition, in: ders., Of Critical Theory and its Theorists, New York/London 2002, 3–10, hier 3; Stephen Bronner, Momente der Entscheidung, Frankfurt a.M. 2000, 186f.; Martin Jay, Adorno in Amerika, in: Detlev Claussen/Oskar Negt/Michael Werz (Hgg.), Keine Kritische Theorie ohne Amerika, Frankfurt a.M. 1999, 46–76, hier 59f.; ders., Preface to the 1996 Edition, in: ders., The Dialectical Imagination. A History of the Frankfurt School and the Institute of Social Research 1923–1950, Berkeley/Los Angeles, Calif., 1996, xi–xxiv, hier xiv; Jost Hermand, Madison, Wisconsin 1959–1973. Der Einfluss der deutschen Exilanten auf die Entstehung der Neuen Linken, in: Jahrbuch für Exilforschung 13 (1995), 52–67, hier 63f.; Peter Uwe Hohendahl, Reappraisals of Critical Theory. The Legacy of the Frankfurt School in America, in: ders., Reappraisals. Shifting Alignments in Postwar Critical Theory, Ithaca, N.Y., 1991, 198–228, hier 200; David Bathrick, Literaturkritik als Kulturkritik. Marxistische Tendenzen in der Literaturkritik in den USA? in: Frank Trommler (Hg.), Germanistik in den USA, Opladen 1989, 122–145, hier 127; Russell Jacoby, The Last Intellectuals. American Culture in the Age of Academe, New York 1987, 151f.; Andrew Arato, Die Kritische Theorie in den USA. Gedanken über vier Jahrzehnte ihrer Rezeption, in: Frank Trommler (Hg.), Amerika und die Deutschen. Bestandsaufnahme einer 300-jährigen Geschichte, Opladen 1986, 617–624, hier 620.

4 Für einen Überblick zur Geschichte der *Telos* siehe Timothy W. Luke, The »Americanization« of Critical Theory. A Legacy of Paul Piccone and »Telos«, in: Fast Capitalism 5 (2009), H. 1, <http://www.fastcapitalism.com> (8. Juli 2011). Die Beiträge dieses der Zeitschrift *Telos* gewidmeten Onlinejournals sind für 2011 als Buch angekündigt: Timothy W. Luke/Ben Agger (Hgg.), A Journal of no Illusions. Telos, Paul Piccone and the Americanization of Critical Theory, New York 2011.

5 Zu den zentralen Personen sind zu zählen: Martin Jay, Paul Breines, Andrew Arato, Douglas Kellner, Russell Jacoby, Robert Hullot-Kentor, Dick Howard, Moishe Postone, Jeremy Shapiro, Shierry Weber, David Bathrick, Anson Rabinbach, Andreas Huyssen, Trent Schroyer, Seyla Benhabib, Peter Uwe Hohendahl, James Miller, Russell Berman, Jean Cohen, Joel Whitebook, Richard Wolin, Jack Zipes. Diese Liste ist keineswegs vollstän-

Figur kann vor allem Paul Piccone gelten, der Gründer und – bis zu seinem Tod 2004 – Herausgeber der *Telos*. Außerdem organisierte er über einen langen Zeitraum Satz und Druck der Zeitschrift *New German Critique*, zu der freundliche Beziehungen und Überschneidungen in der Autorenschaft bestanden. Piccones Leidenschaftlichkeit, zuweilen auch Exzentrik, die sein intellektuelles Schaffen insgesamt, aber auch ganz konkret seine Redaktionsarbeit prägten, wirkten gleichsam intensivierend auf den Denkraum der Kritischen Theorie in Amerika – politische und persönliche Differenzen verstärkten sich und durchformten die Diskussion. Ebenjener Paul Piccone schrieb 1988 einen Aufsatz, in dem er auf zwanzig Jahre *Telos* zurückblickte und die beiden bereits angedeuteten Leitfragen »Wie gestaltet sich im Prozess des intellektuellen Transfers das Verhältnis von Amerika und Europa?« und »In welchem Verhältnis stehen der Rezeptionsort Universität und der politische Impuls?« prägnant zusammenbrachte:

»Zwei Jahrzehnte später [...] sind der westliche Marxismus und die Kritische Theorie zu legitimen Subdisziplinen an der Seite des Feminismus, der Black Studies und des Poststrukturalismus geworden. Welche Ruinen des kontinentalen Denkens auch immer die Amerikanisierung des europäischen Geistes nach dem Zweiten Weltkrieg überlebt haben mögen, sie sind heute ein wesentlicher Bestandteil im Lehrplan jeder amerikanischen Universität; allerdings mit unbeabsichtigten Resultaten. Weit davon entfernt, die anvisierte qualitative Veränderung des kulturellen Lebens, eine substanzielle Deprovinzialisierung des gesellschaftlichen Bewusstseins und eine demokratischere und partizipatorischere politische Realität erreicht zu haben, fügen sich der Westliche Marxismus, die Kritische Theorie und die radikale Philosophie im Allgemeinen nahtlos ein in ein ansonsten langweiliges, jargonbehaftetes und hoffnungslos konventionelles Bezugssystem, das sie ursprünglich einmal herausgefordert hatten.«[6]

Bislang war es vornehmlich Thomas Wheatland, der sich in seiner 2009 erschienenen, monumentalen Studie *The Frankfurt School in Exile* mit der Rezeptionsgeschichte der Kritischen Theorie in Amerika befasste, die hier verhandelten Fragen anriss und damit Ansatzpunkte für eine weitergehende Analyse bot. Sein Kommentar zu der soeben zitierten Äußerung von Piccone kann als zentrale Hypothese einer Untersuchung wie der hier vorliegenden gelten: »Trotz des Wachstums und Erfolgs einer vereinigten atlantischen Kultur veränderte sich die amerikanische Rezeption der Kritischen Theorie mit der Zeit. Die Diskussionen wurden weniger praktisch und mehr theoretisch.«[7] Dem Prozess der Verwandlung, den Wheatland allerdings nur andeu-

dig, nennt jedoch die wichtigsten Namen aus dem Untersuchungszeitraum von den späten 1960er bis Ende der 1980er Jahre.

6 Paul Piccone, 20 Years of »Telos«, in: ders., Confronting the Crisis. Writings of Paul Piccone, hg. von Gary Ulmen, New York 2008, 231–258, hier 232. (Übersetzungen hier und im Folgenden, soweit nicht anders angegeben, durch den Autor.)

7 Wheatland, The Frankfurt School in Exile, 342.

tet, wohnt darüber hinaus ein Moment der Überraschung inne: »Nichtsdestoweniger ist es bemerkenswert, wie schnell das Erbe der Frankfurter Schule aus der öffentlichen intellektuellen Wahrnehmung verschwunden ist und wie schnell es eine Heimat in der Akademie fand.«[8] Institutionell betrachtet geschah dieser Prozess abseits der Kerndisziplinen der Kritischen Theorie, vor allem in der Germanistik und der Literaturwissenschaft. Eine solche Feststellung zieht mehrere Fragen nach sich. Zunächst gilt es zu untersuchen, welche Rolle die Universität in der amerikanischen Gesellschaft spielte und wie ihr Verhältnis zu einem kulturellen Kanon und den mit ihm verbundenen Tugenden und Praktiken war. Frank Trommler wies in seinem Essay über die *Lesbarkeit der deutschen Kultur* in den Vereinigten Staaten überzeugend auf eine amerikanische Partikularität hin, nach der die Universität (und mit ihr die Intellektuellen) zwar Teil der Gesellschaft war, diese aber nicht repräsentierte.[9] Trommler rief auch eine grundlegende Differenz im Kultur- und Geschichtsbegriff zwischen Amerika und Europa in Erinnerung, die sich im Bezug auf Deutschland, wie zu zeigen sein wird, noch einmal auf besondere Weise darstellt. Eine zentrale Bedeutung in dieser Gemengelage nimmt die Frage nach den Gründen – abseits politischer Motivationen – für die Attraktivität der europäischen Theorietraditionen ein. Dem soll im Folgenden anhand des Umfelds der Zeitschrift *New German Critique* nachgegangen werden.

»We Were Still Searching for Our Weimar«

Keine Kritische Theorie ohne Amerika – so titelte 1999 ein von Detlev Claussen, Oskar Negt und Michael Werz herausgegebener Sammelband.[10] Hauptziel der Aufsätze war es, die Bedeutung der amerikanischen Erfahrung für das Schaffen der Kritischen Theoretiker herauszustellen und zu analysieren. Der Band versammelte aber auch Beiträge von Protagonisten der zweiten Generation Kritischer Theorie in Amerika und wies damit historisch wie inhaltlich über den Zeitraum der tatsächlichen Anwesenheit Adornos, Horkheimers, Marcuses oder Fromms auf dem amerikanischen Kontinent hinaus. Es zählt zu den Schwierigkeiten der Erforschung jüngerer Zusammenhänge, dass nicht selten die ersten Sekundärmaterialien aus der Feder derer stammen, die selbst an den Entwicklungen teilhatten. So verschränkt sich die

8 Ebd., 343. Auch Martin Jay bezeichnet die Universität als »letzten Zufluchtsort« der Kritischen Theorie. Vgl. Jay, Preface to the 1996 Edition, XX.

9 Vgl. Frank Trommler, Über die Lesbarkeit der deutschen Kultur, in: ders. (Hg.), Germanistik in den USA, 222–259, hier 230.

10 Claussen/Negt/Werz (Hgg.), Keine Kritische Theorie ohne Amerika.

eigene Biografie mit dem Gegenstand. Der prominenteste Vertreter Kritischer Theorie in Amerika, der in dem Sammelband zu Wort kommt, ist Martin Jay. 1973 hatte er die wegweisende Studie *Dialectical Imagination* vorgelegt, der Forschungsaufenthalte in Frankfurt am Main und Montagnola vorausgingen und für die er ausführliche Interviews mit den noch lebenden Mitgliedern des Frankfurter Kreises führte. Die erste Gesamtdarstellung der Kritischen Theorie wurde kontrovers aufgenommen, aber sie ist bis heute ein unerlässlicher Referenzpunkt geblieben. Ein weiterer Autor des Sammelbands war Russell Jacoby, der bei der *Telos* aktiv war und der bereits 1970 zu Paul Breines' Band *Critical Interruptions. New Left Perspectives on Herbert Marcuse*, der ersten Publikation zu Marcuse aus den Kreisen der New Left, einen Artikel beigesteuert hatte. Peter Uwe Hohendahl stammt aus dem Umfeld der *New German Critique* und ist heute Mitglied ihres Redaktionsbeirats. 1991 hatte Hohendahl einen der ersten und wenigen programmatischen Aufsätze geschrieben, er trug den Titel *The Legacy of the Frankfurt School in America* und wurde auszugsweise und in Übersetzung in dem Sammelband abgedruckt.

Dass die amerikanische Erfahrung für die Kritischen Theoretiker der ersten Generation eine wichtige Rolle spielte, ist weitgehend bekannt. Fragt man hingegen nach der durch Theorie vermittelten europäischen Erfahrung der hier behandelten zweiten Generation Kritischer Theorie in Amerika, klafft eine Forschungslücke. Es mag der Zeitzeugenschaft geschuldet sein, dass die Autoren bis auf wenige Ausnahmen[11] lediglich politische beziehungsweise geistesgeschichtliche Gründe für die Faszination von der europäischen Theorietradition anführen. Ein Blick in die Quellen, vor allem aus den sechziger Jahren, legt noch etwas anderes nahe, nämlich den Einfluss eines erfahrungsgeschichtlichen Moments. Erneut lässt sich hier auf Thomas Wheatland verweisen, der in seinem Buch vorschlägt, diese Gründe vor allem in dem Bild der Kritischen Theorie zu suchen, das die ersten Rezipienten sich von ihr machten. Von zentraler Bedeutung sei hierbei die Erfahrung der Entfremdung in Bezug auf die amerikanische Kultur gewesen, die mit dem Exil in den Vereinigten Staaten einherging und zu der sich die jungen Leser und Leserinnen positiv ins Verhältnis setzen konnten. »Es ist nicht überraschend«, so Wheatland, »dass dieser Aspekt der Institutsgeschichte [des Exils] die Fantasie vieler amerikanischer Kommentatoren fesselte. Entfremdung und Skepsis gegenüber den Vereinigten Staaten waren von Anfang an ein Merkmal der Studentenbewegung.«[12]

11 Vgl. Paul Breines, Germans, Journals and Jews/Madison, Man, Marxism and Mosse. A Tale of Jewish-Leftist Identity Confusion in America, in: New German Critique 20 (1980), 81–103.

12 Wheatland, The Frankfurt School in Exile, 344.

Wheatlands Konzentration auf die Kategorie der Entfremdung scheint aber bei genauer Lektüre der Quellen zu kurz zu greifen. Zumindest lenkt sie ab von der gleichsam ästhetischen Faszination, die die Exilerfahrung auf jene ausübte, die – wie zum Beispiel in Madison – sich tatsächlich im Umfeld von Emigranten befanden. Mit anderen Worten, das Entfremdungsgefühl transformierte sich in eine Aneignung der Exilerfahrung. In den sechziger Jahren befanden sich aus der ersten Generation der Kritischen Theorie lediglich Leo Löwenthal und Herbert Marcuse noch auf dem amerikanischen Kontinent. Für die meisten der hier verhandelten Personen waren sie aber keine unmittelbaren Lehrer. Da zu dieser Zeit auch die auf Englisch verfügbare Literatur eher schmal war, müssen die Gründe, aus denen die Kritische Theorie überhaupt interessant wurde, anderswo gesucht werden. Zu diesem Zweck ist ein Blick in die Vorgeschichte der *New German Critique*, vermittelt durch die wenigen niedergeschriebenen Erinnerungen an jene Zeiten und Orte hilfreich.[13] So zeigt es sich – und dies modifiziert Wheatlands These –, dass in diesen Texten aus dem Milieu, das einmal die Zeitschriften *Telos* und *New German Critique* hervorbringen würde, der Begriff des Exils, an den sich eine reale oder imaginierte Entfremdungserfahrung heftet, eine zentrale Rolle spielt. Wird er nicht verbatim verwendet, finden sich ihm analoge Bezeichnungen wie die des Außenseitertums, der Waisenschaft, des Provinziellen oder Bilder wie die der Insel oder der Oase. Folgt man Daniel J. Boorstin, handelt es sich dabei um eine genuin amerikanische Selbstwahrnehmung – allerdings eine, die auf die zwanziger und dreißiger Jahre verweist, als Amerika, gemäß einem für die Zeit charakteristischen antithetischen Denken, sich vornehmlich negativ über die Differenz zu Europa definierte.[14] In Paul Piccones Rückblick *20 Years of »Telos«* findet sich eine Variante dieser Denkfigur in einer institutionell gewendeten und auf Amerika als Kulturraum bezogenen Form. Der Blick nach Europa, so Piccone, sei einer Frustration über die amerikanische Philosophie entsprungen, was schließlich in der Beschäftigung mit den geistesgeschichtlichen Traditionen auf dem Kontinent zu einem »selbstauferlegten Exil«[15] geführt habe. Die *Telos*, so Piccone, sei nichts weniger gewesen als ein »politisches Waisenkind«.[16] Noch eindrücklicher

13 Dies ist keineswegs der einzige Zugang zu dieser Frage. Einige Protagonisten beschäftigten sich mit der Kritischen Theorie im Rahmen von Auslandsaufenthalten, so etwa Martin Jay, Paul Breines, David Bathrick oder Samuel und Shierry Weber. Diese transatlantische Perspektive auf den Prozess des intellektuellen Transfers, allerdings ohne explizite Konzentration auf die Kritische Theorie, ist Thema bei Martin Klimke, The Other Alliance. Student Protest in West Germany and the United States in the Global Sixties, Princeton, N.J./Oxford 2010.

14 Vgl. Daniel J. Boorstin, America and the Image of Europe, New York 1960, 29.

15 Piccone, 20 Years of »Telos«, 232.

16 Ebd., 243.

allerdings sind solcherlei Beschreibungen in den Erinnerungen an Madison im Bundesstaat Wisconsin, wo 1973 die Zeitschrift *New German Critique* gegründet wurde. Madison, so Paul Buhle – Herausgeber der Zeitschrift *Radical America*, die viele der Autoren aus dem Milieu von *Telos* und *New German Critique* versammelte –, sei schon lange bekannt als ein »dynamischer kultureller Mittelpunkt zwischen den Küsten, ein Athen oder mindestens eine blühende Oase des Mittleren Westens.«[17] Eleanor Hakim, deren Erinnerungen später noch genauer betrachtet werden, bemüht folgendes Bild: »Wenn Sokrates Kritons Angebot akzeptiert hätte und nach Thessalien ins Exil gegangen wäre, wäre das dann dasselbe gewesen wie ins Hinterland, in den amerikanischen Mittleren Westen zu gehen?«[18] Beide Beiträge finden sich in einem Sammelband, dessen Bedeutung bezüglich der Selbsthistorisierung dieser Generation der New Left nicht zu unterschätzen ist: Paul Buhles *History and the New Left. Madison, Wisconsin 1950–1970.* Das Buch, für das Buhle seit Anfang der siebziger Jahre recherchiert hat, versammelt sowohl Beiträge von Vertretern der Neuen Linken aus Madison als auch der sogenannten Alten Linken. Außerdem widmet es sich explizit der Rolle der Mentoren und Vorbilder und rückt damit jene Personen in den Blickpunkt, die im Milieu der *New German Critique* als Vermittler einer europäischen Tradition fungierten: Hans Gerth und George L. Mosse.

Ein genaueres Studium der vielfältigen Erinnerungen an Madison erweist die Rede von »Exil« nicht nur als einen gängigen Topos der Selbstbeschreibung, sondern als ein Erkenntnismittel. Letzteres deutet auf eine eigentümliche Entwicklung in den Geisteswissenschaften der letzten Jahrzehnte hin. Nach und nach ist aus der Situation des politischen Exils die Kategorie eines privilegierten Erkenntnisorts geworden, nicht selten gerechtfertigt durch die Erinnerung von aus Deutschland vertriebenen Juden und abgelesen an ihr.[19] Statt einer erzwungenen, politisch motivierten Situation, die statt genialischer Erkenntnisse wahrscheinlich weit öfter Einsamkeit, Verzweiflung und Trauer nach sich zog, gilt den Sozialwissenschaften heute das Exil oft als Reflexionsort, der aufgrund seiner Distanz zum Gewohnten, aufgrund seiner notwendigen Grenzüberschreitung einen privilegierten Blick sowohl auf die

17 Paul Buhle, Madison. An Introduction, in: ders. (Hg.), History and the New Left. Madison, Wisconsin 1950–1970, Philadelphia, Pa., 1990, 1–39, hier 1.

18 Eleanor Hakim, The Tragedy of Hans Gerth, in: Buhle (Hg.), History and the New Left, 252–263, hier 252.

19 Prominent findet sich »Exil« als politisch-erkenntnistheoretische Kategorie beispielsweise in Edward W. Saids *Reflexions on Exile*, mit Verweis auf einschlägige Formulierungen Theodor W. Adornos. Vgl. Martha C. Nussbaum, The End of Orthodoxy, New York Times, 18. Februar 2001, 28. Der Kategorie des Exils in ihrer politischen, historischen und erkenntnistheoretischen Dimension widmet sich der Sammelband Jour-Fixe-Initiative Berlin (Hg.), Fluchtlinien des Exils, Berlin 2003.

Herkunfts- als auch auf die Gastgesellschaft ermöglicht. Dabei eignet dem schwer zu fassenden Zusammenhang zwischen Deprivationserfahrung und Erkenntnis nicht selten eine romantische Note.

Obgleich das Exil keinen fixen Ort auf der Landkarte bezeichnet, ist es doch nicht unabhängig von den jeweiligen geografischen Faktoren zu betrachten. So scheint die Dominanz des Exils als narrativer Topos im Bezug auf Madison auch mit der tatsächlichen politisch-historischen Topologie der Stadt und des Staats zusammenzuhängen. Der Blick auf eines der wenigen metropolitanen Zentren des amerikanischen Mittleren Westens, den sie umgebenden Bundesstaat und auf die Selbstbeschreibungen ihrer zeitweiligen oder langjährigen Bewohner und Bewohnerinnen erschließt einen Kosmos und eine Geschichte, denen im amerikanischen Kontext durchaus die Rolle eines Sonderfalls zukommen. Dies hat nicht zuletzt damit zu tun, dass sich in Madison die beiden erwähnten Varianten des Exils in verschränkter, zum Teil sich überlagernder Form finden lassen: Zum einen als Kategorie der Selbstverortung in den Erinnerungen der Protagonisten aus der New Left und dem Umfeld der *New German Critique*, zum anderen die reale Erfahrung des politischen Exils und der Vertreibung in Gestalt emigrierter Wissenschaftler, die ihren Weg nach Madison gefunden hatten.[20] Es ist anzunehmen, dass das Erstere durch Letzteres motiviert ist, das heißt, dass es sich in den Beschreibungen der New-Left-Protagonisten um einen Fall der »geborgten Erfahrung« (Oskar Negt) handelt. Außerdem öffnet die Fluchtlinie des Exils Madison zudem einen wiederum durch die Emigranten vermittelten geschichtlichen Raum: die historische Erfahrung der Weimarer Republik.

Madisons Geschichte reicht freilich weiter zurück. 1848, im selben Jahr, als die Staaten Europas von revolutionären Erhebungen erschüttert wurden und in London das *Kommunistische Manifest* erschien, wurde im Mittleren Westen Amerikas die Siedlung Madison zur Hauptstadt des neuen Bundesstaats Wisconsin erklärt.[21] Hinter der Chiffre 1848 steckt mehr als zeitliche Koinzidenz. Nicht wenige enttäuschte Revolutionäre flohen in die Vereinigten Staaten – hier »Fortyeighters« genannt – und wiederum nicht wenige, wie zum Beispiel der spätere General im Sezessionskrieg und Senator Carl Schurz (1829–1906), siedelten sich in Wisconsin an. Mehr als die Hälfte aller Bewohner haben deutsche Vorfahren, und bereits Mitte des 19. Jahrhunderts trug Milwaukee den Spitznamen »deutsches Athen«. Ebenfalls im Jahr 1848 wurde in Madison die Universität gegründet. Noch heute heißt einer der prominenten studentischen Treffpunkte in Madison »Der Rathskeller«. Wenn es

20 Neben den bereits erwähnten Lehrern Hans Gerth und George L. Mosse zählt dazu auch Jost Hermand. Vgl. George L. Mosse, Aus großem Hause, München 2003; Jost Hermand, Zuhause und anderswo. Erfahrungen im Kalten Krieg, Köln 2001.

21 Vgl. zum Folgenden Buhle, Madison. An Introduction, 9–18.

stimmt, dass die Expansion gen Westen gleichzeitig eine Entfernung von Europa ist, wie Frederick Jackson Turner in seinem berühmten Essay *The Significance of the Frontier in American History* schreibt,[22] dann ist das in der Mitte zwischen den beiden Küsten gelegene Madison eine Art europäisch-amerikanisches Zwitterwesen.

Benannt nach dem vierten Präsidenten der Vereinigten Staaten und Mitautor der sogenannten *Federalist Papers* zeichnete sich Madison im Besonderen und Wisconsin im Allgemeinen von Anfang an durch liberal-progressive Traditionen aus. Für das Bildungsideal der Universität wurde der Begriff der *Wisconsin Idea* einschlägig: Die Universität verstand sich als demokratisches Laboratorium des Bundesstaats, ihr vornehmliches Interesse galt der Verbesserung des öffentlichen Lebens und des politischen Klimas sowie dem technischen Fortschritt in Wisconsin. Und tatsächlich konnten die republikanischen Ideen, die ursprünglich an kleine, basisdemokratisch zu verwaltende Einheiten ohne ausdifferenzierte Arbeitsteilung gebunden waren, in Wisconsin länger überleben als anderswo. Sowohl von fordistischer Massenproduktion, die die materiellen Grundlagen des amerikanischen Republikanismus radikal umwälzte, als auch von der Welle der Immigration Anfang des 20. Jahrhunderts war Wisconsin länger als andere Gegenden nicht betroffen. Doch bereits in den dreißiger Jahren, während der größten Streikwelle in der Geschichte der Vereinigten Staaten, wurde das Klima deutlich konservativer. 1930 waren an keiner anderen Universität des Landes die Studiengebühren für Bewohner von Wisconsin niedriger und für Studenten von außerhalb höher als in Madison.[23] Mit dieser Praxis versuchte man mehr oder weniger nachdrücklich, vor allem Juden aus New York von der Migration nach Wisconsin abzuhalten – aufgrund der Annahme, bei der Ostküstenmetropole mit seiner signifikanten jüdischen Bevölkerung handele es sich um eine Brutstätte des Radikalismus. Spätestens seit dem *New Deal* und dem Beginn des Kalten Kriegs, nachdem Milwaukee bereits den ersten sozialistischen Bürgermeister in Amerika gewählt und sich eine studentische, politisch engagierte Subkultur in Madison etabliert und gefestigt hatte, existierten sowohl progressive als auch konservative Bestrebungen zum Teil ambivalent nebeneinander. So war Wisconsin schließlich nicht nur der Bundesstaat des *Progressive Movement* der Jahre 1910–1917, sondern auch der Homestate des Kommunistenjägers Joe McCarthy.

In den fünfziger Jahren, in der Folge einer weitreichenden Öffnung der Universität, erhielten nicht wenige Kinder der Sozialisten der Dreißiger – die sogenannten *Red Diaper Babies* – Zugang zur höheren Bildung. Bedingt

22 Vgl. Frederick Jackson Turner, The Significance of the Frontier in American History, in: ders., The Frontier in American History, New York 1996, 1–38.

23 Vgl. Buhle, Madison. An Introduction, 18 f.

durch die stärkere soziale Durchmischung der Studentenschaft kam es in dieser Zeit zu einer Politisierung der Akademie, die schließlich den Hauptschauplatz des studentischen Protests der sechziger Jahre bilden sollte. Tatsächlich jedoch zeichnete sich Madison schon bald eher als intellektuelles denn als aktivistisches Zentrum der entstehenden New Left ab, nicht zuletzt aufgrund einer im landesweiten Vergleich durchaus politischen Historischen Fakultät.[24] Das erste Ergebnis dieser Entwicklung in institutioneller Form war die 1959 gegründete Zeitschrift *Studies on the Left*, ein zentrales und verhältnismäßig gut erforschtes Medium der New Left (unter anderem aufgrund der dort veröffentlichten Aufsätze C. Wright Mills, des führenden Theoretikers der Studentenbewegung).[25] Nur ein Jahr später veröffentlichten die *Studies on the Left* die erste englische Übersetzung von Walter Benjamins *Das Kunstwerk im Zeitalter seiner technischen Reproduzierbarkeit*. Diese Übersetzung initiierte allerdings noch keine umfassende Rezeption. Tatsächlich schien Benjamins Text und die Rede von der »Politisierung der Ästhetik« eher das Bedürfnis einer an Praxis statt an Theorie interessierten Linken zu befriedigen.[26] Zwar begann mit *Studies on the Left* auch eine zaghafter Import europäischer, marxistischer Theorie im Zuge des Versuchs einer Intellektualisierung der entstehenden Studentenbewegung. In letzter Konsequenz aber erwies sich die Zeitschrift als Institution im Widerstreit: zwischen der alten und der neuen Linken, zwischen Akademie und Politik und zwischen Theorie und Organisation.[27] Bereits 1967 löste sich die inzwischen nach New York gezogene Zeitschrift auf.

Um zu verdeutlichen, welche erfahrungsgeschichtlichen Gründe für die Modifizierung der These von Thomas Wheatland sich geltend machen ließen, sei hier exemplarisch auf die Rolle Hans Gerths im intellektuellen Milieu Madisons verwiesen. Anhand der Erinnerungen seiner Schülerin Eleanor Hakim lassen sich beispielhaft das »Borgen« der Erfahrung, die damit in Verbindung stehenden Projektionen und die Einverleibung des

24 Zu den prominentesten Professoren dieser Tradition der Geschichtswissenschaft zählen Frederick Jackson Turner, Charles A. Beard, Merle Curti, Howard Beale und Merrill Jensen. Es ist wiederum deren Schülergeneration, die bei der Politisierung der Studenten in Madison eine Rolle spielte: Herbert Gutman, William Appleman Williams, Harvey Goldberg und Warren Susman. Vgl. ebd., 18–33.

25 Vgl. Kevin Mattson, Between Despair and Hope. Revisiting »Studies on the Left«, in: John McMillian/Paul Buhle (Hgg.), The New Left Revisited, Philadelphia, Pa., 2003, 28–47; James Weinstein, »Studies on the Left«, in: Buhle (Hg.), History and the New Left, 113–117, hier 113–115; Evan Stark, In Exile, in: ebd., 166–177.

26 Zur Benjamin-Rezeption allgemein: Jeffrey Grossman, The Reception of Walter Benjamin in the Anglo-American Literary Institution, in: The German Quarterly 65 (1992), H. 3/4, 414–428.

27 Vgl. Mattson, Between Despair and Hope, 32 f.

Lebens eines Emigranten, Hans Gerths, in die eigene Narration der politischen Biografie nachvollziehen.

Eleanor Hakim gehörte in den ersten Jahren der Existenz von *Studies on the Left* zur Redaktion der Zeitschrift, sie hatte in Madison englische Literatur studiert und später gelehrt. 1985 starb sie an Herzversagen.[28] In den frühen sechziger Jahren lernte sie an der Universität in Madison Hans Gerth kennen, damals ein bei der Fakultät unbeliebter, bei den Studenten allerdings umso höher angesehener Professor der Soziologie. Hans Gerth hatte in den zwanziger Jahren in Heidelberg bei Karl Jaspers und Max Weber studiert und später in Frankfurt am Main bei Karl Mannheim und im Umfeld des Instituts für Sozialforschung seine Studien fortgesetzt.[29] 1938 musste er Deutschland nach systemkritischen Äußerungen fluchtartig verlassen, 1940 wurde er Assistant Professor an der Universität von Wisconsin in Madison. Liest man Hakims Erinnerungen an Gerth und an Madison, scheinen sich das Schicksal des politischen Exilanten und ihre eigene Biografie nachgerade zu verweben. Madison wird als Ort des Exils eingeführt, auf den ersten zwei Seiten des Aufsatzes gibt es nicht weniger als acht Formulierungen aus dem gleichen semantischen Feld. Hakim stellte vermittels literarisierender Textstrategie eine Verbindung her zwischen ihrer eigenen vorgestellten und Gerths realer Exilerfahrung; die narrative Struktur war die der Tragödie. Diese las Hakim an Gerth ab, um sie in der Folge auf sich selbst zu beziehen. Wie für Gerth das politische Exil, war für sie Madison ein Ort der Enttäuschung: »Wir bemerkten schnell, dass wir die Fremden waren – Exilierte in einem kulturellen Sibirien in Amerika, unter falschen Vorzeichen importiert in eine vorgebliche universitäre Oase.«[30] Die Enttäuschung, die Hakim hier zum Ausdruck brachte, verweist auf eine politisch-intellektuelle Erwartungshaltung. Madison war nicht der Ort, an dem sich eine authentisch amerikanische Tradition der radikalen Politik finden ließ. Genau dies war der untergründige Anspruch der entstehenden New Left. Die Hinwendung zu Europa, vermittelt durch Professoren wie Hans Gerth oder George L. Mosse, stellte sich zunächst als eine Abkehr von Amerika dar.[31] Es entbehrt nicht der Ironie, dass tatsächlich viele Studenten der sechziger Jahre angezogen waren von der Aura eines »homegrown radicalism«, die sich um Madison als Heimstätte des *Progressive Movement* gebildet hatte, und stattdessen auf ein durchaus europäisches Geistesklima stießen. Der Name einer anderen Zeitschrift, die für das politische Leben in Madison von Bedeutung ist und deren Herausgeber 1967 sei-

28 Vgl. die biografische Skizze bei Nina Serrano, A Madison Bohemian, in: Buhle (Hg.), History and the New Left, 67–84, hier, 80f.

29 Vgl. die biografischen Ausführungen bei Hermand, Zuhause und anderswo, 121.

30 Hakim, The Tragedy of Hans Gerth, 253.

31 Vgl. Breines, Germans, Journals and Jews, 94.

nen Weg aus New York in den Mittleren Westen fand, bringt diese Erwartungshaltung prägnant zum Ausdruck: *Radical America*.[32] Und nicht ohne Grund findet sich nach dem Umzug nach Madison auf den Seiten des Magazins immer mehr Theorie europäischer Provenienz. Es geschieht jedenfalls vor diesem Erwartungshintergrund, dass Eleanor Hakims Erinnerung sich schließlich ins Existenzielle transformiert:

»Wir waren psychische Exilanten, geistige Waisen, zweifach verstoßen; denn wir hatten uns auch in der Umgebung, aus der wir gekommen waren, nicht zu Hause gefühlt. Die Tatsache, dass Ideen und Bildung uns wichtig waren und nicht zuletzt dass wir idealistisch genug waren zu glauben, dass dies etwas mit dem Zustand unserer Seelen zu tun habe, war Beweis genug, dass wir Vertriebene waren, von dem eher biografischen Umstand einmal abgesehen, dass wir entweder im Ausland geboren waren oder aus Immigrantenfamilien der ersten Generation in Amerika kamen.«[33]

Es ist vor dem Hintergrund dieser Selbstbeschreibung geradezu folgerichtig, dass die politische Vergangenheit Gerths und seine Erfahrung des Exils ein Identifikationspotenzial bargen, dem kaum zu widerstehen war. Sowohl Gerth als auch George L. Mosse entfalteten ihre Anziehungskraft jedoch nicht nur durch distinkt europäische Themen ihrer Vorlesungen, nicht nur durch den Nimbus des politischen Engagements (wenngleich sich keiner von beiden explizit der Linken zugehörig fühlte), sondern auch durch eine kulturelle Haltung. Gerths Klavierspiel, seine Bibliothek und sein Umgang mit Künstlern wie Ludwig Mies van der Rohe oder Ernst Krenek beeindruckte die Studenten aufs Äußerste.[34] Auch Mosse vermittelte seinen Studenten nicht nur einen Zugang zu einer intellektuellen, sondern auch einer künstlerischen Welt, beispielsweise des Kinos der zwanziger Jahre.[35] Doch der Geist Europas wehte nicht nur aufgrund der Präsenz von Emigranten oder des Angebots an Kursen in europäischer Ideengeschichte. In gewissem Sinne vermittelten auch andere Lehrer, beispielsweise aus der Historischen Fakultät, ein Bildungsideal, das eher dem Europas glich – unter anderem hinsichtlich der Tradition des Lesens. Während das Lesen in Amerika, so Frank Trommler, in der Privatsphäre geschieht, ohne Orientierung an einem kulturellen Kanon, findet die Lektüre europäischer Provenienz tendenziell mit Blick auf die Gesellschaft und auf kulturelle Werte statt – und genau dies för-

32 Tatsächlich hatte Paul Buhle New York auch deswegen verlassen, weil er glaubte, die »erlauchten europäischen Geister« New Yorks könnten niemals eine »distinkt amerikanische radikale Tradition« wertschätzen. Paul Buhle, »Radical America« and Me, in: ders. (Hg.), History and the New Left, 216–232, hier 219.

33 Hakim, The Tragedy of Hans Gerth, 253.

34 Vgl. ebd.; Hermand, Zuhause und anderswo, 121–124.

35 Buhle, »Radical America« and Me, 228.

derten die Professoren der Geschichtsfakultät und die europäischen Emigranten.[36]

Entscheidend in den Projektionen auf die Emigranten, und letztlich das Tor zum historischen Raum der Weimarer Republik, scheint jedoch vor allem eine, wenn man so will, ästhetische Komponente zu sein. Gerth vermittelte eine Erfahrung der Unmittelbarkeit, der Konfrontation mit den Extremen. Hakim verbindet ihre Schilderung mit einer Selbstbeschreibung:

»Er trug die Zeichen einer direkten Berührung mit den Massenaufständen in der Geschichte; wir hatten lediglich den Nachhall aus der Entfernung gehört. [...] Obgleich wir niemals in Weimar gelebt hatten, gehörten wir trotzdem zu den Außenseitern. Irgendwie hatten wir aus unserer Intuition den Sinn für eine intellektuelle Tradition gerettet, aus einer geistig-kulturellen Erinnerung, die niemals in wirklichen Erfahrungen verankert war.«[37]

Einige Seiten später heißt es bei Hakim:

»Ich zeigte eine Sensibilität, die der jener europäischen Intellektuellen entsprach, deren Bewusstsein von den Ereignissen der 1920er und 1930er Jahre geprägt wurde, obwohl ich selbst erst Mitte der 1930er Jahre in New York City als Kind nicht intellektueller Eltern geboren wurde. Ihre Herkunft aus dem jüdisch-polnischen Bauerntum und der nahöstlichen sephardischen Aristokratie *déclassé* hoben sich gegenseitig auf [...]. Ohne Zweifel ist ein solcher Hintergrund der sich im Vakuum treffenden Extreme auf irgendeine Weise der Weimarer Erfahrung von Gerth vergleichbar.«[38]

Die Fluchtlinie dieses Narratives lässt an Deutlichkeit nichts vermissen: »We were still searching for our Weimar.«[39] Was Wolfgang Iser mit Blick auf die Wirkungsästhetik in der Literatur sagt, lässt sich auch auf die hier verhandelten Erinnerungen an Madison und deren spezifische Erkenntnis- und Darstellungsform übertragen: »Was uns entzogen ist, muß, damit es zugänglich werde, als eine *Realität* inszeniert werden«, so Iser. »Literatur ist ein solcher *Inszenierungsvorgang*, durch den das zur Erscheinung gelangt, was uns in den praktischen Lebensvollzügen versperrt bleibt. Inszenieren heißt daher, das als *wirklich vorstellbar* zu machen, was angesichts herrschender Lebensrealitäten bestenfalls als *irreal* gelten kann; das geschieht durch die *Bildgeschichten der Literatur.*«[40] Ein solcher Inszenierungsvorgang, so könnte man folgern, braucht einen realhistorischen Repräsentanten, in diesem Fall Hans Gerth. Gerth ist die Brücke in eine historische Zeit, die nicht nur Antworten auf politische Fragen verspricht, sondern vor allem Aura und somit vermittelte Anteilnahme an einer Kultur, die von Hakim zugleich als parallel und

36 Vgl. Trommler, Über die Lesbarkeit der deutschen Kultur, 250.
37 Hakim, The Tragedy of Hans Gerth, 254.
38 Ebd., 261.
39 Ebd.
40 Zit. nach Trommler, Über die Lesbarkeit der deutschen Kultur, 230.

konträr zur Lebensrealität imaginiert wird. Konträr ist sie insofern, als die politische Intensität und die revolutionäre Erfahrung der sechziger Jahre vor dem imaginierten Bild von Weimar verblassen. Zur Chiffre von Weimar gehörte in Amerika auch die Faszination von deren dramatischer Struktur: Revolution, Aufschwung, Modernität – und schließlich eine Krise sondergleichen und ihre Auflösung in der Herrschaft der Nationalsozialisten. »Einmal, und doch historisch im Nazismus verbürgt, läßt sich die Inkarnation des Bösen mitverfolgen, und Amerika hat den Sieg des Guten ermöglicht.«[41] Tatsächlich begann in den sechziger Jahren in Amerika der Aufstieg Weimars als einer politischen Analogie, die in den frühen siebziger Jahren ihren Höhepunkt erreichte. Die umstrittene Präsidentschaft Nixons – dessen Name auf Transparenten bei Demonstrationen nicht selten mit einem Hakenkreuz versehen wurde –, die Kubakrise als gefährliche Zuspitzung des Kalten Kriegs, die Ermordung der Kennedys und natürlich der Vietnamkrieg waren die amerikanischen Referenzpunkte, mit denen an das Narrativ der Weimarer Republik – nach dem Schema »Aufstieg und Fall einer Weltmacht« – angeknüpft wurde.[42] Dies sind auch die innen- und außenpolitischen Rahmenbedingungen, unter denen die New Left ihren Höhepunkt erreichte und schließlich in verfeindete Fraktionen zerfiel. Diese Krisensituation ist der zweite Faktor, der bei der Rezeption der Kritischen Theorie in Amerika eine zentrale Rolle spielt.

Theorie aus dem Geist der Krise

1969 war das Jahr des Zerfalls der Studentenbewegung. Innerhalb der Bewegung Students for a Democratic Society herrschten Spannungen zwischen einem militanten – für den exemplarisch die *Weathermen* standen – und einem liberalen Flügel. Noch in jenem Jahr sollte es zum Bruch kommen. Im Oktober 1969 versuchten die *Weathermen*, eine große Demonstration in Chicago zu organisieren. Die geringe Beteiligung und der gesamte Verlauf stellten einen eklatanten Misserfolg dar. Dass die Flucht in die Militanz, wie sie in Chicago anvisiert und praktiziert wurde, eine Verzweiflungstat war, trat offen zutage.[43] Nur wenige Monate später erschien im amerikanischen Verlag

41 Ebd., 228.

42 Ebd., 234. Eindrücklich und aufschlussreich für die Rolle der Emigranten in diesem Zusammenhang ist die 1971 an der New School of Social Research abgehaltene Konferenz über »Weimar Culture«.

43 Vgl. Jeremy Varon, Bringing the War Home. The Weather Underground, The Red Army Faction, and Revolutionary Violence in the Sixties and Seventies, Berkeley, Calif., 2004, 74f.

Herder & Herder ein Buch mit dem Titel *Critical Interruptions. New Left Perspectives on Herbert Marcuse*.[44] Herausgeber des Buchs war Paul Breines, der über Jeremy Shapiro und Shierry Weber, die in den späten sechziger Jahren in Frankfurt am Main studiert hatten, mit der Kritischen Theorie in Berührung gekommen war.[45] Mit dem Verweis auf diesen Sammelband beginnt Wheatland das letzte Kapitel von *The Frankfurt School in Exile*.[46] *Critical Interruptions* dokumentierte einen historischen Moment, in dem versucht wurde, in einer in der Geschichte der Linken als taktische wie intellektuelle Krise wahrgenommenen Zeit ein theoretisches Vakuum zu füllen. Sich überlagernd fanden sich sowohl Hinweise auf die zukünftige theoretische Ausrichtung als auch traditionell linke Restbestände. So war das Buch ohne erkennbare Ironie sowohl Theodor W. Adorno als auch Ho Chi Minh gewidmet, zwei Personen, die, wie es im Vorwort heißt, der »Bewegung für die Befreiung vom Alltag im amerikanischen Empire« verloren gegangen seien.[47] Wheatland, der in seinem Buch minutiös bisher kaum bekannte Zusammenhänge rekonstruiert – beispielsweise das Verhältnis der Frankfurter Theoretiker zu den New York Intellectuals – betont dabei immer wieder eine Tatsache, die für den hier verhandelten Gegenstand sowie für Fragen der Periodisierung von enormer Wichtigkeit ist: »Die Rezeption und der Einfluss Marcuses«, so Wheatland, »war weder so groß noch so substanziell wie die Medien der sechziger Jahre und viele Historiker der New Left und der Kritischen Theorie behauptet haben.«[48] Die Ansicht, dass die Rezeption Kritischer Theorie, vor allem der Werke Marcuses, der sogar als Mentor der Studentenbewegung bezeichnet wurde, mit dem Entstehen der New Left zusammenfalle, führt laut Wheatland in die Irre. Stattdessen sind die sechziger Jahre die Vorgeschichte – in diesen Jahren bildeten sich die Koordinaten heraus, die später die Auseinandersetzung mit den Frankfurter Theoretikern bestimmten. Legt man eine von Andrew Arato – Autor und langjähriges Redaktionsmitglied der *Telos*[49] – vorgeschlagene Periodisierung zugrunde, begann die Rezeption der Kritischen Theorie in den sechziger Jahren in einem politisierten Umfeld, nachdem die Frankfurter Schule seit den vierziger Jahren zwar in Amerika existent, aber weitgehend unbeachtet war.[50] Diese Auseinander-

44 Paul Breines (Hg.), Critical Interruptions. New Left Perspectives on Herbert Marcuse, New York 1970.

45 Vgl. ders., Germans, Journals and Jews, 98.

46 Wheatland, The Frankfurt School in Exile, 335–347.

47 Breines, Introduction, in: ders.(Hg.), Critical Interruptions, ix–xiii, hier xiii.

48 Wheatland, The Frankfurt School in Exile, 297.

49 Er veröffentlichte gemeinsam mit Paul Breines die Studie *The Young Lukács and the Origins of Western Marxism* (New York 1979).

50 Arato, Die Kritische Theorie in den USA, 617 f.

setzung sei, so Arato, aber unvollständig geblieben,[51] und erst eine Reihe Monografien zu Beginn der siebziger Jahre[52] sowie die Texte in der *New German Critique* und der *Telos* hätten eine »geistesgeschichtliche« Beschäftigung angestoßen.[53]

Die Rezeption der siebziger und besonders die der achtziger Jahre fand vornehmlich im Rahmen der Akademie statt, während der ursprüngliche Impuls der Beschäftigung zwar seinen Ort auf dem amerikanischen Campus hatte, dem Geist der Zeit nach aber weit über diesen hinausging. Gerade auf diesen Prozess der Deradikalisierung und Domestizierung bezog sich Piccone, als er in dem zu Beginn dieses Aufsatzes angeführten Zitat über die Eingliederung der Kritischen Theorie und des westlichen Marxismus in den universitären Betrieb, als gleichberechtigte Theoriemodelle neben vielen anderen, klagte. In dem Text *20 Years of »Telos«*, dem dieses Zitat entnommen ist, findet sich zudem eine Formulierung Piccones, die aufhorchen lässt: »Deswegen, ganz wie die ›Philosophie, die einmal überholt schien‹, lebt auch die *Telos* weiter, ›weil der Moment ihrer Verwirklichung versäumt ward‹.«[54] Dieses in Anführungszeichen gesetzte, aber nicht ausgewiesene Zitat aus Theodor W. Adornos *Negative Dialektik* zieht in einem Satz das Narrativ zusammen, das Paul Piccone in seinem Aufsatz entwickeln wird und das für die Selbstwahrnehmung der Zeitschrift *Telos* zentrale Bedeutung besitzt. Hier verschränken sich zwei Interpretationsfiguren: zum einen die Frustration über die akademische Domestizierung einer vormals als radikal empfundenen Theorie, zum anderen das bereits erwähnte Verfallsnarrativ, das die Berechtigung und Notwendigkeit der Theorie gerade in der gescheiterten Überführung in eine revolutionäre Praxis sieht. Postuliert wird eine Aporie zwischen dem Streben nach einer Verwirklichung der Theorie und der Absorption dieses Impulses durch die Akademie. Weder die Umwälzung des gesellschaftlichen Lebens noch des geistigen Klimas, so Piccone, seien der Kritischen Theorie und dem Marxismus gelungen. Stattdessen führt jene ein harmloses Leben an der Seite anderer »radikaler« Theorien im befriedeten Universum der Akademie. Um dieses empfundene Scheitern verständlich zu machen, ist es notwendig, die Ansprüche und Erwartungen, die in den sech-

51 Ebd., 619.

52 Die drei wichtigsten Werke in diesem Zusammenhang sind Fredric Jameson, Marxism and Form, Princeton, N.J., 1971; Martin Jay, The Dialectical Imagination. A History of the Frankfurt School and the Institute of Social Research 1923–1950, Boston, Mass., 1973; Susan Buck-Morss, The Origin of Negative Dialectics, New York 1977.

53 Arato, Die Kritische Theorie in den USA, 620. Ähnlich verläuft Martin Jays Periodisierung im Vorwort zur 1996er Ausgabe von *The Dialectical Imagination*: Preface to the 1996 Edition, XIII–XXI.

54 Piccone, 20 Years of »Telos«, 231.

ziger Jahren mit der Rezeption Kritischer Theorie und des Marxismus verbunden waren, zu umreißen.[55]

Die Anfänge der *Telos*, so der Gründungsmythos, liegen im Mai des Jahres 1968.[56] Das von Graduierten betriebene Zeitschriftenprojekt besaß anfänglich noch eine lose Anbindung an das Philosophie-Department der Universität in Buffalo. Nach einem Umzug an die Washington University in St. Louis und der umstrittenen Verweigerung einer Festanstellung Paul Piccones in den Jahren 1977 bis 1979 zog die *Telos* schließlich in die Lower East Side von New York City. Die universitäre Anbindung, die bereits zu Beginn eine lediglich formale war, wurde in dieser Zeit vollständig gekappt und die Verortung außerhalb der Akademie zum Programm erhoben. Einer der frühen Untertitel der Zeitschrift – sie änderte ihn gut 15 Mal – lautete folgerichtig: »A journal definitely outside the mainstream of American philosophical thought«. Die Kritische Theorie stand bei der *Telos* nicht von Anfang an im Zentrum. Stattdessen war es eine Synthese von Marxismus und Phänomenologie, die besonders Paul Piccone am Herzen lag und die die ersten Ausgaben inhaltlich dominierte.[57] Doch bereits aus diesen frühen Auseinandersetzungen mit dem Marxismus und der Phänomenologie Edmund Husserls, die bis in die frühen siebziger Jahre reichen, lassen sich politische Koordinaten herauslesen, die die spätere Beschäftigung mit der Kritischen Theorie bestimmen würden und geradewegs auf sie hinführten. Keineswegs chiffriert eröffnete Paul Piccone 1971 einen programmatischen Text über phänomenologischen Marxismus mit einem historischen Narrativ, das beginnend mit der Russischen Revolution und ihrem Übergang in den Stalinismus eine Geschichte des Scheiterns des Marxismus erzählt.[58] 1971 war Richard Nixon bereits seit zwei Jahren im Amt und das Ende des Vietnamkriegs, dessen Ablehnung der

55 Zur Geschichte der New Left in den 1960er Jahren liegen inzwischen zahlreiche Bücher und Aufsätze vor. Stellvertretend seien hier genannt: Richard Flacks, Die philosophischen und politischen Ursprünge der amerikanischen New Left, in: Ingrid Gilcher-Holtey (Hg.), 1968. Vom Ereignis zum Mythos, Frankfurt a. M. 2008, 201–222; Van Gosse, The Movement of the New Left 1950–1975. A Brief History with Documents, New York 2005; ders., Rethinking the New Left, New York 2005; Buhle/McMillian (Hgg.), The New Left Revisited; Paul Berman, The Tale of Two Utopias. The Political Journey of the Generation of 1968, New York 1996; Buhle (Hg.), History and the New Left; ders., Marxismus in den USA, Berlin 1974; John H. M. Laslett/Seymore Martin Lipset (Hgg.), Failure of a Dream? Essays in the History of American Socialism, Garde City, N. Y., 1974; Priscilla Long (Hg.), The New Left. A Collection of Essays, Boston, Mass., 1969.

56 Es liegt nahe, dass dieses Datum vor allem wegen seiner ikonischen Bedeutung immer wieder betont wurde. Vgl. Luke, The »Americanization« of Critical Theory.

57 Vgl. Paul Piccone, Toward a Socio-Historical Interpretation of the Scientific Revolution, in: Telos 1 (1968), 16–26. Gemeinsam mit James E. Hansen übersetzte und veröffentlichte Paul Piccone 1972 eines der wichtigsten Werke aus diesem Zusammenhang, Enzo Pacis *Funzione delle scienze e significato dell'uomo* von 1963.

58 Vgl. Paul Piccone, Phenomenological Marxism, in: Telos 9 (1971), 3–31, hier zit. nach Piccone, Confronting the Crisis, 29–61, hier 29.

wichtigste Faktor bei der Konstituierung der New Left gewesen war, stand noch in weiter Ferne. Mit der Spaltung der Students for a Democratic Society 1969 in einen liberalen und einen militanten Flügel und der darauf folgenden Zersplitterung und Radikalisierung wurde die Krise der New Left offenkundig.[59] Paul Breines, Redakteur des Rezensionsteils der *Telos*, beschreibt diese Krise im selben Jahr folgendermaßen: »At present the New Left appears to have utterly and decisively freaked out – and it may have.«[60] Sektierertum und eine versteinerte hohle Rhetorik hätten überhandgenommen, so Breines. Außerdem sei es zu einer Art Retraditionalisierung gekommen, mit anderen Worten, die New Left verspiele das Adjektiv »new«:

> »Man verteidigt oder prangert Aktionen und Theorien auf einmal an im Namen des Marxismus-Leninismus, des proletarischen Internationalismus, der revolutionären Disziplin, der Arbeiterklasse, der Black-Panther-Partei, des Vorsitzenden Mao, der Nationalen Front für die Befreiung Vietnams, der Diktatur des Proletariats, der Ergreifung der Staatsgewalt, des bewaffneten Kampfes, und hier wie dort Stalin, Georgi Dimitroff und die Volksrepublik Albanien. Zumindest im Moment ist ehrliche Selbstkritik oder Selbstreflexion selten.«[61]

Die Geschichte des Scheiterns, die Fragmentierung und Dogmatisierung der New Left, die hier sowohl von Piccone als auch von Breines erzählt wird, ist zwar einerseits global gedacht, das heißt sie zieht verschiedene historische Ereignisse zusammen,[62] findet aber anderseits ihren besonderen Ausdruck und Höhepunkt in Amerika. Allerdings sind die Begriffe, mit denen die Diagnose formuliert wird, noch selbst der Nomenklatur des traditionellen Marxismus entlehnt. Die problematischsten Ereignisse des 20. Jahrhunderts, so Piccone, seien die »Krise des Marxismus und die Desintegration der Arbeiterklasse als revolutionäre, politische Kraft«.[63] Konsequenterweise stand die erste Konferenz der Zeitschrift *Telos* 1971 in Waterloo, Ontario, unter der Überschrift »Towards a New Marxism«.[64] Paul Piccone konstatierte im Vorwort des Konferenzbands ein theoretisches Vakuum, in dem die politischen Akteure der letzten Jahre sich befänden und betonte erneut den Konnex

59 Vgl. Varon, Bringing the War Home.

60 Paul Breines, Marcuse and the New Left, in: George Fischer u. a. (Hgg.), The Revival of American Socialism. Selected Papers of the Socialist Scholars Conference, New York 1971, 281–296, hier 287.

61 Ebd.

62 Piccone nennt den Aufstand von Kronstadt, die Stalinisierung der Sowjetunion, den Terror gegen die vermeintlichen Kulaken, den sogenannten Hitler-Stalin-Pakt, den Konflikt zwischen der Sowjetunion und Jugoslawien und die sowjetischen Interventionen in Ungarn und der Tschechoslowakei. Vgl. Piccone, Phenomenological Marxism, 29.

63 Ebd., 33.

64 Bart Grahl/Paul Piccone (Hgg.), Towards a New Marxism, St. Louis, Mo., 1973. Für die weitere Forschung zählen die Dokumentationen und Kommentierungen der Konferenzen der *Telos* zu den wertvollen und bisher nicht beachteten Quellen.

zwischen Krise und der Hinwendung zur Theorie: »Erst als diese Spontanität [der frühen Studentenbewegung] zum Chaos und der Unmöglichkeit, die ›Bewegung‹ in eine bedeutende politische Kraft zu verwandeln, degenerierte, wurde es offenkundig, dass Theorie unvermeidlich war.«[65] Die Konferenz – und dies kann als programmatisch für die erste Phase der Zeitschrift *Telos* gelten – setzte sich also zum Ziel, die »Möglichkeit der Rettung wertvoller theoretischer Hinweise aus der vergessenen Tradition des westlichen Marxismus zu untersuchen.«[66] Die Beiträge reichten von Texten über Georg Lukács,[67] Ernst Bloch und Herbert Marcuse bis hin zu Diskussionen über den Existenzialismus und einen christlich-marxistischen Dialog.[68] Damit wurde die Perspektive eindeutig in Richtung Europa und dessen Theorietraditionen verschoben.

Die Kritische Theorie steht somit in einem größeren Kontext der Rezeption der europäischen marxistischen Tradition. Ein Zusammenhang zwischen der Rezeption von Theorien der Alten Welt und dem Zerfall der amerikanischen New Left ist in der Forschung bislang nur angedeutet worden. Einzig die Protagonisten selbst und Thomas Wheatland stellen diesen Bezug her. So beschreibt Wheatland den Kontext der ersten Rezeptionsphase mit einer starken Analogie zur ursprünglichen Kritischen Theorie: »Genauso wie die Mitglieder des Horkheimer-Kreises Inspiration in den Schriften von Hegel und dem jungen Marx fanden, um sich durch die Trümmer der Revolutionen von 1918/19 zu arbeiten, zog es junge amerikanische Intellektuelle zur Kritischen Theorie, um den Zerfall der New Left zu verstehen.«[69] Dies geschah durchaus in der Hoffnung, der politische Wind möge sich noch einmal drehen. Tatsächlich, so Wheatland, sei die Lektion, die die Protagonisten der New Left von der Kritischen Theorie lernen mussten, die, dass der Spätkapitalismus weit stabiler war als gemeinhin angenommen.[70] Vor diesem Hintergrund müssen auch die originär amerikanischen Beiträge zur Kritischen Theorie selbst gewertet werden, wie beispielsweise Piccones These von der »künstlichen Negativität«,[71] die sich als amerikanische Fortschreibung von Horkheimers Diktum von der »verwalteten Welt« und Marcuses Diagnose einer »ein-

65 Paul Piccone, Vorwort, in: ebd., 1.

66 Ebd.

67 Tatsächlich nimmt Lukács in der frühen Hinwendung zur europäischen Theorie eine wichtige Stellung ein. Arato/Breines, The Young Lukács and the Origins of Western Marxism ist eine der zentralen Monografien aus dem hier verhandelten Milieu, sie beruht auf Arbeiten und Forschungen aus den späten 1960er Jahren.

68 Institutioneller Ausdruck des Bedürfnisses nach Theorie war u. a. die Gründung der Socialist Scholars Conference 1964. Hierzu von zentraler Bedeutung Fischer u. a. (Hgg.), The Revival of American Socialism.

69 Wheatland, The Frankfurt School in Exile, 339.

70 Vgl. ebd., 327.

71 Vgl. Paul Piccone, The Crisis of One-Dimensionality, in: Telos 35 (1978), 43–54.

dimensionalen Gesellschaft« lesen lässt. Piccone ging – kurz gesagt – davon aus, dass die Gesellschaft der siebziger Jahre ein gewisses Maß an Kritik geradezu benötige, um noch stabiler zu sein, weshalb Residuen der Opposition zugelassen und sogar gefördert würden. Gerade weil es sich hierbei um einen Versuch handelte, die Kritische Theorie auf Amerika »anzuwenden« und gerade weil sie die gesellschaftliche Funktion der Intellektuellen und Kritiker selbst betraf, führte Piccones These zu heftigen Diskussionen.[72]

Was in Piccones Versuch, die Kritische Theorie für amerikanische Verhältnisse zu reformulieren bereits anklang, führte zu einem weiteren Merkmal der Krisendiskussionen in der New Left. Anscheinend machte sich in der Diagnose des Scheiterns emanzipatorischer Bewegungen eine amerikanische Partikularität geltend, nämlich die traditionelle Schwäche klassischer revolutionärer Bewegungen, wenngleich diese Analyse in einem Vokabular europäischer Provenienz auftrat. Dies wiederum verweist auf die bislang in der Forschung kaum diskutierte Frage nach dem Verhältnis der Rezeption europäischer politischer Theorien und der besonderen Geschichte und Konstitution Amerikas. Verdeutlichen lassen sich diese Zusammenhänge, wenn man in den Texten den Verweisen auf einen deutschen, keinesfalls unumstrittenen Autor folgt, der dem Problem einen kanonischen Titel gegeben hat: Werner Sombart. Dieser hatte 1906 eine Reihe von Essays geschrieben, die schließlich unter dem prägnanten Titel *Warum gibt es in den Vereinigten Staaten keinen Sozialismus?* veröffentlicht wurden.[73] Der Text lässt sich als eine Konfrontation amerikanischer Realitäten mit marxistischer Revolutionstheorie lesen, die in der Diagnose mündet, dass dem Sozialismus in Amerika kein glorreiches Schicksal beschieden sein wird. Der Bezug auf Werner Sombart findet sich verstärkt in den Texten der New Left der frühen siebziger Jahre. 1974 wurde der Text erstmals auszugsweise in englischer Sprache in einem Reader abgedruckt, der eine Vielzahl von Autoren und Autorinnen aus dem Umfeld der alten und der neuen Linken versammelte.[74] Der Titel – *Failure of a Dream?* – konnte bezeichnender nicht sein. Ebenso bemerkenswert erscheint, dass der übersetzte Auszug jene Teile von Sombarts Essay ein-

72 Vgl. speziell zu Paul Piccone die folgenden Aufsätze (alle erschienen in: Fast Capitalism 5 [2009], H. 1 und online verfügbar unter <http://www.fastcapitalism.com> [8. Juli 2011]): Robert J. Antonio, Absolutizing the Particular; Alan Sica, Knowing the Unknowable Paul Piccone; Russell Jacoby, Paul Piccone. Outside Academe; Jamie Dangler/Mark P. Worrell, Café Narcissism; Russell Berman, The Editor, the Journal, the Project.

73 Vgl. Werner Sombart, Warum gibt es in den Vereinigten Staaten keinen Sozialismus?, Tübingen 1906. Die Geschichte des Sozialismus in Amerika und die Frage nach seinem Scheitern ist bis heute Gegenstand der Forschung. Vgl. Seymour Martin Lipset/Gary Marks, It Didn't Happen Here. Why Socialism Failed in the United States, New York/London 2001.

74 Vgl. Laslett/Lipset (Hgg.), Failure of a Dream? Essays in the History of American Socialism.

schloss, aufgrund derer das Zentralorgan der Socialist Party – die *International Socialist Review* – die serielle Veröffentlichung der Essays 1906 abgebrochen hatte.[75] Sombarts Ausführungen zur »politischen Stellung des Arbeiters« und dessen Eingliederung in das kapitalistische System standen quer zur traditionell-marxistischen Vorstellung von der Arbeiterklasse.[76] Und noch ein weiteres Schlaglicht mag verdeutlichen, wie präsent die selbstreflexiv gewendete sombartsche Frage war. Ebenfalls 1974 unterrichtete Paul Buhle – Herausgeber der Madisoner Zeitschrift *Radical America* – in einem schmalen Band des Merve Verlags die deutsche Linke über den *Marxismus in den USA*, eine Kurzfassung seiner ebenfalls in Madison verfassten Dissertation. Das Buch beginnt mit einer Paraphrase des von Sombart auf den Punkt gebrachten amerikanischen Exzeptionalismus: »Sozialisten, Kommunisten und Radikale der ›Neuen Linken‹ waren und sind in Amerika in einem Ausmaß nicht marxistisch, das unter den linken sozialen Bewegungen im Westen einzigartig ist.«[77] Im Folgenden spricht Buhle von einer »langsame[n] und ungleichmäßige[n] Entwicklung eines kohärenten Klassenbewußtseins«.[78] 1976 erschien dann eine Einzelveröffentlichung von *Warum gibt es keinen Sozialismus in den Vereinigten Staaten?* in englischer Übersetzung.[79] Für diese Zeit von einer historischen Verdichtung der sombartschen Frage zu sprechen, scheint keine Übertreibung zu sein.

Während die Studentenbewegung in Deutschland sich gerade in ihrer Hochphase mit den Schriften der Kritischen Theorie beschäftigte,[80] stand in Amerika die Rezeption der Frankfurter Theoretiker und der Tradition, in der sie verortet wurden, im Zeichen einer Krise. Dies gilt nicht nur für die New Left, sondern auch für die amerikanische Gesellschaft im Allgemeinen, so Martin Jay in seinem historisierenden Rückblick auf die erste Phase der Beschäftigung mit Kritischer Theorie.[81] Diese befand sich Anfang der siebziger Jahre in der ersten großen Rezession nach dem Zweiten Weltkrieg. Nicht nur insofern sind die intellektuellen Entwicklungen unterschiedlich. Gerade

75 Vgl. Daniel Bell, Marxian Socialism in the United States, Ithaca, N. Y., 1996, 196f.

76 Vgl. Sombart, Warum gibt es in den Vereinigten Staaten keinen Sozialismus?, 37–80.

77 Buhle, Marxismus in den USA, 7. Das Buch ist außerdem eines der ersten Kollaborationsprodukte von Madison und Berlin, wohin persönliche Kontakte bestanden, und verweist im Anhang explizit auf die Zeitschriften *Radical America* und *Telos*. Eine englische Fassung des Texts findet sich in dem bereits erwähnten Sammelband zur *Telos*-Konferenz *Towards a New Marxism*. Vgl. Paul Buhle, Marxism in the United States, in: Grahl/Piccone (Hgg.), Towards a New Marxism, 191–216.

78 Buhle, Marxismus in den USA, 7.

79 Werner Sombart, Why is there no Socialism in the United States?, hg. von C. T. Husbands, New York 1976.

80 Vgl. Detlev Claussen, Der kurze Sommer der Theorie, in: ders., Aspekte der Alltagsreligion, Frankfurt a. M. 2000, 154–163.

81 Vgl. Jay, Preface to the 1996 Edition, XVI.

in Amerika, wo eine Verbindung von Herbert Marcuse und der Studentenbewegung zum Common Sense gehörte, war sein Einfluss viel kleiner als angenommen. Allerdings gilt für beide Länder, dass die Akademie im Bezug auf die Arbeit mit Kritischer Theorie schier unwiderstehliche Anziehungskraft entfaltete und der politische Impuls schließlich in der Universität sein Rückzugsgebiet fand. Die ungeschriebene Geschichte der zweiten Generation Kritischer Theorie in Amerika muss deshalb als Geschichte ihrer Akademisierung sowie ihrer institutionellen Verbreitung konzipiert werden, wobei gleichzeitig die Frage gestellt werden muss, ob sich durch den Ort der Rezeption in der Theorie etwas verändert. Auch hier scheint sich die Partikularität Amerikas, das heißt die besondere Rolle der Universität dort im Vergleich zu Europa, in die Fragestellung zu drängen. Bereits Autoren, die in den sechziger und siebziger Jahren selbst an der Verbreitung Kritischer Theorie mitgewirkt haben, wie Russell Jacoby, kommen in späteren Beiträgen auf diese Differenz zu sprechen. Vor allem Jacobys *The Last Intellectuals. American Culture in the Age of Academe* ist in dieser Hinsicht sowohl zentraler Forschungsbeitrag als auch – setzt man das Buch zur Geschichte des Autors in Beziehung – Quelle ersten Rangs. In seiner Diskussion der Veränderung des öffentlichen Raums in Amerika seit den fünfziger Jahren sowie der Rolle der Intellektuellen führte Jacoby explizit die *Telos* als bezeichnendes und gegenläufiges Beispiel zugleich an.[82] Gegenläufig verhielt sich die *Telos*, weil sie mit der Kritischen Theorie und dem westlichen Marxismus gleichzeitig an einem Verständnis der Rolle des öffentlichen Intellektuellen festhielt, dessen Tradition in Amerika durchaus gebrochen ist. Bezeichnend war das Schicksal der Zeitschrift: Obgleich sie zentrales Medium einer Vermittlung europäischer Theorietraditionen zu sein beanspruchte, war ihr Einfluss auf das akademische Geschehen, vor allem im Bereich der Philosophie, durchaus gering.[83]

Ausblick

Und dennoch ist die Kritische Theorie heute fester Bestandteil einer Vielzahl von Disziplinen, allerdings gerade nicht in ihren Kerndisziplinen, sondern in peripheren Bereichen, der Literaturwissenschaft, den German Studies oder den Media Studies. Eine Untersuchung der Rezeption Kritischer Theorie in Amerika spannt sich also auf zwischen akademischer Diffusion, einer durch die Universität beförderten Deradikalisierung und der beständigen Konfron-

82 Jacoby, The Last Intellectuals, 151.
83 Ebd., 152.

tation europäischer Theorie- und Erfahrungsbestände mit amerikanischen Realitäten. In der Rekonstruktion und Interpretation dieser Zusammenhänge ist die Forschung verwiesen auf Texte eigentümlicher Art. Als Kommentar, Einführung oder Interpretation von Basistexten Kritischer Theorie haben sie gemeinhin den Status der Sekundärliteratur. In dem hier umrissenen Forschungsprojekt werden sie zu Quellen, denen die Transformation einer europäischen Tradition abgelauscht werden muss. Tiefenschärfe erhalten diese Quellen, setzt man sie zu Dokumenten wie dem regelmäßig von Paul Piccone versandten *Editors' Newsletter* ins Verhältnis, der ein wichtiges Medium für Diskussionen innerhalb des Milieus war und in dem Streitigkeiten ausgetragen wurden. So gilt für das Weiterleben der Kritischen Theorie in Amerika, was Max Horkheimer bereits 1937 in *Traditionelle und kritische Theorie* schrieb, in der Ahnung, die später mit seinem Namen untrennbar verbundene Theorietradition werde sich mit der Geschichte wandeln: »Die Dokumente haben eine Geschichte, aber nicht die Theorie ein Schicksal.«[84]

84 Max Horkheimer, Traditionelle und kritische Theorie, in: ders., Gesammelte Schriften, 19 Bde., hier Bd. 4, Frankfurt a. M. 1988, 214.

Schwerpunkt
Jewish Participation in Municipal Self-Administrations in East-Central Europe

Herausgegeben von

Hanna Kozińska-Witt und Marcos Silber

Hanna Kozińska-Witt and Marcos Silber

Introduction

There has been scant research to date on the participation of Jews in the municipal administrations of towns in East-Central Europe, in particular their role as co-actors in communal politics.[1] Most often studies on Jewish political participation in East-Central Europe have focused on the higher-level scales of political activity in the central state institutions, ignoring institutions such as city councils, whose importance lay in their ability to draft and implement policy regarding the local inhabitants' everyday lives and well-being.

This neglect is regrettable, for three reasons in particular. First, because Jews in this region were a significant urban population, constituting a large proportion of the populations in a number of towns and cities. As such they were highly concerned with municipal issues. Second, since the late nineteenth century down to World War II, elections to municipal autonomous administrations in East-Central Europe were often bound up with the broader "Jewish question" in its local configurations. Third, institutions like municipal councils had the power hands-on to influence the Jewish population's situation in their daily lives.

In this respect, while processes of elections to such institutions and the Jewish issue were occasionally addressed in research, Jewish participation and activities in such institutions and their meaning were rarely investigated. This lack of comprehensive research is therefore quite surprising.

Thus, for instance, while the question of establishing of municipal self-government in early twentieth-century Congress Poland (connected directly to restrictions upon Jewish franchise and participation) was studied to some extent, equivalent research on the Pale of Settlement is lacking.[2] Whereas the process of the elections was examined,[3] only a handful of articles addressed

1 Hanna Kozińska-Witt, Jewish Participation in Autonomous Administration. Kraków and Poznań in the Second Polish Republic, in: Jahrbuch des Simon-Dubnow-Instituts/Simon Dubnow Institute Yearbook 7 (2008), 189–213.

2 See in this respect, David Engel, Ha-she' ela ha-polanit ve-ha-tenuah ha-tzionit. Ha-vikuach al ha-shilton ha-atzmi be-arey Polin ha-kongresait, 1910–1911 [The Polish Question and the Zionist Movement. The Debate over Municipal Self-Government in Congress Poland, 1910–1911], in: Gal-Ed 13 (1993), 59–82.

3 See, for instance, ibid.; Konrad Zieliński, Stosunki polsko-żydowskie w Królestwie Polskim w czasie I wojny światowej (na przykładzie działalności rad miejskich) [Polish-Jewish Relations in the Kingdom of Poland during World War I (as Exemplified by the Activity of the Town Councils)], in: Kwartalnik Historii Żydów [Jewish History Quarterly] 206

directly Jewish participation in such institutions.[4] There are similar thematic foci in research on local autonomous administration in the Austrian partition area of Galicia and Jewish participation in these structures and processes.[5]

From the sparse research conducted so far and other sources, the impression emerges that a crucial bone of contention was acknowledging the Jewish local population's special needs over against attempts to ignore them. Such research done in the field as well as a broad range of memoirs (published in Yiddish and Hebrew mainly in *Yizker Bikher* (Memorial Books) by Jews participating in municipal councils) indicates the power of the local authorities to control the quality of life in domestic and communal terms (such as installing sewers, improving housing, establishing schools or health institutions) in the Jewish neighborhoods.

(2003), 164–194; Barbara Wachowska, Łódź Remained Red. Elections to the City Council of 27 September 1936, in: Polin 9 (1996), 83–106.

4 See esp. Lazar Lowenstein, Di yidn in di munitzipale farvaltungen [The Jews in the Municipal Administration], in: Mendel Sudarski et al. (eds.), Lite [Lithuania], vol. 1, New York 1951, 287–294; Yoseph Kermish, Di yidishe representantz in Varshever shtotrat [Jewish Representation in the Municipal Council of Warsaw], in: Sefer ha-shanah/yorbuch [Yearbook] 3 (1970), 279–293; Zerach Strauch, Moetzet ha-Ir Lodz u-beaiat ha-yehudim lifney milkhemet ha-olam ha-rishonah [The Municipal Council of Łódź and the Jewish Problem before the Outbreak of World War II], in: ibid., 294–299; Abraham Wein, Di ydin in Lemberger shtotrat 1918–1939 [Jews in the Municipal Council of Lwów 1918–1939], in: ibid., 300–317; Kalman Stein, Di yidn in Krokever shtotrat tzvishn di tzvey velt-milkhomes [Jews in the Municipal Council of Cracow between the Two World Wars], in: ibid., 318–326; Aharon Israeli, Netzigim yehudim be-moetzet ha-ir Pinsk [Jewish Representatives in the Local Council of Pinsk (1927–1930)], in: Gal-Ed 4–5 (1978), 583–591; Ryszard Szwed, Udział Żydów w samorządach miast Drugiej Rzeczypospolitej (1919–1939) [The Participation of Jews in Municipal Self-Governments in the Second Republic (1919–1939)], in: Prace Naukowe Wyższej Szkoły Pedagogicznej w Częstochowie. Zeszyty Historyczne [Scientific Works by Pedagogic High School in Częstochowa. Historical Issue] 5 (1998), 197–212; Marcin Urynowicz, Żydzi w samorządzie miasta Kozienice w okresie międzywojennym 1918–1939 [Jews in the Municipal Self-Government of Kozienice in the Interwar Period 1918–1939], Warsaw 2003; Magdalena Mizgalska, Udział Żydów w wyborach do Rady Miejskiej w Częstochowie (od przewrotu majowego do wybuchu II wojny światowej) [The Participation of Jews in the Elections for the Municipal Council in Częstochowa (from the May Overthrow to the Outbreak of World War II)], in: August Grabski/Artur Markowski (eds.), Narody i polityka. Studia ofiarowane profesorowi Jerzemu Tomaszewskiemu [Nations and Politics. Studies Dedicated to Professor Jerzy Tomaszewski], Warsaw 2010, 131–153. See also Zieliński, Stosunki polsko-żydowskie w Królestwie Polskim; Czesław Broza, Jewish Participation in the Elections to Kraków City Council during the Interwar Period, in: Polin 23 (2011), 213–239.

5 Jan M. Małecki, Udział Żydów w organach samorządowych większych miast galicyjskich na początku XX wieku [Participation of Jews in Self-Governing Bodies of Larger Galician Towns in the Early Twentieth Century], in: Krzysztof Ślusarek (ed.), Polska i Polacy w XIX–XX wieku. Studia ofiarowane profesorowi Mariuszowi Kulczykowskiemu w 70. rocznicę jego urodzin [Poland and the Poles in the Nineteenth to Twentieth Century. Studies Dedicated to Prof. Mariusz Kulczykowski on the 70th Anniversary of his Birth], Kraków 2002, 53–60.

The only existing collection of articles dealing with the topic of Jews involved in municipal councils was edited by Arieh Tartakower, himself an ex-member of the Łódź municipal council. His partial experience as a councilor may have been one strong motivator for his decision to highlight the importance of this topic for the daily life of Jews.[6] However, in keeping with the conventions and constraints then operative, the articles in that pioneering collection were largely descriptive in style. Many were based on fragmentary data, culled mainly from the contemporary press and memoirs (in a variety of languages). Finally, some of the writers did not wish to reflect in any depth on their own memories as narrated in the articles.

In the present collection of studies, we concentrate on such under-researched topics, broadening the sources drawn on, and conceptualizing processes and perspectives. Inter alia, the articles explore the actual modes of Jewish participation, their influence and the reactions of the local majority populations. The narratives of the Jewish and non-Jewish urbanites that are recounted here are always interwoven, albeit in different ways, even though we concentrate here principally on the Jewish residents.

Such a topic brings together two discourses of different origin: a "western" discourse concentrates on civil rights, bourgeois middle-class life and municipal autonomy, including communal autonomous local administration, and finally the processes of democratization and civil society in the largely nationally homogeneous cities. A second "eastern" discourse, by contrast, deals with minority policy in the "wannabe" nation-states, which are actually states comprised of differing nationalities, and the possibilities and limits to participatory democracy in multiethnic societies. The combining of these two discourses illustrates in micro certain patterns in European processes of institutionalization and democratization in a multi-national context in East-Central Europe during the period of rising nationalism.

In order to make the political differences between the communal authorities in the larger region easier to understand, it seemed useful to take the substantial regional differentiation into account, and also look at the importance of local, older traditions. In the ideal case, a perspective of "longue durée" allowed us to trace the transition from an estate order to a communal-liberal configuration and on to a democratic order of self-administration. In this area, municipal autonomous administration was introduced and expanded in

6 The *Sefer ha-shanah/yorbuch* was an annual devoted to the history and culture of the Polish Jews. It was edited by Arieh Tartakower. Volume 3 deals with questions of Jewish politics in interwar Poland and contains four articles about the Jews in Polish municipal councils (Warsaw, Łódź, Lwów, and Cracow). See Kermish, Di yidishe representants in Varshever shtotrat; Strauch, Moetzet ha-Ir Lodz u-beaiat ha-yehudim; Wein, Di ydin in Lemberger shtotrat; Stein, Di yidn in Krokever shtotrat.

the nineteenth century. The impulse for change here was generated by the powers that participated in the partitions of the First Polish Republic, namely Prussia, czarist Russia, and the Habsburg monarchy.

This form of municipal administration was also opened up by the partitioning powers for Jewish citizens to participate in the mid-nineteenth century. While Jewish subjects in the German states and the Habsburg Empire gained ever more rights after 1848 – which also opened the door of the municipal councils as a space of activity for some of them, namely from the wealthy and secularly educated social strata. But in the czarist empire, this possibility was initially closed to them. In the 1870s, the developments in the Russian partition area bifurcated into two directions: the western government in Congress Poland had no forms of local autonomous administration, while in the territories incorporated into the empire, a limited form of autonomous administration was conceded, tethered to property, and a small number of individual Jews entered the municipal parliaments.

World War I shattered the hierarchically structured orders in East-Central Europe, permitting the implementation of egalitarian, national visions, although in a highly imperfect manner. In the interwar period, the autonomous local administrations almost everywhere were democratized step-by-step up to 1933, with the exception of Galicia. However, the transition from communal-liberal regime to democracy was not linear and beset by conflicts and struggles. Up to that point, the old urban elites had included numerous correspondingly "well-situated" propertied Jews. Election to the democratized communal autonomous administrations now became the expression of a situation where the privileged position in the communal structures of the rich and educated was overcome, and individuals from new strata could now be elected by the ordinary masses and represent their interests. This was in part an expression of emancipation and the rise of *homines novi*. The new "masses" were conceived and mobilized either in national-ethnic or social terms.

On the one hand, this provided an opportunity to settle accounts with the old orders and its elites. On the other, through democratization the communal administrations became a forum for the practical civil equality of all Jews. Now they were able to elect a minority representation in the municipal parliaments, although the importance of that was easily weakened. This space of relative marginalization was driven forward by the nationalistic and anti-Semitic programs and slogans, and accompanied by their din and clamor. In this manner, democratization created at the same time a basis for both verbal civil equality *and* practical discrimination. To break out of this vicious circle, the representatives of the Jews and other minority milieus had to form coalitions. The history of interweaving is to a large degree a history of these coalitions.

Structurally, the communal administrations were on a plane between the super-ordinate national government structures and the local societies: they thus formed what can be called an administrative meso-plane or meso-scale. The organs of autonomous administration were formed by representatives of the local institutions, and they functioned as actors on the stage of the local public sphere. They offered an opportunity to conduct the discussion and conflicts directly which involved the local situation on the ground. They were an arena for discursive description and negotiating compromise, and in addition a forum for the taking of decisions and issuing decrees.

Many topics discussed in the municipal parliaments were not connected with local events but were more on the level of central government policy. The degree of dependency on central government policy and discourse mounted during the interwar years, since Europe in this period of turmoil more generally shifted from liberalism toward interventionism and etatism, a development heightened by the global economic depression. Thus, we are interested here in examining concretely how the local administrations dealt with these influences, how they made them part of communal politics, and whom they instrumentalized with what local strategies to achieve their goals.

One of the main questions in this complex is the determination of the composition of the Jewish councilors. Who can be considered, who excluded? Which Jewries were represented in the communal parliaments? Did the Jewish deputies represent in the main the interests of their Jewish constituencies or more those of the "general public"? Of interest is examining the question of whether such a division into "Jewish" and "communal" concerns is at all meaningful when considering the shared well-being of the municipalities as a whole.

The selection of articles here sprang from a desire to facilitate a comparative look at the participation of Jews in the communal autonomous local administrations in three large Polish cities. The project "Jews in Polish Autonomous Communal Administration 1918–1939: Cracow, Warsaw and Poznań" (Die Juden in der polnischen Selbstverwaltung 1918–1939: Krakau, Warschau und Posen) was generously financed by the German Research Foundation (DFG) and carried out by Hanna Kozińska-Witt, based at the Simon Dubnow Institute for Jewish History and Culture in Leipzig in the period 2005 to 2007 and 2008 to 2009. In the framework of this project, a workshop was held in May 2009 entitled "Between Imperiality and Nation-State. Jewish Participation in East-Central European Autonomous Administrations, 1918–1939" (Zwischen Imperialität und Nationalstaat. Jüdische Partizipation in ostmitteleuropäischen Selbstverwaltungen, 1918–1939). It became the point of departure for the essays in the current volume.[7] Although

7 Hanna Kozińska-Witt, Internationaler Workshop, 4.–5. Mai 2009. Zwischen Imperialität

the workshop could not in its limited framework explore and exhaust the breadth of problems associated with this theme, it highlighted its scholarly potential and scope. Since the developments could only be treated selectively, the question arose about continuities and breaks. Prominent was the caesura represented by World War I, which spelled the end of the old East-Central Europe and its legal order, and which ushered in the period of the dominance of the new nation-states, with their array of new privileges and discriminations. During the workshop, it became clear that along with two key terms in the title "imperiality" and "nation-state," a third category played an outstanding role; that of the premodern vs. modern social order. The imperial and nation-state structures were forcibly "grafted on" to a traditional social order, and the corresponding reorientation in the autonomous administrations evidently came about in part at the expense of the Jewish population.

The focus of this collection is the Second Polish Republic. Further contributions thematize developments in the Lithuanian, Austrian, Russian, and Hungarian urban centers. The articles presented here highlight and illustrate approaches to this theme developed in different cultures of knowledge.

The first article by Alexis Hofmeister, one of two studies that explore developments before 1914, deals with the Russian commercial hub of Odessa in former New Russia, which was benefited by the reformed laws on municipalities enacted in 1870. The author stresses that Odessa as a seaport city on the Black Sea differed from other cities in the Russian Empire and was marked by an exceptional geographical location. Hofmeister sketches here an overlapping of legal spaces and affiliations, while at the same time recounting a history of the erosion of municipal autonomous administration, which the autocracy could not tolerate as an autonomous organ of power, and consequently excluded the Jews in increasing measure. Parallel with this development, other nodes of modern political participation developed, such as associations and organs of the press, through which Jews were able to exercise an influence on communal politics.

Saulius Kaubrys examines the situation in the smaller cities in Lithuania which previously were part of the Pale of Settlement, and presents the high degree of participation in autonomous administration enjoyed by the Jews there. Kaubrys explains this by the genesis of a new culture of political participation, which also included the Jewish Communities as well as political structures, and describes the broader context of these developments. Another causal factor in his eyes was the abolishing of Jewish autonomy in 1926; it contributed to a shift where Jews left Jewish structures of autonomous admin-

und Nationalstaat. Jüdische Partizipation in ostmitteleuropäischen Selbstverwaltungen, 1918–1939, in: Bulletin 11 (2009) des Simon-Dubnow-Instituts für jüdische Geschichte und Kultur an der Universität Leipzig, 66–69.

istration and entered the space of the territorial structures of local administration. Kaubrys stresses the favorable position Jews enjoyed in concrete municipalities; that was manifest in a disproportionately large number of Jewish municipal councilors, and the heterogeneity of the Jewish milieu. The modes of representation he describes prove that the ethnic-religious affiliation was, however, all the more significant when it was a matter of pursuing and implementing concrete matters.

Marcos Silber investigates the period of World War I in former Congress Poland. He stresses the constant discrepancy and injustice in electoral results between the number of seats Jewish representatives garnered and the percentage of Jews in the local population. Looking at the concrete development of the first municipal council in the former Polish kingdom in Łódź, he illuminates the mechanisms that served to include and exclude Jews. Inclusion for Silber means granting of general political rights, exclusion in his parlance is exclusion from the exercise of power. Formal civil equality and concrete discrimination are analyzed as a paradox. Both strategies formed a phenomenon which was characteristic for the entire political life of the future Second Polish Republic, termed by Silber "differential citizenship."

Like Silber, Michał Trębacz deals with developments in Łodź and in particular the representation of the Algemeyner Yidisher Arbeter Bund (The General Jewish Labour Bund) in the municipal council in the interwar era. However, the picture he sketches is more ambiguous than that drawn by Silber. Trębacz looks at the numerical development of Bund representation and Bund members' cooperation with representatives on the Polish left. He explores the concrete concerns of the Bundists, and notes that the genesis of the camp of the broader left as a whole played a key role in enhancing the effectiveness of the Bund. He also sketches a more precise contextualization of the possibilities and limits of alliances, and deals in a concluding section with the biographies and generational profiles of several representatives of the Bund.

Hanna Kozińska-Witt sketches the participation of Jewish councilors in the Warsaw municipal parliament in the Second Polish Republic. She notes that there was a constant number of Jewish representatives in the municipal parliament, despite the lack of traditions associated with this and the inconstancy of central state politics. These representatives participated with vehement speeches in the debates that raged, but generally had only modest success in implementing their specific concerns. Kozińska explains their rhetorical civil equality coupled with practical impotence as due, on the one hand, to the prominent position enjoyed by the *endecja* (Narodowa Demokracja) in the Warsaw municipality and, on the other, to a special degree of dependency of the Warsaw local municipality on the central government.

Heidi Hein-Kircher analyzes the first statutes of the Lemberg (Lwów) municipal council in the Habsburg period. Since Lemberg was the political capital of the Crown Land of Galicia, these statutes and the discussions around them played an important role in the local public sphere. She is able to establish that right from the outset, these statutes sought to limit the participation by Jews in the administration of the census and to restrict their spheres and scope of activity. Communal property was defined there as Christian ex cathedra, thus creating a situation for future conflict. Paradoxically though, these statutes formed a basis for Jewish participation in communal administration, leading to the developments investigated by Wacław Wierzbieniec in a later period.

Wierzbieniec deals with three municipalities in former Habsburg Galicia in the interwar period: Lwów, Przemyśl, and Rzeszów. He takes into special account the Austrian tradition of administration, because there was not only a high degree of institutionalized Jewish participation in the municipal administrations there; this and more: important positions in the structures of autonomous administration were filled by representatives of the Jewish population. Wierzbieniec provides a picture of the leading municipal politicians in the three towns and their communal politics, concluding that their engagement sought to benefit both the city as a whole and the local Jewish population.

Gábor Schweitzer looks at the former Hungarian part of the Austro-Hungarian Empire, focusing on legal conditions. He points up the extent to which the democratization of political life was directed against the traditional institution of the nominated *virilists* in the communal administrations, and thus constituted an anti-Semitic strategy of exclusion. Schweitzer forges parallels between the developments in Budapest and in the Hungarian countryside. He presents the protagonists in these key debates and sketches their arguments and positions.

Albert Lichtblau explores in many respects the most "western" municipality under focus here, Vienna. In Vienna, the Jewish population amounted to only 10 percent and Jews had only a relatively weak representation as a collective in municipal politics. Lichtblau identifies those Viennese residents as "Jewish councilors" who were candidates on the Jewish electoral lists. He also describes the position of the Jewish community in the political life of the Vienna municipality. In discussing the contributions of three municipal councilors in debates, he sketches their interests and thus indirectly also the latitude they enjoyed for action. He recreates the atmosphere of the sessions and attempts to identify their rhetorical strategies in debate.

In sum, this collection exemplifies the potential of researching in comparative depth and breadth the participation of Jews in the municipal councils across East-Central Europe. It neither intends to produce a full synthesis of the Jewish participation and its outcome, nor does it seek to systematically examine patterns of participation by Jews in municipal councils in regional societies undergoing intensifying processes of ethnification. However, it contributes to a better understanding of the main theatre of modernity in East-Central Europe: the city and its distinctive compacted space and geographical scale, which functioned to integrate the representatives of different segments of population in a common sphere of interaction and negotiation. The articles gathered here expand insights on interethnic relations, exploring these in various new and exciting directions. They question the classic discussion between the "western" discourse of emancipation and equal rights and the "eastern" discourse of special collective rights. We can discover that both strands were mixed in some of the local agendas, independently of a geo-historical location, West and East. The analyses here also shed light on the dichotomy of cooperation and struggle between ethno-national groups, fractured among themselves, revealing scenarios where such dichotomies were much more sophisticated. It shows how both equality and discrimination were not binary options but an intertwined hybrid dynamics. The question of the participation of Jews in such municipal councils can provide a working paradigm for better understanding participation by Jews in local autonomous administrative structures, their politics and policies in city government, its distinctive patterns and their outcomes. That is a focus that deserves still further systematic analysis in a variety of comparative case studies and broader canvasses.

Translated from the German by Bill Templer

Alexis Hofmeister

Jüdische und »gesellschaftliche« Mission – Partizipation von Juden in der städtischen Öffentlichkeit Odessas

Jüdische Partizipation an der städtischen Öffentlichkeit sowie ein signifikanter Anteil von Juden im Dienst kommunaler Behörden sowie von Institutionen wie Polizei, Schule und Verkehrsbetrieben – dies wäre eher von nordamerikanischen Großstädten des 20. und 21. Jahrhunderts wie Chicago oder Vancouver zu erwarten als von einer russländischen Metropole des 19. Jahrhunderts. Dass es in Odessa bis ins letzte Jahrzehnt des 19. Jahrhunderts einen bemerkenswerten Grad an kommunaler Partizipation der jüdischen Bevölkerung gab, stellte innerhalb des Russischen Reichs sicher eine Ausnahme dar.[1] Doch besaß diese Ausnahmeerscheinung in inner- wie außerjüdischer Hinsicht historische Bedeutung. Innerhalb des autokratisch verfassten Russischen Reichs existierte eine Spannung zwischen der starren Ständeordnung, die die sozialen Verhältnisse zu zementieren versuchte, und einem sich immer stärker artikulierenden Anspruch auf überständische lokale Selbstverwaltung und politische Repräsentation. Die Forderung nach demokratischer Teilhabe stellte die imperiale Ordnung infrage. Gesellschaftliche Selbstorganisation ging gerade in den Städten der westlichen Grenzregionen des Zarenreichs mit dem aufkeimenden Nationalgefühl ethnischer Minderheiten einher. In der jüdischen Gemeinschaft bedeutete die Frage der Selbstverwaltung auch einen Konflikt zwischen religiösen Bewahrern der traditionellen Sozialhierarchie einerseits und säkularen Demokraten nationaler oder sozialer Couleur andererseits.

Die Parallelität mehrerer, sich überlappender Zugehörigkeiten rechtlicher, sozialer und kultureller Natur ist für die Geschichte der russländischen Judenheit von den Anfängen bis in die Epoche von Revolution und Bürgerkrieg charakteristisch. Auch andere Minderheiten in Russland, insbesondere nichtchristliche, waren geprägt von einer gewissen Vielfalt der Zugehörigkeiten. Das Beispiel der Juden besitzt daher für die Geschichte anderer minoritä-

1 Dass in Odessa Juden im Dienst der städtischen Verkehrsbetriebe und der Polizei standen, ist bezeichnenderweise für den Fall ihrer Entlassung dokumentiert. Vgl. Nedel'naja chronika »Voschoda« [Wochenchronik des »Aufgangs«] 25 (19. Juni 1882), 681, sowie Russkij evrej [Der russische Jude] 51 (16. Dezember 1881), 2011. Zit. nach Stephen M. Berk, Year of Crisis, Year of Hope. Russian Jewry and the Pogroms of 1881–1882, Westport, Conn./London 1985, 37 und 190.

JBDI / DIYB • Simon Dubnow Institute Yearbook 10 (2011), 125–143.

rer ethnoreligiöser Gruppen im Zarenreich paradigmatische Bedeutung. Partizipation und Selbstverwaltung konnten sich in diesem Fall auf mehrere Körperschaften beziehen: auf den *kahal*, das heißt die jüdische Gemeinde, auf den sozialen Stand *(soslovie)* sowie ferner auf die städtische Gesellschaft *(gorodskoe obščestvo)* von Staatsbürgern.[2] Mit der Ersten Teilung Polens 1772 inkorporierte der russländische Staat erstmals in nennenswerter Zahl Juden als Untertanen. Es handelte sich dabei mehrheitlich um Bewohner von Kleinstädten. Ihr korporativer Status blieb davon unberührt; die jüdische Selbstverwaltungsgemeinde stellte aus der Sicht des russländischen Staats nicht zuletzt ein zuverlässiges Instrument der Steuereinziehung dar. Als 1780 vermögenden Individuen der Zugang zum Kaufmannsstand *(kupečestvo)* gestattet wurde, war dies der erste Schritt zur Aufweichung der Kollektivhaftung der jüdischen Steuergemeinde, die ihren Charakter als teilautonome Vertretungskörperschaft im Lauf des 19. Jahrhunderts schließlich verlor.

Die Mehrheit der jüdischen Bevölkerung der westlichen Gouvernements des Russischen Reichs zählte zum Kleinbürgerstand *(meščanstvo)*. Innerhalb des russischen Ständesystems konnte die jüdische Bevölkerung an Verwaltung und Selbstverwaltung der Städte teilnehmen, was in der polnisch-litauischen Adelsrepublik nicht vorgesehen war. In den Städten auf dem Territorium der ehemaligen Adelsrepublik mit mittelalterlicher oder frühneuzeitlicher Tradition der Selbstverwaltung existierten oft langjährig erprobte Regeln für den Umgang der jüdischen und christlichen Bevölkerung. Die rechtlichen Räume beider Gruppen waren weitgehend voneinander geschieden. In der Einflusssphäre des Magdeburger Rechts, die sich ostwärts bis Kiew erstreckte, hatte sich keine Tradition eines geeinten städtischen Rechtsraums durchsetzen können; die sozialen und ethnischen Gruppen ein und derselben Stadt besaßen unterschiedliche Rechte. Die Freiheiten der jüdischen Stadtbürger ließen sich auf entsprechende Privilegien, erteilt von den polnischen Königen oder einzelnen Magnaten, zurückführen. Die jüdischen Bürger siedelten oft räumlich getrennt von den nichtjüdischen Nachbarn, übernahmen aber auch Gemeinschaftsaufgaben wie die militärische Verteidigung der Stadt oder die Brandbekämpfung.[3]

Der russländische Staat verhielt sich gegenüber den neuen jüdischen Untertanen von Beginn an ambivalent. Ihre Teilhabe am ökonomischen wie

2 Vgl. Verena Dohrn, Die jüdische Gemeinde (»kehilla«) und die Stadt unter russischem Recht, in: Annelore Engel-Braunschmidt/Eckhard Hübner (Hgg.), Jüdische Lebenswelten in Osteuropa, Frankfurt a.M. 2005, 65–84; Yvonne Kleinmann, Zur Genese jüdischer Gemeinden in russischen Großstädten 1840–1900. Innovative Entwürfe und beharrliche Tradition, in: Aschkenas 17 (2007), H. 1, 55–74.

3 Stefan Rohdewald, »Vom Polocker Venedig«. Kollektives Handeln sozialer Gruppen einer Stadt zwischen Ost- und Mitteleuropa (Mittelalter, frühe Neuzeit, 19. Jh. bis 1914), Stuttgart 2005.

politischen Geschehen in den Städten wurde gefördert; die vorteilhaften Folgen der jüdischen Wirtschaftstätigkeit wurden in die Kalkulation einbezogen. Andererseits waren die Interessen der christlichen Untertanen häufig maßgeblich. Deren Protest gegen die Öffnung der Stadträte für jüdische Mitglieder führte dazu, dass die städtischen Wahlämter seit 1802 einem konfessionellen Proporz unterworfen wurden. Christen wählten nun christliche Repräsentanten, Juden jüdische. Der Anteil der Letztgenannten wurde auf ein Drittel der Stadtratssitze begrenzt. Die Gesetzgebung zu den Juden, die 1804 in einem gesonderten Statut und 1835 im allgemeinen Gesetzbuch niedergelegt wurde, schrieb jüdischen Stadträten vor, deutsche oder polnische Kleidung zu tragen. Sie sollten zudem die deutsche, polnische oder russische Sprache beherrschen;[4] ihre Glaubensfreiheit blieb allerdings unangetastet. Die ökonomischen Interessen jüdischer Kaufleute, Händler und Handwerker blieben ein wichtiger Faktor politischer Entscheidungen. Doch mit der Rücknahme der anfangs praktizierten Gleichbehandlung der städtischen Bevölkerungsgruppen unabhängig von ihrer Religionszugehörigkeit sank das Interesse jüdischer Stadträte an öffentlichen Angelegenheiten. Für eine Metropole wie Odessa galt dies, wie zu zeigen ist, allerdings nicht in demselben Maße wie für die ehemals polnischen Kleinstädte im Westen des Russischen Reichs.

Selbstvertretung als Anordnung – Die autokratische Verwaltung des städtischen Raums

Die 1785 erlassene städtische Gnadenurkunde Katharinas II. (1762–1796) regulierte bis weit ins 19. Jahrhundert hinein die Verwaltung der Städte im Zarenreich.[5] Neben der Gouvernementsreform von 1775 und der Polizeireform von 1782 wurde die kommunale Verfasstheit der Städte des Zarenreichs durch die dort niedergelegten Prinzipien bestimmt. Sie umrissen den Handlungsrahmen der Organe der städtischen Selbstverwaltung.[6] Dabei war

4 Diese Vorschriften betrafen die an traditioneller Sprache und Bekleidung festhaltenden Frommen. Zum Kontext siehe Matthias Rest, Die russische Judengesetzgebung von der Ersten Polnischen Teilung bis zum »Položenie dlja evreev« (1804), Wiesbaden 1975, 180f.

5 Stadt-Ordnung, aus dem Russ. übersetzt von Christian Gottlieb von Arndt, St. Petersburg 1785.

6 Walter Hanchett, Tsarist Statutory Regulation of Municipal Government in the Nineteenth Century, in: Michael F. Hamm (Hg.), The City in Russian History, Lexington, Ky., 1976, 91–114; Gebhardt Weiss, Die russische Stadt zwischen Auftragsverwaltung und Selbstverwaltung. Zur Geschichte der russischen Stadtreform von 1870 (unveröffentlichte Diss., Rheinische Friedrich-Wilhelms-Universität Bonn, 1997); Bernhard Schallhorn, Lokalver-

die Stadtbevölkerung *(gorodskie obyvateli)* in stadtbürgerliche Stände *(graždane)* und Angehörige anderer Stände wie Adlige, Geistliche und Ausländer eingeteilt worden. Zu den stadtbürgerlichen Ständen zählten Kaufleute, Ehrenbürger und Kleinbürger *(meščane)*, die nun zunächst gleichberechtigt das Wahlrecht für die städtische Repräsentantenversammlung – den allgemeinen Stadtrat *(obščaja gorodskaja duma)* – erhielten. Dieses Wahlrecht folgte der Einteilung der Stände in Kurien entsprechend der sozioökonomischen Position der Stadtbürger. Als geschäftsführendes Organ des allgemeinen Stadtrats sollte der sechsstimmige Stadtrat *(šestiglasnaja gorodskaja duma)* fungieren, der als ständiger Ausschuss eingesetzt wurde und entsprechend die sechs städtischen Statusgruppen repräsentieren sollte.

Tatsächlichen politischen Handlungsspielraum besaß weder der allgemeine noch der sechsstimmige Stadtrat. Polizeiliche Aufgaben, richterliche Gewalt sowie fiskalische Aufsicht blieben anderen Verwaltungsorganen vorbehalten. Darüber hinaus existierte mit dem Magistrat ein weiteres staatliches Organ auf lokaler Ebene, das exekutive Befugnisse besaß; im Konfliktfall war er dem sechsstimmigen Stadtrat übergeordnet. Dieser auf die Gnadenurkunde von Zarin Katharina II. zurückgehende Stadtrat ist daher als reiner Befehlsempfänger bezeichnet worden, die russländischen Städte des 19. Jahrhunderts wurden als *»facade cities«* charakterisiert.[7] Diese Einschätzung ist nachvollziehbar, schließlich war der Einfluss jener Elemente der Stadtverfassung, die befugt waren, Aufgaben der Selbstverwaltung zu übernehmen, minimal. Zumindest in den größeren Städten spielte der Stadtrat als Repräsentativorgan bis zur Mitte des 19. Jahrhunderts keine Rolle, und Odessa stellt hier keine Ausnahme dar. Ob der sechsstimmige Stadtrat vor 1820 überhaupt je zusammentrat, lässt sich nicht rekonstruieren.[8] Nachdem es in jenem Jahr jedoch gelungen war, Wahlen zum allgemeinen Stadtrat abzuhalten, konnte der sechsstimmige Stadtrat mit vier Kaufleuten, einem Handwerker und einem Kleinbürger besetzt werden. Vier Jahre später fanden zum vorerst letzten Mal allgemeine Stadtratswahlen statt. Ihr Resultat war die erneute Wahl des sechsköpfigen Exekutivgremiums, das in Zukunft als Stadtrat auftrat, da

waltung und Ständerecht in Rußland zu Beginn der Herrschaft Nikolaus' I., in: Forschungen zur Osteuropäischen Geschichte 26 (1979), 7–261; Boris Mironov, Bureaucratic- or Self-Government. The Early Nineteenth Century Russian City, in: Slavic Review 52 (1993), H. 2, 233–255; Janet M. Hartley, Provincial and Local Government, in: Dominic Lieven (Hg.), Imperial Russia, 1689–1917, Cambridge 2006, 449–467; Ruslan F. Asanov/Evgenija V. Ivanjutina, Gorodskoe samoupravlenie Rossii vo vtoroj polovine XIX veka [Die städtische Selbstverwaltung Russlands in der zweiten Hälfte des 19. Jahrhunderts], Neftekamsk 2007.

7 Schallhorn, Lokalverwaltung und Ständerecht in Rußland zu Beginn der Herrschaft Nikolaus' I., 51; Daniel R. Brower, The Russian City between Tradition and Modernity, 1850–1900, Berkeley, Calif., 1990, 9–22.

8 Patricia Herlihy, Odessa. A History 1794–1914, Cambridge, Mass., 1986, 146.

der eigentliche Stadtrat bis 1860 nicht mehr in Erscheinung trat.[9] Während die administrativen Aufgaben auf lokaler Ebene zunahmen, mieden die städtischen Oberschichten Wahlämter, die wenig einbrachten und viel Zeit kosteten. Dies hatte zur Folge, dass der in Odessa residierende Generalgouverneur für die südlichen Gouvernements immer mehr Aufgaben der städtischen Selbstverwaltung übernehmen musste. Dabei sollte der Stadtpräfekt *(gradonačal'nik)* helfen, der eigens für Odessa und die unmittelbare Umgebung zuständig war. Bei Bedarf bestellte er externe Berater, die städtebauliche oder epidemiologische Fragen in ad hoc eingesetzten Komitees diskutierten.[10] Diese Tendenz machte sich auch in Bezug auf die Belange der jüdischen Stadtbevölkerung bemerkbar. Kommunale und Gouvernementsverwaltung waren dankbar, wenn sie sich des Rats eines jüdischen Sachverständigen *(učënyj evrej)* versichern konnten, besonders wenn es sich um innerjüdische Fragen handelte.

Generell blieb die städtische Selbstverwaltung bis weit in das 19. Jahrhundert hinein eine Domäne der Kaufleute und Kleinbürger, da der Adel die Zusammenarbeit mit den steuerpflichtigen stadtbürgerlichen Ständen als ehrenrührig ansah.[11] Diese Tatsache verweist darauf, dass die in der Gnadenurkunde Katharinas II. von 1785 formulierten Stadtbürgerkategorien eher von einem Idealbild als von der sozialen Wirklichkeit ausgingen. Darüber hinaus ließ das bestehende System der staatlichen Aufsicht über die kommunalen Angelegenheiten Selbstverwaltungsorganen wenig Raum. Dass es bei den frühen Versuchen, in den kommunalen Verwaltungen des Russischen Reichs partizipative Elemente zu etablieren, eher um die Pflichten als um die Rechte der Stadtbürger ging, zeigt auch folgender Aspekt. Den Vorsitz des sechsstimmigen Stadtrats bekleidete der Stadtpräfekt, das als Bindeglied zwischen den übergeordneten staatlichen Stellen und der Stadt auftrat. Kaufleute der ersten und zweiten Gilde waren verpflichtet, eine Wahl zum Stadthaupt anzunehmen. Eine solche Regel galt nicht für die Wahlen zum Stadtrat, was dazu führte, dass russländische Stadtbürger sich nicht selten einer entsprechenden Verpflichtung entzogen. Während der mehrjährige Militärdienst für mehr und mehr Untertanen verpflichtend wurde, sollten wohlhabende Städter in den verschiedenen Organen der städtischen Verwaltung Dienst tun. Pauschale Verpflichtungen wie diese wurden von christlichen wie jüdischen Städtern abgelehnt; ihre Durchsetzung hing zu einem gewissen Grad von den Kräfteverhältnissen vor Ort ab.

Die Verpflichtung zum Dienst in der örtlichen Verwaltung und Selbstverwaltung war der notorischen Personalknappheit im Imperium geschuldet. Sie

9 Ebd.

10 Ebd., 147.

11 Weiss, Die russische Stadt zwischen Auftragsverwaltung und Selbstverwaltung, 48.

dokumentierte zudem den Willen der St. Petersburger Bürokraten, das Reich zentralistisch zu regieren. Sowohl der Zwang, eine Wahl anzunehmen als auch die Flucht vor der Wahrnehmung garantierter Rechte erklärt sich aus der Funktionalisierung stadtbürgerlicher Mitwirkung im Sinne einer effizienten Verwaltung. Doch der sich im Lauf des 19. Jahrhunderts beschleunigende soziale Wandel setzte eine Dynamik in Gang, die die einmal institutionalisierten Mitwirkungsrechte langfristig in politische Ressourcen verwandelte, derer sich die städtischen Ober- und Mittelschichten zu bedienen lernten. Da die städtische Selbstverwaltung sowohl ihrer aufklärerischen Rhetorik als auch ihrer funktionalistischen Anwendung nach auf Ausweitung angelegt war, stand der zarische Staat vor einem Dilemma. Die Stadtverwaltung war ohne Mitwirkung der Stadtbürger nicht zu organisieren – wollte man tatsächliche Teilhabe nicht gewähren, war mit Amtsverweigerung und administrativem Stillstand zu rechnen. Repräsentativorgane mit legislativer Autonomie und exekutiven Rechten bedrohten jedoch die ständische Sozialordnung wie auch das zentralistische Staatsverständnis der Autokratie; noch die von Katharina II. gewährte Freiheit hatte sich auf den Akt des bloßen Auswählens zwischen verschiedenen Bewerbern für ein staatliches Amt beschränkt.[12]

Erst nach dem Schock des verlorenen Krimkriegs (1853–1856) fand sich die Zentralgewalt bereit, den Kreis der zur Wahl zugelassenen Stadtbürger neben Personal- auch Sachfragen entscheiden zu lassen. Bereits 1857 hatte sich der für Odessa zuständige Generalgouverneur Aleksandr Grigor'evič Stroganov (1855–1862) an Zar Alexander II. gewandt und für Odessa eine reformierte Stadtverfassung erbeten, wie sie 1846 St. Petersburg gewährt worden war. Nach der Zustimmung des Zaren wurde ein entsprechender Entwurf verabschiedet, der die lokale Verwaltung straffer organisieren und eine effizientere Selbstverwaltung ermöglichen sollte. Die städtische Legislative in Odessa bestand daher seit 1863 aus zwei Kammern: dem Stadtrat sowie dem Exekutivrat *(Rasporjaditel'naja duma)*.[13] Das Wahlsystem wurde entsprechend der tatsächlichen Einkommensverhältnisse gegliedert. Die städtische Selbstverwaltung Odessas wich damit von der bestehenden Ständeordnung ab. Erst 1870 wurde diese städtische Verfassung als reformiertes Stadtstatut für die Mehrzahl der Städte im Russischen Reich verbindlich.[14]

12 Rex Rexheuser, Ballotage. Zur Geschichte des Wählens in Russland, in: Daniel Clarke Waugh (Hg.), Essays in Honor of A. A. Zimin, Columbus, Oh., 1985, 305–344, hier 325–333.

13 Für die Geschichte der Selbstverwaltung Odessas bis 1863 siehe Sergej N. Stremenovskij, Mestnoe samoupravlenie g. Odessy v seredine XIX stoletija [Die örtliche Selbstverwaltung der Stadt Odessa in der Mitte des 19. Jahrhunderts], Odessa 2002.

14 Valeriia A. Nardova, Municipal Self-Government after the 1870 Reform, in: Ben Eklof u. a. (Hgg.), Russia's Great Reforms, 1855–1881, Bloomington/Indianapolis, Ind., 1994, 181–196.

Der allgemeine Stadtrat wurde zu einem tatsächlichen Repräsentativorgan, weil ihm Kompetenzen zugestanden wurden, die über Personalentscheidungen hinausreichten. Neben der städtischen Finanzverwaltung galt unbestimmt das Gemeinwohl als Hauptfeld städtischer Selbstverwaltung. Darunter fielen die Stadtplanung, Bau- und Verkehrsaufsicht, Grundschulbildung, kulturelle Angelegenheiten, Gesundheits- und Armenpflege, Handels- und Industrieaufsicht sowie die Verwaltung des kommunalen Besitzes. Eine Erörterung darüber hinausgehender politischer Fragen war kategorisch untersagt. Die Zentralverwaltung behielt formal die Oberaufsicht; alle Stadtratsbeschlüsse unterlagen einem Rechtmäßigkeitsvorbehalt. Auch der lokale Polizei- und Justizapparat blieb weiterhin außerhalb des städtischen Verantwortungsbereichs. Obwohl der Gesetzgeber die Erteilung eines imperativen Mandats durch die Wähler vermeiden wollte, sollte der allgemeine Stadtrat doch die städtische Gesellschaft repräsentieren. Die gewählten Stadträte waren formal allein ihrem Gewissen verpflichtet, worin man einen »Anflug von Gewaltenteilung und Parlamentarismus« im autokratisch verfassten Staat hat sehen wollen.[15] Unter »städtischer Gesellschaft« wurde allerdings nicht die Mehrheit der Stadtbevölkerung verstanden. Das Wahlrecht orientierte sich allein an Vermögen und Hausbesitz der Wähler. Da der größte Teil der städtischen Intelligenz sowie sozial Deklassierte, aber auch die gesamte Arbeiterschaft ausgeschlossen blieben, lässt sich die lokale Gesellschaft im Zarenreich als Zensusgesellschaft beschreiben. Die städtischen Selbstverwaltungsorgane umfassten neben dem für vier Jahre gewählten Stadtrat das demselben formal verantwortliche Stadtamt, in dem allerdings staatliche Beamte wirkten, sowie den vom Stadtrat gewählten Bürgermeister *(gorodskaja golova)*. Er bedurfte der Bestätigung durch den Gouverneur. Obwohl das Budget der städtischen Polizei aus den Stadtfinanzen bestritten wurde, war diese der Weisungsbefugnis des Stadtrats entzogen.

Der Übergang von der Auftrags- zur Selbstverwaltung im lokalen Maßstab führte mittelfristig zu einer Zunahme der politischen Spannungen im Zarenreich. Diese traten horizontal auf zwischen den nach Ständen geschiedenen städtischen Wählergruppen und vertikal in den Beziehungen der nun mit minimaler politischer Autonomie ausgestatteten Städte zu den Zentralbehörden. Dabei hatte man die Zahl der Wahlberechtigten eng begrenzt. Nur Personen mit überdurchschnittlichem Vermögen erlangten das passive Wahlrecht für den Stadtrat. In Odessa handelte es sich dabei um 2,9 Prozent (1870/71) beziehungsweise 1,3 Prozent (1883/84) der Stadtbevölkerung.[16] Die Mitglie-

15 Lutz Häfner, Gesellschaft als lokale Veranstaltung. Die Wolgastädte Kazan' und Saratov (1870–1914), Köln u. a. 2004, 279.

16 Valerija A. Nardova, Gorodskoe samoupravlenie v Rossii v 60-ch – načale 90-ch godov XIX veka [Städtische Selbstverwaltung in Russland von den 1860er Jahren bis zum Beginn der 1890er Jahre], Leningrad 1984, 58–63.

der dieser verhältnismäßig kleinen Gruppe besaßen dabei keineswegs gleichwertige Rechte. Das Elektorat war nach Ständen und innerhalb dieser nach Vermögensklassen in je drei Kurien unterteilt. Diese Form des Dreiklassenwahlrechts ging auf die Befürchtung zurück, Kaufleute und Kleinbürger könnten die Stadträte dominieren. Die auf sozialen Unterschieden beruhenden Interessenkonflikte zwischen den Wählergruppen wusste die Autokratie zu nutzen. Durch die Verleihung von Wahlrechtsprivilegien versuchte sie die Loyalität der Oberschichten zu gewinnen. Zusammenfassend lässt sich die Entwicklung mit einem Paradox beschreiben: Als die Stadträte 1870 Repräsentativorgane wurden, erhöhte sich schlagartig die Ungleichheit der Repräsentation. Dasselbe Prinzip zeigte sich auch bei der Stadtrechtsreform von 1892, ohne dass dadurch das oben beschriebene Dilemma des autokratischen Staats grundsätzlich beseitigt worden wäre.

Odessa als »Antischtetl«

Odessa verkörperte das Gegenteil einer traditionellen jüdischen Kleinstadt Osteuropas.[17] Im Zuge der militärischen Eroberung des Nordufers des Schwarzen Meeres 1794 als Vorposten gegründet, verdankte sich die Existenz der Stadt der nach Süden zielenden Expansionspolitik des Russischen Reichs. Um die jahrhundertelange Vorherrschaft der Osmanen im Schwarzmeerraum zu brechen, musste der vorteilhaften Lage des Hafens ökonomisches Gewicht verliehen und Odessa an den Binnen- und den Welthandel angeschlossen werden.

Katharina II. und ihre Nachfolger förderten die Hafenstadt und die Region, indem sie verschiedene Gruppen von Zuwanderern mit Steuererleichterungen anlockten, den Warenumschlag durch die Einrichtung einer Freihandelszone (1819–1859) mehrten sowie bildungspolitischen und infrastrukturellen Bedürfnissen entgegenkamen. Im Lauf des 19. Jahrhunderts wuchs in den Städten, die inmitten der neu gewonnenen, fruchtbaren Steppengebiete am Nordufer des Schwarzen Meeres lagen, der Anteil der jüdischen Bevölkerung rasant an. Während in den weiter nördlich gelegenen podolischen, wolhynischen und litauischen Kleinstädten die jüdische Bevölkerung bis weit ins 19. Jahrhundert hinein den Strukturen der polnischen Agrarökonomie verbunden blieb und die politischen Ordnungsvorstellungen der ausgehenden Adelsrepublik weiterwirkten, entstanden am Nordufer des Schwarzen Mee-

17 John D. Klier, A Port, Not a Shtetl. Reflections on the Distinctiveness of Odessa, in: David Cesarani (Hg.), Port Jews. Jewish Communities in Cosmopolitan Maritime Trading Centres, 1550–1950, London/Portland, Oreg., 2002, 173–178, hier 175.

res, in den Gouvernements Neurusslands *(Novorossija)* imperiale Städte, die wenig mit dem Erbe der polnisch-litauischen Adelsrepublik verband. Ein kaum steuerbarer demografischer Wandel und ein ungestümes, durchaus krisenanfälliges ökonomisches Wachstum veränderten das Gesicht vieler Schwarzmeerstädte in hohem Tempo. Odessa wies im 19. Jahrhundert demografische wie ökonomische Wachstumsraten auf, die es russländischen Maßstäben zu entheben schienen.[18] Diesen Wandel versuchte auch der russländische Staat zu gestalten. Seine Gouverneure und Verwalter traten von der Gründung Odessas an bis zu den Erschütterungen durch die Revolutionen von 1905 und 1917 als einflussreiche, wenn auch keinesfalls allmächtige lokalpolitische Akteure auf. Ausgehend von einem positiven makroökonomischen Klima zu Beginn des 19. Jahrhunderts, das den über Odessas Hafen vermittelten internationalen Handel begünstigte, gelang es vor allem, griechische Kaufleute sowie andere Unternehmer nach Odessa zu holen, die ihrerseits vom Angebot an saisonalen Arbeitskräften profitierten.

Diese ökonomischen Rahmenbedingungen begünstigten auch das Anwachsen der jüdischen Stadtbevölkerung Odessas, die um 1900 schließlich etwa ein Drittel der Einwohnerschaft ausmachte. Die Einwanderung von Juden nach Odessa folgte einem Muster, das häufig anzutreffen ist: Es waren vorwiegend junge, oft ledige Männer, die ihr Glück in der Stadt machen wollten. In der ersten Hälfte des 19. Jahrhunderts fanden diese Zuwanderer ihr Auskommen als Kleinhändler, Handwerker, Geldwechsler und Makler im Getreidehandel. Jüdische Migranten unterschieden sich von nichtjüdischen Migranten dadurch, dass Juden häufiger und früher ihre Familien nach Odessa holten. Auch war Odessa neben Warschau die bedeutendste Metropole im jüdischen Ansiedlungsrayon *(čerta evrejskoj osedlosti)*. Hier fanden Schankpächter, denen die Lizenz entzogen worden war, ebenso Unterschlupf wie Freidenker, denen die traditionelle Welt der jüdischen Kleinstadt zu eng geworden war.[19]

Die Mehrzahl der jüdischen Zuwanderer zählte zum Stand der Kleinbürger, der Odessa sozial und kulturell prägenden Bevölkerungsgruppe. Solange die ökonomischen Parameter sich als vorteilhaft erwiesen, eröffneten sich auch den jüdischen Zuwanderern Aufstiegsmöglichkeiten, die gleichzeitig

18 Von einem Bevölkerungszuwachs von 3677 Prozent (1800–1892) spricht Frederick W. Skinner, Odessa and the Problem of Urban Modernization, in: Michael F. Hamm (Hg.), The City in Late Imperial Russia, Bloomington, Ind., 1986, 209–247. Siehe auch Rainer Lindner, Unternehmer und Stadt in der Ukraine, 1860–1914. Industrialisierung und soziale Kommunikation im südlichen Zarenreich, Konstanz 2006, 39–46 und 61–85.

19 Yvonne Kleinmann, An zwei Meeren und doch an Land. Eine vergleichende Skizze des soziokulturellen Profils der jüdischen Bevölkerung St. Petersburgs und Odessas im 19. Jahrhundert, in: Victor Herdt (Hg.), Metropolen im russischen Vielvölkerreich. Petersburg und Odessa seit dem 18. Jahrhundert, Lüneburg 2004, 135–166, hier 138 und 143.

ihre kulturelle Integration begünstigten. Die jüdische Gemeinde verfügte in der Regelung ihrer inneren Angelegenheiten über einen hohen Grad an Autonomie. Als Zwangsgemeinschaft mit steuerlicher Kollektivhaftung wurde sie traditionell von der ökonomischen Elite geführt und legitimierte sich religiös wie politisch durch die von ihr bewahrte Teilautonomie gegenüber nichtjüdischen Mächten. Auch die 1844 im Zarenreich verkündete Abschaffung des *kahal* änderte daran de facto nichts, da die lokale jüdische Oberschicht weiterhin einen gewissen Spielraum bei der Regelung innerjüdischer Angelegenheiten behielt. Dies war schon deshalb wichtig, weil man bei Festsetzung wie Erhebung der von der jüdischen Bevölkerung zu zahlenden Steuern auf die Kooperation der jüdischen Eliten angewiesen war.[20] So vertraute man nach 1844 die Verwaltung der Korbsteuer *(korobka)*, die in Odessa auf koscher geschlachtetes Fleisch erhoben wurde, der Repräsentantenversammlung der Synagogenvorstände und Wohlfahrtseinrichtungen an.

Auch wenn innere Konflikte, etwa zwischen einer vermögenden Gruppe von Zuwanderern aus dem deutschsprachigen Milieu des österreichischen Galiziens und ansässigen russländischen Juden, die Gemeinde kulturell spalteten, kommunizierte die städtische Verwaltung bevorzugt mit der selbstbewussten Elite der jüdischen Stadtbevölkerung. Generalgouverneure wie Graf Aleksandr Fedorovič Lanžeron (1815–1822), Fürst Michail S. Voroncov (1823–1854), Graf Aleksandr Grigor'evič Stroganov (1855–1862) oder Graf Pavel Evstaf'evič Kocebu (1862–1874) förderten Binnen- und Außenhandel, um die wirtschaftliche Position Odessas zu festigen. Der jüdischen Stadtbevölkerung standen sie wohlwollend gegenüber, denn sie schätzten ihr wirtschaftliches Potenzial. Auch liberal gesinnte Bildungsbeamte wie Severin Osipovič Potockij (Seweryn [Antoni] Potocki, 1762–1829) oder der Arzt und Pädagoge Nikolaj Ivanovič Pirogov (1810–1881), die beide als Aufseher im Odessaer Schulbezirk wirkten, unterstützten die Anstrengungen jüdischer Bildungsreformer.[21] Es war die trianguläre Konstellation einer liberalen Verwaltung, einer heterogenen Gemeinde jüdischer Zuwanderer sowie einer lautstarken Fraktion bildungsbeflissener jüdischer Aufkärer *(maskilim)*, die Odessa auszeichnete. Sie führte dazu, dass hier eine der ersten jüdischen Schulen im Russischen Reich gegründet wurde, an der sowohl weltliche als auch geistliche Fächer gelehrt wurden: 1826 öffnete gegen den erklärten

20 John D. Klier, The *Kahal* in the Russian Empire. Life, Death and Afterlife of a Jewish Institution, 1772–1882, in: Jahrbuch des Simon-Dubnow-Instituts/Simon Dubnow Institute Yearbook 5 (2006), 33–50.

21 Nicolai Iwanowitsch Pirogow, Lebensfragen. Tagebuch eines alten Arztes, Stuttgart 1894; Alexander Orbach, New Voices of Russian Jewry. A Study of the Russian-Jewish Press of Odessa in the Era of the Great Reform 1860–1871, Leiden 1980; Steven J. Zipperstein, The Jews of Odessa. A Cultural History, 1794–1881, Stanford, Calif., 1985.

Widerstand der Gemeindeoberen die Reformschule von Odessa ihre Pforten, die viele Jahre von Bezalel Stern (1789–1853) geleitet wurde.

Die ökonomischen und politischen Rahmenbedingungen, die die Prosperität Odessas sowie die soziale Mobilität seiner Bewohner gefördert hatten, begannen sich in den 1880er Jahren unwiderruflich zu wandeln. Doch ungeachtet der getrübten wirtschaftlichen Aussichten, ebbte der Zustrom jüdischer und nichtjüdischer Zuwanderer nach Odessa kaum ab. Wie ein Magnet zog das längst nicht mehr einlösbare Versprechen vom sozialen Aufstieg auch im letzten Drittel des 19. Jahrhunderts Migranten verschiedenster Herkunft an. Die sozialen Spannungen in der Stadt nahmen zu und die blutigen Pogrome des Jahres 1881, die auch zahlreiche andere Städte des russländischen Schwarzmeergebiets trafen, wiederholten ein Konfliktmuster, das in Odessa bereits mehrfach, 1821, 1859 und 1871, zu beobachten gewesen war. Pogromartige Zustände traten erneut in den Oktobertagen des Jahres 1905 auf, als im Zuge der Russischen Revolution die Autorität des Zarenregimes erschüttert wurde. In diesem Moment des Zusammenbruchs der öffentlichen Ordnung terrorisierten brutale Pogromtäter aus den verarmten Randbezirken sowie dem städtischen Hinterland die jüdische Bevölkerung. Unter den etwa 500 Toten befanden sich 400 Juden, 50 000 jüdische Obdachlose irrten durch die Stadt. In den Folgejahren nahm die Auswanderung nach Palästina deutlich zu. Für die jüdischen Intellektuellen, die der Stadt nun den Rücken kehrten, hatte sich die Verheißung zukunftszugewandter Urbanität nicht erfüllt.[22]

Der Stadtvorsteher und die Gouvernementsverwaltung, die nur zögerlich zur Befriedung der Stadt beigetragen hatten, traten nicht länger als Sympathisanten jüdischer Bildungsreformen auf. Vielmehr standen sie der jüdischen Stadtbevölkerung ablehnend oder gleichgültig gegenüber. Mit General Ivan Nikolaevič Tolmačev (1863–1929) stellte Zar Nikolaus II. 1907 einen Förderer russisch-nationaler und monarchistisch-reaktionärer Kreise an die Spitze der städtischen Verwaltung. Es verwundert nicht, dass die jüdische Bevölkerung Odessas sich kaum ermuntert fühlte, an der (Selbst-)Verwaltung der Stadt zu partizipieren. Tolmačev ergriff Maßnahmen, um die Zahl jüdischer Kinder in den städtischen Schulen sowie die Zahl jüdischer Angestellter in den städtischen Verkehrsbetrieben zu verringern, und er drängte Rechtsanwalt Arkadij Efimovič Brodskij, der durch eine 1909 notwendig gewordene Nachwahl für Odessa in die Dritte Reichsduma eingezogen war, zum Verzicht auf sein Mandat.[23]

22 Steven J. Zipperstein, Remapping Odessa, Rewriting Cultural History, in: Jewish Social Studies, N. S. 2 (1996), H. 2, 21–36; Guido Hausmann, Paradise Anticipated. The Jews of Odessa in the 19th and 20th Centuries, in: Jahrbuch des Simon-Dubnow-Instituts/Simon Dubnow Institute Yearbook 2 (2003), 151–181.

23 Brodskij wurde vorgeworfen, seinen (jüdischen) Vor- und Vatersnamen (Aron Chaimovič)

Schwindende Handlungsspielräume öffentlicher Partizipation

Seit der Gründung Odessas gehörten Juden den Verwaltungs- und Selbstverwaltungsorganen der Stadt an. Bereits unter den Personen, die 1796 die ersten zehn Wahlämter des Stadtamts *(gorodskoj magistrat)* besetzten, war Meir El'manovič. Er wurde zum Beisitzer am städtischen Schiedsgericht für kommerzielle Streitfragen bestimmt.[24] Auch die Dokumente des ersten städtischen Administrativorgans *(Gorodskoe upravlenie)* erwähnen den Namen eines jüdischen Beisitzers: Tevel' Lazarovič.[25] Die jüdische Gemeindeautonomie wie auch die jüdische Beteiligung an der Regulierung städtischer Angelegenheiten wurden durch kommunale und regionale Amtsträger unterstützt. Diese waren nicht nur in Bezug auf die jüdische Stadtbevölkerung stärker an der Aufrechterhaltung einer effizienten Verwaltung und weniger an einer doktrinären Gesetzesauslegung interessiert. Dass ad hoc gebildete Komitees dringende Verwaltungsaufgaben übernehmen mussten, eröffnete auch jüdischen Persönlichkeiten Möglichkeiten der Mitwirkung. Eine entsprechende Petition, Juden auf städtische Posten zu berufen, wurde Ende der 1850er Jahre von Generalgouverneur Stroganov verfasst. In Odessa fehlte es nämlich an der Bereitschaft gebildeter Nichtjuden, derartige Aufgaben wahrzunehmen.[26]

Viele Juden in städtischen Ämtern verstanden sich in erster Linie als Fürsprecher der jüdischen Stadtbevölkerung. Auf diese Weise profitierten jüdische Bildungsinstitutionen wie die erwähnte Reformschule des Bezalel Stern oder die jüdische Armenschule *(talmud-tora)* Odessas von der staatlichen Förderung und genossen eine bemerkenswerte pädagogische Unabhängigkeit. Andererseits verstärkte sich im Lauf des 19. Jahrhunderts die Tendenz der lokalen und regionalen Verwaltungen, jüdische Angelegenheiten durch die Vertreter der jüdischen Bevölkerung selbst regeln zu lassen. Das Amt für jüdische Angelegenheiten *(Evrejskij stol)* im Stadtrat hatte traditionell ein jüdischer Stadtrat inne. Über die Verwendung der von der jüdischen Stadtbevölkerung eingezogenen Steuern, etwa der wichtigen Koscherfleischsteuer, entschied nach Aufhebung des *kahal* eine hundertköpfige Delegiertenversammlung *(sobranie poverennych)* der Synagogenvorstände sowie der jüdischen Wohlfahrtsvereine.[27] Diese Versammlung wählte darüber hinaus die

in unzulässiger Weise »russifiziert« zu haben. A. A. Gol'denvejzer [Alexis Goldenweiser], Pravovoe položenie evreev v Rossii [Die rechtliche Lage der Juden in Russland], in: Kniga o russkom evrejstve [Buch über die russischen Juden], New York 1960 (Jerusalem/Moskau 2002), 115–158, hier 136 und 155f.

24 Zipperstein, The Jews of Odessa, 38.

25 Ebd.

26 Isaac Levitats, The Jewish Community in Russia, 1844–1917, Jerusalem 1981, 12.

27 Ebd., 62; Peter Shaw, The Odessa Jewish Community, 1855–1900. An Institutional History (unveröffentlichte Diss., Hebräische Universität Jerusalem, 1988), 32.

Leiter der wichtigsten Gemeindeämter, wie etwa den Kronrabbiner und seine Helfer, den Ältesten der Begräbnisbruderschaft sowie die Vorsteher der Armenschule, des Kranken- und des Waisenhauses.[28] Fast 15 Jahre lang leitete der Bankier Rafail Lvovič Chari die Sitzungen der Repräsentantenversammlung. Er saß dem Finanzkomitee des Odessaer Stadtrats und dem Amt für jüdische Angelegenheiten vor.[29] Graf Stroganov, der sich nach seinem Rücktritt als Generalgouverneur 1862 selbst in den Odessaer Stadtrat wählen ließ, wollte die Vorreiterrolle Odessas über das Gebiet der städtischen Selbstverwaltung hinaus gesichert sehen. Er plante, die Vollmachten der jüdischen Repräsentantenversammlung zu erweitern. Nach dem Vorbild der städtischen Selbstverwaltungsorgane sollte diese ausgebaut werden und künftig sämtliche Angelegenheiten der jüdischen Stadtbevölkerung regeln. Damit hätte die Versammlung *(sobranie evrejskich vybornych)* in gewisser Weise die Funktionen der 1844 formal aufgelösten jüdischen Steuergemeinde übernommen. Doch seit ihrer Einsetzung im Jahr 1867 litt sie unter einem Konflikt, der sie paralysierte und der nach vier Jahren schließlich zum Abbruch dieses bemerkenswerten Experiments jüdischer Selbstverwaltung im Russischen Reich führte. Kaufleute einerseits und Kleinbürger andererseits hatten sich nicht auf eine Aufteilung der hundert Sitze der Versammlung einigen können. Die Auseinandersetzung darüber, wem die aus staatlicher Hand erhaltene Macht zustand, entzweite die beiden Gruppen. Die Kleinbürger unter der jüdischen Stadtbevölkerung, deren Zahl viermal größer war als die der Kaufleute, verfügten in der bereits existierenden Repräsentantenversammlung über lediglich 40 Prozent der Sitze. Sie strebten eine wenigstens paritätische Sitzverteilung an. Doch aufgrund der Blockade beziehungsweise des Auszugs der Kaufleute, die sich nicht auf eine wirkliche Repräsentation der sozioökonomischen Verhältnisse einlassen wollten, war man gezwungen, zur alten Sitzverteilung zurückzukehren. Stroganov begrub seine Pläne für eine jüdische Selbstverwaltung.[30]

Dieser Konflikt weist auf die Politisierung der sozialen Unterschiede innerhalb der jüdischen Gemeinde Odessas hin. Bei den turnusgemäß anstehenden Wahlen zur jüdischen Repräsentantenversammlung im Jahr 1880 kam es zum Eklat, als der Bankier Rafail Chari vorschlug, lediglich die bereits bekannten Repräsentanten bestätigen zu lassen und das gesamte zeitaufwendige formale Wahlverfahren einzusparen. Chari konnte die anwesende

28 Michail Poliščuk, Evrei Odessy i Novorossii. Social'no-političeskaja istorija evreev Odessy i drugich gorodov Novorossii 1881–1904 [Die Juden Odessas und Neurusslands. Soziopolitische Geschichte der Juden Odessas und anderer Städte Neurusslands 1881–1904], Jerusalem/Moskau 2002, 265.

29 Ebd., 33.

30 Shaw, The Odessa Jewish Community, 1855–1900, 34.

Öffentlichkeit nicht überzeugen. Vielmehr drückte sich in Rufen wie »Nieder mit den Alten! Wählt die Neuen!« die generelle Unzufriedenheit der jüdischen Mittelschicht mit der wohlhabenden Oberschicht aus, die die Odessaer Juden bis dahin repräsentiert hatte.[31] Der Bankier Chari stand hier symbolisch für die etablierte jüdische Elite. Er pflegte beste Beziehungen zum Stadtrat und zur Exekutive. Seine wirtschaftliche Macht verschaffte ihm sogar gegenüber dem Generalgouverneur eine gewisse Unabhängigkeit. Seine Gegner aber wurden in zeitgenössischen Berichten als »einfaches Volk« *(prostonarodnye)* bezeichnet. Neben den wohlhabenden Getreidegroßhändlern und Bankiers auf der einen Seite und den Saisonarbeitern und Handlungsgehilfen auf der anderen betrat in den 1860er und 1870er Jahren eine weitere Gruppe die Bühne der innerjüdischen Öffentlichkeit: die Intelligenzija. Einigen gelang es, in die Aufsichtsgremien jüdischer Wohltätigkeits- beziehungsweise Bildungsinstitutionen wie dem jüdischen Waisenhaus oder der Armenschule einzuziehen. Dort setzten sie sich für pädagogische Reformen ein. Seit 1879 saßen drei jüdische Reformer im Korbsteuerkomitee des Stadtrats, in dem über die Verteilung der Einkünfte aus der Koscherfleischsteuer entschieden wurde. Das Korbsteuerkomitee verwaltete die Wohlfahrts- und Bildungsausgaben für die gesamte jüdische Stadtbevölkerung. Auf die Rolle der Intelligenzija im differenzierten jüdischen Vereinswesen Odessas wird im Folgenden einzugehen sein.

Politisierung und Ethnisierung

Guido Hausmann, Verfasser einer grundlegenden Studie zur Sozial- und Kulturgeschichte Odessas im letzten Drittel des 19. Jahrhunderts, hat untersucht, inwieweit sich der Odessaer Stadtrat von einem quasi ständischen Organ der besitzenden Oberschicht in ein politisches Repräsentationsorgan der städtischen Bevölkerung wandelte und zu welchen Gruppen- oder Parteibildungen diese Transformation führte.[32] Ansätze für diese Deutung liefert unter anderem das Wahlrecht für den Stadtrat: Es war vermögensabhängig und damit überständisch. Sowohl zwischen ständischen Gruppen als auch durch Klientelbildung innerhalb der Stadträte eines Standes setzten im letzten Drittel des 19. Jahrhunderts Gruppenbildungen ein. Die Grenzziehungen zwischen christlichen und jüdischen Wählern scheinen sich zwar nicht aufgelöst zu haben,

31 Ebd., 35.
32 Guido Hausmann, Universität und städtische Gesellschaft in Odessa, 1865–1917. Soziale und nationale Selbstorganisation an der Peripherie des Zarenreiches, Stuttgart 1998, 462–486.

sie waren aber insofern durchlässig geworden, als sie im Zweifelsfall mit ständischer oder Klientelloyalität in Konkurrenz traten. Der von Hausmann angeführte Beleg einer jüdischen Wahlliste, die in der Privatwohnung des im Odessaer Stadtrat einflussreichen jüdischen Zuckerfabrikanten Samuil Abramovič Brodskij abgesprochen wurde, überzeugt nicht völlig, da hierbei Gruppen- und Klientelloyalität zusammengefallen sein mögen.[33] Das Sozialprestige bedeutender Odessaer Unternehmer jüdischer Herkunft wie etwa des Bankiers Chari blieb jedoch auch auf christliche Wähler nicht ohne Wirkung. Hausmann betont, dass unter den Stadträten erst 1905 politische Alternativen diskutiert und in Form von Programmen veröffentlicht wurden, obwohl sich die zunehmende Politisierung des Stadtrats bereits zuvor in der lokalen Presse niedergeschlagen hatte.[34]

Im Vorfeld der Russischen Revolution von 1905 nahm die allgemeine Politisierung der Öffentlichkeit ungeahnte Ausmaße an; in Odessa erweiterte sich der öffentliche Kommunikationsraum über die städtische Selbstverwaltung hinaus. Nach 1907 jedoch scheint die öffentliche Bedeutung des Stadtrats schnell wieder geschrumpft zu sein. Bei den Stadtratswahlen von 1907 und 1909 traten die Gegner der bis dahin dominierenden liberalen Kräfte als politische Gruppierung auf und konnten mithilfe des Stadthauptmanns die Machtverhältnisse zu ihren Gunsten ändern. Allerdings bewirkte diese Entwicklung auch die stärkere Integration der nun in die Opposition gedrängten Kräfte.[35]

Die für die allgemeine Entwicklung der städtischen Selbstverwaltung im Russischen Reich festgestellten Trends der Politisierung und Ethnisierung, die bis zur Russischen Revolution von 1905 zugenommen hatten, wirkten sich auch auf die jüdische Stadtbevölkerung Odessas und ihre politischen Partizipationsvorstellungen aus. Die Praxis politischer Einflussnahme über das vormoderne Instrument der Fürsprache *(shtadlanut)*, die von einflussreichen Personen ausgeübt wurde, kam dem Bedürfnis der imperialen Verwaltung nach kompetenten Partnern innerhalb der jüdischen Bevölkerung entgegen. Am Beispiel der politischen Konflikte innerhalb der jüdischen Bevölkerung Odessas zeigt sich, dass dieses vordemokratische Verständnis politischer Repräsentation in der zweiten Hälfte des 19. Jahrhunderts zunehmend zu moderneren Formen politischer Partizipation in Konkurrenz trat.

Wie ausgeführt, blieb die Teilhabe der jüdischen Stadtbevölkerung an der kommunalen Verwaltung und Selbstverwaltung unter den Bedingungen des autokratischen Obrigkeitsstaats auch in Odessa nur auf eine kleine soziale Gruppe beschränkt. Nach einer 1892 erfolgten Änderung des Stadtstatuts,

33 Poliščuk, Evrei Odessy i Novorossii, 300–309.
34 Hausmann, Universität und städtische Gesellschaft in Odessa, 1865–1917, 472.
35 Ebd., 484.

die bis 1917 Bestand haben sollte, verlor selbst die besitzende Elite das Wahlrecht für den Stadtrat. Dabei blieb das passive Wahlrecht für jüdische Stadträte mit Einschränkungen erhalten: Höchstens 10 Prozent der Stadträte durften jüdischer Herkunft sein.[36] Bereits die Reform des Stadtstatuts von 1870 erlaubte es Juden nicht mehr zum Bürgermeister gewählt zu werden oder stellvertretend seine Amtspflichten auszuführen. Die administrative Ausgrenzung der jüdischen Bevölkerung Odessas nahm gegen Ende des 19. Jahrhunderts auch in anderen Sphären deutlich zu, so etwa im Bildungswesen, wo Maximalquoten für jüdische Schüler und Studenten eingeführt wurden.

Angesichts dieser zunehmenden Ausgrenzungspraxis gewannen Felder außerhalb der städtischen Selbstverwaltung oder klassische Parteienpolitik an politischer Bedeutung. Vor allem das jüdische Presse- und das Vereinswesen spielten eine wichtige Rolle für die seit dem letzten Drittel des 19. Jahrhunderts einsetzenden Formierungsprozesse jüdischer Öffentlichkeit. Hier nahmen die formalen Schranken für die Partizipation der jüdischen Stadtbevölkerung an lokalpolitischen Prozessen ab. Insbesondere die wegen ihres geringen Einkommens und fehlenden Hausbesitzes von den Wahlen zum Stadtrat ohnehin ausgeschlossene Intelligenzija nutzte die Vereine, um gleichberechtigte Formen des politischen Miteinanders zu erproben und ihre politische Kompetenz unter Beweis zu stellen. Konkurrierende Zukunftsentwürfe wurden diskutiert und in der Alltagsarbeit der Vereine umgesetzt. Dabei wurde das religiöse Wohltätigkeitsgebot säkular gewendet und gewann Konnotationen, die an bürgerliche Wertevorstellungen erinnern. Eine bürgerliche Ideale verkörpernde Soziabilität entfaltete sich ebenfalls in der nichtjüdischen Stadtbevölkerung. Viele Vereine zählten Christen wie Juden zu ihren Mitgliedern. Diese Vereinsöffentlichkeit stellte auch einen politischen Resonanzraum dar, wie sich in der Krise der städtischen Selbstverwaltung während der Russischen Revolution 1905 zeigte.

Während die jüdische Stadtbevölkerung das Wahlrecht für den Stadtrat verlor, erlaubten die Wahlen zur Reichsduma eine Politisierung der jüdischen Stadtbevölkerung entlang der Entwicklungslinien des sich herausbildenden russländischen Parteiensystems, aber auch in Hinsicht auf innerjüdische Parteibildungen. In der im Wahlkampf fallenden Entscheidung über die Delegierten Odessas in der Reichsduma wiederholte und vertiefte sich die politische Spaltung des städtischen Elektorats, wie sie bereits bei der Politisierung des Stadtrats zu beobachten gewesen war. In den Wahlen zur Ersten und Zweiten Reichsduma konnten sich linke und liberale – darunter auch jüdi-

36 Diese Begrenzung bezog sich nur auf Städte innerhalb des Ansiedlungsrayons. Zu diesem Zeitpunkt machte die jüdische Bevölkerung Odessas ein Drittel der Einwohnerschaft aus. Vgl. Skinner, Odessa and the Problem of Urban Modernization, 215.

sche – Deputierte, in den Wahlen zur Dritten Reichsduma ein gemäßigter Rechter durchsetzen. In der Vierten Reichsduma vertraten zwei rechte Deputierte Odessa.[37] Die jüdische Stadtbevölkerung wurde in den Wahlkämpfen als wichtiges Stimmenreservoir wahrgenommen. So stellten die 1909 jüdischen Wähler die Mehrzahl der städtischen Wahlberechtigten der ersten Kurie. Das rechte politische Lager machte daraufhin den Vorschlag, die möglichen Mandate zwischen Russen und sogenannten Fremdstämmigen *(inorodcy)* zu teilen, um Odessa in der Reichsduma nicht allein durch jüdische Deputierte vertreten zu lassen.[38] Auch dieser Vorschlag belegt, dass die fortschreitende Demokratisierung unter der jüdischen wie nichtjüdischen Stadtbevölkerung zu Politisierung und Ethnisierung führte.

In historischer Perspektive sollte die in mehrfacher Hinsicht marginale Partizipation der jüdischen Stadtbevölkerung an der lokalen politischen Öffentlichkeit im ausgehenden Zarenreich nicht länger als Defizitgeschichte geschrieben werden. Um zu einer historischen Kontextualisierung zu gelangen, muss einerseits der Funktionswandel partizipativer Elemente aus Sicht der jüdischen Stadtbevölkerung wie auch aus der Perspektive der staatlichen Verwaltung berücksichtigt werden. Andererseits müssen öffentliche, aber nichtstaatliche Akteure in die Untersuchung der kommunalen Selbstverwaltung einbezogen werden. Gerade angesichts der autokratischen Verfasstheit des Zarenreichs besaß die nicht- oder außerstaatlich organisierte Soziabilität eine hohe Signifikanz.

Schluss

Eignet sich der durch die Gegenüberstellung von Imperialität und Nationalität sich ergebende Interpretationsrahmen für die historische Analyse der politischen Teilhabe der jüdischen Bevölkerung Odessas? Die vielfältigen politischen Rollen, die Juden in Odessa bis zur Russischen Revolution von 1917 ausfüllten, gingen nicht in der Dichotomie zwischen Imperium und Nation auf. Immerhin ermöglicht es die Kategorie »Imperialität«, die Geschichte der jüdischen Diasporagruppe im Russischen Reich als verflochtene und transnationale Geschichte zu schreiben und vergleichend einzuordnen. Auch in Odessa setzte der imperiale Staat den äußeren Rahmen der Begegnung zwischen den verschiedenen ethnischen beziehungsweise religiösen Gruppen der Stadtbevölkerung, er gliederte die einander durchdringenden sozialen, kulturellen und ökonomischen Räume der Stadt. Im Vielvölkerreich der

37 Hausmann, Universität und städtische Gesellschaft, 1865–1917, 494–503.
38 Ebd., 498.

Romanovs ließ sich im 19. Jahrhundert kaum ein zweiter Ort finden, an dem die widersprüchlichen Dynamiken der imperialen Begegnung und Abstoßung auf engstem Raum miteinander rangen.

Odessas Rolle im ausgehenden Zarenreich erschöpfte sich nicht in seiner Funktion als globaler Warenumschlagplatz. Die Metropole war ein Zentrum der Presse- und Publikationstätigkeit im Russischen Reich, besaß eine Universität und ein aktives politisches Leben.[39] Die Verdichtung von gesellschaftlichen Kommunikationsprozessen lässt sich daher in Odessa nicht nur für den jüdischen Fall beispielhaft studieren.[40] Die politischen Erfahrungen, die Juden in der städtischen Gesellschaft sammelten, flossen in konkurrierende jüdische Projekte des Nation-Building ein. Über den urbanen Handlungsraum hinaus strukturierten sie den Erwartungshorizont zweier politischer Generationen, die etwa für die jüdische Ansiedlung in Palästina *(jischuw)* von signifikanter Bedeutung waren.[41]

In der Gegenüberstellung von »Imperialität« und »Nationalität« drückt sich neben einer qualitativen auch eine chronologische Opposition aus. In der europäischen Erinnerung an die großen Kontinentalimperien fallen beide Perspektiven zusammen. So werden die Reiche der Hohenzollern und Habsburger, der Zaren und Sultane mit Multiethnizität und Toleranz wie auch mit Geheimpolizei und Korruption assoziiert. Gleichzeitig stehen sie wegen ihrer bis in die Vormoderne zurückreichenden historischen Wurzeln, vor allem aber vor dem Hintergrund der Erfahrung des »extremen 20. Jahrhunderts« (Eric Hobsbawm) für eine unwiederbringlich verflossene Zeit.[42] Die nach dem Ende des Ersten Weltkriegs auf den Trümmern vormaliger Imperien gegründeten Nationalstaaten gaben sich fortschrittlich und beanspruchten, besser für die Zukunft gerüstet zu sein. Dieser Anspruch ist auch in der Historiografie noch zu spüren. Die normative Aufladung der chronologischen

39 Hausmann, Universität und städtische Gesellschaft, 1865–1917, 489–491.

40 John Athanasios Mazis, The Greeks of Odessa. Diaspora Leadership in Late Imperial Russia, Boulder, Colo., 2004; Theophilus C. Prousis/Demetrios S. Inglezes, Greek Merchant and City Leader of Odessa, in: Slavic Review 50 (1991), H. 3, 672–679; Leon Chačikovič Kalust'jan, Armjanskaja diaspora Odessy. Očerk istorii armjanskoj obščiny g. Odessy [Odessas armenische Diaspora. Abriss der Geschichte der armenischen Gemeinde Odessas], Odessa 1999; Hausmann, Universität und städtische Gesellschaft in Odessa, Kap. »Die ukrainische nationale Bewegung«, 421–431.

41 Beispielhaft die Biografien Ašer Gincbergs und Vladimir Jabotinskys. Siehe dazu Steven J. Zipperstein, Elusive Prophet. Ahad Ha'am and the Origins of Zionism, London 1993, 67–104 und 170–257; Michael Stanislawski, Zionism and the Fin de Siècle. Cosmopolitanism and Nationalism from Nordau to Jabotinsky, Berkeley, Calif., u. a. 2001, 116–237.

42 Über das Ende der Imperien und die Epoche des Nationalstaats hinweg blieben Sedimente imperialer Erfahrungen im östlichen Europa erhalten. Für das Erbe des Russischen Reichs siehe Alexei Miller, The Romanov Empire and Nationalism. Essays in the Methodology of Historical Research, Budapest/New York 2008, 211–216.

Gegenüberstellung von »Imperialität« und »Nationalität« sollte aber unterbleiben. Vielmehr zeigt das Beispiel Odessa, dass die Polarität zwischen imperialem und nationalem Prinzip in der Spannung zwischen ständischen und demokratischen Ordnungs- und Repräsentationsvorstellungen angelegt war, die bereits im ausgehenden Zarenreich miteinander in Konkurrenz traten. In diesem Sinne ließe sich das allgemeine Problem der politischen Partizipation der russländischen Gesellschaft im autokratisch verfassten Zarenreich historisch konturieren und die Frage nach der besonderen jüdischen Teilhabe an diesem Prozess könnte eingehender kontextualisiert werden.

Saulius Kaubrys

Integration, Participation, and Exclusion: Lithuanian Jews in Municipal Self-Governments, 1918–1940

On 16 February 1918, the Lithuanian council led by Jonas Basanavičius signed the Act of Lithuanian Independence. With this, Lithuania had become an independent democratic state, and Vilnius its capital.[1] This restoration of the state on the principle of national self-determination was defended in the battles of independence during the years 1918 to 1920. The Constituent Sejm (parliament) that was elected in 1920 declared that Lithuania was to be a democratic republic.[2] The most important work of this Sejm was the ratification of Lithuania's constitution in 1922 (others were adopted in 1928 and 1938). The democratic parliamentary system was to last until 1926. In 1927, the parliament was dissolved and did not reconvene until 1936.[3]

Although the Universal Law on the Population Census of Lithuania adopted on 5 October 1922 by the Constituent Sejm of Lithuania established that "the population census should be held every ten years," only one census was carried out in the interwar period. It was completed in six days from 17 to 22 September 1923. This census indicated that the country had 2,028,971 residents. Of this, 1,701,863 were Lithuanian (83.88 percent of the total population), 153,743 Jewish (7.58 percent), 65,599 Polish (3.23 percent), 50,460 Russian (2.49 percent), 29,231 German (1.62 percent), 14,883 Latvian (0.79 percent), and 4,421 Belorussian (0.22 percent).

In contrast to many others states of Eastern and Central Europe, the dominant national minority in Lithuania was Jewish. Rural areas were almost exclusively Lithuanian by nationality. Lithuanians made up 91 percent of total rural population, 0.5 percent of village dwellers being Jews. As the 1923 census shows, towns were less Lithuanian by their ethnic composition. In towns, 57.1 percent of the total population were Lithuanian, 32.2 percent of large town dwellers were Jewish. Some 63.5 percent or two thirds of the Jewish community were located in towns. In smaller towns, 66.4 percent of the population were Lithuanian and 28.7 percent Jewish. The Jewish national minority was the most urbanized and in some towns the Jewish population

1 Mindaugas Šapoka, Millennium of Lithuania. Millennium Lithuaniae, Vilnius 2009, 78.
2 Ibid.
3 Ibid.

JBDI / DIYB • Simon Dubnow Institute Yearbook 10 (2011), 145–160.

exceeded the statistical average of Jewish town dwellers in general (36.64 percent of Ukmergė, for example, was Jewish).

Lithuania in the interwar period had three levels of local government, composed of local authorities in rural areas (Lith. *valsčius*), towns, and districts. The administrative-territorial system of Lithuania in 1939 included 240 rural areas, thirty-five towns, and twenty-three districts. According to the Law on Local Government, in 1931 all towns in Lithuania were divided in two groups: primary and secondary towns, differing in the scope of functions and control mechanisms.

Jews in the Elections to Local Self-Government Institutions: Options, Choices, and Results

During the interwar period, the Lithuanian Jews participated in eight electoral campaigns to local self-governments, including five to town self-government institutions: in 1918 to 1920, in 1921, in 1924, in 1931, and in 1934.[4]

It is known that the Jews took an active part in all electoral campaigns without exception. During the first electoral campaign, their representatives took seats in the town councils both by means of general elections and by their direct involvement in the creation of self-government bodies. However, the Jews did not act as a united force during the electoral campaign – among them there were those who recognized and others who ignored the established authority of the independent State of Lithuania and the vision of the future it presented. Nevertheless, the participation of Jews in the elections to local self-governments was on the whole more extensive than that of the other groups among the residents. Most probably, experience of the elections to the Jewish communities held at the beginning of 1919 developed a feeling of social awareness among the Jews, which in turn also encouraged them to take part in the general electoral campaign. This can likely account for greater activity of the Jews in local politics compared to other ethnic groups in 1918 to 1920.

For example, in Šiauliai, in the elections to the municipal council held on 19 April 1919, Jews won nine mandates, which accounted for 15 percent of all the mandates; in 1920 they won eight seats (22 percent of the mandates). In Marijampolė, in the elections to the municipal council held on 28 December 1919, the Jews received eight mandates (twenty-six members were

4 Gintaras Žilinskas, Vietos savivaldybių statusas Lietuvos Respublikoje 1918–1940 m. [The Status of Local Self-Governments in the Republic of Lithuania in 1918–1940], Kaunas-Akademija 1999, 25.

elected) and were one of three political groupings of the district – Christian Democrats, Workers' Party, and the Jews – that constituted the council.[5]

There were also cases of boycotting the elections; for example, the Jewish Socialists boycotted the elections in Raseiniai held on 28 December 1919. The Jews nominated several lists of candidates in almost all the towns, with the exception of Ukmergė, where they nominated only one list of candidates in the elections held in 1920.[6] It has been estimated that in the 1919/20 elections to the municipal councils, the greatest number of Jewish votes were given to general Zionists; the remaining votes were distributed equally among other Jewish lists.[7] In addition, like the Lithuanians, the Jews also united in non-party lists.

The elections to town self-governments in 1921 were held under different circumstances than the first elections – military operations were no longer being carried out in the better part of the country, internal conditions had stabilized, and the 1920 elections to the Constituent Seijm invigorated the political life and political competition of the parties. In 1918, having received equal civil rights in independent Lithuania, the Jewish minority began taking an active part in the political life of the country. In all political diversity, they acted on several levels: through the legislative and executive institutions – in the Seijm and the government; through institutions of local administration – in municipal and regional authorities; and through public political societies and organizations. In the Seijm, the Jewish faction was formed; it was dominated by the Zionists.[8] The Jewish faction existed from 1920 to 1927, and it is useful to examine its members' input into the political life of Lithuania.

When participating in the 1921 elections, a larger proportion of the Jewish population began to identify itself not only with the Jewish political trends and their programs, but also with socially and more professionally oriented groups. For example, four lists of Jewish candidates were presented in the 1921 elections to the Marijampolė town autonomous government: the Jewish craftsmen, the Jewish small owners, the Zionist Tzeirei Tzion (Young Zionists), and the Jewish merchants.[9]

5 Aistė Morkūnaitė-Lazauskienė, Lietuvos Respublikos savivaldybių raida 1918–1920 m. [The Development of Self-Government of the Republic of Lithuania in 1918–1920], Šiauliai 2007, 101.

6 See in greater detail Jūratė Šakienė, Ukmergės miesto savivaldybė 1918–1940 metais [Ukmergė Self-Government, 1918–1940], in: Eskizai [Sketches] 6–7 (1994), 105 f.

7 Morkūnaitė-Lazauskienė, Lietuvos Respublikos savivaldybių raida 1918–1920 m., 107.

8 Arkadijus Bliuminas, Žydų frakcija Lietuvos seimuose 1920–1927 m. [The Jewish Fraction in Lithuanian Sejm, 1920–1927], Vilnius 2003, 69.

9 Lithuanian Central State Archives (henceforth LCSA), fund 1362, inv. 1, file 90, 139, Election Lists.

Despite the polarization of the Jewish electors and the establishment of numerous Jewish lists, the Jews managed to maintain their strong positions in the municipal councils. For example, the Jews received ten seats (of thirty) in the council of Marijampolė, seven seats (of twelve) in Šakiai and ten seats (of twenty) in Vilkaviškis.[10] There were exceptions to the trend of fragmentation among the Jewish voters: in some places they put up united lists, such as in Panevėžys and Ukmergė.

One thesis of this article is that the political fragmentation among the Jewish population, which was considerably higher there than among other national or religious groups, was an important fact in yielding the high number of lists of the Jewish candidates (see table 1). The variety of Jewish organizations and the make-up of their houses of worship were partly conducive to this phenomenon: in the second half of the 1930s, there were twelve synagogues or houses of worship for people of different professions.[11]

Table 1: List of the Jewish candidates in the elections to the Kaunas municipal council in 1920, 1921, and 1924.

	1920	1921	1924
Jewish craftsmen	1	1	1
Jewish tenants	4	3	5
Jewish "Achdus" (Unity)	2	1	1
Small Jewish merchants	1	2	2
Zionist Organization	3	1	1
Block of Jewish workers	2	1	0
United Jews	0	0	6
Jews of Vilijampolė	0	0	4

Source: Romas Stačiokas, Tautinės savivaldos struktūrų formavimas [Formation of the Structures of the National Self-Government], Vilnius 1990, 40.

One characteristic of the electoral campaign to the self-government in 1924 was that it centered on the largest Lithuanian political parties (Christian Democratic bloc) which exhibited exceptional boundless energy. The Jewish faction at the Sejm, following the example of their political opponents, urged people to take an active part in the elections. For example, on 3 October 1924, the Jewish faction of the Sejm of Lithuania, was appealing to the Jews working at local governments to create Jewish interest groups and to try to

10 Ibid., fund 379, inv. 3, file 10, 185, Data about the Election Results to the Self-Governments of Rural Districts and Towns; Vilkaviškio miesto savivaldybė 1918–1938 m. [Vilkaviškis City Municipality, 1918–1938], Vilkaviškis 1939, 17.

11 Ibid.

"introduce their own candidates into the municipal councils."[12] The communiqué of the faction called on the Jews to decide on joint actions with other political forces, stressing that "they should entertain the least hope [...] for the union with the right-wing parties."[13] Because of their anti-Semitic policy and their failure to keep promises, a political cooperation with those right-wing parties was in fact very unlikely.

The following aspects probably had a great impact on the electoral behavior of the Jews:

1) the participation in local self-governments had acquired greater prestige in the eyes of both the general Lithuanian society and the Jewish community, and the self-government structures seemed to have become a small replica of the Sejm;[14]

2) the successful realization of electoral ambitions of the Jews in the elections to the Second Sejm in 1923 had given the idea of Jewish political representation greater value in the eyes of the Jewish population;

3) the abolishment of the office of the Jewish minister without portfolio at the beginning of 1924 paradoxically provided additional motivation at the more local level.

The following brief item printed in the newspaper of the left-wing grouping, *Lietuvos žinios* (The Lithuania Tribune), of 27 September 1924 reflects the self-determination of the Jews: "At the time when the minorities, representatives of the Jews in particular, were exhausted, elderly who were barely able to walk went to drop a ballot into a the ballot-box with their trembling hand, while the majority of the Lithuanians, even the intelligentsia, stayed at home."[15]

A comparative analysis of the numerical characteristics of the Jews included in the list of elections and the Jews elected to municipal councils printed below indicates that the Jewish candidates most likely also received votes from non-Jews.[16]

12 Ibid., fund 1129, inv. 1, file 235, 8.8, Communique no. 12 of the Jewish Faction of 3 October 1924, To all Councils of Jewish Communities.

13 Ibid., 8.

14 Jonas Sireika, Lietuvos savivaldybės ir savivaldybininkai 1918–1931 [Lithuanian Municipalities and Council Members, 1918–1931], Šiauliai 1998, 87.

15 Lietuvos žinios, 27 September 1924.

16 Election data from the towns that have the rights of a district – Marijampolė, Ukmergė, Šiauliai – and the towns that have the rights of small rural districts – Alytus, Biržai, Kėdainiai, Radviliškis, Šakiai, Šeduva, Utena, Vilkaviškis, Zarasai, Žagarė – were taken into consideration.

Table 2: Potential voters of Jewish nationality and Jews elected to municipal councils in 1924; numbers calculated on the basis of the reports of mayors, council heads, and on information in the press.

	In towns with the rights of a district	In towns with the rights of small rural districts
Percentage of the Jews among the electorate as given in the lists of 1924	28.11 %	36.66 %
Percentage of Jewish representatives elected to municipal councils	37.14 %	42.37 %

The high percentage of Jewish representatives also indicates an exceptional mobilization of individual Jewish communities.

Though in many cases the percentage of the Jews elected to municipal councils corresponded to the percentage of the Jewish population in a respective town (as given in the data of the Lithuanian population census carried out on 17 September 1923), in individual cases more noticeable differences were recorded. For example, the Jews elected to the council of Alytus accounted for 47.37 percent of all the members, and at the time of the census they comprised 27.13 percent of the total population of that town – a difference of 20.24 percent. The latter positive difference in Ukmergė amounted to 14.79 percent, in Biržai to 12.88 percent, and in Tauragė to 11.95 percent. Instances of negative difference were rare, one exception being Rokiškis where the difference in the percentage of Jewish councilmen compared with the percentage of the Jewish population amounted to 10.83 percent.

On 7 October 1929, the new Law on Local Self-Government was adopted. General elections to local self-government structures were now replaced with qualification elections. The new law established that voters had to be at least twenty-four years old, they had to have been residing in the town or district for at least one year, and they had to meet specific property and educational qualifications. In 1930, the interior minister predicted the possible results of the elections to town self-governments. This entailed a secret collection of data by district chiefs on the likely ethnic composition of the electorate.[17] The data collected showed that with the new system of elections, Jewish voters would gain some advantage over those of other ethnic groups. We can assume that in adopting the new 1931 Law on Self-Governments, some qualifications would be rejected – first and foremost, the education qualification, which, without doubt, was beneficial for the Lithuanians and disadvantageous for the Jews.

17 LCSA, fund 379, inv. 2, file 2102, 44, Report no. 830 of the Ministry of the Interior of Lithuania of 16 August 1930.

Table 3: Jews in the elections to municipal councils in 1924; table composed on the basis of the reports of the elections to the municipal councils in the Lithuanian Central State Archive and the documents in the periodical press.

	Number of council members	Number of elected Jews
Alytus	19	9
Biržai	18	6
Jonava	13	9
Jurbarkas	14	6
Kalvarija	13	4
Kaunas	72	21
Kėdainiai	28	11
Kretinga	13	5
Kybartai	19	4
Marijampolė	32	11
Mažeikiai	15	2
Naumiestis	12	4
Panevėžys	40	15
Prienai	12	4
Radviliškis	20	3
Raseiniai	17	7
Rokiškis	14	5
Šakiai	12	7
Šeduva	12	4
Šiauliai	40	10
Tauragė	18	8
Telšiai	15	5
Ukmergė	35	18
Utena	16	10
Vilkaviškis	24	12
Virbalis	13	4
Žagarė	16	7
Zarasai	12	5
Total number	584	216

Nonetheless, the 1931 elections to municipal councils were successful for the Jews. As is the case during every electoral campaign, there were accusations that the Jews artificially increased the number of the Jewish voters (for example, by entering the electoral register on false statements as to meet the legal qualifications).[18] There were also criminal incidents disclosed such as

18 Ibid., fund 379, inv. 1, file 119, 3, Secret Communiqué of the Director of the Criminal Police of the Ministry of the Interior of 29 May 1931 to the Director of the Department of Municipalities.

the falsification of votes. This can be evaluated in two ways: 1) as a necessary defence of the ethnic group (for example, the Jews protested against putting residents of the Lithuanian suburbs of Alytus on the election lists);[19] 2) as a competitive self-expression.

In the 1931 elections, the Jews received 35.9 percent of the votes in the primary towns and 38.9 percent of the votes in the secondary towns. According to the 1930 prediction, they should have obtained 31.02 percent and 38.9 percent, respectively; however, more votes were cast than expected.

In the elections held in 1934, the Jews received 27.56 percent of the total number of votes in the primary towns and 31.45 percent in the secondary towns. There are two possible explanations for this decrease: Jews realized that the centralization of local self-government that was becoming firmly established prevented them from properly defending their interests – which most likely led to their more passive and reduced turnout in the elections. The loss of votes might also have been influenced by the increased mobilization of the Lithuanian electorate, a factor absent in the earlier elections. This tendency led to a reduction in the number of the elected candidates not only of Jewish ones but also ones of other ethnic groups (see table 4).

Table 4: Results of the elections to municipal councils in 1931 and 1934.

	Lithuanians (%)		Jews (%)		Poles (%)		Germans (%)		Russians (%)	
	1931	1934	1931	1934	1931	1934	1931	1934	1931	1934
Primary level towns	54.59	65.39	35.9	27.56	7.05	6.41	1.28	0.64	1.28	–
Secondary level towns	55.71	64.79	38.1	31.45	1.43	0.94	4.29	2.82	0.47	–

Source: LCSA, fund 379, inv. 1, file 119, 17, Kriminalinės policijos Žinios [News of the Criminal Police], no. 121; Savivaldybių rinkimai pasibaigė, Savivaldybė [Municipal Elections are Over, Municipality], 1934, no. 11, 21.

Despite a general decrease in the number of the Jews elected to the councils in 1934, in some towns the same number of elected Jews remained stable (in Biržai, Jonava, Joniškis, Kybartai, Rokiškis, Šakiai, Šeduva). However, the decrease was palpable: Fifty-six Jews in ten primary towns and eighty Jews in twenty-one secondary towns were elected in 1931, a total of 136; in 1934, this figure stood at fourty-three and sixty-seven, respectively, a total of 110 and a drop of some 20 percent. In some towns, the number of Jews elected

19 Ibid., 1, Report of the Director of the Criminal Police of the Ministry of the Interior of 13 May 1931 to the Director of the Department of Municipalities.

even increased slightly (such as in Kretinga and Palanga, where the number of Jewish councilmen increased by one each).

In the period from 1934 to 1940, with tendencies toward centralization of local self-government strengthening, the independence of local self-governments decreased and the power of council members weakened.[20] This affected actions by the Jewish faction. The ever more narrow space of political self-expression constricted them as well.[21] During the period under discussion council members' actions can be described as "the regime on duty." Still, counter-proposals were offered, and sometimes decisions of the political majority were opposed.

In the period 1918 to 1940, the elite of the bloc of the Jewish councilmen (S. Volfas, J. Roginskis in Kaunas, M. Petuchauskas in Šiauliai, V. Kličmanas, H. Landau in Panevėžys, and B. Goldbergas in Ukmergė) formed and earned great trust within the Jewish community. This tendency was not exceptional in Lithuania, as it was characteristic of other ethnic communities, too.

Projections of the Presentation of the Jews in Municipal Councils: Models of Group Behavior

Let us now look at certain types of behavior and tendencies of Jewish political activity in self-governments. These focus mainly on strategies pursued to serve the interests of the Jewish population. Of course, Jewish councilmen also were engaged in matters of common urban or local interests. It is useful to delineate a tentative typology of behavior:

1) Pragmatic and Cooperative

Certain attempts were made by Jewish councilors to find a common denominator with the other representatives during the time of non-typical situations. For example, following the successful elections in 1931, the Jews became actively engaged in the process of distributing the posts in local administrations. The Lithuanians and the Jews unanimously agreed on the candidature of the mayor Juozas Maurukas in the Marijampolė autonomous administra-

20 Liudas Truska, A. Smetonos valdžios politika žydų atžvilgiu (1927–1940) [Politics of the A. Smetona Government towards Jews (1927–1940)], in: Istorija [History] 59–60 (2004), 73.

21 Bernaras Ivanovas, Tautiškumo beieškant Antano Smetonos Lietuvoje. Tautinių mažumų įvaizdžių klausimas [In Search of Nationality in Antanas Smetona Lithuania. The Issue of Images of Ethnic Minorities], Vilnius 2005, 127.

tion, which most probably made it easier to reach consent for the appointment of his deputy, Chaim Rotstein.[22]

Such pragmatic and cooperative behavior was employed in the practical phase of municipal decisions as well. For example, at the meeting of the municipal council of Šiauliai on 2 December 1921, when considering a petition by a citizen named Riazanskis regarding property taken from him for the purposes of the army, Riazanskis complained that "when considering his application, the council chairman regarded him as a Jew."[23] This comment led to categorical protests by the Jewish faction, which, assuring that it had the mandate from all Jewish voters, emphasized that "the council chairman did not make any difference between a Christian and a Jew and considered matters impartially and correctly," and expressed full confidence in him.[24] We may presume that such solidarity on the part of the Jewish faction with the council chairman was not accidental. Rather, the Jewish faction evaluated the possibilities of the town authorities within the context of the difficult material situation and understood that the petition was groundless and had little chance of success. Furthermore, the Jewish councilors might have perceived Riazanskis' request as insignificant.

2) Competitive

It is possible to surmise that competitive behavior was dominant due to the growing tension in politics in general during the 1920s. It was also encouraged by the municipal policy of the Lithuanian representatives of the prevailing ethnic majority that was becoming more aggressive and purposeful. For example, following the 1924 elections to the municipal board of Panevėžys, the Lithuanians who wanted to have three representatives there failed to come to an agreement with the Jews.[25] Due to the coalition formed between the Jews and the Poles, only two Lithuanians were included in the board; apart from them, two Jews and one Pole became members of the board.

The political culture of the members of self-government structures is also related to this type of behavior. The means of physical leaving and returning became more and more common at that time. It used the fact that a certain

22 LCSA, fund 379, inv. 1, file 188, 44, A list of elected and appointed mayors and their assistants of primary and secondary towns.

23 Ibid., fund 379, inv. 2, file 150, 66, Minutes of the Sitting of the Šiauliai Municipal Council Held on 2 December 1921.

24 Ibid.

25 For more information on this agreement, see Sitting of the Council of 23 October 1924, in: Panevėžio balsas [The Voice of Panevėžys], 30 October 1924, 2; Elections of the Presidium and the Board of the Municipal Council, in: ibid., 13 November 1924, 1 f.

quorum was necessary to adopt important decisions. For example, after the Jewish representatives had failed to win one additional seat at the elections to the board of Panevėžys held on 8 September 1919, the entire Jewish faction left the assembly hall. Later, after it was promised to reconsider the issue, the Jewish faction returned to the hall to continue the session. Such explicit obstruction was not common in the practices of self-governance in interwar Lithuania. Competitive behavior by Jewish councilors sometimes caused a competitive reaction on the part of the dominant civil majority by Lithuanian councilors in return. Early in 1923, a proposal by the American Jewish Joint Distribution Committee was discussed, and through mediation of the Jewish People's Bank two plots of land (1.092 hectares each) were allocated to build houses for the Jewish community. The project was approved in the council – however, it was deemed necessary that "for the sake of fairness, a plot of land of the same size must be given to Christian organizations as well."[26]

The competitive attitude of the Jews was probably influenced in individual cases by inter-institutional disagreements as well. For example, the chief of Ukmergė town and district contested the decision of Ukmergė town of 19 December 1928 to allocate 250 litas of a monthly allowance to the town's Jewish hospital, where people of non-Jewish nationality were also treated. Twenty-four members of the council adopted this decision, with two members voting against it (fourteen Christian and twelve Jewish members of the council participated in the sitting), which means that almost all members of the council reached an agreement. On 8 January 1929, the town board appealed to the department of municipalities in the interior ministry with the request to reject the protest following the decision, explaining that accusations claiming the hospital's lack of formal approval because of certain internal disorders were groundless.[27]

3) Routine

This type of behavior was unavoidable because the analysis of the surviving unpublished documents shows that the position of the Jewish representatives was apathetic, as was that of the Lithuanian and other ethnic groups on single issues. People voted, but out of a sense of pervasive inertia. Quite often the agenda of the meetings was too packed, and the spontaneous "clarity" of certain problems was conducive to the manifestation of routine politics. The vision of solving certain municipal affairs was clear in advance, i. e. the mem-

26 For more about it, see LCSA, fund 404, inv. 1, file 112, 50, The Minutes of the Sitting of Panevėžys Municipal Council of 22 January 1923.

27 Ibid., fund 379, inv. 2, file 2081, 39f., Report of Ukmergė Town Board of 8 January 1929 to the Department of Municipalities.

bers of municipal councils, both Jews and non-Jews, had no doubts about the matters at hand. For example, petitions by the Jewish residents M. Brejer, C. Rubinstein, and M. Vilenčikienė to permit building shops near the market were unanimously rejected, also by the Jewish members, by the Šiauliai municipal council on 29 May 1921.[28]

An example of another instance of spontaneous "clarity," a practical crisis handled with efficient response, occurred at the end of 1924, when a typhus epidemic broke out in Kaunas. A municipal council member, Dr. Kocin, a physician, proposed to the municipal council to ask the government to take measures to organize a quarantine in Abeliai, a quarantine station near borderline with Latvia, and in the prison of Kaunas since these places were mentioned as the centers of the disease. The council accepted Dr. Kocin's proposal and appealed to the government immediately.[29]

Tendencies and Directions of the Activity of Jewish Representatives

The characterization of the participation and activities of the Jewish representatives in town self-governments (board and council) indicates several kinds of positions and functions in the sphere of interest representation.

1) Marginal and Episodic

A rather atypical objection of Jewish representatives was the retraction of anti-Jewish measures. It generally formed spontaneously at a current instance of such a measure, and it can thus be described as episodic. For example, at the meeting of the council of the town of Panevėžys held on 8 June 1919, the Jews demanded from other members of the council (and at the same time from the government of Lithuania) a formal apology and an expression of sympathy for wrong done to the Jews in the spring of 1919. As the Lithuanian army liberated cities and towns of the country from the Bolsheviks, a wave of persecution against the Jews swept over many places in the country. The Jews were identified with the Bolsheviks and accused of being behind problems arising during the Bolshevik era. The explanation given by the chief of Panevėžys district to the interior ministry stated that there was no

28 This decision was in accord with the general town plan which prohibited the construction of buildings in that area. LCSA, fund 379, inv. 2, file 150, 4, Minutes of the Sitting of Šiauliai Municipal Council of 29 May 1921.

29 Ibid,. fund 379, inv. 2, file 327, 6, Minutes of the Sitting of Kaunas Municipal Council of 29 December 1921.

compulsion against the Jews in Panevėžys. The majority of the council members maintained a similar opinion and the decision adopted rejected the demands to give a formal apology. On 31 March 1919, the council of the town of Panevėžys considered the petition of F. Gurvičius to give him back 215 pood of salt which the Bolsheviks had confiscated. But the council established that Gurvičius used to buy up salt for the purpose of speculation and rejected his petition.[30] In individual cases, however, property expropriated in this way was returned to its legal owners, the Jews.

2) Occasional

The protocols of self-government show that the Jewish representatives elected to the municipal councils were loyal to the traditions of the Lithuanian society and their maintenance. For example, the Jewish members of self-government enthusiastically welcomed commemorations of the tenth anniversary of the independence of Lithuania in 1928, the celebration on the occasion of the 500th anniversary of the death of Vytautas the Great in 1930, and other events.

3) Constructive and Coordinating

Constructive and coordinating activity was essential and comprised all types of behavior. In essence, it covered three major issues in Jewish political agenda – education, social security and care, and the defense of economic interests.

The analysis of unpublished documents shows both the continuation of defense of interests and the inconsistency of their representation. Many of the problems were not of a temporary nature: their resolution required time and experience, as well as patience on the part of the Jews as members of self-government. The Jews could not directly influence some of the decisions because the latter were related to implementation of the central state policy – for example, the recognition of Lithuanian as national language, though until 1922 attempts were made to establish equal rights for Hebrew in public announcements and street names.[31] Following the adoption of the constitution of the Lithuanian State 1922, in which Lithuanian was clearly estab-

30 Ibid., fund 1264, inv. 2, file 4, 8 f., Minutes of the Sitting of Panevėžys Municipal Council of 31 March 1919.

31 For more information on the issue of the state language, see Pranas Janauskas, Lietuviškasis lūžis. Kalbų varžybos Kauno savivaldybėje 1918–1928 [The Lithuanian Turning Point. Competition of Languages in Kaunas City Municipality, 1918–1928], in: Darbai ir dienos [Works and Days] 34 (2003), 33–47.

lished as the national language in paragraph six, the Jewish council staff sought to strengthen the use of Hebrew in the public sphere. On 31 July 1924, the Kaunas municipal council adopted a resolution to protest against the decision taken by the Kaunas city and district chief banning the use of other languages alongside the Lithuanian language in signboards and advertisements. The protest was initiated by the Jewish faction of the municipal council.[32]

The minutes of the meetings of town self-governments indicate that the issue of regulating the days of rest became an exceptionally urgent problem. The delay to solve this problem or the delay in carrying out the decision increased the gap between the Jews and Catholics in everyday life, since their days of rest differed. This view is supported by the analysis of practice of self-governments in the towns of Šiauliai and Panevėžys.[33]

Municipal practice in Lithuanian towns also shows a productive and rational activity by Jewish factions in defending the public interest. For example, in 1922, when considering the issue of the town theatre at the Kaunas municipal council, the Jewish faction sought to reject taking a loan in order to repair it, since the exchange rate of the US dollar was unfavourable at that time. Finally, it was proposed that the ministry of education should rent the theatre for a ten-year period and thus be obligated to repair it.[34] In 1924, through the efforts of Jewish councilors, an agreement was signed with a company called Auto on the provision of public transport services under more favourable conditions, and the company was also to take the responsibility for repairing the streets.[35] The analysis of structural divisions of self-government indicates that in certain cases, municipal commissions consisted solely of Jewish representatives. For example, in 1924, three representatives, all Jewish, were elected to the Municipal Commission on Collecting Taxes in the town of Ukmergė.[36]

In self-government practice, the Jewish members of self-governments were not always in solidarity with the interests of their community. For example, there was only one bathhouse that belonged to the Jews in Panevėžys, which

32 LCSA, fund 379, inv. 2, file 919, 161, Resolution of the Kaunas Municipal Council of 31 July 1924.

33 For more information, see Jonas Bikuličius, Panevėžio miesto savivaldybės bruožai 1918–1940 [Features of Panevėžys City Municipality in 1918–1940], in: idem, Panevėžys nuo XVI a iki 1990 [Panevėžys from the Sixteenth Century to 1990], Panevėžys 2003, 395–422, here 411 (LCSA, fund 1264, inv. 1, file 12, 3, Report on the Protection from Labour Exploitation).

34 Ibid., fund 379, inv. 2, file 567, 167, Minutes of the Sitting of the Kaunas Municipal Council of 20 June 1922.

35 Ibid., fund 379, inv. 2, file 919, 121, Minutes of the Sitting of the Kaunas Municipal Council of 5 May 1924; Jonas Aničas, Jonas Vileišis, 1872–1942. Gyvenimo ir veiklos bruožai [Jonas Vileišis 1872–1942. Features of Life and Activity], Vilnius 1995, 360.

36 Resolutions of District Councils, in: Savivaldybė [Self-Government], 1–2 (1925), 13.

the members of the council proposed to close down as not complying with the hygienic requirements. However, the autonomous administration did not decide on this because it did not want to leave the inhabitants of the town without a bathing facility, though in 1934,

"at the meeting the members of the municipal council proposed that a new modern bathhouse should be built [...] But it turned out that members of the council, the Jews, who either were not too concerned about the health of the residents or being afraid that a rich source of profit might run dry for the persons of their nationality, voted against building a bathhouse."[37]

The self-government debated the issue of building a new bathhouse several times; however, since the necessary funds were lacking, the matter was always postponed and the proposals that private persons should renovate it went unheard. It was not until 1934 that the decision to build a new bathhouse was adopted.

The Jewish members of self-government coordinated tactics on some issues of the Jewish community rather consistently, in this making use of the disagreements between other factions. For example, in Panevėžys, most obstacles to repair the pavement of streets were caused by the Lithuanians, not the Jews.

The Jews as members of autonomous administration sought to receive a fair proportion of funds for supporting schools and social welfare institutions (in Panevėžys, Šiauliai, and Kaunas). That gave rise to certain disagreements. The Jewish communities were scattered, therefore it was not always possible to receive equal financial assistance for all schools and institutions of social welfare.

An aspiration to obtain a proportional share of financing was an especially sensitive issue in the everyday routine of the municipal activity. Jewish councilors had to provide arguments against the representatives of other ethnic groups who sought to achieve a similar goal. It seemed to the representatives of the small ethnic groups (Poles and Germans) that the Jews as the largest ethnic minority, sought to obtain certain privileges. This was reflected in the discussion about financial assistance for shelters for inhabitants belonging to ethnic minorities held by the Kaunas municipal council on 2 February 1922. During this discussion, complaints were lodged that a proportionally larger financial assistance was being allocated to the Jewish shelter. Jewish councilors had to refute this criticism. They argued that the shelter had a larger number of people to accommodate; besides, maintenance costs were higher due to the Jewish lifestyle (preparing kosher food etc.).[38]

37 Panevėžio balsas, 16 February 1934, 3.

38 LCSA, fund 379, inv. 2, file 567, 25, Minutes of the Sitting of the Kaunas Municipal Council of 2 February 1922.

Conclusion

Participation of Lithuanian Jews in municipal local governments is a remarkable phenomenon of the interwar period. It was only after 1934 – when the councils became Lithuanian – that their influence decreased. It can be hypothesized that the stable quantitative composition of the Jewish councilors, as well as the scope of their activity until 1934, partly compensated the Jewish population for the set-backs in the development of Jewish national autonomy (up to 1925). The models of group behavior of the Jewish councilors examined here were typical behavior in the political sphere, and they were no less common among other groups of councilors. Constructive activity and readiness to cooperation prevailed among the Jewish councilmen. It is feasible that an active reaction by the Jewish representatives in defending community interests was not always properly considered by other groups of councilors. Most probably, an exceptionally active election campaign by the Jews and its successful result, as well as the productive activity of the Jewish representatives in municipal councils, turned paradoxically against them. It encouraged competitiveness among other groups and at times created an unfavorable image of the Jewish councilors.

Marcos Silber

Ambivalent Citizenship – The Construction of Jewish Belonging in Emergent Poland, 1915–1918

As the Second Polish Republic began emerging from 1915, the question arose as to the inclusion or exclusion of the Jews in its power structure. During World War I, the groundwork had been laid for both options, as Jewish citizenship and belonging was constructed as dual. On the one hand, the Jews were included in the Polish political governmental system, acknowledged as equal citizens entitled to participate in the political struggle, and as such to contribute to the common good. On the other hand, they were excluded from the Polish ethno-national community, a position that actually limited their right to participate in defining and shaping the common good. Their exclusion facilitated the founding of the Polish ethnodemocracy and diminished the legal right of the Jews to erode the ethnonational project.

This paper will examine the dual mechanism of inclusion and exclusion and its underlying logic. It will do so by focusing on the election laws and regulations that were drafted during World War I. These laws were instrumental in shaping the Jewish minority in independent Poland as state citizens with equal rights on the one hand, and as "the alien" with interests different from those of the state on the other.

The question of exclusion and inclusion should be studied in two dimensions of governmental practices: one is the realm of macro-practices, such as law and legislation, or the formation of educational or welfare systems. The other is the sphere of micro-practices, such as the individual's experience in educational institutions; care for the individual in health and welfare institutions, as both consumer and facilitator; qualification in professional or economic fields; and experiences involving symbolic violence. This paper focuses on macro-practices in the field of legislation: regulations, decrees and bodies of laws dealing with governmental elections laid down in Congress Poland during World War I. This focus arises from an understanding that such regulations, laws, and decrees rendered the Jewish citizen equal before the law yet simultaneously "alien." Moreover, such laws were important as the key to access the authorities competent to determine the legislation and the law, the normative and the deviant. The electoral laws and rules were the way to determine who would establish the basic principles defining the

JBDI / DIYB • Simon Dubnow Institute Yearbook 10 (2011), 161–183.

natural order, the *nomos*,[1] the essence of the common good, the expression of the legitimate social hierarchy and its reformulation.[2]

Focusing on these practices does not eliminate the need to examine other macro-practices or to conduct a thorough discussion of micro-practices – quite the opposite. However, this discussion will not take place here due to the complexity of an analysis of individual experience in the micro-system for which the scope of this article is too limited.

Municipal Elections and the Institutionalization of the Dynamics of Inclusion and Exclusion

The first sovereign law passed by the Second Polish Republic was the Law for Elections to the Constituent Sejm, of 28 November 1918, seventeen days after the end of the German and Austrian occupation.[3] The purpose of the Sejm Election Law, which was based on election laws passed during the occupation, was to elect a constituent assembly and parliamentary institutions that would draft the Polish constitution. This election law did not suddenly come into existence after the German collapse but was in fact the final stage of a lengthy process of legislation.

The issue of elections to government institutions was raised in 1915, when the German occupation authorities attempted to set up municipal councils in the cities of Congress Poland.[4] These authorities sought electoral rules modeled after the Prussian three-class franchise and divided a city's inhabitants into six *curiae* according to their socio-economic and professional status. Each *curia* was allocated fifteen representatives on the municipal council. Widespread public discussion of the electoral regulations ensued and was

1 Peter Berger, The Sacred Canopy. Elements of a Sociology of Religion, New York 1967, 23–25; Pierre Bourdieu, Practical Reasons, Stanford, Calif., 1998, 52–58, and 66.

2 Pierre Bourdieu, The Force of Law. Toward a Sociology of the Juridical Field, in: Hastings Law Journal 38 (1986), 814–853.

3 Juliusz Bardach/Bogusław Leśnodorski/Michał Pietrzak, Historia Państwa i prawa polskiego [History of the Polish State and Law], Warsaw 1987, 416f.

4 Paul Roth, Die politische Entwicklung in Kongreßpolen während der deutschen Okkupation, Leipzig 1919, 35f.; Czesław Kozłowski, Działalność polityczna koła międzypartyjnego w latach 1915–1918 [Political Activity of the Inter-Party Circle in 1915–1918], Warsaw 1967, 97–99; Piotr Wróbel, The First World War. The Twilight of Jewish Warsaw, in: Władysław Bartoszewski/Antony Polonsky (eds.), The Jews in Warsaw. A History, Oxford 1991, 278–290, here 284; idem, Przed odzyskaniem niepodległości [Before the Recovering of the Independence], in: Jerzy Tomaszewski (ed.), Najnowsze dzieje Żydów w Polsce, w zarysie (do 1950 roku) [Outlines of the Recent History of the Jews in Poland (until 1950)], Warsaw 1993, 13–142, here 128; Wahl einer autonomen Stadtverwaltung in Warschau, in: Neue Freie Presse, 3 April 1916.

joined by leading figures of the main Polish political camps in Congress Poland, including the Jewish integrationist camp. Regarding the Warsaw municipal council, the general understanding among the Polish parties was that a considerable Jewish presence on it should be prevented in order to create an overwhelming representation of Polish national demands. Yet some opposed an extensive limitation of the number of Jewish councilors, especially because of Poland's image in foreign public opinion.[5] Konrad Zieliński is largely right in asserting that without the German occupation, the Jewish representation on the city council would have been even smaller.[6] A thorough examination of the electoral regulation shows that the mode of dividing the local population into *curiae* was indeed intended to prevent the representation of the Jews on the city council according to their percentage of the city's population.[7] The debate on this regulation reveals the beginnings of the dual dynamics: it allowed representation of the Jews as part of the corpus of inhabitants, but their potential political weight was reduced. Although the architects of the electoral regulations sought to prevent the fair representation of Jews on the municipal councils, they did not deny the Jews the franchise; they merely sought ways to curtail their representation.

Wolfgang von Kries, President of the German Civil Administration in the German-occupied area, described the duality behind the regulation: "In the electoral regulations all the political and economic forces of the city were promised influence […]. Simultaneously just representation of the Jewish population was given […] although without harming the Polish character of the representatives of the capital city."[8] Without discussing the actual justice or injustice of such a step, the phrase "just representation" signified preservation of the "Polish character" of the city by reducing the Jewish representation on the elected forum. A few months later, von Kries reported to his superiors that "[t]he most problematic issue in connection with the election regulations was the Jewish question, since the Jews constitute an absolute

5 Konrad Zieliński, Stosunki polsko-żydowskie w Królestwie Polskim w czasie I wojny światowej (na przykładzie działalności rad miejskich) [Polish Jewish Relations in the Kingdom of Poland during World War I (as Exemplified by the Activity of the Town Councils)], in: Kwartalnik Historii Żydów [Jewish History Quarterly] 206 (2003), 164–194, here 169–171; idem, Stosunki polsko-żydowskie na Ziemiach Królestwa Polskiego w czasie pierwszej wojny światowej [Polish-Jewish Relations in the Lands of the Kingdom of Poland during World War I], Lublin 2005, 265 f.

6 Ibid., 290.

7 Ibid., 261.

8 Archiwum Glówny Akt Dawnych [Main Archive of Old Documents], Warsaw (henceforth AGAD), Szef administracji przy generalnym gubernatorze warszawskim [Administration Head of the Warsaw General Government], 6, Vierteljahresbericht der Zivilverwaltung für Russisch-Polen für die Zeit vom 1. April 1916 bis zum 30. Juni 1916.

majority in the small and medium-sized towns." He added: "A Jewish majority on the municipal councils is undesirable."[9]

Discussing such double dynamics, this article focuses foremost on the elections to the Warsaw city council for several reasons: first, the Warsaw elections clearly demonstrate this dual mechanism of inclusion and exclusion; second, the election model used in Warsaw spread throughout the country; third, the Warsaw elections later influenced the composition of the Constituent Sejm.

After the announcement of the election regulations and the start of the election process, the main political circles prepared themselves for the elections. Although the *curiae* did not comprise national but socio-economic groups, Warsaw's population (especially the non-proletarian) was rather divided according to ethno-national belonging, i. e. Polish or Jewish. The Polish population became organized in two committees. One of these, the central electoral committee (Centralny Komitet Wyborczy), centered around the National Democracy movement *(endecja)*. The anti-Jewish attitudes of its leaders, their harsh rhetoric, and their general alignment are well known, so that no description of them is required here.[10] The other committee, the central democratic electoral committee (Centralny Demokratyczny Komitet Wyborczy), consisted of a hard core of conservatives, populists, and progressives, and declared that it did not distinguish Catholic Poles from non-Catholic ones. This was sufficient for Warsaw's Jewish integrationist elite to declare their support for them.[11] However, this committee also had members who held anti-Semitic opinions, such as members of Zjednoczenie (Unification), an ephemeral organization of small retailers and manufacturers, who expressed their wish to expel the Jews from their position in Warsaw's economy and society.[12] Moreover, attacks on potential Jewish candidates of the integrationist camp made their incorporation in this committee more difficult.[13] The deep and intensive ethnification of the population prevented any

9 AGAD, Szef administracji przy generalnym gubernatorze warszawskim, 9, Halbjahresbericht der Zivilverwaltung für Russisch-Polen für die Zeit vom 1. Oktober 1916 bis zum 31. März 1917.

10 For instance, he declared in the middle of June that "the municipal council should be Polish, not only according to its name or language, but first of all in its spirit, its aspirations, its natural national instinct." Varsha. Inyeney bechirot [Warsaw. Issues Related to the Elections], in: Hatsfira, 14 June 1916. On the pamphlets and articles published by the *endecja* see ibid., 18 June 1916; 20 June 1916; 26 June 1916.

11 Ha-vaad ha-yehudi [The Jewish National Council], in: ibid., 18 June 1916; see the committee's declaration: Varsha. Inyeney bechirot, in: ibid., 15 June 1916.

12 Ha-bekhirot el moetzet ha-ir [The Elections to the Town Council], in: ibid., 11 June 1916.

13 Bay di asimilatorn [Among the Assimilationists], in: Varshaver Togblat, 22 June 1916. See also Frank Golczewski, Polnisch-jüdische Beziehungen 1882–1922. Eine Studie zur Geschichte des Antisemitismus in Osteuropa, Wiesbaden 1981, 158–160.

possibility of establishing an alternative committee uniting Jews and non-Jews in a single electoral list.[14] Most political groups in the Jewish public emphasized the need for direct and reliable representation on the future council. After a discussion and negotiation among representatives of various Jewish political streams (mainly orthodox, Zionist, neo-assimilationist), the Jews formed the United Jewish Electoral Committee (Fareynikte yidishe vahl komitet).[15]

Simultaneously, a comprehensive debate emerged among various Polish political circles concerning the political significance of these elections. The non-proletarian parties saw the Warsaw municipal council as a smaller version of the state parliament.[16] Beyond the council's regular municipal functions, they wished to raise the burning issues of the Polish national movement, particularly Poland's independence, for debate. The feeling was growing in political circles that municipal elections should be bypassed; instead, all circles desiring representation on the council should distribute the places among themselves, without consulting the electorate. In that way the United Electoral Committee of All Polish Parties (Koło Wszechpartyjne, also known as Delegacja Międzypartyjna Stronnictw) was established. The committee proposed that no elections be held in four of the six *curiae*; instead, the seats would be divided according to a compromise settlement among all the parties composing the so-called United Committee.[17] The "activist"[18] circles believed that the purpose of this ploy was to show the German occupier

14 According to the author of *Bay di asimilatorn*.

15 Chaya Meller, Mifleget ha-Folkistim (Folks Partey) be-Polin 1915–1939 [The Folkist Party in Poland 1915–1939] (unpublished PhD thesis, Bar-Ilan University, 2004), 76–78; Keith Weiser, The Politics of Yiddish, Noyekh Prilutski and the Folkspartey in Poland 1900–1926 (unpublished PhD thesis, Columbia University, 2001), 223 f.; Zieliński, Stosunki polsko-żydowskie na Ziemiach Królestwa Polskiego w czasie pierwszej wojny światowej, 267.

16 Stanislas Kutrzeba, La Question Polonaise pendant la Guerra Mondiale, in: Marcel Handelsman, La Pologne, sa vie économique et sociale pendant la Guerre, Paris 1933, 3–132 here 85 f.; Marcel Handelsman, Les efforts de la Pologne pour la reconstruction d'un état indépendant, in: ibid., 133–274, here 150 f.; Roth, Die politische Entwicklung in Kongreßpolen während der deutschen Okkupation, 35–38.

17 The United Committee was comprised of the four *curiae* of the wealthier population. It was agreed that in two *curiae* the elections would take place: in the *curia* of the *intelligentsia*, where the elections were especially complicated, and in the general *curia*, that of all the remaining city's inhabitants with right to vote. The latter was the largest of the *curiae*. The number of votes a representative needed to be elected differed in each *curia*. For instance, in the first *curia* it was only 350 votes and in the second less than 100, in the fourth it was around 1,000 and in the sixth more than 2,200. On this topic see Vifl shtimen darf a ratman [How many Votes are Needed for a Representative], in: Varshaver Togblat, 2 July 1916; Ofitsiele Protokol fun di valn [Official Protocol of the Elections], in: ibid., 17 July 1916.

18 The "activists" were the Polish parties and political groups that cooperated with the occupation powers, in contrast to the "passivists," who opposed any cooperation.

that the population was united in its main demand: Poland's liberty from the yoke of occupation.[19]

The election law allowed the Jewish residents of Warsaw to vote, so the Polish political parties had to negotiate with the Jewish representatives to win them over for the Polish consensus. Without their cooperation, the elections would adhere to the German electoral regulation.[20] In the course of these negotiations the Polish political leadership in Warsaw informed the Jewish representatives there that, since the city council represented "Polish" interests as a whole, the number of Jewish representatives on the joint list could not reflect the true proportion of Jews in the city (about 40 percent at that time[21]) but rather their proportion in the country's total population (about 14 percent). It was agreed that in four of the six *curiae* fifteen Jewish representatives would be included on the list of sixty representatives: the Jews would be represented by far fewer councilors than their percentage of the inhabitants would suggest.

The inclusion of Jewish representatives in a common list, where Jews were obliged to concede their expected share of the council, was a worthwhile deal for all non-Jewish political groups. The *endecja* and their supporters anticipated that, without that concession, they would represent a minority in the city council. With the concession they hoped to prevent a repeat of the humiliation, from their point of view, of 1912 in the elections to the Fourth Duma, when they failed in the elections in Warsaw.[22] Liberal circles also hoped to win part of the booty the Jewish committee would have to forgo.

19 Janusz Pajewski, Odbudowa państwa polskiego 1914–1918 [The Rebuilding of the Polish State 1914–1918], Warsaw 1985, 107.

20 Roth, Die politische Entwicklung in Kongreßpolen während der deutschen Okkupation, 36; Kozłowski, Działalność polityczna koła międzypartyjnego w latach 1915–1918, 99–102; Varsha. Inyeney bechirot, in: Hatsfira, 28 June 1916.

21 According to the census of January 1917, Jews made up 41.01% of the city's population. Bogusława Małgorzata Bulska, Statystyczny obraz miasta stołecznego Warszawy w początkach Niepodległości [The Statistical Picture of the Capital City of Warsaw during the Early Times of Independence], in: Marian Marek Drozdowski/Hanna Szwankowska (eds.), Warszawa w pierwszych latach Niepodległości [Warsaw in the Early Years of Independence], Warsaw 1998, 173–192, here 183.

22 See the article Moskva vegn shtot rat [Moscow on the Town Council], in: Varshaver Togblat, 14 August 1916. The elections of 1912 had been the first instance when the Jewish voters had a potential majority. However, they were not acknowledged as legitimate partners entitled to elect their representatives. The position of most the city's Jewish political groups was not to elect a Jewish representative but to elect "a Christian Pole who supports the principle of equal rights." The *endecja* did not accept other representatives than the recalcitrant anti-Semitic Roman Dmowski, leading to the famous anti-Jewish Boycott. The elections were a critical break in the history of inter-ethnic relations in Warsaw. Stephen Corrsin, Polish Jewish Relations before the First World War. The Case of the State Duma Elections in Warsaw, in: Gal-Ed 11 (1989), 31–54; Theodore R. Weeks, Nationality and Municipality. Reforming City Government in the Kingdom of Poland, 1904–1915, in:

As for the Jews, most members of the Jewish committee accepted the compromise that would deny them the power they would have won despite the discriminatory regulations, had the elections proceeded in the prescribed way. The reasons were manifold: some of the Jews accepted it due to the view that the compromise concluded with all the parties was an expression of solidarity between the Polish and Jewish public, a fact that would improve the relations between the two major ethnic groups in the city, without completely abandoning the notion of representation. Others claimed that such representation, though limited, would facilitate defense against discrimination and rising anti-Semitism.[23] Such attitudes resulted from genuine identification with the national Polish struggle and/or fear that a militant attitude would heighten ethnic tension, as had already happened in the 1912 elections to the Fourth Duma.[24] The compromise was even interpreted as recognition of the Jews as legitimate political partners, entitled to represent and defend their interests, according to their understanding.[25] In the eyes of its public Jewish supporters, such a compromise signaled that Jewish interests were being taken into consideration and that the need to halt anti-Jewish incitement was being acknowledged.[26]

Journalistic and political writing supporting the compromise assigned no great importance to the loss (the reduced number of Jewish representatives), given the anticipated profit: acknowledgment of the Jews as legitimate partners in local affairs and power relations. Furthermore, insisting on realizing their electoral potential might not produce the desired political fruits in due time:

"Well, let's assume that the Jews get twenty-five seats. On the council there will be ninety representatives and the Jews will nevertheless remain a minority. They will not be able to do anything independently. In the debate over one or two more seats, unification with the Poles would be prevented; and the Jews would join the council as opponents, as an enemy. Any proposition for the benefit of our interests would face the harshest opposition by the majority of the Polish representatives. That way, we would not be able to pass [any resolution]. Isn't it better for the sake of our interests to give up on

Russian History 21 (1994), 23–47; Stephen Corrsin, The Jews, the Left, and the State Duma Elections in Warsaw in 1912. Selected Sources, in: Polin 9 (1996), 45–54; Robert Blobaum, The Politics of Anti-Semitism in fin-de-siècle Warsaw, in: Journal of Modern History 73 (2001), no. 2, 275–306.

23 Ba-itonut ha-polanim, hitachdut ha-bocharim [In the Polish Press, the Union of Voters], in: Hatsfira, 3 July 1916.

24 Mieczysław Sobczak, Stosunek Narodowej Demokracji do kwestii żydowskiej w latach 1914–1919 [The Attitude of the National Democracy to the Jewish Question in 1914–1919], Wrocław 2008, 79.

25 El Yehudey Varsha! [To the Jews of Warsaw!], in: Hatsfira, 4 July 1916.

26 Ha-mafridim [The Dividers], in: ibid.; Di poylishe prese vegn der vahl kampanie [The Polish Press on the Electoral Campaign], in: Haynt, 2 July 1916.

some seats but enter the city council as partners, as friends, under unity and the flag of peace, when one side wants to go towards the other in order to maintain peace also in the future?"[27]

Not all the Jewish leadership accepted this rationale. Different groups, especially those organized around Noyekh Prilutski (1882–1941), saw in such inclusion a compromise too far-reaching and a concession too large.[28] However, they neither undid the compromise, nor did they present a list in the *curiae* where the compromise was reached, nor force elections to be held there. They presented their candidates only in the sixth *curia*, where elections were scheduled, and won an outstanding result there, expressing the Jewish electorate's approval with Prilutski's militant claim.[29]

The result was that of the ninety representatives of the Warsaw municipal council, nineteen (21 percent) were Jewish, while they comprised, as mentioned, around 40 percent of the city's population. From the Warsaw Jews' point of view the concession was enormous. They had forfeited half of their representation rights in this supremely important local political institution.[30]

27 Vifl mandatn far yidn? [How many Representatives for the Jews?], in: ibid., 12 July 1916. The article *Le-achar ha-chatimah* (After the Signing) in Warsaw's Hebrew daily *Hatsfira* on 6 July 1916 reported high hopes of equal inclusion: "Do we Jews have to reject a compromise, even if we were given only fifteen seats? Isn't the profit of the general union much greater than the loss of the seats? […] Had we not united with the Polish organizations there would be two camps in the city council: one camp […] elected by the majority of the Polish population, and another camp, the elected of the minority, the Jews […]. Now all the voters have united and all the councils are the entire city's elected, since all the city population stands behind them and among them there are no majority representatives and minority representatives."

28 On criticism in the Jewish press about the compromise, see Meller, Mifleget ha-Folkistim (Folks Partey) be-Polin 1915–1939, 78f.; Weiser, The Politics of Yiddish, Noyekh Prilutski and the Folkspartey in Poland 1900–1926, 224–226. Critics were to be found among the Zionists too. The famous Zionist writer Ben Avigdor opposed the compromise vehemently. With other Zionists he joined Prilutski, see Bay di Tsionistn [Among the Zionists], in: Varshaver Togblatt, 5 July 1916; Khaveirim Tsionistn! [Zionists Friends!], in: ibid., 12 July 1916. The Bund, too, was very critical of the compromise: "The slave cannot cast off his shackles," wrote the Bund's weekly *Lebensfragen*. Der Vehler darf blaybn in der heym [The Voter Should Remain in his Home], in: ibid., 7 July 1916.

29 It was concluded that the agreement between the Jews and the Polish political organizations would be valid only as long as the Jews would run with one list only, the one included in the agreement. Should another Jewish list be submitted, and elections became necessary, the signed agreement with the Jews would be considered void. See El Yehudei Varsha!. Since the sixth *curia* was not included in the agreement, the Jews were able to present additional lists there. Indeed, Noyekh Prilutski and his circle, who expressed great objection to the compromise, formed a list that participated in the elections for the sixth *curia*.

30 Various assessments of the Jews' electoral power were made in the Jewish press, and with some logic. The *Varshaver Togblat*, which opposed the agreement, reported evidence from the Polish press estimating that the Jews would return about thirty-seven delegates out of seventy-five (this calculation does not account for the third *curia*, which was in fact closed to the Jews). Hence, the compromise accepted by the Jews minimized the Jewish presence

Nonetheless, the non-proletarian Polish political leadership considered this percentage a major gesture on its part, since it exceeded the percentage of Jewish population in Poland as a whole by 7 percent. Naturally, there was a gain for both sides: the Polish leadership's demand for political independence in the name of the entire population was legitimized by the inclusion of the Jews, while the Jewish political leadership was legitimized as bona fide political partners. Against the bitter memory of the elections to the Fourth Duma three years earlier, this was a refreshing innovation.

But in exchange for their inclusion in the evolving political system, they were forced to accept a limited representation within that system. In short, the Jews traded their right to fair representation for their right to representation at all. This pattern, with both its advantages and disadvantages, set a precedent for the future.

The German occupation regime was satisfied with the deal.[31] Von Kries reported to his superiors that, in view of the agreement between the parties, the Warsaw city council's composition was in general not unexpected. Moreover, the results of the elections to the sixth *curia* were more than satisfying in this view: This *curia* being the only one where proper elections had been carried out, he had feared the number of representatives of "Socialist parties and radical [national] Jews" to be higher. He reported with evident pleasure that the majority of the elected members were members of the Christian Democrats and only the minority was comprised of "Social democrats" and "Jewish national radicals [Folkists]."[32]

in the municipal council and the Jews' strength to defend their own specific interests. See Soides fu Cheider [Secrets from Within], in: Varshaver Togblat, 14 July 1916, which cites *Głos Narodu* (Voice of the Nation). The estimate seems somewhat exaggerated. After all, the Jews constituted approximately 40 percent of the entire population; thirty-seven seats were about 49 percent of the seventy-five delegates. The *Varshaver Togblat* itself estimated the potential of the Jews in the four *curiae* for which the agreement was reached as about twenty-seven seats, see A klorer cheshven [A Clear Examination], in: Varshaver Togblat, 6 July 1916. The Jewish population was apparently more fully registered on the electoral roll than the non-Jewish population, despite the authorities' wish to minimize the number of the Jews voters. Analysis of voters' numbers and national belonging as submitted to the Yiddish daily *Haynt*, which supported the agreement, and acted to minimize the proportion of the Jewish voters so as to blur the compromise, indicates that the compromise was, indeed, big. According to *Haynt*, in the first *curia* 1,861 Jews were registered and 3,871 non-Jews; in the second 477 Jews and 597 non-Jews; in the fourth 9,543 and 6,583 respectively; in the fifth 3,201 Jews and 3,100 non-Jews. Taking into account that fifteen seats were allocated to each *curia* we can determine from the above figures that the Jews could have won twenty-five to twenty-nine delegates in the four *curiae* in question.

31 AGAD, Szef administracji przy generalnym gubernatorze warszawskim, 9, Halbjahresbericht der Zivilverwaltung für Russisch-Polen für die Zeit vom 1. Oktober 1916 bis zum 31. März 1917.

32 Jesse Curtis Kauffman, Sovereignty and the Search for Order in German Occupied Poland, 1915–1918 (unpublished PhD thesis, Stanford University, 2008), 96.

The chorus of voices emanating from Warsaw calling for the materialization of national rights of the Polish nation on Polish soil included in this demand the Jews, who constituted a large part of the city's population, in order to make it effective. This demographic structure was not unique to Warsaw. Throughout Congress Poland the percentage of the Jewish population in the towns was more than a third, often close to half, of the total population. The need to include the Jews in municipal institutions arose in other cities of Congress Poland as well. Likewise, the pattern of Jews being acknowledged as a group deserving representation in return for limited representation recurred in diverse variations.[33] As Konrad Zieliński points out, the Jews won better representation in places where the elections were carried out without an electoral compromise.[34] This fact strengthens our understanding of the importance ascribed by Jewish political circles to the agreement reached with the Polish partners, and testifies to the acceptance of the principle of the limitation of representation in return for recognition of the right to be represented.

On the one hand, the occupation regime willingly accepted the limitations on the representation of the Jews. On the other hand, the same regime was concerned to protect the representation of another ethnic minority, the Germans. It was the second-largest ethnic minority in the Warsaw General Government after the Jews.[35] The most outstanding case in which the German occupation regime protected the representation of the German minority was

33 Zieliński, Stosunki polsko-żydowskie w Królestwie Polskim w czasie I wojny światowej, 173–177; Sobczak, Stosunek Narodowej Demokracji do kwestii żydowskiej w latach 1914–1919, 86f.

34 Idem, Żydzi kieleccy w wyborach do samorządu miejskiego w 1916 roku [The Jews from Kielce in the Elections to the Town Council in 1916], in: Urszula Oettingen (ed.), Z dziejów Kielc w latach 1914–1918 [From the History of Kielce in 1914–1918], Kielce 2004, 83–97, here 91; idem, Żydzi pod okupacją austro-węgierską w wyborach do samorządu miejskiego 1916 roku [Jews under the Austro-Hungarian Occupation in the Elections to the Municipal Administration in 1916], in: Kwartalnik Historyczny [History Quarterly] (2002), no. 1, 61–78, here 74.

35 The northeastern region, with a significant Lithuanian and Belorussian population, was under a separate military administration included in the *Ober Ost* (after the title of the Supreme Commander in the East, *Oberbefehlshaber Ost*), where different practices and political goals obtained, and thus lies outside of the scope of this study. The Chełm region, with a considerable Ukrainian population, was under the Austrian civil administration. There, elections were not held and the Austrian administration appointed municipal councils instead. The Jews were underrepresented there, too. According to the Brest treaty of February 1918 the Chełm region was annexed to the Ukraine. See Jan Lewandowski, Królestwa polskie pod okupacją austryjacką, 1914–1918 [The Kingdom of Poland under the Austrian Occupation 1914–1918], Warsaw 1980, 81f.; Konrad Zieliński, Aktywność polityczna Żydów na Lubelszczyźnie w latach 1914–1918 [Jews' Political Activity in the Lublin Region in 1914–1918], in: Studia Judaica 1 (1998), 221–242, here 241f.; idem, Stosunki polsko-żydowskie na Ziemiach Królestwa Polskiego w czasie pierwszej wojny światowej, 276.

Łódź, a city whose ethnic German component was especially salient (about 10 to 15 percent of the population). The occupation regime acted to sustain the level of this minority's representation. In Łódź no understandings were reached between the different electoral committees (Polish, Jewish, German), so elections were held in all six *curiae*. The German population won eight seats out of sixty, reflecting their proportion in the city's makeup. In this case, the Jews too were accorded proportional representation.[36]

The Electoral Regulation for the Council of State and the Reinforcement of the Dynamics

In December 1916, the German and Austrian occupation forces set up Poland's first governmental political body: the Provisional Council of State (Tymczasowa Rada Stanu), and in September 1917 they established the Council of Regents (Rada Regencyjna).[37] One of its first tasks was to devise the future state's constitutional structure.[38] Clearly, the law establishing the mode of elections to the legislative organ, the Council of State of the Kingdom of Poland (Rada Stanu Królestwa Polskiego), would determine its composition, and indirectly also the members of the constituent assembly who subsequently were to draft the state's constitution. Thus, a clear correlation existed between the election law and the constitution. The former would set the ideological, political, and social boundaries influencing the formulation of the latter.[39]

In the debates of November 1917, the two main political camps in Congress Poland, "activists" and "passivists," with their diverse parties and factions, agreed what they considered "reasonable" Jewish representation on the Council of State: a maximum of five Jewish representatives out of a total of one hundred members (which equates to a third of their percentage of the total population). They even expressed the view that these Jewish representatives should preferably be affiliated with the assimilationist camp.[40] Thus, the

36 Marcos Silber, Ruling Practices and Multiple Cultures. Jews, Poles, and Germans in Łódź during WWI, in: Jahrbuch des Simon-Dubnow-Instituts/Simon Dubnow Institute Yearbook 5 (2006), 189–208, here 199–201.

37 Bardach/Leśnodorski/Pietrzak, Historia Państwa i prawa polskiego, 408 f.; Włodzimierz Suleja, Tymczasowa Rada Stanu [The Provisional Council of State], Warsaw 1998.

38 Suleja, Tymczasowa Rada Stanu, 218.

39 See, for example, Kozłowski, Działalność polityczna koła międzypartyjnego w latach 1915–1918, 224.

40 Di frage vegn melukhe rat [The Question of a Council of State], in: Haynt, 22 November 1917.

election law, under the guise of democracy and equality, discriminated against Jewish representation both quantitatively (by limiting the number of representatives) and qualitatively (by disapproving of representatives with a Jewish national consciousness). This consensus naturally triggered much discontent in the Jewish street, as reflected in the contemporary Jewish press, especially in the popular Yiddish press.[41]

The Jewish press demanded proportional (in contrast to majoritarian) and national-scale elections, encompassing the whole territory without dividing it into electoral districts. Only that kind of elections would guarantee the fair representation of Jewish votes dispersed across Polish territory. The division of the state in electoral districts would keep the number of Jewish representatives down to a minimum. Also, cutting the territory into districts could result in Jewish lists not reaching the threshold vote, endangering the subsequent representation. Clearly, the division of Poland into electoral districts would harm Jewish representation in state politics.[42]

The election law was processed by the Polish authorities together with the occupation authorities and enacted on 4 February 1918.[43] The law determined that half of the council's 110 representatives be appointed, and half elected.[44] Thus, fifty-five representatives would be elected indirectly by local or regional councils, according to their geographic and socio-economic district, out of their own members. The elected Warsaw city council, for example, elected six of its own members as deputies on the Council of State, Łódź three; the remainder came from the other city and district councils.[45] The extremely

41 Di yidishe politik in Poyln (tsu di entshteung fun der Poylisher regirung) [The Jewish Politics in Poland until the Constitution of a Polish Government], in: ibid., 7 December 1917; Proportsionale vahlen un natsionale kuries [Proportional Elections and National Curiae], in: Dos Folk, 8 March 1918.

42 See, for instance, Di yidishe politik in Poyln (tsu di entshteung fun der Poylisher regirung); Proportsionale vahlen un natsionale kuries.

43 According to the daily press, the law was almost completed in December 1917. A few changes were made in the text in January and the first days of February. See Der melukhe rat [The National Council], in: Haynt, 7 December 1917; 16 January 1918; 27 January 1918; Der Vahl gezets farn Poylishn sejm [The Electoral Law to the Polish Sejm], in: ibid., 28 January 1918.

44 The fifty-five nominated representatives were divided into two categories: twelve were intellectual and spiritual personalities (six Catholic bishops, two evangelical representatives, and the Chief Rabbi of Warsaw, the rectors of the University and Politechnicum, the President of the Supreme Court); the remaining forty-three representatives were to be nominated by the Council of Regents.

45 The Warsaw General Government (the region occupied by the Germans) was divided into eight districts, each of which was to choose three delegates, which resulted in a total of twenty-four delegates. The Lublin General Government (the region occupied by the Austrians) was divided into six districts, each of which was to choose three delegates, which resulted in a total of eighteen delegates. Stanislas Filasiewicz, La Question Polonaise pendant la Guerre Mondiale. Recueil des actes diplomatiques, traités et documents concernant la Pologne, Paris 1920, 342–346.

complex method was hardly democratic, even by the standards of those times. In practice, only Jewish members of the Warsaw or Łódź councils could be elected to the Council of State,[46] and then only with great difficulty as Jewish representation was far below their proportion in the city's population (as shown above). Thus, the complexity of the election process was yet another obstacle to fair representation of Jews on the national level. The architects of the election law estimated that the number of representatives with autonomist demands would be negligible. No wonder then that in the wake of this highly undemocratic law, a sense of unease spread in the Jewish street,[47] but also among Polish democratic and progressive parties and factions – the Socialists and some members of the "passivist" camp with democratic tendencies boycotted the elections.[48]

Based on the proportion of Jews in the country, sixteen of the 120 representatives of the new institution, the Council of State of the Kingdom of Poland, should have been Jewish, whereas in reality only eight were.[49] Of those eight, three were elected and five appointed. The elected members were Adolf Weissblat (1855/1860–1942?) from Warsaw, a mild assimilationist, Jerzy (Uriah) Rosenblatt (1872–1938), a Zionist, elected by the Jewish members of the Łódź city council,[50] and Noyekh Prilutski (1882–1941), leader of the manifestly autonomist Folkist party. While no one was surprised by the election of the first two, Prilutski's election was surprising, to say the least. It was possible only on account of realignments following the boycotting of elections by democratic parties and institutions of the Warsaw city council.[51] The Polish political leadership in Warsaw reported the election results to Berlin as follows: "Elections to the Council of State were held with anticipated results, except for the surprising elections of a nationalist Jew [ein nationalis-

46 See the estimates sent from Warsaw to Berlin, for instance, in the Central Zionist Archive in Jerusalem (henceforth CZA), Z3/172, letter dated 26 March 1918, signed "J. G." See also Tsu di gmine Vahln [The Election to the Jewish Community], in: Haynt, 10 April 1918.

47 Zieliński, Stosunki polsko-żydowskie na Ziemiach Królestwa Polskiego w czasie pierwszej wojny światowej, 322.

48 Henryk Jabłoński, Polityka polskiej partii socjalistycznej w czasie wojny 1914–1918r. [The Politics of the Polish Socialist Party during the War 1914–1918], Warsaw 1958, 447–449; Kozłowski, Działalność polityczna koła międzypartyjnego w latach 1915–1918, 225–227.

49 On the number of Jewish members of the Council of State, see Isaac Lewin, A History of Polish Jewry during the Revival of Poland. The Political History of Polish Jewry, 1918–1919, New York 1990, 17–20.

50 A controversy arose among the Zionists over whom of them should represent the party in the Council. Warsaw's Zionists proposed H. Farbstein. In the end, he was chosen as Rosenblatt's deputy. CZA, L6/108, "Staatsratwahlen;" CZA, Z3/163, Berger to Hantke, 8 July 1918.

51 Jüdische Chronik. Polen, in: Neue Jüdische Monatshefte, 25 July to 25 August 1918.

tischer Jude] in Warsaw."[52] Presumably, the Polish authorities had never intended a fair representation of nationalist Jews, but sought a way to undermine it. Interestingly, the election of Rosenblatt, the Zionist from Łódź, was not unexpected. It was anticipated in light of the composition of the Łódź city council.[53]

The five appointees reflected the Jewish political streams considered reasonable to be included in such a Polish parliamentary institution: assimilationist and Orthodox.[54] But their number, five out of fifty-five, did not reflect the Jewish proportion in the population, which should have yielded six to eight representatives. The appointees were Józef Natanson (1855–1929), a banker, scion of the well-known Natanson family, and Bolesław Eiger (1868–1929), also a wealthy member of the radical assimilated elite. Three more were members of the Orthodox camp: Joel Wegmeister (1837–1919), an important figure in the Aguda party, was appointed by the German authorities, Moyshe Pfeffer (1855–1919), an Orthodox leader from Kielce, was appointed by the Austrian authorities, and Rabbi Abraham Perelmuter (1843–1930) was appointed ex officio, being the senior member of the Warsaw rabbinate. He was highly appreciated in the Polish national camp because of his firm support for Polish independence and his condemnation of any questioning of the political seniority of the ethno-national Polish population.[55] Again, as in Warsaw, the Jews won the right of representation in exchange for limitations on the number of representatives and the acceptance of ideological streams.

In return for any kind of representation on the Council, the Jews had to compromise the very notion of participating in deciding its agenda. For

52 Politisches Archiv des Auswärtigen Amtes, Berlin (henceforth AA), Wk 20c, vol. 23, Aufzeichnung, 17 April 18.

53 On the circumstances that made the election of Rosenblatt possible and on the singularity of the Łódź case, see Silber, Ruling Practices and Multiple Cultures. Jews, Poles, and Germans in Łódź during WWI, 189–208.

54 Zieliński, Stosunki polsko-żydowskie na Ziemiach Królestwa Polskiego w czasie pierwszej wojny światowej, 322; Frank M. Schuster, Zwischen allen Fronten, Osteuropäische Juden während des Ersten Weltkrieges (1914–1918), Köln 2004, 408 f.

55 Di forshteher fun Folks partei in Melukhe rat [The Representatives of the Folkist Party in the Council of State], in: Dos Folk, 12 April 1918; Vifl yidn veln zain in Melukhe rat [How many Jews will be in the Council of State], in: Moment, 1 February 1918; Biografies fun di drai gevelte mitglider tsum Melukhe rat [Biographies of the Three Elected Members to the Council of State], in: ibid., 28 April 1918; Szmuel Hirszhorn, Dzieje Żydów w Królestwie Polskim od 1864 do 1918 r. [The History of the Jews in the Kingdom of Poland 1864–1918], in: Ignacy Schiper/Arjeh Tartakower/Aleksander Hafftka (eds.), Żydzi w Polsce Odrodzonej. Działalność społeczna, gospodarcza, oświatowa i kulturalna [Jews in Reborn Poland. Social, Economic, Educational and Cultural Activities], vol. 1, Warsaw 1933, 485–503, here 502. See also Lewin, A History of Polish Jewry during the Revival of Poland, 17–26.

instance, to present a bill or submit parliamentary questions or motions for the agenda, the signature of at least ten council members was required; the Jews numbered eight, and even these were greatly fragmented.[56] Their marginality was especially evident in the general committee of the Council of State. Among its twenty members was only one Jew: Bolesław Eiger.[57] This was the committee entitled to nominate the ninety-two members of the nine other committees. In the first list suggested by the general committee, only one Jew was proposed: Adolf Weissblat. On the one hand, he was marginalized in this committee with twenty-two members;[58] on the other, this was an important committee whose task was to formulate the election law. Noyekh Prilutski, using his lawyer's skills, protested against such exclusionary practice, but he was denied the right to present his protest.[59] A vital concern, stated again and again, especially by Prilutski, Rosenblatt, and many others in the Jewish press, was that a universalistic discourse of equal rights that disregarded ascriptive traits such as ethno-national differences was being exploited to disguise the exclusion of the Jewish minority.

A complementary list was presented a week later and included a few more Jews:[60] Bolesław Eiger was chosen for the treasury and economics committee, Joel Wegmeister for the education committee, and Józef Natanson for the budget committee.[61] This affair, which may seem minor, points to the dynamics of inclusion and exclusion in which the very limited representation of the Jews still enabled them to present their demands insistently. However, the dual dynamics was still present: The Jews were still deprived numerically, since the proportion of Jewish members on the committees was half their proportion on the Council of State, where they were already underrepresented; and they were deprived qualitatively, since the appointed members were mainly from the assimilationist camp, one was a representative of the Orthodox camp; and the national camp was not represented at all.

56 Der regulamen fun di Melukhe rat un di yidn [Rules and Regulations of the Council of State and the Jews], in: Haynt, 24 June 1918.
57 Di efenung fun Melukhe rat [The Opening of the Council of State], in: ibid., 23 June 1918.
58 Di ferte zitsung fun Melukhe rat [The Fourth Session of the Council of State], in: ibid., 5 July 1918; Di finfte zitsung fun Melukhe rat [The Fifth Session of the Council of State], in: ibid., 10 July 1918; Polin [Poland], in: Hatsfira, 11 July 1918; Kozłowski, Działalność polityczna koła międzypartyjnego w latach 1915–1918, 237.
59 Di ferte zitsung fun Melukhe rat.
60 Ibid.; Di finfte zitsung fun Melukhe rat.
61 Ibid.; see also Lewin, A History of Polish Jewry during the Revival of Poland, 27.

Regulations for Election to the Constituent Sejm and the Refinement of the Dynamics

In the Council of State the question of the regulations for election to the Constituent Sejm was debated in the plenum[62] as well as in the Sejm commission.[63] The issue of Jewish representation arose here, too. The two representatives of the Jewish national camp, Noyekh Prilutski and Jerzy (Uriah) Rosenblatt demanded an election law which should include the principles of general, equal, direct, proportional representation and a secret ballot for a single house of representatives. They opposed the evidently preferred model of the majority: a bi-cameral legislature in which the senate would consist of unelected members empowered to overturn decisions taken by the lower, democratically elected house.[64] The Jewish demands were often posted in the national Jewish or socialist press. Insistence on such a parliamentary system was partly on national grounds, but the reasons differed among the Jewish groups. The Folkists, for example, wanted to achieve protection of the minorities by it, while the Bundists saw a democratic system as a chance to improve the lot of the deprived and oppressed social strata. All the parties demanding national autonomy were united in this[65] – yet many voices in the autonomist camp saw this struggle as hopeless.[66]

The press concerned itself extensively with the form of the elections to the constituent assembly, and the Jewish aspect was not absent from the discussion. The Jewish press wholly agreed that to ensure adequate representation of the Jews in the legislature, general, equal, proportional elections were necessary – without the division of the state into electoral districts, and by secret ballot.[67] The *Kurjer Łódzki* (Messenger of Łódź), a pro-German newspaper that often expressed relatively liberal views, favored general, equal elections by secret ballot. But it objected to proportional elections for a simple reason: fear that the Jews would win "too many" seats. Considering the demography of Polish towns and cities, the paper asserted, Jews would obtain a large number of delegates. "It is not about majoritization of national minorities," wrote the paper, alluding to the Jewish national minority, "but about

62 Ibid.

63 Arum dem Melukhe rat. Shtim recht in Sejm [Around the Council of State. The Right to Vote in the Sejm], in: Haynt, 24 July 1818.

64 Di tsveite zitsung fun Melukhe rat [The Second Session of the Council of State], in: ibid., 27 June 1918; Di ferte zitsung fun Melukhe rat; Di finfte zitsung fun Melukhe rat; Lewin, A History of Polish Jewry during the Revival of Poland, 27 f.

65 In politishe Veltl [In a Political Small World], in: Lebensfragen, 5 July 1918.

66 See the article by Schwalbe, in: Haynt, 28 June 1918; see also In politishe Veltl.

67 Proportsionale vahlen un natsionale kuries; Proportsionale vahlen [Proportional Elections], in: Dos Folk, 15 August 1918.

steps intended to prevent the possibility of weakening the Polish character of the first Sejm, which has to constitute the basic laws for a many years to come."[68] It was favored to shape electoral districts so as to block the entry of many representatives of the Jewish minority to the Constituent Sejm. These claims intensified the fear expressed in the Jewish press that the authorities were planning the division of electoral districts in such a manner as to narrow the representation of the Jews.[69]

The issue of the proportion of the Jews in the constituent assembly and the legislature, and who should represent the Jewish population, exercised public opinion. Erich Dombrowski, the Warsaw reporter for the liberal *Berliner Tageblatt*, suggested another strategy: To reduce the proportion of the Jewish national minority, he suggested, citizenship should be granted to anyone declaring himself as belonging to the Polish nation, regardless of religion or origin.[70] He also emphasized that Polish Jews should be granted civilian emancipation but no national rights. A Jew who declared himself as belonging to the Jewish nation, he wrote, would be considered legally an alien or devoid of citizenship. In that way he would not be able to enjoy political rights, and this would terminate the "danger" of acknowledging Jews as a national minority deserving national rights and such claims being raised in the elected institutions.[71]

This idea was interpreted in some of the Polish press as legitimate. *Przegląd Poranny* (Morning Review) and *Przegląd Wieczorny* (Evening Review), which reflected a special combination of conservative and liberal tendencies, even described it as the adoption of the "Zionist idea" (sic!), since, according to the aforementioned dailies, the Zionists saw themselves as alien sons of Poland, hence were not entitled to interfere in its internal matters. They must therefore be deprived of their Polish citizenship. Without identification with the ethno-national Polish nation, the newspapers claimed, there could be no citizenship.[72] In the Jewish press, inside and outside Poland, this attitude to

68 According to Fun di poylishe prese [From the Polish Press], in: Haynt, 15 July 1918.

69 Al ha-perek. Inyeney Polin [On the Agenda. Issues Concerning Poland], in: Hatsfira, 26 September 1918.

70 Erich Dombrowski, Die Judenfrage in Polen. Die Reformpläne der polnischen Regierung, in: Berliner Tageblatt, 7 August 1918.

71 The VJOD (Vereinigung Jüdischer Organisationen Deutschlands) tried to avoid a similar situation in the Rumanian Jewry. Negotiations between the German Foreign Office and the VJOD were about this very issue. N. M. Gelber, The Problem of the Rumanian Jews at the Bucharest Peace Conference, 1918, in: Jewish Social Studies 12 (1950), 223–246; Egmont Zechlin, Die deutsche Politik und die Juden im Ersten Weltkrieg, Göttingen 1969, 238–250; Carol Iancu, Le Combat International pour l'Émancipation des Juifs de Roumanie, Documents et Témoignages, 1913–1919, vol. 1, Tel Aviv 1994, 26–28.

72 According to Zeyere Plener [Their Plans], in: Dos Yidishe Folk, 15 August 1918. See also Polnische Reformpläne, in: Jüdische Rundschau, 30 August 1918.

the Jewish question was attributed to the Polish authorities,[73] and it generated much discontent and fear regarding the Polish government's honesty in its assurances of the future equal status of the Jewish population in independent Poland.[74]

These fears notwithstanding, official policy in Poland rejected the call to withdraw Polish citizenship from anyone defining himself as a member of the Jewish ethno-national group. The *Neue Jüdische Montshefte*, the organ of the German-Jewish committee for the East (Komitee für den Osten), which was deeply involved in the autonomistic efforts, wrote on behalf of the reliable Wolff news agency (Wolffs Telegraphisches Bureau) that in the law suggested by the Polish authorities for the Sejm elections, "all citizens' equal rights [will be respected] regardless of nationality and [national] recognition."[75] By this declaration they sought to ease the tension mounting in various Jewish circles over the inclusion or exclusion of Poland's Jews in the electorate. The proposal referred to a secret ballot in general, direct, proportional, and equal elections. However, in practice the proportional elections were majoritarian because for the national elections, the country was divided into smaller districts with two possible winners.[76] This system favored big parties and was detrimental to Jewish representation due to the scattering and ceaseless fragmentation of the Jewish minority.

The Council of State did not complete its task, namely to formulate electoral regulations. The Council of Regents announced its dissolution early in October 1918. However, this public discussion laid the foundation for the electoral decree of 28 November 1918, whereby the elections of January 1919 to the Constituent Sejm were held, under complete Polish sovereignty.[77]

Ultimately, the ideal western model of universal citizenship was adopted: one that disregarded ascriptive differences such as religion, nationality, and race. The law contained inclusive aspects concerning the Jews. First, it did not explicitly ban them from voting, although there were those who advocated this and discussed mechanisms to prevent mass Jewish participation. The elections were based on the liberal system, i. e. they were general, equal,

73 Zeyere Plener; Poylishe kavones benogeie di yidn [Polish Intentions Regarding the Jews], in: Dos Folk, 28 August 1918.

74 Polnische Reformpläne, in: Jüdische Rundschau, 30 August 1918; Hirszhorn, Dzieje Żydów w Królestwie Polskim od 1864 do 1918 r., 502; Zeyere Plener; Poylishe kavones benogeie di yidn.

75 Jüdische Chronik. Polen.

76 In electoral districts that returned two delegates, the elections were majoritarian if the list that received most votes received double the number of votes than the next list. Otherwise, the two lists receiving the highest numbers would share representation with one delegate each. See the Bund's percipient analysis of such a system and its repercussions for minorities, in: Demokratizm [Democracy], in: Lebensfragen, 26 July 1918.

77 Pajewski, Odbudowa państwa polskiego 1914–1918, 268, and 336.

secret, direct, and proportional. Each vote was equal to the other, irrespective of ethnic, religious or class status, or the voter's national affiliations.[78] As such, the law was a means of bringing the Jewish population under the patronage of the emergent Polish state.

However, the election system also had exclusionary elements for it harmed Jewish representation. First, Jews born outside sovereign Polish territory were not allowed to vote, in contrast to ethnic Poles born outside that territory. Thus the categories of national belonging and place of birth were handled differently and along ethnic lines. Second, the electoral districts were gerrymandered to limit Jewish chances of fair representation. The law was formulated so as to restrict Jewish elected representatives to the Sejm quantitatively and qualitatively.[79] The law legitimizing Jewish representation in that body also excluded them from it, distinguishing desirable representatives (who stood for legitimate state interests) from undesirable ones (who represented so-called "foreign" interests). The latter were forced to accept the game rules as determined by the host society. On the one hand, a Jew was seen as "the essentialist other," incapable of assimilating into the Polish public; on the other, a Jew was viewed as a citizen with rights who, like other citizens, was subject to the state's governance and oversight mechanisms.

The Double Logic of the Dynamics

So did the Polish state seek to include its Jewish citizens in its institutions, or rather to exclude them? If the latter, why were they granted the universal right to elect their own representatives to the Sejm? If the former, why did it discriminate against them in the electoral process? The embryonic Polish state was ambivalent in regard to understanding its Jewish subjects as its citizens. They were included in the state's political and disciplinary institutions, but excluded from the community of ethno-national sentiment. The inclusion mechanism shaped the Jewish population as "one of us" while the exclusion mechanism shaped it as "one of them."

Why did the embryonic Polish state exercise such duality? Why did it construct the Jewish population as equal – but not completely, in Szymon Rudnicki's definition?[80] The importance of ethno-national discourse in the Polish

78 Jüdische Chronik. Polen.

79 Shlomo Netser, Maavak yehudei Polin al zechuyoteihem ha-ezrachiot ve-ha-leumiot 1918–1922 [The Struggle of Polish Jewry for Civil and National Minority Rights, 1918–1922], Tel Aviv 1980, 74–76.

80 Szymon Rudnicki, Równi, ale nie zupełnie [Equals, but not Completely], Warsaw 2008.

state and its various institutions is pivotal for understanding the exclusion of Jews from the public domain and from a broad range of opportunities. The limited inclusion of Jews in the state's elected institutions, especially those ultimately responsible for determining Poland's constitutional structure, was premeditated. From a political perspective, their limitation solved a series of internal problems in the Polish national movement, first and foremost the issue of internal power relations. The exclusion of Jews from state institutions facilitated enlargement of the representation of the major camps in Poland (elements close to the *endecja*, to the peasants' parties, or to the Polska Partia Socjalistyczna – PPS) at the expense of Jewish representation. Second, ideologically speaking, exclusion of Jews made it possible to lay the foundations of Polish ethno-democracy. The exclusion of the autonomist camp enabled the Polish authorities to reject the demands of the dominant Jewish political organizations for recognition of the rights of all minorities, including the Jewish minority, as equal and autochthonous citizens of the Polish state, regardless of religious, ethnic, national or linguistic origin.[81]

However, while focusing on the ethno-national logic behind the exclusionary process, we must not overlook the other side of the coin: the logic behind the inclusionary process. The main rationale for the inclusion of the Jewish minority in the "power base" of the rising Polish state was twofold. First, the consolidation of its power, for inclusion of the Jews would enable the embryonic state to enhance its legitimacy. As we saw above, the municipal election system sought to stress Polish citizens' united demand for an independent Poland before the German or Austrian occupier. For this, the inclusion of the Jews, a significant urban element that could not be ignored, was indispensable. This inclusion contained an element of give-and-take between the state and the Jewish representatives: the Jews were recognized as valid

81 As proposed by the PPS's *Lewica*. See in this respect Yakob Sholem Hertz, Der Bund in Poyln (in di yorn fun der ershter velt milkhome) [The Bund in Poland during the First World War], in: Gregor Aronsohn et al. (eds.), Di Geshikhte fun Bund [The History of the Bund], 5 vols., New York 1960–1981, here vol. 3, 296f., and 303–305; as well see Joshua Zimmerman, Poles, Jews, and the Politics of Nationality, the Bund and the Polish Socialist Party in Late Tsarist Russia, 1892–1914, Madison, Wis., 2004, 267–270. In some circumstances some leaders of the Conservative pro-Austrian wing were, too, inclined to accept. See in this respect Marcos Silber, Gibush ha-havanot bein ha-Vaad leman ha-mizrach lebein ha-vaad ha-leumi ha-elion be-nose otonomia leumit le-yehudei Polin bi-shnat 1915 [The Crystallization of Understandings between the Committee for the East and the NKN on National Autonomy for Polish Jewry in 1915], in: Tzion 72 (2007), 421–456; and idem, "An agreement between Poles and Jews will not be in vain." The Committee for the East and the NKN on National Autonomy for Polish Jewry, in: Jolanta Żyndul (ed.), Parlamentaryzm, Konserwatyzm, Nacjonalizm. Sefer Jowel. Studia ofiarowane Profesorowi Syzmonowi Rudnickiemu [Parliamentarianism, Conservatism, Nationalism. Sefer Jowel. Study by Professor Syzmonowi Rudnickiemu], Warsaw 2009, 178–212.

partners in Poland's elected institutions, albeit deprived of proportional representation. In return, the Jewish minority conferred legitimacy on the national claims and the mechanisms that discriminated their representation by accepting the election law and actively participating in the elections. Consequently, a discourse of universal citizenship served to neutralize the Jews' participation in the civic institutions.

The other rationale was administrative, related to the bureaucratic state's constant preoccupation with the inclusion of all its subjects for the purposes of governance and supervision.[82] By assuming sovereignty over the Jews, the state was able to establish its sovereignty over all Congress Poland, including its urban spaces, the new centers of power being built, and their populations, whether Poles or Jews. The state could treat its Jews as subjects for the purposes of supervision and standardization. It also enabled registration of the Jews by the bureaucratic apparatuses (as potential voters, and, for example, as citizens entitled to an acculturative educational framework). The nascent state thereby neutralized an urban population that might threaten it. With the legitimacy acquired through practices of inclusion, it excluded Jews from state political institutions, limited their opportunities for social mobility, and plunged them into an institutional system of social and political inequality. This motive, too, had an element of give-and-take. In return for the Jewish individual's submission to the new power system, the state recognized him as being entitled to receive services from the state as well as make demands of it – demands as a citizen who was equal (at least on paper) and was therefore entitled to contribute to molding the young state according to his own worldview.

Concluding Remarks

The Polish state-in-the-making was caught in a trap of duality. Ethnonational logic would exclude and isolate the "other," the omnipresent Jew. This logic preserved ethnic distinctiveness, anchoring it to an institutionalized system of social and political inequality, the product of an ethnic hierarchy of essentialist and primordial significance – camouflaged by a universalistic rhetoric of tolerance and equality. On the other hand, the governing

82 Michel Foucault, Governmentality, in: Ideology and Consciousness 6 (1979), 5–21; idem, Technologies of the Self, in: Luther H. Martin/Huck Gutman/Patrick H. Hutton (eds.), Technologies of the Self. A Seminar with Michel Foucault, Amherst, Mass., 1988, 16–49, here 19; Graham Burchell/Colin Gordon/Peter Miller (eds.), The Foucault Effect. Studies in Governmentality, Chicago, Ill., 1991, 1–52, and 87–104. See also Bruce Curtis, The Impossible Discovery, in: Canadian Journal of Sociology 27 (2002), 505–533.

logic sought to include Jews by turning them into a compliant subject who both granted legitimacy to the state and was subject to its supervision, while the same rhetoric was applied. This dichotomous tension emerged in World War I but continued well into the interwar period.

The Jewish minority was trapped in the same duality. The absence of a civil identity and the ethnification of politics and social relations in general turned the Jews into "alien" citizens, members of a group with a distinct ethnic, racial, religious and national identity, and "foreign" interests. But the very process supposed to make Jews legitimate citizens, with rights and duties, enabled the Jewish political leadership to voice their demands forcefully, sometimes in a manner that antagonized their opponents. Their inclusion gave them the freedom to voice their grievances. It fortified their political demands for real, not just formal equality, equality that would restore the Jews to the political frameworks from which they had been excluded. The forcefulness of these demands was made possible only by the inclusion of the Jewish leadership in the parliamentary framework.

The dialectic of inclusion and exclusion denied the Jews access to the political institutions that determined the distribution of public resources and helped fashion the state's image, and limited their social mobility. But through their limited access to the parliamentary institutions, the Jewish leaders realized that a framework of laws and regulations that was democratic in name only, could not guarantee them social equality. On the contrary, blind adherence to a formal egalitarian outlook bred social suppression and discrimination. This dynamics, which began to develop during World War I, exposed the limits of a citizenship model which adhered to a strict principle of equal treatment blind to ascriptive differences. This model was seen as perpetuating oppresion or disadvantage. During World War I, instead of the model of universal citizenship, another model was growing increasingly popular: the model of "differential citizenship" and national rights. However, it was the mechanism of inclusion that enabled the Jews to present their desired model vociferously.

The use of a universalistic discourse to preserve an ethno-national hierarchy, and the use of democratic rhetoric to restrict rights, caused the collapse of the Jewish political leadership embracing integration and universal citizenship, a major, almost hegemonic political segment in the period preceding World War I, and its replacement by another leadership, advocating differential citizenship, whose rise during that war was meteoric. This leadership comprised parties with complex autonomist programs, such as Bundism, Zionsim, and Folkism. The new leaders understood that a mechanistic democracy did not grant true equality to the Jewish population, and they realized that a universal citizenship that did not recognize the ascriptive differences of its various citizens would simply give rise to discrimination against and oppression of Jews, and deny them access to public resources. Noyekh Prilutski, as well as Jerzy (Uriah) Rosenblatt or Izhak Gruenbaum and many others, argued that a citizenship that did not take into account ethnic or national diversity, but spoke in the name of an abstract equality, denied true equality to minorities who did not conform to the abstract image of the "ideal" Pole, namely, an ethnic Pole or any Pole who dared not challenge this image.

In conclusion, a sophisticated dialectic evolved, in which the inclusion of the Jewish minority in state institutions conferred legitimacy on the authorities in urban centers. The inclusion process was a result of the state's need to consolidate its power and its preoccupation with governing and supervising all its populations. This process was achieved through the use of a discourse of equality before the law; this was a universalistic rhetoric of liberty and tolerance serving as a front for the ethno-national motive of anchoring ethnic distinctiveness to an institutional system of social and political inequality. This dialectic led to the bankruptcy of the model of universal citizenship, blind to ascriptive differences, and its replacement by the model of differential citizenship.

Michał Trębacz

"Our Power is Not the Number of Seats:" The Bund's Representatives in the Łódź City Council, 1919–1939

This article attempts to illuminate the influence of the Bund's representatives in Łódź city councils in the years 1919 to 1939 by reconstructing the number of the seats they had in the council and by examining the Bund's tactics in this legislative body, and whether and when they were in opposition or in coalition, and why. Also the article seeks to shed light on the representatives themselves: Who constituted the Bund fraction in the "local parliament" and what was their age, occupation, social background etc.? This could help us in answering the question whether Bundists were well-prepared for the tasks of the local self-government, or if they had to learn how to function in the city council. Moreover, with respect to a few examples, both measurable achievements of the Bundists and their major defeats in the local council of interwar Łódź will be described. In order to better understand the circumstances in which the representatives of the Bund had to work, it is crucial to give some basic information about the city itself and to outline the main problems of its inhabitants.

Industrial Łódź was born in the nineteenth century as a dynamic city which attracted people of various nationalities and denominations, but mostly Poles, Jews, and Germans. Attracted by the quickly developing textile industry, they saw a chance to start a new and better life. From the beginning, "Polish Manchester," as Łódź was called sometimes, was a city of contradictions. There was a small group of wealthy industrials like Karol Scheibler or Izrael Poznański and there was a great mass of poor workers. This was an excellent background for workers parties to become active. From the end of the nineteenth century, they clandestinely began organizing illegal circles which became the seeds of political mass parties – the Polish Socialist Party (Polska Partia Socialistyczna – PPS), the Social Democracy of Polish Kingdom and Lithuania (Socjaldemokracja Królestwa Polskiego i Litwy – SDKPiL) and the Bund. These parties had their moments of glory during the 1905 Russian Revolution, when thousands of workers joined them. But this was just a short episode: After the collapse of the revolution, tsarist authorities started repressions which forced socialists to return to illegal activity.[1]

1 On political life in Łódź before 1918, see Alina Barszczewska-Krupa/Paweł Samuś, Życie polityczno-społeczne [Social and Political Life], in: Ryszard Rosin (ed.), Łódź. Dzieje

The city was blooming thanks to absorptive eastern markets, but this situation ended with the outbreak of World War I. This was the end of prosperity and a beginning of difficult times, marked by unemployment and inflation, that continued well into the interwar period. The sale of textiles to Russia never reached even 50 percent of the pre-1914 level. The new markets in the Balkans and the Baltic states or the Middle East could not compensate that loss. Thousands of people were left with no means for a livelihood. Through the interwar period, the city suffered several slumps, the most truculent ones in 1925 and 1929. Many businesses went bankrupt, even more were barely able to survive, and even the largest companies ran into financial difficulties.

Despite these economic problems, Łódź remained a large industrial center which still developed. One factor fostering growth was that in 1919 Łódź became an administrative centre for the province of Łódź *(województwo)*. Regaining independence also had a positive impact on the development of cultural life and the education system.[2] Interwar Łódź remained a mosaic in cultural, religious, and national respects; and it was the second largest city of Poland. In 1921, it had 452,000 inhabitants, a number that constantly was growing, so that in 1936 it had reached 638,900. In that period, the number of Poles rose from 241,800, i. e. about 53.5 percent, to 355,400, i. e. 55.6 percent of the residents. The number of Jews also grew, from 156,200 to 219,600; thus, they comprised over 30 percent of the city's population in 1936. The third major national group were Germans, whose number in Łódź rose from 49,800 in 1921 to 54,600 in 1936. There were of course other, smaller national and religious groups such as Russians or Mariavites.[3]

The social structure of the city residents varied for every ethnic group. According to the data of the second census from 1931,[4] 79.9 percent of the Poles were workers, nearly 8 percent were independent (self-employed)

miasta [Łódź. The History of the City], vol. 1, Warsaw/Łódź 1980, 358–479; Wolf A. Jasny, Geshikhte fun der yiddisher arbeterbevegung in lodzsh [The History of the Jewish Workers' Movement in Łódź], Łódź 1937; Władysław Lech Karwacki, Łódzka organizacja Polskiej Partii Socjalistycznej-Lewica 1906–1918 [Łódź's Organization of the Polish Socialist Party-Left, 1906–1918], Łódź 1964; idem, Związki zawodowe i stowarzyszenia pracodawców w Łodzi (do 1914 r.) [Trade Unions and Employers' Organizations in Łódź (until 1914)], Łódź 1972; Paweł Samuś, Dzieje SDKPiL w Łodzi 1893–1918 [The History of SDKPiL in Łódź, 1893–1918], Łódź 1984.

2 Wiesław Puś, Warunki i czynniki rozwoju Łodzi (1820–1939) [Conditions and Factors in Łódź's Development (1820–1939)], in: Wiesław Puś/Stanisław Liszewski (eds.), Dzieje Żydów w Łodzi 1820–1939. Wybrane problemy [The History of Jews in Łódź, 1820–1939. Selected Issues], Łódź 1991, 9–29.

3 Julian Janczak, Struktura narodowościowa Łodzi w latach 1820–1939 [Łódź's National Structure, 1820–1939], in: Puś/Liszewski (eds.), Dzieje Żydów w Łodzi, 52 f.

4 The question in the second census (from 1931) was about religion and not nationality, but for purposes of this comparison, the Poles were identified with Catholics and the Germans with Protestants.

workers, about the same percentage were white-collar workers, and only 1.3 percent of the Poles were employers. The social distribution among the Germans was slightly different: 66.3 percent of them were workers, 12.3 percent were independent workers, 13 percent white-collar workers, and 4.7 percent employers. However, the social structure of Łódź's Jews differed strongly, namely in that only 36.5 percent of them were workers and that there were almost as many independent workers – 36.9 percent. Among Jews there was also the highest percentage of employers (7.3 percent) and the percentage of white-collar workers, 11.5 percent, was also considerably high.[5]

The diverse national and social structure of the city's population created a conglomerate which could easily become a source of national, class or religious conflicts. But at the same time, this composition forced the different groups to strive for alliances between ethnicities. This phenomenon could frequently be observed in the city council from the second half of the 1920s, where the Poles were politically fragmented, so that none of the Polish parties could form a long-lasting majority. Therefore, in crucial matters (like passing the budget), Polish parties were forced to look for support from the national minorities. On the other hand, Jewish and German politicians knew that they needed backing from the Polish representatives in order to achieve political aims. Paradoxically, the frequent changes in the city council's political composition led to the creation of durable coalitions which were at times in power, at times in opposition.

Elections to the City Council

During years 1918 to 1939, six elections to the Łódź city council were carried out: in 1919, 1923, 1927, 1934, 1936, and 1938. Each time they sparked increased activity of all political organizations, Polish, Jewish, and German. Even the smallest political groups wanted to organize a meeting with voters, and the big mass parties arranged street rallies and covered the city's walls and fences with their posters. Łódź's political scene was very fragmented, Poles and Jews in particular always put forward several lists of candidates to the city council. This split the local council further and made it more difficult to create a majority fraction.

5 Ludwik Mroczka, Dynamika rozwoju i struktura społeczno-zawodowa głównych grup etnicznych w Łodzi w latach 1918–1939 [The Dynamics of Development and the Social-Occupational Structure of the Main Ethnic Groups in Łódź, 1918–1939], in: Paweł Samuś (ed.), Polacy – Niemcy – Żydzi w Łodzi w XIX–XX w. Sąsiedzi dalecy i bliscy [Poles – Germans – Jews in Łódź in the Nineteenth and Twentieth Century. Close and Distant Neighbors], Łódź 1997, 107–109; Jerzy Tomaszewski, Jews in Łódź in 1931 According to Statistics, in: Polin 6 (1991), 178–184.

The city council is also a good forum to observe the tactics of different political parties, including the Bund. Since the documentation of the work of the local municipal council has been preserved, it is possible to reconstruct the ruling coalitions and the names of the councilors, and also various personal data and information on the political activity of any representative.

The results of the elections to the city council also allow assessing the respective position and strength of political groups in Łódź. For the 1930s, they are the only source since opposition parties boycotted parliamentary elections in 1935 and 1938. The Łódź Bund took part in all the elections which shows that the party appreciated the concept of local self-government. In this forum, the Bund could propagate its political program – and preferably implement it. The Bund got its first experience in the local government during World War I, when Izrael Lichtenstein was a councilman.[6] The election results demonstrate the fluctuation of the Bund's votes – as with the other parties in Łódź, this fluctuation was quite considerable. Table 1 shows the exact number of votes for the Bund and their percentage in all municipality elections.

Table 1: The results for the Bund in elections to the Łódź city council.

Year	Number of votes	Percentage of votes to the Jewish lists	Number of mandates	Number of seats in the municipality (Zarząd Miejski)
1919	8925	25,0	5	– *
1923	8081	20,9	3	–
1927	13992	20,4	5	1
1934	7167	15,7	2	–
1936	23685	47,87	6 **	1
1938	–	57,2	11 ***	2

* The Bund did not take the one seat they were entitled to.
** Five of them were Bundists and one Poale Zionist.
*** Eight of them were Bundists, two Poale Zionist and there was one communist.

Source: Maria Nartonowicz-Kot, Oblicze polityczne samorządu miejskiego w Łodzi w latach 1919–1939 [The Political Shape of the Łódź Municipal Council, 1919–1939], in: Rocznik Łódzki 31 (1982), 101 f., 107 f., 112 f., 117 f., 123 f., and 127 f.

From the very beginning, the party was one of the leading political groups among Łódź's Jews, competing with various Zionist and Orthodox parties. In

6 On Lichtenstein's activity in the city council, see Marcos Silber, Ruling Practices and Multiple Cultures. Jews, Poles, and Germans in Łódź during WW I, in: Jahrbuch des Simon-Dubnow-Instituts/Simon Dubnow Institute Yearbook 5 (2006), 189–208, here 198–208.

the late 1930s, Jewish socialists became the strongest organization among Jews and the third-strongest force in the city. The support voters gave to those lists reveals an interesting interaction. Namely, the election results for the Bundist list mirrors the extent of support of the general electorate for the socialist camp in Łódź as a whole. In other words, the Bund generally achieved good results when Polish socialists won, and when their outcome was poor, this usually also held true for the Bund.

During the 1920s, the Bund's vote results varied: They achieved 25 percent in 1919, 20.9 percent in 1923, and 20.4 percent in 1927 of the votes of Łódź's Jews.[7] Thanks to these results, the Bund had five seats in the first city council, three seats in the second, and again five seats in the third council of 1927. These results established the Bund's status as one of the three strongest Jewish parties, along with the Zionists and Orthodox Aguda; in 1927, the Bund even bettered the other two parties, but the difference was minimal.[8]

In 1934, the Bund got the worst result in its whole history and acquired only 15.7 percent of the votes to Jewish lists – which comprised 4.7 percent of the total number of votes. The Bund thus received only two mandates. However, in 1936, when the Bund and Poale Zion Left put up a list together, they received almost 50 percent of the votes to Jewish lists, i.e. 9.2 percent of all votes, and obtained six seats on the city council. Two years later, the Bund with a support of over 57 percent of the votes for the Jewish lists even won eleven seats.[9] Thus, the Bund was the strongest Jewish party in Łódź in the late 1930s. The Bund was similarly successful in other Polish cities as well, such as Warsaw, Vilna, Lublin, and Białystok. To a large degree, this was the result of the party's activity during the 1930s: the opposition against anti-Semitism on one hand and the creation of a strong network of cultural, youth and women's organizations attracting new supporters on the other.[10]

Łódź's Bundists did not always put up their own list of candidates to the city council. For the elections in 1919, 1923, and 1927, the party put forward its own lists,[11] but during the election campaign in 1927 a new element

7 This is equivalent to 6.5 percent (1919), 4.7 percent (1923), and 7 percent (1927) respectively, of the total number of votes in the city.

8 Nartonowicz-Kot, Oblicze polityczne samorządu miejskiego w Łodzi w latach 1919–1939, 102, 107, and 112; Barbara Wachowska, The Jewish Electorate of Interwar Łódź in the Light of the Local Government Elections, in: Polin 6 (1991), 156–160.

9 Nartonowicz-Kot, Oblicze polityczne samorządu miejskiego w Łodzi w latach 1919–1939, 117, 123, and 127; Wachowska, The Jewish Electorate of Interwar Łódź, 165–167.

10 See Daniel Blatman, The Bund in Poland, 1935–1939, in: Polin 9 (1996), 58–82.

11 Barbara Wachowska, Zarys portretu politycznego elektoratu żydowskiego w Łodzi międzywojennej w świetle parlamentarnych i samorządowych kampanii wyborczych 1919–1938 [The Jewish Electorate of Interwar Łódź in the Light of the Local Government and Parlamentary Elections, 1919–1938], in: Puś/Liszewski (eds.), Dzieje Żydów w Łodzi, 246, and 250.

appeared. Within the socialist camp, the possibility to create a joint list was frequently discussed. It was first the Independent Socialist Labor Party (Niezależna Socjalistyczna Partia Pracy – NSPP) which proposed forming the Socialist Left Bloc (Blok Lewicy Socjalistycznej), to be created by the Bund, Poale Zion Left, Poale Zion Right, NSPP, and the Polish Socialist Party-Left (Polska Partia Socialistyczna-Lewica). But the Bund protested against the inclusion of Poale Zionists and wanted the PPS to join the coalition instead. This standpoint turned out to be a cause for ending the negotiations.[12] As a substitute, the PPS, the Bund, and the German Socialist Labor Party (Deutsche Sozialistische Arbeitspartei Polens – DSAP) agreed not to campaign against one another.[13]

In the 1930s, the local Bund committee created various electoral coalitions, the first in 1934 when a joint list of PPS, the Bund, and DSAP was formed. This election bloc named Socialist Unity and Class Trade Unions (Jedność Socjalistyczna i Klasowe Związki Zawodowe) was a prolongation of the coalition those parties had constituted in the third city council (1927–1933). However, in 1934 workers' parties in Łódź achieved the worst results of the interwar period (7 seats in the city council). This was one of the reasons why such a joint list was never again created.[14] Because of that, Łódź's Bundists had to change their tactics and during the next elections formed a coalition with Poale Zion Left, Jewish trade unions and cultural organizations. In this way, after long negotiations Bund and Poale Zion Left, fierce opponents on the Jewish street, joined their forces.[15] The cooperation was repeated in the elections of 1936 and again in 1938. In the latter campaign, the list also comprised the Jewish communists. While Jewish socialists put up their own list, Polish socialists created a joint bloc with the DSAP and communists in the 1936 and 1938 elections.[16] The attempts made by Bundists to create a joint list were rejected by the PPS.[17]

12 Próby zblokowania się socjalistów [Attempts by Socialists to Create a Joint Election Bloc], in: Głos Polski, 31 August 1927, 6; Krystyna Kawecka, Niezależna Socjalistyczna Partia Pracy 1921–1937 [The Independent Socialist Labor Party, 1921–1937], Warsaw 1967, 272–275; Maria Nartonowicz-Kot, Polski ruch socjalistyczny w Łodzi w latach 1927–1939 [The Polish Socialist Movement in Łódź, 1927–1939], Łódź 2001, 212.

13 Porozumienie grup lewicowych [The Agreement between Left-Wing Groups], in: Głos Polski, 5 September 1927, 2.

14 Wachowska, Zarys portretu politycznego elektoratu żydowskiego w Łodzi międzywojennej, 271; idem, The Jewish Electorate of Interwar Łódź, 156–169.

15 Idem, Łódź Remained Red. Elections to the City Council of 27 September 1936, in: Polin 9 (1996), 83–106, here 99.

16 Jacob Sholem Herts, Di geshikhte fun bund in lodzsh [The History of the Bund in Łódź], New York 1958, 429f.

17 Jacek Walicki, Ostatnie łódzkie wybory Drugiej Rzeczypospolitej – 18 grudnia 1938 r. Socjalizm, nacjonalizm, antysemityzm [The Last Elections of the Polish Second Republic

The 1936 elections are remarkable for two reasons. First, the atmosphere must have been very tense, for the Bund's central committee sent the party's police[18] to Łódź to protect the party's meetings.[19] Second, there was an argument between PPS and the Bund because Polish socialists put forward lists of candidates in Jewish districts as well, and thus won over voters from the Bund.[20]

The number of seats the Bund received in the elections to the city council was never high enough for it to assume a leading role there. Bundists had to deal with the need to create at least tactical alliances if they wanted to achieve more in the council than just representing their standpoints.

The Tactics of the Bundists in the Łódź City Council

The Bund's tactics in the Łódź city council can be divided into two periods. The first period spans from 1919 to 1923, the term of the first city council when the majority was formed by the PPS and the National Workers' Union (Narodowy Związek Robotniczy – NZR) and later only by the PPS. In that time, the Bund did not cooperate with any of the political parties. Bundists even refused to take a seat in the municipality (Zarząd Miejski) – thus, they could not be accused of supporting the policy of the city authorities.[21] This position was taken by the Łódź fraction in the council in accordance with the

in Łódź – 18 December 1938. Socialism, Nationalism, Anti-Semitism], in: Rafał Stobiecki/Jacek Walicki (eds.), "Należę do polskiej szkoły historycznej." Studia i szkice ofiarowane prof. Jakubowi Goldbergowi z okazji odnowienia doktoratu na Uniwersytecie Łódzkim ["I belong to the Polish Historical School." Studies and Sketches Dedicated to Prof. Jakub Goldberg on the Occasion of Awarding him the Honorary Doctorate of the University of Łódź], Łódź 2010, 67 f., and 76 f.

18 The party police was an organized group within the political party created to protect its offices, public events and meetings. Such security personnel was typical likewise for other political groups.

19 Emanuel Nowogródzki, Żydowska Partia Robotnicza Bund w Polsce, 1915–1939 [The Jewish Labour Bund in Poland, 1915–1939], Warsaw 2001, 242 f.; Walicki, Ostatnie łódzkie wybory Drugiej Rzeczypospolitej, 67 f.

20 Bernard K. Johnpoll, The Politics of Futility. The General Jewish Workers' Bund of Poland, 1917–1943, New York 1967, 221 f.; Nartonowicz-Kot, Polski ruch socjalistyczny w Łodzi w latach 1927–1939, 233. The situation was similar in 1938, when the PPS again campaigned among the Jewish population. Walicki, Ostatnie łódzkie wybory Drugiej Rzeczypospolitej, 67 f.

21 Archiwum Państwowe w Łodzi [National Archive in Łódź] (henceforth APŁ), Akta miasta Łodzi [The Records of the City of Łódź] (henceforth AmŁ) 12419, Protokół Posiedzenia 9 (I) Rady Miejskiej z dnia 27 III 1919 [Minutes of the 9th Session of the City Council, 27 March 1919], 19; Pierwsze posiedzenie Rady Miejskiej [The First Session of the City Council], in: Głos Polski, 28 March 1919, 1; Z Rady Miejskiej [From the City Council],

guidelines for municipal council work agreed on at the third Conference of Bundist Organizations in Poland (April 1919).[22] In those years, the Bundists saw the council primarily as a forum to present their political program. Nonetheless, the Bund voiced its position in all significant and insignificant, communal and countrywide matters, ranging from supplying the city to the war with Soviet Russia.[23] Some of the Bund's propositions actually acquired the support of the council majority.

A constant issue in the council was the paucity of apartments and the high rents. In 1921, an average of 5.4 persons lived in every of the city's apartments – 63.5 percent of which had only one room. In the Jewish district, the situation was even worse because the population density was four times higher there compared to the rest of the city.[24] At a council session on 30 April 1919, a representative of the Bund, Aleksander Margolis, presented a proposition of creating a Housing Office (Urząd Mieszkaniowy), an institution that was to coordinate efforts of the city authorities to register existing apartments and to build new ones. More than half of the council's members voted for the proposal – the backing of the PPS being crucial – and the Housing Office was created.[25] This example shows that the Bundists in Łódź, despite abstaining from the municipality, strived for and achieved an impact on the policy of the city. They were able to obtain the support of the majority to put their projects into effect.

However, more often than not their proposals were unsuccessful: Motions to lower taxes or to increase the wages of the workers when the city had tremendous financial problems could not get the support even from the ruling socialists.[26]

In the first city council, Bundists defended workers harassed for political reasons. One such case was Józef Morgentaler, secretary of the Jewish textile trade union and a Bundist, who was arrested by the police. At the police sta-

in: Rozwój, 28 March 1919, 2; Nartonowicz-Kot, Oblicze polityczne samorządu miejskiego w Łodzi w latach 1919–1939, 103–105.

22 Trzecia Konferencja Bundu w Polsce [Third Conference of the Bund in Poland], in: Głos Bundu, 2 May 1919, 6–8; 3-ia Konferencja Bundu w Polsce (dokończenie) [Third Conference of the Bund in Poland (Conclusion)], in: Głos Bundu, 9 May 1919, 5–7; Jacob Sholem Herts, Di geshikhte fun bund in lodzsh, 267 f.

23 APŁ, AmŁ 12260, Protokół Posiedzenia 5 (II) Rady Miejskiej z 3 II 1920, 34, 39–43, 57; ibid., AmŁ 12322, Protokół Posiedzenia 3 (III) Rady Miejskiej z 19 I 1921, 28, 58–61; Z Rady Miejskiej [From the City Council], in: Głos Polski, 4 February 1920, 6.

24 B. Garncarska-Kadary, Żydowska ludność pracująca w Polsce 1918–1939 [The Jewish Working Population in Poland, 1918–1939], Warsaw 2001, 173; Edward Rosset (ed.), Łódź. Miasto pracy [Łódź. City of Work], Łódź 1929, 70 f.

25 APŁ, AmŁ 12207, Protokół Posiedzenia 5 (I) Rady Miejskiej z 30 IV 1919, 71–74.

26 Ibid., AmŁ 12262, Protokół Posiedzenia 7 (II) Rady Miejskiej z dn. 9 II 1920, 29–32; ibid., AmŁ 12210, Protokół Posiedzenia 8 (I) Rady Miejskiej z 19 V 1919, 66 f.

tion, he was beaten and forced to testify.[27] Izrael Lichtenstein protested in the name of the Bund against the brutality of the police. In his opinion, this situation could be changed only if the municipality had the authority over the police. But this proposal only met with sharp rejection both by council members and the audience who interpreted it as revolutionary.[28]

In the second city council (1923–1927), the Bund found itself in the opposition together with other socialists (Polish and German), while the Polish national camp formed the majority. The Bund changed tactics and built an informal agreement with all socialist parties (except Poale Zion Left). Thereupon, Chaim Lejb Poznański was chosen as secretary of the council's vice-chairman, Stanisław Rapalski from the PPS. As a result of this agreement, socialists of all three ethnicities put joint proposals forward and fought together "in the name of the city's proletariat."[29] Polish socialists even saw a possibility of creating a joint commission of all socialist fractions in the council to coordinate their activity, but this plan was never put into life.[30] In addition, the Bundists were very sensitive to occurrences of anti-Semitism and protested when they saw Jews discriminated or harmed.[31]

Despite making common cause with the other socialists, the Bund's members still tried to display their independence. They refused to support manifests passed by all fractions of the "local government." In late 1923, a special meeting of the city council took place on the occasion of the anniversary of the 1830 November Uprising. There was a solemn speech and at the end, all councilors stood up in honor of the insurrectionists – only the Bundists, Szmul Milman and Izrael Lichtenstein, remained seated. Milman later explained that they simply had not wanted to take part in a common demonstration with all other councilmen. After emotions had calmed down, Milman and Lichtenstein admitted that it had not been a good way to express their standpoint and they expressed regret. Nevertheless, right-wing council members denounced the incidence as an assault of the insurrectionists and as an

27 Ibid., AmŁ 12287, Protokół Posiedzenia 32 (II) Rady Miejskiej z 21 IV 1920, 40–67.

28 Ibid., AmŁ 12217, Protokół Posiedzenia 15 (I) Rady Miejskiej z 10 VI 1919, 67–78.

29 Protokół 2 posiedzenia Rady Miejskiej [Minutes of the Second Session of the City Council], in: Dziennik Zarządu miasta Łodzi, 7 August 1923, 9; Ludwik Mroczka, Łódzka organizacja Polskiej Partii Socjalistycznej w latach 1918–1926 [The Łódź Organization of the Polish Socialist Party, 1918–1926], Łódź 1971, 145f.

30 Co będzie robić nowa Rada Miejska? [What Will the New City Council Do?], in: Głos Polski, 25 July 1923, 2; Niemiecka Partia Pracy o zadaniach nowej rady miejskiej [The German Socialist Labour Party on its Tasks in the New City Council], in: Głos Polski, 26 July 1923, 4.

31 APŁ, AmŁ 12413, Protokół Posiedzenia 3 (I) Rady Miejskiej z 16 VIII 1923, 46; Trzecie posiedzenie Rady Miejskiej [Third Session of the City Council], in: Rozwój, 17 August 1923, 6; Burzliwe plenum parlamentu miejskiego [Stormy Session of the Local Parliament], in: Głos Polski, 17 August 1923, 4.

infamous action *(czyn hańbiący)*. They started a procedure which finally led to the exclusion of the two Bundists from the local government for almost two years.[32]

At the elections in 1927, the socialist camp won and the cooperation between the socialist parties was transformed into a coalition: a majority was formed by the PPS, the DSAP, the Bund, and – for the first time – Poale Zion Left. This socialist bloc ran and directed municipal policy until 1933.[33] The coalition parties worked together nearly unanimously. The few disagreements were personal issues, for example when Bundists and German socialists did not want Jan Holcgreber from the PPS to be chosen as chairman *(prezes)* of the city council in 1932. The reason for this was that Holcgreber did not allow Poale Zion Left to present a resolution against the policy of the Polish government starting with the words: "Polish fascist government." Persistence of the chairman and the Bundists led to withdraw of Holcgreber's candidature. After his resignation, the Bundists tried unsuccessfully to install Izrael Lichtenstein as vice-chairman. The posts were once again occupied by PPS representatives.[34]

Another result of the 1927 election was that the Bund was entitled to one seat in the municipality. Aleksander Margolis was elected the alderman *(ławnik)* of the Health Department and stayed on this post until 1933.[35] He could pursue Bundist policy on this post, but he was also seen as a member of the ruling coalition and thus he had to face critics. Namely, he was accused by Zionists that Jews were discriminated against in the city hospitals. To refute those arguments, he presented detailed statistics of the patients in the hospitals according to nationality which clearly showed that these accusations were unfounded.[36] He raised the budget of the Health Department thanks to which the number of beds in Łódź's hospitals could be increased.[37] The city president praised Margolis on account of his work in the municipality.[38]

This coalition worked so well that the four parties worked together in the city council until the breakout of World War II. However, in 1934 the Łódź socialist camp lost the elections and was in the opposition again. But even

32 Jacek Walicki, Żydzi i Niemcy w samorządzie Łodzi lat 1917–1939 [Jews and Germans in the Łódź City Council, 1917–1939], in: Samuś (ed.), Polacy – Niemcy – Żydzi, 364 f.

33 Księga pamiątkowa dziesięciolecia samorządu miasta Łodzi 1919–1929 [Memorial Book of the Łódź City Council, 1919–1929], Łódź 1930, 54.

34 Nartonowicz-Kot, Polski ruch socjalistyczny w Łodzi w latach 1927–1939, 351–353.

35 Ibid., 58.

36 APŁ, AmŁ 12654, Protokół Posiedzenia 5 (VI) Rady Miejskiej z 16 II 1932, 35 f.

37 Gertrud Pickhan, »Gegen den Strom«. Der Allgemeine Jüdische Arbeiterbund »Bund« in Polen 1918–1939 (= Schriften des Simon-Dubnow-Instituts; Bd. 1), Stuttgart/Munich 2001, 359.

38 APŁ, AmŁ, Akta personalne [Personal Records] 4070.

though the defeat was partly caused by the fact that the parties had presented a joint list for the election which many voters did not favor, the socialists decided to form one fraction in the council.[39] But from 1936 the socialist camp was once again in power, and Szmul Milman was chosen as alderman. He was even named among candidates for the vice-presidency of the council, but in the end all seats were taken by members of the PPS.[40] In the last three years of the city council, all socialists were confronted with harsh anti-Semitism by Polish right-wing politicians, mainly from the National Democracy (Narodowa Demokracja – *endecja*). They transformed every political discussion into a debate on "the Jewish question." Representatives of the Polish national camp even rejected members of the Jewish fractions to present their manifestos.[41] They tried to install "ghetto benches" in the council[42] or, alternatively, to dismiss all Jews working in the municipality.[43] These demands rendered regular work in the council nearly impossible. The socialists had to spend a lot of their time and energy in opposing these ideas. A prominent example of anti-Jewish policy of the Polish national camp was the motion to change the statute regarding who could be awarded the Prize of the City of Łódź. The National Democrats wanted only Catholic Poles to be entitled to the award. A heated debate ensued and all Jewish and all socialist groups abstained from the scheduled voting in protest.[44] In several instances in 1935 political conflicts during city council meetings turned into regular fights between Polish nationalists and Jews, the latter supported by Polish socialists.[45] In the tense atmosphere of the second half of the 1930s, actual functioning government could not take place in the Łódź city council and national divides were sharper than ever before.

39 Protokół 2 posiedzenia Rady Miejskiej [The Minutes of the Second Session of the City Council], in: Dziennik Zarządu miasta Łodzi, 15 February 1939, 203.

40 Nartonowicz-Kot, Polski ruch socjalistyczny w Łodzi w latach 1927–1939, 239.

41 Protokół 1 posiedzenia Rady Miejskiej [Minutes of the First Session of the City Council], in: Dziennik Zarządu miasta Łodzi, 15 January 1937, 31 f.; Protokół 3 posiedzenia Rady Miejskiej [Minutes of the Third Session of the City Council], in: Dziennik Zarządu miasta Łodzi, 15 March 1939, 316.

42 Nartonowicz-Kot, Polski ruch socjalistyczny w Łodzi w latach 1927–1939, 399–404.

43 APŁ, AmŁ 12693, Protokół Posiedzenia 7 (I) Rady Miejskiej z 20 III 1935, 34 f.

44 Ibid., 16–29; Krzysztof Waldemar Mucha, Obóz Narodowy w Łódzkiem w latach 1926–1939 [The National Camp in the Łódź Provence, 1926–1939], Łódź 2009, 281 f; Nartonowicz-Kot, Polski ruch socjalistyczny w Łodzi w latach 1927–1939; idem, Nagroda Łodzi w latach 1926–1937 [The Prize of the City of Łódź, 1926–1937], in: Acta Universitats Lodzensis. Folia Historica 9 (1982), 3–21.

45 APŁ, Urząd Wojewódzki Łódzki [Province Governor's Office of Łódź] 2507/l, 180.

A Collective Portrait of the Bund's Councilmen

On the basis of archival material as well as the invaluable work by Jacob Sholem Hertz *Doires bundistn* (The Generations of Bundists), which contains biographic entries of Bund members, it is possible to reconstruct the basic biographical data of nearly all members of the Bund fractions in Łódź city council.[46] The information, like date of birth, education, occupation, and party function, makes it possible to draw a collective portrait of Bund councilmen (table 2).

During the twenty years of municipal self-government in Łódź, fifteen Bundists[47] were elected councilmen, with two of them also elected aldermen at the municipality (Szmul Milman and Aleksander Margolis). There was only one woman among all the Bundist councilors, Rozalia Ejchner, who was elected twice and served on the council nine years.

Eight of the fifteen councilmen were elected only once, but there were also representatives who were elected three times (like Milman and Lichtenstein) or even five times (Chaim Lejb Poznański) and spent more than ten years as councilors. However, none of them won a seat in the city council in every election.

This information allows us to divide the councilmen into two groups: experienced councilmen and those for whom the city council was, for different reasons, only an episode. The stenographic records of the council meetings show that there was a group of Bundists involved in the municipal politics who took the floor very often, like Lichtenstein, Milman, Margolis, and Szloma Nutkowicz. Also Szmul Zygielbojm could have become such a politician, but he was elected in the end of 1938, therefore, he did not have an opportunity to become more active.[48] In addition, Milman and Margolis were aldermen and thanks to that had real influence on the policy of the city. Other representatives (among them Rozalia Ejchner, Dawid Polak, and Józef Morgentaler) hardly ever spoke in the council. The latter group is larger and its members were usually recruited from organizations closely related to the Bund, like trade unions or cultural institutions. Thanks to them, the Bund could count on more votes in the elections, but they were never jointly

46 Jacob Sholem Hertz, Doires bundistn (The Generations of Bundists), 3 vols., New York 1956–1968. The data in the following part of the text is based on table 2. I could not find enough data about two men from that group – Dawid Polak and Abram Lankopf. Thus, they are ignored in the description.

47 These were: Nuson Baumgartem, Rosalia Ejchner, Abraham Landkopf, Izrael Lichtenstein, Aleksander Margolis, Majer Marmelsztajn, Herszlik Majzner, Szmul Milman, Icek-Josif Morgentaler, Boruch Nutkowicz, Szlama Nutkowicz, Dawid Polak, Chaim Lejb Poznański, Binyumin Wirowski, Szmul Zygielbojm.

48 Szmul Zygielbojm, Zygielboym-Bukh [Zygielbojm's Book], New York 1947, 23.

responsible for the municipal policy of the fraction. However, the fact that only few politicians of each fraction created its policy was a common situation. Every political group had a restricted time to present its own standpoint and usually they chose its leader to speak in their name.

Another feature considered here is the age at which the Bundist councilmen were elected for the first time. Most were in their thirties, fewer in their twenties or fourties; thus, they were still rather young, but already somehow experienced and devoid of the radicalism characteristic mostly of youth.[49] One can divide Łódź's Bund councilmen into two groups, either representing a distinct generation in the local government. Older Bundists (Lichtenstein, Poznański, Ejchner) had already been active in the socialist movement during the Revolution of 1905 or even before it, they had taken part in the biggest success of their party, and they knew the difference between open and underground work. They had also been involved in party work in various cities and towns of Congress Poland and Russia, and thanks to that had become acquainted with different workers and *intelligentsia* communities. Other Bundists in the council (Zygielbojm, Milman, Nutkowicz, and others) joined the party after 1905, most in the years of World War I, and some probably only in Poland after independence. None of the Bund's councilmen in Łódź had been a member of the party already in the nineteenth century.

These two groups had totally different experiences, other events had been crucial in forming their political mindsets. For the first group, the Revolution of 1905 had been a decisive experience. It is much harder to find a similarly important event in the political lives of the second younger group. It may have been changes in the political and cultural life in the years of World War I, or the October Revolution – the fall of the "old world." In addition, three of the "older" Bundists had met western socialists while studying abroad, which also had an impact on their political development.[50] The younger generation did not have similar opportunities during their education, but some of them went abroad during their work in the council and then had a chance to meet western politicians and to observe work of municipal governments there.[51] This clearly shows that there were two generations of Bund councilmen in Łódź – one politically educated from the era of the 1905 Revolution, and one for whom the point of the reference was the German occupation and independent Poland.

49 This was of course also due to the electoral law: Until 1933 candidates for the council had to be older than twenty-five years; in 1933, the minimum age was changed to thirty years.

50 Ejchner studied in France, Margolis in Germany, and Poznański in Austro-Hungary.

51 Among them were, for example, Lichtenstein and Milman. APŁ, AmŁ, Akta osobiste byłych radnych [Personal Data of Former Councilmen] 1320, 390, and 13015, 325.

Table 2: Personal data of Bund's councilmen in Łódź self-government.

First and second name	Date and place of birth	Social class (family)	Education	Marital status	Occupation	Date of starting political activity	Party functions	Years in the city council
Izrael Mordechaj Lichtenstein	1883, Kowal (Congress Kingdom)	poor family; father was a *malmed*	autodidact; teachers' training college in Warsaw	married	teacher	c. 1903	member of the Central Committee and Łódź's Bund Committee; member of Łódź's *kehile*	17 (including two years during World War I)
Aleksander Margolis	1888, Suwałki (Congress Kingdom)	wealthy family; father was a physician	gymnasium; studied medicine in Berlin, Munich and Heidelberg; got his diploma in Strasbourg	married	physician; director of a hospital	c. 1905	member of Łódź's Bund Committee	12 (in this eight years as assessor)
Chaim Lejb Poznański	1879, Kamień Podolski (Ukraine)	wealthy family; father was a mills owner	School of Economics in Brno	married	accountant; secretary in Aba's Female Gymnasium	1902	journalist of Bund's newspapers; member of Łódź's Bund Committee	18

First and second name	Date and place of birth	Social class (family)	Education	Marital status	Occupation	Date of starting political activity	Party functions	Years in the city council
Szmul Mordechaj (Artur) Zygielbojm	1895, Borowice near Chełm (Austro-Hungary)	poor family; father was a *malmed*	*kheder*	married	glover; journalist	1915	member of the Central Committee and Łódź's Bund Committee; councilor of Warsaw's self-government; member of Landrat and Centralna Komisja Związków Zawodowych w Polsce (Central Commission of Trade Unions in Poland); chair of Trade Union of Leather Workers	1
Rozalia Ejchner	1885, Minsk (Belarus)	wealthy family	female gymnasium; University of Sorbonne, Language Department	married	chief editor; teacher	after 1900	member of Łódź's Bund Committee, Yidisher Arbeter Froy (Jewish Working Women), Sotsialistisher Kinder Farband (Socialist Children's Union), and TSIShO	9
Szmul Milman	1896, Radom (Congress Kingdom)	–	elementary education (probably not full)	married	house painter; office clerk	c. 1915 (first time mentioned)	trade unionist; chair of Łódź's Bund Committee	18 (in this eight years as assessor)

First and second name	Date and place of birth	Social class (family)	Education	Marital status	Occupation	Date of starting political activity	Party functions	Years in the city council
Icek-Josif Morgentaler	1894, Bielawki, near Kutno (Congress Kingdom)	poor working class family	elementary education (probably not full)	married	weaver; secretary of a trade union	1906	secretary of Textile Trade Union; member of Łódź's Bund Committee	10
Szlama Nutkiewicz	1903, Łódź	wealthy family	–	bachelor	office worker	in the 1920s	Cukunft (Bund's Youth Organization) member; youth's newspaper editor,	4
Beniamin Wirowski	1897; Szreńsk (Congress Kingdom)	–	at least on gymnasium level	married	office clerk; teacher	–	Kultur-Lige activist; member of Łódź's Bund Committee	1
Herszlik Majzner	1905, Żarki (Silesia)	–	–	bachelor	hosiery worker	–	Cukunft member; member of Łódź's Bund Committee	1?
Majer Marmelsztajn	1893, Piotrków Trybunalski (Congress Kingdom)	chasidic family; father was a superintendent in a factory	*kheder*; autodidact	married	bookkeeper	before World War I	member of Łódź's Bund Committee; chair of Trade Office Workers Trade Union	1
Nuson Baumgarten (Bojmgarten)	1893	–	home education	–	bookkeeper	during World War I	Cukunft member; chair of Łódź's Kultur-Amt	4

First and second name	Date and place of birth	Social class (family)	Education	Marital status	Occupation	Date of starting political activity	Party functions	Years in the city council
Boruch Nutkowicz	c. 1890, Łódź	wealthy family	gymnasium	–	self-government worker	1903	secretary of Łódź's Bund Committee; member of Łódź's Bund Committee	1
Abraham Landkopf	–	–	university	–	physician	c. 1918 (first time mentioned)	Kultur-Lige activist; vice-chairman of Łódź's *Morgnshtern* (Bund's Sport Organization)	1
Dawid Polak	–	–	–	–	–	during World War I	Cukunft activist; chair of Żydowskie Towarzystwo Oświaty Ludowej w Łodzi (Jewish Society of Folk's Education in Łódź)	2

Sources: APŁ, AmŁ, Akta osobiste byłych radnych [Personal Data of Former Councilmen] 13008, 183; ibid. 13014, 78; ibid. 13105, 62,151; ibid. 13020, 384; ibid. 13021, 37, 101; ibid. 13022, 3–5; ibid. 13023, 139f., 173f., 227f., 235f., 239f., 245f., 255f., 295f., 313f.; Rebekka Denz, Bundistinnen. Frauen im Allgemeinen Jüdischen Arbeiterbund (»Bund«), dargestellt anhand der jiddischen Biographiensammlung »Doires bundistn«, Potsdam 2009, 92, 97, 99, and 106; Jack Jacobs, Bundist Conterculture in Interwar Poland, Syracuse, N. Y., 2009, 90; Jacob Sholem Herts, Dr Aleksander Margolis, in: idem (ed.), Doires bundistn [The Generations of Bundists], vol. 2, New York 1956, 165–167; idem, Binyumin Wirowski, in: ibid., 183; Informator miasta Łodzi z kalendarzem na rok 1919 [Informant of the City of Łódź. With a Calendar for 1919], Łódź 1919, 179; Informator miasta Łodzi z kalendarzem na rok 1920 [Informant of the City of Łódź. With a Calendar for 1920], Łódź 1920, 410; Andrzej Kempa/Marek Szukalak, Żydzi dawnej Łodzi. Słownik biograficzny Żydów łódzkich oraz z Łodzią związanych [The Jews of Old Łódź. Biographical Dictionary of the Jews from Łódź and of those with Łódź Connected], vol. 1, 99f., and 117; Szmul Milman, Chaim Lejb Poznański, in: Herts (ed.) Doires bundistn, vol. 1, New York 1956, 431–439; Szmul Milman/Szlama Nutkowicz, Boruch Nutkowicz, in: ibid., vol. 2, 169–171; Henry Morgentaler, Josif Morgentaler, in: ibid., 177–180; Alicja Pacholczykowa, Aleksander Margolis, in: Polski Słownik Biograficzny [Polish Biographical Dictionary], vol. 19/4 (z. 83), Warsaw/Kraków/Gdańsk 1974, 636; Gertrud Pickhan, »Gegen den Strom«, 414–419; B. Shefner, Israel Lichtenstein, in: Herts (ed.) Doires bundistn, vol. 2, 9–32; Paweł Spodenkiewicz, Zaginiona dzielnica. Łódź żydowska. Ludzie i miejsca [A Missing District. The Jewish Łódź. People and Places of Jewish Łódź], Łódź 1998, 113–116; Jechiel Jeszaja Trunk, Pojln. Obrazy i wspomnienia z Łodzi [Poyln. Imagines and Memories from Łódź], Łódź 1997, 117–123; Efraim Lozer Zelmanowicz, Roza Ejchner, in: Herts (ed.) Doires bundistn, vol. 2, 163f.; idem, Mair Mermelshteyn, in: ibid., 176f.

The older Bundists were active in the city council, especially in the early years of the interwar period; among them Lichtenstein, Poznański, and Margolis. And from the early 1930s, a younger generation started to create the policy of the Bund fraction; the best examples here are Milman and Nutkowicz. The latter displayed a more radical attitude, and thus their speeches were far more often interrupted by National Democrats – but this was also a consequence of the fact that the political atmosphere in Poland became increasingly tense in the 1930s.

An important element of the collective portrait of the Łódź Bund councilmen is their occupation. This will help to answer the question whether the representatives of the workers' party in the city council were also workers. In fact, there were four Bund representatives with higher education, thus considered as *intelligentsia* here: a journalist, a school secretary and two physicians. To this group we should also add Lichtenstein and Binyumin Wirowski, both teachers. The biggest group (five) of the Łódź Bund councilmen were lower-ranking office workers, and although they did not have formal education, they are classified as "lower" *intelligentsia* here. Among the Bund representatives in the council were only two workers – a weaver and a hosiery industry worker – but since they were also high-ranking members of trade unions, they should not be counted as simple workers.

Thus, the representation of the Bund in the Łódź city council had clearly an *intelligentsia* character. The councilmen usually did not live in workers' districts in the city but in the center along with the Jewish middle classes.[52] However, the fact that they received such huge support shows that they did not lose contact with the Jewish masses. A comparison of the percentage of intellectuals among Łódź Bund members with the percentage in the general population would be an interesting venture. Unfortunately, the lack of sources makes this impossible.

Another bit of information worth mentioning is that among the Bund's representatives on the city council, we can find persons who were simple workers when first elected, but after a few years of work in the municipal government they became office workers. This shows a process characteristic for worker mass movements: They created an opportunity of social promotion for persons from lower social strata. Council activity offered such a chance. In the Bund fraction, Milman is a very good example. When he started his career in the local Łódź government in 1923, he was a house painter, and a few years later he introduced himself as an office clerk. Milman's social advancement is mirrored also in his command of Polish in speeches:

52 An interesting curiosity is that four of them lived on one street – 1 Maja [1 May Street].

while he was not able to speak Polish well in the early years, he became the fraction's leader – and its main speaker – in the 1930s.

The occupation of the Bund councilors also determined the issues in which they took the floor. So, for example, Margolis, a physician and manager of a hospital, was the party's main speaker when there was a discussion about health care. Lichtenstein, a teacher, presented the Bund's standpoint in the field of education. This commitment of experts served the fraction, for they could propose improvements for the education, health or social system founded on their own experience within these fields. They were also prepared for polemical arguments with their opponents.

Another point of interest here is where the later councilmen were born. Only two of the twelve Bund councilmen were born in Łódź. The others were born in various parts of partitioned Poland, even in Silesia, Ukraine, and Belarus. They had come to Łódź for different reasons; some had searched for employment, and some had been sent there by the Central Committee of the Bund, like Ejchner (in 1905) or Zygielbojm (in 1936). This could lead us to conclude that Bundists in the local government had little connection with the city and with its Jewish community. However, we must remember two things: First, Łódź had experienced a rapid increase of population until 1914, so there were a lot of newcomers in the city. Second, those future councilmen usually came to Łódź many years before they got a post in the local city council, and thus had plenty of time to learn about the city and its problems.

It was possible to find further information about what sort of families the Bundists were raised in. Five of nine representatives of the Bund came from rather wealthy families, from the kind they would probably have called bourgeois. Thanks to that fact, they received a formal education. They were sent to secular schools and sometimes even to university. The other Bund councilmen were born in poor working-class families, often religious ones, and thus rather received only an elementary education if any at all.

An interesting question is whether the seats in the council were reserved only for high-ranking party members or whether lower-ranking activists could also achieve a seat. The Bund fraction in the city council was comprised almost exclusively of members of the Łódź's Bund Committee (ten) or even the Central Committee (two). The councilmen not participating in the party leadership were high-ranking members of Bundist organizations like Kultur-Lige, the Central Jewish School Organization (Tsentrale Idishe Shul Organizatsye – TSIShO) or trade unions. One is tempted to characterize the Bund fraction as a representation of the party's elite. However, a more accurate conclusion is that the Bundists in the city council represented various institutions and communities related to the party. Therefore, they stood not only for a political group but rather for a political or even social movement.

In general, this was a young, quite well-educated group of politicians.

Most of them were married with children. They were active in several institutions thanks to which they became well-known among their potential voters. A large proportion came from traditional Jewish houses, so they knew the "Jewish issues" which probably helped in gaining support and presenting matters that were important for this part of society.

The short characteristic shows that the Bundists in Łódź self-government can be divided into two groups reflecting a generational divide. There was one group of older members who were the leaders of the Bund fraction. They were responsible for party policy, they were its speakers. The rest of the councilmen were younger and often less educated. But there is also the exceptional case of Szmul Milman – a young politician who as a rank-and-file Bundist became the leader of the party in the city council and also in the city.

Fighting for Subsidies

The Bund councilors worked under specific circumstances in a multinational city but they often emphasized that they were not representatives of the Jewish minority but of the city's Jewish working-class.[53] This attitude made it easier for them to reach agreements with German or Polish socialists and more difficult to do so with other Jewish councilmen (Zionists or Orthodox). "Class issues" often had the highest priority and cooperation with the other Jewish groups primarily was based on joint opposition to anti-Semitism.

A matter constantly causing harsh disputes in the city council was the question of education. Bundists supported a secular education in Yiddish for Jewish children, and acceptance of this demand was a necessary condition for cooperation with other parties in the city council. In the early years of independence, Polish socialists disagreed and even refused for political reasons to recognize Yiddish as Jewish national language. Stanisław Rapalski from the PPS argued that a language barrier made an alliance between Polish and Jewish workers impossible and that it even impeded the international solidarity of proletarians. Therefore, the PPS fraction in the municipal government opposed this Bundist demand.[54] The attitude of the PPS to the problem of education in Yiddish changed later and the issue became one where the two parties cooperated, for example, Polish socialists voted for subsidies for schools of the Central Jewish School Organization (TSIShO) in Łódź.[55]

53 APŁ, AmŁ 12219, Protokół Posiedzenia 18 (I) Rady Miejskiej z 18 VI 1919, 47.
54 Ibid., AmŁ 12270, Protokół Posiedzenia 15 (II) Rady Miejskiej z 25 II 1920, 33.
55 See the declaration of the socialist fraction from 1935: APŁ, AmŁ 12694, Protokół Posiedzenia 8 (I) Rady Miejskiej z 21 III 1935.

The problem of the education of Jewish children also divided the Jewish parties. First, they could not agree on the favored language of the education – Bundists and Poale Zionists voted for Yiddish, while General Zionists insisted on Hebrew. Second, there was a disagreement between secular and religious parties, since the latter could not accept an explicitly secular education. Among the Jewish parties, the most vehement discussions erupted between Bundists and Orthodox groups when municipal subsidies were distributed. The main objective for the Bundists was to secure money for TSIShO schools in the city. Every year, they fought for them with other Jewish parties who wanted to get financial support from the city authorities for their cultural institutions (schools, kindergartens, or libraries).[56] Lejb Mincberg, a leader of Aguda in Łódź, complained that the schools of the Bund and Poale Zion got more subsidies than all Orthodox schools together.[57] Izrael Lichtenstein replied:

> "We are aware of the fact that the opponents of our school are fighting against it not because it costs so much, but that they are fighting against it on principle. Our Jewish school has enemies, both among Jews and non-Jews. [...] Zionists and Orthodox [Jews] fight against it because it is a secular, proletarian school attended mainly by workers' children."[58]

Looking at the topics brought up in the city council by Bundists, it is easy to notice that the issue of culture was one of the most important for them. Secular education and enabling Jewish children to study in Yiddish were crucial matters. The Bundists cooperated with Poale Zionists to get subsidies for the schools of TSIShO, and in the late 1920s and the 1930s they obtained the support from other socialist groups (both Polish and German) in the municipal government.

All proposals and requests by Jewish parties, especially those proposed by Jewish socialists, met with the fierce opposition of Polish national parties. They insistently stated that the Jews were wealthy enough to maintain their schools themselves. In 1934, they cancelled all subsidies for institutions actually or considered Jewish – among them was also the city theater. This policy of the Polish nationalist camp led to cooperation between the Jewish parties, which fought together to get money for their organizations, albeit without success.[59]

56 See, for example, APŁ, AmŁ 12274, Protokół Posiedzenia 19 (II) Rady Miejskiej z 4 III 1920, 12; ibid., AmŁ 12479, Protokół Posiedzenia 12 (III) Rady Miejskiej z 14 V 1925, 26–28.

57 Ibid., AmŁ 12596, Protokół Posiedzenia 3 (IV) Rady Miejskiej z 13 II 1930, 63.

58 Ibid., AmŁ 12598, Protokół Posiedzenia 5 (IV) Rady Miejskiej z 18 II 1930, 9.

59 Ibid., AmŁ 12696, Protokół Posiedzenia 10 (I) Rady Miejskiej z 27 III 1935, 18–50; ibid., AmŁ 12697, Protokół Posiedzenia 11 (I) Rady Miejskiej z 28 III 1935, 11–53; ibid., AmŁ

Of course, the activity of Bundists in the Łódź city council was not limited to getting money for their affiliated organizations or speaking against discrimination of Jews. As members of the ruling coalition, they had real influence on the policy of the city. The work of Aleksander Margolis as the head of the Health Department is a good example of this. His measures in this position were judged favorably and his enterprise led to improved conditions of public health care in the city.[60]

Conclusion

The characteristics of the Bund's representatives in the interwar city council of Łódź explored here allow us to draw a few conclusions. Bundists needed to achieve support from other political groups in order to pass their proposals; and from the late 1920s on they collaborated regularly with other socialist parties in the council. The most important benefits from this cooperation for the Bund were support in matters of subsidies to Bundist cultural institutions and to have a partner in firm opposition to any form of anti-Semitism. Polish, Jewish, and German socialists agreed on most economic and political issues.

The picture of the Bund's councilors was very diverse, among them were politicians of different ages, social class, education, and occupation. However, this diversity constituted one important factor for the fraction's influence: Its members were prepared to address different segments of Jewish society in their speeches, i. e. workers and intellectuals. Among Łódź's Bundists were politicians like Izrael Lichtenstein, who knew the dynamics of the city council well and who were also respected by political enemies for their rhetorical skills. Nonetheless, Bundists espoused comparatively radical views and their proposals and requests often triggered bitter disputes, as when they protested against the war with Soviet Russia. Even though they were a minority in the city, they constituted an important group in the local city council as part of the socialist camp which governed Łódź for several years.

12698, Protokół Posiedzenia 12 (I) Rady Miejskiej z 2 IV 1935, 8–38; ibid., AmŁ 12699, Protokół Posiedzenia 13 (I) Rady Miejskiej z 3 IV 1935, 3–35.

60 Gertrud Pickhan, »Gegen den Strom«, 359.

Hanna Kozińska-Witt

Warschau und »seine« Juden: Kommunalpolitik und das jüdisch-polnische Verhältnis im Warschauer Stadtparlament (1919–1939)

> »Before the war Warsaw – a big industrial city in the western borderlands of the Tsarist Empire and a channel for trade with Europe – was attractive to the Jews. They came from neighboring small towns and from inside Russia to escape persecution. Their new home was easier to live and work in and they gratefully called it the ›mother city of Israel‹. After the war Warsaw was neither a channel for trade nor a mother of Israel. It was the capital city of a small, poor and xenophobic nation, squeezed between two hostile giants, struggling for survival but aspiring to the status of a great power.«[1]

Warschau – bis 1939 eine der größten »jüdischen« Städte – zog besonders die Aufmerksamkeit von Historikern auf sich, die sich für das Zusammenleben verschiedener ethnisch-konfessioneller und nationaler Milieus interessierten. Die Wechselbeziehungen zwischen den Warschauer Juden und den nichtjüdischen Warschauern in den Zeiten der Teilung wurden unter anderem von Stephan D. Corrsin,[2] Theodore Weeks[3] und Piotr Wróbel[4] thematisiert. Diese Arbeiten machen deutlich, dass es im ehemaligen Weichselland einen besonderen Konnex zwischen der »Selbstverwaltungsfrage« und der »jüdischen Frage« gab. Die nach dem Jahr 1905 erwogene Einführung der Selbstverwaltung, die mit der »Parlamentarisierung« des Zarenreichs und somit mit der Einführung der Duma zusammenhing, verband sich immer mehr mit der Frage nach einem Modus, der die Partizipation der Juden an der Landesvertretung regulieren sollte. Das polnische nationaldemokratische Milieu, das

1 Piotr Wróbel, The First World War. The Twilight of Jewish Warsaw, in: Władysław T. Bartoszewski/Anthony Polonsky (Hgg.), The Jews in Warsaw. A History, Oxford 1991, 278–289, hier 288.

2 Stephen D. Corrsin, Warsaw before the First World War. Poles and Jews in the Third City of The Russian Empire, New York 1989.

3 Theodore R. Weeks, Zwischen zwei Feinden. Polnisch-jüdische Beziehungen und die russischen Behörden zwischen 1863 und 1914, Leipzig 1998; ders., Nation and State in Late Imperial Russia. Nationalism and Russification on the Western Frontier 1863–1914, DeKalb, Ill., 1996; ders., From Assimilation to Antisemitism. The »Jewish Question« in Poland, 1850–1914, DeKalb, Ill., 2006.

4 Piotr Wróbel, Jewish Warsaw before the First World War, in: Bartoszewski/Polonsky (Hgg.), The Jews in Warsaw, 247–277.

JBDI / DIYB • Simon Dubnow Institute Yearbook 10 (2011), 207–235.

bis dahin als einziges über eine gut funktionierende Parteiorganisation verfügte, erhob den Anspruch, das Weichselland und seine Städte allein zu repräsentieren. Den Juden, die mehr als ein Drittel der städtischen Einwohner Warschaus ausmachten, war dabei die Rolle untergeordneter Verbündeter zugedacht, die für ihren Gehorsam entsprechend »belohnt« werden sollten. Die jüdischen Aktivisten dagegen unterstrichen, dass Warschau auch ihre Stadt sei und dass sie das Recht haben, die kommunale Politik mitzugestalten. Trotz der politischen Ausdifferenzierungsprozesse im Weichselland, die unterschiedliche Optionen sichtbar machten, bestand die Nationaldemokratie weiterhin auf ihrer Führungsrolle und nahm jegliche Anzeichen politischer Emanzipation der »anderen Polen«, insbesondere vonseiten der Juden, als Bedrohung wahr. Sie versuchte diese angebliche Gefahr mit propagandistischen und aktionistischen Mitteln auszuschalten. In dieser Zeit wurde es üblich, die Gegner der Nationaldemokratie (die die »echten Polen« vertrat) als »Judenknechte« oder einfach als »Juden« zu bezeichnen. Den Höhepunkt dieser nationaldemokratischen Strategie bildete der antijüdische Boykott im Jahr 1912, der die Beziehungen zwischen Polen und Juden dauerhaft vergiftete.[5] Der Erste Weltkrieg hat noch zusätzlich zur Ethnifizierung der Kommunalpolitik beigetragen.[6] Diese schwere Hypothek wurde in der Zwischenkriegszeit übernommen.

Im Fokus dieses Aufsatzes stehen die Entwicklungen nach dem Ersten Weltkrieg, das Stadtparlament unter der deutschen Besatzung (das das erste Stadtparlament war und von 1916 bis 1919 bestand) findet lediglich Erwähnung. Thematisiert wird ausschließlich die Entwicklung der Warschauer kommunalen Selbstverwaltung in der Zweiten Polnischen Republik. Von besonderem Interesse hierbei ist das Problem der Unabhängigkeit des kommunalen Handelns – also die Frage, ob die kommunalpolitisch »unerfahrene« Warschauer Großkommune hinsichtlich der lokalen Juden eine eigene Politik verfolgte oder ob sie ihre Beschlüsse ganz an der Staatspolitik ausrichtete. Diese Frage ist von besonderem Interesse, weil Warschau als die politische Hauptstadt im besonderen Maße im Blickpunkt der Regierung stand. Die Staatspolitik in jener Zeit war zunehmend interventionistisch, was eine Beschneidung der kommunalen Autonomie bedeutete.

Edward D. Wynot Jr., Verfasser einer grundlegenden Monografie über das Warschau der Zwischenkriegszeit, unterstreicht, dass die Einwohner Warschaus in jener Zeit der Selbstverwaltung ihrer Kommune bestenfalls eine

5 Jerzy Jedlicki, The End of the Dialogue. Warsaw 1907–1912, in: Sławomir Kapralski (Hg.), The Jews in Poland, 2 Bde., Krakau 1992–1999, hier Bd. 2, 111–123.

6 Wróbel, The First World War; siehe außerdem den Beitrag von Marcos Silber in diesem Band.

indifferente, teils gar eine offen feindliche Haltung entgegenbrachten.[7] Er erklärt dies damit, dass die früheren Stadtbehörden mit dem Besatzer assoziiert wurden, jede kommunale Autorität galt als unglaubwürdig oder verdächtig und potenziell der Ausplünderung der Bevölkerung fähig. Dieses politische Klima führte dazu, dass die Warschauer Selbstverwaltung zu einem Puffer zwischen den frustrierten Einwohnern und den politischen Entscheidungsträgern wurde. Diese Rolle war dem Stadtparlament von der Regierung mit Bedacht zugewiesen, denn sie kritisierte es gern in aller Breite für Misswirtschaft und Inkompetenz. Es gilt nun, diese Vorwürfe hinsichtlich der Kommunalpolitik Warschaus gegenüber den Vertretern der jüdischen Milieus zu überprüfen. Kann man dem sozialistischen Kommunalpolitiker – und zugleich Zeitzeugen – Adam Szczypiorski mit seiner Behauptung, dass es im Warschauer Stadtparlament vorrangig um soziale Probleme gegangen sei und dass das Parlament primär eine Arena des die Ethnokonfessionalität übergreifenden Klassenkampfes zwischen dem Bürgertum und der Arbeiterschaft dargestellt habe, letzten Endes recht geben?[8]

Für diese Untersuchung wurde die Warschauer polnischsprachige Tagespresse ausgewertet: die zionistische *Nasz Przegląd* (Unsere Umschau) und der konservativ-liberale *Kurjer Polski* (Der polnische Kurier). Ergänzend dazu wurden kursorisch die nationaldemokratische Presse und das Periodikum der Warschauer Selbstverwaltung, die *Kronika Warszawy* (Warschauer Chronik), herangezogen.

Das demokratisierte Stadtparlament: Zweite Kadenz vom 20. März 1919 bis zum 11. April 1927

Die Grundlage der modernen Selbstverwaltung bildeten zwei Dekrete, zum einen das Dekret über die Wahl zu den Stadtparlamenten auf dem Gebiet des ehemaligen Königsreichs Polen vom 13. Dezember 1918, zum anderen das Dekret über die kommunale Selbstverwaltung vom 4. Februar 1919.[9] Als ein

7 Edward D. Wynot Jr., Warsaw between the World Wars. Profile of the Capital City in a Developing Land, 1918–1939, New York 1983, 114, 145 und 148.

8 Adam Szczypiorski, Od Piotra Drzeweckiego do Stefana Starzyńskiego. Gospodarka komunalna m. st. Warszawy w latach 1915–1939 [Von Piotr Drzewecki bis Stefan Starzyński. Kommunalwirtschaft der hauptstädtischen Kommune Warschau in den Jahren 1915–1939], Warszawa 1968, 76, 190–194 und 205.

9 X-lecie samorządu stolicy [Zehnjähriges Bestehen der Selbstverwaltung in der Hauptstadt], in: Kronika Warszawy (nachfolgend KW), 10–12 (1928), 1 f., hier 1.

ziges Stadtparlament Polens wurde das der Hauptstadt direkt dem Innenministerium und nicht, wie andernorts, dem Woiwoden unterstellt.[10]

Die ersten demokratischen Wahlen wurden 1919 abgehalten, wobei das Warschauer Stadtparlament nicht mehr in Kurien, sondern nach den politischen Parteien – für drei Jahre – gewählt wurde.[11] Die Wahlen fanden unmittelbar nach jenen zum nationalen Parlament statt, wobei Letztere unweigerlich ein größeres öffentliches Interesse auf sich zogen. Nichtsdestoweniger solldas Interesse an den Kommunalwahlen rege gewesen sein.[12] (Allerdings beteiligten sich an den Wahlen nur 41,1 Prozent aller Wahlberechtigten, davon circa 35 Prozent Juden.[13]) Die Demokratisierung an sich habe zur Mobilisierung der Wählerschaften geführt. So gab es allein zwölf jüdische Wahllisten für drei politische Lager: die Zentristen, die Konservativen und die Linken.[14]

Als Sieger aus den Wahlen ging die Nationaldemokratie, die *endecja* hervor, die eine knappe absolute Mehrheit im Stadtrat erzielen konnte (61 von 120 Sitzen). Die jüdischen Gruppierungen sicherten sich mit 22 Prozent der Stimmen insgesamt 27 Sitze; auf die orthodoxen Kaufleute entfielen acht Sitze, auf Bund, Zionisten und Folkisten jeweils fünf, auf die Poale Zion zwei und auf die Assimilierten und Immobilienbesitzer je einer. Edward D. Wynot Jr. spricht angesichts dieser Ergebnisse von einem großen Erfolg der jüdischen Gemeinschaft, und er kommentiert: »Thus, ironically, two sworn enemies occupied the leading positions in the City Council.«[15] Für den *Kurjer Polski* machten die Wahlen deutlich, dass Warschau eine Bastion des Nationalismus war und sich auch nicht schnell von ihm befreien würde.[16]

Die *endecja* dominierte mit sieben von insgesamt neun Sitzen auch im Präsidium des Magistrats, die restlichen zwei Sitze erhielten ein Demokrat und ein assimilierter Jude, Bolesław Eigner, der einer der sieben Sekretäre wurde.[17] Eigner war somit »der höchstplatzierte Jude« in der ersten demokra-

10 Nadzór nad samorządem gmin miejskich [Die Aufsicht über die städtischen Gemeinden], in: Kurjer Polski (nachfolgend KP) 130 (1927), 3.

11 Edward D. Wynot Jr., Jews in the Society and Politics of Inter-War Warsaw, in: Bartoszewski/Polonsky (Hgg.), The Jews in Warsaw, 291–311, hier 301f.; Wynot, Warsaw between the World Wars, 117. Wählen durften alle polnischen Staatsbürger, die mindestens 21 Jahre alt waren und mindestens seit sechs Monaten in der Stadt wohnten.

12 Józef Zawadzki, Dziesiąć lat samorządu Warszawy w niepodległej Polsce [10 Jahre Selbstverwaltung Warschaus im unabhängigen Polen], in: KW 3 (1929), 3–20, hier 3.

13 Wybory [Die Wahlen], in: ebd. 6 (1927), 3; Wynot, Jews in the Society and Politics of Inter-War Warsaw, 303.

14 Abweichende Angaben bei Wynot, Warsaw between the World Wars, 118: sieben jüdische Listen.

15 Ebd., 118f.

16 Posłowie Warszawy [Die Abgeordneten Warschaus], in: KP 285 (1922), 1.

17 Das Präsidium des Stadtparlaments bildeten der Vorstand, vier Vizevorstände und sieben Sekretäre, der Magistrat bestand aus dem Stadtpräsidenten, drei Vizepräsidenten und zwölf Schöffen.

tischen Selbstverwaltung Warschaus. Dass Juden nur wenige Sitze in den Leitungsgremien zugesprochen wurden und dass die Funktion des Sekretärs einem Assimilierten angetragen wurde, wurzelte in der traditionellen, nationaldemokratischen Rollenzuweisung. Auch die Verteilung der Stadtdeputierten auf die Kommissionen entsprach traditionellen Verantwortlichkeiten: Während die Bildungskommission von der *endecja* bestimmt wurde, fanden sich in der Finanz- und Budgetkommission mehrere jüdische Stadtverordnete zusammen.[18]

Dieses Stadtparlament war in einer Zeit tätig, als die Bauernparteien den Staat beherrschten.[19] Sie entschieden, die Landwirtschaft auf Kosten der Städte finanziell zu entlasten. So wurden die »Städter« *(mieszczanie)* gegenüber den »Landwirten« *(agrariusze)* steuerlich benachteiligt.[20] Den Kommunen wurden vom Staat mancherlei Geldquellen versperrt, was das kommunale Einkommen schmälerte.[21] Somit war die Arbeit der Warschauer Stadtverwaltung, neben den Streitigkeiten zwischen den Parteien, vor allem von der Begrenztheit der finanziellen Ressourcen beeinträchtigt. Hinzu kommt, dass dem Stadtparlament Protektionismus und Inkompetenz vorzuwerfen waren.[22] Die Entwicklung längerfristiger Planungen stellte sich als unmöglich heraus, was zu allgemeiner Frustration und zur Verschärfung der politischen Konflikte beitrug. Als Forum politischer Debatten war das Stadtparlament zwar anerkannt, dennoch sprach man ihm jegliche Kompetenz ab, auf die Nöte der Stadt angemessen zu reagieren.[23]

Dies hing womöglich damit zusammen, dass das Stadtparlament als Bühne der Auseinandersetzung zwischen »Bourgeoisie« und »Proletariat« verstanden wurde, was sich in unterschiedlichen Stadtentwicklungskonzepten manifestierte. Die *endecja*, die Partei des polnischen Mittelstands, die inzwischen auch die kommunale Bürokratie und die im kommunalen Dienst beschäftigten Angestellten repräsentierte, vertrat traditionelle, angesichts der Demokratisierung aber überholte »Bürgerlichkeitsideale«; sie engagierte sich beispielsweise für den Bau eines modernen Opernhauses.[24] Für die Probleme

18 Zawadzki, Dziesięć lat samorządu Warszawy w niepodległej Polsce, 3–19, hier 4.

19 Szymon Rudnicki, Żydzi w parlamencie II Rzeczypospolitej [Juden im Parlament der Zweiten Republik], Warschau 2004, 105, 172 und 189–198.

20 Joseph Marcus, Social and Political History of the Jews in Poland, 1919–1939, Berlin 1978, 219f.

21 Marek Klimek, Samorząd miast II Rzeczypospolitej. Publiczna debata i rozwiązania ustrojowe [Selbstverwaltung der Städte in der Zweiten Republik. Öffentliche Debatte und strukturelle Lösungen], Lublin 2006, 104–107.

22 Marek Marian Drozdowski, Warszawiacy i ich miasto w latach Drugiej Rzeczypospolitej [Die Warschauer und ihre Stadt in den Jahren der Zweiten Republik], Warschau 1973, 305.

23 Wynot, Warsaw between the World Wars, 147.

24 Antoni Słominski, Kroniki tygodniowe 1927–1931 [Wochenchroniken 1927–1931], War-

der mittellosen Arbeiter hingegen, für die die Sozialisten jeglicher Volkszugehörigkeit sich einsetzten, so behauptete später der sozialistische Stadtdeputierte Adam Szczypiorski, habe die *endecja* kein Verständnis gehabt.[25] Dieser Konflikt war immer deutlicher geworden, denn die industrielle Entwicklung Warschaus sowie erhebliche Eingemeindungen im Jahr 1916 hatten die Zahl der Arbeiter rapide steigen lassen. Die Anbindung der neuen Stadtgebiete an das urbane Niveau »Altwarschaus« blieb während der Zwischenkriegszeit eine der dringendsten Aufgaben der Kommune. Zudem verspürte man einen immensen Druck, die Provinzgroßstadt, die Warschau bis dahin gewesen war, in eine moderne politische Hauptstadt zu verwandeln. Joseph Kermish zählte mehrere Investitionen auf, die man in dieser Kadenz begonnen hatte, zum Beispiel die Errichtung umfangreicher Wasserleitungs- und Kanalisationsnetze.[26] Mit Erbitterung stellte er fest, dass keine dieser großen Modernisierungsmaßnahmen jüdischen Einwohnern Warschaus Nutzen brachte – sie waren nur in den nichtjüdischen Wohngegenden durchgeführt worden. Somit drückte die Geografie der infrastrukturellen Projekte die Dominanz der *endecja* im Stadtparlament aus. Diese wurde vor allem auch an der Weigerung der Warschauer Selbstverwaltung sichtbar, die antisemitischen Exzesse vom 5. April 1923 offiziell zu verurteilen.[27]

Ein generelles Problem stellte das Finanzierungssystem dar, denn die Staatsregierung weitete die Zuständigkeit der städtischen technischen Dienste auf umliegende Gebiete aus und delegierte unter anderem die Sozialaufgaben an die Selbstverwaltung, ohne ihr die notwendigen Mittel zur Verfügung zu stellen.[28] Die Kommune besaß nur wenig Eigentum, das ihr Erträge bringen konnte. Auch darum suchte die Selbstverwaltung nach finanziellen Ressourcen, sie erhob immer neue Munizipalsteuern und machte

schau 2001, 67 und 130. Allerdings meint Adam Szczypiorski, dass das Stadtparlament planmäßig auf die notwendigsten Bedürfnisse der Hauptstadt reagierte, indem es zuerst Schulen und Krankenhäuser ausbaute und die sanitären Bedingungen verbesserte. Siehe ders., Od Piotra Drzeweckiego do Stefana Starzyńskiego. Gospodarka komunalna m. st. Warszawy w latach 1915–1939, 76.

25 Dass die Kommune in dieser Zeit wenig für die nicht Wohlhabenden getan hat, zeigt Adam Szczypiorski am Beispiel des Wohnungsbaus. Ders., ebd., 203.

26 Joseph Kermish, Di yidishe representantz in Varshever shtotrat, in: Sefer ha-shanah/yorbuch [Yearbook III. World Federation of Polish Jews, ed. by Arieh Tartakower], Tel Aviv 1970, 279–293, hier 284 f. Ich danke an dieser Stelle Sean Martin und Marcos Silber für die hilfreiche Zusendung dieses Artikels.

27 Echa ekscesów w Warszawie (5.04) w Radzie Miejskiej [Resonanzen im Stadtparlament auf die Ausschreitungen in Warschau (5.04)], in: Nasz Przegląd (nachfolgend NP) 18 (1923), 1; Ekscesy czwartkowe w komisji Rady Miejskiej [Die Ausschreitungen vom Donnerstag als Gegenstand der Stadtparlamentskommission], in: NP 30 (1923), 3; Protest przeciwko ekscesom antyżydowskim [Protest gegen die antijüdischen Übergriffe], in: ebd. 79 (1923), 3; Z Rady Miejskiej [Aus dem Stadtparlament], in: ebd. 181 (1923), 4.

28 Wynot, Warsaw between the World Wars, 129–131.

sich durch die Aufnahme weiterer Darlehen immer stärker von der Staatsverwaltung abhängig.

Das Stadtparlament war bis 1927 tätig, da seine ursprünglich auf drei Jahre festgelegte Kadenz im Jahr 1922 mit der Aussicht auf eine baldige Lösung für die gesamte Selbstverwaltungsstruktur Polens verlängert worden war.[29] Das Stadtparlament war nicht komplett, der Status von zwölf Stadtdeputierten war zudem problematisch, da sie gleichzeitig Kommunalbeamte waren.[30] Man berichtete von einem scharfen Konflikt zwischen dem Stadtparlament und dem Magistrat, der sich besonders während der Budgetsitzungen offen zeigte.[31]

Im letzten Jahr, 1927, war die Dominanz der *endecja* im Stadtparlament der Hauptstadt besonders problematisch geworden. Denn nach dem Mai-Putsch 1926 wurde der Staat von den Anhängern Józef Piłsudskis, die auch über die Hauptstadt bestimmen wollten, »übernommen«. Ihre Bewegung, genannt *sanacja* (Sanierung), stützte sich seit 1928 auf eine eigene »Regierungspartei«, den Parteiunabhängigen Block für Zusammenarbeit mit der Regierung (Bezpartyjny Blok Współpracy z Rządem – BBWR), der die Anhänger Piłsudskis versammelte.[32] Eine entscheidende Rolle in dem Block spielte die Staatsbürokratie. Schließlich kam es zum sogenannten Kampf um die Hauptstadt, dessen Hauptakteure *endecja* und *sanacja* waren.[33] Im Feuer dieses Kampfes wurden Stimmen laut wie die des katholischen Geistlichen Adam Wyrębowski:[34]

> »Heute geht es nicht darum, ob die Rechte oder die Linke die Hauptstadt regieren wird, sondern darum, ob Polen oder Juden an der Spitze der Stadt stehen werden, Menschen, die sich von der Staatsräson leiten lassen *(myślący państwowo)*, oder aber die Kommunisten *(komuna)*.«[35]

29 Ustawa z 30. 3. 1922 przedłużająca kadencje Rady miejskiej [Der Beschluss vom 30. März 1922 über die Verlängerung der Stadtparlamentskadenz], abgedruckt in: Drozdowski, Warszawiacy i ich miasto w latach Drugiej Rzeczypospolitej, 300.

30 Wybory uzupełniające do rady miejskiej [Die Nachwahlen zum Stadtparlament], in: KP 35 (1927), 6.

31 Rada Miejska. Zakończenie rozpraw budżetowych [Das Stadtparlament. Abschluss der Budget-Debatte.], in: KP 56 (1922), 3.

32 Andrzej Garlicki, Piękne lata trzydzieste [Schöne dreißiger Jahre], Warschau 2008, 18f. und 42.

33 Wynot, Warsaw between the World Wars, 124.

34 Wyrębowski war ein glühender Antisemit und Leiter der Boykottgesellschaft Rozwój (Entwicklung), die im Stadtparlament sechs Sitze erlangte. Siehe Szymon Rudnicki, Równi, ale nie zupełnie [Gleichberechtigt, aber nicht ganz], Warschau 2008, 94, 97 und 100.

35 Samorząd miejski [Die städtische Selbstverwaltung], in: Warszawianka 105 (1927), 4.

Dritte Kadenz des Stadtparlaments vom 23. Juni 1927 bis zum 3. März 1934

Im Jahr 1927 schließlich diente die desolate finanzielle Lage der Selbstverwaltung als Vorwand, das Warschauer Stadtparlament aufzulösen; neue Kommunalwahlen wurden angesetzt.[36] An den Wahlen beteiligten sich immerhin 63,6 Prozent aller Wahlberechtigten.[37] In den Wahlberichten wurden sowohl Geschlecht als auch Konfession der Wähler festgehalten.[38] Man notierte, dass am eifrigsten in den Vorstädten gewählt wurde – sowohl in den proletarisch als auch den landwirtschaftlich geprägten Gebieten.

Einerseits wurde beinahe hysterisch angemerkt, dass sich allgemein die Zahl der jüdischen Wähler im Vergleich zu den Wahlen von 1919 beachtlich vergrößert habe – 1919 hatten nur 45,3 Prozent der jüdischen Wahlberechtigten ihre Stimme abgegeben, 1927 waren es 56,7 Prozent. Dies bedeutete, dass sich der Anteil derer, die ihre Stimme abgegeben hatten, bei Juden und Nichtjuden angeglichen hatte.[39] Andererseits wurde aber auch berichtet, dass die Wahlbeteiligung gerade in den jüdischen Wohngegenden am niedrigsten gewesen sei (unter 50 Prozent), obwohl sie sich im Vergleich zu 1919 erhöht habe.[40]

Die Presse teilte mit, dass »die Juden« untereinander Absprachen träfen, um eine gemeinsame Vertretung im Stadtparlament zu etablieren.[41] Später war dann die Rede von einem »Jüdischen Klub« (Koło Żydowskie) im Stadtparlament, der möglicherweise aus diesen Absprachen hervorgegangen sei.[42] Im Jahr 1929 wusste man dann allerdings zu berichten, dass der kommunale

36 Adam Szczypiorski, Samorząd Warszawy 1916–1939 [Die Warschauer Selbstverwaltung 1916–1939], in: Instytut Historii PAN [Historisches Institut der Polnischen Akademie der Wissenschaften] (Hg.), Warszawa II Rzeczypospolitej 1918–1939, Warschau 1968, 83–117, hier 91.

37 Wybory do Rady Miejskiej m. Warszawy [Wahlen zum Stadtparlament Warschau], in: KW 6 (1927), 1–22, hier 3.

38 Ebd., 1.

39 Ebd., 3; bei Wynot andere Zahlen zur Walbeteiligung 1927: Juden 59,4 Prozent, Nichtjuden 63,6 Prozent, in: Wynot, Jews in the Society and Politics of Inter-War Warsaw, 306; J. Kermisz, Reprezentacja żydowska w Radzie Miejskiej m. st. Warszawy 1919–1938 [Die jüdische Vertretung im Stadtparlament der Hauptstadt Warschau], in: Głos Gminy Żydowskiej [Stimme der jüdischen Gemeinde] (1938), 318–322, hier 320.

40 Wybory do Rady Miejskiej m. Warszawy, 4. Der niedrigere Prozentsatz der jüdischen Wahlbeteiligung wurde mit der höheren Wahlabstinenz jüdischer Frauen erklärt, die signifikanter als die der christlichen Frauen gewesen sei.

41 Polityczne oblicze komitetów wyborczych do Rady Miejskiej [Das politische Antlitz der Wahlkomitees zum Stadtparlament], in: KP 117 (1927), 3.

42 Z Rady Miejskiej [Aus dem Stadtparlament], in: Warszawianka 182 (1927), 4; Zarząd stolicy [Die Vorstand der Hauptstadt], in: ebd. 184 (1927), 1. Koło Żydowskie zählte 15 Stadtdeputierte und war zionistisch dominiert. Außer diesem Klub gab es den Bund (sieben Deputierte), die Poale Zion (drei Deputierte), die Jüdischen Arbeiter (zwei Deputierte).

Jüdische Klub gänzlich zerstritten sei, auch was die persönlichen Kontakte angehe.[43]

Die Wählerschaft hatte sich im Vergleich zu 1919 weiter ausdifferenziert, es formierten sich diesmal drei größere Wahlblöcke: Den ersten bildete ein an der Politik der *sanacja* orientiertes Komitee (Obywatelski Komitet Uzdrowienia Gospodarki Miejskiej [Bürgerkomitee zur Gesundung der Kommunalwirtschaft] – Liste 25, für die Opposition kurz *uzdrawiacze rządowi* [Regierungsheiler]).[44] Dieses Komitee konstituierte sich vor allem aus den sogenannten Stadtbürgern *(mieszczanie)*, die dem ökonomischen und sozialen Milieu des in Zünften gruppierten Kleinbürgertums entstammten. *Endecja* und *chadecja* (die christlichen Demokraten) zusammen bildeten das Komitee zur Verteidigung des polnischen Charakters der Hauptstadt (Komitet Obrony Polskości Stolicy – Liste 12).[45] Schließlich gab es noch die Polnische Partei der Sozialisten (Polska Partia Socjalistyczna – PPS – Liste 2). Der *Kurjer Polski* unterschied zwischen der polnischen Rechten und der Linken samt Juden und dem Zentrum.[46] Die Wahlprognose dieser Zeitung war, dass die jüdische Bourgeoisie in wirtschaftlicher Hinsicht die *endecja*, in kulturell-politischer aber die *sanacja* unterstützen werde.[47] Vielleicht war gerade diese Zweiteilung der jüdischen Wählerschaft dafür verantwortlich, dass sich insbesondere die in den nichtjüdischen Gegenden wohnende jüdische Intelligenz durch hohe Wahlabstinenz auszeichnete.[48] In dieser Feststellung kam zugleich ein wahrscheinlich generelles Dilemma des Mittelstands in Polen zum Vorschein, der wirtschaftlich gemeinsame Interessen hatte, ethnisch-konfessionell aber gespalten war.

Augenscheinlich gab es einen kleinen Wählerkreis, der nichtsdestoweniger sehr umworben war: Alle Parteien waren daran interessiert, die Stimmen der arbeitenden Intelligenz, der Handwerker und des Kleinbürgertums für sich zu

43 Komedja polityczna w Ratuszu [Politische Komödie im Rathaus], in: NP 17 (1929), 4.

44 Polityczne oblicze komitetów wyborczych do Rady Miejskiej, 3; Stanisław Stroński, Bez złudzeń [Ohne Illusionen], in: Warszawianka 179 (1927), 1.

45 Der *Kurjer Polski* kritisierte diese Bezeichnung, denn »der polnische Charakter der Hauptstadt sollte gar nicht erst angezweifelt werden«, in: Hasła i programy. W obliczu wyborów do Rady Miejskiej [Parolen und Programme. Im Angesicht der Wahlen zum Stadtparlament], in: KP 131 (1927), 3.

46 Nowa Rada Miejska [Das neue Stadtparlament], in: KP 141 (1927), 1.

47 Und tatsächlich gibt es Anzeichen solcher Kooperationen in Bezug auf die Debatte um das Schächten im Jahr 1929. Manche jüdischen Stadtabgeordneten (»Senatoren«) sollen die *endecja* unterstützt haben, gegen sie stellten sich die Mehrheit der jüdischen Stadtdeputierten (auch Adolf Truskier) und die gesamte Linke. Siehe Większością głosów endeków, chadeków i sanacji Rada Miejska uchwaliła wnioski w sprawie uboju rytualnego [Mit der Stimmenmehrheit von Endecja, Chadecja und Sanacja verabschiedete das Stadtparlament die Beschlüsse zum rituellen Schlachten], in: NP 343 (1929), 4.

48 Wybory do Rady Miejskiej m. Warszawy, 5.

gewinnen, was einen äußerst verbissenen Wahlkampf zur Folge hatte.[49] Aufgrund dieser Tatsache vertrat der Berichterstatter der Zeitung *Nasz Przegląd*, Samuel Hirszhorn, im Jahr 1929 die Meinung, dass die Programme und die Politik von *endecja* und *sanacja* sich sehr ähnelten.[50] Der *Kurjer Polski* deutete die Entstehung des kommunalen *sanacja*-Komitees als einen Versuch der polnischen Demokraten, sich außerhalb der *endecja* zu konsolidieren.[51] Durch diese »Abwanderung« sei die *endecja* aus ihrem bisherigen Vertretungsmonopol verdrängt worden.

Das Prinzip der freien Wahlen wurde 1927 offenkundig verletzt, da man die im öffentlichen Dienst Beschäftigten zwang, für die Liste der *sanacja* zu stimmen. Die Nationaldemokraten interpretierten die Wahlen in ihrem Sinne: »In den von der Regierung verwalteten und in nicht geringem Maße regulierten Wahlen, werden die moderaten Gruppierungen von ihren Plätzen verdrängt, [dafür] wächst [der Einfluss] der Linken in Verbindung mit den Minderheiten.«[52]

Die Wahlergebnisse fielen jedoch für die *sanacja* enttäuschend aus, sie konnte im Warschauer Stadtparlament keine Mehrheit gewinnen. Die *endecja* (samt ihrer Verbündeten *chadecja*) verbuchte auch weiterhin die meisten Stimmen und erhielt 47 der 120 Sitze. »Die Juden« erhielten 28 Sitze: Die Zionisten erreichten 16 Sitze, der Bund acht, die Poale Zion zwei und die Jüdischen Religiösen Arbeiter ebenfalls zwei.[53] Der *Kurjer Polski* kommentierte ironisch: »Die endgültige Wahl zum Präsidium wie auch die Wahl der Mitglieder des Hauptstadtmagistrats war sensationell – nicht nur die Kräftebalance ist unverändert geblieben, man hat sich nicht einmal bemüht, die Leute auszutauschen, deren Namen für ein korruptes Parteiensystem stehen, die ein Symbol von Indolenz und Inaktivität geworden sind.«[54] (Es ging wohl um einige der 34 Mitglieder des Stadtparlaments, die bis 1929 auf ihren Posten saßen.[55]) Diese Bemerkung macht einerseits deutlich, dass es nur ein

49 Przed wyborami do Rady Miejskiej. Walka o głosy [Vor den Wahlen zum Stadtparlament. Kampf um Wählerstimmen], in: KP 124 (1927), 5.

50 S.H. [Samuel Hirszhorn?], Porozumienie między sanacją a endecją [Einigung zwischen Sanacja und Endecja], in: NP 192 (1929), 3

51 Nowa Rada Miejska [Das neue Stadtparlament], in: KP 141 (1927), 1.

52 Stroński, Bez złudzeń, 1.

53 Wynot, Jews in the Society and Politics of Inter-War Warsaw, 306; Drozdowski gibt 27 Sitze an, siehe Marian Marek Drozdowski, Warszawa w latach 1914–1939 [Warschau in den Jahren 1914–1939], Warszawa 1990, 190.

54 Rządy dla galerii [Regierungen für die Galerie], in: KP 185 (1927), 3.

55 Dziesięciolecie samorządu m. st. Warszawy [10 Jahre Selbstverwaltung der Hauptstadt Warschau], in: NP 80 (1929), 7. Unter den jüdischen Stadtdeputierten waren u.a. Adolf Truskier, Rafał Szereszowski, Maurycy Mayzel, Mendel Elenberg, Mozes Koerner, Jakób Trokenheim, Eliasz Kirszbraun, Chaim Rasner, Rajzla Rachel Steinowa, Henryk Hersz Erlich, Gerson Zybert, Estera Iwińska und Izaak Lew.

begrenztes Personal gab, das willig und fähig war, sich der Kommunalarbeit zu widmen – was das Urteil von Edward D. Wynot Jr. bestätigt. Andererseits machte sie auf die Kaderprobleme der *sanacja* aufmerksam.[56]

Seit 1927 konnte keine der Parteien die absolute Mehrheit erringen, was das Stadtparlament zur Bühne für Parteienkämpfe machte und die Verwaltung außerordentlich erschwerte.[57] Dieser Machtkampf setzte sich auch bei der Wahl des Stadtpräsidenten fort, bei der die Kandidaten der Linken und der Rechten gleich viele Stimmen erhielten.[58]

Von der *sanacja* soll dann die Idee ausgegangen sein, einen taktischen Block aus *sanacja*, PPS, Jüdischem Klub und Bund zu bilden, um auf diesem Weg die *endecja* im Stadtparlament überstimmen zu können. Falls dies stimmt, war es der »Regierungspartei« gelungen, die verfeindeten Konkurrenten unter den jüdischen Parteienvertretern durch Vermittlung zur Kooperation zu bewegen. Dieser »Verbündetenblock« führte schließlich zu einer reibungslosen Wahl des Stadtparlamentsvorsitzenden, Rajmund Jaworski. Die restlichen Sitze im Präsidium wurden unter den Fraktionen des Blocks aufgeteilt; dabei wurde ein Vertreter der jüdischen Bevölkerung zum Vizevorstand ernannt – Maurycy Mayzel.[59] Die Tradition der Anwesenheit eines Juden im Präsidium wurde damit aufrechterhalten. Da man Mayzel nirgendwo als »einen Assimilierten« charakterisierte und man ihn zur Gruppe der Wirtschaftsexperten zählte (er war ein führender Warschauer Kaufmann), bedeutete dies eine Veränderung für die jüdische Vertretung im höchsten kommunalen Gremium: Man hatte es nunmehr statt mit einem »treuen, aber nachgeordneten Verbündeten« mit einem »unabhängigen politischen Partner« zu tun.

Ähnliche Verhandlungen ereigneten sich bei der Wahl der Magistratsbediensteten, wo zwei der zwölf Schöffen von Vertretern des Jüdischen Klubs gestellt wurden. Allerdings gestaltete sich die darauffolgende Wahl der drei Vizepräsidenten aufgrund der oben erwähnten Machtkonstellation und Stimmenverhältnisse (vier Koalitionspartner auf drei Stellen) schwierig.[60] Es exis-

56 Garlicki, Piękne lata trzydzieste, 42–45.

57 Szczypiorski, Samorząd Warszawy 1916–1939, 92; Wczorajsze posiedzenie Rady Miejskiej [Zur gestrigen Sitzung des Stadtparlamentes], in: KP 197 (1927), 4; Zawadzki, Dziesięć lat samorządu Warszawy w niepodległej Polsce, 16.

58 Po wyborze prezydenta miasta. Magistrat musi być oparty o większość Rady [Nach der Wahl des Stadtpräsidenten. Der Magistrat muss sich auf eine Mehrheit im Stadtparlament stützen], in: KP 183 (1927), 7; Zarząd stolicy [Die Verwaltung der Hauptstadt], in: Warszawianka 184 (1927), 1.

59 Die vier »Verbündeten« bildeten ein Präsidium und standen dem Magistrat vor, in dem sie den Vorsitz der Magistratsabteilungen und der Kommunalbetriebe innehatten. Siehe Stanisław Stroński, O byt samorządu [Über die Vorgänge in der Selbstverwaltung], in: Warszawianka 181 (1927),1; ders.: Zarząd stolicy, 1.

60 Z Rady Miejskiej, in: Warszawianka 184 (1927), 5.

tierte vermutlich eine geheime Absprache darüber, dass der erste und dritte Vizepräsident von der PPS und der *sanacja*, der zweite dagegen von der *endecja* kommen sollte. Der »jüdische Partner« war in diesem Block der schwächste und hatte damit keine Chance auf einen solchen Posten. Man verspürte offenbar kein Bedürfnis für weitere Absprachen und stellte »die Juden« vor vollendete Tatsachen, wogegen unter anderem der Stadtdeputierte Adolf Truskier protestierte.[61] Manche *sanacja*-Mitglieder waren jedoch extrem unwillig, mit der *endecja* zu kooperieren, was den Wert des »jüdischen Partners« für sie entscheidend erhöhte.

Dass ein Jude im Präsidium des Stadtparlaments saß, war keineswegs unproblematisch, vor allem, wenn dieser seine Repräsentationsaufgaben auszuüben versuchte, was er abwechselnd mit den weiteren drei Vizevorständen tat. So sollte Mayzel den Regierungsvertretern die Neujahrswünsche des Stadtparlaments im Warschauer Schloss übergeben.[62] Nun traf er hier überraschend mit D. Szarzyński, einem anderen Vizevorstand des Stadtparlaments, zusammen. *Nasz Przegląd* kommentierte:

»Die Tatsache, dass die Wünsche an den Präsidenten der Republik im Namen der Hauptstadt der gerade amtierende Herr Mayzel, ein Jude, übergeben sollte, beunruhigte den Repräsentanten der *sanacja*-Gruppe, Herrn Zadora-Szwajcer, sehr; so intervenierte er in dieser Angelegenheit sogar im nationaldemokratischen Wirtschaftsklub. Herr Zadora-Szwajcer bemühte sich aus allen Kräften, dass statt Mayzels ein anderer Vizevorstand […], ein Nationaldemokrat, auf das Schloss gehe. Darauf wollte aber sogar der Vertreter der *endecja* nicht eingehen, der im Präsidium des Stadtparlamentes sitzt. […] Herr Vizevorstand Szarzyński war lediglich damit einverstanden, dem Vizevorstand Mayzel auf dem Schloss auf […] diskrete Art zu assistieren.«[63]

Nasz Przegląd erwähnte, dass diese Aktion von Zadora-Szwajcer einen Konflikt im Warschauer Stadtparlament hervorgerufen hatte. Zadora sollte daraufhin auf seinen Sitz im Stadtparlament verzichten wollen, die Mehrheit des Stadtparlaments entschloss sich jedoch, darüber hinwegzugehen und zur Tagesordnung zurückzukehren.

61 Porozumienie między prawicą a PPS faktem dokonanym. Wiceprezydentami miasta pp. Szpotański (PPS), Borzęcki (praw.) i Bogucki (PPS) [Die Einigung zwischen der Rechten und der PPS ist vollendete Tatsache. Vizepräsidenten der Stadt werden die Herren Szpotański (PPS), Borzęcki (Die Rechte) und Bogucki (PPS)], in: KP 183 (1927), 3; Na wczorajszym posiedzeniu Rady Miejskiej trzykrotne głosowanie na wiceprezydenta miasta nie dało rezultatu [Auf der gestrigen Stadtparlamentssitzung brachte eine dreimalige Abstimmung zum Vizepräsidenten der Stadt kein Resultat], in: NP 118 (1929), 4. Truskier war der jüdische Kandidat für diesen Posten und konnte in den drei Abstimmungen jeweils 13 Stimmen auf sich vereinigen (von insgesamt 98). Er repräsentierte die Wirtschaftskreise und war Vorstand der Verbandszentrale der Kaufleute (Centrala Związku Kupców).

62 Z za kulis wyborów na prezesa Rady Miejskiej [Hinter den Kulissen der Wahlen zum Vorstand des Stadtparlaments], in: ebd. 31 (1933), 7.

63 Z Rady Miejskiej, in: ebd. 55 (1933), 4.

Die *sanacja* vertrat einen interventionistischen Zentralismus und betrachtete die Selbstverwaltung demnach als eine zentralistisch strukturierte, von oben gelenkte, durch begrenzte Teilnahme des bürgerlichen Elements charakterisierte Institution.[64] Die Zusammensetzung des Warschauer Stadtparlaments stellte offensichtlich ein Hindernis dar, es als Teil einer solchen zentralistischen Staatsstruktur begreifen zu können. Die *sanacja*-Regierung versuchte den Misserfolg ihrer Partei bei den Kommunalwahlen auszugleichen, indem sie die städtische Selbstverwaltung noch stärker den Staatsbehörden unterordnete.[65] Denn im Jahr 1928 hatte man einen Regierungskommissar für Warschau ernannt, der in seinem Rang dem Woiwoden gleichkam.[66] *Nasz Przegląd* berichtete von wiederholten Versuchen, die Kompetenzen der Selbstverwaltung durch den Erlass von Dekreten zu schmälern.[67] Aktivisten der PPS, des Jüdischen Klubs und des Bundes protestierten mehrfach hiergegen. Es wurde außerdem von einem Konflikt zwischen dem ausführenden Magistrat, der im guten Kontakt zum Innenministerium stand, und dem Stadtparlament berichtet.[68]

Fühlbar wurde die weiterhin starke Position der *endecja* im Stadtparlament, als man sich auf eine gemeinsame Erklärung einigen wollte, die die antijüdischen Ausschreitungen von 1931 verurteilen sollte.[69] Eine solche Erklärung wurde von dem Stadtverordneten Mateusz Hindes eingebracht und jüdische Gruppierungen, die *sanacja*, die PPS-Fraktion und die *sanacja*-Berufsverbände unterstützten das Anliegen. Die *endecja* verzögerte jedoch

64 Klimek, Samorząd miast II Rzeczypospolitej. Publiczna debata i rozwiązania ustrojowe, 55.

65 Das tat sie mithilfe der Verordnung: Rozporządzenie prezydenta o urzędzie Komisarza Rządu na Warszawe, starostwo grodzkie [Verordnung des Präsidenten zum Amt des Warschauer Regierungskommissars, Stadtbezirk], in: Drozdowski, Warszawiacy i ich miasto w latach Drugiej Rzeczypospolitej, 317

66 Hubert Izdebski, Samorząd terytorialny w II Rzeczypospolitej, Część 2: Samorząd w latach 1933–1939 [Die territoriale Selbstverwaltung in der Zweiten Republik, Teil 2: Die Selbstverwaltung in den Jahren 1933–1939], in: Samorząd Terytorialny 6 (1991), 46–54, hier 52; Jan Gadomski, Organizacja miejscowych władz administracyjnych i ich stosunek do samorządu m. Warszawy [Die Organisiation örtlicher Verwaltungskräfte und ihr Verhältnis zur Selbstverwaltung der Stadt Warschau], in: KW 9 (1929), 1–5.

67 Próby ograniczania samorządu [Versuche zur Einschränkung der Selbstverwaltung], in: NP 47 (1928), 5; Rada Miejska przeciw urzędowym projektom ustawy samorządowej [Das Stadtparlament gegen die Projekte der Regierung zum Gesetz über die Selbstverwaltung], in: ebd. 29 (1932), 4.

68 Nieporozumienia Magistratu z Radą Miejską [Missverständnisse zwischen Magistrat und Stadtparlament], in: ebd. 61 (1933), 9.

69 Prezydium Rady Miejskiej i Konwent Seniorów wobec ekscesów antyżydowskich [Das Stadtparlamentspräsidium und der Ältestensrat zu den antijüdischen Ausschreitungen], in: ebd. 312 (1931), 4.

zunächst die Herausgabe der Erklärung,[70] um sie schließlich gänzlich zu verhindern.[71]

Edward D. Wynot Jr. spricht generell von einer Lähmung der Selbstverwaltung nach 1927.[72] Dieser Zustand war bequem für alle konservativen Elemente, die keinen Fortschritt wünschten, und für die *sanacja*, die sich für eine arbiträre Bürokratisierung einsetzte. Beide bekamen Unterstützung von den politisch schwankenden, eine Munizipalisierung fürchtenden Mittelschichten. Laut Wynot hat diese Allianz sich mit der Wirtschaftskrise noch stärker gefestigt – überhaupt habe die Kritikbereitschaft der Gesellschaft zu diesem Zeitpunkt ihren Höhepunkt erreicht. Bis auf die Frage der Munizipalisierung stimmte mit dieser Einschätzung auch S.H. (Samuel Hirszhorn?) von *Nasz Przegląd* überein:

»[Im Warschauer Stadtparlament] haben die bürgerlichen [*mieszczańskie*] Elemente die Oberhand gewonnen, mit der *endecja* an der Spitze. Statt aber dem Vorbild des liberalen Bürgertums zu folgen, das westliche Städte zur Blüte führte, ahmte die *endecja* – hauptsächlich aus antisemitischen Gründen, was ihren Chauvinismus und bolschewistischen Etatismus betrifft, den zaristischen Osten nach. Mit ihrem Etatismus und der Enteignungspolitik beschädigte die *endecja* namentlich die Ideale des heiligen (Privat-) Eigentums, der Rechtmäßigkeit und des Liberalismus, die sie noch vor Kurzem so kämpferisch im Staatsparlament verkündet hatte.«[73]

Diese Haltung war entsprechend hervorzuheben, denn sie markiert die Unterschiede in der Parteiprogrammatik auf verschiedenen politischen Bühnen: der staatlichen und der kommunalen.

Eine ähnliche Argumentationsweise ist in der Budgetdebatte des Jahres 1933 festzustellen, als es um Budgetierung der kommunalen Lebensmittelgeschäfte ging *(miejskie sklepy spożywcze)*. Diese Geschäfte haben den Kommunaletat sehr belastet. Trotzdem sprach sich der Vertreter der *endecja*, Konrad Ilski, für ihre Weiterführung aus, »da immer mehr christliche Geschäfte in jüdische Hände übergehen«.[74]

Des Weiteren hieß es, dass wegen der starken Präsenz der *endecja* im Stadtparlament die »Straßen der Proletarier und der Juden« bei den Sanie-

70 Ugrupowania prawicowe w Radzie Miejskiej nie chcą dopuścić do jednolitej deklaracji w sprawie ekscesów [Rechte Gruppierungen im Stadtparlament blockieren eine gemeinsame Erklärung zu den Ausschreitungen], in: NP 314 (1931), 4.

71 Rada Miejska o zajściach antyżydowskich w stolicy [Das Stadtparlament zu den antijüdischen Vorfällen in der Hauptstadt], in: ebd. 249 (1931), 2; Endecja uniemożliwia w radzie miejskiej dyskusję w sprawie zajść antyżydowskich w stolicy [Die Endecja verhindert eine Diskussion um die antijüdischen Vorfälle in der Hauptstadt], in: ebd. 319 (1931), 3.

72 Wynot, Warsaw between the World Wars, 148.

73 Jubileusz Ratusza [Der Jahrestag des Rathauses], in: NP 80 (1929), 4. Man meinte damit u.a. die Enteignungen von Hypothekengläubigern *(wierzyciele hypoteczni)*, die Kommunalisierung der Verkehrsmittel und des Theaters.

74 Budżet miejski uchwalony [Stadtbudget wurde beschlossen], in: ebd. 76 (1933), 8.

rungsmaßnahmen umgangen worden seien, nur die Gegenden der Besitzenden würden gepflegt. Aus Protest gegen eine solche Kommunalpolitik blieben die Stadtverordneten von PPS, Bund und Poale Zion der festlichen Sitzung zum 6. Jahrestag des Stadtparlaments fern.[75] Die Berichte von den Debatten im Warschauer Stadtparlament, die in *Nasz Przegląd* abgedruckt wurden, weisen auf den Klassenkampfcharakter der Auseinandersetzungen zwischen der *endecja*, der PPS und den jüdischen Stadtdeputierten hin: Während die Bundisten und die Vertreter der Poale Zion für die Senkung der Mieten von Kleinwohnungen eintraten, wurde ihre Argumentation von den Nationaldemokraten bekämpft.[76]

Bernard Singer ging auf solcherart Konflikte und unterschiedliche Interessenlagen in der Kommunalpolitik am Beispiel der Nordstadt *(dzielnica północna)*, die hauptsächlich von Juden bewohnt wurde, näher ein. Man hoffte, dass nach dem Abriss der Zitadelle und der Schleifung der Festungsmauer, die die Entwicklung der nördlichen Stadtteile behinderte, die Enge und die unhygienischen Zustände in den dortigen Straßen mit Unterstützung der städtischen Selbstverwaltung bald der Vergangenheit angehörten.[77] Nun berichtete Singer, dass diese Hoffnung enttäuscht werden würde: Die Hauptstadt zog Beamte aus ganz Polen an, die versorgt werden mussten; die Stadt habe diese bevorzugt und die Bedürfnisse der jüdischen Kleinbürger zurückgestellt. Singer beschrieb die scharfe Interessenkonkurrenz zwischen den jüdischen Einwohnern der nördlichen Stadtviertel und der *inteligencja urzędnicza* (der Beamtenschicht), die das angrenzende, neue Stadtviertel Żoliborz bewohnte. Er sah dies als Teil des allgemeinen Urbanisierungsproblems, denn die gesamte Altstadt wurde von einem Ring neuer, moderner Stadtteile umschlossen, wodurch es zur Bevölkerungssegregation kam: Die Armen und Einflusslosen verblieben in der Altstadt, die Begüterten und Einflussreichen zogen an den Stadtrand. Singer kritisierte die städtische Selbstverwaltung, die nichts dagegen unternehme und die ärmeren Stadtteile zugunsten der reicheren vernachlässige. Tatsächlich wurden 1927 und 1928 in Żoliborz eine

75 Sześciolecie samorządu m. st.Warszawy [Sechs Jahre Selbstverwaltung der Hauptstadt Warschau], in: ebd. 80 (1929), 7.

76 Rada miejska domaga się zniżki komornego i wstrzymania eksmisji [Das Stadtparlament fordert die Senkung der Mieten und einen Stopp der Räumungen], in: ebd. 189 (1933), 9.

77 Regnis [Bernard Singer], Warszawa … w kwiatach biurokracji [Warschau … die Bürokratie treibt Blüten], in: ebd. 185 (1938), 7; Szczypiorski, Od Piotra Drzeweckiego do Stefana Starzyńskiego. Gospodarka komunalna m. st. Warszawy w latach 1915–1939, 183; siehe Gabriela Zalewska, Ludność żydowska w Warszawie w okresie międzywojennym [Die jüdische Bevölkerung im Warschau der Zwischenkriegsperiode], Warschau 1996, 67; sowie Czesław Miłosz, Wyprawa w dwudziestolecie [Expedition in die zwanziger Jahre], Krakau 1999, 319f.

Wohnkolonie (die *Kolonia Kościuszkowska*)[78] und Häuser einer Wohngenossenschaft (der *Warszawska Spółdzielnia Mieszkaniowa*)[79] gebaut. Während die Erstere für die Angestellten der Selbstverwaltung gedacht war, sollte die Genossenschaft den finanzschwachen Vertretern der Inteligencja eine Heimstätte werden. Das große Engagement für diese Bauvorhaben ist insofern aussagekräftig, als sich unter den Staats- und Stadtbeamten kaum Juden befanden. Dabei stieg die Bedeutung der bürokratischen Institutionen auf dem Arbeitsmarkt ständig an, denn in der polnischen Wirklichkeit jener Jahre offerierten allein sie den »mittleren Schichten« eine Möglichkeit, sich ein Auskommen zu sichern.

Trotzdem fiel die Beurteilung dieser Kadenz bei Joseph Kermish recht positiv aus: Die Warschauer Selbstverwaltung habe das erste Mal einige Juden als Kommunalangestellte beschäftigt.[80]

Die Finanzsituation des Warschauer Stadtparlaments war von Beginn an schlecht. Die Weltwirtschaftskrise verschärfte diese Misere zusätzlich. Der Krisenmechanismus war für den Durchschnittsbürger völlig undurchschaubar, weshalb menschliches Versagen verantwortlich gemacht wurde.[81] Für ihre Diffamierungsaktionen gegen das Stadtparlament nutzten Regierungskreise dessen Sparpolitik aus, zu der es sich in der Periode zwischen 1930 und 1934 angesichts der finanziellen Krise gezwungen sah. Sie beruhte u. a. darauf, Ausgaben zu beschränken, kommunale Investitionen zu verzögern, das Personal zu reduzieren und die Vergütung der Beamten zu kürzen – wodurch es sich selbstverständlich unbeliebt machte.[82] Das Stadtparlament selbst forderte im Juni 1930 vom Innenministerium, Neuwahlen auszuschreiben.[83] Diesem Wunsch wurde damals nicht entsprochen.

Diese finanzielle Situation wirkte sich auch auf die Subventionierung aus. Subventioniert wurden generell Institutionen, die Aufgaben in der Sozial-

78 Zygmunt Słomiński, prezydent Warszawy [Stadtpräsident von Warschau] 〈http://www.um.warszawa.pl/v_syrenka/miasto /prezydeci-28.htm〉 (29. Juli 2011).

79 Ute Caumanns, Mietskasernen und »Gläserne Häuser«. Soziales Wohnen in Warschau 1900–1939, in: Alena Janatková/Hanna Kozińska-Witt (Hgg.), Wohnen in der Großstaadt. Wohnsituation und Modernisierung im europäischen Vergleich, Stuttgart 2006, 205–224, hier 212–219.

80 Kermish, Di yidishe representantz in varshever shtotrat, 290.

81 Garlicki, Piękne lata trzydzieste, 77 und 208.

82 Drozdowski, Warszawa w latach 1914–1939, 339; Szczypiorski, Od Piotra Drzeweckiego do Stefana Starzyńskiego. Gospodarka komunalna m. st. Warszawy w latach 1915–1939, 94; Z Rady Miejskiej, in: NP 349 (1932), 2; Samorząd stolicy walczy z deficytem [Die Selbstverwaltung der Hauptstadt kämpft mit einem Defizit], in: ebd. 208 (1931), 9; Pracownicy miejscy nie zgadzają się na nowe warunki magistratu [Die Stadtangestellten sind mit den neuen Bedingungen des Magistrats nicht einverstanden], in: ebd. 29 (1933), 15.

83 Rada Miejska przeciwko min. Spraw wewnętrznych [Das Stadtparlament gegen das Ministerium für Inneres], in: ebd. 241 (1930), 4.

und Bildungspolitik übernahmen.[84] Häufig wurden Subventionen für jüdische Initiativen zwar beschlossen,[85] konnten aber tatsächlich nur teilweise oder gar nicht ausgezahlt werden.[86]

Im Jahr 1931 stellte der Magistrat die Gehaltszahlungen an die Angestellten schließlich ganz ein, worauf die Betroffenen mit Streiks drohten.[87] Später beschloss man, die Löhne drastisch zu reduzieren.[88] Daraufhin streikten die Bediensteten, bis man sich auf ratenweise Nachzahlungen einigen konnte.[89] Im Jahr 1933 wurden die Löhne um 15 Prozent geschmälert.[90] Wieder folgte eine Streikwelle.[91] Die Stadtverwaltung verspielte das Vertrauen der Bevölkerung: Obwohl man den Streikenden Repressionsfreiheit garantiert hatte, wurden anschließend mehrere Angestellte auf andere Arbeitsstellen versetzt, einer wurde entlassen.[92] Von massenhaften Versammlungen vor dem Rathaus war die Rede, auf denen gegen die Kommunalpolitik des Stadtparlaments protestiert wurde. Samuel Hirszhorn kommentierte das 1931:

»Diejenigen, die bei uns mit Beginn der staatlichen Unabhängigkeit und der kommunalen Selbstverwaltung an die Macht berufen wurden, wollten sich der bitteren Wahrheit nicht bewusst werden, dass Polen ein armes Land und Warschau keine vermögende Stadt ist. [...] Der Warschauer Magistrat, so sagt man, habe zu viel ausgegeben, er verfügte über ein zu hohes Budget, das bis zu 100 Mio. Złoty reichte, er habe zu großzügig ausgegeben und dies für unproduktive Ziele.«[93]

84 O »przywilejach« żydowskich w dziedzinie szkolnictwa miejskiego [Über die jüdischen »Privilegien« im Bereich des städtischen Schulwesens], in: ebd. 25 (1931), 5.

85 Z. B. für das jüdische Altersheim, Waisenhäuser, ein Sanatorium, siehe Opieka społeczna nad ludnością żydowską [Die Sozialfürsorge für die jüdische Bevölkerung], in: KP 241 (1922), 7. Jüdische Bildungsinstitute bekamen zwar in der Regel keine staatlichen, aber dafür kommunale Subventionen. Siehe Rudnicki, Żydzi w parlamencie II Rzeczypospolitej, 100.

86 Niesłychane postępowanie magistratu warszawskiego w stosunku do instytucji żydowskich [Unerhörtes Benehmen des Warschauer Magistrats gegenüber den jüdischen Institutionen], in: NP 39 (1933), 3.

87 Oszczędności Magistratu [Die Ersparnisse des Magistrats], in: ebd. 211 (1931), 5; Strajk pracowników magistratu [Streik der Magistratsangestellten], in: ebd. 238 (1932), 2.

88 »Czerwony Sztandar« na Ratuszu [»Rote Fahne« auf dem Rathaus], in: ebd. 263 (1931), 3; P. Jaworowski przestał być Prezesem Rady Miejskiej m. st. Warszawy [Herr Jaworowski ist nicht mehr Vorsitzender des Stadtparlaments], in: ebd. 277 (1931), 2.

89 Groźba konfliktu w magistracie [Die Androhung eines Konflikts im Magistrat], in: ebd. 302 (1932), 9; Strajk [Streik], in: ebd. 309 (1932), 3.

90 Demonstracyjny strajk pracowników miejskich wyznaczony na piątek [Streik und Demonstration der Stadtangestellten sind für den Freitag vorgesehen], in: ebd. 60 (1933), 9.

91 Strajk pracowników miejskich [Streik der Stadtangestellten], in: ebd. 70 (1933), 9; Strajk pracowników miejskich skończony [Streik der Stadtangestellten beendet], in: ebd. 71 (1933), 8.

92 Wrzenie wśród pracowników miejskich [Die Angestellten der Stadt brausen auf], in: ebd. 76 (1933), 9.

93 Nad łożem chorego magistratu [Am Bett des kranken Magistrats], in: ebd. 217 (1931), 3.

Die falsche Investitionspolitik sei mit patriotischen und nationalistischen Phrasen verschleiert worden. Schließlich wurde im Jahr 1931 in *Nasz Przegląd* der Wunsch geäußert, die Staatsverwaltung solle das Stadtparlament auflösen und einen Regierungskommissar ernennen, die kommunalen Finanzen sollten geordnet und Neuwahlen ausgeschrieben werden.[94]

Im Juli 1933 wurden, angesichts des baldigen Inkrafttretens eines neuen Verwaltungsrechts, das die Grundlage der künftigen Warschauer Selbstverwaltung bilden sollte,[95] Versammlungen der Warschauer Selbstverwaltung einberufen, um die Modalitäten der Abwicklung festzulegen:[96] Die Kompetenzen des Stadtparlaments wurden mit der Delegierung einiger finanzieller Entscheidungen an den Magistrat weiter eingeschränkt. Die Macht des Stadtpräsidenten wurde verstärkt, die der Schöffen dagegen eingegrenzt. Gleichzeitig wurde die Finanzgrundlage der Selbstverwaltung geändert, indem man die Kommunalsteuer zu einem Zusatz der Staatssteuer erklärte *(podatek samorządowy od gruntu jako dodatek do państwowego podatku gruntowego)* und so die Kommunalfinanzen noch stärker an die Staatsfinanzen band.[97]

Das Regierungskommissariat 1934–1938

Auf Anordnung von Staatspräsident Ignacy Mościcki vom 23. März 1933 wurde der Stadtrat von Warschau mit Wirkung vom 3. März 1934 unter dem Vorwand finanzieller Inkompetenz aufgelöst[98] und ein kommissarischer Stadtpräsident ernannt.[99] Bezeichnend ist die Tatsache, dass dieser – Marjan

94 Wczorajsze posiedzenie Rady Miejskie [Die gestrige Sitzung des Stadtparlaments], in: ebd. 300 (1931), 2.

95 Die sogenannte *ustawa scaleniowa* (das vereinheitlichende Gesetz) hat die Autonomie der Selbstwaltung in entscheidendem Maße beschränkt, da sie die Selbstverwaltung unter Staatskontrolle stellte und die Teilnahme des bürgerlichen Elements zugunsten der Fachkräfte und der Bürokratie hintanstellte. Klimek, Samorząd miast II Rzeczypospolitej. Publiczna debata i rozwiązania ustrojowe, 60.

96 Zmiana struktury zarządu m. Warszawy [Strukturveränderung des Warschauer Stadtvorstands], in: NP 190 (1933), 15; Zasadnicze zmiany struktury zarządu miasta Warszawy [Grundlegende Strukturveränderung des Warschauer Stadtvorstands], in: ebd. 193 (1933), 9.

97 Doniosła reforma podatków kommunalnych [Bahnbrechende Reform der Kommunalsteuer], in: ebd. 340 (1933), 8.

98 Przed rozwiązaniem warszawskiej Rady Miejskiej [Vor der Auflösung des Warschauer Stadtparlaments], in: ebd. 41 (1934), 9; Wstęp do rozwiązania rady miejskiej i magistratu [Beginn der Auflösung des Stadtparlaments und des Magistrats], in: ebd. 60 (1934), 2; Drozdowski, Warszawa w latach 1914–1939, 341; Izdebski, Samorząd terytorialny w II Rzeczypospolitej, Część 2, 52.

99 Z życia samorządu stołecznego [Aus der Praxis der hauptstädtischen Selbstverwaltung], in: KW 3 (1934), 168. Zuerst war nur von vier bis fünf Juden die Rede, die ernannt werden

Zyndram-Kościałowski – vorher schon den Posten des Warschauer Woiwoden innegehabt hatte, denn dies bedeutete die stärkere Unterordnung der Selbstverwaltung unter die des Staats. Zyndram-Kościałowski gehörte zudem zu den engsten Vertrauten Józef Piłsudskis.[100] Der kommissarische Stadtpräsident stand dem alten Stadtparlament vor und befreite es von den Gegnern der *sanacja*, indem er sie entließ.

Noch im Jahr 1934 wurden kraft der neuen Gesetze des Innenministeriums aus den Reihen der *sanacja*-Anhänger die kommissarischen Stadtpräsidenten der Großstädte ernannt. In Warschau war es Stefan Starzyński, *sanacja*-Anhänger und BBWR-Mitglied. Seine Amtszeit wurde auf anderthalb Jahre festgesetzt, während »die Stadtwirtschaft vereinigt und das Regierungskommissariat aufgelöst werden sollte«.[101] 1937 jedoch wurde »das kommissarische Regieren« im Warschauer Parlament von der Regierung um ein weiteres Jahr, bis Oktober 1938, verlängert, worüber im Sejm abgestimmt worden war.[102]

Starzyński kritisierte das ehemalige Stadtparlament scharf und warf ihm finanzielle Misswirtschaft *(niechlujstwo)* vor.[103] Die Kritik an den Vorgängern gehörte fest zum Repertoire seiner Auftritte.[104] Starzyński beabsichtigte diese Fehler mittels einer bedingungslosen Sparpolitik zu korrigieren. Sein Motto lautete: »Zielstrebigkeit, Sparsamkeit und Rationalität« *(celowość, oszczędność i racjonalizacja)*.[105] Sein Arbeitsstil war autoritär, die Vertreter der betroffenen Bevölkerungsgruppen pflegte er nicht zu konsultieren.

Nach dem Stadtpräsidenten wurde am 24. September 1934 ein Provisorisches Stadtparlament *(Tymczasowa Rada Miejska)* ernannt (36 Mitglieder, darunter sieben Juden), ebenfalls bestehend aus *sanacja*-Aktivisten.[106] *Nasz*

sollten. Vgl. Sprawa przedstawicieli żydowskich w tymczasowej Radzie Miejskiej [Die Frage der jüdischen Vertreter im Provisorischen Stadtparlament], in: NP 280 (1934), 9.

100 Zudem galt er als »judenfreundlich«, siehe Marcus, Social and Political History of the Jews in Poland, 1919–1939, 353.

101 Nowy prezydent Warszawy b. minister Starzyński objął urzędowanie [Der ehemalige Minister Starzyński übernahm sein neues Amt des Stadtpräsidenten von Warschau], in: NP 220 (1936), 7.

102 Sprawa przedłużenia rządów komisarycznych na ratuszu warszawskim [Die Frage der Verlängerung der kommissarischen Regierung im Warschauer Rathaus], in: KP 148 (1937), 3; Przedłużenie rządów komisarycznych w Warszawie [Die Verlängerung der kommissarischen Regierung in Warschau]; in: ebd. 152 (1937), 4.

103 Sensacyjne oświadczenie prez. Starzyńskiego o gospodarce miejskiej [Sensationelle Erklärung von Präsident Starzyński zur städtischen Wirtschaft], in: NP 252 (1934), 9.

104 Uroczyste otwarcie Tymczasowej Rady Miejskiej [Feierliche Eröffnung des Provisorischen Stadtparlaments] , in: ebd. 30 (1935), 3.

105 O gospodarce samorządu miejskiego [Von der Wirtschaft der städtischen Selbstverwaltung], in: KP 99 (1935), 4.

106 Powołanie Tymczasowej Rady Miejskiej i Komisji Rewizyjnej w m. st. Warszawie [Einberufung des Provisorischen Stadtparlaments und der Revisionskommission in der Haupt-

Przegląd nannte das Provisorische Stadtparlament provokativ sogar »judenrein«, denn deren Vertreter dort seien der jüdischen Bevölkerung weitgehend unbekannt (es waren ja keine Zionisten) und es sei zweifelhaft, ob sie die Angelegenheiten der jüdischen Bevölkerung Warschaus im Stadtparlament offen, mutig und würdevoll vortragen würden.[107] Später verhöhnte *Nasz Przegląd* das Stadtparlament als »bajrat« (Beirat), womit die Zeitung auf die Unselbstständigkeit der Selbstverwaltung zielte.[108] Dieses Stadtparlament besitze sowieso nur beratende Kompetenzen.[109]

Angesichts der scharfen Kritik, mit der man das vorherige Stadtparlament belegte, nahm *Nasz Przegląd* die damaligen jüdischen Stadtdeputierten in Schutz:

»Es ist in diesem Augenblick nicht unsere Aufgabe, Kritik an den Aktivitäten der jüdischen Vertreter im Magistrat und dem Stadtparlament in Warschau zu üben und sie zu analysieren. Ohne Zweifel ließen diese Aktivitäten in mehreren Fällen zu wünschen übrig, besonders hinsichtlich des Kampfes um Arbeit für Juden und der Kultur und Bildung betreffenden Forderungen. Niemand jedoch, der während der Wahlperiode über mehrere Jahre die Tätigkeit der jüdischen Stadtdeputierten beobachtet hat, kann bestreiten, dass sie überall auf das Wohl der Stadt abzielte und dass der Kampf gemäß den Forderungen der jüdischen Bevölkerung oder für die Gleichbehandlung der jüdischen Stadtviertel, sich nicht im Widerspruch zu den Interessen der Selbstverwaltung und den Problemen der Entwicklung der Hauptstadt der Republik befunden hat.«[110]

Die Zeitung betonte, dass die Interessen der jüdischen Einwohner Warschaus identisch mit denen der ganzen Stadt seien – wenn man deren Bedürfnissen nachgehe, diene dies allgemein dem Wohl der Stadt. Sie unterstrich, dass allein die jüdische Vertretung im Stadtparlament unbefangen von den Kämpfen der Parteien sei, wie sie *endecja* und *sanacja* sich lieferten. Die Zeitung zeigte sich besorgt, dass die jüdische Stadtbevölkerung weder einen Vertreter auf einem höheren Posten (Vizepräsident, Schöffe oder Vizevorstand) bekam, noch einen jüdischen Magistratsbeamten.

Das Außen- und das Finanzministerium erteilten den Selbstverwaltungen und ihren Kontrollorganen Anfang des Jahres 1935 weitere Sparanweisungen.[111] Man ordnete die abermalige Reduzierung der Subventionen für

stadt Warschau], in: NP 357 (1934), 4. Diese sieben Juden waren Rafał Szereszowski, Stanisław Seidenbeutel, Mieczysław Kon, Araham Gepner, Jakób Trokenheim, Srul Glocer, Leon Bregman.

107 Przed dzisiejszym otwarciem Tymczasowej Rady Miejskiej [Vor der heutigen Eröffnung des Provisorischen Stadtparlaments], in: ebd. 29 (1935), 7.

108 M. Kleinbaum, Kogo dziś wybieramy? [Wen wählen wir heute?], in: ebd. 353 (1938), 11.

109 Wobec zmian na terenie samorządu stołecznego [Angesichts der Veränderungen im Bereich der hauptstädtischen Selbstverwaltung], in: ebd. 279 (1934), 7; Przed dzisiejszym otwarciem Tymczasowej Rady Miejskiej, 7.

110 Wobec zmian na terenie samorządu stołecznego, 7.

111 Zalecenia oszczędnościowe dla samorządów [Sparempfehlungen für die Selbstverwaltun-

Sozialeinrichtungen an. Stadtpräsident Starzyński setzte diese Empfehlungen pedantisch in die Tat um, um das Budget auf diese Weise auszugleichen.[112] Er kündigte Kürzungen der Gehälter der bestverdienenden Beamten und Kürzungen der Beamtenpensionen an.[113] Gleichzeitig mit den Einsparungen in der Verwaltung sollten die Lebenshaltungskosten der Warschauer gesenkt werden, um die Kaufkraft zu erhöhen. In Übereinstimmung mit diesem »fiskalischen Populismus« beschloss man eine Anhebung der Immobiliensteuer, womit die bürgerliche Mitte zusätzlich belastet wurde.[114] Starzyński war der Meinung, dass sich eigentlich »das ganze Land« am Ausbau »seiner« Hauptstadt beteiligen sollte – gleichwohl hielt er diese Forderung selbst für unrealistisch.[115] Mit den Einsparungen und mit der Hilfe der Regierung wollte er ein monumentales Warschau bauen, dass würdig wäre, Hauptstadt eines europäischen Staates zu sein. Er stützte sich hierbei vor allem auf die Intelligenzija sowie auf die kommunale und staatliche Bürokratie – womit er die Politik der *sanacja* fortsetzte.[116] Die Zahl der städtischen Beamten wurde in dieser Zeit, angeblich ohne sichtbaren Bedarf, um 25 Prozent erhöht.[117] Wie bereits angemerkt, waren Juden in dieser Berufsgruppe kaum zu finden.

Die Investitionsfreundlichkeit Starzyńskis wurde allerdings durch die andauernde Verknappung der Finanzmittel gebremst. Vor allem die Kürzungen des zentralen Arbeitsfonds *(Fundusz Pracy)*, der dazu diente, Großinvestitionen zu verwirklichen und Arbeitslosen hierbei Beschäftigung zu geben, wirkte sich negativ auf die Warschauer Vorhaben aus.[118] Deshalb protestierte Starzyński gegen die fortdauernde Einschränkung der städtischen Autonomie und die staatliche Beanspruchung kommunaler Finanzquellen. Paradoxerweise gründete seine Haltung in der Tatsache, dass er »seine« Kommune als

gen]; in. KP 45 (1935), 6. Vgl. die Sparpolitik von Vizepremier und Finanzminister Eugeniusz Kwiatkowski in: Janusz Zaręba, Eugeniusz Kwiatkowski – romantyczny pragmatyk [Eugeniusz Kwiatkowski – ein romantischer Pragmatiker], Warszawa 1998, 85f.

112 Budżet stolicy w świetle uwag p. Prez. Starzyńskiego [Das Budget der Hauptstadt im Lichte der Bemerkungen des Herrn Präsidenten Starzyński], in: KP 73 (1935), 4; Szczypiorski, Od Piotra Drzeweckiego do Stefana Starzyńskiego. Gospodarka komunalna m. st. Warszawy w latach 1915–1939, 181f.

113 Dyskusja nad budżetem Warszawy [Die Diskussion zum Warschauer Budget], in: KP 80 (1935), 4.

114 Posiedzenie Tymczasowej Rady Miejskiej Warszawy [Die Sitzung des Provisorischen Stadtparlaments Warschaus], in: ebd. 296 (1936), 6.

115 Polityka gospodarcza stolicy [Die Wirtschaftspolitik der Hauptstadt], in: ebd. 225 (1935), 4.

116 A. Werksztel, O stan zdrowotności i kultury dzielnic żydowskich Warszawy [Zum Gesundheitszustand und zur Wohnkultur in den jüdischen Stadtvierteln Warschaus], in: NP 136 (1939), 19.

117 Wynot, Jews in the Society and Politics of Inter-War Warsaw, 136f.

118 Przyczyny zmniejszenia wydatków na inwestycje miejskie [Die Gründe der Verminderung der Ausgaben für städtische Investitionen], in: KP 67 (1937), 3.

eigenen Kleinstaat wahrnahm, für dessen Wohl er sich aus ganzer Kraft einsetzte. Vom Sparzwang waren mehrere jüdische Einrichtungen betroffen, wenn auch in unterschiedlichem Maße. *Nasz Przegląd* veröffentlichte eine Aufstellung, worin Juden diskriminiert wurden. Das betraf u. a. die Auslagerung des Altersheims Broszków, die Entlassungen im Jüdischen Krankenhaus, die gänzliche Streichung der Subventionierung der jüdischen Bildungsanstalten, die Kommunalisierung des Badehauses einschließlich der Entlassung eines Teils der jüdischen Angestellten, das Fehlen einer Finanzierung der Institutionen, die ersatzweise die Aufgaben des Magistrats erfüllten, der Ausschluss der jüdischen Studenten bei der Vergabe der Kommunalstipendien, die Aktion gegen das rituelle Schächten, die Schließung des Waisenhauses in der Płockerstraße, die Entlassung der jüdischen Lieferanten durch die Ankaufabteilung des Magistrats und die Vernachlässigung des jüdischen Stadtviertels. Szymon Rudnicki vertritt die Meinung, dass Starzyński hauptsächlich Ersparnisse erzielen wollte, keine weiteren Ziele verfolgte und nicht in der Lage war, die Folgen seiner Anordnungen vorherzusehen.[119] Den jüdischen Vertretern jedenfalls erschien seine Politik unvorhersehbar: »Wir haben leider nicht vermuten können, dass die Verteidigung der Rechte auf dem Gebiet der Selbstverwaltung die Hauptaufgabe der jüdischen Stadtdeputierten in dieser Periode sein würde.«[120] Die Zeitung forderte nun einen engen Zusammenschluss der jüdischen Stadtverordneten.

Die Aufregung im Warschauer jüdischen Milieu war so groß, dass Stadtpräsident Starzyński beschloss, sich am 5. Dezember 1934 mit den Vertretern der Warschauer Juden zu treffen, um seine Kommunalpolitik zu erläutern.[121] Er hörte sich die Argumente an, wich jedoch nicht von seinen Entschlüssen ab, da die Juden seiner Meinung nach bis zu den Kürzungen seitens der Stadtverwaltung protegiert gewesen seien – jetzt höre lediglich diese Bevorzugung auf. Die weiteren Interventionen im Stadtparlament blieben ebenfalls ohne Ergebnis.[122]

119 Rudnicki, Równi, ale nie zupełnie, 159.

120 Przed dzisiejszym otwarciem Tymczasowej Rady Miejskiej, 7.

121 Polityka zarządu miejskiego wobec ludności żydowskiej [Die Politik des Stadtvorstands bezüglich der jüdischen Bevölkerung], in: NP 343 (1934), 4.

122 Zarząd miejski jest głuchy na protesty opinji żydowskiej [Die Stadtverwaltung stellt sich taub gegenüber den Protesten der jüdischen Bevölkerung], in: ebd. 344 (1934), 4; Po konferencji Zarządu Miejskiego z przedstawicielami ludności żydowskiej [Nach der Konferenz der Stadtverwaltung mit den Vertretern der jüdischen Bevölkerung], in: ebd. 346 (1934), 7.

Das Jahr 1938

Die neue Verfassung vom April 1935 zog eine Veränderung der Wahlordnung nach sich. Es sollte das Verhältniswahlrecht *(proporcjonalność)* durch die Direktwahl von Kandidaten ersetzen.[123] Dies sollte zur Entpolitisierung der Wahlen führen. Diese Wahlen fanden in einer veränderten innenpolitischen Situation statt: Józef Piłsudski war gestorben, seine Regierungspartei BBWR war im Oktober 1935 aufgelöst worden. Im Lager der Post-*sanacja* führte man einen verbitterten Kampf um des Marschalls Nachfolge. Aus diesem Kampf ging eine Fraktion siegreich hervor, eine neue »Regierungspartei« – das Lager der Nationalen Einheit (Obóz Zjednoczenia Narodowego – OZON). Der *Kurjer Polski* schrieb im Dezember 1938, dass »das OZON die ideologischen Lösungsvorschläge der nationalen Gruppierungen beinahe gänzlich übernahm, also der katholischen, der nationalistischen und der antijüdischen. Die Unterschiede zwischen dem OZON und den nationalen Gruppierungen verwischen auf der politischen Ebene immer mehr.«[124]

Das ganze Jahr 1938 hindurch wurden die Projekte zur neuen Gesetzeslage der kommunalen Selbstverwaltung allgemein und der Warschauer Selbstverwaltung insbesondere im Parlament und in der Presse diskutiert. Man beklagte die größere Abhängigkeit der Warschauer Selbstverwaltung vom Innenministerium.[125]

Am 16. August 1938 wurde ein Gesetz verabschiedet, das die Grundlagen der Selbstverwaltung der Stadt Warschau neu festlegte.[126] Einer der Autoren von *Nasz Przegląd*, Leopold Halpern, hob drei Tendenzen dieser Veränderung besonders hervor: erstens die Dezentralisierung der Selbstverwaltung durch die Einführung der Stadtteilparlamente *(rady dzielnicowe)*;[127] zweitens

123 Projekt nowej ordynacji wyborczej [Das Projekt einer neuen Wahlordnung], in: ebd. 104 (1935), 4.

124 Wyniki wyborów w Warszawie i na prowincji [Ergebnisse der Wahlen in Warschau und in der Provinz], in: KP 349 (1938), 4. Siehe Marcus, Social and Politcal History of the Jews in Poland, 1919–1939, 365: »›Its [the program's] only concrete thesis,‹ noted a Polish economist years later [Andrzej Grodck], ›[was] to preach economic anti-semitism.‹«

125 Regnis, Warszawa … w kwiatach biurokracji, 7.

126 Ustawa z 16 sierpnia 1938 o samorządzie gminy m. st. Warszawy [Gesetz vom 16. August 1938 zur Selbstverwaltung der Kommune der Hauptstadt Warschau]; Ustawa o wyborze Rady Miejskiej z 16 sierpnia 1938 [Gesetz zu den Stadtparlamentswahlen vom 16. August 1938] in: Leopold Halpern, Nowy ustrój samorządu stolicy [Die Neuordnung der hauptstädtischen Selbstverwaltung], in: ebd. 332 (1938), 23, und in: ebd. 33 (1938), 10; Szczypiorski, Od Piotra Drzeweckiego do Stefana Starzyńskiego. Gospodarka komunalna m. st. Warszawy w latach 1915–1939, 95; Izdebski, Samorząd terytorialny w II Rzeczypospolitej, Część 2, 53.

127 Die Einführung von Stadtteilparlamenten wurde im Jahr 1937 angekündigt und in der Presse ausgiebig besprochen. Diese Initiative sollte schon 1935 mit der Entsendung von Deputierten des Stadtpräsidenten in die Stadtteile vorbereitet werden, sie wurde jedoch nie

die Stärkung des Prinzips der individuellen Verantwortung auf Kosten der kollegialen, indem man die Kompetenzen des Stadtpräsidenten und seiner Stellvertreter erheblich stärkte (Halbbeamtete, *pół-urzędnicy*) und die der Schöffen begrenzte; schließlich drittens eine Vergrößerung der Abhängigkeit der Warschauer Selbstverwaltung von der Regierung und besonders vom Innenministerium.[128] Während die Gründung der Stadtteilparlamente keine wirkliche Bedeutung hatte, da diese nur eine beratende Funktion erfüllten, bedeutete die Stärkung des Magistrats *(zarząd miejski)* gegenüber den Stadtparlamenten *(rady miejskie)* einen Einschnitt in die bisherige administrative Praxis. Den Magistrat bildeten jetzt der Stadtpräsident, fünf Vizepräsidenten und neun Schöffen, er wurde vom Stadtparlament gewählt (Schöffen proportional).

Auf der Grundlage des neuen Gesetzes wurden im Dezember 1938 Kommunalwahlen abgehalten. Diese Wahlen fanden unmittelbar nach denjenigen zum Parlament (am 6. November) statt, die, angesichts verbreiteter politischer Resignation und Wahlabstinenz, das OZON gewonnen hatte. Bei den Kommunalwahlen teilte man die Städte in Wahlkreise ein, die den Wohnvierteln entsprachen und stellte Ortslisten auf *(listy lokalne)*. Die Einteilung der Kreise geschah jedoch so, dass sie für die Post-*sanacja* von Vorteil waren.[129] Da die *endecja* zu dieser Zeit organisatorische Schwierigkeiten durchmachte, zielte die Regierungspartei um Starzyński im Warschauer Stadtparlament (dort als Narodowy Gospodarczy Komitet Samorządowy) umso mehr auf deren Wählerschaft, indem sie mit antisemitischen Parolen um sie warb.[130]

Oppositionelle Parteien hingegen führten eine Kampagne gegen die Post-*sanacja* und legten ihr Unwirtschaftlichkeit sowie die infrastrukturellen Mängel der Hauptstadt zur Last. Diesen Kampf verkörperte eine Person, der kommissarische Stadtpräsident und Anhänger des OZON: Stefan Starzyński (laut Boulvardpresse ein Erneuerer, ein *prezydent-odnowiciel*).

In Warschau siegte ausgerechnet die Linke: die Sozialisten und die jüdischen Parteien, das heißt die Bundisten. Die Regierungspartei OZON bekam 40 Sitze (von 100),[131] die PPS 27 Sitze (Gewinn: 3,7 Prozent), die *endecja* zehn Sitze (Stimmverlust von 24 Prozent), die Radikale Nationale bekam vier

verwirklicht. Siehe z.B. Współpraca Zarządu Miasta z ludnością Warszawy. Prezydent Starzyński o Radach dzielnicowych [Die Zusammenarbeit der Stadtverwaltung mit der Bevölkerung Warschaus. Präsident Starzyński über die Stadtteilparlamente], in: KP 147 (1937), 4.

128 Halpern, Nowy ustrój samorządu stolicy, 23.

129 Wynot, Warsaw between the World Wars, 126; Szczypiorski, Od Piotra Drzeweckiego do Stefana Starzyńskiego. Gospodarka komunalna m. st. Warszawy w latach 1915–1939, 27f.

130 Drozdowski, Warszawa w latach 1914–1939, 242 und 246.

131 Złota niedziela wyborcza [Goldener Wahlsonntag], in: KP 349 (1927), 1f.

Sitze, »die Juden« insgesamt 19 Sitze, genauer gesagt, der Bund bekam 16 Sitze, die Zionisten zwei, die jüdische Linke einen.[132] Somit besaßen »die Juden« ein Fünftel der Sitze, was im Vergleich zur letzten Wahl einen Verlust von 3,6 Prozent bedeutete. Diese Einbuße entstand wohl dadurch, dass die jüdischen bürgerlichen Parteien untereinander zerstritten waren und es ihnen folglich nicht gelungen war, eine gemeinsame Wahlliste zu erstellen. Nun wurde das Warschauer jüdische Milieu allein von den Vertretern der »modernen jüdischen Politik« repräsentiert.

Kurier Polski unterstrich, dass sich die Zusammensetzung des Stadtparlaments grundlegend verändert habe, es gebe dort viele neue Gesichter.[133] Die Zeitung sprach von einer Niederlage der Regierungspartei.[134] Diese versuchte nun, an Popularität zu gewinnen, indem sie bereits am 22. Dezember die Forcierung der jüdischen Auswanderung verlangte.[135]

Die Wahlergebnisse wurden unterschiedlich interpretiert: Es habe sich um eine Protestwahl gegen die Regierungspartei gehandelt, die einen übertriebenen Antisemitismus forciert habe.[136] Die sozialistische Programmatik schien die einzige Alternative zu bieten. Wynot hingegen schlug eine sozialwirtschaftliche Interpretation vor: Die Warschauer Ober- und Mittelschicht habe ihre ganz selbstverständlichen nationalen Sympathien der Regierung entgegengebracht, während, unter anderen, die jüdischen Arbeiter und Handwerker die Linke unterstützten.[137] Damit unterstrich er die Verschiebungen, die sich während der Wirtschaftskrise in der Warschauer Gesellschaft ereignet hatten, aus vielen Selbstständigen waren abhängige Arbeitnehmer geworden – was den starken Stimmenzugewinn des Bundes erklären würde. Inwieweit die neuen Wahlprinzipien, die die Verwurzelung der Kandidaten in ihren Stadtbezirken berücksichtigten, die Wahlergebnisse beeinflussen konnten, lässt sich anhand der analysierten Quellen nicht sagen.

Im neuen Stadtparlament war jedenfalls kein Friede in Sicht. Es wurde sogar die Meinung vertreten, die neue Kräftekonstellation könnte das Stadtparlament arbeitsunfähig machen.[138] Wenig später schritt man zur Wahl des

132 Po Wyborach [Nach den Wahlen], in: NP 355 (1938), 4; Wyniki wyborów w Warszawie i na prowincji [Wahlergebnisse in Warschau und in der Provinz], in: KP 349 (1927), 4. Der Kategorie »Żydzi« wurden alle jüdischen Gruppierungen zugeordnet, jedoch nicht die Juden in der PPS; Wynot, Jews in the Society and Politics of Inter-War Warsaw, 308, hier abweichende Angaben: Bund 14 Sitze, Zionisten 5 Sitze, Demokratische Zionisten 1 Sitz.

133 Stu wybranych u steru stolicy [Hundert Gewählte am Steuer der Hauptstadt], in: ebd. 88 (1939), 10.

134 Złota niedziela wyborcza, 2..

135 Antyżydowska inicjatywa OZONu [Eine antijüdische Initiative des OZON], in: KP 351 (1938), 1; Barykady na torach [Barrikaden auf den Gleisen], in: ebd. 357 (1938), 1 f.

136 Marcus, Social and Political History of the Jews in Poland, 1919–1939, 385.

137 Wynot, Warsaw between the World Wars, 127.

138 C. D., Morał porażki wyborczej [Die Lehre aus der Wahlniederlage], in NP 6 (1939), 3.

Stadtpräsidenten, der fünf Vizepräsidenten und neun Schöffen.[139] Da nur Gruppierungen mit mehr als 20 Abgeordneten das Recht besaßen, einen Kandidaten aufzustellen, war mit einem OZON-Kandidaten – Stefan Starzyński – und einem PPS-Kandidaten – Tomasz Arciszewski – zu rechnen.[140] Aufgrund dieser Kräftekonstellation gelang es dem Stadtparlament jedoch nicht, einen Stadtpräsidenten zu wählen.[141]

In den Beratungen des Stadtparlaments standen die Auseinandersetzungen zwischen der PPS, die sich für die Interessen der arbeitenden Stadtbevölkerung, insbesondere für deren Wohnquartiere einsetzte, und dem OZON, das sich für die »besseren« Wohngebiete und die repräsentativen Viertel stark machte, ständig im Vordergrund.[142] Die jüdischen Stadtdeputierten ihrerseits betonten, dass die jüdische Stadtbevölkerung bei der Budgetierung und Vergabe der Arbeitsstellen benachteiligt werde. Es handelte sich hier letztlich um die Frage nach der Haltung zur mittellosen jüdischen Bevölkerung *(stosunek do ubogiej ludności żydowskiej)*.[143] Die Verkündung der antijüdischen Diskriminierungsmaßnahmen diente dazu, den Sozialisten zusätzlich »eins auszuwischen«.

Schon bald begannen sich die Verhältnisse im Stadtparlament weiter zuzuspitzen, da man den Bundisten und den PPS-Mitgliedern keine Arbeitsressorts *(referaty)* in der Finanz- und Budgetkommission zuwies.[144] Später schloss man die jüdischen Stadtdeputierten per Beschluss aus der Kommission für die militärischen Aushebungen aus.[145] Antijüdisch aufgeladen war auch die Diskussion über das Budget des kommunalen Schlachthauses,[146]

139 Uprawomocnienie się wyborów do rady miejskiej w Warszawie [Die Wahlen zum Stadtparlament in Warschau werden rechtskräftig], in: ebd. 76 (1939), 12; Zebranie wyborcze i posiedzenie nowej Rady Miejskiej w Warszawie [Wahlversammlung und Sitzung des neuen Stadtparlaments in Warschau], in: ebd. 77 (1939), 6.

140 Przed dzisiejszym pierwszym posiedzeniem nowej Rady Miejskiej [Vor der ersten Sitzung des neuen Stadtparlaments], in: ebd. 86 (1939), 4.

141 Rada Miejska nie dokonała wyboru prezydenta [Das Stadtparlament hat keinen Präsidenten gewählt], in: ebd. 88 (1939), 13; Co się stanie na Ratuszu [Was im Rathaus passieren wird], in: ebd. 89 (1939), 11.

142 Dyskusja nad budżetem miejskim [Diskussion zum Stadtbudget], in: ebd. 104 (1939), 13.

143 Burzliwe posiedzenie Komisji Finansowo-Budżetowej Rady Miejskiej [Eine stürmische Sitzung der Finanz- und Budgetkommission des Stadtparlaments], in: ebd. 124 (1939), 13.

144 Burzliwe posiedzenie Komisji Finansowo-Budżetowej Rady Miejskiej, in: ebd. 92 (1939), 27.

145 Echa ostatniego posiedzenia Rady Miejskiej [Das Echo auf die letzte Sitzung des Stadtparlaments], in: ebd. 92 (1938), 8; C. D., Szkodnictwo antysemickie [Antisemitische Hindernismacherei], in: ebd. 103 (1939), 3; Przeciwko żydożerczej uchwale warszawskiej rady miejskiej [Gegen einen judenfeindlichen Beschluss des Warschauer Stadtparlaments], in: ebd. 113 (1939), 10.

146 Burzliwe posiedzenie Komisji Finansowo-Budżetowej Rady Miejskiej, in: ebd. 124 (1939), 13; Z komisji Finansowo-Budżetowej Rady Miejskiej [Von der Finanz- und Budgetkommission des Stadtparlaments] , in: ebd. 126 (1939), 13.

überhaupt war die gesamte Debatte zur Budgetierung im Mai 1939 stark antisemitisch gefärbt und ausgesprochen demagogisch.[147] Die beschlossene Budgetierung wurde vom Bund scharf kritisiert, er wies darauf hin, dass die Kommunalbehörden der jüdischen Bevölkerung gegenüber nicht das geringste Wohlwollen an den Tag legten und ihre Bedürfnisse einfach ignorierten. Am 25. Mai 1939 fand im Stadtparlament eine Grundsatzdiskussion statt, in der sich die Rechten und die jüdischen Deputierten bitter bekämpften.[148] Die Bundisten betonten, dass die Forderungen nach gerechter Budgetierung entsprechend den Bedürfnissen der jüdischen Einwohner sich aus deren gleichberechtigtem Status als Staatsbürger herleiteten. Der Stadtdeputierte Henryk Ehrlich sagte hierzu: »Wir widersetzen uns allen Losungen, die die Emigration propagieren, denn wir sind auf dem Boden, auf dem wir seit hunderten Jahren leben, keine Gäste, sondern wir sind gleichberechtigte Bürger.«[149]

Während der Forderung der Rechten, Juden aus den kommunalen Arbeitsstellen zu entfernen, stattgegeben wurde, erhielten die Forderungen nach Schließung des jüdischen Krankenhauses und nach Nichtsubventionierung der jüdischen Sozialeinrichtungen und Schulen nicht genug Unterstützung und kamen nicht durch.[150] Schließlich wurden alle antisemitischen Forderungen entschärft, indem sie an die entsprechenden Kommissionen delegiert wurden, was die Ausführung verzögerte und schließlich verhinderte.[151] Die Verabschiedung des Budgets war nur deshalb möglich, weil OZON, Obóz Narodowo-Radykalny (Nationalradikales Lager – ONR) und PPS sich einigen konnten; die Beteiligung der PPS wurde vom Bund mit Verbitterung kommentiert:

»Ja, die Bundisten sind gute Redner und mutige Stadtdeputierte. Aber Juden blieben Juden, und vom jüdischen Schicksal können sich auch jüdische Stadtdeputierte nicht lossagen. Sie sind verlassen: vereinsamt und isoliert sitzen sie da wie jüdische Deputierte früher dasaßen, und so werden es auch diejenigen tun, die nach ihnen kommen.«[152]

147 Debata budżetowa w Radzie Miejskiej [Budgetdebatte im Stadtparlament], in: ebd. 145 (1939), 4.

148 Sprawa żydowska głównym tematem debaty budżetowej Rady Miejskiej [Die jüdische Frage als Hauptthema der Budgetdebatte des Stadtparlaments], in: ebd. 146 (1939), 6.

149 Ebd.

150 Głosowanie nad wnioskami antyżydowskimi w komisji finansowo-budżetowej Rady Miejskiej [Abstimmung zu den antijüdischen Eingaben in der Finanz- und Budgetkommission des Stadtparlaments], in: ebd. 133 (1939), 4. Siehe Zalewska, Ludność żydowska w Warszawie w okresie międzywojennym, 311 f.

151 Uchwalenie budżetu zarządu Miejskiego [Das Budget der Stadtverwaltung wurde beschlossen], in: NP 148 (1939), 6.

152 W młynie opinii [Im Wirrwarr der Meinungen], in: ebd. 151 (1939), 5.

Somit haben jüdische Stadtdeputierte den Wert eines Bündnisses mit einer polnischen Partei, der PPS, angezweifelt, obwohl es sich über Jahrzehnte eigentlich bewährt hatte.

Fazit

Die Kommunalpolitik gegenüber den Juden im Warschauer Stadtparlament widerspiegelt die Haupttendenzen einer Staatspolitik, die die vorgefundene Sozialstruktur zu modernisieren trachtete. In der Zweiten Polnischen Republik gab es ernsthafte Differenzen darüber, wie die Zukunft des Staats aussehen sollte: Sollte sie agrarisch oder eher industriell sein, das heißt, sollte man eher die Landwirtschaft oder aber die Industrie finanzpolitisch fördern und mittels der Steuerpolitik entlasten? Zuerst gewann die landwirtschaftliche Option die Oberhand, was eine verstärkte Besteuerung des städtischen Mittelstands, also vieler Juden, bedeutete. Später gewann die etatistische Tendenz die Oberhand, die in Richtung eines wirtschaftlichen Nationalismus ging. Die Wirtschaftskrise hat den Antisemitismus zusätzlich gestärkt, er wurde schließlich in den dreißiger Jahren Teil der offiziellen Wirtschaftspolitik.

Die Entwicklungen im Warschauer Stadtparlament besaßen jedoch ihre eigene Dynamik, die mit dem hohen Stellenwert der Nationaldemokratie in der polnischen Politik zusammenhing. Der Rang dieser Partei war zwar schon vor dem Ersten Weltkrieg gemindert, sie gewann jedoch im Krieg ihre Führungsposition wieder. In der Zweiten Republik setzte sich der Prozess des Bedeutungsverlusts der *endecja* im Stadtparlament fort, der mit dem Piłsudski-Putsch und der Übernahme der Bürokratie durch die *sanacja* noch verstärkt wurde. Die Nationaldemokratie kämpfte erbittert gegen diesen Machtverlust an. Sie verlagerte ihre Aktivitäten hauptsächlich auf die Straße, wo sie an keinerlei parlamentarische Regeln gebunden war, und mobilisierte einen unberechenbaren Antisemitismus.

Warschau stand zudem im besonderen Maße im Fokus der Regierung. Dies veranschaulicht am besten der Fall der beiden letzten Stadtpräsidenten, Zyndram-Kościałowski und Starzyński, die zu den engsten Vertrauten Piłsudskis gehörten. In der politischen Hauptstadt war die Freiheit der Kommunalpolitik in besonderem Maße beschnitten. Dies hing damit zusammen, dass die beiden Stadtpräsidenten den staatlichen Autoritarismus und Interventionismus befürworteten, aber auch damit, dass in der Warschauer Kommune eine Politik gemacht werden sollte, die den Bedürfnissen der neuen Staatseliten, das heißt des Beamtentums und des Militärs, entsprach. Juden waren im Arbeits- beziehungsweise Berufsleben diskriminiert und erreichten deshalb in der Regel keine höheren Positionen im Staats- und Kommunaldienst oder höhere Ränge beim Militär.

Jüdische Stadtverordnente wurden sowohl von den zentristisch-bürgerlichen als auch von den linken Parteien ins Stadtparlament entsandt und beteiligten sich dort am »Klassenkampf« – insoweit hat sich das Urteil von Adam Szczypiorski bezüglich des sozialen Charakters der Auseinandersetzungen im Stadtparlament bestätigt. So wie die *endecja* haben auch ihre jüdischen Pendants, die sogenannten Assimilierten, aber auch die Zionisten, im Lauf der Jahre an Bedeutung eingebüßt. Diesen realen Bedeutungsverlust versuchte man durch die Forcierung der nationalen Propaganda auszugleichen. In den beiden ethnisch-konfessionellen Milieus, im jüdischen und im polnischen, gewannen die Vertreter der Arbeiterschaft an Bedeutung, was mit einem gesellschaftlichen Strukturwandel im Staat und in der Stadt zusammenhing.

Das jüdische Milieu Warschaus konnte ungeachtet dieses Strukturwandels immer wieder eine stabile Anzahl von Vertretern in das Stadtparlament entsenden, »Juden« stellten dort jeweils circa 20 Prozent der Stadträte, was angesichts der fehlenden Tradition einer jüdischen Teilnahme an den politischen Institutionen, der kurzen Geschichte der Warschauer Selbstverwaltung und der fast vollkommenen Abwesenheit der Juden im staatlichen und kommunalen Sektor eine stolze Leistung darstellte. Hierbei soll außerdem nicht unerwähnt bleiben, dass bei den Kommunalwahlen viele Juden für die PPS stimmten.[153] Insoweit muss das Urteil von Edward D. Wynot Jr. bezüglich des Desinteresses der Einwohnerschaft Warschaus an der Kommunalverwaltung, jedenfalls für ihren jüdischen Teil, revidiert werden. Indes, trotz der partizipatorischen und der rhetorischen Erfolge konnten jüdische Stadtverordnete nur wenig bewirken.

153 Marcus, Social and Political History of the Jews in Poland, 1919–1939, 384.

Heidi Hein-Kircher

Jewish Participation in the Lemberg Local Self-Government: The Provisions of the Lemberg Statute of 1870

Lemberg,[1] today the city of L'viv in the western Ukraine, is a prime example of the multiethnicity of the cities and towns of East-Central Europe, for, from its early days on, Lemberg had a pronounced multiethnic character.[2] In 1869, the population was made up of 53 percent Roman Catholics, 14.2 percent Greek Catholics and 30.7 percent Jews. The Roman Catholic component remained roughly the same in the following decades, while the size of the Jewish group decreased in favour of the Greek Catholics, its ethnic composition corresponding by and large to its social and religious boundaries,[3] because Lemberg grew steadily from the middle of the nineteenth century onwards without being marked by the explosive growth in population seen in other cities.[4]

The famous quote by Joseph Roth, who characterized Lemberg as "a city of blurred boundaries,"[5] is a compelling description of Lemberg's multiethnicity. Roth's description suggests that the borders between the various ethnic and religious groups in Lemberg had become blurred, in other words that, at a time of rapid demographic and urban growth, the process of integration of

1 As there are different names for the city in different languages (Pol. *Lwów*, Russ. *L'vov*, and Ukr. *L'viv*), the German name *Lemberg* is used in reference to Austrian rule.

2 On the multiethnic character and the conflicts between the nationalities see Anna Veronika Wendland, Neighbors as Betrayers. Nationalization, Remembrance Policy and the Urban Public Sphere in L'viv, in: Christopher Hann/Paul R. Magosci (eds.), Galicia. A Multicultured Land, Toronto et al. 2005, 139–159; Christoph Mick, Nationalismus und Modernisierung in Lemberg, in: Carsten Goehrke/Bianka Pietrow-Ennker (eds.), Städte im östlichen Europa. Zur Problematik von Modernisierung und Raum vom Spätmittelalter bis zum 20. Jahrhundert, Zürich 2006, 171–213, and idem, Nationalisierung in einer multiethnischen Stadt. Interethnische Konflikte in Lemberg 1890–1920, in: Archiv für Sozialgeschichte 40 (2000), 113–146.

3 1910: 51.2 percent Roman Catholic, 19.1 percent Greek Catholic, 27.8 percent Jewish population. Rudolf M. Mark, Galizien unter österreichischer Herrschaft. Verwaltung – Kirche – Bevölkerung, Marburg, 1994, 100f. and 109.

4 Ibid. 1869: 87,105 inhabitants, 1880: 109,746 inhabitants, 1900: 159,877 inhabitants, and 1910: 206,113 inhabitants.

5 Joseph Roth, Lemberg die Stadt, in: Joseph Roth, Werke, ed. by Hermann Kesten, 3 vols, here vol. 3, Cologne 1956, 836–840 (first published in Frankfurter Zeitung, 22 November 1924). On this image of Lemberg see e.g. Maria Kłańska, Lemberg. Die »Stadt der verwischten Grenzen«, in: Zeitschrift für Germanistik 3 (1993), 33–47.

JBDI / DIYB • Simon Dubnow Institute Yearbook 10 (2011), 237–254.

the different ethnic and social groups had taken place and that it had diluted the exclusion and separation of them at least in certain areas.

However, the prevailing legal framework had a strong formative influence on the society, and it becomes clear that it is by no means possible to speak of a true integration of the Jews into Lemberg's political and legal structure. At the most, the city of "blurred boundaries" offered the social and economic integration of assimilated and wealthy Jews. This stemmed from the opportunities provided by the Habsburg legislation for Galicia and, above all, the city of Lemberg. Hence, we must examine not only the extent to which Lemberg was integrated into the structure of the Empire and the characteristics it shared with other cities, but also the particular situation of the city.

The Statute of 1870 is of special importance for defining the legal status of the non-Christian groups, i.e. the Jews, within the system of municipal self-administration. The legal status of the Jews in Lemberg and the associated opportunities for political participation is the main focus of attention in this article. This legal framework shaped, more generally, the actions and self-conception of local representatives and the opportunities for political participation, right up to the local government reform of 1920.

As the social borders of the population in Galicia and Lemberg usually were the borders between the nationalities, the prescriptions of the Galician municipality law and of the Lemberg Statute influenced the distinctions between the nationalities. The Ruthenians were not granted a genuine right to participate, and only 20 percent of the town council members could be Jewish according to the Statute of 1870. The example of Jewish participation illustrates the extent to which municipal policy and administration shaped the multiethnic life of the city. The municipal policy, through its executive organ, provided a political arena for the exchange of ideas and of the creation of the necessary conditions for the establishment of a municipal identity. The city administration could, in a variety of ways, exercise its influence not only in projects of technical and public hygiene modernization, but also in respect to the cultural and social life, and by this on the processes of ethnification.

Recent research on Lemberg proceeds from the premise that because of the multiethnicity on the one hand, and the Galician/Lemberg myth on the other,[6] the city is exceptional in various respects. This applies especially to the Polish period,[7] while the research concerned with the Habsburg history deals

6 On the myth of Galicia and Lemberg see e.g. Dietlind Hüchtker, Der Mythos Galizien. Versuch einer Historisierung, in: Michael G. Müller/Rolf Petri (eds.), Die Nationalisierung von Grenzen. Zur Konstruktion nationaler Identität in sprachlich gemischten Grenzregionen, Marburg 2002, 81–107, and Heidi Hein, The Idea of L'viv as a Bulwark against the East, in: Christian Emden/Catherine Keen/David Midgley (eds.), Imaging the City, 2 vols., here vol. 2, Oxford 2006, 321–338.

7 Fryderyk Papée, Historja miasta Lwowa, w zarysie [History of Lwów in an Outline],

with Lemberg, if at all, only as a side issue. There is a lack in modern research of municipal histories covering the nineteenth century,[8] and community relations between the various ethnic and religious groups only receive superficial attention or none at all.[9] A municipal history based on the *histoire croisée* approach remains a desideratum; nonetheless, it is safe to claim that there were instances of interaction and contacts before emancipation.[10] There is no comprehensive history of the Jewish population of Lemberg in modern times, although there are a few – mostly older[11] – individual studies and surveys largely dealing with Jewish history in isolation.

The legal status of the Lemberg Jews in early modern times has been examined,[12] but an in-depth analysis of their legal status during the period of municipal autonomy is still lacking. The processes of political modernization led to new areas of interaction and interweaving with the surrounding population; those have not been thoroughly examined to date. Especially the oppor-

Lwów/Warsaw [2]1924 (first edition Lwów 1894) still serves as a basis for the town histories from a Polish point of view, e. g. Leszek Podhorodecki, Dzieje Lwowa [History of Lwów], Warsaw 1993, while the Ukrainian publications on the history of Lemberg only briefly deal with the Austrian times.

8 The latest book on Lemberg is a cultural history: Markian Prokopovych, Habsburg Lemberg. Architecture, Public Space, and Politics in the Galician Capital, 1772–1914, London 2009; see also Philipp Ther, In der Mitte der Gesellschaft. Operntheater in Zentraleuropa 1815–1914, Munich 2006, 181–258.

9 For an overview of the development of the local government see Heidi Hein-Kircher, Die Entwicklung der Lemberger Selbstverwaltung im Rahmen der habsburgischen Gemeindeordnung von der Revolution 1848 bis zur Verabschiedung des Statuts 1870, in: Markus Krzoska/Isabel Röskau-Rydel (eds.), Stadtgeschichte in Polen, Munich 2006, 83–106.

10 Only two volumes with a more or less compilating character deal with the multiethnicity: Peter Fäßler/Thomas Held/Dirk Sawitzki (eds.), Lemberg – Lwów – Lviv. Eine Stadt im Schnittpunkt europäischer Kulturen, Cologne et al. 1993, and John Czaplicka (ed.), Lviv. A City in the Crosscurrents of Culture, Cambridge, Mass., 2005.

11 Especially Majer Bałaban, Dzielnica żydowska [The Jewish Quarter], Lwów 1909; idem, Dzieje żydów w Galicyi and Rzeczypospolitej Krakowskiej 1772–1868 [A History of the Jews in Galicia and the Cracow Republic 1772–1886], Lwów 1916. There are some articles on Jewish issues in Lemberg, mostly concerning the mid-nineteenth century, but they do not deal with their relation to Lemberg's local government. See as overviews of the general Jewish multiethnic context in Galicia the focus section of the *Jahrbuch des Simon-Dubnow-Instituts/Simon Dubnow Institute Yearbook* (7 [2008]): "Poles and Jews in the Public Sphere. Mutual Perceptions" and the special issue of *Polin*: Israel Bartal/Antony Polonsky (eds.), Polin. Studies in Polish Jewry 12 (1999): Galicia. Jews, Poles, and Ukrainians, 1772–1918, esp. Rachel Manekin, Politics, Religion, and National Identity. The Galician Jewish Vote in the 1873 Parliamentary Elections, in: ibid., 100–119; Rachel Manekin, The Debate over Assimilation in Late Nineteenth-Century Lwów, in: Richard I. Cohen et al. (eds.), Insiders and Outsiders. Dilemmas of East European Jewry, Oxford/Portland, Oreg., 2010, 120–130.

12 Heidemarie Petersen, Judengemeinde und Stadtgemeinde in Polen. Lemberg 1356–1581, Wiesbaden 2003.

tunities for political participation as a significant precondition for political integration are of interest in this respect.

Thus, the present article will proceed from the development of the local self-administration or local self-government in Lemberg in the wake of the 1848/49 revolution to the debate around the Statute which began in the early 1860s. In these discussions, the "denomination question" emerged and finally formed the foundations for the provisions of the Statute. Source materials referred to consist of the relevant documents from the local Governor's office and the Provincial Diet.[13] It was also necessary to fall back on the reports of the Lemberg city historian Ostaszewski-Barański and some small polemical publications,[14] together with a few, mostly brief, press reports.

The First Attempts to Create a Modern Municipal Self-Administration in Lemberg

The development of the city of Lemberg took place against the background of tensions arising from the end of the eighteenth century onwards between the Habsburg imperial rule and growing expression of national interests, particularly those of Poles and Ruthenians. In the 1830s, Lemberg became the centre of the Ruthenian cultural movement and finally also of the Ruthenian national movement. Lemberg, however, played no part in the preparations for a revolution in western Galicia in 1846, but in 1848 became the center of the Polish national and liberation movement.[15] At first the Polish and Ruthenian movements operated together, but then separated and opposed each other. They demanded fundamental reforms, in particular extended autonomy and constitutional rights. The struggle for social and economic minority rights

13 The archive situation in Lemberg is problematic. The relevant minutes of council meetings are missing from the provincial Oblast Archive.

14 Kazimierz Ostaszewski-Barański, Rozwój Król. Stoł. Miasta Lwowa (1848–1895) [Development of the Royal Capital Lwów (1848–1895)], Lwów 1895; nearly the same text: idem, Ustawa Prowizoryczna (1848–1870) [The Provisional Law (1848–1870)], in: Miasto Lwów w okresie samorządu 1870–1895 [The City of Lwów in the Period of Self-Government (1870–1895)], Lwów 1896, 1–51. Ostaszewski-Barański already mentioned the lack of original sources; he received copies from the private archives of vice-mayor Romanowski. See Ostaszewski-Barański, Rozwój Król. Stoł. Miasta Lwowa (1848–1895), 9–12. As there is a lack of archival sources, the following explications are mainly based on his overview on Lemberg history in the second half of the nineteenth century.

15 Podhorodecki, Dzieje Lwowa, 99–117, and Papée, Historja miasta Lwowa w zarysie, 169–219. For the revolutionary events in Galicia 1848/49 see Antoni Polonsky, The Revolutionary Crisis and its Place in the Development of Nineteenth-Century Galicia, in: Zvi Gitelman (ed.), Culture and Nations of Central and Eastern Europe. Essays in Honor of Roman Szporluk, Cambridge 2000, 443–469.

increasingly took the form of an emancipatory national movement. In the autumn of 1848, the conflict between Austrian soldiers and the newly-founded Polish National Guard escalated and resulted in the bombardment of the city and fifty-five civilian deaths.

Fundamental for the legal development of the city was, on the one hand, the dependence on the legal developments within the Habsburg Empire, and, on the other, the specifics of Galicia. In this context, it is important to recognize that modern self-administration within the Habsburg Empire did not result from a century-long autonomous development of its towns and cities – it arose as direct result of the political and constitutional demands raised in the revolutionary events of 1848/49 and the virulent reaction of the Austrian state to them.[16] The demands for local self-administration and the proposals for setting up the accompanying administrative bodies articulated during the revolution largely lacked coherence. The local government regulations of the years 1849, 1859, and 1862 "were a knee-jerk reaction on the part of the lawmakers, the tendentious creations of the dominant currents of opinion of the time."[17] The rallying cry for "self-administration" was based on middle-class liberal demands and had taken up anti-centralist trends. As a result of differences between the middle-classes and the nobility, this development was not completed, though the principles of public access to municipal council meetings and its election took root in public consciousness. This situation was used by the imperial government to push through its own ideas, although these came into force only partially.[18]

Nevertheless, in a decree of 17 March 1849, interior minister Count Franz Seraph Stadion set out important principles of local government legislation which remained in effect until the demise of the monarchy. The establishment of guidelines for local administration in the imperial province later known as Cisleithania brought about a standardization and defined the boundaries within which the legislation of the individual provinces might diverge. The *curia* election system taking three economic categories as its basis enabled municipal dignitaries to consolidate their influence. Provision was made for special statutes for those municipalities over which the government wished to maintain particularly tight control.[19]

As in other cities of the Empire, there had been debates in Lemberg since the revolution of 1848 about obtaining autonomous status by means of a sta-

16 Regarding the Habsburg local self-government see Jiří Klabouch, Die Gemeindeselbstverwaltung in Österreich 1848–1918, Munich/Vienna 1968.

17 Carl Brockhausen, Die österreichische Gemeindeordnung (Grundgedanken und Reformideen), Vienna 1905, 1.

18 William H. Hubbard, Auf dem Weg zur Großstadt. Eine Sozialgeschichte der Stadt Graz 1850–1914, Vienna 1984, 139–141.

19 Ibid.

tute. Consequently, a commission formed of members of the so-called Citizens' Committee (Pol. *Wydział miejski*, Ger. *Bürgerausschuss*)[20] and the local authority (magistrate) came into being in Lemberg to draw up a municipal constitution in German and Polish language. On 20 July 1848, it passed a provisional law *(Ustawa prowizoryczna do reorganizacyi Wydziału miejskiego dla król. stoł. Miasta Lwowa)*[21] to reorganize the Citizens' Committee in the royal city of Lemberg. It was of central significance for the further development in Lemberg:[22] Born in the spirit of the revolution, this law was to remain the basis of the demands for self-administration and discussions about the statute until the Statue of 1870 came into effect.

This provisional law principally consisted of the framework regulating the election of the Citizens' Committee (§§ 1–24), which, according to article 1, was to be composed of a total of one hundred persons: eighty-five Christians and fifteen "Old Believers" *(starozakonnych)*, i.e. Jews. The right to vote was given to citizens of the Empire over the age of twenty-four, in five constituencies (§ 12), regardless of their religion, who were either residents of or property owners in Lemberg, and not receiving alms; doctors of all faculties who had had their main residence in Lemberg for at least two years; professors and teachers; senior clergy, pastors of all religions, preachers of the Protestant churches as well as rabbis, preachers and religious instructors of the Jewish faith; together with all who had paid direct taxes in the previous year (§ 2). The right to be elected was given to all citizens over thirty years of age residing in Lemberg for at least two years, able to support themselves financially, who were not employed by or did not work together with the city (§§ 5–7).

On no account did this mean "tolerance" or "equality" of all citizens: Of 28,159 inhabitants provided with political rights (of a total of 68,835 city dwellers) in 1850/51, 10,147 were Jewish (a bit more than a third of the male population), but they were only allowed to provide 15 percent of the councilors.[23] However, as restrictive and discriminatory as the quotas for Christian and Jewish members may seem to the current observer, it should be remembered that it had been a result of the revolution that Jews were granted rights to political representation at all. In comparison with the pre-revolutionary situation, the provisional law was, in its totality, more progressive, even if it

20 Citizens' committees meant early local representations in the Habsburgian Empire in which mainly wealthy citiziens of a town were members. They had only consultant functions since the local administration had still been a part of the state government.

21 Quoted in: Ostaszewski-Barański, Rozwój Król. Stoł. Miasta Lwowa (1848–1895), 9–12, and idem, Ustawa Prowizoryczna (1848–1870), 9–12.

22 Idem, Rozwój Król. Stoł. Miasta Lwowa (1848–1895), 9.

23 Kurzgefasste Zusammenstellung statistischer Daten über die Königl. Hauptstadt Lemberg im Kronlande Galizien, Lemberg 1851, 11.

failed to satisfy all revolutionary expectations: The number of councilors was raised, the franchise and the circle of those eligible for election were extended, the "principle of tolerance"[24] was respected and the relationship between the Citizens' Committee and the local administration (magistrate) was precisely defined. In the elections of 1849 only 1,378 persons (circa 3 percent of the population) were entitled to vote, 1,034 of whom actually voted. Under the terms of the Provisional Law, elections to the Citizens' Committee were finally held in September 1849. Its period of office lasted only a few weeks, as on 23 November it was dissolved by the Generalkommando of Austria-Hungary – ostensibly because it had insufficiently represented the will of the people, but actually because it had grown out of the revolutionary movement. Consequently, a new Citizens' Committee was elected under the supervision of the local administration. It remained in office until 1861.[25]

The so-called "state of siege" as an effect of the 1848/49 revolution led to the passing of the Habsburg Local Government Act in 1850, which gave statutes to some major cities within the Empire, but was not applied in Galicia. The duties of the municipal administration remained the same as they had been before the revolution: managing the city's finances and acting as the executive arm of the state's government. This meant that the Citizens' Committee became an administrative body dependent on the government that was paid by the city. Freedom of action at the local level was drastically restricted: The right of public access to Committee discussions was abolished and a confirmation process for elected local government members introduced. In 1854, the municipal elections were suspended and the membership of existing members prolonged indefinitely, meaning that any municipal development was, in the terms of the law, brought to a halt for a decade.

It was not until October 1861, following the February patent of that year, that the elections on the basis of the Provisional Law of 1849 could be conducted. To draw up a new local government law for Lemberg was the prime objective of the newly-elected body. Councilor Florian Ziemiałkowski saw this as a ground-breaking opportunity for the towns and cities of Galicia as a whole: "We [the Lemberg council] have the duty to act as a leading example for the other municipalities."[26] The principal aim was to extend the areas of

24 Ostaszewski-Barański, Rozwój Król. Stoł. Miasta Lwowa (1848–1895), 12.

25 Of the members of the Committee, only twelve persons as regular and five as substitutional members can be clearly identified because of their names as Jews. See the list of members in Ostaszewski-Barański, Rozwój Król. Stoł. Miasta Lwowa (1848–1895), 17 f. It seems that the quota of fifteen Jews was again not reached in the elections of 1861: Only twelve as regular and three as substitutional members had clearly Jewish names. Ibid., 28 f.

26 Ibid., 30. "Jako Rada gminna stołecznego miasta mamy obowiązek być wzorem dla gmin innych."

responsibility of the council vis-à-vis the local government (city council) and its executive organ, the local administration (magistrate). In the following years the first draft of a statute for Lemberg was discussed but it was not sanctioned by the imperial authorities until 1870, because of the "Jewish question."

The Debates on the "Jewish Question" Surrounding the Draft of a Statute for Lemberg

The debates on the "denomination question" *(kwestya wyznaniowa)*, or "Jewish question" *(kwestya żydowska)* showed that the dignitaries represented in the council still had strong reservations about the Jews of Lemberg. The task of determining quotas for representation of the various religious groups was characterized by the historian Ostaszewski-Barański in 1890[27] as the most difficult task for the working group preparing the Statute. "The extension of social and political rights of the Israelites had to respect existing laws and regulations, and taking account of the *exclusivity of this element*, – [this] meant that at the same time the [preparatory council] committee had to adopt regulations that guaranteed the rights of Christian citizens."[28]

As the general debate on the first draft of a statute for Lemberg in January 1863 showed, the restriction of Jewish representation in the council gave rise to heated debates in the council, not only among its Jewish members. One of the two central points of conflict centered around the regulations fixing the numerical ratio of Christian to Jewish council members. If the municipal representatives referred to the mechanism laid down in the Provisional Law to determine the ratio of Christian to Jewish council members, they found that this mechanism did not accord with the Galician (*Landesgemeindegesetz*, 1866) and the Imperial Local Government Act (*Reichsgemeindegesetz*, 1862).[29]

The advocates of a quota argued that in 1848, the Jews had been admitted to the Citizens' Committee as a "goodwill gesture,"[30] a position from which

27 On this and the following see ibid., 32–41.

28 Ibid., 32: "Rozszerzając prawa polityczne i socyalne izraelitów, musiano się liczyć z istniejącemi ustawami i rozporządzeniami – a równocześnie, mając na uwadze *ekskluzywność tego żywiołu*, musiała Sekcya zamieścić przepisy, warujące prawa obywateli chrześciańskich." (Emphasis added.) "Israelite" is a contemporary word used in the sources nearly synonymic to "Jews."

29 Regarding the following explanations see also Central'nyj Deržavnyj Istoryčnyj Archiv Ukraïny, m. L'vovi, fond 146, opis' 4, sprava 115 (Record of the Habsburg Ethnarchy in Galicia concerning the drafts of the Statute of Lemberg).

30 According to Ostaszewski-Barański, Rozwój Król. Stoł. Miasta Lwowa (1848–1895), 33,

the majority of councilors derived the right to retain the quota system. Some opponents of equal treatment, meaning the end of the quota, made their anti-Jewish attitudes plain, they questioned the Jews' attitude towards the Poles and they regularly referred to the "exclusivity of the Jews" *(ekskluzywność żydów)*.

However, there were councilors who, primarily for utilitarian reasons, favoured political equality and consequently adopted a pragmatic stance. Altogether only a minority of the councilors, among them the future mayor Floryan Ziemiałkowski, advocated full equality for all religious groups. Councilor Zygmunt Rodakowski, for example, saw the necessity to make the Jews "good citizens of the city and the country" *(dobrych obywateli miasta i kraju)*. "If we [the Lemberg Christian and Polish councilors] fail in this, the central government will court the Jews at the expense of the Poles."[31] He argued that the "former attitude of the Jews in Galicia was not entirely sympathetic towards the Polish question."[32] When comparing the position of the Jews in Lemberg with the equal treatment of the Jews in the Kingdom of Poland, he was obliged to concede that, in the event of the acceptance of equal rights, which he recognized as "the spirit of the times" *(duch czasu)*, Lemberg would have to make the Jews good citizens of the city and the country. Rodakowski concluded that if the Jews themselves demanded additional rights, the Poles could only answer with their national slogan: "Liberty! Equality! Fraternity!" *(Wolność! Równość! Braterstwo!)* In other words, he argued that the time had come to follow "the spirit of the times," and by granting equal rights to win over the Jews as "good citizens." This very pragmatic attitude enjoyed little support as the "push towards Germanization,"[33] meaning the tendency to adopt and assimilate (Austro-)German culture, prevalent among the Jews at the time, was not much appreciated by the Poles with their strong sense of national identity.[34]

The Polish councilors regarded the assimilating, "Germanizing" trend on the part of the Jews towards the Austrian political elite as a problem, since they feared that a positive attitude towards Vienna was inevitably linked with

the Christian inhabitants had "voluntarily" *(dobrowolnie)* invited the Jews to participate in the Citizens' Committee in 1848.

31 "Że gdy nie damy dziś dobrowolnie zupełnego równouprawnienia, to zrobi to rząd, zyskując sobie kosztem naszym sympatye społeczeństwa żydowskiego." See ibid., 33 f.

32 "Ówczesne stanowisko żydów w Galicyi nie było wcale dla sprawy polskiej przychylne." Ibid., 34.

33 Ostaszewski-Barański, Rozwój Król. Stoł. Miasta Lwowa (1848–1895), 34 f.

34 Ibid. In regard to the assimilation question in Lemberg see Ezra Mendelsohn, Jewish assimilation in Lvov. The Case of Wilhelm Feldman, in: Slavic Review 28 (1969), 577–590, and idem, From Assimilation to Zionism in Lvov. The Case of Alfred Nossig, in: Slavonic and East European Review 49 (1971), 521–534.

a negative attitude towards the Poles. The Christian, i.e. Polish councilors implicitly imputed a loyalty problem to the Jews.[35] Treading very carefully, Ostaszewski-Barański put these fears into words by stating that the Jews would not appear to be sufficiently "inclined" towards the Poles.[36] To put it another way: concessions with regard to participation in local self-administration would – so the opponents of a quota hoped – win the Jews over onto the side of the Christian "city fathers."

The second main area of conflict was related to municipal property, and these debates showed even more clearly that the economic arguments initially employed often masked fundamental anti-Jewish resentments. At the core of the debates was that the Jewish community, for historical and legal reasons, had exclusive control over their own property, while municipal property was regarded as "Christian." Fierce discussions arose after the Jewish councilors Juliusz Kolischer, Marek Dubs, Max Landesberger, and Oswald Hönigsmann demanded an amendment to the first article of the draft eliminating all restrictions based on religion. This was met by their opponents with a proposal to encompass all real estate listed in the tax records and real estate register which was the shared living space of two politically and administratively separate communities, the Christian and the "Old Faith" (i.e. Jewish) communities. This proposal raised the temperature of the debates, with Jewish speakers seeing this as an "unjustified demand and the intention of the Christians to expropriate what had been communal property since 1848 (!)."[37] That in turn produced indignation and inflammatory speeches among other council members. One councilor recalled the "noble behaviour" *(szlachetne zachowanie)* of the Christians towards the Jews during the Chmelnickij uprising, while others scourged the Jews for their "push towards Germanization" *(germanizacyjne popędy)*, sharply criticising the pro-German Jews in Prussian Poland. Councilor Ignacy Skalski asserted that the Jews were abdicating their responsibilities towards the country and its citizens, and were intent, in their own interest, on creating a people within a people. These arguments drew on the already mentioned stereotype of "Jewish exclusivity" which the Christian councilors claimed to recognize in the history and behavior of the Lemberg Jews and in their community possessions.[38] Such claims caused

35 See Rachel Manekin, "Daits'en," "Polanim" o "Ostrim?" Dilemat ha-zehut shel yehude Galitsyah 1848–1851 ["German," "Polish" or "Austrian?" The Dilemma of Identity of Galician Jews 1848–1951], in: Tsion 68 (2003), no. 2, 223–262.

36 Ostaszewski-Barański, Rozwój Król. Stoł. Miasta Lwowa (1848–1895), 35.

37 Contribution by a nameless Jewish participant of the debate, quoted in: ibid., 35: "Niesłusznem uroszczeniem i chęcią przywłaszczenia sobie przez chrześcian wspólnej od r. 1848 (!) własności."

38 For example councilor Ignacy Skalski: "The Jewish detract themselves of all duties and create constantly a people within the people on the basis of their own interests" ("Żydzi

protests from Jewish councilors who boycotted further discussions – this measure again produced sharp protests from other councilors.

Following this row, negotiations were temporarily halted and resumed only in October 1865.[39] The negotiations from 1865 must be seen in context of the amended provisions of the Citizenship Act *(Heimatrecht)* of 1863. Councilor Tomasz Rayski appealed to his colleagues to keep the general city interests at the forefront of their minds, since to a great extent it depended on the adoption of the statute. After some four months of debate, the council adopted a slightly amended draft of the statute, which was then passed on to the provincial parliament *(Landessejm)*.

Similar discussions took place in the Galician parliament.[40] The move by the Jewish members that all articles demanding quota limits for Jews should be dropped was unsuccessful. However, the proposal by Count Agenor Gołuchowski that a minimum of sixty-seven council members should be Christians, a regulation which would have corresponded to that of the Imperial Local Government Act *(Reichsgemeindegesetz)*, was likewise not adopted. Michał Gnoiński, who reported on the council negotiations, explained that the property regulation reflected the particular historical situation *(historyczna odrębność)* of the assets of the two communities and concluded that this historical peculiarity required a special representation in the council and the administration, and was not simply a matter of unwillingness.

> "In Poland their [the Jews'] customs, conventions and language and theocratic constitution are respected. […] the Israelites for their part did nothing that could serve as a proof that they were willing to come to terms with the Christians and with the country, that precisely this exclusivity, this caste mentality, and the pursuit of only their own interests, which had been going on for centuries without any consideration for the common good, is not going on until now."[41]

usuwają się od wszelkich obowiązków i tworzą ciągle naród w narodzie na zasadzie własnych interesów"), ibid., 35.

39 The main reason for this delay in the resumption of discussions in October 1865 was the political situation itself: The council was only able to debate the Statute after the suppression of the January uprising 1863/64 in the Kingdom of Poland and the political disturbances in Galicia. Some councilors, among them also Ziemiałkowski, had been temporarily stripped of their right to hold office as a result of the political unrest. Furthermore, following the departure of one of the Christian councilors, for whom there was no successor, the council, with ninety-nine members, no longer met quorum requirements, and meaning that new elections had to be instituted and carried out.

40 Similar arguments can also be found in the general debates on the "Jewish question" in the Galician parliament which dealt with the reform of the Galician municipal law: Die Debatten über die Judenfrage in der Session des galizischen Landestages vom J. 1868, ed. by Vorstand der Israelitischen Kultusgemeinde in Lemberg, Lemberg [1869].

41 Ibid., 39: "Szanowano w Polsce ich zwyczaje, obyczaje, język i cały ustrój teokratyczny. […] izraelici nie zrobili ze swej strony nic, coby mogło służyć za dowód, że chcą się zbliżyć do chrześcian i kraju, że ta sama wyłączność, ten sam duch kastowy i przestrzeganie

To prove that this property regulation had no racial resentment *(nie zawiść rasowa)*, and that anti-Jewishness was not the motivation for the regulation, he pointed out that the council had awarded a Jew by the name of Beiser honorary citizenship for his philanthropic activities.[42]

In the subsequent debates, up to the adoption of the statute in the council in March 1866, constant reference was made to the historically separate municipal property as the main incentive for seeking such a regulation. The draft nevertheless failed to gain imperial approval. This failure meant that, in accordance with the new law of 21 December 1867 concerning citizens' basic rights, the regulations regarding the Jews had to be revised by the council. In this situation, the council decided on restrictions for Jewish councilors which conformed with those of the Galician Local Government Act *(Galizisches Landesgemeindegesetz)*, together with the provision that only a Christian could become mayor or deputy mayor – proposals which again failed to gain imperial approval.[43]

The breakthrough leading to a draft that could be sanctioned by the Emperor only came in mid-1869 when elections to the council became necessary. The interior minister would only permit them to be held on the basis of the provisional local government law of 1848, even though at the same time the basic principles of the general citizens' rights laws of 1867 were to be applied. The council recognized the necessity to obtain its own statute as rapidly as possible, and, with this urgent aim in mind, almost without discussion, dropped the restrictions on the Jews which had been envisaged hitherto, adding the proposal that if a Jewish mayor were to be elected, a Christian executive committee should be appointed. Finally, the council limited the number of Jewish councilors: At least eighty of the one hundred councilors were to be Christians, a figure which did not reflect the true proportions of the population. All in all it was agreed that the provisions of the statute should satisfy the legal requirements only to the extent necessary to avoid any delay in its approval by the imperial authorities. Because of other required changes, although these have no relevance for the present discussion, the draft was finally sanctioned in October 1870 by Franz Joseph I.[44]

tylko własnego interesu, bez względu na dobro ogółu, który w nich panował od wieków, nie panuje aż dotąd."

42 Ibid.

43 Deržavnyj Archiv L'vivskoï Oblasti (DALO), fond 3–1, sprava 2594, 46 f.

44 Ostaszewski-Barański, Rozwój Król. Stoł. Miasta Lwowa (1848–1895), 46–49.

The Provisions of the Statute Concerning the "Jewish Question"

The Statute consisted of two sections: the Municipal Constitution and the regulations for the election of the council.[45] Municipal autonomy was based on the powers of the hundred council members which were initially elected for a term of three and later six years. As a rule, council meetings were to be held in public. It represented the municipality in the exercise of its rights and duties and took decisions on all administrative matters concerning the municipality. The municipal council was elected by all citizens entitled to vote. The electorate consisted of real estate owners in Lemberg who had inherited or owned the property for at least one year and which was subject to real estate or buildings tax. Furthermore, those owners had to pay at least eight guilders in direct taxes or levies to vote, and owners of other property had to pay at least twelve guilders in tax to be entitled to vote. In addition, the following groups were enfranchised: senior clergy, Christian priests and Jewish preachers, civil servants; furthermore, members of the profession supervisors, professors and teachers at all public or publicly financed schools, retired army officers, plus corporations and institutions paying at least 250 guilders a year in direct taxes,[46] and industrialists, associations, and societies paying at least fifty guilders tax annually (§ 4 of the election regulations).[47] Based on these regulations, Jews could principally vote in elections to the city council and they could be elected as councilors (by taking into account the limitation on Jewish councilors discussed in the following passages). But as the right to vote was conditioned by a rigid financial and professional criteria, in fact only the (economic and religious) Jewish elites were able to vote, while the poor Jewish masses were excluded.

As indicated in the previous section, the special provisions regarding the Jews in the Statute which are designated in the sources as a "Jewish question" (*kwestya żydowska*) were related to two matters: when drawing up the Statute, the points at issue were the limitation of the number of Jewish councillors – a fundamental restriction not in accordance with the provincial law – and regulations on Christian and Jewish communal property. The regulations concerning Christian and Jewish property in the Statute conformed to the general provisions of the provincial law.[48]

45 See the election regulations attached to the Statute: Österreichische Städteordnungen, Wien 1895, 143–154.

46 Their representatives voted in their name.

47 As women were potential taxpayers, they were theoretically also entitled to vote. In such cases, they were to be represented by their husbands or an authorised appointee. See § 4 of the election regulations.

48 In general, Lemberg and Cracow as statute cities were excluded from the regulations of the

In Section VI, articles 96 to 101, reference is made to "the handling of the particular concerns of the Christian and Jewish population."[49] Article 96 regulates the rights of the Christian and Israelite [Jewish] population *(Rechte der christlichen und israelitischen Bevölkerung)*. According to this,

> "the Christian and also the Jewish population retains the ownership, possession and use of those institutions and funds exclusively devoted to their own religious, educational and charitable purposes and meets the costs from their respective funds of such institutions and other religious, educational and charitable bodies exclusively used by members of their religion."[50]

Excepted were those expenses which had hitherto been provided from general municipal income; those were to continue to be so provided.

Thus, in Article 96 the Statute distinguishes between the particular concerns of the Christian and "Israelite" population. "Particular" concerns were understood to be issues concerning churches and other religious sites, religious practices, the exercise of the right of patronage, the presentation or appointment of clergy, religious teachers and church officials, as well as the purposes of such institutions for Christians, scholarships, charities or other funds constituting the exclusive property of the Christian population, or subsidies destined exclusively for them.

An analogous arrangement was proposed for concerns of the Jewish population. These were understood as synagogues, cemeteries, the appointment of rabbis, preachers and religious teachers and assistants, the affairs of those institutions intended for the Jewish population, charitable trusts etc., as well as subsidies, being used by, or intended for the exclusive use of, the Jewish

Galician Local Government Act. The cities with a statute had a special status in the Imperial Local Government Act and were excluded from the special regulations of the Galician Local Government Act defining the duties and the administration of the smaller towns and villages. However, it was necessary, that the general regulations conformed to each other and, of course, to the imperial laws. The main differences between a city with a statute and a "common" town respectively village lay in the prescripts: the towns with a statute were only controlled by the governor; after being elected the mayor (president) had to be approved by the emperor; and a statute city had more respectively other competences (the police authority was not controlled by the mayor), while the smaller towns and villages were dependet on the county.

49 Title of this section ("Hauptstück", §§ 96–101): "VI. Hauptstück. Von der Besorgung der speciellen Angelegenheiten der christlichen und israelitischen Bevölkerung."

50 § 96 of the Statute: "In der Stadtgemeinde Lemberg verbleibt sowohl die christliche als auch die israelitische Bevölkerung im Eigenthume, Besitze und in der Benützung der ausschließlich für ihre eigenen Religions-, Lehr- und Wohlthätigkeitszwecke bestimmten Anstalten und Fonde, und bestreitet aus eigenen Mitteln die Auslagen für solche Anstalten und andere Religions-, Lehr- und Wohlthätigkeitszwecke, an welchen die ausschließliche Theilnahme nur ihr allein zukommt. Insoferne jedoch diese Ausgaben bisher aus den allgemeinen Einkünften der Gemeinde bestritten wurden, sind dieselben auch fernerhin aus diesen Einkünften zu bestreiten."

community.[51] On the one hand, the Jewish community retained a certain degree of autonomy over community property within the Lemberg municipal self-government. However, Articles 100 and 101 reserve to the city council the right of supervision over both the Christian and the Jewish community as well as the right to authorise tax surcharges for the purposes of both groups.[52]

As indicated above, the regulation concerning "Christian concerns" must be regarded critically, since all communal property was understood as "Christian."[53] Here the Statute stipulates that matters which only concern the Christian population and their dealings are to be administered by the council, with the restriction that "the Israelite members of the municipal council take no part either in votes on these matters or in the settlement of such matters in general."[54]

Hence Article 97 establishes that should the number of Christian council members fall below eighty, a Christian executive committee was to be appointed especially to administer "Christian affairs" in order that Jews could not decide these affairs.[55] The election regulations (§ 24) were even more specific: if the number of Christian council members should fall below eighty, the City President was obliged to immediately order the election of a sufficient number of new councilors to bring the number up to eighty. For council resolutions to be adopted, in addition to an absolute majority of the votes, the requirement was added that more than half of the Christian members of the

51 "Besorgung der speciellen Angelegenheiten in der israelitischen Bevölkerung. § 99. Die Verwaltung der speciellen Angelegenheiten der israelitischen Bevölkerung verbleibt bei dem bisherigen Cultusvorstande dieser Bevölkerung. Zu diesen Angelegenheiten gehören: a) die Angelegenheiten der Bethäuser, der Friedhöfe, die Angelegenheiten des Cultus, die Bestellung der Rabbiner, Prediger, Religionslehrer und Religionsdiener; b) die Anglegenheiten der für Israeliten, oder für Zwecke an welchen Israeliten theilnehmen, bestimmten Anstalten, Stiftungen, Stipendien und anderer Fonde; c) die Angelegenheiten des, ein einschließliches Eigenthume der israelitischen Bevölkerung bildenden, oder ausschließlich für diese Bevölkerung bestimmten, oder auch deren ausschließlichen Benützung stehenden Vermögens". Österreichische Städteordnungen, 138.

52 "Rechte der Gemeindevertretung. § 100. Das Aufssichtsrecht der Gemeindevertretung, insoweit ihr dasselbe überhaupt gesetzmäßig zusteht, bleibt ausdrücklich der in den §§. 98 und 99 bezeichneten Gegenständen unbehört. § 101. Die Auflage von Steuerzuschlägen sowie anderer Abgaben auf die Gemeindemitglieder zu den in den §§. 98 und 99 angegebenen Zwecken kann, insoferne specielle Gesetze nicht etwas Anderes bestimmen, nur mit Bewilligung des Gemeinderathes stattfinden …"

53 Not only the debates on the drafts of the statute, but also a polemic in Lemberg's press at the end of the 1870s on a publication of Tadeusz Kulczyński showed this (see below).

54 "§ 97. Die speciellen Angelegenheiten der christlichen Bevölkerung werden, insoferne die Gebahrung mit denselbsten gesetzmäßig dem Gemeinderathe zukommt, durch diesen Rath […] mit der Beschränkung verwaltet, daß die israelitischen Mitglieder des Gemeinderathes an der Abstimmung über diese Angelegenheiten und an der Erledigung dieser Angelegenheiten im Allgemeinen nicht theilzunehmen haben …"

55 An analogous regulation for "Jewish affairs" did not exist.

municipal council or the administrative council must have voted in favor (§ 97).

Another regulation restricting Jewish influence on town affairs was paragraph 32 of the election regulations, which at the same time constituted a certain compromise to reach the sanction of the emperor.[56] It determines that a non-Christian city president or his first deputy might not chair negotiations about "special matters concerning the Christian population"[57] and that, consequently, the council, or a Christian executive committee formed from its members, was to elect a chairman for such negotiations. Since the city's possessions were regarded "Christian," it is obvious that a Jewish mayor would never have had actual power to decide in city affairs. Therefore, these regulations imply that, even though it was in principle possible that a Jew was elected mayor, he would not have the same rights and the same power as a Christian mayor.

Conclusion

Summing up, the provisions on the electorate 1870 appended to the Statute might well be described as liberal. They moulded – as did the entire Statute – the political communal public life of Lemberg. Their effects lasted until the early years of the twentieth century and perpetuated power structures; the proportion of eighty Christian to twenty Jewish councilors and the definition of "special Christian and Jewish affairs" remained untouched, and any thoughts of complete political equality were stifled right up to World War I.

The regulations of the Statute and the election regulations based on anti-Jewish resentments were articulated in the questions of defining the "special affairs" of Jews and Christians and the property of the Jewish and the Christian communities. The provisions of the Statute thus clearly illustrate the mis-

56 "§ 32. Sollte der Gewählte Präsident nicht christlicher Religion sein, so führt bei den Berathungen sowohl des Gemeinderathes als des christlichen Administrationsrathes über specielle Angelegenheiten der christlichen Bevölkerung der erste Vizepräsident den Vorsitz, und wenn auch dieser zur christlichen Religion nicht gehören sollte, so haben die christlichen Mitglieder des Gemeinderathes beziehungsweise die Mitglieder des christlichen Administrationsrathes auf die für die Wahl des Präsidenten vorgeschriebene Art aus ihrer Mitte den Vorsitzenden zu wählen, welchen in den speciellen Angelegenheiten der christlichen Bevölkerung derselbe Wirkungskreis zukommt, wie dem Präsidenten in Gemeindeangelegenheiten überhaupt."

57 The heading of the chapter of the Statute of 1870 (§§ 97–98): See Statut für die königliche Hauptstadt Lemberg. Landesgesetzblatt vom 14. Oktober 1870, Nr. 79, 137. Quoted after Österreichische Städteordnungen, 109–143. In the following annotations, the German original and binding text version will be quoted.

givings of the Christian councilors towards the Jewish population. The fierce debates on the Statute's draft died down only out of the political necessity to win imperial approval for the Statute which is evident in the fact that they flared up in the Lemberg press at the end of the 1870s. The trigger was the proposal by councilor Tadeusz Kulczyński that the relevant regulations of the Statute should be revised.[58]

The debates surrounding the efforts to obtain imperial approval for the Statute and also the application of the Citizenship Law *(Heimatrecht)*[59] granting full civil rights, together with the franchise debate which arose at the turn of the century, show that the Polish (i. e. Christian) councilors had no real interest in taking account of the true composition of the population or its consequences for the operation of the local government, even if a few showed an interest in winning over the Jewish population to the Polish "side." The city council took its decisions concerning its municipality on the basis of social, and thus, in the light of the specific Galician situation, of ethnic considerations, and therefore excluded the majority of the population from any participation in the political process, which would have been an important step towards their integration.

However, it seems that the regulations of the Statute were nolens volens accepted by city dignitaries in the following years and that, apart from the debates in the 1860s and 1870s, they did not provoke any serious public conflicts or debates on the occasion of their reform. This is not to say that anti-Jewish sentiments disappeared. The Statute itself, whose regulations concerning the composition of the council were no longer questioned, serves as an indication that reservations towards the Jews continued to persist. The regulations defining what was "Christian" and what "Jewish" communal property continued to spark conflicts on several occasions during the following years, for the simple reason that in the eyes of the majority of the council, communal property was Christian per se. Thus, doubt was cast on the entitlement of the Jewish councilors to participate in the council's decision-making processes. Moreover, because of the rigid census suffrage, only those enjoy-

58 The argumentation was the same as in the town council debates in the 1860s. See Tadeusz Kulczyński, Czego naszemu miastu potrzeba? [What Does Our Town Need?], Lwów 1877, and, as an answer: O wniosku postawionym w radzie miejskiej dnia 24 maja 1877 przez radnego p. T. Kulczyńskiego [On the Application Provided by the Councilor Mr. T. Kulczyński in the Town Council on 24 May 1877], Lwów 1877, see furthermore the articles, for example, in: Dziennik Polski [Polish Newspaper], 31 March 1877.

59 In Austria legislation differentiated between the full citizienship *(Heimatrecht)*, member *(Mitglied)* with a lesser status, and foreigner *(Fremder)*. On the Austrian *Heimatrecht* in general see Waltraud Heindl (ed.), Grenze und Staat. Passwesen, Staatsbürgerschaft, Heimatrecht und Fremdengesetzung in der österreichischen Monarchie 1750–1867, Vienna et al. 2000.

ing high social status and belonging to the elites could elect the council and be engaged in it.[60] The legal regulations prevented thus most of Lemberg's Jews, who made up 30 percent of the population, and also the Ruthenians, from making a contribution to local politics. Hence, a barrier was erected to a fundamental political integration of all ethnic groups and their political participation in local government.

On the whole, Jewish participation in the local self-administration of Lemberg was very limited. To this extent, the legal regulations played a significant role in shaping the relations among the various ethnic groups and laid the foundation for increasing national conflicts.

60 At the beginning of the twentieth century, discussions on the general right to vote began, but were not realized until the beginning of World War I, while a general right to vote for the Habsburgian Parliament *(Reichsrat)* was realized in 1907.

Wacław Wierzbieniec

Lwów, Przemyśl, and Rzeszów: Jewish Representation in Municipal Self-Governments

In the period of the Second Republic of Poland, ethnic minorities, including the Jewish minority, were actively participating in different spheres of economic, social, political and cultural life. On a micro-scale, Jews as an urban population had a substantial effect on the municipal governments in particular cities. In the region under consideration here, formerly a part of Habsburg Empire, such municipal autonomous governments were seen as an expression of the formation of a civil society. The perception that the institution of self-government, due to its character, was the most democratic representation of a local community is a widely accepted finding of historical research. The self-governments gained a genuine right to co-govern, and by the same token to share the responsibility for the life of the city.

When considering the participation of Jews in the autonomous municipal governments of cities lying in the southeastern borderlands of the Second Republic *(kresy)*, it is necessary to remark on the genesis of this institution. Its roots lie in the period before World War I (the period of Galician autonomy), when these territories were part of the territory annexed by Austria. In Galicia, the participation of the Jewish population in the bodies of local self-government was regulated as early as the 1860s. It was especially important for Jews living in cities in this province of Austria-Hungary in which they constituted on average one-third of all citizens. However, in some cities, especially in the territory of eastern Galicia, Jews constituted a majority of all residents.[1] This particular situation was reflected by their participation in the municipal self-governments. For instance, in 1907 Jewish councilors constituted a majority in twenty-eight city councils in the territory of Galicia;[2] and

1 Tomasz Gąsowski, Struktura narodowościowa ludności miejskiej w autonomicznej Galicji [Nationality Structure of the Urban Population in Autonomous Galicia], in: Zeszyty Naukowe Uniwersytetu Jagiellońskiego. Prace Historyczne [Scientific Magazine of the Jagiellonian University. Historical Works] 125 (1998), 91–107.

2 In the following towns: Bolechów, Brody, Brzozów, Brzesko, Buczacz, Chrzanów, Czortków, Dąbrowa, Dębica, Dukla, Grzymałów, Husiatyń, Jazłowiec, Kolbuszowa, Mikulińce, Monasterzyska, Podhajce, Podwołoczyska, Przemyśl, Radomyśl, Rozwadów, Sędziszów, Skałat, Szczyrzec, Ustrzyki, Tarnobrzeg, Zaleszczyki, Żórawno. See Stanisław Kasznica, Skład wyznaniowy i zawodowy reprezentacji gmin podlegających ustawom 1889 i 1896 r. w roku 1907 (w porównaniu ze stanem w roku 1874) [Denominational and Professional Composition of Communal Representations Subject to the 1889 and 1896 Regulations, in

JBDI / DIYB • Simon Dubnow Institute Yearbook 10 (2011), 255–272.

the mayor's office was held by Jews in twenty-four towns at that time.[3] Taking into consideration both the ethnic composition of individual city councils and the authorities selected by them, one can conclude that Jews were not discriminated against in the field of city self-governments in Galicia at the time of its autonomy.[4]

Polish historiography relatively infrequently presents the problem of the participation of Jews in municipal governments,[5] and usually fails to set it in relation to the southeastern borderlands of the Second Republic inhabited by Poles, Ukrainians, and Jews. Looking at Lwów,[6] Przemyśl, and Rzeszów – cities on the state's periphery with relatively large numbers of Jewish councilors – this multidimensional issue can shed light on the Jews' influence on the socio-economic situation in these cities affecting both the Jewish community and the entire population of residents. These cities are also good examples for the variety of the Jewish participation in the city self-governments, since their nature differed considerably. Lwów, like prior to World War I, was a supra-local economic (industrial and commercial), administrative, and cultural-educational center, whereas Przemyśl and Rzeszów were local centers. Taking into consideration the specifics of ethnic relations in Lwów, Rzeszów, and Przemyśl, the particular difficulties and challenges for the relatively large Jewish communities in those towns and the problems the Jewish councilors

1907 (compared with the situation in 1874)], in: Wiadomości Statystyczne o Stosunkach Krajowych [Statistical Reports on Local Relations] 22 (1907), no. 1, 14–21.

3 In the following towns: Bołszowce, Borysław, Brody, Buczacz, Grzymałów, Husiatyń, Jagielnica, Janów, Komarno, Mikulińce, Monasterzyska, Peczeniżyn, Podwołoczyska, Przemyślany, Sambor, Skałat, Stanisławów, Szczerzec, Tustanowice, Ustrzyki, Zaleszczyki, Zbaraż, Żurawno, Żydaczów. Ibid.

4 Jan M. Małecki, Udział Żydów w organach samorządowych większych miast galicyjskich na początku XX wieku [Participation of Jews in Self-Governing Bodies of Large Galician Towns in the Early Twentieth Century], in: Krzysztof Ślusarek (ed.), Polska i Polacy w XIX–XX wieku. Studia ofiarowane profesorowi Mariuszowi Kulczykowskiemu w 70. Rocznicę Jego urodzin [Poland and the Poles in the Nineteenth and Twentieth Centuries. A Study Dedicated to Prof. Mariusz Kulczykowski on his Seventieth Birthday], Cracow 2002, 53–60, here 59.

5 See, for example, Ryszard Szwed, Udział Żydów w samorządach miast Drugiej Rzeczypospolitej (1919–1939) [Participation of Jews in Municipal Self-Governments in the Second Republic (1919–1939)], in: Prace Naukowe Wyższej Szkoły Pedagogicznej w Częstochowie. Zeszyty Historyczne [Scientific Works of the High Pedagogical School in Częstochowa. Historical Issues] 5 (1998), 197–212; Marcin Urynowicz, Żydzi w samorządzie miasta Kozienice w okresie międzywojennym 1918–1939 [Jews in the Municipal Self-Government of Kozienice in the Interwar Period 1918–1939], Warsaw 2003; Włodzimierz Bonusiak (ed.), 140 lat samorządu miasta Rzeszowa [140 Years of Municipal Self-Government of Rzeszów], Rzeszów 2007. It should be stressed that in the lands formerly occupied by the Russian Empire such a representation and participation was not common at all.

6 According to the alternating history of Lwów there are different names for the city: Pol. *Lwów*, Germ. *Lemberg*, and Ukr. *L'viv*. In the following text I use the Polish name.

addressed in the self-governmental bodies, this paper aims to answer the following questions: 1. Did the relatively common occurrence of Jewish mayors and deputy mayors continue from the period of Galician autonomy in the southeastern borderlands of the Second Republic? 2. Did it collide with the policy of "Polonizing" these territories pursued by the Polish state authorities? 3. How did the city self-governments react to anti-Semitic propaganda and to the pogroms that occurred in Lwów, Przemyśl, and Rzeszów? 4. Which areas of activity were of special interest to Jewish councilors and where did this interest stem from? 5. To what extent did Jewish councilors manage to incorporate specific interests of the Jewish community into the structures and areas of general municipal interests?

Lwów

Lwów was the biggest Jewish community in the southeastern borderlands of the Second Republic, and in respect of the number of Jews, it was third in Poland, after Warsaw and Łódź. In 1921 the city was inhabited by 111,860 Poles (51 percent of the total population), 76,854 Jews (35 percent), and 27,269 Ukrainians (12.4 percent), and in 1931 by 157,490 Poles (50.4 percent), 99,595 Jews (31.9 percent), and 49,747 Ukrainians (15.4 percent).[7]

At the beginning of the twentieth century, the councilors connected with the assimilation movement achieved an especially strong position among the Jewish councilors in the Lwów city council. One of them was barrister Tobiasz Aszkenaze (1863–1920) who was the first Jew in the history of Lwów to be elected deputy mayor of this city in 1909.[8] In a way, the position of Jews in the authorities of the municipal government strengthened after the last elections to the city council before World War I in 1913. Lawyer Leonard Stahl was elected the second and barrister Filip Schleicher (1870–1932) was elected the third deputy mayor, and they performed the functions of deputy mayors likewise after World War I. Leonard Stahl was a supporting member of the Unification (Zjednoczenie) association established in 1907 which brought together young Jews striving for the assimilation of Jews with the Polish nation. He considered himself to be a Pole and Lwów residents considered him a representative of Poles in the city authorities. He even became involved with *endecja* (National Democracy), the party of Polish nationalists.

7 Wacław Wierzbieniec, Żydzi w województwie lwowskim w okresie międzywojennym. Zagadnienia demograficzne i społeczne [Jews in the Lwów Voivodeship in the Interwar Period. Demographic and Social Aspects], Rzeszów 2003, 63, and 65.

8 Herman Stachl (ed.), Almanach żydowski [Jewish Almanac], Lwów et al. 1937, 470–473.

Yet, in the interwar period he still maintained close contact with acculturated Jews in the city council who considered themselves Polish patriots of the Mosaic faith, or even Poles of the Mosaic faith, such as Henryk Loewenherz (1871–1936) or Wiktor Chajes (1875–1941?) among others.

Filip Schleicher, acting in the city authorities as a representative of the Jewish population, was also closely connected with the Jewish assimilation movement. He was a founding member of the Unification association. He took an active part in the Polish independence movement, for which in 1913 he was granted honorary membership in the Riflemen's Association established by Józef Piłsudski. This was an organization whose aim was military training of young people for the needs of the future Polish army. After the outbreak of World War I, he actively participated in the formation of the Polish Eastern Legion (Legion Wschodni). He gained even greater popularity and recognition among Lwów residents during World War I when he and Maksymilan Thom, also a Jewish councilor from Lwów, organized help for poor Jewish people; and after being appointed deputy commissioner of the city by Austrian authorities, he was responsible for provisioning Lwów residents. On his initiative, sixty-five soup kitchens *(kuchnie ludowe)* were created which prepared meals and distributed them either for free or for a token payment.

Jewish councilors found themselves in an especially difficult position in November 1918 when Poles and Ukrainians fought over Lwów and Galicia. The Lwów pogrom took place during the fighting as well. Ukrainians who had captured a part of Lwów tried to win them over onto their side. Filip Schleicher was even offered the post of provisional minister in the forming government of the West-Ukrainian National Republic, but feeling tightly connected to the issue of the independence of Poland, he refused to take the office. Calling for the inclusion of Lwów into the independent Polish state, in November 1918 Filip Schleicher along with other Jewish councilors, namely Wiktor Chajes and Henryk Loewenherz, participated in the work of the Polish National Committee (Polski Komitet Narodowy). It was comprised of the members of the presidium of the city and representatives of Polish political groupings.

The pogrom of Lwów Jews on 22 and 23 November 1918, when seventy-two people lost their lives, met with strong condemnation by the Jewish councilors. Wiktor Chajes made an unsuccessful attempt to halt the pogrom, while Tobiasz Aszkenaze took the leadership over the Jewish Rescue Committee (Żydowski Komitet Ratunkowy) whose aim was to provide help to victims of Jewish pogroms. He also initiated the creation of a memorial for the pogrom victims which displayed its detailed description. The memorial was widely criticized by the Polish general public as it clearly showed that the responsibility for the pogrom incidents did not only lie with Poles from the sidelines of the society, but also with Polish soldiers.[9] Aszkenaze also protected the neutrality principle of Jewish people in the Polish-Ukrainian conflict, which he expressed in an interview given to the Zionist daily *Nowy Dziennik* (The New Daily):

"As a Jew who has firmly stood at the side of the Polish banner since my early childhood, I address today at this very difficult and serious moment the whole society. I appeal to you to act and put a stop to the wave of destruction and to halt the wave of barbarity which has dominated Lwów. [...] A huge mass of the Jewish people are not and do not want to be either Polish or Ruthenian. They are Jewish and want to remain Jewish. [...] Consider just for a moment the entire monstrosity of this situation. One brother is living on Leon Sapiecha Street where he is being forcibly mobilized by Poles to fight against Ruthenians, the other brother, who lives on the market square, would on the same grounds be forcibly conscripted by Ruthenians to fight against Poles. [...] I demand in the name of all God's and people's laws that the Jewish nation be recognized and that all the Jews in our country be granted the right to determine their own nationality."[10]

Upon the Jewish councilors' initiative, the city council officially disapproved of the pogrom in Lwów. In its session on 25 November 1918, it passed a resolution which fiercely condemned the brutal acts of violence and pillage against the Jews. A special commission was selected from among the members of the council, its aim being to examine the extent of the pogrom and its consequences. After the settlements made by the commission, the council in the next sitting on 6 December 1918 passed a resolution appealing to the Polish government for material help for the pogrom victims, offering condolences to the families of the victims, and expressing a conviction that the punishments imposed on the perpetrators of the pogrom would prevent potential future events of this type. It was also stressed that the condemnable acts could not be justified even if some Jews had been found to have openly acted against Poles:

"To all those affected by these events, the City Council expresses its deepest sympathy and sorrow in view of this hideous violation which could not be justified even if hostile acts by the Jewish units had been found. Condemnation of these incidents by all factors authorized to speak on behalf of the Polish people, regulations issued by the authorities, and severe punishments inflicted on the evil-doers captured are together a strong deterrent against the possibility of recurrence of similar incidents."[11]

9 Stachl (ed.), Almanach żydowski, 123, 470, and 500–502; Henryka Kramarz, Samorząd Lwowa w czasie I wojny światowej i jego rola w życiu miasta [The Lwów Self-Government during World War I and its Function in the Life of the City], Cracow 1994, 11–22; Wiktor Chajes, Semper Fidelis. Pamiętnik Polaka wyznania mojżeszowego z lat 1926–1939 [Semper Fidelis. A Memoir of a Polish Man, a Follower of Judaism, 1926 to 1939], Cracow 1997, 9, 75, 97, and 136f.

10 Masakra we Lwowie [Masacre in Lwów], in: Nowy Dziennik [The New Daily], 27 November 1918, 1f.

11 Lwowska Rada miasta wobec pogromu [The Lwów City Council in View of the Pogrom], in: Nowy Dziennik, 12 December 1918, 3.

After Poland regained its independence, the Lwów city council still included only Jewish "assimilationists" opting for a larger-scale or for a more limited acculturation of Jews to Polish culture, and Orthodox Jews. Zionists, who had been gaining more and more social influence, were unsuccessful in their demand since 1919 to participate in the city's self-government. They believed that they could serve better than the "assimilationist" representatives in relieving tensions between Jews and Poles, and Jews and Ukrainians.[12] The privileged status of "assimilationists" and Orthodox Jews in the municipal council resulted largely from the fact that the council was composed mainly of councilors elected in 1913 – when those two camps had been granted a seat by a decision of the state administration authorities.

The attitude of the administrative authorities towards the Zionists was positively influenced by the fact that the government was taken over by Józef Piłsudski's followers after the May coup d'état in 1926. The old city council was replaced by a nominated temporary administration (Komisaryczny Zarząd Miasta Lwowa, 1927–1930).

Until 1927, Filip Schleicher held the post of deputy mayor. No Jewish representative was appointed to the compulsory administration of Lwów, while the newly formed council (Rada Miasta), initially comprised of thirty-two councilors, had six appointed Jews, among them two Zionists. This was the first time Zionists took a seat in a council in Lwów; however, they considered the number too small. The General Zionists formulated a statement of protest which was summarized by Jan Strzelecki, the commissioner leading the compulsory administration of Lwów:

> "The moment it was certain that the former advisory board would be dissolved and a new one would be appointed, representatives of the Zionist organization, which we are also honored to represent, have on a few occasions presented to competent persons' demands voiced by Jews relating to this issue, and in particular the demand that the number of Jewish representatives should reflect their overall number, their fiscal and intellectual presence in the city, or that only those people should be appointed on their behalf who represented them politically, economically and socially. The council member nominees who were announced showed that the legitimate demands of Jewish people had been disregarded."[13]

The number of councilors was raised to eighty-one in the following months, and as a result of the protest, under the pressure from the General Zionists, the number of Zionist councilors was increased to seven persons. In this composition of the council, which remained unchanged until 1930, two Jewish camps developed: Zionists forming a national-Jewish club, and an economic

12 Żydzi a Rada miasta Lwowa [Jews and the City Council of Lwów], in: Chwila [The Moment], 14 January 1919, 2.

13 The Central Zionist Archives in Jerusalem (henceforth CZA), Eastern Galicia, F3/2 III/5.

camp of "assimilationists," Orthodox Jews and Poles, forming the so-called "economic" club.[14]

In 1930, after the dismissal of the council and the compulsory administration of the city, the Lwów *voivode* appointed a new city council consisting of 130 councilors, including twenty-six Jews, fifteen of whom belonged to the economic club, and seven Zionists forming the national-Jewish club; two Jewish representatives joined the club which grouped councilors elected as early as 1913, and two representatives were Jewish socialists.

Initially, the Jewish councilor candidate for one of the vice-presidents was Leon Loewenherz, who was a member of parliament from 1928 to 1930 and a senator of the Republic of Poland from 1930 to 1935. However, he withdrew from candidacy for the vice-presidency. Wiktor Chajes was the next in line and the councilors elected him the second vice-president of Lwów.[15] Chajes met with harsh critique from the Zionists, who accused him among other things of "having made a declaration of affinity with the Polish nationality."[16] They called the day he was elected vice-president "the most sorrowful day in the history of the Lwów self-government."[17]

Democratic municipal government elections were not held again until 1934 – the first poll since 1913. In these elections, the number of seats won by Jews decreased to sixteen: nine seats for the Zionists, and seven seats for the group gathered around Wiktor Chajes, who was again elected vice-president of Lwów. As Jewish circles had predicted, the number of Jewish seats likewise remained at sixteen in the following elections in May 1939.[18] However, the 1939 council and city authorities did not convene as a body due to the beginning of World War II.

Chajes, who acted as vice-president of Lwów from 1930 until the outbreak of World War II, was active in various public areas. From the early interwar years on he organized the widely recognized Eastern Trade Fair (Targi Wschodnie) in Lwów. From 1929 to 1937, he was chairman of the Lwów *kahal*. In the 1930s, he was president of the Lwów B'nai B'rith Lodge.[19] Zionists accused Chajes of failing to advocate Jewish interests in the council, but of course the Zionists and Chajes disagreed about what general Jewish inter-

14 Włodzimierz Bonusiak, Lwów w latach 1918–1939. Ludność – Przestrzeń – Samorząd [Lwów from 1918 to 1939. Population – Urban Space – City Council], Rzeszów 2000, 87, and 89.

15 Chajes, Semper Fidelis, 105 f.; Stachl (ed.), Almanach żydowski, 358.

16 Dzień Lwowa [The Day of Lwów], in: Chwila, 12 June 1930, 2.

17 Ibid.

18 Archiwum Akt Nowych [Archives of New Records] (henceforth AAN), Ministerstwo Spraw Wewnętrznych [Ministry of the Interior], sygn. (sygnatura) 971, (206); Chajes, Semper Fidelis, 158, and 231.

19 Ibid., 8, and 10.

ests in the municipal government were. Just to mention one instance: As early as in 1919 when he was one of the councilors, Chajes actively opposed the dismissal of persons unable to read Polish from the municipal government – a step that would have closed the city council to many Orthodox Jews.[20]

Another prominent councilman was Tobiasz Aszkenaze, who was honored by the city council in 1932 for his commitment during and after World War I for the destitute Jews victimized by pogroms: a street in the city was named after him. However, less prominent councilors deserve attention as well. Henryk Loewenherz, who in 1919 gained wide recognition as a delegate of the Ministry of Foreign Affairs for the Peace Conference in Paris, proposed a resolution in an open forum of the city council which appealed to give the city a central, capital character in this part of Poland. Within his activity in the city council, Adolf Finkelstein initiated the erection of houses for homeless Lwów residents. Being a member of the philanthropic commission in the city council, Józef Parnas (died c. 1941) distinguished himself by his activity for all city residents regardless of their nationality or faith. Appointed by the city council, he successfully minimalized this unfavorable social phenomenon. He performed the function of president of the Lwów B'nai B'rith Lodge three times, which showed the social prestige he enjoyed, and in 1937 the Lwów *voivode* appointed him commissioner (administrator) of the Lwów *kahal*. Emil Schmorak, a member of the city council from 1927 – that is from the moment Zionists were allowed to be members – was president of the national Jewish club. From 1930 (after Leon Reich's death[21]), he performed this function alongside the presidency of the National Zionist Organization of Eastern Małopolska (Narodowa Organizacja Syjonistyczna Małopolski Wschodniej). He was an active member of the budget commission in the city council, where he tried to reconcile the interests of all the city's social and national groups in the city budgets.

When taking into consideration the Jewish councilors' work, a few more issues deserve mention. One objective was to weaken the tendency to impose yet more taxes on the city residents. Jewish councilors spoke against the introduction of a road tax (for using roads) and taxes on signboards (i. e. taxes on advertising for commercial activity). They pushed for the lowering and regulation of waterworks fees and the regulation of gas prices. They declared a tender bid for supplies and works to be conducted at all times, which would guarantee the city a good price and the entrepreneurs and suppliers objective competition. They were against obligatory mechanization of work in bakeries

20 Reforma wyborcza do lwowskiej Rady miejskiej [Reform of Election Rules to Lwów City Council], in: Nowy Dziennik, 7 December 1919, 3.

21 Leon Reich (1873–1929) was the leader of the Galician Zionist movement and deputy to the Polish parliament.

introduced under new legal regulations. They supported the expansion of the city water supply system.[22]

A very important area of the Jewish councilors' activity was looking after specific interests of the Jewish community. This was done mainly by drawing up and passing the city budget. Some Jewish organizations and cultural institutions such as lay Jewish schools received small municipal subsidies. Small resources were also allocated for the protection of Jewish heritage objects. The welfare department had resources, for example for a Jewish hospital, an old people's home, a tearoom for the poor, and self-help associations of Jewish students. For instance, in the budget year of 1931/32, subsidies from the city budget for welfare by Jewish organizations amounted to 81,000 zlotys. Every year, during work on the budget, the Jewish councilors' aim was to ensure that the amounts allocated for the specific aims of the Jewish people eventually were higher than suggested by the non-Jewish members of the budget commission and the city council. Yet rarely did they achieve this aim. This resulted mainly from the financial constraints of the city and the necessity to provide for the general city aims in the budget.

Apart from the issue of subsidies from the city budget, Jewish councilors looked after Jewish interests in many different ways. Most importantly, Jewish councilors, regardless of their political party affiliation, strongly spoke out against anti-Semitism and its numerous manifestations, especially in the second half of the 1930s, when the Polish and Ukrainian anti-Semitism intensified substantially. At least two very sensitive points should be highlighted in this respect, namely the dismissal of Jews from working in the city hall and the problem of what was termed "economic anti-Semitism." The fact that very few of the employees of the city hall were Jews had already been an issue frequently raised by Jewish councilors during the interwar period. However, in the second half of the 1930s, even those few Jewish employees were gradually removed from office. The official explanation was that they lacked professional skills, which was not true. The other point, the so-called eco-

22 AAN, Urząd Wojewódzki Lwowski [Lwów Voivodeship Office], sygn. 12, (65); Derżawnyj Archiw Lwiwskoj Obłasti [National Archive of Lwów Region] (henceforth DALO), f. (fond) 2, op. (opys) 26, spr. (sprawa) 1860, passim; ibid., spr. 2225, passim; Dziwne zachowanie się Zarządu miasta wobec potrzeb ludności żydowskiej [A Strange Response of the City Council to the Needs of the Jewish Population], in: Chwila, 22 June 1929, 4; Udział instytucji żydowskich w budżecie gminy miasta Lwowa [The Share of Jewish Institutions in the Budget of the City of Lwów], in: ibid., 26 March 1933, 12; Z przemówienia reprezentanta klubu narodowo żydowskiego w radzie miejskiej w dyskusji nad budżetem [From a Speech Made by a Representative of the Jewish National Club in the City Council, during a Discussion of the Budget], in: ibid., 28 March 1934, 10; Sprawy miejskie. Żydowska opieka społeczna na Komisji budżetowej Rady miejskiej [Urban Matters. The Jewish Welfare System Discussed at the Budget Committee of the City Council], in: ibid., 13 March 1937, 11; Stachl (ed.), Almanach żydowski, 358, 472, 480, 493, and 504.

nomic anti-Semitism, emerged in the boycott of Jews in commerce and craft trades, which intensified in the years before World War II. Jewish councilors pointed out that the boycott imposed on Jewish merchants and craftsmen harmed the whole city, since Lwów gained a major part of its revenue through the business activity conducted in the city – often by Jews. However, the city council did not pass any resolutions or take any steps in this respect and hence remained passive in the face of the intensifying anti-Semitism in the sphere of the economy.[23]

Przemyśl

In Przemyśl, as was the case in Lwów, Poles constituted the majority, followed by Jews second and Ukrainians third in size of population. In 1921, the city was inhabited by 21,942 Poles (45.8 percent of the total population), 18,360 Jews (38.3 percent), and 7,459 Ukrainians (15.6 percent). In 1931, the numbers had changed to 25,154 Poles (49.3 percent), 17,326 Jews (33.9 percent), and 8,278 Ukrainians (16.2 percent).[24] As was the case in Lwów, the participation of Ukrainians in the city council was small and did not reflect the number of Ukrainians in the city, while the participation of Jews in the council roughly corresponded to the number of Jewish city residents – at least until 1935.

Already on 10 October 1918 – that is, before the Polish-Ukrainian fighting over control of the city erupted – the Jewish representatives in the city council expressed their satisfaction with Poland regaining its independence. However, during the Polish-Ukrainian fighting over Przemyśl, Jews remained neutral. After the fighting ceased, they were accused of supporting the Ukrai-

23 Centralnyj Derżawnyj Istoryczny Archiw Ukrajiny u Lwowi [Central National History Archive of the Ukraine in Lwów], f. 701, op. 3, spr. 1383, (1–3); Z posiedzenia Magistratu [From a Meeting of the Municipal Council], in: Chwila, 9 August 1928, 11; Subwencje Lwowa dla instytucji kulturalnych. Dotacje dla żydowskich instytucji [Subventions from the City of Lwów for Institutions of Culture. Donations for Jewish Institutions], in: ibid., 17 May 1929, 5; Lekceważenie, zła wola czy brak zrozumienia? [Disregard, Ill Will or Lack of Understanding?], in: ibid., 13 January 1930, 9; Gmina miasta Lwowa nie chce żydowskiej opieki społecznej [The Municipal Commune of Lwów Does not Want a Jewish Welfare System], in: ibid., 12 February 1930, 6; Obcięcie subwencji na żydowskie instytucje społeczne [Cutting down Subventions for Jewish Social Institutions], in: ibid., 2 June 1932, 10; Reprezentacja narodowa żydowska w Radzie miasta Lwowa [Jewish National Representation in the City Council of Lwów], in: ibid., 13 May 1934, 2; Budżet dodatkowy Gminy na rok 1937–1938 [Supplementary Budget of the Commune for 1937–1938], in: Stosunek Zarządu miasta do ludności żydowskiej [The Attitude of the City Management to the Jewish Population], in: ibid., 31 December 1937, 4.

24 Wierzbieniec, Żydzi w województwie lwowskim w okresie międzywojennym, 63, and 65.

nian side and of taking advantage of the conflict by overpricing goods. From 11 to 13 November 1918, after the Poles had seized Przemyśl, a pogrom took place. Jewish councilors protested against the pogrom in the first session of the council since 26 November 1918, but the council did not adopt any resolution.[25] However, a form of cooperation was initiated with the Przemyśl rabbinate on the alleged usurious prices for food. The rabbinate imposed a religious curse *(cherem)* on those Jewish merchants trying to sell food products at higher prices than those agreed on in the city.[26]

Despite the relatively large number of councilors, Jews did not appoint a vice-mayor. This changed in 1928 when the Zionist Henryk Reichman became the first vice-mayor of Przemyśl; he performed the function until 1934. At the same time, he was president of the Zionist Organization (Komitet Lokalny Organizacji Syjonistycznej – Organizacja Ogólnych Syjonistów) in Przemyśl. His position was one result of an arrangement for political cooperation: In the years from 1928 to 1934 all the councilors in the city council of Przemyśl were elected as part of the "three blocs of nationalities," i.e. an agreement reached by Zionists together with Polish pro-government groups brought together in the Non-Partisan Bloc for Cooperation with the Government (Bezpartyjny Blok Współpracy z Rządem – BBWR), and with Ukrainians within the Ukrainian National Democratic Alliance (Ukrajinśke Nacjonalno-Demokratyczne Objednannia – UNDO). This agreement substantially contributed to decreasing distances and relieving animosities on the ethnic plane. Under the agreement, the Jewish side obtained eighteen seats in the council, the position of vice-mayor, and the position of assessor *(ławnik)*, i.e. a member of the municipality. The selection of councilors for particular commissions of the city council was conducted on the basis of ethnic representation. Similarly, on the basis of agreeable cooperation, subsidies provided for the budget for the specific aims of the Polish, Jewish, and Ukrainian population were allocated for welfare, education, culture, and sports. In the years between 1928 and 1934, approximately 22,000 zlotys were provided for the aims of Jewish institutions and organizations from the city budget.[27] This cooperation of Zionist groups in the city council met with a very positive opinion of Lipa Galler, the chairman of the Jewish club in the city council:

25 Idem, Społeczność żydowska a Polacy i Ukraińcy w Przemyślu w okresie II Rzeczypospolitej [The Jewish Community and the Polish and Ukrainian Populations in Przemyśl in the Period of the Second Republic], in: Krzysztof Pilarczyk (ed.), Żydzi i judaizm we współczesnych badaniach polskich [Jews and Judaism in Contemporary Polish Research], Cracow 1997, 284.

26 Maciej Dalecki, Przemyśl w latach 1918–1939. Przestrzeń, ludność, gospodarka [Przemyśl from 1918 to 1939. The Area, Population, and Economy], Przemyśl 1999, 84.

27 Wacław Wierzbieniec, Społeczność żydowska Przemyśla w latach 1918–1939 [The Jewish Community of Przemyśl from 1918 to 1939], Rzeszów 1996, 165 f.

"In terms of our cooperation in the field of the council itself and the magistrate, we can say with some satisfaction that our bloc has successfully prevented [...] nearly all political tensions between the representatives of particular nationalities and in this way created the internal peace required for economic work. [...] In the economic field of the commune, the qualified interests of Jewish people were treated on a par with the interests of other citizens."[28]

In the 1935 elections, far fewer Jews became council members: there were only nine, including Samuel Babad, the chairman of the Jewish community in Przemyśl. At that time, an electoral agreement between the three nationalities was not achieved. This resulted mainly from the fears of the Polish pro-government groups that such a mode of cooperation would lead to greater participation by Ukrainians with national aspirations in the council. Consequently, only one Ukrainian and four representatives of the National Party (Stronnictwo Narodowe) grouping Polish nationalists became members of the city council. In the new council, the councilors associated with the National Party acted to block the election of a Jewish vice-president of the city. In the elections to the city council in May 1939, Ukrainians chose not to participate at all and even fewer Jews, i.e. only seven, were elected to the council.

Liberalizing the city's tax policy was an aim of Jewish councilors. In 1926, on their initiative, the city council passed a resolution which exempted flats with the lowest rents from the municipal tax and which lowered the annual rent for the remaining flats by 3 percent. Jewish councilors initiated the tax exemption for lectures and other cultural-educational events, and they successfully prevented the introduction of a so-called signboard tax on advertising of commercial activity. Largely owing to them, water supply rates were lowered, and so were electricity rates for commercial and industrial premises.

However, the activity of the Jewish councilors in the municipal self-government consisted to a large extent of representing and protecting the interests of the Jewish population. Throughout the interwar period, they strived, however unsuccessfully, for a larger number of Jews to be employed by the city hall. The proportion of Jews among the staff was very small, much smaller than the percentage of Jews of the general population in the city. Speaking against anti-Semitism was an especially important and visible field of activity of the Jewish councilors in Przemyśl. From 1935, when representatives of the National Party were elected into the city council, the position of Jews in the council weakened due to the intensifying anti-Semitism. The Jewish councilors did not manage to prevent the budgetary expenditure on Jewish

28 O dotychczasowej współpracy klubów radzieckich wybranych z listy "Bloku 3-ch narodowości" [About the Current Cooperation between the Soviet Clubs Elected from the List of the "3 Nationality Bloc"], in: Unser Tribune [Our Tribune], 3 June 1932, 4.

institutions and organizations from being reduced. At the same time, however, they succeeded in gaining approval by the city authorities for building a Jewish dormitory; the city even provided municipal premises for its construction. In the second half of the 1930s, the Jewish councilors were forced to continually stand up to anti-Semitic statements and measures during the sittings of the city council. To a large extent, it was owing to their commitment that the city council did not pass the motions put forward by the National Party directed against Jews, such as banning ritual slaughter in Przemyśl, prohibiting Jews to purchase city property, refusing them tenancy of stalls and shops, and finally a motion that any goods for the city supply were to be ordered exclusively from Christian Poles. The tension-laden atmosphere in the sessions and the harshness of attacks against Jews in the city council is evident: Polish anti-Semitic councilors resorted to the notorious anti-Semitic pamphlet *The Protocols of the Learned Elders from Zion* and they urged Jews to quickly leave Poland and go to Madagascar.[29]

Rzeszów

In comparison with Lwów and Przemyśl, Rzeszów had far fewer Jewish inhabitants, and only a very small Ukrainian minority. In 1921, the city was inhabited by 13,345 Poles (53.5 percent of the total population), 11,361 Jews (45.5 percent), and 193 Ukrainians (0.8 percent), and in 1931 by 15,410 Poles (57.3 percent), 11,228 Jews (41.7 percent), and 231 Ukrainians (0.9 percent).[30]

29 Ibid., 3f.; Archiwum Państwowe w Przemyślu [National Archive in Przemyśl], Akta miasta Przemyśla [Reports on the City of Przemyśl], sygn. 20, (12, 24); ibid., sygn. 25, (21–24, 29); ibid., sygn. 28, (37); List z Pzemyśla [A Letter from Przemyśl], in: Nowy Dziennik, 11 February 1926, 8; List z Przemyśla [A Letter from Przemyśl], in: ibid., 17 February 1935, 14; Protest radnych endeckich [Protest of Councilors Belonging to the National Democracy], in: Ziemia Przemyska [Przemyśl County], 1 June 1935, 2; Posiedzenie rady miejskiej [A Sitting of the City Council], in: ibid., 6–13 March 1937, 2; Budżetowe posiedzenia przemyskiej rady miejskiej [Sittings of Przemyśl City Council on the Budget], in: ibid., 22–29 May 1937, 1f.; Włodzimierz Bilan, W Przemyślu też będą wybory [Przemyśl will Also Have Elections], in: ibid., 14 January 1939, 2f.; Wyborco do Rady miejskiej! Nim głosem swym zadecydujesz o przyszłym obliczu Rady miejskiej, dowiesz się z tej broszurki, jak fatalne dla miasta rezultaty dały Przemyślowi rządy Żydo-OZONU w latach 1934–1939 [To the Voter Electing the City Council! Before you Decide with Your Vote about the Future Face of the City Council, You May Find out from this Brochure about the Disastrous Outcome of the Rule by the Jewish Camp of National Unity in Przemyśl from 1934 to 1939], Przemyśl 1939, passim; Wierzbieniec, Społeczność żydowska Przemyśla, 168f.

30 Idem, Żydzi w województwie lwowskim w okresie międzywojennym, 63, and 65.

In the city council of Rzeszów, Jews played a significant role early in the twentieth century. From 1905 on and again after regaining independence until 1932, the vice-mayor's office was held by Wilhelm Hochfeld (1864–1932), a barrister connected with the Jewish assimilation movement. In the interwar period, he was also director of the Municipal Savings Bank and chairman of the Rzeszów *kahal* for a short time. In the interwar period, the city council included many other Jews enjoying great social recognition, such as rabbi Aron Lewin (1879–1941), a member of parliament of the Republic of Poland in the years 1922 to 1927 and 1930 to 1935, who was connected with Agudat Israel, and Ascher Silber, chairman of the Rzeszów *kahal*. In 1919, the council had nine Jewish members; in the period 1927 to 1934, there were eighteen and from 1935 to 1939, a total of eleven Jewish council members. The decrease in the mid-1930s was largely the result of anti-Semitic agitation conducted by the National Party. Jews then lost the strong position they had held up until then in the city council.[31]

After Poland regained independence, as in some other cities in the region, the councilors faced the problem of anti-Jewish riots. In a city council session on 28 January 1919, the Jewish councilors demanded that the city council should issue an order "for the protection of Israelites from the excesses of some individuals."[32] Despite this early warning and appeal, the anti-Jewish riots which took place in Rzeszów on 3 May 1919 – the day of the Constitution Day celebrations – could not be stopped. The riots were directly caused by the accusations against Jewish merchants of hiding food and inflating their prices in the face of problems with food supplies. According to the estimates of the Jewish side, approximately 200 Jews were injured, about 200 apartments and about fifty Jewish shops were robbed.[33] The Jewish members of the city council put the riots on the agenda of the council sessions on 5 and 6 May 1919. On behalf of the whole council, the mayor condemned the riots and excesses and thanked the Polish army for restoring order. Moreover, a special commission was appointed to provide emergency aid to people and to compensate for losses.[34]

31 Zbigniew K. Wójcik, Z dziejów Rzeszowa 1935–1939 [From the History of Rzeszów, 1935–1939], Rzeszów 1994, 23–30; Krzysztof Szela, Wybory samorządowe w Rzeszowie w okresie międzywojennym [Elections to Self-Governments in Rzeszów in the Interwar Period], in: Jerzy Majka (ed.), Z przeszłości Rzeszowa [From Rzeszów's Past], 4 vols., Rzeszów 1997, vol. 2, 75–96.

32 Archiwum Państwowe w Rzeszowie [National Archive of Rzeszów] (henceforth APRz), Akta miasta Rzeszowa [Reports on the Town of Rzeszów], sygn. 2020, (264).

33 Wacław Wierzbieniec, Antyżydowskie rozruchy [Anti-Jewish Riots], in: Jan Draus (ed.), Encyklopedia Rzeszowa, Rzeszów 2004, 13 f.

34 APRz, Akta miasta Rzeszowa, sygn. 2020, 278–281.

During the interwar period, Jewish councilors demanded the expansion of the water supply systems and the successive lighting of city streets. They initiated the repair of the surface of many city streets. They postulated the exemption of people paying the lowest rents from the council tax, and demanded that the real estate tax should not be raised. They called for the lowering of the prices for electricity consumed for business activity. They were against the signboard tax (a tax on advertising business activity). They also opposed the relocation of the market and slaughterhouse to the outskirts, acknowledging that moving them away from the commercial centre of the city would have a negative influence on the income of people conducting business activity.

Specific interests of the Jewish population cyclically played an important role – the time each year when the city budget was passed was crucial and the Jewish councilors endeavored to fulfill the needs of Jewish institutions and Jewish organizations. For instance, in 1928, subsidies from the budget were allocated for Jewish institutions and organizations such as the Talmud Tora (1,500 zlotys), the Tarbut (1,000 zlotys), a school for Orthodox Jewish girls (500 zlotys), and the Bar Kochba sports club (500 zlotys). In 1920, the Jewish councilors objected to the removal of the so-called Sabbath ritual enclosure *(eruv)* surrounding the city and marking the area in which religious Jews could carry books or parcels outside during the Sabbath. Without an *eruv*, Torah-observant Jews would not be permitted to carry keys or even handkerchiefs or tissues in their pockets, or push baby buggies on the Jewish Sabbath, in this way making it quite difficult for many to leave their homes. Throughout the 1920s and 1930s, they also demanded that Jewish clerks should be employed in city hall. They protested against excluding Jewish craftsmen and workers at public works carried out for the city. A major achievement of the Jewish councilors was the naming of a centrally located street after Adolf Tannenbaum (1864–1930), the founder of People's House (Dom Ludowy), the largest communal hall erected in Rzeszów in the interwar period. Trying to incorporate the specific interests of the Jewish community into the spheres of general city interests, Jewish councilors decided in 1936 to allocate 20,000 zlotys from the inheritance left by the late Adolf Tannenbaum for the benefit of the poor in Rzeszów and for the creation of city markets.[35]

35 Ibid., sygn. 2021, (328); ibid., sygn. 2028, (228); ibid., sygn. 2033, passim; Programy czy ludzie [Programmes or People], in: Przegląd Rzeszowski [Rzeszów Review], 11 June 1927, 1 f.; Jak wygląda nasz budżet miejski na rok 1932/33 [What is Our City Budget for 1932/33], in: ibid., 1 April 1932, 1; Przed wyborem zastępcy burmistrza i dyrektora Komunalnej Kasy Oszczędności [Before the Elections of the Deputy Mayor and the Director of the Communal Savings Bank], in: ibid., 6 May 1932, 1; Z posiedzenia Rady miejskiej [From a Sitting of the City Council], in: ibid., 24 June 1932, 1; Ascher Silber, Gospo-

Closing Remarks

When the Second Polish Republic evolved in 1918, the idea of self-government including representatives of the Jewish community was well-established and widely accepted in Lwów, Przemyśl, and Rzeszów. It is important in this respect that these cities were part of the area formerly occupied by the Habsburg Empire. Consequently, the city councils were the main place of formal cooperation and competition between Jews, Poles, and Ukrainians in the interwar period in the southeastern borderlands of the Second Polish Republic.

The formation of a Polish state and its functioning had a substantial influence on the increase in ethnic nationalism in this area, and that included the municipal governments as well. The policy of "Polonizing" the eastern borderlands pursued by the state authorities was also conducive to this development. Consequently, endeavors to minimize or even eliminate the influence of the Ukrainian and the Jewish minorities can be observed in all three municipal autonomous governments analyzed here. In comparison to the period before World War I, Jews in most cases suffered a loss in numerical strength in the city councils, even in those places where they constituted the absolute majority of residents. Their lowered position in the municipal government is reflected in the fact that they were no longer given the position of mayor, as was not uncommon in earlier years, before Poland regained independence. However, they held the functions of vice-mayors in some cities; in 1931, that was the case in twelve cities and towns across the Lwów province.[36] However, in some of these cities, as in this essay is illustrated for Przemyśl and Rzeszów, the representatives of Jewish people were excluded from the function of vice-mayor in the following years. One of the significant factors behind this exclusion of Jews from important functions in the municipal government, and hence in limiting the influence of Jewish population on the functioning of the city in general, was the intensifying competition between Polish and Jewish merchants and craftsmen. This often assumed an anti-Semitic character. It is also worth stressing that at that time, as a result of the increased influence of the Zionist movement, the functions of mayors were

darcze potrzeby miasta. Klub Radnych Żydowskich [The Town's Economic Needs. The Club of Jewish Councilors], in: Zew Rzeszowa [Rzeszów's Voice], 1 July 1936, 146 f.; Wacław Wierzbieniec, Radni miejscy Rzeszowa Wilhelm Hochfeld i Aron Lewin. Wybitni przedstawiciele rzeszowskich Żydów [Rzeszów City Councillors: Wilhelm Hochfeld and Aron Lewin. Distinguished Representatives of Rzeszów's Jewish Population], in: Bonusiak (ed.), 140 lat samorządu miasta Rzeszowa, 124 f.

36 DALO, f. 1, op. 52, spr. 181, passim; ibid., spr. 182, passim, Borysław, Chyrów, Drohobycz, Kolbuszowa, Komarno, Lwów, Niemirów, Przemyśl, Rawa Ruska, Rozwadów, Rudki, Rzeszów.

more often taken up by Zionists and not by Jewish assimilationists and Orthodox Jews, as had been the case in the years before and shortly after World War I.

The municipal governments in the southeastern borderlands and the Jewish councilors there found themselves in an especially complicated situation at the time of the new Polish state, a situation which required taking rapid and responsible decisions. Where there was no Polish-Ukrainian conflict, the Jewish councilors immediately opted for Polish statehood, while in the territories affected by ethnic division and struggle, they generally tried to remain neutral, while declaring their loyalty to the Polish state after the Polish victory. However, this did not prevent anti-Jewish riots from being ignited by the Polish side. In the cities where there was no Polish-Ukrainian fighting, such riots also took place and were motivated largely by economic reasons. On the motion of the Jewish councilors, municipal governments fiercely condemned the pogroms while at the same time trying to provide the Jewish victims with help.

The neutral position generally adopted by Jewish people towards the Polish-Ukrainian conflict over eastern Galicia and the anti-Jewish riots initiated by Poles increased the distance between Jews, Poles, and Ukrainians, but did not eliminate initiatives aiming at the cooperation of the three nationalities. A specific feature of the territories analyzed were the Polish-Jewish-Ukrainian blocs created after the May coup d'état, in 1927/28, before the elections to the city self-government, and then functioning in this autonomous municipal government basically until the mid-1930s, when the influence of the National Party increased. Apart from Przemyśl, such "blocs of three nationalities" were also created in Drohobycz, Jarosław, Kołomyja, and Stanisławów. In addition to Zionist groups, they comprised Polish pro-government groups connected with the Non-Partisan Bloc for Cooperation with the Government, and for the Ukrainian side the Ukrainian National Democratic Alliance and other Ukrainian organizations connected with it. These blocs played an active part in the municipal governments because they eased national antagonisms within local municipal communities.

From the Jewish side, the members of the municipal governments were mostly individuals of some social standing, who knew how to represent the specific aims of the Jewish population and at the same time had suitable knowledge and predispositions to solve general municipal problems. In many cases, communication skills and the ability to compromise with the other city council members were their main asset.

Representing the specific interests of the Jewish community and trying to include them in the general city interests, the Jewish councilors had to face the limitations stemming both from the restricted competence of the city council and the respective financial resources, as well the problems arising from the (possibly conflicting) interests of other ethnic groups. Every year, the interests of Jewish people were incorporated into the area of general municipal interests when framing and passing the city budget. Consequently, Jewish councilors strived for the highest possible subsidies for specific objectives of the Jewish population – cultural and educational, but mostly aims connected with welfare. Regardless of the fact whether they were Orthodox Jews, Zionists, or enthusiasts for assimilation, they opposed discrimination against Jews and the manifestations of anti-Semitism which intensified in particular in the second half of the 1930s. They all demanded that Jews should be employed in city institutions on the same terms as Poles, and they all opposed the policy of the removal of Jews from commerce and crafts, and they all defended the right to carry out ritual slaughter.

The participation of Jews in the city councils gave them an opportunity to defend their aims on a micro-scale, on the scale of a specific city and at the lowest level of the self-government – there it had the most powerful practical dimension. It was here that many current issues were debated and decided upon – issues which remained beyond the competence and interests of the government at higher levels, including the Polish parliament.

Gábor Schweitzer

The Age of Discrimination: Marginalizing Jews in the Hungarian Local Government Regime, 1920–1941

Amidst the initiatives for a structural reform of the local self-governments in Hungary in the interwar period, a specific "Jewish question" emerged. It was debated to what extent Jews were to participate in these institutions and how the relatively high number of Jewish representatives on municipal boards could be reduced by legal means. In the 1920s, the highest land-taxpayers were barred from the municipal board in Budapest – a measure aimed directly at Jewish participation. Moderate anti-Jewish tendencies could also be perceived during the process of reformulating the municipal boards of the counties and cities enjoying borough status in the late 1920s. The process of "de-Judaization" of the local municipalities was sped up, and accomplished by the anti-Jewish laws, passed in response to German-Nazi initiatives in the years 1939 to 1941.

This paper will discuss the legal and public administrative measures resulting in the reduction of the number of Jews in local municipalities in interwar Hungary. The intention to reduce Jewish presence can be demonstrated first through the legislative process of reformulating the municipal board of the capital city of Budapest in 1920 (Act IX of 1920). Furthermore, this tendency may be investigated in a broader context as well. During the process of modifying the structure of the municipal board of the counties and cities enjoying borough status, the legislator had a distinct intention to lower the number of Jews among the so-called highest taxpayers who also participated in these self-governmental bodies (Act XXX of 1929). The process of this reduction came to fruition in the period of anti-Jewish racial laws after 1938, as Jewish citizens were gradually deprived of their political, social, cultural, and economic rights (Act XV of 1938, Act IV of 1939).

The Structure of the Municipal Board

The municipal board in Hungary was a public body representing self-government on a local level. The regulations of the municipal board of the counties and the cities enjoying borough status were enacted in 1870.[1] These norms were in force principally until 1929. The structure was rather simple. According to the law, 50 percent of the members of the municipal board were elected, while the other 50 percent were selected from among the ranks of highest direct taxpayers, who received their mandate automatically, without any election. Calculating the taxes, the tax offices took three types of taxes into consideration: the land tax, the house tax and the income tax. Under the regulation, intellectuals enjoyed a tax privilege, so the tax actually paid by them was reckoned two-fold.[2] Since the contemporaneous Hungarian political discourse used the term *"virilist"* (Hung. *virilis*) to designate "taxpayers in the highest bracket" in general, who paid most of the direct taxes to the state, this Hungarian term will also be employed in the present article. The only essential difference in the structure of the municipal board of Budapest was that instead of automatic *virilism*, the highest land-taxpayers in the capital were to be elected (Act XXXVI of 1872). According to the regulation, 200 *virilist* members of the municipal board were elected by the voters from among the 1,200 *virilists* of Budapest, the grande bourgeoisie there.[3]

Although *virilism* was protected by the government, it was likewise criticized from different aspects. The opponents of *virilism* argued that it was in contradiction with the principle of equality before the law, with the principles of elections and also with the traditions of Hungarian common law. *Virilism*, however, granted the possibility for several members of the upper middle class to join the municipal board, especially in cities enjoying borough status.[4] From the end of the nineteenth century, this system met with enormous

1 During the course of 1870/71, Hungarian regulatory practice differentiated two types of cities from the aspect of public administration: cities enjoying borough status and cities with a regular council. Cities enjoying borough status, in comparison to cities with a regular council, enjoyed a broader autonomy in terms of public administration (e. g. while statutes drafted by cities enjoying borough status required no approval, similar statutes of cities with regular council needed approval to come into force). Cities enjoying borough status were vested with certain so-called political powers as well, for they could directly interact with the government and the legislative body in national matters, or in issues of public interest. Such power was not shared by cities with a regular council.

2 Andor Csizmadia, A magyar közigazgatás fejlődése a XVIII. századtól a tanácsrendszer létrejöttéig [Development of the Hungarian Public Adminstration System from the Eighteenth Century through the Creation of the Council System], Budapest 1976, 123.

3 István Kajtár, Magyar városi önkormányzatok (1848–1918) [Municipal Self-Government in Hungary (1948–1918)], Budapest 1992, 80.

4 On the interpretation of the socio-historical significance of *virilism*, see also Károly Halmos, Besitzbürgertum Magyarországon (A virilizmus) [Besitzbürgertum in Hungary (Virilism)], in: György Kövér (ed.), Zsámbékok. Középosztályok és iskoláztatás Magyarországon a 19. század elejétől a 20. század közepéig [Middle Classes and Schooling in Hungary from the Beginning of the 19th Century until the Mid-20th Century], Budapest 2006, 161–194.

opposition – though the opponents attacked less the concept of *virilism* qua principle and much more the *virilists* themselves.

Virilism and Anti-Semitism

From the age of liberal emancipation, from 1867 on, Jews were granted equal political and civil rights in Hungary, and as a result, Jews could also be elected, or delegated as *virilists* to the local self-governmental bodies.[5] Statistical data on the religious denomination of the high bourgeois *virilists* were not publicly available, however there were several public debates on Jewish *virilists*. The representatives of the National Anti-Semitic Party (Országos Antiszemita Párt) brought up the issue of the presumed high percentage of Jewish *virilists* in Hungarian legislation. One of the representatives of the National Anti-Semitic Party, Géza Rácz, stated in 1886 that the only purpose of *virilism* in Hungary was to grant Jews the opportunity to become members of the municipal board. According to his estimate, the proportion of Jewish *virilists* was between 30 and 40 percent in the counties. He also declared that all "Jewish *virilists* obtained their wealth by fraud, usury, and vitriolic [adulterated moonshine] brandy."[6] In order to reduce the number of Jewish upper middle class *virilists*, his comrade, Baron Gábor Andreánszky, proposed that only those citizens should be granted suffrage who can read and write in Hungarian. According to his prejudiced view, the majority of Jewish citizens in Hungary could only speak Yiddish. This proposal was of course rejected by the liberal prime minister, Count Kálmán Tisza.

Eliminating *Virilism* in Budapest, 1920

The purpose of these notorious accusations by anti-Semitic politicians was to construct a correlation of interests and finally an alliance between the ruling liberal policy and the "cosmopolitan" and "plutocratic" stratum of Jewry. In the period of liberalism, anti-Semitic views on the injurious economic and

5 In 1869, about 540,000 Jews lived in Hungary, which corresponds to 4 percent of the total population. In 1910, the number of Jewish population rose to more than 900,000 in Hungary, amounting to 5 percent of the total population. Among them, approximately 200,000 Jews lived in Budapest, thus amounting to 23 percent of the city's total population.

6 Az 1884. szeptember hó 27-ére hirdetett Országgyűlés Képviselőházának Naplója. X. kötet [Parliamantary Diary of the Hungarian Congressional Assembly Convened on 27 September 1884, vol. 10], Budapest 1886, 219 f.

social expansion of Hungarian Jewry were unable to achieve any politicalresults. After the collapse of the Austro-Hungarian Monarchy and the crushing of the revolutions in 1918/19,[7] anti-liberal and so-called "Christian-national" political movements and parties came into power.[8] The "Jewish question," raised first by the anti-Semites several decades earlier, became a significant dominant political and social discourse in the interwar period.[9]

According to the ideology of the Christian-national parties[10] in 1919/20, not only liberal policy and liberalism itself, but also Hungarian Jews were responsible for the collapse of the "historical" Hungary at the end of World War I, and they were even more to blame for the ensuing revolutions. In the discourses of the Christian-national press, "liberalism" and "Jewish" became terms of opprobrium used interchangeably to deride opponents. Moreover, Christian-national public opinion urged the government to solve the "Jewish question" immediately. Under the pressure of such circumstances, the Hungarian legislature enacted new legal norms on enrollment to the universities in 1920 (Act XXV of 1920), according to which universities were to accept students in correlation with the quotas of "nationalities and races" in the country. According to the 1920 census, 470,000 Jews lived in Hungary, amounting to 5.9 percent of the population. Thus, only 6 percent of the admitted students could be of Jewish origin. The purpose of these norms was to reduce the percentage of Jewish students, especially in law schools, in medical faculties, and in the technical university.

It was during this period of upheaval and heated discussions that the government decided to modify the structure of the municipal board of Budapest during the spring of 1920. Just before the government introduced the bill, Ferenc Usetty, a representative of the governing party, interpellated the minister of the interior about the municipal elections in Budapest. It must be noted that, due to the war, there had been no municipal elections in the capital since

7 31 October 1918 marks the date of a victorious civil democratic revolution in Hungary. After the collapse of the monarchy and the proclamation of the republic, Hungary began to redefine itself along liberal democratic principles. This process was ended abruptly by another revolution on 21 March 1919, when a Soviet-style Council Republic seized state power. During its 133-day reign, attempts were made to organize government, economy, and society along the lines of communist-socialist models.

8 It is obvious that in this context, "Christian" meant "not Jewish"!

9 For a general characterization of the period, see also Nathaniel Katzburg, Hungary and the Jews. Policy and Legislation 1920–1943, Ramat Gan 1981.

10 Such parties as the short-lived Hungarian Radical Christian-Socialist Party (Magyarországi Radikális Keresztényszocialista Párt), the United Christian Economic Party (Egyesült Keresztény Gazdasági Párt), or the Christian National Alliance Party (Keresztény Nemzeti Egyesülés Pártja) that formed the government together with the so-called Small Holders Party after the elections in 1920.

1912. In favor of the "Hungarian nation" and "Christianity," Usetty urged to deal with these elections, because the daily life of the "cosmopolitan" and "un-Hungarian" capital was still under the control of the "old Freemason economy. [...] There is a need for cleansing because only the caftan has changed, the spirit has remained the same."[11] In his answer, the interior minister Sándor Simonyi-Semadam reassured his fellow MPs that the government was going to modify the regulations shortly.[12]

As one of the most significant modifications, the new legislation eliminated upper middle class *virilism* from the structure of the municipal board, which resulted later in the reduction of the number of Jewish aldermen. In order to justify this regulation, the bill stated that the system of *virilism* could not be maintained in the future because of the complete transformation of the living conditions in Budapest. Also, "boundless and unexpected" self-enrichment during wartime had resulted in paupers becoming millionaires "overnight." According to the legislator, that was the reason why *virilism* could not guarantee its most important supposed virtue in the future in the municipal board, namely to enrich the self-government with "valuable preservative strength."[13]

During the debate on the bill, anti-Jewish feelings of resentment clearly surfaced in both houses of parliament. Usetty argued that the "Christian" population of Budapest would like to take their seats in the municipal board in proportion to their population percentage in the city. According to Usetty, it was an impossible situation if a municipal board governed the capital city in the age of "Christian renaissance" whose composition was not Christian by two-thirds.[14] Another representative of the governing party, Károly Schandl (who later became a secretary of state in the government) mentioned that the "American-style" development of recent decades had resulted in Budapest becoming an "Eastern-style" metropolis because of the of lack of "social homogeneity," allowing "immigrants [from] Russia and Galicia" to settle down here. These were the main reasons why "Freemason cliques" could influence the municipal board of Budapest where "non-Christian" members were in a predominant position already. He argued that *virilism* should also be reformed in all local self-governments, since the so-called

11 Az 1920. évi február hó 16-ára összehívott Nemzetgyűlés Irományai. II. kötet [Records of the National Assembly Convened on 16 February 1920, vol. 2], Budapest 1920, 296–298.

12 Ibid., 299.

13 Bill No. 32 on the Reorganization of the Municipal Board of the Capital City, in: Az 1920. évi február hó 16-ára összehívott Nemzetgyűlés Irományai. I. kötet [Records of the National Assembly Convened on 16 February 1920, vol. 1], Budapest 1920, 214.

14 Az 1920. évi február hó 16-ára összehívott Nemzetgyűlés Naplója. III. kötet [Records of the National Assembly Convened on 16 February 1920, vol. 3], Budapest 1920, 22 (19 May 1920).

"immigrants," i.e. Jews, had risen to disturbing predominance in many county general assemblies.[15]

Paradoxically, representatives of the National Democratic Party (Nemzeti Demokrata Párt), such as Vilmos Vázsonyi, the first minister of justice in Hungary of Jewish origin, also agreed with the repeal of *virilism* of the municipal board of the capital city. The reason was quite understandable, since the Democratic Party had argued against *virilism* for many years on a theoretical platform. According to the views of the Democratic Party, *virilism* privileging the grande bourgeoisie was on principle in contradiction with the idea of equal suffrage. That is the main reason why *virilism* was considered to have a pronounced anti-democratic character.

Act IX of 1920 outlawed virilism in the municipal government in Budapest. The rest of the members of the municipal board (more than 80 percent) acquired their mandate through elections.[16] It seemed to be a democratic measure, though the context and the process of the amendment had an anti-Jewish motive as well. The results of the municipal elections of 1920 in Budapest verified the expectations of the "national-Christian" political elite. As the contemporary analyst Ödön Wildner pointed out several years after the municipal elections of 1920, the percentage of Jewish aldermen was only 16 percent in 1920, although the proportion of Jewish and Christian aldermen had been rather similar in the past.[17]

The Reform of Local Self-Governments, 1920–1929

The reduction of the percentage of Jews in the local self-governmental bodies was enforced between 1920 and 1929, during the long process of reformation of the structure of the municipal board of the counties and the cities enjoying borough status. This period is considered a period of political and economic consolidation, led by prime minister Count István Bethlen. The age of consol-

15 Ibid., 92.

16 In addition to the elected members of the municipal board, twenty-two individuals were granted ex-officio membership on the board (e.g. the President of the University of Budapest, the Chairman of the Hungarian Academy of Sciences, the Director of the Hungarian National Museum, etc.). High-ranking officials (e.g. the mayor, deputy-mayors and councilors) also participated in the general assembly of the municipal board with consultation and voting rights.

17 Ödön Wildner, Budapest törvényhatósági bizottságának keresztmetszete a legutóbbi 30 év alatt [A Cross Section of the Municipal Board in Budapest in the Past Thirty Years], Városi Szemle 1931, 532.

idation temporarily acted to moderate a rather vituperative anti-Semitism as well.[18]

It was quite obvious for the government that automatic *virilism* could not be maintained into the future. The governmental intention was to achieve an up-to-date reform of upper middle class *virilism*, which meant that instead of automatic *virilism*, it should be combined somehow with the principles and techniques of elections. This paradigm shift also promoted the theoretical reduction of the percentage of Jews in these local self-governments. In connection with the future modifications, the legislature had to decide several delicate questions: 1. Who should elect the *virilists*: the *virilist* high bourgeois electorate or the general electorate? 2. What should the proportion be among the different entitlements of memberships in the municipal board: that is, the proportion among the *virilist* members, the generally elected members and the specially delegated members (e. g. the members delegated by different syndicates, chambers, and churches)?

These difficulties rooted in the slight underlying anti-Jewish ambitions of the government which were quite invisible for the public. These intentions are documented in the protocols of the council of ministers and the documents of the department of codification in the interior ministry.[19]

The council of ministers discussed the initial drafts at the turn of the year, 1920/21. It seems that it was evident to several ministers that one aim of reforming the electoral system was to reduce the percentage of Jewish *virilists*. Especially in a scenario where the number of *virilist* electors would increase, the new regulations would inevitably lead to a reduction of Jewish *virilists*: the more upper middle class *virilists* were taken into consideration, the fewer would be the number of Jews elected from among their ranks. The first draft, discussed by the council of ministers in the autumn of 1920, proposed that *virilist* members to be elected to city boards and county municipal boards were to be elected by the highest land-taxpayer bracket. However, culture minister István Haller vehemently rejected the proposal, arguing that it

18 According to the census of 1920, the Jewish population of Hungary was approximately 470,000, representing 5.9 percent of the total population. At that time, twenty-five counties and ten cities with borough status plus Budapest existed in Hungary. The number of Jews was about 50,000 in the cities with borough status (approximately 10 percent of the total population), while the Jewish population in the capital was 215,000 (23 percent of the total population). About 80,000 Jews lived in other cities and 130,000 lived in villages, under the adminstrative power of the counties. See Alajos Kovács, A csonkamagyarországi zsidóság a statisztika tükrében [Statistics on Post-Trianon Hungarian Jewry], Budapest 1938, 58 f.

19 Gábor Schweitzer, A virilizmus és a "zsidókérdés" az 1920-as évek törvényhatósági reformjai tükrében [*Virilism* and the "Jewish Question" vis-à-vis the Reforms of the Municipal Board in the 1920s], in: Zoltán Paksy (ed.), Az antiszemitizmus alakváltozatai [Types of Anti-Semitism], Zalaegerszeg 2005, 67–74.

would entail that Jews were elected to the municipal board, as Jews had a high representation among the highest landed taxpayer bracket. Haller stated that he could support elected *virilism* only when it was carried out in the manner that the entire population elected members to the municipal board. Thus, the percentage of Jewish *virilists* might possibly decrease.[20] A few months later, in January 1921, the council of ministers discussed another draft of the bill. Discussing it, commerce minister Lajos Hegyeshalmy pointed out that because the Jews predominated among the *virilists* in the cities enjoying borough status, *virilists* should be elected from a pool six times larger than the number of *virilists* on all municipal boards. In other words, he saw a possibility to reduce the number of Jewish *virilists* on the boards by enlarging the number of candidates. However, broadening the *virilist* pool by lowering the tax amount required for eligibility would entail a risk for the political elite – namely, that representatives of lower or politically "undesirable" strata of the society might be granted *virilist* rights.

The comprehensive reform initiative of public administration benefited from a strong governmental impetus in the second half of the 1920s. The government seemed to be still somewhat ambivalent towards grande bourgeoisie *virilism*. On the one hand, they considered *virilism* as a stabilizing administrative and political instrument, especially in the counties; on the other, the government had strong aversions vis-à-vis the large number of Jewish *virilists*, especially in the cities enjoying borough status. In some of these cities, the percentage of Jewish *virilists* was extremely high on the municipal board. For instance, in Miskolc in 1927, twenty-two *virilist* members of the municipal board had a Jewish background – out of a total number of fifty-six *virilists* on the board.[21] During the codification process, the minister of the interior, Béla Scitovszky, instructed the chief administrative officers of the counties and borough-ranked cities to compile and send different types of statistical data about the *virilists*. The legislature was interested in information on the religious affiliation of the *virilists*, but also in proposals for the draft. These suggestions were not at all homogeneous. Some of the chief administrative officers of the counties argued that automatic *virilism* should be maintained in the future, while several in the cities with borough status suggested, in order to reduce the rate of Jews among *virilists*, increasing the number of the *virilists* eligible. It became evident for the interior minister that different

20 Magyar Országos Levéltár K. 27 [Hungarian National Archives K. 27]. A Minisztertanács jegyzőkönyvei [Protocols of the Council of Ministers], Box No. 129. Item 6 on the agenda of 15 October 1920.

21 Ibid., K. 150. General Documents of the Ministry of Interior, Bundle 2773, Resource I, item 2. The chief administration officer of Miskolc, 93/1927 (Miskolc, 26 October 1927).

measures should be employed to modify upper middle class *virilism* in the case of counties and in the case cities enjoying borough status.

The law on public administration was passed in 1929 after lengthy debates (Act XXX of 1929). The legislator radically modified the structure and the system of elections to the municipal board. The changes introduced by the act were manifold. It was now differentiated between three types of membership in the future municipal board: two-fifths of the members were elected, another two-fifths were co-opted from among the ranks of *virilists*, while the last fifth was to be comprised of delegates of syndicates, municipal governmental departments and churches.[22] It is interesting to note that there were thirteen rabbis among the clerical delegates serving on the municipal boards and general assemblies, 1929 to 1934.

The Result of Municipal Elections, 1929

The first municipal elections under the new law were carried out in 1929. Two years later, the National Bureau of Statistics published detailed data on the municipal boards in the cities and counties. According to these figures, there were 795 Jewish members (8.3 percent) in the municipal boards and general assemblies, of which 248 members had won their mandates in the cities with borough status (16 percent) and 547 members in the counties (6.8 percent). Among the *virilists*, there were 530 Jews (15.2 percent of the total number), while among the generally elected members there were only 106 Jews (amounting to a mere 3 percent). The syndicates delegated 125 Jews (12.2 percent) to the municipal boards and general assemblies. In regard to other categories, such as life members, very few Jews were elected.[23]

The number of Jewish *virilists* from the ranks of the upper middle class in cities with borough status fell after 1929, due most probably to the new system of elections. In Pécs, for example, the municipal board had forty-eight *virilist* members. Under the system of automatic *virilism*, sixteen Jews (33 percent) could have received a mandate,[24] but because of the system of elections only twelve Jewish *virilists* were elected (25 percent).[25]

22 Csizmadia, A magyar közigazgatás fejlődése a XVIII. századtól a tanácsrendszer létrejöttéig, 371–387.

23 Gyula Mike, A törvényhatósági bizottságok tagjainak statisztikája [Statistical Data on the Members of the Municipal Boards], in: Magyar Statisztikai Szemle [Hungarian Review of Statistics] (1931), no. 6, 596–612.

24 Baranya County Archives IV. 1404. Documents of the Corroborative Board (Igazoló Választmány) of Pécs Free Royal Town 1929–1939. This includes a register of the highest taxpayers assembled as per Section 9 of Act XXX of 1929 of the municipal board of Pécs

Other factors may have also influenced the number of Jews on the municipal board in general. According to the report of the chief administration officer of Székesfehérvár, there were several clandestine meetings prior to the elections. Local leaders of the governing party, the United Party (Egységes Párt, or in full: Keresztény Kisgazda, Földmíves és Polgári Párt [Christian Smallholders', Agricultural-Workers' and Civic Party]), realized that they were unable to win the municipal elections without the endorsement of the Catholic Church and influential Jewish industrialists. In return for their endorsement, the governing party offered 20 percent of the seats on the municipal board to Jewish candidates. Although this figure was higher than the percentage of Jews in the city (10 percent), it was still lower than the proportion of Jews on the municipal board before the elections (25 percent).[26]

The Age of Anti-Jewish Laws, 1938–1941

Efforts to exclude Jews from municipal governmental bodies altogether heightened by the end of the 1930s. Act XV of 1938, also referred to as the first Jewish Law, was passed in the spirit of heightened anti-Semitism on the part of the government. It restricted the number of Jews (qualified by birth, or under the racial criteria of the Act) in liberal professions, administration, and commerce to 20 percent. A second Jewish Law, Act IV of 1939, further reduced the quota to 6 percent and additionally it systematically reduced Jewish presence in every walk of life in Hungary, including politics and public life. These restrictions banned Jews from holding public offices and even cur-

Free Royal Town. As to who was Jewish, see the documents of the Jewish Religious Community of Pécs.

25 Ibid. Documents of the Corroborative Board of Pécs Free Royal Town 1929–1939. Elected highest taxpayer municipal board members of Pécs Free Royal Town. (The document denotes the religious affiliation of the *virilists*.) At the time of the successive election in 1934, the state of affairs of 1929 was repeated. While eighteen among the first forty-eight highest taxpayers in Pécs were of Jewish origin, only ten of them were elected in the *virilist* elections.

26 Gábor Farkas, Székesfehérvár törvényhatósági bizottsága (1919–1929) [The Municipal Board of Székesfehérvár (1919–1929)], in: Levéltári Szemle [Archival Review] 44–45 (1974), 182f. Similar election cooperation possibly took place in other towns with borough status, such as in Győr, where in 1929 a high percentage of Jewish citizens were elected to the board, primarily from among the ranks of *virilists*. See also János Honvári, Törvényhatósági választások és pártpolitikai küzdelmek Győrött a Horthy-rendszerben [Municipal Board Elections and Party Politics in Győr during the Horthy Regime], in: László Cziglényi (ed.), Győri tanulmányok [Győr Studies], vol. 5, Győr 1983, 75–91, and, more recently, Gyula Szakál, Vállalkozó győri polgárok 1870–1970 [Entrepreneur Citizens of Győr], Budapest 2002, 319–333.

tailed active and passive suffrage. As a rule of thumb, a Jewish individual was entitled to exercise suffrage at any general and municipal elections only if he was born and had permanently resided in Hungary; for those born after 1867, this had also to hold for the parents. As János Makkai, presenter of the bill before the House of Representatives of the Hungarian Parliament, explicated, the government reckoned only those Jews and their descendents suitable to "make their voices heard" in Hungarian politics who had lived in Hungary prior to 1867, whereas this right was denied Jewish Hungarians who had arrived as immigrants after 1867.[27] Minister of justice András Tasnády-Nagy made more precise comments than the presenter Makkai in order to legitimize these restrictions on franchise. According to him, the government believed that suffrage should only be granted to those who "for generations have been strongly rooted in the body of the nation." Only such citizens were able to exercise suffrage for the benefit of the nation.[28] In addition to the restriction on suffrage, a Jew could be elected to a municipal board only by election from among all other electors, or in representation of a religious denomination. Act IV of 1939 contains provisions to ban Jews as the highest taxpayers, or *virilists*, from serving on the municipal boards generally.

Hugó Payr, an opposition MP who repeatedly objected to the bill, pointed out in connection with this provision that he did not find any sense in gravely insulting people who were in the highest land-taxpayer bracket, on the very grounds that "they had provided the largest service to the country."[29] As a result of the act, tens of thousands of Jews lost their suffrage, and at the same time, their chances to be elected to and to remain members of the municipal boards had lessened significantly. Prior to the introduction of the restrictive measures, the number or ratio of Jewish representatives was typically the highest among the upper middle class *virilists* and the delegates of syndicates, both in town boards and county municipalities. These two offices were banned for Jews under Act IV of 1939. The consequences of these changes are well reflected by the fact that following the enactment of the act, out of 91,000 Jews in eleven towns enjoying borough status, including Budapest, 85,000 lost their suffrage.[30] Thus, the ratio of Jewish electors in towns enjoying borough status dropped from 16 percent to hardly 1 percent. In the same towns, a mere forty-four Jewish members out of 252 could keep their man-

27 Az 1935. évi április hó 27-ére hirdetett Országgyűlés Képviselőházának Naplója. XXII. kötet [Parliamantary Diary of the Hungarian Congressional Assembly Convened on 27 April 1935, vol. 22], Budapest 1939, 8 (24 February 1939).

28 Ibid., 185 (7 March 1939).

29 Ibid., 441 (21 March 1939).

30 See László Karsai, A magyarországi zsidótörvények és rendeletek 1920–1944 [Anti-Jewish Acts in Decrees in Hungary in 1920–1944], in: Századok [Centuries] (2004), no. 6, 1298.

date on the municipal boards. Thus, the ratio of Jewish municipal board members fell from 14.4 percent to 2.5 percent.[31] Similar developments could be observed in other cities with county rights: In forty-four such cities, 17,000 Jewish citizens (out of 20,000) lost the right to vote. Thus, the ratio of Jewish electors dropped from 6.7 percent to 0.8 percent. Only 115 Jewish members out of 654 succeeded in retaining their mandate on the municipal boards of cities with county rights. Thus, the ratio of Jewish delegates dropped from 17.2 percent to 3 percent. In light of the fact that due to various considerations, no municipal elections were held, and that the general elections held in 1939 had strengthened the ultra right-wing, National-Socialist, and so-called Hungarist parties, the government resolved to extent the mandates won in 1934 (1935 in the case of Budapest) by means of legislative measures. The relevant acts – Act XIX of 1939, Act XXXI of 1940, and Act XIX of 1941 – included additional anti-Jewish measures. As a result, by 1941, practically every Jew was deprived of or barred from office in any municipal body in Hungary.

31 Ibid.

Albert Lichtblau

Jüdische Politik im »Roten Wien«: Das Wirken zionistischer Mandatare im Wiener Gemeinderat

Österreich und im Besonderen dessen Hauptstadt Wien stellten nach dem Zusammenbruch der Habsburgermonarchie ein Paradoxon dar. Von einem mittelosteuropäischen Vielvölkerstaat war ein Rumpfstaat übriggeblieben, der im Wesentlichen die deutschsprachigen Gebiete der Alpenländer umfasste – das ehemals westungarische Burgenland sollte 1921 noch hinzukommen. Die vorangegangene multinationale Konstellation war mit einem Mal auf das »Deutsche« entkernt. Die in der Ersten Republik übrig verbliebenen Minderheiten störten das neue mononationale Gebilde, das deutsch sein sollte, tatsächlich aber nur vage österreichisch war. Damit ging eine fundamentale Verunsicherung des nationalen Selbstverständnisses einher, eine Schwäche, die wiederum auf das Verhältnis zu den Minderheiten abfärbte. Zum einen standen diese unter einem neuartigen Legitimationsdruck gegenüber der österreichischen »Nation wider Willen«, zum anderen verstärkten sich die von Stereotypen durchzogenen Projektionen ihnen gegenüber.

Zu all dem kam die einzigartige Situation Wiens hinzu. Die Antisemiten hatten nach dem Wahlerfolg Karl Luegers im Jahr 1895 das Kurienwahlrecht derart reformiert, dass es ihre Dominanz sicherte.[1] Erst die Implosion der Habsburgermonarchie und die darauffolgenden Wahlreformen brachten zutage, wie die Mehrheit der Männer und nun auch der Frauen in Wien politisch orientiert war, nämlich sozialdemokratisch: 1918 begann die Ära des »Roten Wien«, die mit dem Bürgerkrieg vom Februar 1934 und dem Verbot der Sozialdemokratischen Arbeiterpartei beendet wurde. Diese Partei erzielte bei den Wiener Kommunalwahlen in der Ersten Republik absolute Stimmen- und Mandatsmehrheiten, bei der ersten Gemeinderatswahl nach gleichem Männer- und Frauenwahlrecht vom 4. Mai 1919 stimmten 54,2 Prozent sozialdemokratisch.[2] Die antisemitischen Christlichsozialen verloren die Metropole und wurden somit zu einer Provinzpartei degradiert, was sie der

1 Bruce Pauley, Eine Geschichte des österreichischen Antisemitismus. Von der Ausgrenzung zur Auslöschung, Wien 1993, 60–115; John W. Boyer, Political Radicalism in Late Imperial Vienna. Origins of the Christian Social Movement 1848–1897, Chicago, Ill./London 1981.

2 Maren Seliger/Karl Ucakar, Wahlrecht und Wählerverhalten in Wien 1848–1932. Privilegien, Partizipationsdruck und Sozialstruktur, Wien/München 1984, 228.

JBDI / DIYB • Simon Dubnow Institute Yearbook 10 (2011), 285–306.

Sozialdemokratie nicht verziehen.[3] Damit waren die Grundlagen einer Polarisierung zwischen der »jüdisch-roten« Metropole und den »schwarzen« Provinzen gesetzt; dies besonders deshalb, weil bei Parlamentswahlen die Christlichsozialen dominierten. Anfangs regierten diese in einer Koalition mit der Sozialdemokratie, nach deren Ausscheiden aus der Regierung 1920 dann in verschiedenen Koalitionen mit anderen antisemitisch und deutschnational orientierten Parteien.

Demografische Bedingungen für eine jüdische Kommunalpolitik

Sogenannte Minoritäten haben bessere Chancen auf Wahrnehmung seitens der Politik, wenn ihre Größe die Wahlentscheidungen maßgeblich beeinflussen kann. Für die jüdische Bevölkerung in Wien waren die Vorbedingungen gut gewesen, sie hatte nach dem Zusammenbruch der Monarchie in Wien zahlenmäßig ihren Höhepunkt erreicht. Die Volkszählung 1923 weist den höchsten jüdischen Bevölkerungsstand auf, nämlich 201 513 Personen beziehungsweise einen Anteil von 10,8 Prozent an Wiens Gesamtbevölkerung. Ein weiterer Faktor hätte eine wichtige Rolle für die Erringung jüdischer Mandate spielen können, und zwar die Konzentration in einigen wenigen Stadtbezirken, allen voran der Leopoldstadt, wo 1923 knapp 30 Prozent der jüdischen Bevölkerung Wiens wohnte. Ein knappes Drittel lebte in den angrenzenden Bezirken I, III, IX und XX, hohe Bevölkerungsanteile gab es außerdem in den Bezirken VI, VII und VIII (Tab. 1).

Vorbedingungen der politischen Partizipation

Grundlage für die Kandidatur jüdischnationaler Listen war die bereits in Zeiten der Monarchie erprobte »Landespolitik«. Diese bedeutete im Wesentlichen, dass die Realisierung eines »Judenstaats« als Fernziel angesehen wurde und das politische Engagement für die Rechte der jüdischen Bevölkerung in der Diaspora vorrangig war. Den österreichischen Zionisten war daher, neben der Einflussnahme in den jüdischen Gemeinden, der Einzug in politische Vertretungskörper von großer Wichtigkeit.[4]

3 Vgl. das Kap. Ignaz Seipel und die Neuordnung der Christlichsozialen Partei, in: John W. Boyer, Karl Lueger (1844–1910). Christlichsoziale Politik als Beruf, Wien/Köln/Weimar 2010, 413–456.

4 Adolf Gaisbauer, Davidstern und Doppeladler. Zionismus und jüdischer Nationalismus in Österreich 1882–1918, Wien/Köln/Graz 1988, 451–523.

Tab. 1: Jüdische und nichtjüdische Bevölkerung in Wien nach Bezirken, Volkszählung 1923.

Bezirk	Jüdische Bevölkerung	Anteil der jüdischen Bevölkerung in diesem Bezirk	Anteil an der gesamten jüdischen Bevölkerung der Stadt	Nichtjüdische Bevölkerung	Anteil an der gesamten nichtjüdischen Bevölkerung der Stadt
I/Innere Stadt	10462	24,3 %	5,19 %	32583	1,96 %
II/Leopoldstadt	59722	38,5 %	29,64 %	95430	5,73 %
III/Landstraße	14204	9,8 %	7,05 %	130334	7,83 %
IV/Wieden	5570	9,7 %	2,76 %	52065	3,13 %
V/Margareten	4471	5,0 %	2,22 %	85416	5,13 %
VI/Mariahilf	8941	16,4 %	4,44 %	45599	2,74 %
VII/Neubau	9838	15,6 %	4,88 %	53151	3,19 %
VIII/Josefstadt	6932	13,8 %	3,44 %	43174	2,59 %
IX/Alsergrund	23746	25,1 %	11,78 %	70877	4,26 %
X/Favoriten	4011	2,8 %	1,99 %	138445	8,32 %
XI/Simmering	400	0,9 %	0,20 %	45832	2,75 %
XII/Meidling	2405	2,5 %	1,19 %	95129	5,72 %
XIII/Hietzing	5977	4,6 %	2,97 %	123792	7,44 %
XIV/Rudolfsheim	3706	4,7 %	1,84 %	74817	4,50 %
XV/Fünfhaus	2904	5,5 %	1,44 %	49995	3,00 %
XVI/Ottakring	4881	3,1 %	2,42 %	150718	9,06 %
XVII/Hernals	3829	4,3 %	1,90 %	84815	5,10 %
XVIII/Währing	4601	5,4 %	2,28 %	80182	4,82 %
XIX/Döbling	5665	10,2 %	2,81 %	49880	3,00 %
XX/Brigittenau	17572	18,0 %	8,72 %	79831	4,80 %
XXI/Floridsdorf	1676	2,0 %	0,83 %	82202	4,94 %
Wien gesamt	**201513**	**10,8 %**	**100 %**	**1664267**	**100 %**

Quelle: Statistische Nachrichten, 3. Jg., Wien 1925, 105f.

Die mit dem Ende der Habsburgermonarchie veränderten politischen Strukturen hatten auch die Israelitische Kultusgemeinde Wiens erreicht; neue, konkurrierende politische Gruppierungen lösten die frühere Führung durch Honoratioren ab. Neben der zunächst dominierenden liberalen Liste waren dies in der Ersten Republik vor allem die jüdischnationale, die sozialdemokratische und die orthodoxe Liste. Ein Vergleich der Wahlergebnisse von Parlaments- und Kommunalwahlen mit jenen der Wiener Israelitischen Kultusgemeinde zeigt, dass der jüdischen Wählerschaft eine bürgerliche Wahloption bei allgemeinen Wahlen abhanden gekommen war. Innerhalb der jüdischen Gemeinde dominierten die Liberalen bis 1932, selbst 1936 bei den letzten Wahlen vor der nationalsozialistischen Machtübernahme in Österreich erreichten sie noch mehr als ein Drittel der Stimmen. Bei den Parlaments- und Gemeinderatswahlen hingegen spielten Liberale überhaupt keine Rolle mehr. 1919 konnten sie bei den Gemeinderatswahlen lediglich in der Leopoldstadt noch ein Mandat erringen – es sollte das einzige während der Ersten Republik bleiben. Alle anderen bürgerlichen Parteien hatten antisemitische Ausrichtungen und kamen schon deshalb für die jüdische Wählerschaft kaum infrage. Angesichts des Kollabierens der Liberalen blieb der jüdischen Wählerschaft bei allgemeinen Wahlen eigentlich nur die Sozialdemokratie übrig, während diese innerhalb der Kultusgemeinde mit einem nur 15-prozentigen Stimmenanteil eine bescheidene Rolle spielte. Dementsprechend kümmerte sich die Sozialdemokratie bei Kommunalwahlen nicht allzu sehr um ihre jüdische Wählerschaft. Orthodoxe Listen blieben eine Besonderheit der Kultusgemeindewahlen: Mit Ergebnissen unter zehn Prozent hatten sie in Wien nur einen beschränkten Einfluss.

Der Kampf um die Kultusgemeinde war in der Ersten Republik einer zwischen Liberalen und – in sich wiederum gespaltenen – Jüdischnationalen, den Letztere durch den Zusammenschluss zweier Listen 1932 mit einer hauchdünnen Mehrheit für sich entscheiden konnten. Bei den darauffolgenden Wahlen 1936 konnten die Zionisten den Erfolg zu einer absoluten Mehrheit ausbauen.[5] Im Demokratisierungsprozess blieb die Kultusgemeinde zurück, denn zur Einführung des Wahlrechts für Frauen kam es bis zur nationalsozialistischen Herrschaft nicht mehr (Tab. 2).

5 Harriet Pass Freidenreich, Jewish Politics in Vienna 1918–1938, Bloomington/Indianapolis, Ind., 1991.

Tab. 2: Ergebnisse der Wahlen der Israelitischen Kultusgemeinde Wien, 1920–1936.[6]

	1920	1924	1928	1932	1936
Liberale	56,0 %	75,4 %	46,9 %	38,9 %	36,5 %
Zionisten	35,2 %		30,1 %	39,2 %	54,8 %
Orthodoxe	8,3 %	9,4 %	8,0 %	8,9 %	
Sozialdemokraten	0,5 %	15,2 %	15,0 %	12,4 %	8,7 %
andere				0,6 %	
gesamt	**10 533**	**14 865**	**19 348**	**26 178**	**31 750**

Quelle: Albert Lichtblau, Partizipation und Isolation. Juden in Politik und Gesellschaft Österreichs in den »langen« 1920er Jahren, in: Archiv für Sozialgeschichte 37 (1997), 231–254, hier 242.

Wiener Kommunalwahlergebnisse

Trotz des beträchtlichen Stimmenpotenzials blieben die Erfolge der zionistischen Listen bei den Wiener Gemeinderatswahlen in der Ersten Republik bescheiden. Bei den ersten Gemeinderatswahlen am 4. Mai 1919 konnten die Jüdischnationalen mit drei von 165 Mandaten einen Achtungserfolg erzielen.[7] Bei den darauffolgenden Wahlen am 21. Oktober 1923 wurde die Zahl der zu vergebenden Mandate auf 120 Mandate reduziert. Diese Wahlreform machte die Hoffnungen der jüdischen Liste auf eine adäquate Vertretung im Wiener Gemeinderat zunichte. Erzielten die Jüdischnationalen 1919 mit 6 854 Stimmen in der Leopoldstadt noch zwei Mandate, reichte es 1923 trotz eines Stimmenzuwachses auf 8 568 Stimmen in diesem Bezirk nur mehr für ein Mandat. Ähnlich war es im Alsergrund, wo 1919 noch 2 719 Stimmen für ein Mandat ausgereicht hatten, aber trotz Steigerung auf 3 171 Stimmen bei der Wahl 1923 kein Mandat mehr gewonnen wurde. Allerdings ist zu beachten, dass die Zahl der insgesamt in Wien abgegebenen gültigen Stimmen erheblich gestiegen war, nämlich von 679 728 auf 1 026 303 Stimmen.[8] Bei den darauffolgenden Kommunalwahlen im Jahr 1927 blieb die jüdischnatio-

6 Aus Gründen der Übersichtlichkeit wurden verschiedene Listen nach ihrer politischen Orientierung zusammengefasst. 1936 war die Sozialdemokratische Arbeiterpartei verboten, dennoch gab es bei den Wahlen zur Kultusgemeinde eine entsprechende Liste, die hier angeführt wurde.

7 Über die Stimmung in jüdischnationalen Kreisen rund um die Wahlen 1919 vgl. Evelyn Adunka (Hg.), Tagebücher von Emanuel Fiscus (1916–1921), Innsbruck/Wien/Bozen 2008, 43–56 und 85–93.

8 Seliger/Ucakar, Wahlrecht und Wählerverhalten in Wien 1848–1932, 226–232.

nale Liste ohne Mandat. Die Zahl der für sie abgegebenen Stimmen war dramatisch abgesunken, in der Leopoldstadt auf 2097 und im Alsergrund auf nur 730 Stimmen (Tab. 3)[9].

Die ersten Wiener Gemeinderatswahlen 1919 führten zu interessanten Ergebnissen. Die Sozialdemokratie erlangte die absolute Stimmenmehrheit und die zuvor dominierenden antisemitischen Christlichsozialen erzielten nur halb so viele Mandate wie die Sozialdemokratie. Die Überraschung bei dieser Wahl war, dass die Partei der sozialistischen und demokratischen Tschechoslowaken, so ihr voller Name, die in allen Bezirken kandidiert hatte, 57380 Stimmen bekam und damit als drittstärkste Partei mit acht Mandaten in den Gemeinderat einzog.[10] Die Deutschnationale Partei war mit 36955 Stimmen

Tab. 3: Stimmenanteile jüdischnationaler Parteien beziehungsweise im Jahr 1923 der zionistisch-liberalen Jüdischen Wahlgemeinschaft bei den Gemeinderats- und Nationalratswahlen in ausgewählten Wiener Bezirken.[11]

	Leopoldstadt	Brigittenau	Alsergrund	Innere Stadt	gesamt
	Gemeinderatswahlen				
4. Mai 1919	13,7 %	5,5 %	8,7 %	–	1,9 %
21. Okt. 1923	11,3 %	2,6 %	6,6 %	6,7 %	2,4 %
24. Apr. 1927	5,0 %	1,5 %	2,7 %	2,5 %	0,6 %
	Nationalratswahlen				
16. Feb. 1919	9,3 %	3,1 %	–	–	0,8 %
17. Okt. 1920	11,5 %	3,8 %	4,9 %	2,8 %	2,0 %
21. Okt. 1923	11,3 %	2,6 %	6,6 %	6,9 %	2,4 %
24. Apr. 1927	4,8 %	1,5 %	2,6 %	2,5 %	0,9 %
9. Nov. 1930					0,2 %

Quelle: Maren Seliger/Karl Ucakar, Wahlrecht und Wählerverhalten in Wien 1848–1932. Privilegien, Partizipationsdruck und Sozialstruktur, Wien/München 1984, 228–233 und 237–257.

die viertgrößte Partei, sie erhielt drei Mandate. Die Jüdischnationale Partei kandidierte nur in den Bezirken II, VI, VII, IX und XX und wurde mit 13075 Stimmen beziehungsweise drei Mandaten sechststärkste Partei.[12] Die libera-

9 Ebd., 231 f.

10 Karl M. Brousek, Wien und seine Tschechen. Integration und Assimilation einer Minderheit im 20. Jahrhundert, Wien 1980, 74–83.

11 1919 kandidierte die zionistische Liste als Jüdischnationale Partei, ebenso 1920 für die Nationalratswahlen. 1923 traten Zionisten und Liberale gemeinsam als Jüdische Wahlgemeinschaft an, 1927 nannten sie sich Jüdische Partei und schließlich 1930 Jüdische Liste.

12 Seliger/Ucakar, Wahlrecht und Wählerverhalten in Wien 1848–1932, 226–228.

len Vereinigten demokratischen Parteien Wiens hatten zwar mehr Stimmen erhalten, nämlich 17 605, doch diese reichten nur für ein Mandat.

Die Wahlen 1923 waren für die jüdische Wahlbewegung außergewöhnlich, da sich in diesem Jahr die einander bekämpfenden jüdischen Liberalen und Jüdischnationalen zu einer Wahlkoalition hatten durchringen können: Die in der Kultusgemeinde nach wie vor dominierende Union deutschösterreichischer Juden kandidierte als Jüdische Wahlgemeinschaft gemeinsam mit der Zionistischen Organisation für Österreich. Seitens der jüdischen Liberalen wurde dies damit begründet, dass unter »dem Zeichen des Hakenkreuzes [...] eine wilde Judenhetze begonnen« habe. »Im Augenblick höchster Gefahr wollen wir alles, was uns trennt, hintansetzen, um zunächst den Rechtsboden zu schützen, auf welchem wir alle stehen.«[13] Im Wahljahr 1923 – es gilt als Höhepunkt des Nachkriegsantisemitismus – war es zu wüsten antisemitischen Demonstrationen gekommen.[14] Die Bildung der Jüdischen Wahlgemeinschaft geschah offensichtlich aus reinem Pragmatismus, sie wurde von beiden Seiten mit Misstrauen beäugt. Für diese Annahme spricht, dass eine Vorbedingung der Liberalen für die gemeinsame Liste die Zurückstellung aller nationalen Bestrebungen auf zionistischer Seite war. Die Aufstellung des in jüdischen Kreisen bekannten liberalen Gemeinderats Rudolf Schwarz-Hiller auf den zweiten Listenplatz in der Leopoldstadt sollte die jüdische liberale Wählerschaft mobilisieren.[15] Es war das einzige Mal, dass eine jüdische Liste in allen Bezirken kandidierte, was den Zuwachs auf 24 253 Stimmen erklärt. Dass damit nur ein Mandat erzielt werden konnte, war zutiefst ernüchternd. Die Enttäuschung betraf aber nicht nur die jüdische Liste, denn die tschechische, die deutschnationale und die demokratische Liste blieben gänzlich ohne Mandat. Die tschechischen Sozialdemokraten hatten sich zuvor von den bürgerlichen Tschechen losgelöst und der Sozialdemokratischen Arbeiterpartei angeschlossen. Als Gegenleistung dafür wurden ihnen zwei Mandate zugesichert, die sie bis 1934 behielten.[16] Der Verband der Großdeutschen und des Landbunds hatte mehr als doppelt so viele Stimmen wie die Jüdische Wahlgemeinschaft erhalten, aber die Streuung der Wählerschaft war für die Deutschnationalen von Nachteil. Gemessen an Mandaten konnte die Jüdische Wahlgemeinschaft 1923 mit einem Mandat drittstärkste Partei des Wiener Gemeinderates werden.[17]

13 Wählt demokratisch!, in: Die Wahrheit, 2. November 1923, 10.
14 Pauley, Eine Geschichte des österreichischen Antisemitismus, 125 f. und 139–144.
15 Amtsblatt der Stadt Wien, 1923, 1097. Im IV., V. und XVIII. Bezirk rangierte er auf dem ersten Listenplatz.
16 Brousek, Wien und seine Tschechen, 82.
17 Seliger/Ucakar, Wahlrecht und Wählerverhalten in Wien 1848–1932, 229 f.

Mit der Gemeinderatswahl 1927 endete die autonome jüdische Vertretung. Die jüdischen Liberalen und Zionisten waren wieder getrennte Wege gegangen, die Liberalen riefen zur Wahl der Demokratischen Liste auf, die abermals kein Mandat erzielen konnte. Die Polemik beider Seiten war weit überzogen. Die jüdischen Liberalen unterstellten den Jüdischnationalen, mit ihrer Politik die Trennung »der Juden von nichtjüdischen Mitbürgern aus eigenem Interesse in die Wege« zu leiten und damit, »wenn auch aus anderen Gründen«, dasselbe anzustreben wie die »Hakenkreuzler«.[18] Abgesehen von der Niederlage der Jüdischnationalen ist diese Wahl auch bemerkenswert, weil sich Christlichsoziale und Deutschnationale zu einer Einheitsliste zusammengeschlossen hatten. Das konnte jedoch den Stimmenzuwachs der Sozialdemokratischen Arbeiterpartei auf 60,3 Prozent der Stimmen nicht verhindern.[19]

Bei der Gemeinderatswahl 1932 kandidierte keine jüdische Liste mehr, obwohl die politische Lage sich dramatisch zugespitzt hatte. Die jüdischen Liberalen empfahlen dieses Mal eine Wahlenthaltung. Die erstmals kandidierende NSDAP erhielt auf Anhieb 17,4 Prozent der Stimmen beziehungsweise zehn Mandate, die Christlichsozialen fuhren mit 20,2 Prozent ihr schlechtestes Ergebnis ein, die Sozialdemokratie hielt trotz leichter Verluste die absolute Mehrheit auf hohem Niveau.[20] In den jüdischen Zeitungen spiegelt sich die Ernüchterung angesichts der Aussichtslosigkeit einer autonomen jüdischen Vertretung im Wiener Gemeinderat wider. Die Ursache für das Scheitern jüdischer Parteien wurde sowohl in der politischen Spaltung der jüdischen Bevölkerung als auch in dem die Minoritäten benachteiligenden Wahlrecht gesehen. Die zionistische Zeitung *Die Stimme* schrieb:

> »Seit Jahren ist es das erste Mal, daß jüdische Parteien an der Wahlwerbung nicht teilnehmen. Der Grund hiefür liegt in der durch den ewigen Parteistreit herbeigeführten Uneinigkeit und Zerrissenheit im jüdischen Lager, der Entmutigung der jüdischen Wählerschaft, die sich den Schikanen des Wahlsystems gegenüber machtlos fühlt.«[21]

Mandatare

Angesichts der geringen Zahl sollen die drei in den Gemeinderat gewählten jüdischnationalen Mandatare kurz vorgestellt werden. Bruno Pollack-Parnau (1879–1958) war ein Textilindustrieller, der 1913 und 1916 zum Vizepräsidenten der liberalen Österreichisch-Israelitischen Union gewählt worden war.

18 Wählt demokratisch!, in: Die Wahrheit, 22. April 1927, 2.
19 Seliger/Ucakar, Wahlrecht und Wählerverhalten in Wien 1848–1932, 231–233.
20 Ebd., 234–236.
21 Die Wiener Gemeinderatswahlen, in: Die Stimme, 21. April 1932, 1 f., hier 2.

Ende 1918 wechselte er zur Jüdischnationalen Partei. Nachdem er 1923 nicht wiedergewählt worden war, beendete er seine politischen Aktivitäten. Nach der nationalsozialistischen Machtübernahme gelang ihm die Flucht nach Großbritannien.[22]

Ebenfalls nur eine Legislaturperiode vertreten war der Jurist Jakob Ehrlich (1877–1938), der von 1912 bis 1938 Mitglied des Vorstands der Israelitischen Kultusgemeinde war – 1936, für ein Jahr, als ihr Vizepräsident – und mehrfach zum Präsidenten des Zionistischen Landesverbandes für Österreich gewählt wurde. Nach der Errichtung des Ständestaats wurde Ehrlich 1934 zum Mitglied der Nachfolgeinstitution des Gemeinderats, der Wiener Bürgerschaft, ernannt; 1937 wurde dieses Mandat verlängert.[23]

Der jüngste und aktivste unter den drei jüdischen Mandataren war der Rechtsanwalt Leopold Plaschkes (1884–1942). Schon sein Vater, Hermann Plaschkes, war in der zionistischen Bewegung aktiv gewesen. Wie Bruno Pollack-Parnau und Jakob Ehrlich war Leopold Plaschkes Vorstandsmitglied des Jüdischen Nationalrats für Deutsch-Österreich.[24] Dieser hatte sich am 4. November 1918 konstituiert und konnte für kurze Zeit das Vakuum jüdischer Politik, das im Zuge des Zerfalls der Monarchie entstanden war, füllen. Seine Ziele, sich als gesamtjüdische Vertretung zu etablieren und die Anerkennung der jüdischen Bevölkerung als Nation durchzusetzen, konnte er nicht erreichen und wurde deshalb bald bedeutungslos.[25] Plaschkes war außerdem Mitgründer der *Wiener Morgenzeitung*, die von Januar 1919 bis September 1927 als jüdische Tageszeitung erschien. Ab 1920 war er im Vorstand der Israelitischen Kultusgemeinde Wien, trat jedoch gemeinsam mit Robert Stricker 1927 aus. Letztgenannter war *der* herausragende zionistische Politiker und Journalist Österreichs. Ihm war es gelungen, bei den Nationalratswahlen am 16. Februar 1919 mit 6253 in der Leopoldstadt für die Jüdischnationale Partei abgegeben Stimmen ein Nationalratsmandat zu erlangen. Es sollte das einzige bleiben, denn bei den darauffolgenden Wahlen am 17. Oktober 1920 konnte er trotz eines noch besseren Wahlergebnisses aufgrund einer neuen Wahlarithmetik den Erfolg nicht wiederholen.[26] Grund für den zuvor genannten Austritt von Plaschkes und Stricker aus der Israeliti-

22 Evelyn Adunka, Bruno und Charlotte Pollack-Parnau, in: Chilufim. Zeitschrift für jüdische Kulturgeschichte 7 (2009), 209–212.

23 Dies., Jakob und Irma Ehrlich, in: ebd., 205–208.

24 Vgl. Der jüdische Nationalrat, in: Jüdische Zeitung, 25. Oktober 1918, 1 f.

25 Dieter J. Mühl, »Immer war Wahlkampf«. Robert Stricker (1879–1944). Ein Beitrag zur jüdischen Politik in Österreich, in: Aschkenas. Zeitschrift für Geschichte und Kultur der Juden 11 (2001), H. 1, 121–159, hier 133–138; Dieter J. Hecht, Robert und Paula Stricker, in: Chilufim 7 (2009), 169–177.

26 Mühl, »Immer war Wahlkampf«. Robert Stricker (1879–1944); Seliger/Ucakar, Wahlrecht und Wählerverhalten in Wien 1848–1932, 238 und 243.

schen Kultusgemeinde waren der Konflikt über eine Wahlrechtsreform innerhalb der Kultusgemeinde sowie die Spaltung innerhalb der zionistischen Bewegung. Zugleich traten die beiden aus dem Zionistischen Landesverband aus und gründeten den Verband demokratischer Zionisten.[27] Allerdings kam es 1932 zum Zerwürfnis zwischen Stricker und Plaschkes, der daraufhin den Verband radikaler Zionisten gründete. Zum Zeitpunkt der NS-Machtübernahme war Plaschkes schwer krank, weswegen er nicht verhaftet und deportiert wurde. Er floh noch 1938 nach Palästina.[28]

Zwei Politiker seien noch genannt, da sie sich im Wiener Gemeinderat offen für jüdische Agenden engagierten. Der bereits erwähnte liberale Politiker Rudolf Schwarz-Hiller (1876–1932), ein Rechtsanwalt, hatte von 1910 bis 1923 ein Mandat im Wiener Gemeinderat inne. Während des Ersten Weltkriegs leitete er die Zentralstelle der Fürsorge für Kriegsflüchtlinge.[29] Im Gemeinderat meldete er sich bei den sogenannten Judendebatten jedoch nur selten zu Wort.[30] Nach seiner erfolglosen Kandidatur für die Jüdische Wahlgemeinschaft 1923 zog er sich aus der Politik zurück.[31] – Anitta Müller-Cohen (1890–1962) war von der liberalen Freiheitlich-Bürgerlichen Partei in den vom 3. Dezember 1918 bis 5. Mai 1919 tagenden provisorischen Wiener Gemeinderat entsandt worden und zählte zu den ersten Frauen im Wiener Gemeinderat. Auch sie engagierte sich mit einer von ihr gegründeten Sozialen Hilfsgemeinschaft für in Not geratene jüdische Flüchtlinge, die während des Ersten Weltkriegs vor den vorrückenden russischen Truppen im Landesinneren Sicherheit gesucht hatten.[32] Bei der Gemeinderatswahl 1919 kandidierte sie in mehreren Bezirken, allerdings auf aussichtslosen Listenplätzen. Dennoch warb die Partei damit und versuchte die weibliche Wählerschaft anzusprechen, etwa wenn es in einer Annonce hieß: »Jüdische Frauen!

27 Zum Wahlrechtskampf in der Wiener jüdischen Gemeinde, in: Die Neue Welt, 30. Dezember 1927, 2.

28 Arjeh Sahawi-Goldhammer, Dr. Leopold Plaschkes. Zwei Generationen des österreichischen Judentums, Tel Aviv 1943; Evelyn Adunka, Leopold Plaschkes (1884–1942), in: dies., Exil in der Heimat. Über die Österreicher in Israel, Innsbruck u. a. 2002, 175–180.

29 Zuvor: Zentralstelle der Fürsorge für die Flüchtlinge aus Galizien und der Bukowina. Beatrix Hoffmann-Holter, »Abreisendmachung«. Jüdische Kriegsflüchtlinge in Wien 1914 bis 1923, Wien/Köln/Weimar 1995, 43–45.

30 Siehe z. B. Stenographischer Bericht über die öffentl. Sitzung des Gemeinderates der Bundeshauptstadt Wien, Wien 1923, 901–912. Ab 1923 wurden die Stenographischen Berichte nicht mehr gedruckt. Der Einfachheit halber werden sie für den gesamten Zeitraum als »Stenographischer Bericht [Wiener Gemeinderat]« bezeichnet.

31 Hanns Jäger-Sunstenau, Der Wiener Gemeinderat Rudolf Schwarz-Hiller, Kämpfer für Humanität und Recht, in: Zeitschrift für die Geschichte der Juden (1973), 9–16.

32 Zu ihrer Tätigkeit im Wiener Gemeinderat vgl. Dieter J. Hecht, Zwischen Feminismus und Zionismus. Die Biografie einer Wiener Jüdin. Anitta Müller-Cohen, Wien/Köln/Weimar 2008, 185–193.

Wählet nur jüdischnational! Gemeinderätin Anitta Müller.«[33] Bei den darauffolgenden Wahlen 1923 war keine einzige Frau auf der Liste der Jüdischen Wahlgemeinschaft zu finden.[34] Dass die nahezu reine Männerpartei wenig attraktiv für jüdische Wählerinnen war, kann vermutet werden. Die Gemeinderatswahlen wurden erst ab 1927 nach Geschlechterverteilung ausgewertet und der Frauenanteil an den Stimmen für die Jüdischnationale Partei war im Vergleich zu anderen Parteien tatsächlich geringer. Eine andere Erklärung dafür ist allerdings, dass es innerhalb der jüdischen Bevölkerung Wiens, anders als bei der nichtjüdischen, laut Volkszählung 1923 einen leichten Überschuss von Männern gab.[35]

Um auf die jüdischnationalen Gemeinderäte zurückzukommen: Mit drei Mandataren – zwei Rechtsanwälten und einem Fabrikanten – war es schier unmöglich, das breit gefächerte soziale Spektrum der jüdischen Bevölkerung auch nur annähernd zu repräsentieren. Dasselbe galt auch für die Herkunftsstruktur. Plaschkes war im niederösterreichischen St. Pölten geboren, Ehrlich im mährischen Bistritz und Pollack-Parnau in Wien. Durch diese drei jüdischen Mandatare waren Frauen im Wiener Gemeinderat personell nicht vertreten, ebensowenig Gewerbetreibende und Angehörige der unteren Schichten oder die aus anderen Regionen der ehemaligen Habsburgermonarchie, vor allem Galizien und Ungarn, Stammenden.

Eingebrachte Themen

Es scheint, dass es unter den 1919 in den Gemeinderat gewählten jüdischnationalen Mandataren eine Aufgabenteilung gab, denn Bruno Pollack-Parnau sprach eher zu Themen, die keine spezifisch jüdischen Aspekte betrafen, während Leopold Plaschkes auf diese abonniert zu sein schien. Pollack-Parnau artikulierte diese Arbeitsteilung in einer seiner Reden zur Budgetdebatte 1921, als er sie damit einleitete, dass sein Kollege Plaschkes sich mit Fragen befassen werde, »welche uns in jüdischen Angelegenheiten am Herzen lie-

33 Wiener Morgenzeitung, 1. Mai 1919, 3.

34 Amtsblatt der Stadt Wien, 1923, 1066–1074.

35 Geschlechtsspezifische Auswertungen der Wahlergebnisse liegen für die Gemeinderatswahl 1927 vor und für die Nationalratswahlen 1920, 1923 und 1927. Zur These des geringen Anteils der Wählerinnenstimmen vgl. Seliger/Ucakar, Wahlrecht und Wählerverhalten in Wien 1848–1932, 170. Der Frauenanteil lag laut Leo Goldhammer bei der jüdischen Bevölkerung in Wien zum Zeitpunkt der Volkszählung 1923 bei 48,4 Prozent, bei der nichtjüdischen hingegen bei 55,6 Prozent. Ders., Die Juden Wiens. Eine statistische Studie, Wien/Leipzig 1927, 25.

gen«.[36] Jakob Ehrlich brachte in seinen Reden allgemeine und spezifisch jüdische Belange zur Sprache, trat aber seltener in Erscheinung als sein Kollege Plaschkes. Die Anliegen wurden in den ersten Jahren mit dem Instrumentarium der Anfrage eingebracht. Während des gesamten Zeitraums nutzten die jüdischen Mandatare die Budgetdebatten, da sie Raum für breit angelegte Wortmeldungen ließen.

Bei einer Zusammenschau der Wortmeldungen konnten – grob zusammengefasst – folgende allgemeine Themen festgestellt werden: budgetäre Aspekte und Finanzpolitik der sozialdemokratischen Gemeindeverwaltung, Investitionen der Gemeinde Wien in Unternehmen, vielfältige Aspekte der kommunalen Sozial- und Wohnungspolitik, der Mieterschutz, die kommunale Steuer- und Tarifpolitik, der gegen Wien gerichtete Länderpartikularismus, der Friedensvertrag und die damit verbundenen Minderheitenrechte, die Frage eines möglichen »Anschlusses« an Deutschland, aber auch allgemeine wirtschaftliche Fragen wie die Zollschutz- und Subventionspolitik.

Spezifisch jüdische Agenden betrafen vor allem folgende Themen: die Abwehr von antisemitischen Beschuldigungen und Übergriffen, die Einforderung staatsbürgerlicher gleicher Rechte, die Flüchtlingsfrage und die Angriffe gegen sogenannte Ostjuden, die Frage der Aufenthaltsgenehmigung und der Verleihung des Heimatrechts (das heißt des Aufenthaltsrechts in einer Gemeinde), die Verleihung der österreichischen Staatsbürgerschaft auf dem Optionsweg, die Verwendung des Begriffs »Rasse« (auch in der Volkszählung 1923), die Unterstützung – vor allem wohltätiger – jüdischer Vereine, die Förderung jüdischer Schulen und die Finanzierung des jüdischen Religionsunterrichts an Wiener Schulen sowie Fragen des nationalen Selbstverständnisses und der Loyalität der jüdischen Bevölkerung.

Die Haltung jüdischnationaler Mandatare gegenüber der sozialdemokratischen Gemeindepolitik

Im Folgenden werden einzelne Aspekte aus den zahlreichen Themenkomplexen behandelt, zunächst das Verhältnis zur dominierenden Sozialdemokratischen Arbeiterpartei, das als ambivalent beschrieben werden kann. Bis 1923 stimmten die jüdischnationalen Abgeordneten jeweils für das von den Sozialdemokraten vorgelegte Budget. Erst als Plaschkes einziger Vertreter der Jüdischnationalen geworden war, änderte sich der Tonfall gegenüber der Sozialdemokratie auffallend und ab 1924 lehnte er »als Jude und als Vertreter der

36 Stenographischer Bericht [Wiener Gemeinderat], 1921, 1389 und 1400.

im Gewerbe, im Handel und in der Industrie tätigen Judenschaft« den Etat ab.[37] Gemeinsam mit den Christlichsozialen stimmte er 1924 gegen den Budgetvorschlag. Um sich gegen Vorwürfe zu verwahren, mit der antisemitischen Partei im Einklang zu stehen – wie sie der sozialdemokratische Stadtrat Hugo Breitner äußerte –, behauptete Plaschkes, er betrachte sich als den »linken Flügel der sozialdemokratischen Partei« – eine Aussage, die laut Protokoll mit »Heiterkeit« aufgenommen wurde.[38] Plaschkes prangerte in seiner Rede die kommunale Steuerpolitik und die antijüdisch ausgerichtete Personalpolitik der Gemeinde an.[39] In der Budgetdebatte des Jahres 1925 griff Plaschkes die Sozialdemokratische Arbeiterpartei und ihre gemeindliche Kredit- und Steuerpolitik noch schärfer an. Er verwies auf einen Artikel der sozialdemokratischen *Arbeiter-Zeitung*, in dem er antisemitische Tendenzen erkannte; darin seien jene Hausbesitzer aus der Taborstraße in der Leopoldstadt aufgelistet worden, die »charakteristische jüdisch klingende Namen tragen, um sie der öffentlichen Verachtung preiszugeben und zu zeigen, dass das Schieber sind«.[40] Im Wortgefecht verstieg er sich zu folgender Aussage: »Gefährlicher als jeder Antisemitismus ist der mit der roten Nelke.«[41] In jenem Jahr hatte in Wien vom 18. bis 31. August der XIV. Zionistenkongress stattgefunden, begleitet von wüsten antisemitischen Demonstrationen. Der Wiener Bürgermeister Seitz habe sich geweigert, so Plaschkes, an der Eröffnung teilzunehmen, weil er diese Veranstaltung für eine konfessionelle hielt.[42] Auch in seiner letzten Budgetrede im Jahr 1926 griff Plaschkes die sozialdemokratische Steuerpolitik, besonders die Fürsorgeabgabe, an und stimmte dem Budget erneut nicht zu.[43]

Das herausragende Konfliktthema war die sozialdemokratische Politik gegenüber den jüdischen Kriegsflüchtlingen aus Galizien und der Bukowina. Es ging dabei besonders um den sogenannten Sever-Erlass vom 9. September 1919. Der sozialdemokratische niederösterreichische Landeshauptmann Albert Sever verordnete damals, dass »alle ehemaligen Angehörigen der österreichisch-ungarischen Monarchie, welche nicht in einer Gemeinde Deutschösterreichs heimatberechtigt sind«, das Land bis zum 20. September 1919 verlassen müssten, »sofern sie sich nicht bereits vor dem 1. August 1919 in Deutschösterreich dauernd aufgehalten haben«.[44] Der Erlass war

37 Ebd., 1924, 3868.
38 Ebd., 3854. Plaschkes wiederholte 1926 die Behauptung, eher »links« orientiert zu sein. Ebd., 1926, 2928.
39 Ebd., 1924, 3849–3868.
40 Ebd., 1925, 2815.
41 Ebd., 2817.
42 Ebd., 2824 f.; Pauley, Eine Geschichte des österreichischen Antisemitismus, 154–156.
43 Stenographischer Bericht [Wiener Gemeinderat], 1926, 2910–2928.
44 Hoffmann-Holter, »Abreisendmachung«, 197. Wien und Niederösterreich wurden erst 1922 voneinander unabhängige Bundesländer.

zwar undurchführbar, doch die Sozialdemokratie berief sich immer wieder darauf, wenn ihr von antisemitischer Seite vorgehalten wurde, sie habe nichts gegen den Zustrom aus dem Osten unternommen.[45]

Dabei waren anfangs durchaus anerkennende Worte seitens der jüdischnationalen Abgeordneten für die Sozialdemokratische Arbeiterpartei zu hören gewesen. Bruno Pollack-Parnau lobte 1921 beispielsweise, dass es der Partei gelungen war, den linken Flügel vor einer kommunistischen Abspaltung zu bewahren: »Es ist ein großes Verdienst der Sozialdemokratie, daß sie es verstanden hat, den rechten und linken Flügel zusammenzuschließen – zum Unterschied von Deutschland.«[46] Er sprach auch von den Verdiensten der Budgetpolitik des Finanzstadtrats Hugo Breitner[47] – eine erstaunliche Aussage aus dem Mund eines Industriellen, denn die sogenannten Breitner-Steuern, mit denen etwa die kommunale Wohnungs- und Sozialpolitik finanziert wurde, waren ein Hauptangriffsziel der politischen Gegner. Die antisemitischen unter ihnen konnten es hierbei nicht unterlassen, auf die jüdische Herkunft des sozialdemokratischen Stadtrats zu verweisen.[48]

Kampf gegen den Antisemitismus

Die jüdische Bevölkerung Wiens musste seit Mitte der 1890er Jahre mit einer antisemitischen Kommunalregierung auskommen und es scheint, als habe sie sich mit dieser Situation notgedrungen arrangieren können. Mit den »Ostjuden«, wie vor allem die während des Ersten Weltkriegs aus Galizien und der Bukowina Geflohenen abschätzig bezeichnet wurden, hatten die Antisemiten ein neues Feindbild, das ihrer Version der Juden als »Fremde« scheinrationalen Auftrieb verlieh. In der Anfangszeit der Ersten Republik erlebte der Antisemitismus einen gewaltigen Aufschwung und nahm neue Ausdrucksformen an. Dass der Verbalantisemitismus nun zusehends von einem Antisemitismus der Tat abgelöst wurde, es zu Gewalttätigkeiten bis hin zu zwei Morden kam,

45 Vgl. die problematische sozialdemokratische Broschüre Christoph Hinteregger, Der Judenschwindel, Wien 1923. Stellungnahmen von Ehrlich bzw. Plaschkes zu dieser Frage: Stenographischer Bericht [Wiener Gemeinderat], 1920, 718 f. und 725; ebd., 1922, 994; ebd., 1923, 3109 und 3783 f.

46 Stenographischer Bericht [Wiener Gemeinderat], 1921, 1390.

47 Ebd., 1179 f.

48 Wolfgang Fritz, Der Kopf des Asiaten Breitner. Politik und Ökonomie im Roten Wien, Wien 2000, bes. 185–187. Stellungnahmen zur Wohnungspolitik – die wegen der von Flüchtlingen besetzten Wohnungen von antisemitischen Angriffen begleitet wurden – finden sich z. B. in: Stenographischer Bericht [Wiener Gemeinderat], 1922, 1096 f.; ebd., 1923, 3623–3645.

gehörte zu den alarmierenden neuen Erscheinungen.[49] Hinzu kam eine von antisemitisch Gesinnten forcierte Separierung im Alltagsleben. Im Untersuchungszeitraum manifestierten sich die Ausschlusstendenzen in mehreren Bereichen, am extremsten an den Universitäten, wo gewaltbereite deutschnationale Studenten gegen die jüdischen auftraten. Ein weiteres Betätigungsfeld, in dem Antisemiten Erfolge feiern konnten, waren die zahlreichen Sport- und Freizeitklubs, die mit sogenannten Arierparagrafen jüdische Mitglieder hinausekelten.[50]

Die Abwehr des Antisemitismus seitens der jüdischnationalen Mandatare war ein vergeblicher Kampf und dennoch wichtig. Die frühen Wortmeldungen von Leopold Plaschkes klingen nahezu naiv, so als würden sie an das redliche Gewissen antisemitischer Abgeordneter appellieren. In einem Wortgefecht während der Budgetdebatte am 27. Juni 1919 mit dem Abgeordneten Breuer, der zuvor gemeint hatte, mit den Juden müsse abgerechnet werden, konterte Plaschkes:

> »Sie verwechseln einzelne Auswüchse unter den Juden mit der Gesamtheit und wir haben als Volk ebenso das Recht auf Unanständige (Schallende Heiterkeit), wie Sie als Volk dieses Recht haben. Wogegen wir uns hier mit aller Entschiedenheit verwahren, das sind die Pauschalverdächtigungen, welche gefährlich sind für jeden, der sie ausspricht.«[51]

Wiederholt distanzierten sich die jüdischnationalen Mandatare von jüdischen »Schiebern und Schleichhändlern«, ein Nachkriegstopos, der von antisemitischer Seite immer wieder eingebracht wurde. Die Charakterisierung einiger Äußerungen Plaschkes' als naiv stützt sich zum Beispiel auf diese Wortmeldung: »Wir sind hierhergekommen, um Verständnis für unser Volk und für seine Forderungen zu finden, bei allen Mitgliedern der Gemeindevertretung.«[52] Plaschkes sprach in dieser Rede auch von seinen persönlichen Erfahrungen mit dem Antisemitismus und beschrieb, wie ihm und anderen jüdischen Schülern nach der Machtübernahme der Christlichsozialen die Schulgeldbefreiung entzogen worden war. Ohne die Unterstützung der Israelitischen Kultusgemeinde hätte er sein Studium nicht fortsetzen können.

In der Budgetdebatte 1921 bezog sich Plaschkes auf die beunruhigende Ankündigung der Großdeutschen, die Judenfrage ansprechen zu wollen. Abermals wandte er sich direkt an die antisemitischen Abgeordneten:

49 Zur Ermordung des Schriftstellers Hugo Bettauer vgl. Murray G. Hall, Der Fall Bettauer, Wien 1978; Pauley, Eine Geschichte des österreichischen Antisemitismus, 245 f.

50 Rainer Amstädter, Der Alpinismus. Kultur, Organisation, Politik, Wien 1996.

51 Stenographischer Bericht [Wiener Gemeinderat], 1919, 1638.

52 Ebd.

»Es handelt sich darum, daß Sie einmal zur Ueberzeugung kommen, daß Sie restlos dafür sein müssen, einen gerechten Ausgleich in der Judenfrage zu schaffen; aber nicht in der Weise, wie Sie sich einen Ausgleich vorstellen: ein Drittel taufen, ein Drittel erschlagen, dritte Eventualität: den Rest ausweisen.«[53]

Angesichts der Tatsache, dass circa ein Drittel der in Österreich lebenden jüdischen Bevölkerung während des Nationalsozialismus ermordet wurde, verweisen solche Wortmeldungen gleichsam prophetisch auf den Ernst der Lage. Die Reden der jüdischen Abgeordneten waren wichtig, da sie zumeist als einzige die antisemitischen Auswüchse im Gemeinderat benannten. In der zuvor zitierten Rede verwies Plaschkes auch auf die antisemitischen Praktiken der Gemeinden Eferding und Mattsee, die per Beschluss jüdische Gäste fernhalten wollten, auf die Versuche, an den Universitäten einen gegen jüdische Studierende gerichteten Numerus Clausus einzuführen, auf die bereits beschlossenen »Arierparagrafen« in Sportvereinen sowie auf die antijüdische Praxis bei der Vergabe des Heimatrechtes und der Option für die österreichische Staatsbürgerschaft. Diese und andere Reden offenbarten zugleich die Isolation der jüdischnationalen Abgeordneten, denn sie konnten kaum mit einer solidarischen Unterstützung seitens sozialdemokratischer Abgeordneter rechnen und waren den zynischen Zwischenrufen antisemitischer Mandatare ausgeliefert.

Die sozialdemokratischen Mandatare hätten durchaus Anlass gehabt, den antisemitischen Attacken offensiver entgegenzutreten. Einerseits befanden sich unter ihnen zahlreiche jüdische Abgeordnete beziehungsweise Abgeordnete jüdischer Herkunft, andererseits votierten anfangs ungefähr die Hälfte der jüdischen Wähler, nach den Wahlen 1923 sogar circa 70 bis 90 Prozent für ihre Partei.[54] Als antikonfessionelle Partei wollten sie jedoch nicht in den Verdacht geraten, die Politik einer Religionsgemeinschaft zu vertreten. Da sie selbst antisemitischen Angriffen ausgesetzt waren, versuchten sie offensichtlich plakativ, den Eindruck zu vermeiden, eine Politik im Sinne jüdischer Interessen zu vertreten oder gar – so die antisemitische Unterstellung – eine Art »Judenschutztruppe« zu sein. Eine sozialdemokratische Strategie war es, bei Angriffen auf den Antisemitismus immer auch auf Distanz zu jüdischen »Reichen« oder »Schiebern« zu gehen oder den antisemitischen Parteien zu unterstellen, dass sie keine seriösen Antisemiten seien, da sie Kontakte zu reichen Juden pflegten und von diesen unterstützt würden. Mit einer derartigen Argumentationslinie schuf die Sozialdemokratie keine Barriere zu den gängigen antisemitischen Codes.[55]

53 Ebd., 1921, 1400.

54 Walter B. Simon, The Jewish Vote in Austria, in: Leo Baeck Institute Year Book 16 (1971), 97–121.

55 Oliver Rathkolb, »Im Lichte der Thatsachen …«. Sozialdemokratische Politiker jüdischer

In späteren Reden der jüdischnationalen Mandatare ging es zusehends häufiger um die von den antisemitischen Regierungen praktizierten Diskriminierungen, vor allem um den sogenannten Waber-Erlass. Leopold Waber wurde im Juni 1921 als Vertreter der Großdeutschen Partei Innenminister im Kabinett von Johann Schober. Der radikale Antisemit Waber ordnete bald nach Amtsantritt an, Optionsgesuche auf österreichische Staatsbürgerschaft von jüdischen Antragstellenden wegen fehlender Volkszugehörigkeit ausnahmslos abzuweisen.[56] Er berief sich dabei auf den Friedensvertrag, der im Französischen das Wort *race* verwendete, das in der deutschen Übersetzung fälschlicherweise mit »Rasse« bezeichnet wurde.[57] Die zionistischen Mandatare erhoben ihre Stimme nicht nur im Gemeinderat gegen diese rassistische Auslegung, sondern Plaschkes versuchte es auch – vergeblich – mit einer persönlichen Vorsprache bei Bundeskanzler Schober.[58] Spätere Proteste und Hinweise auf die fehlerhafte Übersetzung blieben ebenfalls ohne Wirkung.[59] Über den Begriff »Rasse« gab es auch 1923 hitzige Diskussionen, da aufgrund einer Verordnung von Vizekanzler Felix Frank – einem Großdeutschen – bei der Volkszählung am 7. März 1923 nach ihr gefragt werden sollte. Unter den christlichsozialen Gemeinderäten gehörte Leopold Kunschak zu jenen, die sich immer wieder antisemitisch exponierten, so auch in dieser Debatte, in der er für die Verwendung des Begriffs »Rasse« in den Bögen der Volkszählung eintrat.[60] In dieser »Judendebatte« bezog auch der Liberale Schwarz-Hiller hierzu Stellung und sprach – höchst ungewöhnlich – über seine eigenen Erfahrungen mit dem Antisemitismus.[61]

Ein weiteres Thema dieser Debatte war eine anti-antisemitische jüdische Versammlung in der Volkshalle des Wiener Rathauses am 3. März 1923. Gewalttätige Antisemiten attackierten die Teilnehmenden mit Gummiknüppeln und Stöcken, einige erlitten Verletzungen.[62] Der Versuch, die sozialdemokratische Mehrheit dafür zu gewinnen, das Rathaus für antisemitische Kundgebungen nicht mehr zur Verfügung zu stellen, scheiterte mit dem Hin-

Herkunft zwischen Assimilation und Antisemitismus, in: Das Jüdische Echo. Zeitschrift für Kultur und Politik 38 (1989), 100–105. Ein Beispiel stellvertretend für viele: Die verjudeten Hakenkreuzbanden, in: Arbeiter-Zeitung, 7. Oktober 1925.

56 Hoffmann-Holter, »Abreisendmachung«, 248–257.

57 Ebd., 226–235.

58 Ebd., 251; Stenographischer Bericht [Wiener Gemeinderat], 1921, 1402.

59 Oskar Besenböck, Die Frage der jüdischen Option in Österreich 1918–1921 (unveröffentlichte Diss., Universität Wien, 1992).

60 Stenographischer Bericht [Wiener Gemeinderat], 1923, 885–901; Pauley, Eine Geschichte des österreichischen Antisemitismus, 208–211.

61 Stenographischer Bericht [Wiener Gemeinderat], 1923, 901–912.

62 Die jüdische Kundgebung in der Volkshalle des Wiener Rathauses, in: Wiener Morgenzeitung, 4. März 1923, 1 f. Stenographischer Bericht [Wiener Gemeinderat], 1923, 904; Pauley, Eine Geschichte des österreichischen Antisemitismus, 125 f.

weis des Bürgermeisters, dass keine politische Zensur ausgeübt werde.[63] Immer wieder thematisierte Plaschkes das gewalttätige, pogromartige Auftreten der »Hakenkreuzler« und anderer gewaltbereiter Antisemiten. In den frühen 1920er Jahren erregte der rechte parteiübergreifende Antisemitenbund Aufsehen. Die argen Verhältnisse an der Wiener Universität, wo antisemitische Studenten gegen jüdische mit Stöcken und Gummiknüppeln vorgingen, waren mehrfach Thema.[64] Der wiederholte Hinweis jüdischer Politiker, dass wegen dieser Vorfälle das Ansehen der Stadt und des ganzen Landes leide, stellte einen Versuch dar, diese Zustände politisch in ein allgemeines, nicht ausschließlich jüdisches Problem zu transformieren.

Einer der wenigen Erfolge im Kampf gegen den Antisemitismus war das Offenlegen der finanziellen Unterstützung von bewaffneten antisemitischen Verbänden wie der Frontkämpfer und der Heimwehren durch den Hauptverband der Industriellen. Die Jüdischnationalen beantragten, dass die Vertreter der Gemeinde Wien in den Verwaltungsräten von Industrieunternehmen die Zahlung von Beiträgen an den Hauptverband verhindern sollten und dass diese Angelegenheit im Gemeinderat dringlich zu behandeln sei. Dieser Antrag wurde angenommen.[65] Daraufhin meldete sich Bruno Pollack-Parnau zu Wort, der sich ausnahmsweise mit einer Frage der antisemitischen Politik befasste.[66]

Zwischenrufe und Heiterkeit

Die Gemeinderatsprotokolle zeigen anschaulich, wie eine direkte Interaktion zwischen einem Juden und Antisemiten im Detail verlief. Vermutlich handelte es sich um eine für andere Kommunikationskulturen schwer darstellbare, spezifisch (ost-)österreichische Form der Kommunikation, die zwischen Provokation, Unterhaltung und, im besten Fall, Verbrüderung pendelt. Über Minderheiten und Außenseiter zu polemisieren, hatte in Österreich – und hat es immer noch – einen hohen Unterhaltungswert und spielte in der öffentlich vermittelten medialen Kommunikation eine wichtige Rolle. Es ist kein Zufall, dass in den Gemeinderatsprotokollen »Heiterkeit«, »Stürmische Heiterkeit«, »Schallende Heiterkeit«, »Lebhafte Heiterkeit« oder »Gelächter« jeweils vermerkt werden, während es auf andere Gemütsäußerungen – abgesehen von »Tumult« – kaum einen Hinweis gibt.

63 Stenographischer Bericht [Wiener Gemeinderat], 1921, 335 f. [Anfrage], 363 [Antwort des Bürgermeisters].

64 Ebd., 1922, 992–994; ebd., 1923, 1401 und 3105.

65 Ebd., 1923, 2006–2010.

66 Ebd., 2010–2019.

Die sachlich gehaltenen Reden von Bruno Pollack-Parnau verliefen in der Regel ruhig, während jene von Leopold Plaschkes die antisemitischen und manchmal auch die sozialdemokratischen Abgeordneten provozierten. Er selbst hielt sich bei Reden von Antisemiten mit Zwischenrufen keineswegs zurück. Mit einem der antisemitischen Gemeinderäte, Untermüller, lieferte sich Plaschkes mehrere Wortgefechte, so auch bei der Optionsfrage rund um den Waber-Erlass. Plaschkes meinte im Verlauf des Wortgefechts, dass für ihn die Frage der »Rasse« geklärt sei, da nur die Hautfarbe über sie entscheide und »daß ich zur selben Rasse gehöre wie Sie und auf diesem Standpunkt muß ich leider bestehen (Lebhafte Heiterkeit), wenn auch ich eine andere Volkszugehörigkeit hab. (GR. Untermüller: Die Juden sind eine eigene Rass') Zu der Rass' gehör ich nicht, nur zur Rasse! (Heiterkeit.)«[67]

Es scheint, dass Leopold Plaschkes mit der Ressource »Schmäh« – also Trick – agierte, denn bei seinen Reden verstand er es, auch die Antisemiten immer wieder zu erheitern. In einer Debatte über die antisemitischen Ausschreitungen im Zuge des Antisemitentages 1921 betonte er, dass Antisemiten, wenn sie Gewalt ausübten, keine Unterschiede zwischen Ostjuden und anderen kennten:

»Die Herren sagen immer und schreiben in ihrem Programm, daß es nur gegen die Ostjuden geht, aber auf der Ringstraße haben Sie gesehen, daß gegen alle Juden losgegangen wird. Niemand hat einen Heimatschein vorweisen dürfen, ob er aus Drohobitsch oder St. Pölten ist, wie er die Watschen [Ohrfeige] bekommen hat. (Lebhafte Heiterkeit.)«[68]

Der Humor der Antisemiten war primitiv und makaber, wie die folgende Passage aus einer Rede von Leopold Plaschkes zeigt:

»Die von den Hakenkreuzlern gepredigte pharaonische Vernichtungstheorie werden wir in Wien nicht Platz greifen lassen. Lernen Sie aus der jüdischen Geschichte! Lernen Sie: Je mehr Juden Sie ertränkt haben, desto mehr Juden sind geworden (Heiterkeit rechts) und je mehr Juden Sie verbrannt haben, desto mehr haben sich die Juden zusammen geschlossen.«[69]

Wozu dieser kleine Exkurs? Er sollte darauf hinweisen, dass es in der spezifisch österreichischen Kommunikationsform über »Fremde«, »Andere« oder wie immer definierte Minderheiten spezifische Strukturen gibt, bei denen es nie ganz klar ist, was ernst gemeint ist und was durch Übertreibung eher der Unterhaltung auf Kosten anderer dient.[70]

67 Ebd., 1921, 1402.
68 Ebd., 767.
69 Ebd., 1923, 881.
70 Albert Lichtblau, »A Hetz muaß sein!« Der Wiener und seine Fremden, in: Wir. Zur Geschichte und Gegenwart der Zuwanderung nach Wien, 217. Sonderausstellung des Historischen Museums der Stadt Wien, Wien 1996, 145–150.

Quergelesen

In den Debatten finden sich zahlreiche Subtexte, die eigens untersucht werden könnten. Es ließe sich analysieren, welche sozialen Gruppen von den jüdischen Mandataren überhaupt angesprochen wurden. So fällt etwa auf, dass mehrfach der mit der Tschechoslowakei abgeschlossene bilaterale Brünner Vertrag genannt wurde, der die Minderheitenrechte für die in Österreich lebende tschechische und slowakische Bevölkerung regelte – ein Minderheitenschutz, für den es auf jüdischer Seite keine Entsprechung geben konnte. Auffallend an den Wortmeldungen der jüdischnationalen Mandatare ist, wie wenig »jüdischnational« sie waren und dass die Frage eines eigenen Judenstaats kaum vorkam. In einer Rede äußerte sich Leopold Plaschkes über den weit verbreiteten, jedoch vom Friedensvertrag unterbundenen Anschlusswunsch an Deutschland:

> »Wir Jüdischnationale, die ja selbst auf dem Standpunkte des Selbstbestimmungsrechtes der Völker stehen, das Streben nach Einheit und Freiheit in unserem Volke wachrufen und pflegen, einen großen Teil unseres bedrückten Volkes im eigenen Lande, in Palästina, vereinigen wollen, können es verstehen, daß im deutschen Volke Österreichs das Anschlußideal besteht.«[71]

In einer anderen, von Zwischenrufen und Heiterkeit unterbrochenen Rede von Plaschkes rief ihm jemand von »rechts« zu: »(Sie wollen ja auch nach Palästina! – Heiterkeit.)« Daraufhin Plaschkes: »Jawohl, wir wollen auch nach Palästina gehen, aber erst, bis es uns gefällt, und nicht wann es Ihnen paßt. … (Zwischenrufe.)«[72]

Diese hier zitierten Passagen waren die Ausnahme, die Mandatare blieben der zionistischen »Landespolitik« verbunden. Interessant wäre eine genauere Analyse, wie sich jüdische Identitäten in den Reden manifestierten. Religion blieb abgesehen von der Einforderung der kommunalen Anstellung von jüdischen Religionslehrern weitgehend ausgeblendet. Dass auf religiöse Befindlichkeiten wenig Rücksicht genommen wurde, zeigt das Beispiel eines Redebeitrags über die Feuerbestattung, die ohne Rücksicht auf die Ansicht von Rabbinern von den Jüdischnationalen befürwortet wurde.[73]

Was anhand der Gemeinderatsprotokolle zudem detaillierter beobachtet werden könnte, ist die Formierung der Identitäten in Reaktion auf negative Fremdwahrnehmungen. Das die jüdischnationalen Mandatare meist mit den antisemitischen in Wortgefechte verwickelt waren, zeigen ihre Reaktionen, die ihre Strategien im direkten kommunikativen Prozess offenlegen. Im defensiven Rekurs schrieben sich die abwertenden Bilder ein, weshalb es

71 Stenographischer Bericht [Wiener Gemeinderat], 1921, 766.
72 Ebd., 1920, 480.
73 Ebd., 1923, 93–102.

sehr schwer war, der Falle einer Selbststigmatisierung zu entgehen. Ein Dilemma jeder als Minderheit betrachteten Gruppe ist es, dass Angehörige dieser Gruppe sich gezwungen sehen, sich einer vermeintlichen Mehrheit gegenüber zu legitimieren und als integriert darzustellen. In der bereits erwähnten Debatte über die Volkszählung 1923 sagte Plaschkes: »Wir Juden sind gute Österreicher, wir Juden sind jederzeit bereit, Opfer für diesen Staat zu bringen.«[74] Offensiver Patriotismus gehörte zum Legitimierungsdiskurs, der den feindlich Gesinnten den Wind aus den Segeln nehmen sollte. Plaschkes war sich bewusst, dass dies verlorene Liebesmüh war; er verwies in der oben zitierten Rede darauf, dass »unser Patriotismus« nicht grenzenlos sei, die Grenze sei »unsere Menschenwürde«.[75]

Postskriptum: Austrofaschismus

Es ist absurd, dass ausgerechnet im Austrofaschismus zwischen 1934 und 1938 zionistische Funktionäre in die höchsten Vertretungsgremien berufen wurden, denn in zionistischen Kreisen war es nach der Wahlniederlage 1927 beschlossene Sache gewesen, sich nicht mehr allgemeinen Wahlen zu stellen. Desider Friedmann – er war 1923 einer der Kandidaten zum Gemeinderat und zum Zeitpunkt seiner Berufung Präsident der Israelitischen Kultusgemeinde Wien – wurde in den Staatsrat und der ehemalige Gemeinderat Jakob Ehrlich in die Wiener Bürgerschaft, die Nachfolgeorganisation des Gemeinderats, berufen.[76] Die Austrofaschisten wollten ein Staatswesen nach »christlich-deutscher Weltanschauung« errichten. Ehrlich hob zu Beginn seiner Tätigkeit die Loyalität der jüdischen Bevölkerung gegenüber dem neuen Regime hervor, forderte aber zugleich, dass mit »deutsch« nicht »Rassendünkel« gemeint sein und »christlich« dem »wahren Christentum« entsprechen solle.[77]

Die Wiener Bürgerschaft war natürlich kein Forum für offene politische Debatten, sondern eher eine berechenbare Absegnungsmaschinerie. Umso bemerkenswerter ist es, dass Jakob Ehrlich sich dennoch einige Male exponierte und gegen zahlreiche Missstände Stellung bezog. Abermals waren es die Budgetdebatten, die er hierfür nutzte. Ein wichtiges Thema war die Benachteiligung der jüdischen Ärzteschaft, denn für jüdische Jungärzte und

74 Ebd., 883.

75 Ebd.

76 Sylvia Maderegger, Die Juden im österreichischen Ständestaat 1934–1938, Wien/Salzburg 1973, 95.

77 Stenographischer Bericht [Wiener Gemeinderat], 1934, 463.

-ärztinnen war es de facto unmöglich, einen Praktikumsplatz im Anschluss an das Studium zu bekommen.[78] Ehrlich appellierte an ein friedliches Miteinander und hob immer wieder die Loyalität der jüdischen Bevölkerung gegenüber dem neuen Regime hervor. Wurde seine Rede 1934 noch hingenommen, replizierte im darauffolgenden Jahr die antisemitische Rätin Mina Wolfring mit der Unterstellung, Ehrlich und mit ihm die gesamte jüdische Bevölkerung seien schuld am »Aufblühen« des »Nationalsozialismus in unserem Volk«. Wolfring erntete für ihr Schuldumkehr-Argument lebhaften Beifall.[79] Wenige Monate vor dem »Anschluss« ergriff Jakob Ehrlich nochmals das Wort und wies auf die antisemitische Stimmung im Land hin. Der Wiener Vizebürgermeister Josef Kresse stand zu jener Zeit hinter einer Boykottpolitik gegen jüdische Geschäftsleute – »Christen kauft bei Christen«.[80]

Angesichts der gefestigten nationalsozialistischen Machtausübung in Deutschland und der Schwäche Österreichs war die Lage nun tatsächlich prekär und äußerst gefährlich geworden. Nach dem »Anschluss« ließen die Nationalsozialisten Jakob Ehrlich verhaften und mit dem sogenannten Prominententransport am 1. April 1938 in das KZ Dachau deportieren, wo er im Mai 1938 ermordet wurde.

78 Ebd., 462–472; außerdem Maderegger, Die Juden im österreichischen Ständestaat, 166 und 224–235.

79 Stenographischer Bericht [Wiener Bürgerschaft], 1935, 1443.

80 Die Stenographischen Berichte für diesen Zeitraum sind im Wiener Stadt- und Landesarchiv nicht mehr vorhanden, deshalb der Verweis auf die Presse. Eine gebührende Antwort, in: Die Neue Welt, 21. Dezember 1937, 1; Der bequeme Antisemitismus, in: ebd., 24. Dezember 1937, 2; Gegen die Ausschaltung der Juden, in: Die Stimme 20. Dezember 1937, 2; Das Echo der Rede Dr. Ehrlichs, in: ebd., 22. Dezember 1937, 3. Vgl. auch Maderegger, Die Juden im österreichischen Ständestaat, 167–169.

Schwerpunkt
Über literarisierte Geschichte nach 1945

Herausgegeben von Susanne Zepp

Susanne Zepp

Einführung

Der Schwerpunkt des vorliegenden Jahrbuchs geht auf ein Forschungskolloquium am Leipziger Simon-Dubnow-Institut für jüdische Geschichte und Kultur im Wintersemester 2009/10 zurück, in dem literarische Texte und deren historische Topoi in der Zeit nach 1945 thematisiert wurden. Der Zugriff auf den viel diskutierten Zusammenhang von Literatur und Geschichte war hierbei unterschiedlich: Ein Teil der Beiträge orientierte sich an jenen Überlegungen, die in der Geschichtswissenschaft über die narrative Verfasstheit historiografischer Texte seit Hayden Whites Studie *Metahistory. The Historical Imagination in Nineteenth-Century Europe* (1973) angestellt wurden, andere an neueren Versuchen, Literatur, die Geschichte gemacht hat, als Quelle für die Geschichtswissenschaft zu erschließen. Letzteres veranschaulicht beispielsweise ein 2011 von Dirk von Laak herausgegebener Sammelband mit dem Titel *Literatur, die Geschichte schrieb.*[1] Als Kriterium für die Auswahl der zu analysierenden literarischen Texte in diesem Band, erschienen zwischen 1917 und 1988,[2] wurde geltend gemacht, dass es sich um geschichtswirksame Literatur handele, die »für politische, soziale, rechtliche oder kulturelle Veränderungen ursächlich«[3] war. Auf die methodische Herausforderung, die sich aus solch einer Sicht auf literarische Konfigurationen ergibt, nämlich die nahegelegte politisch-historische Wirkungsmacht philologisch zu erhärten, wird in den Einzelbeiträgen des Sammelbands sehr unterschiedlich reagiert – was indes weniger den Autoren, sondern ebenjener Ausgangsfrage, ob und wie Literatur Geschichte verändern kann, zuzuschreiben ist. Die strikte Einhaltung dieses Auswahlkriteriums führte dazu, dass

1 Siehe hierzu die Rezension von Alice Bolterauer, in: Sehepunkte 11 (2011), Nr. 4, <http://www.sehepunkte.de/2011/04/18464.html> (15. April 2011).

2 Neben den Versepen von George Gordon Noel Lord Byron sind die in dem Sammelband behandelten Texte *Uncle Tom's Cabin* (Harriet Beecher Stowe), *Max Havelaar oder die Kaffeestationen der Niederländischen Handelsgesellschaft* (Eduard Douwes Dekker, Pseudonym Multatuli), *Die Waffen nieder!* (Bertha von Suttner), *The First Men in the Moon* (Herbert George Wells), *Altneuland* (Theodor Herzl), *Heart of Darkness* (Joseph Conrad), *The Jungle* (Upton Sinclair), *Der Wanderer zwischen beiden Welten* (Walter Flex), *Die Sünde wider das Blut* (Artur Dinter), *Die Abenteuer des braven Soldaten Schweijk* (Jaroslav Hašek), *Volk ohne Raum* (Hans Grimm), *Im Westen nichts Neues* (Erich Maria Remarque), *Les Mouches* (Jean-Paul Sartre), die *Moabiter Hefte* (Mussa Dshalil), *Heldenplatz* (Thomas Bernhard) sowie *Die Satanischen Verse* (Salman Rushdie).

3 Dirk van Laak, Einleitung, in: ders. (Hg.), Literatur, die Geschichte schrieb, Göttingen 2011, 9–29, hier 10.

JBDI / DIYB • Simon Dubnow Institute Yearbook 10 (2011), 309–313.

von den 17 vorgestellten Texten nur zwei aus der Feder von Frauen stammen und dass Tendenztexte wie Artur Dinters *Die Sünde wider das Blut* und Hans Grimms *Volk ohne Raum* als geschichtswirksame Literatur verstanden und präsentiert wurden.

Literarische Texte sind jedoch auf eine andere Weise geschichtlich als pragmatische. Der Germanist Ulrich Karthaus hat dies einmal wie folgt formuliert: »Was jene fiktive Wirklichkeit der Poesie mit der realen, gesellschaftlichen Wirklichkeit verbindet, läßt sich nur von Fall zu Fall ermitteln durch eine Reflexion, die die der Dichtung eigenen Strukturen und Gesetze als Entgegnungen auf historische Situationen zu begreifen sucht.«[4] In der Einleitung des erwähnten Sammelbands erscheint die Vorstellung von Geschichtswirksamkeit jedenfalls als nahezu schematisch und kollidiert mit einem Verständnis von Literatur als nicht pragmatische Rede.[5] Dieser Blick auf literarische Texte als »autonome« Kunstwerke ohne unmittelbaren praktischen Zweck ist dagegen selbst nicht frei von Widersprüchen. Wenn als literarisch ausschließlich Texte verstanden werden, deren Dasein an sich selbst Zweck ist, werden nicht nur Sachtexte, journalistische Essays und wissenschaftliche Aufsätze als nicht literarisch verstanden, sondern auch Gedichte, Theaterstücke und Romane, die ausdrücklich auf ihre Rezipienten einwirken wollen, politisch engagierte Literatur oder eben auch Propagandatexte wie die beiden oben genannten, die Eingang in den erwähnten Sammelband gefunden haben. Der Dreiklang »Fiktionalität – Sprachverwendung – Entpragmatisierung«, der Definitionen des Literarischen immer wieder bestimmt, beschreibt seinen Gegenstand nur dann angemessen, wenn er nicht absolut gesetzt, sondern entlang des literarischen Phänomens selbst bestimmt wird. Weder Literarizität noch Geschichtswirksamkeit können objektive Kriterien und somit abstrakte Regeln darstellen, weil diese eben nur am einzelnen Werk selbst aufgestellt werden können.

Für die hier adressierte Frage nach dem Verhältnis von Geschichte und Literatur kann Peter Szondis Traktat *Über philologische Erkenntnis* (1962) – ein Grundlagentext der Literaturwissenschaft – Wirksamkeit entfalten: Der kurze Text erschien zunächst in der *Neuen Rundschau* und wurde später Szondis *Hölderlin-Studien* vorangestellt. Szondi betont, dass die Erkenntnis von Werken der Kunst ein anderes Wissen bedinge, aber zugleich auch ermögliche, als die übrigen Wissenschaften es kennen. Dabei unterscheide sich das philologische Wissen grundsätzlich vom historischen:

4 Ulrich Karthaus, Die geschichtsphilosophische Sonnenuhr. Methoden der Literatursoziologie, in: Der Deutschunterricht 24 (1972), 86–101, hier 96.

5 Van Laak, Einleitung, in: Literatur, die Geschichte schrieb, 9–29.

»Was die Literaturwissenschaft gegenüber der Geschichtswissenschaft kennzeichnet, ist die unverminderte Gegenwärtigkeit auch noch der ältesten Texte. Während die Geschichtswissenschaft ihren Gegenstand, das vergangene Geschehen, aus der Ferne der Zeiten in die Gegenwart des Wissens, außerhalb dessen es nicht gegenwärtig ist, hereinholen muß und kann, ist dem philologischen Wissen immer schon die Gegenwart des Kunstwerks vorgegeben, an dem es sich stets von neuem zu bewähren hat.«[6]

Szondi sah dem philologischen Wissen ein dynamisches Moment eigen, da es nur in der beständigen Konfrontation mit dem Text bestehen könne, in der fortwährenden Zurückführung des Wissens auf das Verstehen des dichterischen Wortes. Er veranschaulichte dies anhand des hermetischen Gedichts: Es sei nicht das Ziel von Interpretation, dem Gedicht ein entschlüsseltes Bild zur Seite zu stellen, sondern vielmehr in der Kommentierung das Gedicht als verschlüsseltes Gebilde verstehbar zu machen. Philologisches Wissen, so Szondi, dürfe gerade um seines Gegenstands willen nicht zum bloßen Wissen gerinnen.

Dieses hermeneutische Bewusstsein, das Szondi in seinem Text so vehement für die deutsche Literaturwissenschaft eingefordert hat, ist auch für den in diesem Jahrbuch-Schwerpunkt untersuchten Zusammenhang von wesentlicher Bedeutung. Die hier versammelten Beiträge verfolgen sämtlich eine kulturhistorisch angeleitete literaturwissenschaftliche Perspektive und entsprechen damit einem Verständnis literarischer Texte als Erkenntnisinstanz für die Präsentation historischer Konstellationen. Dabei werden narrative und lyrische Texte ebenso in den Blick genommen wie Konfigurationen, die die Grenze zwischen Philosophie und Literatur überschreiten oder bewusst verwischen.

Im ersten Beitrag wendet sich Ulrich M. Schmid dem Roman *Leben und Schicksal* von Vasilij Grossman (1905–1964) zu, der zu Lebzeiten des Autors nicht publiziert werden konnte. Die sowjetische Literaturverwaltung konfiszierte das Manuskript im Februar 1961, sie erachtete den Roman als »ideologisch schädlich«. In den siebziger Jahren wurde mithilfe von Andrej Sacharov ein Mikrofilm des Manuskripts hergestellt und in den Westen geschmuggelt; 1980 erschien *Leben und Schicksal* in russischer Sprache in der Schweiz. Es folgten Übersetzungen in viele europäische Sprachen. In Deutschland sorgte zuletzt die überarbeitete und ergänzte Ausgabe von 2007 in der Übersetzung und Redaktion von Annelore Nitschke für eine breite und außerordentlich positive Rezeption. Ulrich M. Schmid reflektiert die Bedeutung der Form des Epos, die Vasilij Grossman für seinen Roman gewählt hat,

6 Peter Szondi, Über philologische Erkenntnis, in: Die Neue Rundschau 73 (1962), H. 1, 146–165; wieder abgedruckt in: ders., Hölderlin-Studien, Frankfurt a. M. 1970, 9–34, hier 11.

und ihre Konsequenz für die Darstellung des Terrors des Stalinismus, des Zweiten Weltkriegs und des Holocaust.

Anastasia Telaak nimmt in ihrem Beitrag das poetische Schreiben von Alejandra Pizarnik (1936–1972) in den Blick und untersucht dabei Texte aus allen Schaffensperioden der Dichterin, die als Tochter jüdischer Einwanderer aus dem osteuropäischen Równe in Buenos Aires geboren wurde. Dabei arbeitet sie die von der Forschung bislang kaum beachteten Bezüge der Dichtung Pizarniks auf die religiöse Überlieferung und die Geschichte der osteuropäischen Juden heraus. Pizarniks Tagebücher enthalten sichtbare Spuren ihrer Befassung mit der religiösen Tradition, die der Dichterin ihrer Herkunft, Erziehung und später auch ihrer Lektüren wegen vertraut war. Anastasia Telaak deutet Pizarniks Gedichte und Prosatexte, ihr gesamtes literarisches Schaffen als subtile Umschrift religiöser Texte wie der Tora, des Midrasch oder des Kaddisch, die die Dichterin in poetologische Konzepte überführte.

Der dritte Beitrag von Elena Agazzi ist W. G. Sebalds (1944–2001) *Austerlitz* gewidmet und fokussiert die Erzählerfigur des 2001 erschienenen Texts. Ausgehend von Walter Benjamins Aufsatz *Der Erzähler. Betrachtungen zum Werk Nikolai Lesskows* wird der Status des Erzählens in Sebalds Text untersucht, den der Autor selbst einmal als »Prosabuch unbestimmter Art« bezeichnet hat.[7] Elena Agazzi konzentriert sich auf die Darstellung der Geschichte der Hauptfigur durch den Ich-Erzähler. Dem Protagonisten in Sebalds Buch, Jacques Austerlitz, einem Bauhistoriker, der kurz vor Ausbruch des Zweiten Weltkriegs mit einem Kindertransport nach England gelangte, bleibt seine Herkunft und die Geschichte seiner Familie lange verborgen. Elena Agazzi folgt dem komplexen Gefüge grundsätzlicher Fragen nach der Mitteilbarkeit von Erfahrung im modernen Erzählen und der Darstellung jüdischer Geschichtserfahrung durch einen Schriftsteller, der diese Erfahrungen nicht selbst gemacht hat, sondern sie in der Figur Jacques Austerlitz zu repräsentieren sucht.

Sebastian Voigt stellt im vierten Beitrag dieses Schwerpunkts zwei Texte über den Prozess gegen Pierre Goldman im Herbst 1974 vor, die in Vergessenheit geraten sind, die aber zu den Schlüsseltexten der französischen Zeitgeschichte gehören. Bei Hélène Cixous' 1975 erschienenem Buch *Un K. incompréhensible. Pierre Goldman* handelt es sich um eine Intervention, die publiziert wurde, als Goldman noch im Gefängnis einsaß. Der Text ist eine literarische Streitschrift gegen den als grotesk empfundenen Prozess, in dem Pierre Goldman ohne eindeutigen Beweis zu lebenslänglicher Haft verurteilt worden war. Auf ganz andere Weise nähert sich Régis Debray mit seinem

7 So in einem Interview, das Martin Doerry und Volker Hage mit W. G. Sebald geführt haben und das im *Spiegel* vom 12. März 2001 unter dem Titel *Ich fürchte das Melodramatische* abgedruckt wurde.

Buch *Les rendez-vous manqués* dem Fall Pierre Goldman. Der Aufsatz von Sebastian Voigt würdigt beide Texte als Dokumente der französisch-jüdischen Gedächtnisgeschichte.

Der fünfte Beitrag von Carola Hilfrich überführt das übergeordnete Thema des Schwerpunkts ausgehend von den Bezügen auf Algerien als Ort von Herkunft und Gedächtnis bei Jacques Derrida und Hélène Cixous in eine methodische Reflexion über Zugehörigkeit. Carola Hilfrich schließt dabei an rezente theoretische und kulturkritische Überlegungen an und ergänzt diese. Der Beitrag macht deutlich, dass der Dreischritt jüdischer, algerischer und französischer Perspektiven im Denken und Schreiben von Jacques Derrida und Hélène Cixous seit den neunziger Jahren für eine Theorie von Zugehörigkeiten – oder eben Nicht-Zugehörigkeiten – weitreichende Konsequenzen entfalten kann. Zugleich ermöglicht Hilfrichs Deutung eine neuartige gedächtnisgeschichtliche Kontextualisierung der Werke dieser beiden Denker.

So unterstreicht dieser Beitrag erneut das Erkenntnisinteresse, das dem zum Ausgangspunkt dieses Schwerpunkts erhobenen Forschungskolloquium zugrunde lag und an dem neben den hier genannten weitere Literaturwissenschaftler teilgenommen haben: Sasson Somekh stellte seine Biografie *Yamim Hazuyim* (2008; engl. *Call it Dreaming*) vor, Liliana Ruth Feierstein sprach über jüdische Geschichtserfahrung in Lateinamerika nach 1945, Renate Lachmann über Fiktion und Dokument im Werk von Danilo Kiš und Sidra Ezrahi über Philip Roths Roman *The Human Stain* (2000; dt. *Der menschliche Makel*).

Die Fokussierung auf Repräsentationen jüdischer Geschichtserfahrung in verschiedenen sprachlichen und räumlichen Zusammenhängen ist also nicht nur thematischen Zuschnitts, sondern folgt der Hypothese, dass eine Untersuchung literarischer Darstellungen von Zugehörigkeit wesentliche Einsichten in die narrative Begegnung von Geschichte und Gedächtnis eröffnen kann. Jenseits einer unbestimmten Rede von Identität wird die Literarisierung jüdischer Zugehörigkeit als ein Reflexionsmodus verstanden, in dem sich anhand des Nachdenkens über Herkunft und ihre Darstellung historische Urteilskraft zu schärfen vermag.

Ulrich M. Schmid

Historische Katastrophen und epische Tragik: Vasilij Grossmans narrative Bewältigung des Zweiten Weltkriegs

Nach der Einsicht in die prinzipiell narrative, ja sogar literarische Verfasstheit der Historiografie ist es ein kleiner, aber für viele Historiker schwierig zu vollziehender Schritt, Fiktionalisierungen historischer Ereignisse als gültige Geschichtsdarstellungen zu akzeptieren. Möglicherweise erlaubt aber gerade eine literarische Bearbeitung eine adäquatere Darstellung der Vergangenheit als eine chronologische Aufzählung politischer Ereignisse, die in einem institutionellen oder strukturellen Kontext präsentiert werden. Eine Romanerzählung konzentriert sich auf die subjektive Lebenswelt einiger ausgewählter Handlungsfiguren, die zwar nicht repräsentativ, aber doch beispielhaft die Wechselwirkung zwischen Individuum und Geschichte erklären kann.

Gemeinhin schreibt man die Entdeckung der Geschichtsnarrative Hayden White (geb. 1928) zu. Weitaus weniger bekannt sind dagegen die Arbeiten des russischen Phänomenologen Gustav Špet (1879–1937) zur Logik der Geschichte aus den 1920er Jahren, also rund sechzig Jahre vor Hayden White. Špet hat eindringlich darauf hingewiesen, dass sich die Geschichtswissenschaft nicht mit Fakten, sondern mit sprachlichen Dokumenten beschäftige. Špet verwendet in diesem Zusammenhang einen Begriff, der später von Michail Bachtin in seinem Dostoevskij-Buch prominent aufgegriffen wurde. Gemeint ist der Begriff »Wort«, der aber in einem sehr weiten Sinn verstanden wird. Das »Wort« ist nicht einfach eine einzelne Äußerung, sondern kommt dem sehr nahe, was Foucault mit »Diskurs« bezeichnet hat. Ähnlich wie ein Diskurs stellt das »Wort« die narrative Organisation von Wissen sicher. Sowohl kulturhistorische Dokumente als auch literarische Texte sind aus dieser Perspektive Ausprägungen eines bestimmten Diskurses, der ganz unterschiedliche Fiktionalisierungsgrade aufweisen kann. Das diskursive Wort, von dem Špet spricht, ist jenes Medium, das den historischen Gegenstand nicht nur transportiert, sondern auch seine Sinngestalt organisiert und modelliert:

»Geschichte als Wissenschaft kennt nur eine Quelle des Wissens: das Wort. Das Wort ist jene Form, worin der Historiker den Gehalt der Wirklichkeit findet, die die Grundlage seines wissenschaftlichen Wissens darstellt. Das Wort ist jenes Zeichen, von dem der Historiker zu seinem Gegenstand mit dessen spezifischem Gehalt kommt, der die Bedeutung oder den Sinn dieses Zeichens konstituiert.«[1]

1 Gustav Špet, Istorija, kak predmet logiki [Geschichte als Gegenstand der Logik], in: Nauč-

JBDI / DIYB • Simon Dubnow Institute Yearbook 10 (2011), 315–328.

Geschichte kann deshalb als Text gelesen werden. Solche Texte entwerfen eigengesetzliche Welten mit Helden, Situationen und Handlungsabläufen. Špet sagt deshalb ausdrücklich, dass Geschichte eine philologische Wissenschaft sei. Er erklärt, die logische Analyse der Geschichte habe nichts mit ihrem eigentlichen Ablauf zu tun:

»Die Geschichtswissenschaft hat es mit dem Wort als einem Zeichen zu tun, das den Historiker vor allem und fast ausschließlich in seiner Bedeutung interessiert, d.h. im Gehalt, von dem das Wort spricht. Es erzählt dem Historiker von verschiedenen sozialen Begebenheiten, Beziehungen, Zuständen, Veränderungen usw.«[2]

Geschichte ist dem Historiker also nur mittelbar, über das Wort gegeben. Gleichzeitig ist diese Mittelbarkeit aber auch die einzige Wirklichkeit, mit der der Historiker sich konfrontiert sieht. Die Realität, die hinter der Geschichte steht, ist abstrakt und blutleer – sie hat keine erfahrbare Form. Deshalb ist die von der Geschichte präsentierte Wirklichkeit die einzige Realität, die überhaupt vom menschlichen Bewusstsein aufgenommen werden kann. Hier zeigt sich die phänomenologische Pointe von Špets Geschichtsphilosophie: Geschichte ist ein Bewusstseinsinhalt, der zwar auf den historischen Prozess gerichtet, aber nicht mit diesem identisch ist.

»Geschichte ist jene Wirklichkeit, die uns umgibt, und die Philosophie muss mit der Geschichtsphilosophie beginnen. Nur in der Geschichte zeigt sich die Wirklichkeit in ihrer unbedingten und einzigen Fülle. Verglichen mit der Geschichte muss jede andere Wirklichkeit als ›Teil‹ oder Abstraktion gelten.«[3]

Weil Geschichte als eigentlicher Ausdruck der Wirklichkeit für Špet nur in Zeichen gegeben ist, erscheint die Historiografie selbst als ein Verstehen zweiten Grades: Historische Dokumente beruhen bereits auf einer Interpretation eines Ereignisses. Der Historiker muss also bereits Verstandenes noch einmal verstehen:

»Die Erklärung des Zeichens ist die einzige Aufgabe des Historikers. Dokumente und Chroniken sind Zeichen, die ein Verständnis für Ereignisse erfordern, die ihrerseits nur Zeichen von verborgenen historischen Faktoren sind. In ihrem Kern ist die Geschichte nicht eine technische, sondern eine hermeneutische Wissenschaft.«[4]

Das aber bedeutet, dass die logische Struktur der Geschichte durch literarische, also letztlich fiktionale Handlungselemente erklärt werden kann. Mehr noch: Gerade die Fiktionalität der Darstellung erhöht die Chance, dass der

nye izvestija. Sbornik 2. Filosofija, literatura, iskusstvo [Wissenschaftliche Nachrichten. 2. Sammelband. Philosophie, Literatur, Kunst], Moskau 1922, 1–35, hier 15f.

2 Ebd., 23.

3 Ders., Istorija kak problema logiki [Geschichte als Problem der Logik], Moskau 2002, 61.

4 Ders., Istorija, kak predmet logiki, 35.

Historiker sich nicht in einem zufälligen Einzelfall verliert, sondern die geforderte hermeneutische Abstraktionsleistung erbringt.[5]

Hermeneutische Filter

Einen besonders anschaulichen Anwendungsfall für ein solches Vorgehen bietet Vasilij Grossmans *Leben und Schicksal* (1959).[6] Grossman (1905–1964) literarisiert in diesem Romanepos die russischen Kriegsjahre von 1941 bis 1943; die Darstellung gipfelt in einer ausführlichen Schilderung der Schlacht von Stalingrad. Die Entstehungsgeschichte des Romans zeigt, wie die zentralen Tragödien des Zweiten Weltkriegs durch einen dreifachen hermeneutischen Filter gepresst werden: Das Erlebte wird zu Notaten verarbeitet, die Notate zu Reportagen und die Reportagen zu einem Roman.

Grossman hat als Kriegsreporter an der Schlacht von Stalingrad teilgenommen und später die Befreiung der Konzentrationslager Treblinka und Majdanek erlebt. Seine Eindrücke hielt er in einem ausführlichen Kriegstagebuch fest. Die Eintragungen bildeten dann die Grundelemente für Reportagen, die er in der russischen Militärzeitschrift *Krasnaja zvezda* (Roter Stern) veröffentlichte. Die einzelnen Episoden wurden schließlich in die übergreifende Sinnstruktur des Romanepos *Leben und Schicksal* überführt.

Es ist interessant zu verfolgen, wie der literarische Diskurs der einzelnen Verarbeitungsstufen die Erzählung und das Erzählte affiziert. Das Kriegstagebuch stellt die tiefste Stufe literarischer Organisation dar. Oft notiert Grossman einfach eine Begebenheit, hebt das Beschriebene bisweilen auch auf eine Metaebene, in der er dem Beobachteten eine eigene hermeneutische Struktur gibt. So überformt er zum Beispiel den Bericht eines Offiziers mit einer eigenen Interpretation und stellt die Konfrontation zwischen Nazis und Juden in einem paradoxen Chiasmus dar. In seinem Kriegstagebuch findet sich folgende Notiz:

»[Der jüdische Offizier] Koslov äußerte die Meinung, dass die Juden nicht gut genug kämpften. Sie seien nur Durchschnitt. Aber in einem Krieg wie diesem müssten sich die Juden fanatisch zur Wehr setzen.

Der rassistische Hass richtet sich gegen die orthodoxen Juden, die für die Reinheit des jüdischen Blutes eintreten und damit im Grunde genommen selber Rassisten sind.

5 Vgl. hierzu Ulrich Schmid, The Objective Sense of History. Shpet's Synthesis of Hegel, Cieszkowski, Herzen, and Husserl, in: Galin Tihanov (Hg.), Gustav Shpet's Contribution to Philosophy and Cultural Theory, West Lafayette, Ind., 2009, 151–162.

6 Auch Timothy Snyder verweist auf die historiografische Potenz von Grossmans Romanepos. Vgl. ders., Bloodlands. Europe between Hitler and Stalin, New York 2010, 386.

Hier haben wir zwei Extreme: einerseits Rassisten, die die Welt unterdrücken, und andererseits rassistische Juden, die in dieser Welt am meisten unterdrückt sind.«[7]

Bereits hier zeigt sich der starke Einfluss der Sowjetideologie: Es durfte in der Geschichtsdarstellung des Zweiten Weltkriegs keinen Opferpartikularismus geben. Grossmans Kritik an der Anspruchshaltung des jüdischen Offiziers ist ein Echo des Sowjetpatriotismus, in dem alle nationalen und religiösen Unterschiede nivelliert werden.

Auch bei seinem ersten Stalingrad-Roman *Für die gerechte Sache* (1952) musste sich Grossman der Kritik des Chefredakteurs der führenden Literaturzeitschrift *Novyj mir* (Neue Welt) beugen. Der sonst liberale, aber durchaus pragmatisch denkende Aleksandr Tvardovskij kritisierte drei Punkte und machte die Veröffentlichung von der Behebung dieser »Schwachstellen« abhängig: Erstens habe Grossman den Krieg zu realistisch und zu düster dargestellt, zweitens sei die Rolle Stalins zu wenig berücksichtigt worden und drittens könne man keinen Juden als Helden in den Vordergrund rücken. Grossman erklärte sich daraufhin bereit, seinem jüdischen Protagonisten einen russischen Mentor zur Seite zu stellen und ein zusätzliches Kapitel über Stalin zu schreiben.[8]

Von der ideologischen zur narrativen Imprägnierung durch den sozialistischen Realismus ist es nur ein kleiner Schritt. In Grossmans Kriegstagebuch finden sich auch einzelne Skizzen für Erzählungen, die mit der offiziellen Interpretation des Kriegs kompatibel sind:

»Exposé für die Erzählung Aufzeichnungen des Nachrichtenoffiziers Jegorow. Hauptgedanke: Ein junger, lebensfroher sowjetischer Mensch geht voller Interesse und Neugier an die Front. In den Flammen des Krieges sieht er, wie die Menschen leiden, erlebt seine eigene, persönliche Tragödie und wird so zu einem gestählten, harten Krieger, den Hass auf seinen Feind durchdringt. [...] Der rote Faden der Erzählung: die eisernen Charaktere der sowjetischen Menschen, deren Schicksal nur der Sieg sein kann. Sie stählen sich in den Flammen der brennenden Städte, in den von den Deutschen zerschossenen Dörfern.«[9]

Wichtig ist hier das Insistieren auf dem Begriff des »sowjetischen Menschen«, der als eine Art barocke Jedermann-Figur funktioniert. Sein Schicksal ist exemplarisch für das ganze Sowjetvolk – diese didaktische Funktion wird allerdings um den hohen Preis einer schwachen Individualisierung des Protagonisten erkauft.

7 Antony Beevor, Ein Schriftsteller im Krieg. Wassili Grossman und die Rote Armee, 1941–1945, München 2007, 133.

8 Semen Lipkin, Stalingrad Vasilija Grossmana [Das Stalingrad Vasilij Grossmans], Ann Arbor, Mich., 1986, 30.

9 Beevor, Ein Schriftsteller im Krieg, 89.

Auch die Reportagen aus der *Krasnaja zvezda* folgen stilistisch und kompositorisch dem künstlerischen Imperativ des sozialistischen Realismus:

»Heilige Erde! Wie sehr möchte man diese neue Stadt [Stalingrad], die ihren Menschen den Triumph der Freiheit schenkt, die zwischen den Ruinen aufgewachsen ist, für ewig im Gedächtnis behalten. Wie sehr möchte man das alles in sich aufnehmen – diese unterirdischen Behausungen mit den im Sonnenschein rauchenden Abzugsrohren, dieses Netz von Pfaden und neu gebahnten Straßen, die schweren Granatwerfer, deren Rohre zwischen Unterständen und Erdhütten aufragen, diese Stadt mit ihren Menschen in Wattejacken, Uniformmänteln und Pelzmützen, die bei Tag und Nacht die Arbeit des Krieges geleistet, die Granaten wie Brotlaibe unter dem Arm getragen, neben dem Mündungsrohr einer schweren Kanone Kartoffeln geschält, die miteinander gestritten, leise gesungen und einander vom Feuergefecht der letzten Nacht berichtet haben. Sie sind so großartig und zugleich so alltäglich in ihrem Heroismus.«[10]

Das Pathos des Kampfes verbindet sich hier mit Klischees der Idylle und des Kitsches.

Als Zwischenresultat kann festgehalten werden, dass die erste und zweite Stufe des historischen Verstehens des Wortes bei Grossman noch ganz den offiziellen Schablonen folgen. Dabei handelt es sich jedoch keineswegs um Opportunismus. Wie viele Soldaten in der Roten Armee war Grossman davon überzeugt, für eine gerechte Sache zu kämpfen. Seine Narrativierung der Kriegsereignisse, die er beobachtete, beruht ganz auf dem offiziellen Diskurs des absoluten Gegensatzes zwischen heroischer Sowjetunion und barbarischem Nazi-Deutschland.

Rhetorik der Tragik

Es gibt allerdings einen Punkt, in dem Grossman sich bereits von den stilistischen Imperativen des sozialistischen Realismus entfernt. 1934 war die Sowjetliteratur auf dem ersten sowjetischen Schriftstellerkongress auf die Darstellung der »Wirklichkeit in ihrer revolutionären Entwicklung« verpflichtet worden; die Prinzipien der Volkstümlichkeit, Verständlichkeit und Parteilichkeit wurden für verbindlich erklärt. Damit wurde ein Handlungsschema festgelegt, das dem positiven Helden nach der Überwindung einiger Hindernisse einen strahlenden Sieg garantiert.[11]

Joseph Brodsky hat einmal die Bedeutung des Zweiten Weltkriegs für die stilistische Emanzipation der sowjetischen Literatur von den starren Vor-

10 Ebd., 259.
11 Katerina Clark, The Soviet Novel. History as Ritual, Chicago, Ill., 1981, 256–260.

schriften des sozialistischen Realismus betont.[12] Gerade das allgegenwärtige Leiden erlaubte es den Schriftstellern, vom verordneten Optimismus des sozialistischen Aufbaus abzuweichen. Endlich konnten sie auch tragische Sujets in ihre Werke einbauen, ohne sich gleich eine gefährliche Anklage wegen Verleumdung der Sowjetwirklichkeit einzuhandeln.

Für das Tragische fand auch Grossman eine originelle, innovative und künstlerisch überzeugende Darstellungstechnik. Es war gerade die verheerende Erfahrung des Holocaust, die Grossman zum Bruch mit seiner durchaus linientreuen Literaturproduktion veranlasste. Die dritte Stufe des erzählenden Verstehens ist ein eigenständiger und auch provozierender Modus der Aufarbeitung historischer Tragödien. 1943 schrieb Grossman die dokumentarische Erzählung *Die Ukraine ohne Juden*. Zwar hatte er diesen Text der Armeezeitschrift *Krasnaja zvezda* angeboten, offensichtlich war aber das Thema zu brisant für diese einflussreiche Zeitschrift. Deshalb erschien die Erzählung in der viel kleineren Zeitschrift *Ėjnikejt* (Einigkeit) des Jüdischen Antifaschistischen Komitees (Evrejskij antifašistskij komitet – JAK), und zwar in jiddischer Übersetzung. Der Leserkreis war also von vornherein sehr eingeschränkt. Hinzu kam die prekäre Stellung des Komitees, das 1948 unter dem Vorwurf der Verbreitung antisowjetischer Propaganda aufgelöst wurde. Verschiedene Mitglieder des JAK wurden verhaftet, weil sie angeblich auf der Grundlage von amerikanischen Plänen auf der Krim eine jüdische Republik schaffen wollten. Besonders tragisch war das Schicksal des Schauspielers Solomon Michoėls, der im Jahr der Auflösung des JAK bei einem inszenierten Autounfall ermordet wurde. Es vermag deshalb nicht zu erstaunen, dass das JAK nach dem Krieg keinen Platz mehr in der offiziellen Aufbereitung der Geschichtserinnerung fand.[13]

Grossman verwendet in der Erzählung *Die Ukraine ohne Juden* den rhetorischen Kunstgriff des Katalogs, um den Holocaust darzustellen:

»Ruhe. Stille. Das Volk ist bestialisch ermordet. Ermordet sind die alten Handwerker, erfahrenen Meister, Schneider, Schuster, Schmiede, Juweliere, Maler, Kürschner, Buchbinder; ermordet sind die Arbeiter – Lastenträger, Mechaniker, Elektromonteure, Tischler, Steinhauer, Schlosser; ermordet sind die Fuhrleute, Traktoristen, Fahrer, Holzarbeiter; ermordet sind die Wasserträger, die Müller, die Bäcker, die Köche; ermordet sind die Ärzte – die Therapeuten, die Zahntechniker, Chirurgen, Gynäkologen; ermordet sind die Wissenschaftler – die Bakteriologen und Biochemiker, die Direktoren der Universitätskliniken, die Geschichtslehrer, die Algebra- und Trigonometrielehrer; ermordet sind die Privatdozenten, die Assistenten, die Kandidaten und Doktoren aller möglichen Wis-

12 Joseph Brodsky, Literature and War. A Symposium. The Soviet Union, in: The Times Literary Supplement, 17. Mai 1985, 543f.

13 Arno Lustiger, Rotbuch. Stalin und die Juden. Die tragische Geschichte des jüdischen Antifaschistischen Komitees und der sowjetischen Juden, Berlin 1998, 170–256.

senschaften […]. Alle sind ermordet, viele Hunderttausend – eine Million Juden in der Ukraine.«[14]

Im Russischen ist die lyrische Organisation des Textes noch viel auffälliger als im Deutschen. Zwar gibt Grossman hier vor, Prosa zu schreiben, unter der Hand verwandelt sich der Text aber in Lyrik. Das wird besonders deutlich, wenn man den zitierten Ausschnitt zum Beispiel mit Joseph Brodskys berühmter *Großen Elegie an John Donne* (1963) vergleicht.

> John Donne ist eingeschlafen. Alles schläft.
> Gemächer, Betten, Wände, Bilder schlafen,
> Tisch, Teppich, Schlösser schlafen, Tür, Büfett,
> Gardinen, Riegel, Kerzen, Mantelhaken.
> Nichts, das nicht schliefe: Schlüssel, Flasche, Uhr,
> Brot, Messer, Porzellan, kristallene Schalen,
> Glas, Nachtlicht, Linnen, Wäscheschrank, der Flur,
> die Treppenstufen, Türen. Nacht in allem.[15]

Die lyrische Organisation des Textes erzeugt auch bei Grossman den Eindruck einer Elegie – also genau desjenigen Genres, in dem auch Brodskys Gedicht auf den Tod John Donnes geschrieben ist. Als Grossman 1944 mit der Roten Armee die Vernichtungslager Majdanek und Treblinka befreite, hatte er die Deutungskategorien für den Holocaust also bereits vorbereitet. Grossman verarbeitete seine Erschütterung in dem Bericht *Die Hölle von Treblinka*, der in der sowjetischen Printkultur ebenfalls marginalisiert wurde.

Grossman dehnt hier den Katalog aus *Die Ukraine ohne Juden* auch auf die Täter aus. Er zählt die Mörder aus dem Konzentrationslager auf und beginnt jedesmal mit der Ankündigung »Wir kennen«: »Wir kennen den Lagerchef Van Eipen, wir kennen den massigen Stumpfe, wir kennen den einäugigen Deutschen Swiderski aus Odessa, wir kennen den mageren SS-Mann Preifi, wir kennen den Namen der Profis Schwarz und Ledeke.«[16]

Die Erzählung *Die Hölle von Treblinka* darf als erzähltechnisches Laboratorium für die Bewältigung von Geschichtserfahrung gelten. Grossman schwankt zwischen auktorialer Bewertung und narrativer Unmittelbarkeit. Der Leser wird so hin- und hergerissen zwischen Darstellung und Analyse oder in den Termini der klassischen Narratologie zwischen »Showing« und »Telling«:[17]

14 Vasilij Grossman, Ukraina bez evreev [Die Ukraine ohne Juden], in: ders., Na evrejskie temy. Izbrannoe v dvuch tomach [Über jüdische Themen. Ausgewählte Werke in zwei Bänden], Jerusalem 1985, Bd. 2, 333–340, hier 335.

15 Joseph Brodsky, Hundert Gedichte, hg. von Ralph Dutli, München 2006, 17.

16 Vasilij Grossman, Treblinskij ad [Die Hölle von Treblinka], in: ders., Na evrejskie temy, Bd. 1, 144–190, hier 147 f.

17 Wayne C. Booth, The Rhetoric of Fiction, Chicago, Ill., 1983, 3–22.

»An diesem Punkt beginnen nach den Erzählungen der Augenzeugen schreckliche Szenen. Das große Gefühl der Liebe der Mutter, des Gatten, des Sohnes flüstert den Menschen ein, dass sie sich das letzte Mal sehen. Händedrücken, Küsse, Segnen, Tränen, kurze, kurz ausgesprochene Worte, in die die Menschen alle Liebe, allen Schmerz, alle Zärtlichkeit, alle Verzweiflung legen [...]. Die SS-Psychiater des Todes wissen, dass man diese Gefühle augenblicklich erdrücken, abschneiden muss. Die Psychiater des Todes kennen jene einfachen Gesetze, die auf allen Schlachthöfen der Welt gelten, Gesetze, die in Treblinka vom Vieh auf Menschen übertragen und angewandt wurden. Das ist einer der verantwortungsvollsten Momente: die Trennung der Töchter von den Vätern, der Mütter von den Söhnen, der Großmütter von den Enkeln, der Männer von den Frauen.

Und erneut auf dem Platz: ›Achtung! Achtung!‹ [im Original in deutscher Sprache] Genau in diesem Moment muss man erneut den Verstand der Menschen mit Hoffnung vernebeln, mit den Regeln des Todes, die als Regeln des Lebens ausgegeben werden.«[18]

Narrative Interpretation gegen historische Faktizität

Grossmann hat den Holocaust auch in *Leben und Schicksal* in eine elaborierte narrative Form gebracht. Grossman tut das Undenkbare und präsentiert den qualvollen Tod der jüdischen Opfer in der Gaskammer aus einer Innenperspektive, wirft aber immer wieder eine Einschätzung von außen ein, die deutlich dem Bewusstsein des Erzählers und nicht dem der Handlungsfiguren entspringt. Diese Szene geht unter die Haut. Grossman beschreibt jedes Detail: das entwürdigende Ausziehen der Opfer, das gewaltsame Haareschneiden bei den Frauen, das Gedränge nackter Körper – die durchaus obszöne Reduktion des Menschen auf den Materialwert entfaltet in einer äußerst nüchternen Sprache ihre größte Schockwirkung. Der ausgebildete Chemiker Grossman vergleicht den wogenden Strom der weißen Leiber, die ihrer Vernichtung zugeführt werden, immer wieder mit der Bewegung von Molekülen, die sich durch kleine Impulse voneinander abstoßen, aber doch in einer homogenen Masse zusammengezwängt bleiben. Aber Grossman kann auch noch in diesem letzten Stadium der Entmenschlichung einen tieferen Sinn erkennen: Eine kinderlose Ärztin nimmt in der Gaskammer einen kleinen Jungen an die Hand und begleitet ihn in den Tod. Ihr letzter Gedanke ist: »Ich bin Mutter geworden.« Damit hat der Holocaust die vereinzelten Opfer zu einer Familie zusammengeschweißt. Grossman denkt hier den Massenmord mit der Geburt eines Sohnes zusammen. Der gewaltsame Tod der jüdischen Opfer und die mütterliche Gabe des Lebens werden als paradoxe Einheit präsentiert.

18 Grossman, Treblinskij ad, 160.

Das ist nicht nur in der politisch motivierten Ideologie der Sowjetliteratur eine gewagte Deutung des Holocaust, sondern auch in den Konventionen der westlichen Darstellung. Letztlich konzentriert sich die Problematik auf die Frage: Darf man dem Holocaust überhaupt etwas Positives abgewinnen? Grossman war sich der provokativen Sprengkraft dieser Darstellung durchaus bewusst – sie findet sich auch an keiner anderen Stelle seiner literarischen Beschäftigung mit dem Holocaust. Möglicherweise kommt man dem Problem auf die Spur, wenn man die zentrale Frage etwas anders formuliert: Weshalb wollte Grossman dem Holocaust etwas Positives abgewinnen?

Ein erneuter Rückgriff auf Špets Geschichtsphilosophie bietet eine mögliche Antwort. Grossman mochte sich nicht mit der kruden Faktizität des Holocaust abgeben. Die bloße Existenz von Gaskammern, Krematorien, Leichenbergen und Massengräbern öffnete für ihn ein Sinnvakuum, das er um jeden Preis zu füllen bemüht war.

Der diskursive Preis, den er zahlte, war hoch. Zugespitzt formuliert: Grossmann nutzte zur Erzählung vom Massenmord der Nazis an den Juden das Genre des Familienromans: Die kinderlose Ärztin adoptiert auf dem Weg zur Gaskammer ein Waisenkind. Das Unerhörte dieses melodramatischen Kunstgriffs kann nur erklärt werden durch die von Grossman als absolut empfundende Notwendigkeit, den historischen Prozess in eine übergeordnete narrative Interpretation einzubetten.

Eine ganz ähnliche Umdeutung kann man in Grossmans Darstellung der Schlacht um Stalingrad beobachten. Hier beschreibt Grossman den Kampf gegen Hitlerdeutschland nicht nur als militärische Konfrontation zweier feindlicher Nationen. Innerhalb der Roten Armee spielt sich ebenfalls ein Krieg ab, in dem die wahren Verteidiger Russlands gegen die Schergen des stalinistischen Systems antreten. Als symbolischen Mikrokosmos präsentiert Grossman das Haus 6/1 in Stalingrad, das der sowjetischen Frontlinie vorgelagert ist. Der Verteidigung dieses Gebäudes kommt eine enorme strategische Bedeutung zu; die Kämpfer der Roten Armee, die sich dort verschanzt haben, wissen selbst um ihren fast sicheren Tod. Grossman stattet den Kommandanten der Rotarmisten mit charismatischen Zügen aus. Er ist zwar der Anführer, seine Soldaten verkehren aber mit ihm auf Augenhöhe: Sie essen und schlafen im gleichen Raum und verzichten auf militärische Rituale. Als die Führung der Roten Armee von diesem Regelverstoß erfährt, schickt sie einen Parteivertreter in das Haus, der wieder stalinistische Disziplin einführen soll. Die heldenhaften Verteidiger des Hauses 6/1 sterben genau an dem Tag, als der Kommissar seine Denunziation des Anführers abschickt. Grossman lässt keinen Zweifel daran, dass in Haus 6/1 der wahre Kommunismus bereits Wirklichkeit ist, während viele Offiziere nur auf den Erhalt der eigenen Macht und auf ihre Karriere bedacht sind. Die Verteidiger des Hauses 6/1 erleiden deshalb ein welthistorisch bedeutsames Schicksal, weil sie für die

Vorwegnahme des kommunistischen Ideals sterben. Allerdings gerät auch der Kommissar selbst in das Räderwerk, das er mit seinen Anklageschriften selbst antreibt: Er wird verhaftet und unter Gewaltanwendung verhört. Der Kreislauf der Verleumdungen schließt sich.

Diese leicht durchschaubare Kritik an der kommunistischen Gesellschaft ist aber noch nicht die letzte Spitze von Grossmans Romanepos. Es gibt in *Leben und Schicksal* eine gewagte These, die wahrscheinlich für das von dem Parteiideologen Suslov ausgesprochene Publikationsverbot verantwortlich war.[19] In aller Deutlichkeit insinuiert Grossman, dass der Sowjetkommunismus und der Nationalsozialismus nicht feindliche, sondern zwei einander verwandte Gesellschaftssysteme seien. Damit legt Grossman eine russische Variante der westlichen Totalitarismustheorie vor, die in der Nachkriegszeit von Autoren wie Carl Joachim Friedrich, Zbigniew Brzeziński oder Eric Hoffer vertreten wurde. Allerdings formuliert Grossman diese kontroverse These nicht auf dem ideologischen Olymp des allwissenden epischen Erzählers, sondern er legt sie einem SS-Offizier in den Mund. Vorbereitet wird die eigentliche Parallelführung durch eine auffällige Formulierung gleich zu Beginn des Buchs. Mit autoritativer Stimme behauptet der Erzähler:

> »Der Nationalsozialismus hatte einen neuen Typus politischer Häftlinge hervorgebracht – Straftäter, die kein Verbrechen begangen hatten.
>
> Viele Häftlinge waren ins Lager geraten, weil sie in Gesprächen mit Freunden Kritik am Hitlerregime geübt oder einen politischen Witz erzählt hatten. Sie hatten keine Flugblätter verteilt, keinen Untergrundparteien angehört. Ihre Schuld bestand darin, dass sie all dies hätten tun können.«[20]

Für das sowjetische Lesepublikum, das Grossman bei der Niederschrift seines Romans in den späten fünfziger Jahren anvisierte, war die äsopische Sprache dieser Passage klar entzifferbar. Der angeblich »neue Typus politischer Häftlinge« im Nationalsozialismus war hier keine deutsche, sondern eine sowjetische Erfindung.

Ihre narrative Bestätigung findet diese evozierte Gleichsetzung der beiden totalitären Systeme in den Ausführungen des Obersturmbannführers Liss im Kapitel 15 des zweiten Teils:

> »Wir sind verschiedene Erscheinungsformen ein und derselben Sache – des Einparteienstaates. Bei uns sind die Kapitalisten nicht die Herren. Der Staat gibt ihnen Plan und Programm vor. […] Auch ihr sprecht von Volkstum und Arbeit. Auch ihr wisst genau

19 Jürgen Zarusky, Vasilij Grossmans »Leben und Schicksal«. Zur Entstehung und historischen Konzeption eines Jahrhundertromans, in: Florian Anton/Leonid Luks (Hgg.), Deutschland, Russland und das Baltikum. Beiträge zu einer Geschichte wechselvoller Beziehungen. Festschrift zum 85. Geburtstag von Peter Krupnikov, Köln/Weimar/Wien 2005, 245–276.

20 Wassili Grossman, Leben und Schicksal, Berlin 2007, 18.

wie wir: Der Nationalismus ist die mächtigste Kraft des zwanzigsten Jahrhunderts. Der Nationalismus ist der Geist unserer Epoche! Sozialismus in einem Land – das ist doch die höchste Form des Nationalismus. […] Dann hat uns Stalin viel gelehrt. Um den Sozialismus in einem Land zu verwirklichen, muss man die Freiheit der Bauern, Korn zu säen und zu verkaufen, ausrotten, und Stalin hat sich nicht gescheut, Millionen von Bauern zu liquidieren… Auch Hitler hat erkannt, dass der deutschen nationalsozialistischen Bewegung ein Feind droht – das Judentum –, und er hat beschlossen, Millionen von Juden zu liquidieren. Aber Hitler ist nicht nur ein Schüler, sondern auch ein Genie! Das Vorbild für seine Parteisäuberung im Jahr 1937 hat Stalin in Hitlers Säuberung von Röhm und seinen Anhängern gefunden – auch Hitler hat nicht davor zurückgescheut.«[21]

Dass Grossman diese Totalitarismustheorie einer äußerst negativ gezeichneten Handlungsfigur in den Mund legt, ist nicht nur auf Zensurrestriktionen zurückzuführen. Durch diesen literarischen Kunstgriff gelingt es dem Autor, eine bestimmte Interpretation der geschichtlichen Entwicklung in das Diskursgefüge seines Romans einzubauen, ohne diese Interpretation sofort absolut zu setzen. Mehr noch: Grossman antizipiert durch diese Anordnung die ablehnende Haltung seiner Leser. Auch Liss' Gesprächspartner, der überzeugte Marxist Mostovskoj, will nichts von der Identität der totalitären Systeme wissen. Indem Grossman dem Leser des Romans Mostovskojs fehlende Einsicht in die Totalitarismustheorie vorführt, verschließt er dem Leser gleichzeitig genau diese Reaktionsmöglichkeit. Mostovskojs Sprach- und Argumentlosigkeit angesichts der rhetorisch eindringlich vorgetragenen These der strukturellen Identität von Nationalsozialismus und Sowjetkommunismus charakterisiert nicht einfach ein Individuum aus dem Romanpersonal, sondern muss als sokratische Aporie gedeutet werden. Innerhalb der marxistischen Logik gibt es keinen diskursiven Ausweg aus dem Vergleich zwischen braunem und rotem Terror.

Die Handlungsführung des Romanepos wird in diesen drei Beispielen (Holocaust und Form des Familienromans, wahrer versus falscher Kommunismus, Vergleich des Sowjetsystems mit dem Nationalsozialismus) nicht von der Faktizität des Geschehens, sondern von der höheren Logik des interpretierenden Subjekts diktiert. Dieser dritte Filter des Verstehens kümmert sich also überhaupt nicht mehr um konkrete Ereignisse, sondern er ordnet die Wahrheit einer schicksalhaften Tragödie der Realität vor.

Es stellt sich nun die Frage, welches denn die formenden Rahmenbedingungen dieser narrativen Geschichtshermeneutik sind. Die angeführten Beispiele haben gezeigt, dass die Wahl des Genres den Darstellungsmodus am nachhaltigsten beeinflusst. Grossmans Romanepos *Leben und Schicksal* ist in eine literarische Form gegossen, die im 20. Jahrhundert bereits als ausgestorben galt: das Epos. Als erster einflussreicher Kritiker erklärte Georg

21 Ebd., 490–492.

Lukács das Epos für tot. In seiner bahnbrechenden *Theorie des Romans* (1916), die im Übrigen nur ein völlig aus dem Ruder gelaufenes Vorwort zu einem geplanten Dostoevskij-Buch darstellt, zeichnete er nach, wie der Held aus dem epischen Kosmos in die »transzendentale Obdachlosigkeit« des Romans entlassen wurde. Später ging Michail Bachtin noch einen Schritt weiter und verhieß dem offenen, körperbetonten und polyphonen Roman eine glänzende Zukunft, während das in sich ruhende Epos ästhetisch unrettbar verloren sei.[22] Grossman war sich der konzeptuellen Probleme der epischen Großform durchaus bewusst. Während ein Roman die menschliche Subjektivität in den Vordergrund rückt und oft sogar die Erlebniswelt eines einzigen Protagonisten zum ethischen Maßstab der Handlung erhebt, muss das Epos immer wieder zur olympischen Perspektive des Autors zurückkehren und das Erzählte in die Totale bringen.

Es ist bekannt, dass *Leben und Schicksal* stark von *Krieg und Frieden* beeinflusst wurde. Grossman las Tolstojs Werk über Napoleons Russlandfeldzug an der Front zweimal durch.[23] Zwar wird *Krieg und Frieden* oft als Roman bezeichnet, aber Tolstoj selbst wies diese Genrebezeichnung konsequent zurück. Als er zu Beginn des Jahres 1865 seinem Verleger Katkov das erste Kapitel zur Veröffentlichung in einer Literaturzeitschrift schickte, bat er ihn mit Nachdruck, das Werk im Untertitel nicht als Roman zu bezeichnen. Wenig später notierte er in seinem Tagebuch, er wolle eine »große Sache« über Napoleons Russlandfeldzug schreiben. Entstehen sollte ein »Sittengemälde, das auf historischen Ereignissen beruht«. Keinen Zweifel aufkommen lassen mochte Tolstoj am weltliterarischen Rang seines Projekts: Er stellte das entstehende Werk in eine Reihe mit der *Odyssee* und der *Ilias*. Ursprünglich war sogar eine Trilogie geplant: Nach der Schilderung der napoleonischen Kriege hätten Darstellungen des Dekabristenaufstandes 1825 und der Bauernbefreiung 1861 folgen sollen. Obwohl Tolstoj mit *Krieg und Frieden* nur den ersten Teil dieses monumentalen Projekts ausgeführt hat, ist der anspruchsvolle Vergleich mit den antiken Epen durchaus gerechtfertigt: Nicht die psychologisch gezeichnete Entwicklung eines Helden steht im Vordergrund von Tolstojs erzählerischem Interesse, sondern die historische Bedingtheit Russlands, der sich alle individuellen Biografien unterordnen müssen. Hier liegt der philosophische Kern von Tolstojs Entwurf: Der Mensch muss auf der Weltbühne des historischen Geschehens das Dirigentenpult verlassen und im Zuschauersaal Platz nehmen.

22 Mikhail Bakhtin, Epic and Novel, in: ders., The Dialogic Imagination, Austin, Tex., 1981, 3–40. Vgl. auch Galin Tihanov, The Master and the Slave. Lukács, Bakhtin, and the Ideas of Their Time, Oxford 2000.

23 Beevor, Ein Schriftsteller im Krieg, 16.

Tolstoj hat sein Epos als Verschränkung von Geschichtserzählung und individueller Biografie konzipiert. Wichtig und konstitutiv für die epische Sinnstiftung ist aber auch die philosophische Digression, in der mit der unüberbietbaren Autorität des Erzählers ein Thema abgehandelt wird. Berühmt sind bei Tolstoj die geschichtsphilosophischen Traktate, in denen er die Einflussmöglichkeiten eines einzelnen Menschen radikal ablehnt und die Geschichte als einen ruhig sich dahinwälzenden Strom präsentiert.

Es ist wahrscheinlich, dass auch Grossman seine philosophischen Traktate nach dem Muster Tolstojs konzipiert hat. Digression und Romanhandlung verhalten sich auch bei Grossman wie Interpretation und Interpretament: Grossman drängt seinen Lesern eine bestimmte Sichtweise der Dinge auf, die sich nicht allein aus der impliziten Logik der Handlungsführung ergibt.

Hermeneutische Schlüssel

In *Leben und Schicksal* gibt es drei prominente Exkurse: Über die Freundschaft, über den Antisemitismus und über das Gute. Allerdings gibt es einen wichtigen Unterschied zu Tolstojs Abschweifungen: Grossman kaschiert seine Exkurse als Aufzeichnungen von Handlungsfiguren. Gleichzeitig werden sie aber so präsentiert, dass dennoch deutlich wird, dass hinter der Handlungsfigur der Autor des Epos steht. Möglicherweise ahnte Grossman, dass eine Stellungnahme des epischen Erzählers ex cathedra in einem Epos des 20. Jahrhunderts deplatziert wirkte. Erschwerend kam hinzu, dass er in *Leben und Schicksal* nicht einen Sinnkosmos, sondern den Zusammenbruch allen Sinns gestaltete: Verschwunden war der Glaube an die Gerechtigkeit der kommunistischen Gesellschaftsordnung, der Glaube an die disziplinierende Kraft der aufklärerischen Moral, der Glaube an die Möglichkeit eines friedlichen Zusammenlebens der Nationen.

Grossman schaltet seine Exkurse als hermeneutische Schlüssel an signifikanter Stelle in das Romangeschehen ein. Exemplarisch legt er die Werthierarchie offen, die auch die literarische Konstruktion seiner Geschichtsdarstellung determiniert. Im Exkurs über »das Gute« wirft Grossman zu Beginn eine prinzipielle Frage auf: Ist das Gute ein absoluter oder ein relativer Wert? Bei der Beantwortung dieses Problems folgt er einer spezifischen Argumentation: Er identifiziert das Gute mit dem Begriff der Ideologie. Eine Minderheit will die Mehrheit mit ihrem religiösen oder politischen Programm beglücken. Die Kulturgeschichte des Guten definiert Grossman nachgerade als fortschreitende Aufsplitterung in Glücksdoktrinen, in deren Namen man sich bis aufs Blut bekämpft habe. Trotzdem glaubt er an die Möglichkeit des Guten auch unter widrigsten Bedingungen. Er geht von dem Axiom aus, dass altruistisches Handeln auch gerade dann möglich ist, wenn alles für die egoistische Sicherung der eigenen Existenz spricht:

»Ich habe die unerschütterliche Kraft der Idee des gesellschaftlichen Guten in meinem eigenen Land beobachten können. Ich habe diese Kraft während der allgemeinen Kollektivierung beobachtet, und ich habe sie im Jahre 1937 beobachtet.«[24]

Gerade diese Digression über das Gute hat Grossmans Roman bedeutend für einen Philosophen gemacht, dessen gesamtes Denken ebenfalls vom Trauma des Kriegs geprägt ist: Emmanuel Lévinas (1906–1995). Der jüdische Philosoph las *Leben und Schicksal* in den frühen achtziger Jahren, wenig später tauchen Bemerkungen über Grossman in Interviews auf.[25] Lévinas übernimmt den Kern von Grossmans narrativer Geschichtsdeutung, die auch eine moralische Pointe hat: Es gibt weder Gott noch das Gute, sondern nur die Güte. Er hebt neben dem Traktat über das Gute auch eine Szene am Schluss des Romans hervor, die bereits nach dem Sieg der Roten Armee in Stalingrad spielt: Deutsche Kriegsgefangene werden gezwungen, einen Keller zu reinigen und die dort verwesenden Körper herauszuziehen. Ein Offizier leidet besonders darunter. Eine Frau, die die Deutschen hasst, freut sich zunächst über dieses Leiden des deutschen Offiziers. Dann gibt sie ihm das letzte Stück Brot, das sie hat. Das sei einzigartig, sagt Lévinas. Es gebe sogar im Hass eine Gnade, die stärker als der Hass sei. Es gebe Handlungen von dummer, sinnloser Güte.[26]

Das ist auch das innerste Credo von Grossmans narrativer Gestaltung der Katastrophen des 20. Jahrhunderts. Er glaubt an die intuitive Güte des Menschen und lässt diese Güte sogar noch in der tiefsten epischen Tragik durchscheinen. Deshalb hat Grossman wahrscheinlich das letzte mögliche Epos in der Weltliteratur geschrieben – dem 21. Jahrhundert ist dieses letztlich religiös fundierte Vertrauen abhanden gekommen.

24 Grossman, Leben und Schicksal, 497.

25 Michael L. Morgan, Discovering Levinas, Cambridge 2007, 2.

26 Jill Robbins (Hg.), Is it Righteous to be? Interviews with Emmanuel Levinas, Stanford, Calif., 2001, 89.

Anastasia Telaak

»Vivre livre ou mourir!« – Zur Ethik des Realen im Werk Alejandra Pizarniks

> »Deine Begierden. Deine schwarze Hand, hungrig nach Realität, deine Manie, die tote Welt zu lobpreisen, deine Namensabwesenheit, deine gräuliche geistige Nachtarbeit, dein Abstieg auf den Stufen des Bewusstseins, deine ungesunde Angewohnheit, tagtäglich zu sterben, was ist das? – *Ah, vivre livre ou mourir!*«[1]

Mit diesem Tagebucheintrag aus dem Jahr 1958 überführt die 1936 in Argentinien geborene Dichterin Alejandra Pizarnik ihr poetisches Schaffen in ein ästhetisches Programm, das ihr von Anbeginn ihres Schreibens als zwingende, über Tod oder Leben entscheidende Aufgabe vor Augen steht. So heißt es bereits im Tagebuch der 18-Jährigen: »An dieser Stelle, zwischen der Müdigkeit und dem Dunst, zwischen der ANGST und den unsterblichen Begierden, sage ich mir: Ich muss schreiben oder sterben. Ich muss Hefte vollkritzeln oder sterben.«[2] Zwischen Hunger nach Realität und Lobpreis der toten Welt, zwischen Begehren nach unmittelbarem Leben und als Angst sich äußerndem Todestrieb: Hier klafft die Lücke – Pizarniks »Stelle« –, der ihr Schreiben ebenso entspringt, wie es zu ihr zurückführt. Entsprechend ambivalent ist die Bedeutung, die Pizarnik der Literatur zuweist. Sie ist ihr zum einen unabwendbares, tödliches Fatum,[3] zum anderen paradoxe Bedingung für die dem Tod abzuringende Verheißung einer poetischen Schöpfung: »Eine Dichtung, die das Unsagbare sagte – ein Schweigen. Ein weißes Blatt Papier.«[4] Zwei Jahre zuvor, am 23. Oktober 1957, hat Pizarnik das Wesen dieser mit dem Schweigen gleichgesetzten Dichtung näher ausgeführt:

> »Die Dichtung nicht als Ersatz, sondern als Erschaffung einer Wirklichkeit, die – soweit wie möglich – unabhängig ist von der Wirklichkeit, die ich gewohnt bin. Die Bilder allein ergreifen nicht, sie müssen auf unsere Wunde bezogen sein: das Leben, den Tod, die Liebe, das Begehren, die Angst. Unsere Wunde zu benennen, ohne sie fortzureißen in einem ihr Flügel verleihenden Vorgang der Alchimie, ist vulgär.«[5]

1 Alejandra Pizarnik, In einem Anfang war die Liebe Gewalt. Tagebücher 1954–1971, hg. von Anna Becciú. Aus dem Spanischen von Klaus Laabs (nachfolgend Pizarnik, Tagebücher), Zürich 2007, 104: Eintrag vom 28. Februar 1958 (Hervorhebung im Original). Die Originalausgabe ist unter dem Titel *Diarios* (Barcelona 2003) erschienen.

2 Pizarnik, Tagebücher, 15: 26. September 1954 (Hervorhebung im Original).

3 Ebd., 106: 2. März 1958.

4 Ebd., 129: 8. Februar 1959.

5 Ebd., 71: 23. Oktober 1957.

JBDI / DIYB • Simon Dubnow Institute Yearbook 10 (2011), 329–352.

Pizarniks radikale Auffassung von Dichtung als »Vorgang der Alchimie« zielt darauf, das Ich, dessen Unmittelbarkeit sich Bildern wesentlich entzieht, in einer nicht länger über Metaphern und subjektive Impressionen operierenden Sprache zum Ausdruck zu bringen, sondern die Materialität der Zeichen gleichsam zur Zeugin und Garantin seiner irreduziblen Existenz zu machen. Die »entsubjektivierte Erfahrung des sprachlichen Aktes«, bei der das Ich dem Dichter als »Versuchsfeld« dient, so wie er zum »Versuchsfeld für das Ich« wird,[6] erweist sich dabei als von der ihr verwandten religiösen Tradition ebenso wie von den Konnotationen des Wahns imprägniert.[7] So heißt es am 26. April 1963:

»Es geht [...] darum, in der Sprache zu brennen. [...] Das ist Stolz oder Wahnsinn ... und zugleich ist es der Grund dessen, was ich mit meinem Körper tue: ihn kasteien, bis er Wörter sagt, das heißt, Gedichte. Ich werde an der poetischen Methode [...] sterben. Nichts ist weniger poetisch, doch ist auch nichts weniger nahe dem wahren Ort der Poesie.«[8]

»Vivre livre ou mourir« – diese Alternative hebt Alejandra Pizarnik auf, indem sie die Schaffung des »wahren Ortes der Poesie« im literarischen Selbstmord verwirklicht und am 25. September 1972 mit dem realen Tod besiegelt. Mit diesem vollendeten Zeichen kommt jegliches Bezeichnen an sein Ende; das Subjekt verstummt endgültig, an seinen Ort tritt der tote Körper,[9] reine Materie. Doch: »Was bedeutet es, sich in Wörter zu übersetzen?« Welchen Regeln folgt dieses Schreiben, das von der reinsten Lebensnotwendigkeit »ins Schwarze, ins Unfruchtbare, ins Bruchstückhafte« führt – in den Tod?[10]

Diese Fragen hat Pizarnik sich unentwegt gestellt. Dabei hat sie nicht nur Muster der europäischen literarischen Moderne zu eigensinnigen, so formstrengen wie bildkräftigen Figuren umgeprägt.[11] Einzigartig ist auch die lite-

6 Ingeborg Bachmann, Frankfurter Vorlesungen. Probleme zeitgenössischer Dichtung, München 2000, hier zit. nach Giorgio Agamben, Was von Auschwitz bleibt. Das Archiv und der Zeuge, Frankfurt a. M. 2003, 99.

7 Agamben sieht diese von Arthur Rimbaud zum Programm erhobene »Glossolalie«, bei der »ein Wesen, das keinen *lógos* besitzt (ein *bárbaros*, d. h. Fremder), an Stelle des sprechenden Subjekts tritt«, in Paulus' erstem Brief an die Korinther als »gängige Praxis einer messianischen Gemeinde« vorgeprägt. Ebd.

8 Pizarnik, Tagebücher, 330: 26. April 1963.

9 Vgl. Wolf Kittler, Der Turmbau zu Babel und das Schweigen der Sirenen. Über das Reden, das Schweigen, die Stimme und die Schrift in vier Texten von Franz Kafka, Erlangen 1985, 315.

10 Extracción de la piedra de la locura [Bergung des Wahnsteins], Buenos Aires 1968, zit. nach Alejandra Pizarnik, Cenizas. Asche, Asche. 1956–1971, spanisch und deutsch, hg. und übertragen von Juana und Tobias Burghardt, Zürich 2002, 303–315, hier 315; ferner Piedra fundamental [Grundstein], Buenos Aires 1971, zit. nach ebd., 332–337, hier 335.

11 Hier ist v. a. ihre Beschäftigung mit dem französischen Symbolismus, namentlich Lautréamont, sowie dem Surrealismus und Antonin Artaud zu erwähnen.

rarische Reflexion der Tochter jüdischer Einwanderer aus Równe und unermüdlichen Leserin Kafkas auf die religiöse Überlieferung und die Geschichte der osteuropäischen Juden, die, ausgehend von einer Selbstbegründung als europäische Dichterin, zusehends in ein außerordentlich ambivalentes Selbstverständnis als Dichterin jüdischer Zugehörigkeit mündete.[12] Eine unumstößliche Antwort hat Pizarnik selbst auf ihre Fragen nicht gegeben. Auch die sprach- und religionsphilosophischen Überlegungen in diesem Beitrag beabsichtigen dies nicht; sie sind vielmehr Teil eines Versuchs, diese Fragen in ihrer spezifischen Chromatik, ihrer Ausdrucksform und Funktion näher zu betrachten. Gleiches gilt für die Lesart jener Spuren, die von diesen Überlegungen aus zu Verweisen auf die Erfahrungswelten aus dem östlichen Europa führen. Diese prägen ihrerseits in verschiedenen Konstruktionen Text und Stimme des poetischen Subjekts, unter anderem als Figur der Lücke.

Das leere Gesetz und die Lücke des Realen

Pizarniks literarisches Schaffen bewegt sich zunächst entlang jener Koordinaten, die sich zum Knotenpunkt der literarischen Moderne schürzten: Es ist eine Kunst des In-der-Sprache-Brennens, des »Bis-zum-Äußersten-Gehens«,[13] befördert von der Krise des sprechenden Subjekts, die mit Kants radikal neuer Konzeption des Gesetzes anhebt. Das absolute paternale Gesetz, das Zugang zur Wirklichkeit garantiert, gründet sich, so Kants Erkenntnis, nicht länger auf ein höheres Prinzip. Als eine »Daßheit« ohne »Washeit«, wie Gilles Deleuze es fasste, stützt es sich auf nichts als seine Form, die seine Leere verdeckt.[14] Dies ist die fundamentale ontologische Wunde, aus der auch Pizarniks dichterisches Schaffen seine Vehemenz bezieht: eine reine Vorstellungsrepräsentanz, die über Leben und Tod gespannt ist und dem Individuum als »das Versprechen eines Inhalts, welcher nie ankommt«, vor Augen steht, als »Spalt, der für immer das Gesetz von seinen positiven Verkörperungen trennt«.

Für die Deutung Pizarniks ist zudem Jacques Lacans Auffassung vom leeren Gesetz entscheidend. Wie Slavoj Žižek ausführt, bildet dieses genau jene Lücke des Realen, die inmitten der symbolischen Ordnung und ihrer sprachlichen Textur klafft. Es ist jene »Stelle, die unsere ›direkte‹ Wahrnehmung

12 Ihr hier relevanter soziopolitischer Status (Angehörige einer jüdischen Mittelschichts-Minderheit in erster Generation und Frau) im katholisch und patriarchal sich definierenden argentinischen Gemeinwesen wird in diesem Beitrag allenfalls in Ansätzen berücksichtigt.

13 Slavoj Žižek, Das Unbehagen im Subjekt, Wien 1998, 124. Für das unmittelbar in diesem Zusammenhang Folgende vgl. ebd., 107–114 und 121–125.

14 Zit. nach ebd., 108.

der Realität […] verwischt«[15] und jegliche neutral-objektive Repräsentation verfehlt; es ist das niemals Konsistenz gewinnende »Ding-an-sich«, der nicht integrierbare Kern, um den das Subjekt kreist: getrieben von einer Melancholie, die den Verlust eines nie erfahrenen, stets schon in Wörtern wie Nichts, Schweigen oder Stille verdunkelten »Wahrheitsereignisses« anzeigt; besessen von dem ekstatischen Wunsch, die Fesseln der Existenz zu lösen, damit schon die Unmöglichkeit erfahrend, Wahrheit auf eine positive Ordnung des Seins zu reduzieren. Eben dieser Zwang eröffnet zugleich den Raum für den schöpferischen Akt: »Eine Welt ohne Gottheit […] vergöttlichen«, »Mythen« finden zu müssen »in einer leeren Welt«.[16] Solcherart ist die »gräuliche geistige Nachtarbeit« Pizarniks, die Arbeit im »Dunst«, das heikle Spiel mit dem die Leere verdeckenden Schleier, wovon sie sich zunächst noch »Errettung« erhofft: »Die ganze Nacht erschaffe ich die Nacht. Die ganze Nacht schreibe ich. Wort für Wort schreibe ich die Nacht.«[17]

Präziser lässt sich Hegels »Nacht der Welt«, in der die romantische »Nacht der Seele« mit anklingt, kaum fassen. Diese Nacht ist der Raum, in dem sich jene Geste der Selbstsubjektivierung vollzieht, welche die Wunde zu heilen trachtet.[18] Doch: »Alles macht die Liebe mit der Stille.«[19] Nicht nur hiermit bringt Pizarniks dichterisches Subjekt zum Ausdruck, dass das poetische Verfahren der Alchimie den Mangel der symbolischen Ordnung nicht ins Positive zu wenden vermag, da doch die Lücke dem in der Sprache gründenden Subjekt inhärent ist, ja dieses selbst die Lücke ist.[20] Gemäß dieser Logik ist jegliches Sprechen nichts anderes als eine »Lüge«, ein »unreines Gespräch«, bei dem sich »nichts mit nichts paart«; »der Rest ist Schweigen / nur dass es das Schweigen nicht gibt.«[21] Das Sagbare bleibt ein Schleier vor dem unbenennbar Realen, das letztlich nichts als die Leere der Subjektivität anzeigt. Gleiches gilt für den Blick, der, so Pizarnik, nur »das ewige Loch der Abwe-

15 Für dieses Zitat und die unmittelbar folgenden Begriffe siehe ebd., 89.

16 Pizarnik, Tagebücher, 268: 13. Oktober 1962.

17 Linterna sorda [Leise Laterne], Buenos Aires 1968, zit. nach dies., Cenizas, 244 f. Zur »Errettung« siehe u. a. dies., Tagebücher, 339. Zum im Schleier implizierten Begriff des Todestriebs vgl. Žižek, Das Unbehagen im Subjekt, 145–155.

18 Hegels *Jenaer Realphilosophie* zufolge, so Žižek, bezeichnet die »abstrakte Negativität« »den Punkt der absoluten Selbst-Kontraktion, der das Subjekt als die Leere des reinen Selbst-Bezugs konstituiert«. Dem entspricht in der Psychoanalyse der Begriff der Lücke bzw. des Todestriebs. Slavoj Žižek, Die gnadenlose Liebe, Frankfurt a. M. 2001, 61.

19 Aus dem Prosagedicht *Signos* [Zeichen], Buenos Aires 1971, zit. nach Pizarnik, Cenizas, 352 f.

20 Vgl. Žižek, Das Unbehagen im Subjekt, 93.

21 El infierno musical [Die musikalische Hölle], Buenos Aires 1971, zit. nach Pizarnik, Cenizas, 340 f.; En esta noche, en este mundo [In dieser Nacht, in dieser Welt], Caracas 1971/ Mexiko-Stadt 1972, zit. nach dies., Semblanza, hg. von Frank Graziano, Mexiko-Stadt 1992, 183–186 (Übersetzung von der Verfasserin).

senheit [zu] flicken«, jedoch nicht »weiter als das Erblickte« zu gehen vermag.[22]

Einzelzimmer

Wenn du es wagst, die Wahrheit
dieser alten Wand zu überraschen;
und ihre feinen Risse, Brüche,
die wie Gesichter, Sphinxen,
Hände, Wasseruhren aussehen,
dann kommt sicherlich
eine Anwesenheit für deinen Durst,
möglicherweise geht
diese Abwesenheit fort, die dich leert.[23]

***

Doch –

nein
die Wörter
machen nicht die Liebe
sie machen die Abwesenheit
wenn ich Wasser sage, werde ich trinken?
wenn ich Brot sage, werde ich essen?[24]

Eindringlich artikuliert sich in Pizarniks Gedicht *En esta noche, en este mundo*, dass Sprache die »Nicht-Existenz« der Dinge,[25] also des unmittelbaren Lebens, ins Werk setzt. Mit Worten Žižeks: »Das Reale kann nicht positiv bezeichnet, sondern nur in einer negativen Geste gezeigt werden«, nämlich »als das Scheitern eines Prozesses, der darauf abzielte, es zu bezeichnen.«[26] Angesichts dieses Unvermögens der Sprache, auf ein konsistentes Zeichen zu hoffen, um der »Gespenstigkeit« der Leere zu entkommen: Käme dies nicht einem blinden Sprung in den Glauben gleich, von einem »Immer-am-Rande-Sein« ins »Zentrum«, wie Pizarnik schreibt?[27] Würde es nicht bedeu-

22 Dies., Tagebücher, 204: 24. April 1962.

23 Cuarto solo [Einzelzimmer], Buenos Aires 1965, zit. nach dies., Cenizas, 208 f.

24 En esta noche, en este mundo, zit. nach dies., Semblanza, hier 183 f. (Übersetzung von der Verfasserin).

25 Maurice Blanchot, Die Literatur und das Recht auf den Tod (1947), in: ders., Von Kafka zu Kafka, Frankfurt a. M. 1993, 34.

26 So Žižek in Anlehnung an Ernesto Laclau, in: ders., Das Unbehagen im Subjekt, 92 f. Den im unmittelbar Folgenden aufgegriffenen, von Jacques Derrida geprägten Begriff der Gespenstigkeit verwendet Žižek im Sinne der »Leere der Subjektivität« (die Hegels »Nacht der Welt« entspricht), in die das Subjekt stürzt, wenn es seinen »Wirklichkeitssinn« verliert, genauer: den durch die »Phantasie« (Derrida) produzierten phantasmatischen Rahmen, der die ontologische Lücke im Innern der Realität zu füllen hilft und somit existenzsichernd wirkt. Ebd., 71–75.

27 Pizarnik, Tagebücher, 78: 14. November 1957.

ten, sich der symbolischen Ordnung mit ihren inhärenten Begrenzungen einzuschreiben und damit die unaufhebbare Entfremdung in ihr, das leere Gesetz, das sie auf »phantasmatische« Weise aufrechterhält, zu akzeptieren?[28]

Eben dies akzeptiert Pizarnik nicht. Sie misstraut und verweigert sich der apodiktisch gesetzten Konvention, dem in den Namen nistenden, allzu fragilen Als-ob. In einigen (posthum erschienenen) Prosatexten antwortet sie mit ihren »Qualitäten als Humoristin«[29] darauf, mit so geistreichen wie obszönen Wortspielen, Paradoxien und Parodien sowie der lustvollen Vermischung hoher Literatursprache und trivialer Alltagssprache.[30] Weitaus häufiger inszeniert Pizarnik dieses Spiel jedoch als gespenstisches Drama des Subjekts: »›Man kann an Abstraktion sterben‹«, heißt es unter anderem in den Tagebüchern, und weiter: »Ich zu sagen bedeutet, sich gänzlich zu vernichten, ein Pronomen zu werden, etwas, das außerhalb von mir ist.«[31] Im Beharren auf seiner Dezentriertheit strebt Pizarniks Subjekt zugleich einen absoluten, selbstreferentiellen Akt an, indem es sich als eigene Ursache setzen könnte. In dem Prosatext *El sueño de la muerte o El lugar de los cuerpos poéticos*[32] jedoch mündet der Versuch, den »poetischen [Sprach-]Körper« im Namen des leibhaftigen Ich buchstäblich zur Welt zu bringen, in den Entwurf eines unpersönlichen Es, das den ersten Schrei des poetischen Subjekts im Wort »Tod« erstickt:

»Und plötzlich will mein Kopf jetzt durch meine Gebärmutter herauskommen, als ob die poetischen Körper sich eifrigst bemühten, in die Wirklichkeit einzudringen, in sie geboren zu werden, und es gibt jemanden in meinem Hals, der in Einsamkeit entstand, und ich, unfertig, brennend darauf, geboren zu werden, öffne mich, es öffnet sich mir, es wird hervorkommen, ich werde hervorkommen. Der poetische Körper, der geerbte, der nicht von der Sonne des düsteren Morgen durchdrungene, ein Schrei, ein Herbeiwinken, ein Aufflackern, ein Aufruf. Ja. Ich will den Flussgrund sehen, ich will sehen, ob jenes sich öffnet, wenn es hervordrängt und auf dieser Seite hier erblüht, und kommen oder nicht kommen wird, aber ich spüre, dass es alle Kräfte aufwendet, doch wahrscheinlich und womöglich ist es nur der Tod.

Der Tod ist ein Wort.

Das Wort ist ein Gegenstand, der Tod ist ein Gegenstand, ein poetischer Körper, der am Ort meiner Geburt atmet.«[33]

28 Žižek, Das Unbehagen im Subjekt, 102.

29 Pizarnik, Tagebücher, 277: 23. Oktober 1962.

30 So beispielhaft in dem Prosatext La bucanera de Pernambuco o Hilda la polígrafa [Die Seeräuberin von Pernambuco oder Hilda, die Vielschreiberin], aus: Alejandra Pizarnik, Textos de sombra y últimos poemas, hg. von Olga Orozco und Ana Becciú, Buenos Aires 1982, in: dies., Semblanza, 206–211.

31 Dies., Tagebücher, 237 und 339: 30. Juli 1962 und 21. Oktober 1963.

32 El sueño de la muerte o El lugar de los cuerpos poéticos [Der Traum vom Tod oder Der Ort der poetischen Körper], Buenos Aires 1964, zit. nach dies., Cenizas, 316–321, hier 319 (»Tödin« in der Übersetzung Juana und Tobias Burghardts hier durch »Tod« ersetzt).

33 In dem Prosatext *Cantora nocturna* gipfelt dieses Drama in der Unmöglichkeit selbst noch

Auch im Prosatext *El deseo de la palabra*[34] setzt Pizarnik die Auslöschung des Subjekts in Szene, doch nun in Form einer Revolte, die sein ekstatisches Begehren nachdrücklich zum poetischen Prinzip erhebt. Das poetische Ich, Gott gleich, imaginiert die geglückte Erweckung einer unmittelbar *in der Sprache seienden* Wirklichkeit kraft des eigenen Atems und bringt daraufhin seine leibliche Existenz als das vollkommene Gedicht zum Opfer:

»Die Nacht, wieder die Nacht, die meisterliche Weisheit des Finsteren, der warme Streifen des Todes, ein Augenblick der Ekstase für mich, Erbin jedes verbotenen Gartens. [...] Könnte ich doch nur in Ekstase leben, indem ich den Körper des Gedichtes aus meinem Körper mache, jeden Satz mit meinen Tagen und Wochen befreie, dem Gedicht meinen Atem einhauche, je nachdem, wie jeder Buchstabe eines jeden Wortes in den Feierlichkeiten des Lebens geopfert wird.«

Im erhabenen Akt der poetischen Selbstentleibung, in den die Versuche einer literarischen Selbstverkörperung hier münden, artikuliert sich Pizarniks Verhältnis zur Sprache aufs Radikalste. Die mystisch-religiöse Inbrunst, von der das Subjekt hier beseelt ist, bezeichnet nicht etwa den Sprung in die symbolische Ordnung oder in den Glauben, sondern sie beschreibt eine Usurpation dieser Ordnung und des sie verwaltenden Gesetzes, die beides notwendigerweise voraussetzt und somit auf paradoxe Weise bestätigt. Dieses Begehren, die inhärente »Lücke des Realen« zu füllen, stellt gleichsam eine Verneinung *und* Bejahung des leeren Gesetzes dar, eine Aufkündigung des Paktes mit ihm *und* Loyalität zu seiner abstrakten Wirksamkeit, die Wirklichkeit garantiert.

Das »Nichts der Offenbarung«

Das Leben einzig in der Sprache suchen, indem die eigene Stimme eine radikale Trennung ins Sein einführt. Diese Geste der exzessiven, im Selbstopfer gipfelnden Übertretung ist tatsächlich Bekenntnis zum Gesetz: ein verzweifeltes Bekenntnis, weil die ihm inhärente Überschreitung das Begehren nach Selbstauslöschung erzeugt und die paradoxe Schuld des modernen Menschen

eines endlichen Todes in der Sprache, Kierkegaards »Krankheit zum Tode«. Das Subjekt lässt sein Begehren nicht länger um ein sinnstiftendes Objekt, sondern um das auf die Leere fixierte Begehren selbst kreisen, einem Untoten gleich endgültige Auslöschung suchend, um seiner stets »unvollständigen Subjektivierung« zu entrinnen. Cantora nocturna [Nächtliche Sängerin], Buenos Aires 1966, zit. nach Pizarnik, Cenizas, 240f. Vgl. Žižek, Das Unbehagen im Subjekt, 100–107.

34 El deseo de la palabra [Das Begehren des Wortes], Buenos Aires 1971, zit. nach Pizarnik, Cenizas, 342f. (Hier teilweise abweichend von der Übertragung Juana und Tobias Burghardts.)

offenbart, der das Gesetz als leer erkennt, doch stets noch den Schein seiner Konsistenz zu wahren sucht.[35] Zugleich artikuliert die »Erbin jedes verbotenen Gartens«[36] hier ein Bekenntnis zur religiösen jüdischen Überlieferung, die der universellen Erfahrung der Lücke des Realen zugrunde liegt. Allerdings ist dieses Bekenntnis ambivalent und tendenziell aporetisch, denn der grundlegende »Austausch zwischen dem Juden und der Schrift [ist] rein und gründend«, er kennt, wie Derrida treffend formuliert hat, »keine Prärogative«. Vielmehr verlangt er »Heteronomie und Autonomie gegenüber dem Gesetz des Wortes«.[37] Pizarnik sieht sich mit der Aufforderung konfrontiert, angesichts der unergründlichen Stimme Gottes die Tradition zu befolgen, ohne »die Differenz zwischen Rede und Schrift«, Sein und Sprache aufheben zu können. Sie hadert mit der Aufgabe, der Leere Fülle abzutrotzen oder, wie Vilém Flusser es ausdrückte, sich dem paradigmatischen »Modell für ein absurdes Verhalten« zu verpflichten.[38] Dennoch kommt sie mit Nachdruck der paradoxen Verpflichtung nach, dem unergründlichen Gesetz zu »lauschen«, es zu deuten und so konsequent zu »erfinden«,[39] indem sie versucht, die Aporien *schreibend* auszuhalten:[40] *»Den Sinn meines Wartens verstehen. […] Dieser mein Glaube, ich würde schreibend ein Zeichen sehen, etwas, dem ich folgen kann. Reine Sehnsucht, in einem Zustand erdrückender Reinheit.«*[41]

Auf ihren »jüdischen Ursprung« verweisend, mit Worten Dan Diners also an ein »Gedächtniskollektiv« anknüpfend, das ihre Zugehörigkeit zu einem genuin jüdischen Narrativ sichern soll,[42] reflektiert sie in ihren Tagebüchern

35 Vgl. hierzu: »Weil ich entdeckt habe, dass es keinen Gott gibt, muss ich mich bestrafen.« Dies., Tagebücher, 170: 24. Dezember 1960. Zur »Geste der Entsagung« und Lacans Opferbegriff in diesem Zusammenhang vgl. Žižek, Die gnadenlose Liebe, 28 ff.

36 El deseo de la palabra, zit. nach Pizarnik, Cenizas, 342 f.

37 Hier und für das unmittelbar Folgende Jacques Derrida, Edmond Jabès und die Frage nach dem Buch, in: ders., Die Schrift und die Differenz, Frankfurt a. M. 1989, 102–120, hier 103.

38 Vilém Flusser, Jude sein – kultureller Aspekt, in: ders., Jude sein. Essays, Briefe, Fiktionen. Mannheim 1995, 68–102, hier 96. Flusser bezieht sich auf die »rituelle Geste des Opfers« Isaaks als »absurde Geste, die nichts bezweckt«. Zum »Gesetz des Lebens« auch im Sinne einer den Vorgaben der jüdischen Mittelschicht entsprechenden (und verworfenen) Existenz als Ehefrau und Mutter siehe Pizarnik, Tagebücher, 152 f.: 3. Januar 1960.

39 Jean-François Lyotard, Vor dem Gesetz, nach dem Gesetz, in: Elisabeth Weber (Hg.), Jüdisches Denken in Frankreich, Frankfurt a. M. 1991, 157–184. Zur Frage, ob am Sinai nichts gesprochen oder nichts gehört wurde, siehe auch Leon Wieseltier in: ders., Kaddisch, München/Wien 2000, 422.

40 Hier und im Folgenden Gershom Scholem, in: Stéphane Mosès, Spuren der Schrift. Von Goethe bis Celan, Frankfurt a. M. 1987, 8.

41 Pizarnik, Tagebücher, 222: 25. Juli 1962 (Kursivierung im Original).

42 Dan Diner, Schulddiskurse und andere Narrative. Epistemisches zum Holocaust, in: ders.,

auch das von Emanuel Lévinas überlieferte Diktum, dass »wir [...] als Subjekte als Antwort auf den Ruf des Anderen in Erscheinung [treten].«[43] So hält sie sich in Bezug auf ihr Lesen – gemeint ist ein akribisches, den Mühen der Tora-Lektüre ähnelndes Studium der Form und der Grammatik – mangelnde Anstrengung und folglich mangelndes Verstehen vor.[44] Im Hinblick auf ihr Sprechen vermerkt sie wiederum ihre Sorge um äußerste Buchstabentreue, ihre zumal »an die Konsonanten« – dem strukturgebenden Element der hebräischen Schrift – »geklammerte Stimme«, die aller Präzision zum Trotz ein Chaos offenbare. Geradezu leitmotivisch ist die Klage über ihren dichterischen Ausdruck, der sich »nur« in Fragmenten manifestiere, sich aber nie zu einem Ganzen füge.

Die in Pizarniks Tagebüchern sichtbaren Spuren einer lebenslangen und intensiven Auseinandersetzung mit der jüdischen Tradition, die der Dichterin durch ihre Erziehung und später auch ihrer Lektüren wegen vertraut war,[45] ziehen sich auch mehr oder weniger deutlich durch ihre Gedichte und Prosatexte. Tatsächlich dokumentiert beinahe ihr gesamtes literarisches Schaffen eine subtile Umschrift religiöser jüdischer Texte, so etwa der Tora, des Kaddisch oder des Midrasch.[46] Pizarnik überführt bestimmte Interpretationen theologischer Modelle, namentlich der Offenbarung und der messianischen Idee, in poetologische Konzepte.

Ursprung der ontologischen Wunde ist zunächst der Sündenfall, wie Walter Benjamin ihn in seinen sprachphilosophischen Schriften deutete: »Im Sündenfall verließ der Mensch die Unmittelbarkeit in der Mitteilung des Konkreten, den Namen, und verfiel in den Abgrund aller Mitteilung, des eitlen Wortes, in den Abgrund des Geschwätzes.«[47] Verloren ist damit der »paradiesische Urzustand der Sprache«, bei dem »Gott unmittelbar – und vielleicht unverständlich – sprachlich (im Leiblichen) wirkt«; verloren ist also ein»Körper (in) der Sprache«,[48] durch den sich die vollkommene Über-

Gedächtniszeiten. Über jüdische und andere Geschichten, München 2003, 180–200, hier 198f.

43 Zit. nach Slavoj Žižek, Das fragile Absolute, Berlin 2000, 153.

44 Hier und für das unmittelbar Folgende Pizarnik, Tagebücher, 373 und 259f.: 24. August 1964 und 7. September 1962, ferner 279: 6. November 1962. Aufschlussreich mag in diesem Zusammenhang auch sein, dass Pizarnik als Kind stotterte.

45 Unter anderem besuchte sie neben der argentinischen Volksschule die liberal-jüdische Zalman-Reizin-Schule und zudem die Synagoge; vgl. Tobias Burghardt, Alejandra Pizarnik. Die Herbsttochter des Südens, in: Pizarnik, Cenizas, 389–398, hier 395.

46 Exemplarisch im Gedicht *Poema para el padre* (Gedicht an den Vater), November 1971, und im Prosatext *Los muertos y la lluvia* (Die Toten und der Regen), 1969, in: Pizarnik, Textos de sombra y últimos poemas, 140f.

47 Zit. nach Stéphane Mosès, Walter Benjamin und Franz Rosenzweig, in: ders., Spuren der Schrift, 73–100, hier 89.

48 Sigrid Weigel, Passagen und Spuren des »Leib- und Bildraums« in Benjamins Schriften,

setzung der stummen Sprache der Dinge ereignete. Der Verlust dieser magischen Menschensprache, wie sie sich Benjamin zufolge danach nur noch in der vollendetsten Poesie offenbaren könne, zeigt sich unter anderem in der Ikonizität eines Gedichts von Pizarnik aus dem Jahr 1963. Von der vertikalen Topologie der Offenbarung, die sich im metonymischen Beziehungspaar Musik–Regen andeutet – gerade die Musik ruft hier ihre Eigenschaft auf, »im anderen das ›Wunder‹ aufgehen zu lassen«[49] –, gleiten die Worte unvermittelt in die horizontale, menschlich-profane Zeit, in einen entzauberten Raum hinüber:

Mädchenkopf (Odilon Redon)

Aus Musik der Regen.
Aus Stille die Jahre,
die eines Nachts verrinnen.
Mein Körper wird sich nie mehr
erinnern können.[50]

Pizarnik scheint also die leibähnliche Sprache benjaminscher Deutung in Figuren der Musik zu überführen und andernorts seiner Auffassung von der Sprache als einem »(präbabylonischen) System von Zeichen [...], das sich hinter der Multiplizität der konkreten Äußerungen als deren geheimer und zugleich idealer Mittelpunkt verbirgt«, zu folgen.[51] Doch sie tut dies entlang der Verheißungen des Todes, deren Kehrseite ein gebrochener Glauben an die Möglichkeit bildet, die verlorene magische Menschensprache poetisch wiederherzustellen. Im Prosatext *La palabra que sana* führt sie dies weiter aus:

»Das heilende Wort

Hoffend, dass eine Welt durch die Sprache ausgegraben wird, singt jemand den Ort, an dem sich die Stille bildet. Dann wird er feststellen, dass nicht weil es aufbraust das Meer existiert, auch nicht die Welt. Deshalb sagt jedes Wort, was es sagt, und noch mehr und etwas anderes.«[52]

in: dies. (Hg.), Leib- und Bildraum. Lektüren nach Benjamin, Köln/Weimar/Wien 1992, 49–64, hier 60.

49 Zit. nach Žižek, Das Unbehagen im Subjekt, 157.

50 Tête de jeune fille (Odilon Redon) [Mädchenkopf (Odilon Redon)], Buenos Aires 1963, zit. nach Pizarnik, Cenizas, 268f. Das Gedicht ist André Pieyre de Mendiargues gewidmet.

51 Mosès nach Gershom Scholem, in: ders., Spuren der Schrift, 8. Beispielhaft drückt sich dieser Zusammenhang im Gedicht *Revelaciones* (Offenbarungen) aus. Pizarnik, Cenizas, 140f.

52 La palabra que sana [Das heilende Wort], Buenos Aires 1971, zit. nach Pizarnik, Cenizas, 362f.

Wie man zahlreichen Gedichten und Texten vor allem aus den späteren Schaffensjahren entnehmen kann, tendiert Pizarnik indes nicht nur dazu, die Unwiederholbarkeit der »stummen Sprache der Dinge« in Form einer Klage zu verdichten. Sie begnügt sich auch nicht damit, die ontologische Leere stets präziser zu umschreiben oder nüchtern festzustellen, sie auszulegen und dabei überlieferte Deutungen der jüdischen Offenbarung und der messianischen Idee auch ad absurdum zu führen.[53] »Die Wörter / erschaffen nicht die Liebe / sie erschaffen die Abwesenheit.«[54] Und sie nähren letztlich das als unmöglich erkannte Begehren, *Stille* als paradiesischen Urzustand herzustellen: »sehr reine Wörter« anzusammeln, »um neue Pausen zu erschaffen«.[55]

Pizarniks Wunsch, durch die Erzeugung der uranfänglichen Stille den Ort der Offenbarung in Reinform zu erfahren und *zu sagen*, den Raum vor der Geburt des historischen Subjekts und seiner Verurteilung zu einer irreführenden Sprache, manifestiert sich in literarischen Konstruktionen, bei denen die von Žižek aufgezeigte, grundlegend parallaktische Struktur des numinos sich präsentierenden Realen zum Tragen kommt.[56] Dabei kann diese nichts als das unumstößliche Exil des poetischen Subjekts bestätigen. Denn die Stille, die Pizarnik gleichsam in einem »ersten Schöpfungsakt«[57] mittels der Motivreihe Musik–Gesang–Lied zu erschaffen sucht, ist eben das in der Sprache Nistende, doch nie sich Materialisierende. Vielmehr entzieht es sich in einem unendlichen Wechsel von Vorstellungen, Perspektiven und Lauten; es ist das »*Ding*, zu dem ein direkter Zugang nicht möglich ist« und der »verzerrende Schirm, der diesen direkten Zugang verwehrt«.[58] Zu Recht bezeichnet Žižek Pizarnik deshalb als Dichterin der »minimalen Differenz: der Differenz zwischen nichts und etwas, zwischen der Stille und einer fragmentierten Stimme.«[59]

53 »Denn er kam nicht, weil er nicht kam« etwa ist eine Tautologie, die Pizarnik wiederholt verwendet, z. B. in *El deseo de la palabra*, zit. nach ebd., 342 f.

54 Vgl. hierzu Edmond Jabès: »Alle Schriftzeichen formen die Abwesenheit. / Daher ist Gott das Kind seines Namens Rabbi Tal.« Ders., Le livre des questions, Paris 1963, zit. nach Derrida, Die Schrift und die Differenz, 110.

55 Aus dem Gedicht Verde paraíso [Grünes Paradies], zit. nach Pizarnik, Cenizas, 176 f.

56 Hiermit reformuliert Žižek Lacans Begriff des Realen: Dieses ist »in allen möglichen (symbolischen) Universen […] der unmögliche harte Kern, der als das Gleiche persistiert«, dem wir aber »nicht direkt, sondern nur durch die Linsen einer Vielzahl symbolischer Fiktionen und virtueller Gebilde begegnen können.« Slavoj Žižek, Parallaxe, Frankfurt a. M. 2006, 36.

57 Hier und für das unmittelbar Folgende ebd., 247. Žižek spricht von einer Stille, die das »beständige Gemurmel des Realen (durchbricht) und so eine Lichtung (öffnet), in der Worte gesagt werden können«, was Pizarniks *Verde paraíso* exakt entspricht; vgl. ebd., 12, Anm. 53.

58 Ebd., 35 f. (Hervorhebung im Original).

59 Ebd., 246 f.

Außerordentlich prägnant kommt dies in dem Prosatext *Piedra fundamental* zum Ausdruck. Das Lied der Stille, evoziert im Bild eines Klaviers, wird hier als Figur eines Im-Zentrum-Seins konzipiert, welches das Subjekt einer unverrückbaren Heimat versichert. Zugleich erscheint analog zur Figur der Offenbarung die »irreale Dimension der Musik« als »strukturelles Prinzip der unhörbaren«, unzugänglichen Stimme.[60] Die reine Stimme wird also als ein Nicht-Realisiertes *und* Nicht-Realisierbares gekennzeichnet, als traumatischer Kern, um den die Worte unablässig kreisen. Für das poetische Ich läuft daher der Versuch, mit dem Gedicht »glühende Beziehungen zu transkribieren«,[61] auf ein Scheitern hinaus. Die Musik offenbart sich als Medium des Betrugs, und das Ich indirekt als ihr Opfer:

»Ich wollte, dass meine Puppenfinger in die Tasten eindringen. Ich wollte nicht das Tastenfeld wie eine Spinne streifen. Ich wollte mich versenken, mich annageln, mich festsetzen, versteinern. Ich wollte ins Tastenfeld hineingehen, um in die Musik einzutreten, um eine Heimat zu haben. Doch die Musik bewegte sich, überstürzte sich. Nur wenn ein Refrain wiedereinsetzte, gab es in mir die Hoffnung, dass so etwas wie ein Bahnhof errichtet würde, ich meine: ein fester und sicherer Aufbruchsort; ein Ort, von dem ich aufbrechen könnte, von dem Ort, zu dem Ort, in Verbindung und Vereinigung mit dem Ort. Aber der Refrain war zu kurz, so dass ich keinen Bahnhof gründen konnte, da ich nur über einen halb entgleisten Zug verfügte, der sich verrenkte und verzerrte. Also verließ ich die Musik und ihre Tücken, denn die Musik war höher oder tiefer, aber nicht in der Mitte, am Ort der Vereinigung und der Begegnung.«[62]

Das Motiv einer als Betrug erfahrenen, unmöglichen Heimat wird in dem Prosatext *Noche compartida en el recuerdo de una huida* wieder aufgenommen;[63] auch die für Pizarnik charakteristische Verbindung von Stille mit »biblischem« Feuer in einer Landschaft der Verwüstung und des Todes taucht hier auf.[64] Das nun deutlich als heimatloses Opfer entworfene Subjekt – ein »verlorenes Mädchen in einer stillen Stadt in Trümmern« – spricht zunächst aus einem Grab. Das nicht erkennbare Lied der Stille wird dabei von »meinem Gesang der Verbrannten« verdrängt, sich seinerseits vervielfachend in »mei-

60 Hier und für das unmittelbar Folgende ders., Romantische Subjektivität. Der Fall Robert Schumann, in: ders., Das Unbehagen im Subjekt, 167. Vgl. in diesem Kontext die Verbindung von »alte Melodien« und »Klage«, begriffen als »Wunde aus undenklichen Zeiten [...] etwas ohne Worte, dem Wort Vorangehendes«. Pizarnik, Tagebücher, 83: 23. November 1957.

61 Infierno musical, zit. nach dies., Cenizas, 335.

62 Piedra fundamental, zit. nach ebd., 332–337, hier 335 (Zitat an mehreren Stellen abweichend von der Übersetzung Juana und Tobias Burghardts).

63 Noche compartida en el recuerdo de una huida [Eine in der Erinnerung an eine Flucht geteilte Nacht], Buenos Aires 1964, zit. nach ebd., 322–325, hier 325 (im Titelverzeichnis fälschlicherweise »herida« [Wunde] statt »huida« [Flucht]).

64 So u. a. in *Endechas I* (Klagelieder I): »Die stille Sprache erzeugt Feuer. Die Stille greift um sich, die Stille ist Feuer.« Ebd., 372–375.

nen Stimmen, die Chöre der Toten«. Das »Nichts der Offenbarung« als Zusammenbruch von Sprache, Wirklichkeit und Subjektivität im Bannkreis des Todes wird evoziert mit dem Bild des anstelle des Ich schwingenden Windes und in der Negativierung des Schofars (»Todestrompeten«). Dieses Nichts bildet sich in einem dissoziativen und halluzinatorischen Duktus ab, der noch über die Fremdheit und Zersplitterung des eigenen Gesangs, die den verrenkten Zug aus *Piedra fundamental* zitiert, hinausführt: Der Körper selbst ist zunächst ein zerstückelter Leib, dann ein anamorphotisches Etwas, ein »liegengelassener, schreiender Fleck« auf dem Boden, »den niemand erkennt«. Er bezeichnet einen Ort, an dem Worte versagen, ohne dass an ihrer statt Stille *sagbar* wäre.[65] Der Versuch des Subjekts, leibhaftig zu sprechen und zu singen, »Bilder ohne Klänge, ohne Farben [...] so stark wie mit Feuer und Schwert« zu prägen, führt schließlich an einen »Ort der Erinnerung« – doch auch dieser erscheint, angesichts drohenden Vergessens, als tödliche Lücke des Realen. Der Zerfall des »gelösten Körpers« zu »verstreuten Knochen« zitiert nun die im Buch Ezechiel entworfene Vision von der »Auferweckung Israels« aus dem Zustand der Sünde und von der Zerstreuung.[66] Es ist die Hoffnung auf die Gegenwart Gottes im Exil, die hier jedoch nicht nur in Form ihres Ausbleibens und als Folge schuldhaften Vergessens, sondern zugleich als Verrat realisiert wird. Auf sie wird mit dem Bild eines im Schnee emblematisierten, »trügerischen Schweigen« verwiesen, dem gegenüber das Lied der Stille – »ein Lied, das weniger als ein Lied ist«, die »minimale Differenz« – in der unmöglichen Bitte um jene beschlossen bleibt:

> »Wenn ich mich am Ort der Erinnerung niederlasse, wie sich ein Geschöpf nach dem Bergvorsprung richtet, lässt die kleinste Bewegung des Vergessens – ich spreche vom Unwiderruflichen, ich erbitte das Unvermeidliche – den gelösten Körper und die verstreuten Knochen in die Stille des trügerischen Schnees fallen. Zur Rückkehr gewendet, bedeck mich mit einem lilafarbenen Leichengewand. Und sing mir dann ein Lied von nie dagewesener Zartheit, ein Lied, das nicht von Leben oder Tod spricht, sondern von äußerst leichten Gesten wie der unmerklichsten Gebärde der Einwilligung, ein Lied, das weniger als ein Lied ist«.[67]

Schoah

In Pizarniks Auseinandersetzung mit der Stille weisen die Darstellungsformen des Körpers und auch der Stimme auf einen Zusammenhang hin, der über die Verdichtung des Realen als ontologischer Mangel und des »Nichts

65 Ich folge hier Žižek, Parallaxe, 247.
66 Ez 36,16–21 und 37.
67 Noche compartida en el recuerdo de una huida, zit. nach Pizarnik, Cenizas, 323.

der Offenbarung« hinausreicht. Vielleicht liegt er beidem sogar zugrunde, in jedem Fall wird er aber in das entsprechende Zeichensystem integriert. Der Körper erscheint als Medium eines Narrativs, in dem die Begriffe der Heimat, des Betrugs und des Todes sich zunächst einer präzisen Verortung und Deutung widersetzen. Sie werden in Chiffren vermittelt – Schnee, Wald, Feuer und Asche – und sind überdies in einen meist opak bleibenden Diskurs von Erinnern und Vergessen, von Täter und Opfer eingebunden. Damit deutet sich an, dass die Geschichte *an sich* unerzählbar ist. Der Versuch, vom Boden einer Tradition aus etwas zu überliefern, und zwar in Form einer *Differenz*, als *Wahrheit des Subjekts*, stößt an seine Grenzen.[68]

Leib und Stimme fungieren bei Pizarnik offenkundig als Medium eines Gedächtnisses, das heißt individueller und kollektiver historischer Einschreibungen, deren leiblicher Erfahrungsmodus in »entstellten körpersprachlichen Artikulationen«[69] zum Ausdruck kommt und somit auf eine »außerhalb des Zeichens liegende Ordnung des Realen« verweist.[70] In Analogie zu fragmentierten und chiffrierten Textpassagen sowie signifikanten Auslassungen im Textgewebe, im wiederholten Sagen, dass *es* unsagbar ist,[71] bringen der entstellte Leib und die fragmentierte Stimme die Vorstellung, ja die Voraussetzungen einer durchgängig im Symbolischen aufgehobenen *narratio* und ihres Subjekts zum Einsturz: An ihnen zeigt sich, dass »Worte […] eine körperliche Gedächtnis-Wunde nicht repräsentieren [können]«[72] oder vielmehr: dass diese Wunde »jedwede artikulierte symbolische Wahrheit für immer ›unvollständig‹ macht, verfehlt, ein Knöchelchen in der Kehle des sprechenden Wesens sein lässt, das verunmöglicht, ›alles zu sagen‹«.[73] Und zeigt nicht auch die *Extracción de la piedra de la locura* an, dass »eine fremdkörperartige Erinnerung die Lücke markiert und den Bezug zu ihr beziehungsweise

68 Vgl. Jacques Hassoun, Eine Überlieferung konstruieren, in: ders., Schmuggelpfade der Erinnerung. Muttersprache, Vaterwort und die Frage der kulturellen Überlieferung, Frankfurt a.M./Basel 2003, 73–85; sowie ders., Eine Ethik des Überlieferns, in: ebd., 87–91. Vgl. in *Noche compartida en el recuerdo de una huida*: »Du ahmst alte ererbte Gesten nach.« Pizarnik, Cenizas, 323.

69 Sigrid Weigel, »Die im Stand der Ähnlichkeit entstellte Welt«. Vorbemerkung, in: dies. (Hg.), Leib- und Bildraum, 9–17, hier 17.

70 Birgit Erdle, Der phantasmatische und der decouvrierte leibliche Körper. Zwei Paradigmen der Kulturation, in: Feministische Studien 9 (1991), H. 2, 65–78, hier 65.

71 Freuds Begriff des Traumas (der Zwang dazu, »das zu wiederholen, woran man sich nicht erinnern könne«) präzisiert Žižek: »Was sich selbst wiederholt, ist jenes Scheitern, jene Unmöglichkeit, das Trauma richtig zu wiederholen/erinnern.« Ders., Die gnadenlose Liebe, 84.

72 Aleida Assmann, Erinnerungsräume. Formen und Wandlungen des kulturellen Gedächtnisses, München 1999, 260.

73 Žižek, Das Unbehagen im Subjekt, 91. Vgl. hierzu die sich in Bildern der Knebelung und des Erstickens ausdrückende Sprachnot in verschiedenen Texten Pizarniks.

zu dem darin Fehlenden zugleich verdeckt«, sodass eine Extraktion als einziger Weg erscheint, sich ihrer zu entledigen?[74] Diese Figur der Wunde als untilgbare Lücke bezeichnet nichts anderes als die »Gedächtnisfigur des Traumas«, auf deren Bedeutung für ihr Schreiben Pizarnik ausdrücklich verweist: »eine Erzählung erzählen ohne Geschichte und ohne zu erklären, warum ihre Wunde blutet, solange sie zurückdenken kann. Das ist alles, was sie weiß.«[75] Und kohärent dazu verhält sich auch die Selbstbezeichnung Pizarniks als »riesige Wunde« und »Emblem der Auslassung«.[76]

Die nicht zu vermittelnde Wunde verortet Pizarnik gleichwohl zunächst in einem bürgerlich-ödipalen Drama in der Kindheit, dem wohl prominentesten Topos in ihrem Werk.[77] Im Rückgriff auf die Psychoanalyse, mit der sie seit ihrem 18. Lebensjahr als Patientin vertraut war, werden hier Elternfiguren umkreist, die »aus Ignoranz, aus Dummheit und aus Lieblosigkeit« die Vernichtung der Tochter betreiben, die Pizarnik als Verrat an ihrem Leben und als jenes Gesetz deutet, das dem so erhabenen wie gespenstischen Schreiben zugrunde liegt.[78] In einer Triade, die von einer unablässig zwischen den Parteien zirkulierenden Schuld organisiert wird, und im wiederholten Verweis auf »grauenvollste Kindheitsszenen, geschehen in einem totalen Bruch mit allem Begreifbaren und Erwartbaren«,[79] verwebt Pizarnik die Zeichen einer individuellen Erinnerung mit jenen eines traumatischen jüdischen »Gedächtniskollektivs«,[80] in dem die Vernichtung der Juden aus dem östlichen Europa im Zentrum steht. Diese betraf ihre Familie unmittelbar: Vermutlich schon

74 Hier und für das unmittelbar Folgende siehe Sigrid Weigel, Téléscopage im Unbewussten. Zum Verhältnis von Trauma, Geschichtsbegriff und Literatur, in: dies./Birgit Erdle/Elisabeth Bronfen (Hgg.), Trauma. Zwischen Psychoanalyse und kulturellen Deutungsmustern, Köln/Weimar/Wien 1994, 51–76, hier 64. Der »Wahnstein« ist zweifellos dem Gemälde *Die Heilung vom Wahnsinn* von Hieronymus Bosch (auch *Die Steinoperation* und *Der Steinschneider*) entnommen.

75 Pizarnik, Tagebücher, 287: 3. Dezember 1962. Andernorts vermerkt Pizarnik »mein unmögliches Erinnern« und »tagtägliches Ertrinken in den Wassern der Vergangenheit«.

76 Ebd., Pizarnik, Tagebücher, 73 und 421: 24. Oktober 1957 und 23. September 1967; Letzteres im emphatischen Bekenntnis als Jüdin und des Verwerfens argentinischer Zugehörigkeit.

77 Zwischen 1958 und 1961 werden »all diese Ödipusgeschichten« und ein frühkindliches Begehren nach dem Vater vermerkt: Die Mutter ist »Klageweib«, »den Vater verbergender Kulissenvorhang« und »einziges Opfer, aus dem sich die Schuldgefühle der Kinder ableiten«. Ebd., 96, 176, 180 und 476. In *Piedra fundamental* wird über den mit Teiresias identifizierten toten Vater auf den Ödipus-Mythos angespielt.

78 »Verurteilt zu geistigem Stolz, zwischen den Gespenstern Kierkegaards und Kafkas zu reisen, weil sie Nein zu mir sagten, als ich zu leben bat: das ist Jahrhunderte her, aber ich vergesse es nicht. […] Ich muss es zum tausendsten Mal wiederholen, dass sich meine Eltern die allergrößte Mühe gaben, mich kaputtzumachen.« Pizarnik, Tagebücher, 202 und 278: 19. Februar 1962 und 30. Oktober 1962, ferner auch 230 und 240f.: 28. und 31. Juli 1962.

79 Ebd., 178: 10. Januar 1961.

80 Diner, Schulddiskurse und andere Narrative, 198f.

1941, sieben Jahre nach der Auswanderung der Eltern, wurden nahezu alle ihrer Verwandten im damals polnischen Równe ermordet.[81] Dies benennt Pizarnik an keiner Stelle ausdrücklich.

Die Beschäftigung mit »meiner jüdischen Frage« rückt nach dem Tod des Vaters im Januar 1967 erkennbar und mit deutlichem Bezug zum argentinischen Kontext ins Zentrum ihrer Reflexionen und literarischen Arbeit. Dabei wird die Zugehörigkeit maßgeblich entlang tradierter jüdischer wie auch nichtjüdischer und antisemitisierender Diskurse, in denen der »jüdische Adel« und die Auserwählung unmittelbar neben den »ewigen Juden« zu stehen kommen, verortet.[82] Sie wird auch mit Bezug auf den Status von Opfern und Überlebenden von Verfolgung und Vernichtung reflektiert und weitgehend definiert, allerdings ohne dass die »Territorialisierung« dieser eminent gesellschaftlich und politisch relevanten Frage im ödipal-neurotischen Kontext aufgegeben würde.[83]

»Mangel an Tradition [...] die furchtbare Einsamkeit, die es bedeutet, nirgends Wurzeln zu haben.«[84] Von einer als wurzellos empfundenen Existenz, wie Pizarnik sie hier zum Ausdruck bringt, zieht sich eine Verbindung zum prekären Boden ihrer Dichtung. Diese erschließt sich näher aus einem Kommentar des Jahres 1965: »Im Grunde hasse ich die Poesie. Sie ist, für mich, eine Strafe zur Abstraktion. Und außerdem erinnert sie mich an diese Strafe. Und daran, dass ich das Konkrete nicht zu fassen bekomme.«[85] Eben dieses Problem des Unmöglich-Konkreten zunächst als historisch-territoriale Erfahrungslücke – als »Mangel an Tradition« und »Wurzellosigkeit« – bildet das Zentrum des einzigen Gedichts, in dem Pizarnik Bilder der unbekannten, verschwundenen Welt der Judenheiten des östlichen Europa entwirft:

81 Ab Juni 1941 wurden in Równe etwa 80 Prozent der jüdischen Bevölkerung umgebracht; vgl. Saul Friedländer, Die Jahre der Vernichtung. Das Dritte Reich und die Juden 1939–1945, München 2006, 387f. Nur eine Schwester der Mutter und ein Bruder des Vaters überlebten.

82 Die jüdischen Attribute der dichterischen Subjekte Pizarniks (auch der Elternfiguren und »Vorfahren«) sind teils positiv konnotiert, teils folgen sie den bekannten Stereotypen, die den »Ostjuden« pathologisieren und kriminalisieren (»hysterisches Judenmädel«, »manisch Depressive«, »menschlicher Auswurf«). Der Figur Ahasvers entspricht strukturell das von ihr beklagte »nur Fragmentarische« und »Unoriginelle« ihres Denkens und Schreibens. Dies evoziert zugleich die »verborgene/korrupte« Sprache »des Juden«; siehe u.a. Pizarnik, Tagebücher, 25, 420 und 426: 5. Juli 1955, 19. September und 6. November 1967.

83 Somit wäre hier teilweise ein Verfahren wie in Kafkas *Verwandlung* gegeben; siehe Gilles Deleuze/Félix Guattari, Kafka. Für eine kleine Literatur, Frankfurt a.M. 1976, 87–99.

84 Pizarnik, Tagebücher, 368: 8. Juli 1964.

85 Zit. nach dies., Semblanza, 271: Eintrag 25. Juli 1965 (Übersetzung von der Verfasserin).

Der Tod und das Mädchen

Der Tod und das Mädchen
umarmen sich im Wald,
verschlingen das Herz der Musik
im Herzen des Widersinns.

Ein Mädchen trägt einen siebenarmigen Leuchter
und folgt tanzend traurigen Musikern,
die auf kaputten Geigen zupfen
um eine grüne Frau, die einen Einhorn umarmt,
und eine blaue Frau, die einen Hahn umarmt.

Im Tiefen
und im Traurigen
gibt es kleine Häuser,
die niemand sieht,
feuchte Holzhäuser
versinken wie Schiffe.
War das also die Idee des Raumes?
Innig aufgerichtete Geschöpfe.
Und die blaue Frau
entzündet mit dem Auge der Freude
die wundersame Jahreszeit der toten Hingabe.[86]

»War das also die Idee des Raumes?« – in dieser auf das Unsichtbare zielenden Frage, welche die abstrahierende Romantik der Bildwelten Chagalls in der Verbindung mit der morbiden Melancholie deutscher Romantik ad absurdum führt, verweist Pizarnik auf einen *lieu de mémoire*, der auf einer sprachlich-materiellen Ebene den bleibenden Verlust, die Lücke in seiner ursprünglichen Lautgestalt anzeigt, den des *milieu de mémoire*.[87] Mehr noch: Dem in der romantischen Tradition grundlegenden Konzept der Melancholie folgend, beziehen sich die Erinnerungen des poetischen Ich auf die »Abwesenheit von etwas, das niemals war«.[88] Sie artikulieren die Erfahrung eines Verlusts, der ihm nicht zugänglich ist, den »Verlust des Verlusts«. Die Schlusszeilen zeigen nicht nur die Unmöglichkeit einer Trauerarbeit an, sondern auch die fortdauernde Bindung an das unmögliche Objekt, das »Begehren nach dem Mangel selbst«.[89]

86 Im Original lautet der Titel *La muerte y la muchacha*, zit. nach Pizarnik, Cenizas, 397. Dort nur deutsche Übersetzung mit dem Titel *Das Auge der Freude [Ein Bild von Chagall und Schubert]*. Zitat hier an mehreren Stellen abweichend von der Übersetzung Juana und Tobias Burghardts.)

87 Pierre Nora, Zwischen Geschichte und Gedächtnis, Berlin 1990.

88 Charles Rosen, The Romantic Generation, London 1996, 175, hier zit. nach Žižek, Das Unbehagen im Subjekt, 160. Für das unmittelbar Folgende siehe ebd., 160 ff.

89 Žižek nach Lacans Freud-Deutung; ders., Die gnadenlose Liebe, 55.

Im einem kurzen Prosatext aus dem Jahr 1965 realisiert Pizarnik diesen Mangel und die frustrierten Ansätze, ihn »zum Teil der eigenen symbolischen Erzählung«[90] zu machen, indirekt als sprachliche Lücke in der Familienüberlieferung, die hier die Form einer harmlosen Kindheitserinnerung aufweist. Agentin der märchenhaft erscheinenden, unverankerten Rede und des darin im Schnee chiffrierten, vorenthaltenen Wissens ist die Mutter:

»Mißtrauen

Mutter erzählte von einem weißen Wald in Russland. ... *und wir machten kleine Schneemänner und setzten ihnen Hüte auf, die wir dem Urgroßvater wegnahmen ...*

Misstrauisch schaute ich sie an. Was war Schnee? Wozu machten sie kleine Männer? Und vor allem: Was bedeutet ein Urgroßvater?«[91]

In einem weiteren Prosatext, *La verdad del bosque*,[92] einer subtilen Persiflage auf das Märchen vom Rotkäppchen, stellt Pizarnik die in *Mißtrauen* kenntlich gemachte Sprach- und Wissenslücke klarer als traumatische Lücke dar: Statt dem bösen Wolf begegnet das Kind-Ich in einer auch sprachlich unvermittelten, schockartigen Form der Vernichtung als unmöglichem Zeugnis aus dem Munde der Großmutter. Von der in der matrilinearen Abfolge klaffenden Lücke aus, bei der die Mutter deutlicher noch als Verräterin gezeichnet wird,[93] entwirft das narrative Ich seine Existenz dann als an den Wolf, das zum Gesetz erhobene Emblem der Vernichtung, und an eigene Rachsucht geheftetes Opferdasein:

»Die Handlung verläuft in der Wüste und ach, wie einsam durchlief ich meine Kindheit, wie Rotkäppchen den Wald vor der grauenvollen Begegnung. Wie einsam, einen Korb im Arm, wie unschuldig, wie artig und munter, aber sie verschlangen uns alle, denn Was nützen die Wörter, wenn sie doch nicht bestätigen können, dass sie uns verschlangen? – sagte die Großmutter.

Als die meine aber verkleidete der Wolf sich nicht. Der Wald ist nicht grün, außer in meinem Kopf. Die Großmutter brachte meine Mutter zur Welt, die wiederum mich unter die Erde brachte, und alles dank meiner Einbildungskraft. Dort aber, in meinem kleinen Theater, verschlang der Wolf sie. Was den Wolf angeht, so schnitt ich ihn aus und klebte ihn in mein Schulheft. Kurz, in diesem Leben schulden sie mir das Festmahl.
Und das nennst du Leben?, sagte die Großmutter.«[94]

90 Ebd., 84.

91 Pizarnik, Cenizas, 396 (Hervorhebung im Original). Dass hier auf den Wald von Sosenski angespielt wird, in dem am 6. November 1941 20 000 Juden aus Równe ermordet wurden, ist nicht unwahrscheinlich, aber nicht belegt.

92 La verdad del bosque [Die Wahrheit des Waldes], 1966, in: dies., Textos de sombra y últimos poemas, 164. Eine andere, mögliche Übersetzung des Titels wäre: Die Wahrheit über den Wald (Anmerkung der Verfasserin).

93 Schuld, meist begleitet von Selbstvernichtungsimpulsen, weist Pizarnik der Mutter in den Tagebüchern überaus häufig zu: »Alles, was ich mein Leben lang getan habe, war nichts weiter als eine lange Demonstration ihrer riesigen Schuld.« Dies., Tagebücher, 158.

94 Span. Original in: Pizarnik, Textos de sombra y últimos poemas, 164 (Übersetzung von

Der hier kollabierende Gegensatz zwischen »Leben« und um das reale Trauma der Schoah kreisende Schreiben ohne Zeugnis wird in dem Prosatext *Extracción de la piedra de la locura* annulliert und in eine absolut negative Eschatologie eingehängt. Zugleich ist die Figur des Opfers komplexer gestaltet: Das Subjekt konfiguriert sich einerseits als »Person«, die den (stets noch nicht explizit benannten) Massenmord nicht mittelbar erlebt und zugleich überlebt hat (»einem Feuer entkam«) – als nachträglich zum historischen Geschehen ausgewiesenes potenzielles Opfer, das die zu einem zerbrochenen »Kollektivskelett« vernichteten jüdischen Existenzen aus entsprechender Distanz sprachlich zu rekonstruieren versucht. Andererseits bringt das Subjekt »es« eine massive, körperliche Versehrtheit der eigenen Person zum Ausdruck, *als ob* es bei eigenem Leib durch die Vernichtung hindurchgegangen wäre:

> »Risse und Löcher in meiner Person, die einem Feuer entkam. Schreiben ist, im Getümmel der Verbrannten den Armknochen zu finden, der zum Beinknochen gehört. Elende Mischung. Ich restauriere, ich rekonstruiere, wandle derart umringt von Toden. Und es ist gnadenlos, ruhmlos, rastlos. [...]
>
> Und ich? Wie viele habe ich gerettet?
>
> Mich hingekniet zu haben vor dem Leid anderer, geschwiegen zu haben zu Ehren anderer.«[95]

Die hier sich manifestierende Ambivalenz zwischen dem Status eines überlebenden Opfers ohne Zeugnis und der Vergegenwärtigung des Ortes der Massaker mittels der literarischen Territorialisierung des Subjekts im »Getümmel der Verbrannten« sowie die Kennzeichnung des überlebenden Opfers als ein ohnmächtiges – »Wie viele habe ich gerettet?« – und zugleich schuldiges hinsichtlich des Verzichts auf eine unversehrte eigene Sprache und Existenz findet sich teilweise präfiguriert in einem Tagebucheintrag aus dem Jahr 1962. Darin wird eine »höllische Kindheit«, verursacht durch das »ekelhafte Werk meiner Eltern und Lehrer«, mit der gleichfalls auf Lieblosigkeit und Ignoranz zurückgeführten »Zerstörung« Anne Franks verglichen[96] und dabei mit tradierten Zeichen aus Diskursen über den Genozid verknüpft – »Asche«, »Zeugenschaft«, »Konzentrationslager«.[97] Man kann daher von einer Identifikation mit Anne Frank sprechen, die »als [...] doppelte Metony-

der Verfasserin). Die Stelle »die wiederum mich unter die Erde brachte« lautet im Original »que me dió a tierra«, sinngemäß: »jemanden vorsätzlich vernichten«.

95 Dies., Cenizas, 308 f. und 312 f.

96 Dies., Tagebücher, 281: 9. November 1962.

97 Zum Motiv der Asche siehe ebd.; ferner: »Als hätten sie aufgefegt in mir [...], es gibt keine Spuren von Zeugen, keine Zeugenschaft. Nur die Knochen, eine verdächtige Präzision bei den Knochen« und: »Mauern, Detonationen, Schreie. Die Luft ist ein Konzentrationslager für ein winziges Kind, das auf Messers Schneide tanzt.« Ebd., 356 und 209: 27. April 1964 und 31. Mai 1962.

mie sowohl für das Jüdischsein als auch für den Holocaust (steht).«[98] Diese Identifikation, die in Pizarniks Werk durchgängig auch strukturierendes Prinzip eines »Verlangens« ist, das seinerseits die Konstellation »Gesetz – Schuld – Opfer« in Gang hält,[99] erfährt in dem Prosatext *Una traición mística*[100] eine Radikalisierung. Abermals den Implikationen der ödipalen Familientriade folgend, inszeniert das narrative Ich darin zunächst einen Prozess gegen die Elternfiguren. Verhandelt wird deren als Verrat gedeutetes Schweigen in der Familienüberlieferung, was bereits mit der bedeutungsrelevanten Synkope im Titel bezeichnet wird: Aus *tradición* (Tradition) wird durch Auslassung *traición* (Verrat).[101] Zu Beginn bestätigt der Text, dass es dem Subjekt nicht um dem Gespenstisch-Realen verfallene »Dichtung«, sondern um die nüchterne, von unbestechlicher Subjektivität geleitete »Ermittlung« eines Verbrechens zu tun ist, folglich um den Nachweis seines Status als Opfer des Schweigens. Das Stichwort »Erinnerung« leitet dann die der Psychoanalyse folgende Rekonstruktion eines traumatischen Erlebens ein, das um ein von verschleierten Toden umstelltes Familiengefüge kreist:

> »Ich spreche von einem Verrat, ich spreche von einer mystischen Täuschung, von der Leidenschaft des Unwirklichen und von der Wirklichkeit der Todesbotschaften, der Körper in Leichentüchern und der Hochzeitsbilder. [...] Wie hat diese Geschichte begonnen? Das will ich ergründen, aber mit ganz eigener Stimme und jegliche dichterische Bestimmung tilgend. Nicht Poesie, sondern Polizei. [...] Erinnerung. Eine Nacht der Schreie. Ich stieg empor und hatte keine Möglichkeit, es zu bereuen; immer weiter stieg ich empor, ohne zu wissen, ob ich einer Vereinigung entgegenging, oder ob ich ein Leben lang mit dem Kopf an den Pfosten genagelt bliebe.«[102]

Im weiteren Verlauf verzweigt sich die Darstellung und Deutung des Opfers auf komplexe Weise. Eine zentrale Bedeutung kommt dabei dem Vater zu, der in Pizarniks Werk seiner sprachlosen Ohnmacht zum Trotz häufig als

98 James E. Young, Beschreiben des Holocaust. Darstellung und Folgen der Interpretation, Frankfurt a. M. 1997, 178 f.

99 Paradigmatisch drückt sich dieses »Verlangen« in der »vampirischen Korrespondenz« in *Una traición mística* aus. Auch die Frage, ob »ich Schuldige [brauche], um nicht am Absurden zu sterben, um nicht die Wirklichkeit zu akzeptieren, die nackte Wahrheit [...]« und der Zusatz: »[...] das einzige, was es gibt, ist das Nichts.« deutet in diese Richtung; Pizarnik, Tagebücher, 158: 11. November 1960. Insofern würde die vom Verlangen organisierte Struktur von Schuld verhindern, was Deleuze und Guattari insgesamt als »Demontage des Mechanismus« (»Gesetz, Schuld und Innerlichkeit«) in Kafkas Werk deuten; dies., Kafka, 60 ff.

100 Una traición mística [Ein mystischer Verrat], 1966, aus: dies., Textos de sombra y últimos poemas, hier zit. nach dies., Semblanza, 168–171 (Übersetzung dieser sowie weiterer Passagen aus demselben Text von der Verfasserin).

101 Auch im Tagebucheintrag vom 30. Juli 1962 schreibt Pizarnik von einem Prozess in einer (als ignorant dargestellten) Familie; dies., Tagebücher, 235.

102 Una traición mística, zit. nach dies., Semblanza, 168 f.

Vermittler einer an die religiöse Tradition geknüpften, »erhabenen« jüdischen Zugehörigkeit beschworen wird.[103] Dieser strukturell teils mit dem verborgenen Gott der Offenbarung, teils mit dem Trauma der ontologischen Lücke übereinstimmenden Vaterfigur entspricht eine zunächst ebenso strukturelle Ambivalenz ihres Schweigens. Wiewohl es das Schweigen eines »Täters« ist, wörtlich eines mörderischen »Vampirs«, bildet es zugleich das Objekt des letzten Begehrens des Subjekts, nämlich in dieses tödliche Schweigen einzugehen und dabei im Vollzug eines Opfertods erlöst zu werden:

»Danach trachtet sein Schweigen.
Er erschafft ein Schweigen, in dem ich meinen Ruheort erkennen soll, wo doch die Feuerprobe seiner Zuneigung darin hätte bestehen müssen, mich vom Schweigen fernzuhalten, darin hätte bestehen müssen, mir den Zugang zu dieser Zone vernichtenden Schweigens zu verbieten. [...] Seine Gestalt ist weniger als ein Gespenst, als ein Name, als Leere. Jemand trinkt mich vom anderen Ufer her, jemand saugt mich aus, lässt mich blutlos zurück. Ich sterbe, weil jemand ein Schweigen für mich erschaffen hat.«[104]

Inhaltlich wird das hierbei verhandelte »Gesetz«, und damit auch die Wertigkeit des Opfers, in zwei unterschiedliche, miteinander vermengte Diskurse eingebettet. Beides erschließt sich zunächst aus dem jüdisch-religiösen Kontext, wenn man die Reflexionen hinzuliest, die Pizarnik in ihren Tagebüchern unter anderem über das Opfer Abrahams anstellt und dabei schon auf einen anderen Vater anspielt:

»Das Schweigen Abrahams. [...] Vielleicht gehorchte er, und mehr nicht. Er hatte sich daran gewöhnt zu gehorchen, und das ist alles. [...] vielleicht ist nichts weiter passiert, als dass Abraham einfach Gott mehr liebte als seinen Sohn und sein Geschlecht. Vielleicht hat er nicht einmal gewählt. Er war verliebt in Gott, und darum erschien es ihm nicht zu viel, seinen Sohn zu töten. (Von wem spreche ich.)«[105]

Diese Erklärung begründet in *Una traición mística* zunächst die Exkulpation des Vaters und die Bereitschaft des Tochter-Subjekts zum Opfer, das nunmehr nicht als Ausdruck eines Verrats begriffen wird, sondern in einer unmittelbaren Entsprechung zum Namen »Abraham« (»der Vater – Gott – ist erhaben«) und im Begriffsnetz von Musik, Dichtung, Kunst Erhabenheit erlangt. Pizarniks Subjekt rückt hiermit ab vom Vorsatz einer unbestechlichen Befragung familiengeschichtlicher Zusammenhänge im größeren, historischen Kontext, bei der die Vaterfigur rundweg diskreditiert würde; stattdessen

103 Dies lässt sich aus (allerdings chiffrierten) Tagebucheinträgen v. a. von 1962 und ab 1967 schließen. Von hier aus lässt sich sein Schweigen auch in zahlreichen Gedichten und Prosatexten als Katalysator einer teils über Figuren der Musik verlaufenden poetischen Sprache absoluter Liebe deuten. Elias Pizarnik, offenbar ein Liebhaber der Musik, starb vermutlich kurz vor der Niederschrift von *Una traición mística*.

104 Una traición mística, zit. nach Pizarnik, Semblanza, 169 f.

105 Dies., Tagebücher, 383: 8. Dezember 1964.

wechselt es zu rhetorischen Bildern des Religiösen, die nun jegliche Zeitlichkeit aufheben und somit den engeren alttestamentarischen Kontext sprengen, dem der Archetyp des Opfers verhaftet ist. Entsprechend erscheint das erhabene Opfer als ein authentischer Akt im Sinne Lacans: als ein »unvorhersehbares tyché, ein wundersames Ereignis«, bei dem sich das Subjekt als seine eigene Ursache setzt, gleichsam unwillkürlich die höchste Freiheit verkörpert.[106]

»Es war, als würde ich Wellen von Schweigen schlucken, meine Lippen bewegten sich wie unter Wasser, ich ertrank, mir war, als würde ich Schweigen schlucken. In mir waren wir ich und das Schweigen. In jener Nacht stürzte ich mich vom höchsten Turm. Und als wir auf dem Wellenkamm waren, da erkannte ich, dass dies das Meine war, mehr noch, was ich in den Gedichten gesucht habe, in den Gemälden, in der Musik, ich war ein auf dem Wellenkamm getragenes Wesen. Ich weiß nicht, wie ich mich hingab, aber es war ein geniales Gedicht: es musste geschrieben werden. Warum blieb ich nicht dort, warum nicht dort sterben? Es war der Traum vom erhabensten Tod, der Traum zu sterben, während ich das Gedicht in einem feierlichen Raum vollbrachte, in dem Wörter wie Liebe, Dichtung und Freiheit Handlungen bei lebendigem Leibe bedeuteten.«[107]

Diese sublime Geste in der Begegnung mit dem faszinierend-verstörenden Schweigen als Reales in Reinform erscheint dabei nicht ausschließlich als monströs, da sie ein Objekt – das im vollkommenen Schweigen vollzogene, »geniale Gedicht« – zu einem Ding erhebt, das sie höher schätzt als das Leben selbst. Zugleich erscheint die Geste nicht ausschließlich als ethisch, insofern die autonome Entscheidung, in den Abgrund der absoluten Freiheit zu stürzen, mit dem Ruf des Anderen identisch, daher zwingend notwendig wird.[108] Beide Aspekte des erhabenen Sühneopfers konvergieren auch in einem Diskurs über die Schoah, der sich auf ein christliches Narrativ bezieht, in dem die ermordeten Juden als auserwählte Opfer fungieren. Das poetische Subjekt geht schließlich im Sühneopfer in die Lücke des Schweigens ein, es *ist* der »Holocaust«:

»Ich verstehe, nichts nützt es zu verstehen, niemandem hat es je genützt zu verstehen, und nun weiß ich, dass ich wieder zur Wurzel dieses lautlosen Banns zurückgehen muss, zu dieser Lücke, die sich öffnet, damit ich eintrete, ich der Holocaust, ich das Sühneopfer. Seine Gestalt ist weniger als ein Gespenst, als ein Name, als Leere. Jemand trinkt mich vom anderen Ufer her, jemand saugt mich aus, lässt mich blutlos zurück. Ich sterbe, weil jemand ein Schweigen für mich erschaffen hat.«[109]

106 Der Akt wird hier im Sinne des »Lacanianischen Subjekts« begriffen, bei dem der »Bruch zwischen dem Subjekt der Aussage und dem Subjekt des Ausgesagten; die symbolische ›Dezentriertheit‹ bezüglich des symbolischen großen Anderen […] für einen Augenblick ausgesetzt sind«. Žižek, Der weibliche Akt, in: ders., Das Unbehagen im Subjekt, 100–107.

107 Una traición mística, zit. nach Pizarnik, Semblanza, 169f.

108 Vgl. Žižeks Deutung der Antigone; ders., Das fragile Absolute, 144ff.

109 Una traición mística, zit. nach Pizarnik, Semblanza, 169f.

»Ich der Holocaust« – diese Figur bezeichnet einen literarischen Kurzschluss hinsichtlich der Identifikation mit den Toten der Schoah; sie ist eine auf ein sprachliches Minimum reduzierte und in diesem Minimum vollzogene Selbstauslöschung des Subjekts, das für die im Schweigen über die Shoah zum Abgrund geweitete Lücke büßt. Indem Pizarnik hier auf die Vernichtung mit dem Begriff »Holocaust« verweist, der die christliche Ethik des Martyriums samt seinem monströsen Akt des Foltertods aufruft – wörtlich: ein »höchstes Opfer im Zusammenhang mit einer vollkommenen Hingabe an heilige und höhere Ziele«[110] –, wird die inhärente, barbarische Sinnlosigkeit des Massenmordes euphemisiert und mit einem ästhetischen Sinn unterlegt. Doch nicht nur das: Das im christlichen Bedeutungsnetz jüdisch konnotierte Opfer-Subjekt inszeniert sich zugleich als christlich-jungfräuliches Opfer der osteuropäischen Juden: Ruft am Textanfang bereits der Zusammenhang zwischen »Vereinigung« und »mit dem Kopf an den Pfosten genagelt« unmissverständliche Assoziationen auf, so oszilliert die Vaterfigur zwischen erotischer Faszination und dämonischem Vernichtungswillen, den typischen Attributen des antisemitischen Vampir-Stereotyps.[111] In diesem Zusammenhang liegt im »mystischen Verrat« ein doppelter Sinn: Vordergründig geht es um einen Verrat des über die Vergangenheit schweigenden jüdischen Vaters am Leben des Tochter-Subjekts, der teilweise in Analogie zur schweigenden Gegenwart Gottes angesichts des »Holocaust« gebracht wird.[112] Aber die Versuche Pizarniks, diese Erfahrung in Form religiöser Paradigmen zu vermitteln, bilden auch die unmögliche Disposition ab, die Schoah als untilgbares, immanent-reales Element des jüdischen Gedächtniskollektivs anzuerkennen. Dies scheint unmöglich, ohne bei gleichzeitiger Identifikation mit den Toten auf ein mystisches Christentum und antisemitisierende Rhetorik auszuweichen, ohne die Möglichkeit von Transzendenz schlechthin, an der Pizarniks Subjekt festhält auch mit der Hoffnung, dass mit dem Selbstopfer »eine gerechte Strafe« beglichen »oder das kosmische Gleichgewicht« wiederhergestellt werde.[113] Allenfalls in den letzten Sätzen deutet sich eine radikale Abkehr von transzendentalen Sinnzusammenhängen, von Gesetz und Schuld

110 Zur Bedeutungsgeschichte des Begriffs *holókau(s)tos* bzw. *holocaustum* und seinem metaphorischen Gebrauch siehe Agamben, Was von Auschwitz bleibt, 25–28.

111 Das Vampir-Motiv erstreckt sich in diesem Text auch auf die Verschwörung zwischen den beiden (Eltern-)Figuren, die das Subjekt in einem vervielfältigten Schweigen aussaugen.

112 Möglicherweise wird das hier Ausgeführte in folgender Notiz mitreflektiert: »Talmud. Was ist das für ein Gott, der sein eigenes Haus zerstört und seine eigenen Kinder verstößt? Alle leiden. Gott und sein Volk, derweil die anderen Völker genießen und Feste feiern. Was in den Augen der Reinen eine Verfluchung ist, denn wenn Gott dies alles ihren Feinden schenkt, was wird er nicht seinen Kindern schenken?« Pizarnik, Tagebücher, 375: 31. August 1964.

113 So gegen Ende des Textes und übereinstimmend mit dem »Bild der Strafe als eine Art Wiedergutmachung«. Ebd., 275: 21. Oktober 1962.

an, eine Akzeptanz des Realen, auf deren programmatischer Tonart und kindlichem Protagonisten gleichwohl bereits ein Schimmer der Melancholie liegt: »Nein. Ich werde den Bann brechen. Ich werde schreiben, wie ein Kind weint, das heißt: Es weint nicht, weil es traurig wäre, sondern weint, um zu berichten, in aller Ruhe.«[114]

114 Una traición mística, zit. nach dies., Semblanza, 171. Dass der Bann fortbesteht, legen insbesondere die Einträge vom 23. September und 30. Oktober 1967 sowie der Prosatext *Los muertos y la lluvia* (1969) nahe.

Elena Agazzi

Erfahrung und literarische Form: Über den Standort des Erzählers in W. G. Sebalds *Austerlitz*

»Der Erzähler nimmt, was er erzählt, aus der Erfahrung; aus der eigenen oder berichteten.«[1]
Walter Benjamin

Auch nach nahezu einem Jahrzehnt intensiver Sebald-Forschung sind die Entdeckungen literarischer Konstellationen, die in verborgener Weise die Textur von Sebalds Werken ausmachen, nicht erschöpft. Mehr noch: Eine erneute Lektüre der literarischen Texte, auf die in Sebalds Schreiben Bezug genommen wird, macht deutlich, dass dieser geheime Kanon nahezu prophetischer Art ist. Diese Dimension von Sebalds Werk ist jedoch bislang nicht hinreichend erschlossen, obgleich der literarische Bezugsrahmen von Sebalds Werken insbesondere Texte sind, die Geschichte und Zukunft Europas adressieren. Dazu gehört zum Beispiel Jean Amérys Mutmaßung aus dem Jahr 1966, das Europa des 21. Jahrhunderts werde eine soziale und politische Gemeinschaft sein, die aus statistischen Tabellen besteht und sich auf topografische Pläne stützt, während man Mühe damit haben werde, den Mikrokosmos städtischer Dimensionen in einer globalisierten Welt einzuschätzen. Doch es ist gerade der Blick, der auf den Details des menschlichen Lebens verweilen will, den Sebald mit Jean Améry teilt. Améry ist der verborgene Schlüsselzeuge der Ereignisse in *Austerlitz*, dem letzten Roman Sebalds aus dem Jahr 2001.

Es gilt darüber nachzudenken, welche Bedeutung das Vermächtnis der Erinnerungen in der mündlich weitergegebenen und zur Erzählung werdenden Erfahrung annimmt. Walter Benjamin hat diese zuweilen vergessene Dimension des literarischen Texts in seinem Aufsatz *Der Erzähler. Betrachtungen zum Werk Nikolai Lesskows* (1932) beschrieben. Benjamin konstatierte, dass Erzählung, Romanhandlung und Textgehalt zu Beginn des 20. Jahrhunderts erbitterte Feinde geworden seien: Die Tatsache werde in das Leben des Erzählers hineingebracht, damit dann später wieder aus diesem geschöpft werde. Gerade deshalb sei ein Erzähler zum Vergessen seiner selbst verpflichtet, weil er so zum besten Rezeptor der Geschichten anderer

1 Walter Benjamin, Der Erzähler. Betrachtungen zum Werk Nikolai Lesskows, in: ders., Illuminationen. Ausgewählte Schriften, Bd. 1, Frankfurt a. M. 1977, 385–410, hier 389.

JBDI / DIYB • Simon Dubnow Institute Yearbook 10 (2011), 353–368.

werde.[2] Im Folgenden soll Benjamins Beobachtung über die Rolle des Erzählers in Sebalds Roman *Austerlitz* vor dem historischen Horizont des Zivilisationsbruchs Holocaust nachvollzogen werden.[3]

Der aus dem Werkkorpus von Améry, vor allem aus *Jenseits von Schuld und Sühne* (1966),[4] sich zusammensetzende Prätext bietet zum einen die Gelegenheit, sich einer bereits erzählten Geschichte zu versichern, die als Palimpsest in Sebalds Erzählung recht geschickt wieder aufgenommen wird.[5] Zum anderen ist *Austerlitz* eine gewagte Zusammenschau der Erinnerungen Amérys an erlittene Qualen an einem ausdrücklich erwähnten Ort. Diese Ereignisse beziehen den Ich-Erzähler und den Protagonisten Jacques Austerlitz in das Prosawerk mit ein: Der Bezug zum Holocaust ist evident, aber nicht explizit.

Im Unterschied zu seinen früheren Werken stellt sich Sebald in *Austerlitz* der extremen Komplexität einer Darstellung des Grauens, das jene systematische Vernichtung von Millionen Menschen unweigerlich erzeugt:

»Die Reproduktion des Grauens oder besser: die Rekreation des Grauens, ob mit Bildern oder mit Buchstaben, ist etwas, das im Prinzip problematisch ist. Ein Massengrab lässt sich nicht beschreiben. Das heißt, man muss andere Wege finden, die tangentieller sind, die den Weg der Erinnerung gehen, über das Archäologisieren, über das Archivieren, über das Befragen von Personen.«[6]

Der Dichter und Verleger Michael Krüger verweist auf Sebalds besonderen Hang zum Dialog mit dem Tod und zum Heraufbeschwören der Geister der Vergangenheit und spielt so darauf an, dass Sebald ungeachtet seines langen Aufenthalts als Germanist im Ausland – im englischen Norwich – seinem Herkunftsland durch ein Gefühl der Verbindlichkeit gegenüber seiner Geschichte und Kultur stets nahe blieb. Walter Benjamin hatte 1932 den bereits nach dem Ersten Weltkrieg erfolgten Untergang solch einer gefühlten Verantwortung des Schriftstellers beklagt.[7] Krüger hält im Bezug auf Sebald

2 Ebd., 393.

3 Dan Diner (Hg.), Zivilisationsbruch. Denken nach Auschwitz, Frankfurt a.M. 1988.

4 Jean Améry, Jenseits von Schuld und Sühne. Bewältigungsversuche eines Überwältigten, Stuttgart 1977 (zuerst 1966).

5 Dies gilt auch für die mehr oder weniger versteckten Bezugnahmen auf Texte von Johann Peter Hebel, Jean Paul, Gottfried Keller, André Gide, Paul Valéry, Joseph Conrad, Elias Canetti, Thomas Bernhard u.a.

6 W.G. Sebald, Hitlers pyromanische Phantasien, in: Volker Hage (Hg.), Zeugen der Zerstörung. Die Literaten und der Luftkrieg. Essays und Gespräche, Frankfurt a.M. 2003, 259–279, hier 264.

7 »Immer häufiger verbreitet sich Verlegenheit in der Runde, wenn der Wunsch nach einer Geschichte laut wird. Es ist, als wenn ein Vermögen, das uns unveräußerlich schien, das Gesichertste unter den Sicheren, von uns genommen würde. Nämlich das Vermögen, Erfahrungen auszutauschen. Eine Ursache dieser Erscheinung liegt auf der Hand: die Erfahrung ist im Kurse gefallen. Und es sieht aus, als fiele sie weiter ins Bodenlose. Jeder

fest: »Er war der einzige ›Heimatschriftsteller‹ der diesen hohen Titel verdient hat. Nur in der Heimat, zu Hause (in der Literatur) spricht man mit den Toten in geziemender Weise. Wenn jemand die Toten verstand und von ihnen verstanden wurde, dann war es Max Sebald.«[8]

Diese Aussage lässt einmal mehr offen, ob *Austerlitz* ein Roman ist (wie der Verlag das Werk im Untertitel nennt) oder ob es sich um einen Bericht über das Schicksal eines der 669 Kinder handelt, deren Flucht aus Prag ins Vereinigte Königreich Nicholas Winton 1938/39 organisierte.[9] Jener Vergangenheitsbezug ist indes nur scheinbar fixiert, tatsächlich besitzt das Vergangene für Sebald, der sich auch auf Ernst Blochs Heimatdiskurs bezieht, noch etwas Heimatliches, ein Element des Zukünftigen: »Dieses ›Pochende, Unterdrückte, Zukünftige, das nicht werden konnte‹, läuft unterirdisch und kann dank der Niederschrift von erzählten Biographien wiedererwachen. In die Gegenwart eingefügt, bildet es Residuen der ›Ungleichzeitigkeit‹.«[10]

Marcel Atze hat anhand einer Fülle von Einzelnachweisen belegt, dass Sebald weite Passagen aus H.G. Adlers Dokumentation *Theresienstadt 1941–1945. Das Antlitz einer Zwangsgemeinschaft* (1960) in eigene Werke hat einfließen lassen, etwa in Form von direkten und indirekten Zitaten oder Paraphrasierungen einzelner Textabschnitte – eine Tatsache übrigens, die Sebald selbst nicht geheim gehalten hat.[11] Adler beschreibt Geschichte und Gründung, Struktur und Alltagsleben sowie die Demontage des Konzentrationslagers Theresienstadt, das 1941 als Sammel- und Durchgangslager zunächst für Juden aus dem Protektorat Böhmen und Mähren eingerichtet worden war. Es ist die Geschichte einer umfassenden, zynischen Täuschung: Die Nationalsozialisten unternahmen vor der Inspektion eines Internationalen Komitees des Roten Kreuzes 1944 diverse Anstrengungen, Theresienstadt als Kolonie erscheinen zu lassen, in der Juden pädagogisch geschult werden

Blick in die Zeitung erweist, daß sie einen neuen Tiefstand erreicht hat, daß nicht nur das Bild der äußern, sondern auch das Bild der sittlichen Welt über Nacht Veränderungen erlitten hat, die man niemals für möglich hielt.« Benjamin, Der Erzähler, 385.

8 Michael Krüger, Der Heimatschriftsteller. W.G. Sebalds »Austerlitz«, in: Deutsches Literaturarchiv Marbach/Deutsche Schillergesellschaft (Hg.), Denkbilder und Schaustücke, Marbach am Neckar 2006, 167. – Max war der Rufname Sebalds.

9 Letzeres wird etwa von Yahya Elsaghe vertreten. Ders., Das Kreuzworträtsel der Penelope. Zu W.G. Sebalds »Austerlitz«, in: Gegenwartsliteratur. Ein germanistisches Jahrbuch/ A German Studies Yearbook 6 (2007), Schwerpunkt: W.G. Sebald, 164–184, hier 164.

10 Anna Wolkowicz, Ernst Blochs Heimatbegriff und Handkes »Langsame Heimkehr«, in: Arno Dusini/Karl Wagner (Hgg.), Metropole und Provinz in der österreichischen Literatur des 19. und 20. Jahrhunderts. Beiträge des 10. Österreichisch-Polnischen Germanistentreffens Wien 1992, 217–223, hier 220.

11 Marcel Atze, W.G. Sebald und H.G. Adler. Eine Begegnung in Texten, in: Recherches germaniques 2 (2005), Sonderheft: Ruth Vogel-Klein (Hg.), W.G. Sebald. Mémoire. Transferts. Images/Erinnerung. Übertragungen. Bilder, 87–98.

könnten, wo künstlerische, wirtschaftliche und landwirtschaftliche Aktivitäten gefördert würden. Circa 33 000 der mehr als 141 000 Häftlinge des Konzentrationslagers wurden dort ermordet; die meisten anderen wurden in Vernichtungslager deportiert. Um ebendiese Zusammenhänge geht es im zweiten Teil von *Austerlitz*, wo der Protagonist sich auf die Suche nach seinen verschwundenen Eltern begibt.

In den frühen achtziger Jahren hatte Sebald seinerseits Günter Grass scharf kritisiert, dieser habe für sein Werk *Aus dem Tagebuch einer Schnecke* (1972) den ein Jahr später veröffentlichten historisch-dokumentarischen Text *Der Auszug der Juden aus der Freien Stadt Danzig* von Erwin Lichtenstein ausgebeutet.[12] Das Problem ist eingehend behandelt worden,[13] und doch könnten die folgenden Überlegungen zu einer angemesseneren Beurteilung beitragen. Sebald wirft Grass vor, er habe sich der Geschichte der Danziger Juden und ihrer Verfolgung bedient, um die fiktionale Geschichte, die sich auf das Schicksal des Lehrers Hermann Ott konzentriert, durch eine historische »Pflichtübung« zu bereichern. Otts Lebensgeschichte betrifft die erzählte Zeit, wobei die Erzählzeit das Jahr 1969 ist, als Grass den Wahlkampf der SPD unterstützte. Das Ganze ist von Grass aber als »ein Bericht für Kinder« gedacht worden, wie unter anderem Hanspeter Brode[14] und Hans-Christoph Graf von Nayhauss zu Recht betont haben, um mit dem *Tagebuch einer Schnecke* »Erinnerungstabus und Schuldleugnungsmechanismen [abzubauen], die die umgebende Gesellschaft aufgerichtet hat, insbesondere die Bildungsinstitutionen«.[15] Hier tritt Grass in der Tat mit der jungen Generation in einen Dialog ein, der das Ausmaß des Verbrechens und der Schuld deutlich macht. Sebald hat dieses besondere Engagement unterschätzt, indem er hervorgehoben hat, dass Grass ohne diese Verflechtung vom Dokumentarischen mit dem Fiktionalen nie in der Lage gewesen wäre, in literarischer Form vom Schicksal der deutschen Juden zu berichten. Zum anderen war es vor allem die von Grass gewählte Erzählform, nämlich die eines Romans mit politischem und pädagogischem Anspruch, an der Sebald sich störte. Aufschlussreich hierfür ist der folgende Abschnitt aus dem Essay *Konstruktionen der Trauer:*

12 W.G. Sebald, Konstruktionen der Trauer. Günter Grass und Wolfgang Hildesheimer, in: ders., Campo Santo, München/Wien 2003, 101–127.

13 Vgl. Hans-Christoph Graf von Nayhauss, Adler und Sebald, Lichtenstein und Grass. Vom Umgang mit Dokumentationen bei der literarischen Produktion, in: Gerhard Fischer (Hg.), W.G. Sebald. Schreiben ex patria/Expatriate Writing, Amsterdam/New York 2009, 447–457.

14 Hanspeter Brode, Günter Grass, München 1979.

15 Ebd., 166.

»So wird denn das literaturpolitische Reisebuch zur Wahlkampagne in Deutschland zugleich zur Berichterstattung über den Exodus der Danziger Juden und zur Beschreibung einer Stelle, die im Atlas eines Danzig gewidmeten Werks bezeichnenderweise ein unbeschriebener Fleck geblieben war. *Ohne die Passagen, die das Schicksal der verfolgten Minorität nachzeichnen, wäre das* Tagebuch einer Schnecke *mit Gewißheit ein eher einschichtiges Buch geblieben.*«[16]

Immer wieder kritisierte Sebald auch die Erzählperspektive eines außenstehenden Beobachters; durch seine Gegenwart im Text beherrsche Grass den Inhalt der Erzählung. Die Erzählung, die sich in der gegenwärtigen Zeit bewegt, widmet sich zurückliegenden Ereignissen während einer Reise des Autors nach Israel. Die gesammelten Aufzeichnungen Lichtensteins sind in ihr paraphrasiert und mit den fiktionalen Erfahrungen Otts vermischt.

Sebald hat die Werke von Benjamin und Adorno rezipiert, was in seinen Monografien zu Sternheim und Döblin zum Ausdruck kommt.[17] Und höchstwahrscheinlich hat er auch Benjamins Aufsatz über Lesskow zur Kenntnis genommen, in dem dieser im Nachdenken über Erzählformen moralische Verantwortung gegenüber all jenen einfordert, die im Strudel der Geschichte untergegangen und auseinandergetrieben worden sind. Benjamin stellt in seinem Text die Aufgabe eines Chronisten der eines Geschichtswissenschaftlers gegenüber und das verewigende Gedächtnis des Romanschriftstellers dem flüchtigen des Erzählers. Die vorrangige Mission des Erzählers bestehe nicht im Erläutern von Sachverhalten, wie es Sache des Geschichtswissenschaftlers sei. Vielmehr sei er Beiträger zu einer *Naturgeschichte* der Menschheit, in der die Geschichten sich ansiedelten; er betrachte sich als »Ratgeber« und widme sich weder einem einzigen Helden noch einer einzigen Widrigkeit noch einem einzigen Kampf, sondern vielen zerstreut auftretenden Ereignissen. Doch Benjamin fordert ein anderes, ein andenkendes Erzählen ein, und um ebendiese Erzählweise geht es auch Sebald. Erst in dieser Art des Erzählens erachtet Sebald die Fiktion, die zwischen der individuellen Erfahrung eines Jean Améry und der von Tausenden Juden angesiedelt ist, die in den Konzentrationslagern der Nationalsozialisten ermordet wurden, als legitim. Sebald schöpft seine Berechtigung das unsagbare Geschehen zu schildern aus einem tiefen Respekt vor dem Tod.[18]

16 Sebald, Konstruktionen der Trauer, 110 (Hervorhebung von der Verfasserin).

17 W.G. Sebald, Carl Sternheim. Kritiker und Opfer der wilhelminischen Ära, Stuttgart u.a. 1969; ders., Der Mythus der Zerstörung im Werk Döblins, Stuttgart 1980.

18 Vgl. hierzu Ben Hutchinson, »Seemann« oder »Ackermann«? Einige Überlegungen zu Sebalds Lektüre von Walter Benjamins Essay »Der Erzähler«, in: Fischer (Hg.), W.G. Sebald. Schreiben ex patria/Expatriate Writing, 277–295; ders., W.G. Sebald. Die dialektische Imagination, Berlin/New York 2009, 35–56.

Sebald und Jean Améry

In seinem programmatischem Essay *Mit den Augen des Nachtvogels. Über Jean Améry* beschrieb Sebald Amérys *Jenseits von Schuld und Sühne* als ein Manifest gegen eine bestimmte Rede, nämlich »die abstrakte Rede von den Opfern des Nationalsozialismus, die eine ungeheure Verbindlichkeit allzu leicht einbekannte«. Améry widme sich in seinen Versuchen »den inhaltsschwersten Einsichten in die irreparable Verfassung der Opfer, aus der allein die wahre Natur des Terrors mit einiger Präzision sich extrapolieren läßt.«[19]

Sebald kehrte stets zu den Themen von Desorientierung und Amnesie zurück; eine seiner zentralen Thesen ist dabei, dass die Erfahrung von Terror auch eine Dislokation in der Zeit auslöst:

> »Die Problematik, daß die Erinnerung – nicht nur die an die Momente des Schreckens, sondern auch die an eine einigermaßen ungestörte Geschichte – kaum mehr auszuhalten ist, bestimmt weitgehend den seelischen Zustand der Opfer der Verfolgung. William Niederland hat darauf verwiesen, daß diese, zumeist vergeblich, versuchen, unter großem Energieaufwand aus ihrem Gedächtnis zu bannen, was mit ihnen geschah. Im Gegensatz zu den Agenten des Terrors verfügen sie offensichtlich nicht mehr über zuverlässige Mechanismen der Verdrängung. Zwar breiten sich Inseln der Amnesie in ihnen aus, aber das bedeutet keineswegs schon die Möglichkeit, wirklich vergessen zu können. Vielmehr ist es so, daß ein diffuses Vergessen in eins geht mit einem rekurrenten Aufwallen von Bildern, die nicht aus dem Gedächtnis zu bringen sind und die in einer ansonsten ausgeleerten Vergangenheit als die Instanzen einer ans Pathologische grenzenden Hyperamnesie wirksam bleiben.«[20]

Sebald hatte gewiss auch Améry im Blick, wenn er am Anfang von *Austerlitz* die Augen des in Antwerpen besichtigten Nocturamas mit den Augen von Malern und Philosophen vergleicht:

> »Von den in dem Nocturama behausten Tieren ist mir sonst nur in Erinnerung geblieben, daß etliche von ihnen auffallend große Augen hatten und jenen unverwandt forschenden Blick, wie man ihn findet bei bestimmten Malern und Philosophen, die vermittels der reinen Anschauung und des reinen Denkens versuchen, das Dunkel zu durchdringen, das uns umgibt.«[21]

Was heißt es, im Dunkeln zu sehen und große Augen zu haben? Amérys Deutungen, die seiner eigenen qualvollen Erfahrung mit dem Terrorregime entsprangen, richteten sich grundsätzlich auf die Vernichtungspolitik. Erklärtes Ziel seines Buchs war eine Befassung mit dem Themenkomplex

19 W. G. Sebald, Mit den Augen des Nachtvogels. Über Jean Améry, in: ders., Campo Santo, 149–170, hier 151 (zuerst in: Études germaniques 43 [1988], 313–327).

20 Ebd., 153.

21 Ders., Austerlitz, Frankfurt a. M. 2003 (zuerst 2001), 11.

»Auschwitz und Geist«.[22] Améry veranschaulichte die Dimensionen dieses Begriffspaars anhand des Täterblicks, der sich im Konzentrationslager auf die Menschen richtete und zwischen »verwendbar« und »überflüssig« unterschied.

Intellektuelle Aktivität, so Améry, sei für den Gefangenen eine Last, weil er durch sie weder Trost in einem anderen Glauben als in dem der Rationalität finden könne, die sich gegen das Alogische der Verfolgungs- und Vernichtungsprozeduren wehrt, noch Kraft, jenseits der Gegenwart mit einem Hauch von Hoffnung auf die Zukunft zu blicken. Peiniger und Opfer werde dabei jeweils eine eindeutige Rolle zugeteilt, die nicht mit der anderer Menschen vergleichbar sei. Schuld sei deshalb, so Améry, immer zugleich als subjektiv und nicht allein als kollektiv zu betrachten, – mit den Worten Sebalds heißt dies, die dunkle Seite der Geschichte »mit den Augen des Nachtvogels« abzuschätzen.

Sebald hat nachdrücklich darauf hingewiesen, dass Jean Améry ein zweites Mal Opfer der deutschen Gesellschaft wurde, als er mit dem Vorwurf konfrontiert war, Terror und Verfolgung aus einem allzu subjektiven Blickwinkel betrachtet zu haben:

> »Gewiß wird die Tatsache, daß das, was er durchgestanden hatte, im öffentlichen Diskurs nun nicht mehr tabu war, ihm geholfen haben, seine eigene Position zu umreißen; andererseits aber wurde seine Aufgabe gerade dadurch erschwert, daß es in dieser Debatte, die gegenüber dem erstaunlichen Indifferentismus der fünfziger Jahre immerhin einen Fortschritt bedeutete, so wenig authentische Stimmen gegeben hat und daß die Betriebsamkeit, mit der die Literatur ›Auschwitz‹ jetzt als ihr Territorium reklamierte, in mancher Hinsicht nicht weniger widerwärtig war als die ihr voraufgehende Weigerung.«[23]

Hauptfigur und Erzähler in *Austerlitz*

Die Hauptfigur in Sebalds Text *Austerlitz* scheint der einer berühmten Erzählung von Adelbert von Chamisso – *Peter Schlemihls wundersame Geschichte* (1814) – nachgebildet: Austerlitz wird als ein blonder Mann beschrieben, der mit Wanderstiefeln (also gewissermaßen den Siebenmeilenstiefeln Peter Schlemihls) stets unterwegs ist und Aufnahmen mit seinem Fotoapparat macht – eben wie Chamisso auf seinen Reisen zahlreiche Zeichnungen anfertigte. Dieser Mann bleibt über lange Phasen seines Lebens allein, sein Widerwillen gegen Uhren und seine zeitliche Entfremdung deuten auf den verlore-

22 Améry, Jenseits von Schuld und Sühne, 18 f.
23 Sebald, Mit den Augen des Nachtvogels, 149 f.

nen Schatten in der Schlemihl-Geschichte. Hier scheint die Schatten-Metapher indes weniger mit einem Teufelspakt zu tun zu haben als mit einem grundlegenden Verlust zeitlicher Orientierung. Der Protagonist durchschreitet die Erzählung gleich dem Schattenstab einer Sonnenuhr, der ohne Schatten nicht mehr von der Zeit kündet. Beständiges Reisen bedeutet den Versuch, der Zeitlosigkeit zu entrinnen.

Symptomatisch für Austerlitz' Versuch, der Gegenwart durch Zeitbeschleunigung zu entgehen, ist sein Treffen mit dem Ich-Erzähler in der *Salle des pas perdus* im Antwerpener Hauptbahnhof. Sebald erweitert die Textrede über die Zeit mit einem Exkurs über architektonische Raumwahrnehmung. Diese Konstellation bietet Bezüge zwischen den Schreckenserfahrungen des nichtjüdischen Erzählers, der von dem Experten für Festungen und Militärarchitektur namens Austerlitz berichtet, und dem Protagonisten Austerlitz selbst. Letzterer befindet sich später im Text in einem anderen Bahnhof, diesmal der Liverpool Street Station in London, und ist plötzlich in der Lage, die Szenen seiner Ankunft als Flüchtlingskind in London zu rekonstruieren. Abrupt wird Austerlitz die verlorene Zeit bewusst, sie nimmt nicht weniger als drei Viertel seines Lebens ein; in dieser Zeit lagen seine Herkunft und seine Geschichte für ihn im Dunkeln. Sebald beschreibt diese Szene so:

»Tatsächlich hatte ich das Gefühl, sagte Austerlitz, als enthalte der Wartesaal, in dessen Mitte ich wie ein Geblendeter stand, alle Stunden meiner Vergangenheit, all meine von jeher unterdrückten, ausgelöschten Ängste und Wünsche, als sei das schwarzweiße Rautenmuster der Steinplatten zu meinen Füßen das Feld für das Endspiel meines Lebens, als erstrecke es sich über die gesamte Ebene der Zeit [...] Ich entsinne mich nur, daß mir, indem ich den Knaben auf der Bank sitzen sah, durch eine dumpfe Benommenheit hindurch die Zerstörung bewußt wurde, die das Verlassensein in mir angerichtet hatte im Verlauf der vielen vergangenen Jahre, und daß mich eine furchtbare Müdigkeit überkam bei dem Gedanken, nie wirklich am Leben gewesen zu sein oder jetzt geboren zu werden, gewissermaßen am Vortag meines Todes.«[24]

Der Ort der Begegnung von Ich-Erzähler und Austerlitz, der Antwerpener Bahnhof, wird bewacht von den »Gottheiten des 19. Jahrhunderts«, die zum Vergessen der menschlichen, subjektiven Realität, das heißt zur Entfremdung des Menschen beigetragen haben: Allegorien von Bergbau, Industrie, Verkehr, Handel und Kapital prägen den Ort, der so als eine Art Vorhölle geschildert wird. Sebald nimmt in seiner Darstellung wiederholt Bezug auf das Pantheon in Rom, das von Statuen römischer Gottheiten bewacht wird. An die Stelle des Kaiserbildnisses in direkter Verlängerung des Portals tritt in seiner Schilderung die für den Antwerpener Bahnhof charakteristische Uhr mit Ziffernblatt und Zeiger, die somit zur wichtigsten Instanz wird. Die

24 Sebald, Austerlitz, 200 und 202.

Beschreibung der panoptischen Bahnhofsarchitektur (die auch an Foucaults Reflexionen über Benthams *Panoptikon* erinnert) und die sich wiederholenden Bezugnahmen auf das Pantheon deuten noch einen weiteren Intertext an: die labyrinthischen Strukturen des Zyklus *Carceri d'Invenzione* (Kerkervisionen) des Kupferstechers und Architekten Giovanni Battista Piranesi aus dem Jahr 1761.[25] In *Austerlitz* dient Piranesis Werk an zahlreichen Stellen als Folie der architektonischen Wahrnehmungen des Ich-Erzählers und Austerlitz'. Dies gilt beispielsweise für die Folterkammer von Fort Breendonk ebenso wie für den Bau des Brüsseler Justizpalasts, der wie ein steinernes Gebirge mit unendlichen Treppen beschrieben wird.[26] Auch die Schilderung des Londoner Bahnhofs verweist auf Piranesis Zyklus:

»Kaum einen Lidschlag lang sah ich zwischendurch riesige Räume sich auftun, sah Pfeilerreihen und Kolonnaden, die in die äußerste Ferne führten, Gewölbe und gemauerte Bogen, die Stockwerke über Stockwerke trugen, Steintreppen, Holzstiegen und Leitern, die den Blick immer weiter hinaufzogen, Stege und Zugbrücken, die die tiefsten Abgründe überquerten und auf denen winzige Figuren sich drängten, Gefangene, so dachte ich mir, sagte Austerlitz, die einen Ausweg suchten aus diesem Verlies, und je länger ich, den Kopf schmerzhaft zurückgezwungen, in die Höhe hinaufstarrte, desto mehr kam es mir vor, als dehnte sich der Innenraum, in welchem ich mich befand, als setzte er in der unwahrscheinlichsten perspektivischen Verkürzung unendlich sich fort und beugte sich zugleich, wie das nur in einem derartigen falschen Universum möglich war, in sich selber zurück.«[27]

Sebald nutzt die Visionen von Piranesis *Carceri d'Invenzione* als Multiplikator einer klaustrophobischen und tödlichen Raum- und Zeiterfahrung: Ein extradiegetischer Blick schaut zurück auf Amérys entsetzliche Erfahrung der Folter in Fort Breendonk, und ein infradiegetischer Blick ist auf Austerlitz' spätere Entdeckung seiner Geschichte gerichtet, deren Ursprung die Trennung von den Eltern ist und die das Schicksal seiner Mutter in Theresienstadt berichtet.

Diese Wanderung durch Orte und Erfahrungen der Erinnerung wird als therapeutisches Mittel gegen die Gefahren von Regression und Auflösung dargestellt, die dem saturnischen Subjekt stets innewohnen. Sebald komponiert seinen Text in einer Weise, die sich demonstrativ der Faszination eines Abstiegs in die Unterwelt entzieht. Dies gilt für Sebalds Werke insgesamt, im Übrigen gegen die abspenstigen Visionen aus der *Stadt hinter dem Strom* (1947) von Hermann Kasack, auf den Sebald in seinen Erzählungen oft Bezug nimmt. Hier unterscheidet sich Sebald nachdrücklich von einigen

25 Dieser aus 16 Radierungen bestehender Zyklus hatte bereits in Wolfgang Koeppens *Tod in Rom* (1954) eine detallierte Beschreibung und eine prominente Rolle erhalten.

26 Sebald, Austerlitz, 38–41 und 46–48.

27 Ebd., 198 f.

Autoren der deutschen Nachkriegsliteratur, deren Werk Resignation und pathologische Ruhigstellung kennzeichnet. Hieraufverweist unter anderem Bettina Mosbach in ihrer ausführlichen Interpretation zweier Werke Sebalds, *Die Ringe des Saturn* und *Austerlitz*:

»Die zyklische Bewegung der Texte [...] wird gespiegelt in einem zyklischen Aufbau der Reisen des Erzählers, die ihn in *Die Ringe des Saturn* und in *Austerlitz* jeweils wieder an den Ausgangspunkt zurückführt. Die Erzählkonstruktion der *Ringe des Saturn* antizipiert dabei ihrerseits das Moment der Paralyse ebenso wie ihre Überwindung. Der Ausgangspunkt der retrospektiven Narration ist die Erinnerung an die überwundene Lähmung des Erzählers nach Beendigung seiner Reise, der Endpunkt seiner Reise ist wiederum als Übergang in die Paralyse am Anfang vorweggenommen. Entworfen wird ein endloser Zyklus aus Gehen, Erstarren, Überdenken, Niederschreiben und Gehen. In *Austerlitz* wird dabei die Bewegung des Erzählers mit der Bewegung des melancholischen Protagonisten antizyklisch verschränkt. Während am Ende von *Austerlitz* der Ich-Erzähler seinen Besuch der Festung Breendonk wiederholt, bricht Austerlitz auf, um den Weg des verlorenen Vaters nachzuvollziehen und Marie zu suchen, die mit der ›Wende zum Besseren‹ assoziiert ist.«[28]

Schauplätze der Katastrophe

Die Architekturästhetik in Sebalds Texten verfügt über zwei Pole, *eleos* und *phobos*, Wunder und Schrecken. Seine Erzähler fokussieren immer wieder die beunruhigende Bauweise von Festungen und die Irrationalität des Bauens zum Verteidigungszweck. Fortschritt und Zerstörung bilden in Sebalds Poetik eine Einheit, seit seiner ersten Monografie – *Der Mythus der Zerstörung im Werk Döblins* (1980) – ist das Vernichtungspotenzial des menschlichen Tuns einer ihrer Konzentrationspunkte. Die Hybris, die sich in der Architektur monumentaler Gebäude materialisiert, wird in *Austerlitz* an mehreren Stellen ins Spiel gebracht. Dies geschieht bereits in einer Fußnote des Texts, wo eine Verbindung zwischen der Gestaltung des Antwerpener Bahnhofs durch Louis Delacenserie und dem architektonischen Konzept des Luzerner Bahnhofs mit seiner gigantischen Kuppel gezogen wird. Es ist nicht von ungefähr, dass dabei auch das Pilatusmassiv genannt wird, jenes Bergmassiv, das sich hinter dem Luzerner Bahnhof erhebt. Der Name assoziiert die Verweigerung, Verantwortung zu übernehmen, hier für das Errichten einer Kuppel, die überdimensioniert war und die im Wettbewerb mit den Höhen der Gebirgskette zu stehen schien. Da die Menschheit immer größere Gebäude in die Welt bringt, um eigene Macht und Größe zu zelebrieren, gerät sie – so die

28 Bettina Mosbach, Figurationen der Katastrophe. Ästhetische Verfahren in W.G. Sebalds »Die Ringe des Saturn« und »Austerlitz«, Bielefeld 2008, 338.

Botschaft – in Gefahr, für ihre Hybris büßen zu müssen. Der Großbrand im Luzerner Bahnhof im Jahr 1971, dem auch die markante Kuppel, das Wahrzeichen der Stadt, zum Opfer fiel, hat dies gezeigt.

Der Ich-Erzähler fühlt eine Schuld, dort gewesen zu sein und die Majestät der Architektur bewundert zu haben, ohne den Brand mitgedacht zu haben. Es scheint, als werde hier die Schuldhaftigkeit einer Faszination von Monumental- und Gewaltästhetik einer anderen Zeit evoziert:

»Bei der Durchsicht dieser Aufzeichnungen entsinne ich mich jetzt wieder, daß ich in Februar 1971, während eines kurzen Aufenthalts in der Schweiz, unter anderem auch in Luzern gewesen und dort, nach einem Besuch im Gletschermuseum, auf dem Rückweg zum Bahnhof längere Zeit auf der Seebrücke stehengeblieben bin, weil ich beim Anblick der Kuppel des Bahnhofsgebäudes und des schneeweiß hinter ihr in den klaren Winterhimmel auftragenden Pilatusmassivs an die viereinhalb Jahre zuvor in der Antwerpener Central Station von Austerlitz gemachten Bemerkungen habe denken müssen. Ein Paar Stunden später, in der Nacht auf den 5. Februar, als ich längst wieder in tiefstem Schlaf in meinem Züricher Hotelzimmer lag, ist dann in dem Luzerner Bahnhof ein mit großer Geschwindigkeit sich ausbreitendes und den Kuppelbau gänzlich zerstörendes Feuer ausgebrochen. Von den Bildern, die ich am nachfolgenden Tag davon in den Zeitungen und am Fernsehen gesehen habe und die ich während mehreren Wochen nicht aus dem Kopf bringen konnte, ist für mich etwas Beunruhigendes und Beängstigendes ausgegangen, das sich in der Vorstellung verdichtet, dass ich der Schuldige oder zumindest einer der Mitschuldigen sei an dem Luzerner Brand. Noch viele Jahre später habe ich manchmal in meinen Träumen gesehen, wie die Flammen aus dem Kuppeldach schlugen und das gesamte Panorama der Schneealpen illuminierten.«[29]

An mehreren Stellen seines Prosawerks zeigt sich Sebald von Katastrophenerzählungen fasziniert, beispielsweise von Johann Peter Hebels *Kalendergeschichten* (1813–1815/1819).[30] Das Anekdotenhafte und die Zeitbeschleunigung in der Erzählung bekannter Episoden zum Beispiel der europäischen Geschichte führen bei Hebel zu einer Vermischung der realen und der transzendenten Ebene und machen so die Dimension des Unheimlichen spürbar: »In Hebels poetischer Welt ist kein Platz für das isolierte und absolute Übernatürliche; was wie etwas Übernatürliches aussieht, erweist sich am Ende als real (wie die Gespenster in *Merkwürdige Gespenstergeschichte*); das Transzendente und das Theologische erscheinen bloß als psychologische und moralische Dimension (wie in *Die Bekehrung*).«[31] Es ist hierbei nicht ohne

29 Sebald, Austerlitz, 19 f.

30 Siehe hierzu ausführlich Elena Agazzi, Spuren von Johann Peter Hebel und Ernst Bloch. W. G. Sebalds »Logis in einem Landhaus«, in: Gegenwartsliteratur 6 (2007), 91–117.

31 Giuseppe Bevilacqua, Johann Peter Hebel ovvero il giusto mezzo tra realismo e metafisica, in: Johann Peter Hebel, Storie di calendario, Venedig 1996, 9–37, hier 21 (Übersetzung von der Verfasserin).

Bedeutung, dass Hebel in jenem Aufsatz über Lesskow für Walter Benjamin einen wichtigen Bezugspunkt darstellt, um sein Konzept von Naturgeschichte und Geschichtsschreibung zu vertiefen. Benjamin erachtete Hebel als einen Chronisten par excellence, dem es mit äußerster Gewandtheit gelinge, lokale Vorkommnisse mit bedeutenden historischen Ereignissen in Zusammenhang zu bringen. Die Beziehung zum Tod, so Benjamin, sei dabei die Leitkonstante von Hebels Schreiben: »Tiefer hat nie ein Erzähler seinen Bericht in die Naturgeschichte gebettet, als Hebel es in dieser Chronologie vollzieht. Man lese sie nur genau: Der Tod tritt in ihr in so regelmäßigem Turnus auf wie der Sensenmann in den Prozessionen, die um Mittag um die Münsteruhr ihren Umzug halten.«[32]

Hebel ist in Sebalds *Austerlitz* Bezugspunkt jener Passagen, in denen von unerhörten Begebenheiten historischer Epochen, von Kriegen, Bränden oder anderen Katastrophen berichtet wird und wo die Natur das Opfer der Zerstörung durch den Menschen ist. Das Schreiben Thomas Bernhards ist programmatisch für jene Verklammerung von Ort und Ich, die als stilistische Chiffre das Gespräch zwischen Ich-Erzähler und Austerlitz bestimmt. Austerlitz ist nicht nur Protagonist der Rekonstruktion seiner eigenen Vergangenheit, die sich mittels Intuition, Visionen, Ahnungen und zufälligen Entdeckungen ereignet, sondern auch Zeitzeuge einer ganzen Epoche. Freuds Bemerkung, dass »im Ich neben der letzten Entwicklungsphase alle früheren auch fortbestehen«, gilt für die Kompostion der Hauptfigur in Sebalds Text in besonderem Maße. Hinzu kommt Sebalds detachierter Erzählstil, der indes wiederholt kritische Fragen nach der Kompatibilität der Erzählweise mit dem Sujet einer gewalthaften Geschichte provoziert hat.[33]

Die Figur Austerlitz teilt mit dem Ich-Erzähler in Thomas Bernhards Roman *Korrektur* (1975), der seinerseits ein Alter Ego von Ludwig Wittgenstein ist, die Liebe zur Architektur. In Bernhards Text errichtet Roithamer, die Hauptfigur, für seine Schwester ein Wohngebäude. Als sie stirbt, ist er nicht mehr in der Lage, den Ablauf der Dinge klar zu verfolgen, sodass er eine Studie über den Ort Altensam, wo er nun alleine leben soll, immer wieder korrigieren muss. Ähnlich kann Austerlitz keine vernünftige Zeile mehr aufs Papier bringen, nachdem er den engen Freund Gerald bei einem Flugunfall verloren hat:

»Keine Wendung im Satz, die sich dann nicht als eine jämmerliche Krücke erwies, kein Wort, das nicht ausgehöhlt klang und verlogen. Und in dieser schandbaren Geistesverfassung saß ich stunden- und tagelang mit dem Gesicht gegen die Wand, zermarterte mir die Seele und lernte allmählich begreifen, wie furchtbar es ist, daß sogar die

32 Benjamin, Der Erzähler, 397.
33 Mosbach, Figurationen der Katastrophe, 60.

geringste Aufgabe oder Verrichtung, wie beispielsweise das Einräumen einer Schublade mit verschiedenen Dingen, unsere Kräfte übersteigen kann.«[34]

Die Stunde Null des Seins ist hier für Austerlitz erreicht: Er ist in England ein Fremder unter Fremden, weil er räumlich nicht mehr in Bewegung ist und keine Zeitwahrnehmung ertragen kann. In dieser Stunde des Nichtseins taucht der Gedanke an Selbstmord auf:

»Der Gedanke an meine wahre Herkunft ist mir ja nie gekommen, sagte Austerlitz. Auch habe ich mich nie einer Klasse, einem Berufsstand oder einem Bekenntnis zugehörig gefühlt [...] nur der eine Gedanke war noch in meinem Kopf, ich müsse mich von Treppenabsatz im dritten Stockwerk eines bestimmten Hauses in der Great Portland Street [...] über das Stiegengeländer hinunterstürzen in die dunkle Tiefe des Schachts.«[35]

Das Thema Suizid gehört in die literarische Tradition von Selbstmörderporträts, wie sie etwa bei Dostojewski vorkommen. Die Bewusstwerdung des Schicksals von Tod und Zerstörung, das über den Individuen schwebt, führt diese Figuren zur Einsicht von der absoluten Absurdität der Existenz. Die Passagen, an denen Austerlitz erklärt, wie viele Schichten kollektiver Lebens- und Todeserfahrung unter den Fundamenten des Londoner Bahnhofs liegen, legen Zeugnis von einer Archäologie des Schreckens ab: Dort wurden auch die menschlichen Überreste der verstörten Patienten des Bedlam-Krankenspitals gefunden. Diese Funde lassen sich kaum mit der Logik des Zivilisationsprozesses – mit einem Bahnhof als Fortschrittssymbol – in Einklang bringen.

»Oft habe ich mich gefragt, ob das Leid und die Schmerzen, die sich dort über die Jahrhunderte angesammelt haben, je wirklich vergangen sind, ob wir sie nicht heute noch, wie ich bisweilen an einen kalten Zug um die Stirn zu spüren glaubte, auf unseren Wegen durch die Hallen und über die Treppen durchqueren.«[36]

Das Selbstmordthema bei Améry wird auch in *Austerlitz* ausführlich behandelt. Sebald hatte es bereits in *Mit den Augen des Nachtvogels* erörtert und die Oszillation des Gemüts des Schriftstellers zwischen selbstzerstörerischer Neigung und rebellischer Initiative herausgestellt, die durch eine Form von Gegengewalt konkretisiert werden könnte. Die schizophrene Haltung des Protagonisten von Amérys Romanessay *Lefeu oder der Abbruch* (1974) ist die eines Überlebenden des Zweiten Weltkriegs (wie Austerlitz), der als Zwangsarbeiter nach Deutschland deportiert wurde und dort sah, »wie die Menschheit durch die von Hitler aufgerissene Falltür ›ins Leere ihrer Nega-

34 Sebald, Austerlitz, 181 f.
35 Ebd., 185.
36 Ebd., 191.

tion gestürzt war‹.«[37] Schuldgefühl, Ohnmacht und Wut sind in dem Text von Améry in einer Figur gebündelt, die sich ständig als Brandstifter wähnt. Möglicherweise liegt hier der Ursprung für die zahlreichen Brände in Sebalds literarischem Werk, die als ekstatische Visionen der Zerstörung beschrieben werden. In *Austerlitz* wird ja exakt die Wahrnehmung des Ich-Erzählers bei der Lektüre der Beschreibung des Feuers in der Kuppel des Luzerner Bahnhofs seziert. In einem Interview wies Sebald selbst darauf hin, dass pyromanische Fantasien allzu oft mit Größenwahn verknüpft seien: Hitler habe solche Fantasien gehabt und ganz New York mit all den Wolkenkratzern in Flammen setzen wollen. Die Wucht eines Vulkanausbruchs und die Tragik eines Brandes verursachten beim Leser Schrecken, aber in beiden Fällen gehe es nicht um Verbrechen, sondern um Vorfälle, die die Menschen durch »unerträgliche Augenblicke« zwischen Heimatlichem und Entfremdendem bedrücken. Es entständen Schwindelgefühle, die auch von der Begegnung mit *revenants* herrührten. Von Verbrechen sei in *Austerlitz* immer dann die Rede, wenn in der Kulturgeschichte eine Unvernunft der Vernunft deutlich wird, die ihren Blick auf die bloße Fortentwicklung der Technik jenseits ethischer Fragen verengt hat: »Austerlitz zufolge zeigt sich die phobische Dimension der europäischen Kulturgeschichte exemplarisch an der Ausbildung eines sternförmigen Festungstyps gegen Ende des 17. Jahrhunderts, dessen geometrisches Kalkül als Symptom eines absoluten Gewalts- und Herrschaftsanspruchs zu lesen ist.«[38]

Am Ende dieser Betrachtungen zur Poetik von Sebalds *Austerlitz* soll unterstrichen werden, dass die Fotografie unentbehrlicher Bestandteil seiner Prosa ist. Sie erzeugt Ähnlichkeiten und Analogien zwischen verschiedenen Epochen und Orten, die eine Gleichzeitigkeit des Ungleichzeitigen ermöglichen. Sebalds enzyklopädisches Wissen, das in seinen Texten ohne Angabe von Quellen Niederschlag findet, hat einen ähnlichen Effekt, wenn es von anderen Menschen geliebte Räume in Erinnerung ruft. Das Zuhausesein in der Weltliteratur wird am Ende von Sebalds *Austerlitz* in der Klage über die Auflösung der alten Pariser Nationalbibliothek offenbar. Walter Benjamin hat diesen Ort des Wissens geliebt; durch die im Text ausgedrückte Sehnsucht nach dem »Summen, Rascheln und Räuspern des Bibliothekssaals«[39] des Gebäudes in der Rue Richelieu wird die neue, als abscheulich charakterisierte Bibliothek an der Place Valhubert zum Ort der Entfremdung.

37 Sebald, Mit den Augen des Nachtvogels, 168.

38 Anne Fuchs, Die Schmerzensspuren der Geschichte. Zur Poetik der Erinnerung in W.G. Sebalds Prosa, Köln 2004, 50.

39 Sebald, Austerlitz, 372.

An dieser Stelle des Romans ist Austerlitz nach Paris gezogen und hat sich auf die Spuren seines Vaters begeben. Die Mutter gilt als für immer in Theresienstadt verloren. Austerlitz fühlt sich ausgeliefert in der als absurd empfundenen Architektur der neuen Bibliothek, die einem Dampfer ähnlich sei, auf dem man bei schlechtem Wetter schreckliche Schwindelgefühle bekommt. Die menschen- und naturfeindliche Architektur der neuen Bibliothek erscheine auch, wie berichtet wird, einem ehemaligen Mitarbeiter der alten Nationalbibliothek als Ort, der Leser wie Gefangene einsperre, sie aber gleichzeitig als potenzielle Feinde ausschließen möchte. Die Beschreibung der schwindelerregenden Architektur der neuen und der Verweis auf die wunderbare Atmosphäre der alten Bibliothek erinnern an Alain Resnais' Dokumentarfilm *Toute la mémoire du monde* von 1955. Dieser intermediale Verweis erscheint wie ein Schlüssel zum Verständnis von Sebalds poetischer Botschaft:

»So beschreibt Resnais' Erzähler zu Filmbeginn die Bibliothèque Nationale als eine Festung, die die Menschen aus der Furcht errichtet haben, von der Masse der Druckerzeugnisse und ihren Wörtern überwältigt zu werden. [...] Am Anfang des Archivs steht also ein Akt der Verdrängung, der, wie Derrida dargelegt hat, selber nur eine andere Form von Archivierung ist. [...] In der Folge bezeichnet Resnais' Erzähler die Bibliothek auch als Museum, Tresor und Labyrinth, in welchem immer neue Aufträge abgeschickt und im Labyrinth der Magazine verteilt werden, bevor das einmal inventarisierte und katalogisierte Buch seine Destination im Leser erreichen kann. ›Le livre trouvé, une fiche prend sa place. C'est son fantôme.‹ Das einmal ausgeliehene Buch hinterlässt ein Fantom seiner selbst, das seine Platzhalterschaft im universellen Gedächtnis übernimmt.«[40]

Gestützt durch die nachdrücklichen Verweise im letzten Teil von *Austerlitz* evoziert die »Deportation der Bücher« und ihrer Leser von der geschichtsträchtigen Bibliothek in der Rue Richelieu zum abweisenden Neubau im Bezirk Tolbiac in der Nähe des Gare d'Austerlitz den Abtransport der Pariser Juden in die Lager. Auf dem Gelände, wo heute die neue Bibliothek steht, wurden alle die kostbaren Einrichtungsgegenstände gesichtet, die man aus 40 000 Wohnungen von Juden entwendet hatte. Die Eigentümer waren in das Sammellager von Drancy gebracht worden und kehrten nicht zurück, wie Austerlitz vom Bibliothekar Lemoine in Erfahrung bringt. Das Fehlen äußerer Spuren einer Anwesenheit des Vaters in Paris erinnert Austerlitz an das dokumentarische Material über die Häftlinge von Theresienstadt, das wohlgeordnet in der Festung aufbewahrt wurde. Die Dokumente waren in Fächer verteilt, die auf einer der zahlreichen Fotografien in *Austerlitz* zu sehen sind. Die Fächer ähnelten dem Kolumbarium eines Friedhofs, in dem die Asche von Verstorbenen verwahrt wird. Abermals evoziert Sebald Benjamins Refle-

40 Fuchs, Die Schmerzensspuren der Geschichte, 45 f.

xion, dass die Naturgeschichte des Individuums, seine Lebenszeugnisse, vor allem aber sein letzter Wille, jene Bilderreihe ausmachen, die der Erzähler zur Weitergabe aufnehmen wird, wobei er im Tod die Autorität von allem, was er zu erzählen vermag, wiedererkennt.[41] Diese Verbindung von Tod und geschriebenem Wort ist ein bestimmendes Thema des Romans *Austerlitz*.

41 »So wie im Innen des Menschen mit dem Ablauf des Lebens eine Folge von Bildern sich in Bewegung setzt – bestehend aus den Ansichten der eigenen Person, unter denen er, ohne es inne zu werden, sich selber begegnet ist, – so geht mit einem Mal in seinen Mienen und Blicken das Unvergeßliche auf und teilt allem, was ihn betraf, die Autorität mit, die auch der ärmste Schächer im Sterben für die Lebenden um ihn her besitzt. Am Ursprung des Erzählten steht diese Autorität.« Benjamin, Der Erzähler, 395 f.

Sebastian Voigt

Pierre Goldmans Prozess: Literarische Interventionen von Hélène Cixous und Régis Debray

Die Verhaftung von Pierre Goldman in Paris im April 1970 bedeutete nicht nur einen tiefen Einschnitt in sein Leben, sondern auch eine markante Zäsur in der französischen Nachkriegsgeschichte insgesamt. Die gegen Goldman erhobenen Vorwürfe waren sehr ernst: Neben mehreren Banküberfällen wurde ihm ein Doppelmord zur Last gelegt. Während er seine Beteiligung an den Überfällen nie in Abrede stellte, beteuerte er nachdrücklich seine Unschuld hinsichtlich des Mordvorwurfs. Vier Jahre nach Goldmans Verhaftung begann schließlich der Prozess gegen einen der wichtigsten und zugleich unkonventionellsten Repräsentanten der französischen Linken seiner Zeit. Was motivierte seinerzeit zwei wichtige Vertreter der politischen Linken, Régis Debray und Hélène Cixous, für einen verurteilten Kriminellen öffentlich Partei zu ergreifen? Wer also war dieser Pierre Goldman und warum kann die Beschäftigung mit seiner Biografie für das sich verändernde Selbstverständnis von Juden im Nachkriegsfrankreich aufschlussreich sein?

Pierre Goldman wurde 1944 in Lyon geboren. Seine Eltern, überzeugte Kommunisten jüdischer Herkunft aus Polen, hatten im Widerstand gegen die Deutschen gekämpft, und der Sohn sollte die Erinnerung an die Eltern sein Leben lang wachhalten, wenn er ihren politischen Überzeugungen zu folgen versuchte. Bereits als junger Mann suchte er die Nähe zur radikalen Linken. Doch die französischen Gruppierungen entsprachen nicht Goldmans Vorstellungen vom politischen Kampf; folglich brach er im Jahr 1966 zum ersten Mal nach Lateinamerika auf, mit dem Ziel, dort in einer Guerillabewegung zu kämpfen. Da dies nicht sofort gelang, verbrachte er zunächst einige Zeit auf Kuba, wo er unter anderem an der Trauerfeier für Che Guevara in Havanna teilnahm, um dann nach Frankreich zurückzukehren. Der Einberufung in die Armee entzog er sich durch die Flucht zu seiner Mutter nach Warschau, wohin diese nach der Befreiung zurückgekehrt war. Im Juni 1967 gelangte er auf illegalem Weg nach Frankreich und wartete auf die nächste Gelegenheit, nach Lateinamerika gehen zu können. Während der Ereignisse des Mai '68 verließ er schließlich Paris und schloss sich einer venezolanischen Guerilla an. Erst im Oktober1969 kehrte Goldman erneut nach Paris zurück. Statt sich nun in ein alltägliches Leben einzufügen, beschritt er weiterhin den Weg der Radikalität und war zum Beispiel an Banküberfällen

JBDI / DIYB • Simon Dubnow Institute Yearbook 10 (2011), 369–388.

beteiligt. Des Doppelmords beschuldigt, saß er zunächst vier Jahre im Gefängnis von Fresnes, einem südlichen Vorort von Paris, ein, bevor ihm der Prozess gemacht wurde.[1]

Pierre Goldman kam im Verlauf seines Lebens mit nahezu allen Intellektuellen des linken Nachkriegsfrankreich in Kontakt, von denen viele an exponierter Stelle an den Ereignissen des Pariser Mai 1968 beteiligt waren. Deshalb brachte der Prozess gegen Pierre Goldman im Jahr 1974 die Protagonisten von '68 nochmals zusammen, nachdem die radikale Linke in den Jahren zuvor in eine tiefe Krise geraten war und sich in unzählige kleinere Gruppierungen trotzkistischer oder maoistischer Ausrichtung aufgespalten hatte. Viele ehemalige politische Aktivisten sahen mit Goldman eine ganze Generation vor Gericht gestellt. Darüber hinaus erinnerten die antisemitisierenden Beiklänge der Anklageschrift und vor allem die Berichterstattung der rechten Presse, die sich rasch zu einer regelrechten Hetzjagd ausgeweitet hatte, an die Dreyfusaffäre. Im Dezember 1974 wurde Goldman schließlich zu lebenslanger Haft verurteilt. Nachdem er sich zunächst am Prozessgeschehen kaum beteiligt und sich sogar geweigert hatte, Zeugen vor Gericht zu rufen, die sein Alibi hätten bestätigen können, war er zuletzt doch nicht gewillt, seine Verurteilung ohne Widerstand beziehungsweise Einspruch zu akzeptieren.

Im Gefängnis verfasste Goldman ein autobiografisches Buch, das heute weitgehend vergessen ist, seinerzeit aber unter dem Titel *Dunkle Erinnerungen eines in Frankreich geborenen polnischen Juden* zu einem der wirkmächtigsten Texte seiner Zeit werden sollte. Das Buch enthält neben der Darstellung von Goldmans Familiengeschichte und seines politischen Lebenswegs eine detaillierte Rekonstruktion der Ereignisse, die zu seiner Verhaftung am

1 Es existiert kaum Literatur zu Pierre Goldman in deutscher Sprache. In Frankreich sind dagegen zwei Biografien erschienen: Michaël Prazan, Pierre Goldman. Le frère de l'ombre, und Antoine Casubolo, La vie rêvée de Pierre Goldman (beide Paris 2005). Beide Autoren sind Journalisten, deren Interesse vor allem den kriminalistischen Aspekten des Falls Pierre Goldman galt. Zur selben Zeit ist unter Pseudonym das Buch eines Spanischprofessors erschienen, bei dem Pierre Goldman während seiner Haft Kurse besucht hatte: Amnassar, Matricule 518.941–2.87. Prison de Fresnes. Correspondance d'un prévenu avec son professeur, Paris 2005. Der ehemalige politische Weggefährte von Goldman und frühere maoistische Aktivist Jean-Paul Dollé hatte bereits einige Jahre zuvor seine Erinnerungen an Goldmann veröffentlicht: ders., L'insoumis. Vies et légendes de Pierre Goldman, Paris 1997. Nennenswert ist außerdem das Buch des Résistancekämpfers Wladimir Rabi, der Goldman häufig im Gefängnis besuchte: ders., L'homme qui est entré dans la loi. Pierre Goldman, Paris 1976. Es handelt sich um die längere Version eines biografischen Artikels, den Rabi ein Jahr zuvor für die Zeitschrift *Les Temps Modernes* geschrieben hatte: ders., Esquisse pour un portrait de Pierre Goldman, in: Les Temps Modernes 353 (1975), 795–824.

Boulevard Richard-Lenoir geführt hatten. Die Erstauflage betrug 60 000 Exemplare und war in kürzester Zeit vergriffen. Französische Zeitungen verschiedener politischer Couleur besprachen Goldmans Erinnerungen und für die Linke wurde die Lektüre des Textes geradezu obligatorisch. Nicht wenige der im Nachkriegsfrankreich aufgewachsenen Juden erkannten in den Schilderungen Fragmente ihrer eigenen Biografie. Schriftsteller, Politiker und ehemalige Weggefährten setzten sich für die Wiederaufnahme des Prozesses ein, weil sie von Goldmans Unschuld überzeugt waren; so auch die prominenten Philosophen Hélène Cixous und Régis Debray, die beide ein Buch zur Verteidigung Goldmans schrieben. Diese Studien wurden in der deutschsprachigen Forschung bislang nicht wahrgenommen. Es handelt sich jedoch bei beiden Veröffentlichungen um Schlüsseltexte der französischen Zeitgeschichte.

Ein unbegreiflicher Fall

Hélène Cixous griff mit ihrem 1975 erschienenen Buch *Un K. incompréhensible. Pierre Goldman*[2] mit großem Nachdruck in die Diskussionen um die Affäre Goldman ein. Ihr Buch wurde bereits publiziert, als Goldman noch im Gefängnis einsaß. Sie hatte mit ihm Kontakt aufgenommen und eine Briefkorrespondenz begonnen. Nun rief sie zur Unterstützung Goldmans auf und stritt gegen den als grotesk empfundenen Prozess, in dem es aus ihrer Sicht klarer Schuldbeweise ermangelte. Ein Bezug auf Kafka, der bereits im Titel durch die Bezeichnung Goldmans als K., der Figur aus Kafkas Romanen, angedeutet wird, zieht sich durch das gesamte Buch. Außerdem spielt der Titel mit dem französischen Wort für »Fall«, *»cas«*, das in der Aussprache mit »K.« identisch ist.

Goldman erscheint in Cixous' Text als Opfer einer willkürlichen Bürokratie, die einen Sündenbock gefunden hat. In einer zeitgenössischen Rezension heißt es treffend, das Buch von Hélène Cixous sei kein Roman, sondern vielmehr »ein Schrei der Empörung gegen die Ungerechtigkeit des Prozesses«. Und weiter: »In ihrem Buch schlägt sie nicht nur vor, das eigenartige Individuum, das Pierre Goldman ist, zu verteidigen, sondern alle Individuen, alle ›K.s‹, denen es bestimmt ist, von der Justiz einer Gesellschaft verurteilt zu werden, die sie unbegreiflich findet.«[3]

Hélène Cixous wurde 1937 im algerischen Oran geboren, das damals noch als Teil Frankreichs betrachtet wurde. Ihre Mutter war aschkenasischer, ihr

2 Das Buch erschien in den Éditions Christian Bourgois.

3 Sonja G. Stary, Rezension zu Cixous, Hélène. Un K. incompréhensible. Pierre Goldman, Paris 1975, in: The French Review 50 (1977), H. 5, 808 f.

Vater sephardischer Herkunft. Cixous gehörte zu den Gründerinnen der Universität Vincennes und etablierte dort das Centre d'Études Féminines. Bekannt wurde sie Ende der 1960er Jahre mit der Studie *L'Exil de James Joyce ou l'art du remplacement*.[4] 1969 debütierte Cixous als Schriftstellerin mit dem Roman *Dedans*.[5]

Der erste Satz des Buches *Un autre K. incompréhensible* ist ein Zitat aus Kafkas *Der Prozess*: »Das Gericht will nichts von Dir. Es nimmt dich auf, wenn du kommst, und es entlässt dich, wenn Du gehst.«[6] Mit diesem Verweis stellte die Autorin die Allmacht, aber auch die Undurchschaubarkeit der Justiz heraus: Eigentlich gebe es – wie für Josef K. – auch für Goldman nichts mehr zu sagen, da die Justiz von Beginn an jeden Einwand gegen den Beklagten verwende. Cixous parallelisiert Willkür und fehlende Logik der Justiz in Josef K.s Universum mit der französischen Justiz ihrer Zeit, indem sie von Goldman meist entweder als von »P.«, »G.« oder »P. G.« spricht. Auf diese Weise, sowohl benannt als auch anonymisiert, erscheint Goldman als individueller Fall und als ein Beispiel für viele, als Opfer von Willkür, die potenziell jeden treffen könnte. Cixous beschreibt den Prozess gegen Goldman als einen unablässigen Albtraum. In aller Deutlichkeit verweist sie auf die antisemitisierenden Töne, die den Prozess begleiteten. Auch deshalb sieht sie die Beschuldigungen gegen Goldman als Ausdruck einer Anklage, die unabhängig von Anlass und Verhandlungsgegenstand stehe. Dies sei der Weg, der für jeden K. vorgesehen sei, und dies treffe auch auf den Prozess gegen Goldman zu. So wie Josef K. vom Friedhof angezogen wurde, so sei Goldman von der Zeitungsnotiz über den Doppelmord in den Bann gezogen worden. Es scheine, als habe Goldman seinen Namen in den für ihn bereits vorgesehenen Platz als Mörder eintragen wollen.

Cixous weist zudem darauf hin, dass Goldman immer ein besonderes Leben geführt hat. Sie vergleicht ihn nicht nur mit Kafka, sondern auch mit anderen Schriftstellern und Künstlern wie etwa Heinrich von Kleist, Arthur Rimbaud und Vincent van Gogh. Sie alle hätten den sie bedrängenden Tendenzen des Gleichmachens, der Unterdrückung von Wünschen und des Zurechtstutzens auf das Niveau der Mittelmäßigkeit widerstanden. Dies gelte auch für Goldman, so die Autorin, die sich scharf gegen die Unterstellung wendet, Goldmans Unkonventionalität sei Ausdruck seiner persönlichen, gar pathologischen, Konstitution: »Nein, er ist weder verrückt noch krank. Aber er ist, vom Standpunkt des gesellschaftlichen Etablissements, ein unkontroll-

4 Hélène Cixous, L'Exil de James Joyce ou l'art du remplacement, Paris 1968.
5 Dies., Dedans, Paris 1969.
6 Cixous, Un K. incompréhensible, 7.

iertes Element, das auf die eine oder andere Weise beseitigt werden musste.«[7] Goldmans Verhalten sei zu bewundern, denn er habe im Gegensatz zu Josef K. seinen Prozess nicht schicksalhaft hingenommen, sondern dagegen angekämpft und sich niemals untergeordnet. Cixous zitiert aus einem Brief Goldmans vom 19. Dezember 1974:

»Sicherlich, ich ertrage die Prüfung, aber nur aus dem Grund, weil ich vollkommen jüdisch bin, weil ich aus Polen komme (obwohl ich dort nicht geboren bin), wo meine Mutter noch immer lebt, und weil folglich diese Art Unglück im Vergleich mit anderen für mich wenn auch bitter, so doch im Möglichen liegt, verglichen mit der absoluten Tragödie, die jene Giganten durchlebt haben, die ich verehre und die die Genossen meiner Eltern waren. [...] Das Wichtige ist nicht, dass ich zu lebenslanger Haft verurteilt wurde, denn zu leben ist für mich nicht das, was am meisten zählt. Aber ich bin entschlossen, bis zum Ende zu kämpfen, weil ich es nicht ertrage, für einen anderen gehalten zu werden.«[8]

Cixous hob hervor, dass es Goldman weder um das Urteil an sich noch um die Höhe der Gefängnisstrafe gegangen sei. Was er nicht ertragen wollte, sei die Negation seiner Individualität gewesen. Die Anklage und spätere Verurteilung als Doppelmörder stand in grundsätzlichem Widerspruch zu seinem Selbstbild. Goldman verortete sich in der Tradition des jüdisch-kommunistischen Widerstands zur Zeit der deutschen Besatzung, in dem seine Eltern eine wichtige Rolle gespielt hatten. Dieses Erbe, so begriff er es selbst und so übernahm es auch Cixous, sei durch den Prozess beschmutzt worden. Dies war es, was Goldman nicht akzeptieren konnte, und er setzte alles ihm Mögliche daran, diesen Eindruck zu revidieren. So verschränkten sich Gegenwart und Vergangenheit in einer individuellen Erfahrung, die indes vor Gericht keinen Ausdruck erhalten konnte. Es war nicht zuletzt diese Perspektive auf die Bedeutung des Prozesses, die Cixous in ihrem Buch unterstrich, indem sie auf Goldmans Geschichtserfahrungen verwies. Aufgrund dieser Erfahrungen sei er von einer Kraft angetrieben worden, die sein Handeln den meisten Menschen völlig unverständlich erscheinen ließ. Seine Antriebskraft sei als ein Instrument biblischer Rache zu verstehen, einer Rache für die Geschichte und für die durch ihren Verlauf Verratenen, Verlassenen und Ermordeten. Es sei Goldman um einen anderen Kampf gegen das von den Deutschen entfesselte, absolute Böse gegangen, das er nicht habe vergessen können, auch wenn er es nicht unmittelbar selbst, wohl aber biografisch vermittelt erlebt habe. Er sei, so Cixous, ein Kind der Umstände seiner Geburt, und es sei nicht unwahrscheinlich, dass er von diesen Umständen verfolgt, getrieben und zur Reaktion gezwungen werde. Aus dieser Konstellation resultiere somit einerseits seine Kraft, andererseits seine tiefe Verzweiflung. Dies habe

7 Ebd., 18.
8 Ebd., 24 f.

Goldman in einem Brief vom 6. Januar 1975 selbst zum Ausdruck gebracht: »Ich leide auch daran, zwischen 1940 und 1944 nicht zwanzig Jahre alt gewesen zu sein. Ich glaube, dass extreme und extrem gefährliche Situationen einen über die gewöhnliche Existenz erheben, man ist dort in Kontakt mit dem Wesentlichen.«[9]

Die Autorin teilte mit Goldman zwar nicht dessen osteuropäisches Gedächtnis, dafür aber die Prägung durch die gleiche Geschichtsepoche; die Geschichte ihrer eigenen Herkunft aus dem kolonialen Algerien ließ sie die Differenz seiner Selbstwahrnehmung nachvollziehen.[10] Auch für Goldman waren der brutale Kolonialkrieg in Algerien und der Antikolonialismus wichtige Referenzpunkte seines Denkens, wenngleich ihm diesbezügliche konkrete Erfahrungen fehlten. Bei Goldman überlagerten sich verschiedene Erinnerungsschichten; so diente ihm die Vergangenheit seiner Eltern als Folie zum Verständnis der Gegenwart. Deshalb sah er im antikolonialen Kampf die legitime Fortsetzung des antifaschistischen Widerstands. Er bewertete die Verhältnisse im Nachkriegsfrankreich einschließlich des Kolonialismus aus der Perspektive des bewaffneten jüdischen Widerstands während der deutschen Besatzung. Der Bezug auf die Résistancezeit seiner Eltern sei für Goldman, wie Cixous darlegt, eine symbolische Mutter gewesen, die seinem Leben Sinn verliehen habe. Goldman habe nachträglich immer wieder die Erfolge und die Niederlagen des Krieges durchlebt, in dem seine Eltern gekämpft hatten und der zur nahezu totalen Auslöschung jenes Volkes geführt hatte, dessen Geschichte Goldman sich verschrieben hatte. Deshalb

9 Ebd., 29.

10 Die Erfahrungen im kolonialen Algerien waren für viele französische Intellektuelle prägend. Dies trifft etwa auf Pierre Bourdieu zu, der in Algerien an der Universität unterrichtete und dort auch die Grundlagen seiner soziologischen Theorien legte. Vgl. ders., Algerische Skizzen, Berlin 2010. Besonders einschneidend waren diese Erfahrungen in Algerien für viele französische Juden, die mit dem Crémieux-Dekreten von 1870 ebenfalls die französische Staatsangehörigkeit erhalten hatten, und deren Zahl in Algerien stetig anstieg. Das Vichy-Regime hob die Dekrete am 7. Oktober 1940 auf und beraubte die Juden somit ihrer Staatsangehörigkeit. Dies traf u. a. auch Jacques Derrida, der als Staatenloser aus dem Gymnasium ausgeschlossen wurde. In einem Gespräch mit Elisabeth Weber sagte er darüber: »Was in jener Zeit in Algerien geschah, ging, obwohl es nicht ohne Beziehung zu dem war, was sich im besetzten Frankreich abspielte, dennoch auf eine rein französische Initiative zurück. Die Franzosen, die in diesen Jahren in Algerien antijüdische Gesetze einführten, wurden dazu keineswegs von den Deutschen gezwungen! Das alles ging nicht nur mit allen möglichen kleinen und großen Verfolgungen einher, sondern auch mit der Aberkennung der französischen Staatsangehörigkeit, die von deutscher Seite niemand forderte. […] Selbstverständlich wusste ich damals nicht viel darüber, aber dies war keine Erfahrung mit dem Nationalsozialismus oder mit den Deutschen, nicht einmal direkt mit Vichy, sondern mit den mich damals umgebenden Franzosen. Für mich war Frankreich, waren Franzosen, nicht etwa ›die Geschichte‹, Deutschland oder der Nationalsozialismus, verantwortlich für das, was damals geschah.« Gespräch mit Jacques Derrida, in: Elisabeth Weber (Hg.), Jüdisches Denken in Frankreich, Frankfurt a. M. 1994, 63–90, hier 84 f.

sei dieser Krieg ohne Ambivalenz gewesen: ein Krieg zwischen Hass und Menschlichkeit, zwischen Tod und Leben – und damit ein gerechter Krieg. Goldman sehne sich nach der Wiederherstellung eines derartigen Zustands, vor allem nach der moralischen Klarheit und der eindeutigen Trennung zwischen richtig und falsch. Sein gesamter Lebensweg sei Ausdruck dieser Suche. Geboren zur Zeit des Massakers an den Juden, sei die Wahl seines Namens Pierre (dt. »Stein«) nicht zufällig, so Cixous, sondern eine Antwort auf die Zeitumstände: »Der kleine Stein für die Steinschleuder von David.«[11]

Um zu verstehen, wer Pierre Goldman war und warum er den Kampf seiner Eltern fortzusetzen suchte, müssen die historischen Umstände beachtet werden. Die französische Gesellschaft hatte nach der Befreiung die unmittelbare Vergangenheit – vor allem das Vichy-Regime – schnell vergessen. Eine Auseinandersetzung mit dem Zivilisationsbruch fand nicht statt, die Kollaboration von Teilen der französischen Gesellschaft blieb ausgeklammert. In diesem Rahmen hatte die durch Goldman verkörperte Erinnerung an das Geschehene keinen Platz. Sie wirkte wie verschoben und kam nur marginalisiert zur Geltung. Die Taten der jüdischen Kämpfer der Main-d'œuvre immigrée (MOI) waren nicht Teil des nationalen Narrativs, das die gesamte französische Nation im Widerstand imaginierte. Genährt wurde dieser Mythos sowohl von den Gaullisten als auch von den Kommunisten. Während Goldman seine Kraft aus der Erinnerung an die Helden des jüdischen Widerstands bezog, stand ihm eine Gesellschaft gegenüber, die vergessen und verdrängt hatte. Auch in der politischen Linken war Goldman nie gänzlich zu Hause. Zu stark war sein Handeln von der Vergangenheit geprägt und irritierte so die optimistische Zukunftserwartung der Linken, die nach einer neuen Gesellschaft strebte. Zwar intendierte auch Goldman den Umsturz der Verhältnisse, aber aus entgegengesetzten Motiven: Er war der Vergangenheit und nicht der Zukunft zugewandt. In letzter Konsequenz strebte er nach etwas Unmöglichem: einem Neuschreiben der Vergangenheit.

Verkörperungen: Das Partikulare und das Universelle

Mit der Person Goldman, so Cixous, verbinde sich etwas Einzigartiges und Universelles. Im Prozess sei er die Nummer 633 609 2/87 gewesen. Trotz beständiger Demütigung habe sich Goldman der absurden Anklage nicht gebeugt und dennoch den Statisten der Justiz keinerlei Vorwurf gemacht. Er

11 Cixous, Un K. incompréhensible, 33.

habe sich immer an der Seite der wahren Opfer, der Unterdrückten der Geschichte gewähnt. Von der Gesellschaft und der Nation ausgeschlossen, ohne Papiere und ohne offizielle Identität in die Illegalität getrieben, habe Goldman trotz allem nie versucht, seinem Handeln nachträglich einen Sinn zu verleihen. Diese Unbeugsamkeit habe sich, wie Cixous darlegt, aus einer unaussprechlichen Notwendigkeit ergeben, sie sei

> »etwas, das, wie sich herausstellt, mit seinem Jüdischsein zusammenhängt – und mit einem der Aspekte oder Effekte dieser Essenz, seiner Art, nicht französisch zu sein, das heißt, nicht zuteilbar, fern von einer Definition, einer Identifikation mit einem wie auch immer gearteten ›nationalen‹ Schicksal.«[12]

Dadurch sei Goldman für die Gesellschaft untolerierbar geworden. Die *Incompréhensibles* seien diejenigen, die niemand – und auch hier verbleibt Cixous in ihrer Parallele zu Kafkas Werk – im Schloss und im Dorf verstehen könne. Es seien jene, die keinen Platz im Innern hätten, die sich außerhalb des von der Gesellschaft Geduldeten bewegten. Sie seien moderne Nomaden. Goldman habe nie zu einem Kollektiv gehören wollen. Deshalb verachte er Nationalhymnen ebenso wie nationale Berühmtheiten. Goldman könne sich aus der von ihm verkörperten Widersprüchlichkeit nicht befreien, da sie aus seiner Herkunft resultiere: »P. G. kann nur leben als unvermeidbarer kultureller, politischer, geschichtlicher Widerspruch, in dem alle Personen jüdischer Herkunft, die sich nicht von der zionistischen Lösung verwirren lassen, ihre Reise über Zeiten und Länder hinweg aufnehmen.«[13]

Goldman war heimatlos, er verabscheute jede Identifikation mit einem Kollektiv. Zwar fühlte er sich als Jude, aber nicht etwa aus einer nationalen oder religiösen Verbundenheit heraus. Er glaubte nicht an Gott und war auch dem Staat Israel nicht in besonderer Weise verbunden, obwohl er von der Notwendigkeit seiner Existenz überzeugt war. Goldman dachte diasporisch zu einer Zeit, in der die Diaspora sich historisch überlebt zu haben schien. Auschwitz machte eine Rückkehr zum Status quo ante unmöglich. Die Assimilation, die in Frankreich Teil des republikanischen Selbstverständnisses gewesen war, war für Goldman und damit für die Generation der um 1945 geborenen Juden in Frankreich keine Option mehr.

Vor diesem Hintergrund wendet sich Cixous einer Formulierung zu, die von französischen Juden häufig zur Selbstcharakterisierung verwendet werde, aber bei Goldman ins Leere laufe: *juif français*. Diese Worte seien nicht nur getränkt mit Geschichte, sondern in Bezug auf Goldman sei auch unklar, welches das Substantiv und welches das Adjektiv sei. Goldmans Zugehörigkeit sei untrennbar mit seiner Individualität verbunden. Ihn zeich-

12 Ebd., 54.
13 Ebd., 60.

neten die Vergangenheit seiner Eltern und das Milieu aus, in dem er aufgewachsen ist. Er habe ein Loch in das »große Zirkuszelt der Vaterländer« gerissen und sich »nach außen geschlichen«, sich also jenseits des Nationalen gestellt. Dies habe ihm seine jüdische Herkunft ermöglicht. Goldman habe sein Jüdischsein zu einer Intensität gesteigert, die seine Umgebung provoziert habe. Er fühlte sich keinem Land zugehörig, sondern als Teil der Menschheit. Deshalb habe er gekämpft, wo immer es ihm möglich war: in Paris im Mai 1968 und dann in Lateinamerika. Den Mai '68 aber empfand er als imaginäre Revolution. Vor allem die Parole *Nous sommes tous des Juifs allemands* machte er den Studenten zum Vorwurf, weil solch eine Identifikation aus seiner Sicht einem Diebstahl gleichkomme und das Gedächtnis zum Komplizen des Vergessens werde. Die Studenten hätten sich mit dieser Parole eine Geschichtserfahrung angeeignet, die ihnen nicht zustehe. Bereits in dieser scheinbar unbedeutenden Reaktion Goldmans wird der Hiatus deutlich, der zwischen ihm und der Linken im Nachkriegsfrankreich bestand.

Goldman, so fährt Cixous fort, sei zwar vorverurteilt, aber Menschen wie er besäßen den Mut, sich dem Gesetz nicht ohne Weiteres zu beugen. Er habe keine Gelegenheit gehabt, seine Unschuld zu beweisen, weil er dem Universum des kafkaschen Schlosses nicht habe entrinnen können. Dennoch sei Goldman das Sandkorn, das nicht ohne Wirkung bleibe. Zwar scheitere er an dem Versuch, eigenhändig die Geschichte zu verändern, aber ein Sandkorn könne die Oberfläche zerkratzen wie eine Diamantennadel, und irgendwann bleibe eine Spur, die ein Josef K. der nächsten Generation verfolgen und weiterführen könne: »Immer wieder passiert es, dass unter dem Stoß dieses lächerlich kleinen und individuellen Steins die Erde erbebt, erschüttert, durchbrochen, in Unordnung gebracht wird.«[14] Die verbreitete Identifikation mit Goldman während und nach dem Prozess resultiere daraus, dass sich mit ihm Anteile des Mai 1968 bewahrten, die viele seiner früheren Weggefährten bereits tot geglaubt hätten. Cixous schrieb: »In ihm, dem Gefangenen, ist etwas von jedem Angehörigen seiner Generation, es ist noch nicht unterdrückt, ist frei geblieben, hat sich befreit. «[15]

Goldman verweigere sich den Konventionen der Gesellschaft und ihren Hierarchien. Er habe beständig nach einem viel größeren Kampf gestrebt. Cixous beendet ihr Buch mit einer Mahnung an die Justiz:

»Den, den ihr an meiner Stelle unter dem Namen P.G. aburteilt, war nichts als ein Widerschein eures Hasses, ein Gespenst, das durch eure Schrecken und eure Verdrängungen erzeugt wurde. Aber denjenigen, der er ist, ihn, P.G., werdet ihr nie berühren, ihr wisst nicht einmal, wo er ist. Es ist sein Name, den ihr antrefft, den ihr benutzt und

14 Ebd., 85. Das Wortspiel funktioniert im Französischen besser, weil das französische Wort für »Stein« *»pierre«* ist.

15 Ebd., 94.

bedrängt, es ist sein Körper, den ihr verletzt. Aber er ist anderswo an einem Ort, zu dem nur unbeugsame Menschen Zutritt haben, seine Mitmenschen, die ihn kennen und die sich in ihm erkennen: Sucher des wahren Lebens, andere K.s«[16]

Compañeros: Verpasste Treffen mit der Geschichte

Auch Régis Debrays Buch *Les rendez-vous manqués. Pour Pierre Goldman*[17] erschien im Jahr 1975 nach der Verurteilung Goldmans. Debray, Jahrgang 1940, hatte einen mehrjährigen Gefängnisaufenthalt in Bolivien verbüßt und hielt sich erst seit knapp zwei Jahren wieder in Frankreich auf. Er entstammte einer einflussreichen Pariser Familie. Sein Vater, ein ehemaliger Widerstandskämpfer, war nach dem Krieg ein bekannter Anwalt. Debray hatte das elitäre französische Bildungssystem durchlaufen, unter anderem an der École Normale Supérieure bei Louis Althusser studiert, und seine universitäre Ausbildung 1965 abgeschlossen. Seit Anfang der 1960er Jahre war er in der Union des étudiants communistes (UEC) aktiv gewesen, die er jedoch schon verlassen hatte, als Goldman ihr beitrat. Nach seiner Promotion ging Debray nach Kuba und wurde ein Weggefährte Che Guevaras, dem er 1967 in den Guerillakampf nach Bolivien folgte. Dort wurde er festgenommen und zu dreißig Jahren Haft verurteilt. An einer internationalen Kampagne zu seiner Freilassung beteiligten sich Jean-Paul Sartre und André Malraux. Sogar Papst Paul IV. und die französische Regierung unter Charles de Gaulle intervenierten auf diplomatischem Weg. Schließlich wurde Debray nach vier Jahren Haft 1971 aus dem bolivianischen Gefängnis entlassen. Zunächst hatte er in Chile Zuflucht gesucht, wo er bald dem Beraterkreis des sozialistischen Präsidenten Salvador Allende angehörte. Nach dem Putsch durch General Augusto Pinochet und der Ermordung Allendes war er 1973 nach Frankreich zurückgekehrt. Er schrieb seine Erinnerungen an Lateinamerika nieder, veröffentlichte zwei Romane und begann sich mit dem Fall Pierre Goldman zu befassen.[18] Beide hatten sich im Oktober 1964 kurz getroffen, und Goldman

16 Ebd., 106f.

17 Régis Debray, Les rendez-vous manqués. Pour Pierre Goldman, Paris 1975.

18 Die beiden ersten Romane von Debray sind *L'Indésirable* und *La neige brûle* (beide Paris 1975). Mit letztgenanntem, der mit dem Prix Femina ausgezeichnet wurde, setzte er Monika Ertl, der 1973 in Bolivien ermordeten deutschen Angehörigen des bewaffneten Untergrunds, ein literarisches Denkmal. Zusammen mit Ertl hatte er 1972 versucht, den ehemaligen SS-Kommandanten von Lyon, Klaus Barbie, nach Frankreich zu entführen. Später arbeitete Debray in dieser Angelegenheit auch mit Serge und Beate Klarsfeld zusammen. Zu Barbie vgl. vor allem Marcel Ophuls' Film *Hôtel Terminus. The Life and Times of Klaus Barbie* aus dem Jahr 1988.

hatte nach dem Erscheinen von Debrays Aufsatz *Le castrisme. La longue marche de l'Amérique latine* (1965) erneut versucht, Kontakt mit ihm aufzunehmen.[19] Wie bereits der Untertitel von *Les rendez-vous manqués* deutlich macht, ist auch Debrays Schrift eine Intervention zur Unterstützung Goldmans. Sein Anspruch ging aber darüber hinaus:

»Eine kollektive Autobiografie. Das Nachlasskonto von denjenigen, die wie Goldman zwanzig Jahre alt waren und den Willen hatten, in den 60er Jahren in Frankreich die Revolution zu machen, für diejenigen, die heute das gleiche Alter und die gleiche Hoffnung haben. Der Auftakt einer Bilanz: die einer neuen, verlorenen Generation, die ihr Treffen mit der Geschichte verpasst hat.«[20]

Goldman stehe repräsentativ für eine ganze Generation, die die Revolution zu einer Zeit ersehnt habe, als sie unmöglich geworden war. Die Hinwendung nach Lateinamerika erscheint bei Debray wie eine Ersatzhandlung, wie die Projektion der Sehnsüchte junger europäischer Linksradikaler in die »Dritte Welt«. In der 68er-Generation stand das revolutionäre Pathos in schroffer Diskrepanz zu den gesellschaftlichen Verhältnissen. Sämtliche Revolutionsversuche in Europa nach dem Ersten Weltkrieg waren gescheitert. Stattdessen kam der Faschismus auf. Der antifaschistische Kampf kulminierte in den Internationalen Brigaden im Spanischen Bürgerkrieg. Retrospektiv begriffen viele linke Intellektuelle dies als Zeit, in der Geschichte »gemacht« und Entscheidungskämpfe ausgefochten wurden. Debray – wie auch Goldman – bereute, daran nicht partizipiert zu haben. In der Rückschau war der Spanische Bürgerkrieg eine Ikone linker Geschichtsbilder und das Aufbegehren im Nachkriegseuropa lediglich der Versuch einer Imitation revolutionären Handelns, der missglücken musste. Auf jene verpasste Zeit weist der Titel des Buches von Debray explizit hin: *Les rendez-vous-manqués*.

Dem Buch vorangestellt sind drei Mottos, die einerseits den Bezug zu Goldmans *Dunklen Erinnerungen* herstellen und andererseits den philosophischen Bezugsrahmen von Debray und Goldman offenlegen. Das erste Zitat ist Hegels prominentes Diktum, dass Abraham mit seinen Herden über eine grenzenlose Erde gezogen und die Quelle seines Gottes die Abscheu gegenüber der Welt gewesen sei. Bei den anderen Mottos handelt es sich um Zitate von Marx: Dieser beschreibt die Polen als das einzige europäische Volk, das

19 Der Aufsatz erschien dann in der Sammlung Régis Debray, Essais sur l'Amérique latine, Paris 1967. Die Begeisterung Goldmans für Debray beschreibt Jean-Paul Dollé wie folgt: »Verherrlichung des Mutes, Romantik des Kampfes bis zum Tod, Kritik des Intellektualismus im Namen eines freien Denkens, dies alles dargeboten in einer trockenen und demonstrativen Sprache, manchmal erleuchtet durch eine epische Lyrik. Perfektes Programm für Goldman. Er will Régis Debray unbedingt treffen und bedrängt mich, ihn ihm vorzustellen.« Ders., L'insoumis. Vies et légendes de Pierre Goldman, Paris 1997, 127f.

20 Debray, Les rendez-vous manqués, 8.

in kosmopolitischem Sinne für die Revolution gekämpft habe und benennt Frankreich als das Land der Aufklärung. Debray greift folglich alle Komponenten auf, die Goldman selbst anführt, um die Ambivalenzen seiner Zugehörigkeit zu umreißen. Goldman stehe in der Tradition Abrahams und damit der jüdischen Geschichte. Er werde von der Welt verachtet und blicke selbst mit Verachtung auf sie. Wie die Polen habe er einen kosmopolitischen Kampf geführt und sei, als in Frankreich Geborener, stark von den universalistischen Ideen der aufklärerischen Philosophie geprägt. Goldman sei also, ohne zu einem nationalen Kollektiv richtig angehört haben zu wollen, zugleich Jude, Pole und Franzose gewesen, vielmehr habe er sich den Zwängen der Identität verweigert. Das machte ihn zum Außenseiter.

»Ein berühmter Fall ist eine Berühmtheit ohne Grund und ohne Thema.«[21] So eröffnet Debray seine Intervention. Goldman sei ein solcher Fall. Niemand habe ihn gekannt, aber alle hätten über ihn gesprochen, seine Freunde für ihn und seine Feinde gegen ihn. Goldman sei auf eine Weise in die Öffentlichkeit gezerrt worden, die einem Diebstahl des Selbst gleichkomme. Sollte Goldman freikommen, Debray weiter, werde er sich bestimmt in die Anonymität zurückziehen und seinen Weg weiter beschreiten.

Wie schon Cixous, zieht Debray Parallelen zwischen Goldman und Kafka: »Kafka ist also mitten unter uns zurückgekehrt.«[22] Dieser »Kafka-Goldman« sei in Frankreich während der Besatzung geboren, voller Sehnsucht nach den Bildern der Oktoberrevolution und der Schlacht am Ebro. Er sei ein Kämpfer der Revolution, jedoch sei Pierre G., wie Debray ihn nennt, weniger hörig und unterwürfig als Josef K.

Als Goldman seinen Ekel vorm Schreiben überwunden hatte, habe er sich als großer Schriftsteller erwiesen und zwar gerade deshalb, weil er über sich selbst wie über einen anderen sprechen konnte. Hierzu sei Goldman in der Lage gewesen, weil er die Leben anderer in seiner Erinnerung durchlebte:

> »Weil er in der Person seines in Łódź erschossenen, den Talmud singenden Großvaters gedemütigt wurde, weil er mit seiner Mutter aus Frankreich ausgewiesen wurde, weil er es war, den man an den Pfosten stellte, als Manouchian von den Nazis erschossen wurde.«[23]

Debray selbst teile die jüdische Erfahrung nicht, jedoch seien er und Goldman durch die Gegenwart eng miteinander verbunden, was sich vor allem in der Hinwendung nach Lateinamerika gezeigt habe. Goldman stehe in dieser Hinsicht gewissermaßen für eine ganze Generation.

21 Ebd., 11. Das Zitat spielt im Französischen mit der mehrfachen Bedeutung von *»cause«*, was sich im Deutschen nicht angemessen übersetzen lässt.

22 Ebd., 13.

23 Ebd., 13 f.

Viele politische Aktivisten, vor allem Mitglieder der Kommunistischen Parteien hätten sich im Lauf der Geschichte für die Idee des Sozialismus geopfert. Goldman jedoch habe sich nie auf die offiziellen Parteien bezogen, sondern stets auf Dissidenten und insbesondere auf die jüdischen Widerstandskämpfer gegen die deutsche Besatzung. Wenn die Zeit zurückkehre, deutsche Offiziere in Metrostationen zu erschießen und die Munitionslager des Feindes in die Luft zu sprengen, dann müsse man sich an Goldman wenden – oder an seine Vorfahren wie Colonel Fabien, Misaak Manouchian und Marcel Rayman. Goldman sei von Geburt an Kommunist und Antistalinist gewesen. Er habe sein Leben nie niederschreiben wollen, weil er wusste, dass zwischen dem Erlebten und dem Gesagten eine unüberbrückbare Lücke bestehe.

Debray betont, dass Goldman seine revolutionäre Idee leidenschaftlich gelebt habe. Er sei ein widerspenstiger Autodidakt gewesen und habe niemals zu den Studenten gehört. Dennoch habe er stundenlang in Cafés im Quartier Latin diskutiert. Wie alle Revolutionäre habe Goldman gewusst, dass die Politik die Verwirklichung der Philosophie ist. Deshalb hätten die meisten seiner Genossen, anders als Goldman, begonnen Philosophie zu studieren: »Deshalb betreibt Pierre die Philosophie wie er die Politik betrieben hat: mit vollem Einsatz. Und wie alle Revolutionäre wird er den Preis der Revolution mit seinem Körper bezahlen.«[24]

Das Milieu der späten 1960er Jahre sei ein Mikrokosmos gewesen, der sich in verschiedene Richtungen gespalten habe. Goldman sei Teil davon gewesen, ohne jemals fest zu einer Strömung gehört zu haben. Er sei zu individualistisch, um sich der verbreiteten Exegese der »Heiligen Schriften« des Marxismus zu widmen. Debray ironisiert hier die häufig esoterisch anmutenden Streitigkeiten innerhalb der politischen Organisationen über die richtige Interpretation der Schriften von Marx, Engels, Lenin und Mao. Auch Goldman habe dies lächerlich gefunden: »Dieses talmudische Ritual, das ist schon seine Vergangenheit.«[25]

Nach Goldmans Verhaftung hätten alle Strömungen der radikalen Linken getrauert: »Ich denke allerdings, dass sie Unrecht damit hatten zu bedauern, dass sie einen Genossen verloren haben. Weil sie ihn in einem gewissen Sinne niemals hatten; und in einem anderen niemals verloren haben.«[26] Der Dogmatismus der Linksradikalen war Goldman immer ein Graus, aber dennoch verleugnete er seine politische Vergangenheit niemals.

24 Ebd., 29.
25 Ebd., 32.
26 Ebd., 35.

Der unerschütterliche Aktivist: Todesobsession und Internationalismus

Goldman sei sich immer treu geblieben. Aus diesem Grund habe er nicht auf die Bekenntnisse der abtrünnigen Kommunisten warten müssen. Als Antistalinist sei er auch durch das Buch von Krawtschenko nicht erschüttert worden.[27] Im Gegensatz zu den Studenten der Elitehochschulen habe Goldman Georges Bataille nicht nur gelesen, sondern versucht, ihn in die Praxis umzusetzen. Da dies in Frankreich nicht möglich war, sei Goldman nach Lateinamerika gegangen. Die radikale Linke in Frankreich war zu selbstbezogen, um die Bedeutung der Geschehnisse in anderen Ländern zu erkennen. Dies zeigten die Reaktionen auf den Putsch Pinochets in Chile, die Nelkenrevolution in Portugal und die Entwicklungen in Indochina, zu denen die französische Linke nichts zu sagen habe. Sie entferne sich immer weiter von den Unterdrückten auf der Welt und bewege sich fast nur noch in ihrem eigenen Mikrokosmos. Sie habe ihre internationalistische Ausrichtung verloren.

Als Konsequenz aus den historischen Ereignissen bestehe in der heutigen Epoche eine Asymmetrie zwischen dem Leben und dem Denken der Menschen. Die Identifikationsmodelle, die zur Auswahl standen, hätten vor allem zur Zerstörung der Selbstwahrnehmung geführt. Goldman habe darunter mehr als andere gelitten. Schließlich sei sein Vater ein kämpfender Partisan gewesen und der erste Mann seiner Mutter ein Kommandant der Internationalen Brigaden im Spanischen Bürgerkrieg.

Der internationalistische Antifaschismus wandelte sich nach dem Zweiten Weltkrieg häufig zum Antikolonialismus, der als Fortsetzung des Kampfes zur Befreiung der Menschheit verstanden wurde. In der französischen Linken zeigte sich dies vor allem durch die Identifikation mit der Front de Libération Nationale (FLN) im algerischen Unabhängigkeitskampf. Zusammen mit seinem Weggefährten Bernard Kouchner versuchte Debray, weiter im Sinne des Internationalismus zu agieren und die Internationalen Brigaden in Kuba zu imitieren. Damals, so Debray, seien eben keine individuellen Lösungen mehr möglich gewesen. Goldman stehe für das kollektive Schicksal der Generation, das er in extremis verkörpere. In Anlehnung an eine berühmte Parole des Pariser Mai ’68 und als Zeichen seiner Identifikation mit Pierre Goldman schreibt Debray: »Wir sind alle polnische Juden.«[28]

27 Wiktor Andrejewitsch Krawtschenko war ein russischer Ingenieur und Mitarbeiter in der sowjetischen Botschaft in Washington. 1944 tauchte er unter und beantragte Asyl in den Vereinigten Staaten. Sein 1946 erschienenes Buch *I Chose Freedom* sorgte für großes Aufsehen. Die kommunistische französische Wochenzeitung *Les Lettres Françaises* warf ihm vor, ein westlicher Spion zu sein, woraufhin Krawtschenko sie wegen Verleumdung verklagte.

28 Debray, Les rendez-vous manqués, 57.

Während der Oktoberrevolution, so fährt Debray fort, sei die Philosophie zur Magd der Geschichte geworden und seitdem habe der aus den Ideen der Aufklärung entsprungene Anspruch bestanden, die Welt zu verändern. Die heutige Generation sei die erste, die weder in einer Nachkriegs- noch in einer Vorkriegszeit lebe. Sie sei zum Frieden verdammt. Revolutionäre Gedankenspiele, die viele Achtundsechziger hegten, seien für Goldman nicht ausreichend gewesen. Er habe mehr erstrebt: »Das Pech von Goldman ist übrigens weniger philosophisch als chronologisch (aber ist das nicht das Gleiche?). Zwanzig Jahre früher geboren, wäre er einer der Gründer der [KPF-Partisanenorganisation] MOI gewesen.«[29] Goldman sei stattdessen nichts anderes geblieben, als seine Gegenwart mit den Mitteln der Vergangenheit zu analysieren.

Die in der Linken oft angeführte hegelsche Dialektik von Herr und Knecht habe sich am Tor von Buchenwald in dem berüchtigten Spruch »Arbeit macht frei« pervertiert. Interessanterweise unterläuft Debray hier eine Verwechslung, denn im Unterschied zu vielen anderen Konzentrationslagern stand auf dem Eingangstor von Buchenwald »Jedem das Seine«. Im französischen Erinnerungsdiskurs ist allerdings Buchenwald das Symbol für die nationalsozialistischen Verbrechen. Dorthin wurde die Mehrheit der aus politischen Gründen inhaftierten Franzosen gebracht. Der Spruch »Arbeit macht frei« findet sich hingegen prominent auf dem Eingang zum Konzentrations- und Vernichtungslager Auschwitz. Debrays Verwechslung ist deshalb von Bedeutung, weil in ihr jene andere Geschichtserfahrung zum Ausdruck kommt, die Debray von Goldman trennt. Für den vom französischen Erinnerungsdiskurs geprägten Debray ist der Nationalsozialismus mit Buchenwald assoziiert und eben nicht mit Auschwitz, also mit der Ermordung der europäischen Juden. Damit befindet sich Debray inmitten des französischen Résistancemythos, in dem Goldman und die jüdische Erinnerung keinen Platz haben. Dies markiert eine Diskrepanz zwischen Goldman und Debray, die trotz aller politischen Affinitäten und persönlicher Verbundenheit unüberbrückbar bleibt.

Die Situation im Nachkriegsfrankreich sei, so betont Debray, außergewöhnlich gewesen. Zum ersten Mal in der Geschichte hatte Frankreich keine »Erbfeinde« mehr, wodurch sich auch die Situation für die Linke verändert habe. Das Proletariat als die universelle Klasse sei ad acta gelegt worden, und es habe sich die Frage gestellt, ob es zu einem Pluralismus innerhalb der Linken kommen könne. Debray hielt dies nur für möglich, wenn der Sozialismus nicht länger als Religion angesehen werde. Auch auf internationaler Ebene sei es zu einer Reform des Sozialismus gekommen, was sich in dem Schisma

29 Ebd., 61.

zwischen Tito und Stalin und schließlich zwischen dem maoistischen China und der Sowjetunion manifestiert habe. Tito sei gewissermaßen der Jan Hus des Sozialismus und Mao entsprechend sein Martin Luther. Der Fokus des Sozialismus habe sich in die »Dritte Welt« verlagert, wo es zu Kämpfen um ethnische und religiöse Identität gekommen und das Recht auf Differenz mit den Ansprüchen des Universalismus in Widerstreit geraten sei. Dort könne sich ein vereinzeltes Individuum direkt mit der universellen Geschichte verbunden fühlen und jeder sei zu dieser »menschlichen Komödie« *(comédie humaine)* eingeladen, der »polnische Jude eingeschlossen« *(Juif polonais compris)*.[30]

Dann kam der Mai '68, den Goldman für obszön hielt. Entgegen seinem Anspruch habe aber auch Goldman – wie die meisten Linken – keinen Zugang zum wichtigsten Ereignis des Jahres gehabt: dem Massenstreik der Arbeiter. Im studentischen Milieu sei nichts wirklich Revolutionäres geschehen, weshalb Goldman die Aktionen als »kollektive Onanie« abtat. Es sei bestenfalls die Vorstellung von einer Revolution vorhanden gewesen und die »Gesellschaft des Spektakels«, wie Guy Debord es formulierte, habe ihren Höhepunkt erreicht.[31] Deshalb, so Debray, sei der Mai mehr ein Fest als eine Revolution gewesen und habe die karnevaleske Essenz der Geschichte der 68er-Generation offenbart. Debray hält fest: »Praktische Paradigmen der Metapher wurden zur Lebensweise: die Stein-Granaten, die CRS-SS, die Auto-Barrikaden, Cohn-Bendit-Lenin, das Odéon-Winterpalais.«[32] Die 68er hätten waghalsige historische Vergleiche gezogen. Nicht nur hätten sie sich mit den Revolutionären des Oktober 1917 gleichgesetzt und die Besetzung des Odéon Theaters in Paris mit dem Sturm auf das Winterpalais in der russischen Metropole St. Petersburg verglichen, sondern auch das Agieren der Sondereinheiten der französischen Polizei, der CRS, mit den Verbrechen der nationalsozialistischen SS in Verbindung gebracht. Dies habe mit dem realen Ablauf der Ereignisse nichts zu tun gehabt. Die Revolution spielerisch aufzufassen, wie Cohn-Bendit es getan habe, sei für Goldman jedoch nicht infrage gekommen: »Pierre ist ein klassischer Revolutionär, genau das Gegenteil eines Romantikers. Einer der letzten Repräsentanten der revolutionären Orthodoxie auf unserem Breitengrad, ich habe ihn schon einmal gesehen.«[33]

Während die Maiereignisse revolutionäre Illusionen nährten, konsolidierten die Gaullisten im Gegensatz ihre politische Macht. Die Entwicklung habe danach insgesamt, führt Debray aus, einen seltsamen Kurs genommen und die größten Verbündeten des maoistischen China seien plötzlich Roberto

30 Ebd., 123.
31 Guy Debord, La societé du spectacle, Paris 1967.
32 Debray, Les rendez-vous manqués, 125.
33 Ebd., 126.

Holden, der Platzhalter der CIA in Angola, und Franz Josef Strauß gewesen. Die Maoisten in Frankreich hätten jegliche außenpolitische Wendung Chinas legitimiert und damit der bürgerlichen französischen Rechten in die Hände gespielt. Derartigem Opportunismus habe sich Goldman immer verweigert, so wie er auch nie die Revolution verraten oder sich selbst in die Medien gedrängt habe. Zwar habe Goldman ebenso wie die Linke nach dem Mai 1968 Schiffbruch erlitten, jedoch einen anderen als die Mehrheit. Er habe bewusst einen Platz an der Peripherie der Gesellschaft eingenommen. Dies verbindet Debray mit Pierre Goldman.

Über den Aufenthalt Goldmans in Venezuela äußerte sich Debray nicht, der letzte Abschnitt des Buches behandelt Goldmans Rückkehr nach Frankreich. Debray hält fest: »Jude, Pole und Kommunist wie Trepper, findet Pierre sich in Paris wieder, klandestin wie sein Gott, aber Krimineller dritter Ordnung.«[34] Er spielt hier auf ein großes Vorbild Goldmans an: auf Léopold Trepper, führendes Mitglied der Roten Kapelle, einer Widerstandsgruppe gegen das NS-Regime. Wiederholt nahm Goldman auf Trepper Bezug; seinen *Dunklen Erinnerungen eines in Frankreich geborenen Juden* stellte er als Motto einen Satz aus dessen Autobiografie voran: »Ich bin Kommunist geworden, weil ich Jude bin.«[35] Goldman, so Debray, lebe in der falschen Zeit und hänge als Kind eines Helden dem Wunsch nach Revolution an, der jedoch nicht zu realisieren sei. Alle seine Gedanken und Bezugspunkte stammten aus der vorherigen Epoche. Dies sei das tragische Schicksal eines Revolutionärs ohne Revolution. Er selbst, Debray, habe das Scheitern der Revolution in Venezuela erlebt und dafür bezahlt. Diese verpasste Chance am anderen Ende der Welt versinnbildlicht gewissermaßen Goldmans verfehltes Leben, aber auch sein eigenes. – Debrays Buch endet mit dem eindringlichen Appell, Goldman zu unterstützen:

»Inzwischen, muss man einen Menschen, einen Genossen retten. Pierre G. seid ihr und bin ich. Die Kraft seines Talents ragt über uns hinaus, aber sein Wohl wie auch sein Elend könnten unseres sein. [...] Er ist Jude und Aktivist: er kämpft für freie Luft und zermalmt die Rassisten. Nur dort: zwischen Pierre und dieser Frau, diesen Genossen, diesen Büchern zwischen Pierre und seinem Leben ist eine Mauer mit Wachtürmen, und es sind wir, die sie errichtet haben. Es existiert dieser absurde Erlass der Ungerechtigkeit, diese schmutzige Falle, in die wir durch Beinstellen hineingestürzt sind. Werdet ihr helfen, ihn dort herauszuholen? Ihn wieder zu uns zurückzubringen, der einer unter anderen ist – mit allen Mitteln, die rechtlichen Mittel eingeschlossen?«[36]

34 Ebd., 143.
35 Léopold Trepper, Le grand jeu, Paris 1975, 111.
36 Ebd., 156.

Die Bücher von Cixous und Debray als »eingreifendes Denken«

Die beiden Bücher von Cixous und Debray sind Zeitdokumente, die bisher kaum Beachtung in Forschung und Zeitgeschichtsschreibung gefunden haben. Außerdem teilen beide Bücher den Anspruch, nicht nur Deutungsangebote für die Persönlichkeit und das Wirken Pierre Goldmans, sondern auch für dessen symbolische Bedeutung zu sein in einer Zeit, in der politische Bekenntnisse die Bedeutung von Herkunft, Erfahrung und Erinnerung überdeckten. Denn Pierre Goldman stand für den Niedergang der radikalen Linken in den 1970er Jahren. Darauf fokussierte vor allen Dingen Debray, wenn er etwa entlang von Goldmans Lebensweg die Entwicklung der Linken im Nachkriegsfrankreich schilderte. Zwar erwähnte er dabei Goldmans Herkunft durchaus, konnte aber ihre Bedeutung für Goldmans Handeln nicht entschlüsseln. Debray fühlte sich Goldman so stark verbunden, weil sie beide von dem in ihrer Generation verbreiteten Wunsch nach revolutionärer Praxis erfüllt waren. Damit hoben sie sich von den meisten ihrer politischen Weggefährten ab. Debray nutzte seine Darstellung über Goldman auch für die Reflexion seiner eigenen politischen Entwicklung. Da er Goldmans Lebensweg aber sowohl als außergewöhnlich wie auch als exemplarisch für die Generation der radikalen Linken deutete, enthielt dessen Schicksal aus der Sicht Debrays mehr Gemeinsamkeiten als Unterschiede mit seinem eigenen.

Mitte der 1970er Jahre vollzog sich indes noch eine andere Entwicklung, und diese stand im Mittelpunkt der Überlegungen von Hélène Cixous. Nachdem die jüdische Erinnerung und die damit einhergehenden Gedächtnisschichten in den ersten beiden Dekaden nach dem Zweiten Weltkrieg nahezu keine Artikulationsmöglichkeit hatten und gesellschaftlich marginalisiert waren, begann sich dies nun schrittweise zu ändern. Das fest in der französischen Geschichte verankerte Assimilationsgebot hatte dazu geführt, dass Juden sich in Frankreich nicht primär als Juden verstanden. Schon sprachlich kam dies darin zum Ausdruck, dass von vielen französischen Juden der Begriff *Israélite* und nicht *Juif* zur Selbstbeschreibung verwendet wurde. Das Wort »Jude« war lange Zeit im alltäglichen Sprachgebrauch nicht vorhanden, auch wenn Sartre ihn in seinem 1946 erschienenen, später berühmt gewordenen Essay *Réflexions sur la question juive* verwendet hatte. Goldman widersetzte sich dieser Wahrnehmung von Juden in der französischen Gesellschaft. Er lehnte die Forderung nach Assimilation ab, weil er dieses Selbstverständnis der französischen Republik als Mythos erachtete, der durch den historischen Verlauf widerlegt worden war: Nach Drancy, nach den Deportationen nach Auschwitz und der Kollaboration bei der Judenvernichtung konnte Goldman nicht mehr an sie glauben. Offensiv forderte er das Recht auf eine jüdische Perspektive ein und betrachtete sich nicht mehr als Franzose, sondern als polnischer Jude, der mehr oder weniger zufällig in Frankreich geboren war. Polen als Herkunftsland seiner Eltern und als Land der Ermordung eines Teils seiner Familie wurde für ihn zur biografischen und symbolischen Referenz einer neuen Selbstkonzeption und ersetzte Frankreich: das Land der bürgerlichen Revolution und der Emanzipation.

Der Prozess gegen Goldman und die im Gefängnis entstandenen *Dunklen Erinnerungen eines in Frankreich geborenen polnischen Juden* wurden zum Katalysator der Genese eines neuen jüdischen Selbstverständnisses. Die Generation der um 1945 geborenen Juden in Frankreich weigerte sich, die Verdrängung der jüngsten Vergangenheit und das Schweigen über ihre Herkunft länger zu akzeptieren. Dies bedeutete häufig den Bruch mit den Vorstellungen der Elterngeneration, die Frankreich aus tiefster Überzeugung verehrt und zuweilen sogar mythologisiert hatten. Doch der Bezugspunkt dieses Mythos für das eigene politische Handeln nach dem Zivilisationsbruch war auch für die französischen Juden geschwächt, wenn nicht dementiert worden. Einerseits waren die Eltern im kommunistischen Widerstand gewesen und in dieser Hinsicht Vorbilder, andererseits waren sie tief geprägt von den klassischen französischen Idealen Freiheit, Gleichheit und Brüderlichkeit. In den Assimilationsforderungen der französischen Gesellschaft erblickten sie eine Verheißung und sie wollten ihr ohne jede Einschränkung angehören. Für die nächste Generation war dies nicht mehr möglich und ebendieser Bewusstseinswandel wird durch Goldmans Leben und Autobiografie repräsentiert. Hierin mag der Grund liegen, dass viele linke Juden Frankreichs sein Schicksal zum Anlass für eine Revision nahmen, für ein Bestreben, zu einer neuen Form der Reflexion über die eigene Herkunft zu gelangen.

Cixous' Buch ist ein früher Ausdruck dieses Wandels. Es antizipierte Entwicklungen, die nach der Ermordung Goldmans im Jahr 1979 verstärkt einsetzten. Goldman war am 20. September 1979 auf offener Straße in Paris erschossen worden. Er war 1976 nach einem Revisionsprozess freigekommen und im Anschluss als Journalist tätig gewesen. In der Zeit bis zu seinem gewaltsamen Tod schrieb er unter anderem für die trotzkistische Zeitschrift *Rouge*. Außerdem hatte Claude Lanzmann ihn in die Redaktion der Zeitschrift *Les Temps Modernes* geholt. Der Anschlag auf Goldman wurde bis heute nicht aufgeklärt; es wird aber vermutet, dass seine Mörder aus rechtsextremen Kreisen stammten.

Luc Rosenzweig, ein enger Freund und politischer Weggefährte Goldmans, veröffentlichte kurz nach dem Mord an Goldman zwei Bücher, die Cixous' Perspektive fortsetzten und die Bedeutung jüdischer Geschichtserfahrung im Nachkriegsfrankreich thematisierten.[37] Neben denen Rosen-

37 Luc Rosenzweig, Catalogue pour les Juifs de maintenant, Paris 1979; ders., La jeune France juif. Conversations avec des Juifs d'aujourd'hui, Paris 1980.

zweigs sind außerdem die Bücher *Le Juif imaginaire* von Alain Finkielkraut und *Juifs et Israélites* von Dominique Schnapper zu nennen, beide aus dem Jahr 1980. Ohne die Person und die Wirkungsgeschichte Pierre Goldmans wären sie so kaum geschrieben worden.[38] Die Bedeutung dieser Konstellation erschließt sich jedoch erst vollends, wenn man berücksichtigt, dass Schnapper die Tochter des berühmten französischen Soziologen und Philosophen Raymond Aron ist, eines der prominentesten assimilierten französischen Juden seiner Generation. Und genau hier manifestiert sich im Blick auf die französischen Verhältnisse ein generationeller Bruch. Die jeweils unterschiedlichen Perspektiven von Hélène Cixous und Régis Debray sind aus heutiger Sicht nicht etwa Zufälligkeiten geschuldet, sondern sie offenbaren eine epistemische Relevanz für ein zeitgeschichtlich angemessenes Verständnis der Biografie Goldmans. Sie stehen beispielhaft für die unterschiedlichen Anteile von Erinnerung und Erfahrung, die in der Person von Pierre Goldman konvergieren: die der jüdischen Geschichte im Nachkriegsfrankreich und die der Entwicklung der französischen radikalen Linken. Für beide Aspekte ist Pierre Goldman von zentraler Bedeutung, jedoch weder in ausgewogener noch synthetisierender Art und Weise. Auch wenn er für beide Linien Anknüpfungspunkte bot, vereinigte Goldman nicht einfach nur eine linke und eine jüdische Perspektive. Vielmehr demonstrierte er wie kein anderer seiner Zeitgenossen die jeweilige Unvollkommenheit der Perspektiven und dementierte beständig die Vereinnahmungsversuche seiner Person für einen bestimmten Zweck. Pierre Goldman war gekennzeichnet durch Ambivalenzen und Widersprüche, die er selbst nie auflösen wollte und die womöglich auch nicht aufzulösen sind. Genau das ist es, was eine Befassung mit seinem Leben und seinem Denken so aufschlussreich macht.

38 Alain Finkielkraut, Le Juif imaginaire, Paris 1980; Dominique Schnapper, Juifs et Israélites, Paris 1980.

Carola Hilfrich

Unheim(at)liche Zugehörigkeiten: Algerien als Ort von Herkunft und Gedächtnis bei Jacques Derrida und Hélène Cixous

»Gedächtnis« und »Geografie« haben sich in den letzten zwei Jahrzehnten als überaus produktive Leitbegriffe fakultätsübergreifender, insbesondere kulturwissenschaftlicher Forschung etabliert.[1] Eines der neueren Untersuchungsfelder, die an ihrem Schnittpunkt entstanden sind, ist das der »Zugehörigkeit«, verstanden im weitesten Sinne als das Zirkulieren von Intensitäten zwischen Subjekten und ihren sozialen und natürlichen, heimischen und globalen Umwelten. Unter dem Druck von zeitgeschichtlichen Entwicklungen, die auf globaler Ebene eine radikale Umdefinierung all dieser Zugehörigkeitsräume beschleunigen, wächst seit Mitte der 1990er Jahre nicht nur die Anzahl von Erhebungen empirischer Daten zu Zugehörigkeitsfragen. Im Zeichen der eben beginnenden Wende zur Emotionsforschung in vielen Geistes- und Sozialwissenschaften verstärkt sich ein dezidiert theoretisches und kulturkritisches Interesse an der Frage, wann, auf welche Weise, wo, was, und wem wir uns zugehörig oder nichtzugehörig fühlen mögen.

Elspeth Probyns Untersuchung *Outside Belongings* (1996) eröffnete eine Reihe von Studien, die dieser Frage nachgehen, indem sie (Nicht-)Zugehörigkeiten als eine Gefühlsstruktur und Wissensform des gegenwärtigen Moments in der Kultur begreifen. Laut Raymond Williams sind Gefühlsstrukturen die vagen, aber spezifischen, zutiefst geschichtlichen und sozialen Erkenntnisweisen einer Gegenwart, die bestehende Ordnungen oft auf subtile Weise unterlaufen und sich am deutlichsten in partikularen und künstlerischen Formen und Konventionen artikulieren – die brechtsche Verfremdung wäre in diesem Sinn als eine Gefühlsstruktur und Wissensform der Moderne zu verstehen.[2] Die neuere Kulturkritik behandelt (Nicht-)Zugehörigkeiten als

1 Siehe dazu Edward W. Said, Invention, Memory, and Place, in: Critical Inquiry 26 (2000), 175–192, hier 175; sowie Aleida Assmann, Erinnerungsräume. Formen und Wandel des kulturellen Gedächtnisses, München 1999.

2 Raymond Williams, Structures of Feeling, in: ders., Marxism and Literature, London 1977, 128–141, hier 132; sowie ders., Bertolt Brecht, in: ders., Drama from Ibsen to Brecht, Harmondsworth 1973, 316–332, hier 331 f. (zuerst London 1968). Für eine Analyse von Williams' Begriff von Gefühlsstrukturen und Wissensformen siehe Paul Filmer, Structures of Feeling and Socio-Cultural Formations. The Significance of Literature and Experience to Raymond Williams's Sociology of Culture, in: The British Journal of Sociology 52 (2003), H. 4, 199–219.

JBDI / DIYB • Simon Dubnow Institute Yearbook 10 (2011), 389–403.

eine Gefühlsstruktur, die in der Nachmoderne auftaucht und die ihre eigenen und andersartigen Kunstgriffe und Effekte hat. So befragt Probyn die »tiefe Geschichtlichkeit« von (Nicht-)Zugehörigkeit anhand einer Soziologie von Haut und in einer strategisch persönlichen Form, weil Haut die Nahtstelle unseres Körpers und unserer Umwelt ist, auf der wir Zugehörigkeiten und Nichtzugehörigkeiten einstudieren und erfinden, und weil in der gegenwärtigen Kultur das strategisch Persönliche sowohl ein Kunstgriff zur Artikulation solcher Intensitäten als auch eine Methode ihrer kritischen Analyse ist.[3]

Spätere Studien folgen Probyns Interesse an dieser Gefühlsstruktur aus anderen Perspektiven, insbesondere der Performativität von Zugehörigkeiten, der Bildlichkeit ihrer unheim(at)lichen Geografien, ihrer fortschreitenden Globalisierung und prekären Ökologie.[4] In ihren unterschiedlichen, aber verwandten Ansätzen umreißen diese Studien ein analytisches Feld, in dem es um die Ökologie und die Choreografie von Zugehörigkeitsmöglichkeiten geht. Zunehmend wird hier das hautnahe Zirkulieren von Intensitäten zwischen Subjekten und ihren sozialen und natürlichen, heimischen und globalen Umwelten mit der Choreografie solcher Subjekte von (Nicht-)Zugehörigkeit, ihrer Inszenierung zu kinästhetischen, phatischen und choralen Artikulationen von Affekt zusammengedacht.[5] Das jüngste Buch von Bell Hooks, *Belonging. A Culture of Place* (2009), in dem die Dichterin und Sozialkritikerin mit einer Studie der Verflechtungen von Umwelt, Landbesitz und *racialized zoning* in ihren US-amerikanischen Heimatstaat Kentucky zurückkehrt, behandelt Zugehörigkeit erstmals ausdrücklich als einen Nexus von Ökologie und Choreografie. Hooks versteht dieses Gefüge hier als eine

3 Elspeth Probyn, Outside Belongings, London/New York 1996, 7–31 und 35. Zur Relevanz von Probyns strategischem Gebrauch der persönlichen Form für Literaturstudien von Zugehörigkeit siehe Lynn Pearce, The Place of Literature in the Spaces of Belonging, in: European Journal of Cultural Studies 5 (2002), 275–291, hier 276.

4 Vicki Bell, Performativity and Belonging. An Introduction, in: Theory, Culture and Society 16 (1999), H. 2, 1–10; Irit Rogoff, Terra Infirma. Geography's Visual Culture, London/New York 2000; Mab Segrest, Born to Belonging. Writings on Spirit and Justice, New Brunswick, N. J., 2002; Judith Butler/Gayatri Chakravorty Spivak, Who Sings the Nation-State? Language, Politics, Belonging, London/New York 2007; sowie Bell Hooks, Belonging. A Culture of Place, New York 2009.

5 Charis M. Cussins benutzt den Ausdruck »ontologische Choreografie«, um Prozesse zu beschreiben, durch die die Referenzialität von Dingen verschiedener Art erzeugt und aufrechterhalten wird, in ihrem Fall von Personen und reproduktiven Technologien. Dies., Ontological Choreography. Agency through Objectification in Infertility Clinics, in: Social Studies of Science 26 (1999), H. 3, 575–610. Aufbauend auf Cussins verstehe ich die Choreografie von Zugehörigkeitsmöglichkeiten als eine Option, die Erzeugung und Aufrechterhaltung einer Referenzialität von Subjekten und ihren Umwelten zu analysieren, unter besonderer Berücksichtigung der epistemischen Rolle, die Haut hier spielt. Zur Frage von Haut in der zeitgenössischen Choreografie siehe André Lepecki, Skin, Body and Presence in Contemporary European Choreography, in: The Drama Review 43 (1999), H. 4, 129–140.

»Kultur von Orten«, die uns archivieren und affizieren, wie wir dies umgekehrt mit den Orten selbst tun: »We are born and have our being in a place of memory. We know ourselves through the art and the act of remembering.«

Orte von Herkunft, Schauplätze von Selbsterkenntnis und die Intensitäten von Gedächtnis und Heimkommen, die an und zwischen ihnen zirkulieren, evozieren vielleicht am deutlichsten diese Verbindung von Ökologie und Choreografie, Archivierung und Affizierung in einer Kultur von Orten. Posthegelianisches Denken, von Fanon über Foucault zu Mark C. Taylor und Sara Ahmed, begreift ebendiese Orte, Schauplätze, und Intensitäten als Domänen von Haut, die Kernfragen kritischer Theorie auslösen.[6] Hooks greift diese Fragen auf und thematisiert sie mit dem Blick auf Zugehörigkeit: Fanons Frage zur kondensierten Geschichtlichkeit des Moments von Performativität und der symbolischen Strukturen im historisch-epidermalen Schema von Erkenntnis und Selbsterkenntnis, Foucaults Genealogisierung von Gedächtnis und Nostalgie in phatischer Geschichte oder in der Kontaktgeschichte des Subjekts, und die Fragen zur Modifizierung von (Selbst-)Erkenntnis und Körperlichkeit in nachmodernen Welten von Mark C. Taylor oder Sara Ahmed.

Zwischen Probyn und Hooks lässt sich eine Theorie von (Nicht-)Zugehörigkeiten so auch als eine Thematisierung der Kritik von Erkenntnis und Selbsterkenntnis, Geschichte, Performativität und Körperlichkeit lesen, die das posthegelianische Denken durch die Haut formuliert. Diese nachmoderne Erfahrung mit der für sie spezifischen »Kultur von Orten« lässt sich dabei verstehen als eine Erfahrung des »Drinnen des Draußen« und »Draußen des Drinnen«. Ökologie und Choreografie und Archivierung und Affizierung konstituieren solche Durchdringungen von Drinnen und Draußen, und die Haut, die Drinnen und Draußen gründlich ineinanderrollt, wird zum privilegierten Ort für die Analyse ihres Nexus.

In einem ihrer letzten Gespräche mit Jacques Derrida im Jahr 2004 über den langjährigen Austausch ihres Denkens und Schreibens spricht Hélène Cixous von der Thematisierung dieser Erfahrung als einer gemeinsamen Disposition von Energie und Richtung ihrer ansonsten ausgesprochen unähnlichen Projekte.[7] Als französische »Schriftsteller, Juden, aus Algerien«, die in

6 Siehe dazu Frantz Fanon, Peau noire, masques blancs, Paris 1952, sowie Bells Analyse von Fanons Beschreibung der visuellen Politik des historisch-epidermalen Schemas in dies., Performativity and Belonging, 8; Michel Foucault, Nietzsche, Genealogy, History, in: Paul Rabinow (Hg.), Foucault Reader, New York 1984, 76–100, sowie Probyns Diskussion dazu in Outside Belongings, 113 f.; Mark C. Taylor, Hiding, Chicago, Ill., 1998; Sara Ahmed/Jackie Stacey (Hgg.), Thinking through the Skin, New York 2001.

7 Siehe dazu Aliette Armel, Du mot à la vie. Un dialogue entre Jacques Derrida et Hélène Cixous, in: Magazine Littéraire 430 (2004), 22–29, <http://www.magazine-litteraire.com/content/recherche/article?id=6293> (23. März 2011).

den 1930er Jahren geboren sind, sprechen sie aus einer geteilten Erfahrung mit der Kultur eines Ortes von Herkunft und Gedächtnis, der auf besondere Weise die Gegenläufigkeiten und Widersprüchlichkeiten von Archivierung und Affizierung und von Ökologie und Choreografie registriert.[8] Haut und Sprache sind die Schlüsselorte dieser historisierten und literarisierten Erfahrung eines Drinnen des Draußen. An ihnen formuliert sich eine jüdisch-algerisch-französische Perspektive in der Theorie von (Nicht-)Zugehörigkeiten, die einige radikale Einsichten eröffnet.

Zur jüdisch-algerisch-französischen Perspektive in einer Theorie von (Nicht-)Zugehörigkeiten

Das Drinnen des Draußen hat Cixous und Derrida stets beschäftigt, von der grafischen Darstellung ihres Nexus in Derridas Überlegungen zu Sprache und Schrift in *De la grammatologie* (1967) und der poetischen Dramatisierung in Cixous' erstem Roman *Dedans* (1969) bis zu dem erwähnten späten Gespräch aus dem Jahr 2004, in dem es als eine eigenartige Gefühlsstruktur und Wissensform aus Algerien auftritt.[9] Der folgende Satz aus Cixous' frühem Roman, geäußert als Antwort in einem imaginierten Einreiseverhör in ein unbestimmtes Land, kann im Vergleich zu Hooks' Rede als ein erster Hinweis auf die Besonderheit einer cixousschen Perspektive in Zugehörigkeitsfragen gelesen werden: »Ich bin vor zweihundert Jahren in Westfalen und vor 300 Jahren in Spanien geboren, vor 600 Jahren in Palästina, vor hundert Jahren in Afrika, und seitdem, ein oder zwei Mal hier und dort.«[10]

Das Zusammenspiel von Herkunftsorten, Schauplätzen von Selbsterkenntnis sowie Intensitäten von Gedächtnis und Heimkommen erscheint hier im grammatischen Singular einer eigenartig strategischen, persönlichen Rede. Als Antwort auf eine imaginäre, hinsichtlich des Nationalen forcierte Frage nach Zugehörigkeit, die sich am Übergang zwischen dem Drinnen und Draußen von Nationalstaaten verdichtet, bricht diese Rede den einen Herkunftsort ihres Subjekts in einer choralen Artikulation von Intensitäten eines diasporischen und genealogischen Gedächtnisses auf. Das »Diasporische« kann vielleicht auch als eine Version des »Ökologischen« begriffen werden, die die Überlagerung von sozialen und natürlichen, heimischen und globalen Regis-

8 Ebd.

9 Derridas Kap. zu Linguistik und Grammatologie hat eine Sektion dieses Titels, »Das Drinnen ist das Draußen«, in dem das Wort »ist« durchgekreuzt ist, sodass der Nexus der beiden hervortritt. Siehe ders., Grammatologie, Frankfurt a. M. 1974, 77.

10 Hélène Cixous, Dedans, Paris 1967, 149 (Übersetzung von der Verfasserin).

tern der Umwelt metaphorisiert und historisiert. Wir könnten dann Verschiebung und Wiederholung sowie Datierung und Anachronismus als Kunstgriffe einer solchen Literarisierung und Historisierung des Ökologischen verstehen, die die (Nicht-)Zugehörigkeiten von Subjekten material machen.[11]

In Cixous' Händen werden auf diese Weise die diasporischen Zugehörigkeiten material, die ihre Rede scheinbar bloß nennt. Entgegen der realen Determinierung von Zugehörigkeit und Nichtzugehörigkeit durch nationalstaatliche Kategorien vernetzt sie dabei, wie Irit Rogoff in Hinsicht auf die Bildkultur von (Nicht-)Zugehörigkeiten gezeigt hat, »Erinnerungen, politische Einsichten, Subjektivitäten, phantasmatische Projektionen, und lange Reihen gleitender Signifikanten« zu einer Ordnung andersartiger Determinierungen.[12] Das Gleiten des cixousschen Subjekts entlang der Signifikanten ihrer regionalen, pränationalen und transnationalen, ihrer vagen, sprunghaften und spezifischen sowie ihrer forcierten, entzogenen und erfundenen Zugehörigkeiten suggeriert eine Choreografie diasporischer Unheim(at)lichkeit, eine Reihe von phatischen und choralen Bestimmungen ihrer Mise en Scène in überstaatlichen Räumen von nicht unbedingt linearer Dauer.

Neuere literaturtheoretische und kulturgeschichtliche Studien sehen in Wiederholung, Zitat und Anachronismus Kunstgriffe, die das konstitutiv Unheimliche von Literatur und Geschichte oder genauer: von Personifizierung und Datierung artikulieren.[13] Ihr Gebrauch bei Cixous im Nexus einer Ökologie und Choreografie von Zugehörigkeitsmöglichkeiten lässt diese Unheimlichkeiten von Personifizierung und Datierung am und als Ort einer präzisen Redefigur von Unheim(at)lichkeit äußerst kondensiert hervortreten. Hinsichtlich des theoretisch und methodisch elaborierten und bahnbrechenden Interesses an Unheim(at)lichkeit, das Derridas und Cixous' Denken und Schreiben seit den 1990er Jahren bewegt, ist das momenthafte Auftauchen dieser Redefigur in *Dedans* verfrüht, aber programmatisch für ihr späteres Ko-Projekt.

Eine Lektüre dieses späteren Projekts vor dem Horizont dieser Redefigur bedeutet, sich den Auffaltungen des Unheim(at)lichen zu einer distinkten

11 Bell spricht in diesem Sinn von Orten diasporischer Zugehörigkeit, an denen die Wiederholung und Zitierung von Normen diese material machen, siehe dies., Performativity and Belonging, 3.

12 Rogoff, Terra Infirma, 7 (Übersetzung von der Verfasserin).

13 Zu Unheimlichkeit in Literatur siehe Derek Attridge, Ghost Writing, in: Anselm Haverkamp (Hg.), Deconstruction Is/In America. A New Sense of the Political, New York 1995, 223–227. Zu Unheimlichkeit in Geschichte siehe Peter Buse/Andrew Stott (Hgg.), Ghosts. Deconstruction, Psychoanalysis, History, Basingstoke 1999. Zu Unheimlichkeit bei Cixous siehe auch meinen früheren Artikel, »The Self is a People«. Autoethnographic Poetics in Hélène Cixous's Fictions, in: New Literary History 37 (2006), H. 1, 217–235, hier 228–232. Für eine soziologische Perspektive auf diese Kunstgriffe siehe Avery Gordon, Ghostly Matters, Minneapolis, Minn., 2008.

Perspektive in Zugehörigkeitsfragen zuzuwenden.[14] Diese ermöglicht es, kritische Momente ihrer Artikulierung in partikularen Redefiguren bei Derrida und Cixous zu entschlüsseln.

Dispositionen und Figuren

In einer Serie von miteinander und übereinander kommunizierenden Schriften diskutierten Derrida und Cixous seit den frühen 1990er Jahren methodische und theoretische Dispositionen eines Denkens von Unheim(at)lichkeit. Dabei experimentierten sie mit Redefiguren, die versuchten, dieses Denken material zu machen, und kommentierten diese Experimente, oft und zunehmend in ein und demselben Text. Die von ihnen gewählten Titel evozierten das Genre Autobiografie, insbesondere in seiner flektierten Form – Derridas *Circonfession* (1991) als eine beschnittene, sexuell und kulturell flektierte Form von Autobiografie und Cixous' *Photos de racine* (1994) als Vorboten einer technobiotischen Form des Genres. Signifikant für die vorliegende Untersuchung ist, dass diese flektierten Formen Algerien als Ort von Herkunft, Gedächtnis und Selbsterkenntnis assoziieren, sei es in Derridas Evozierung der konventionsbildenden, augustinischen *Confessiones* oder in den

14 Zentrale Schriften in diesem Zusammenhang sind Jacques Derrida, Circonfession, Paris 1991 (engl.: Circumfession, Chicago, Ill., 1993); und ders., Spectres de Marx. L'état de la dette, le travail du deuil et la nouvelle Internationale, Paris 1993 (engl.: Specters of Marx. The State of the Debt, the Work of Mourning and the New International, New York/London 1994); Hélène Cixous, Photos de racine, Paris 1994 (engl.: Rootprints. Memory and Life Writing, London/New York 1997); Jacques Derrida, Mal d'archive. Une impression freudienne, Paris 1995 (engl.: Archive Fever. A Freudian Impression, Chicago, Ill., 1996); und ders., Le monolingualisme de l'autre, ou la prothèse d'origine, Paris 1996 (dt.: Die Einsprachigkeit des Anderen, oder die ursprüngliche Prothese, München 2003); außerdem folgende Essays von Cixous: Mon Algériance, in: Les Inrockuptibles 115 (1997), 71–74 (engl.: My Algeriance, in Other Words to Depart Not to Arrive From Algeria, in: dies., Stigmata. Escaping Texts, London/New York 1998, 153–180); sowie Stigmates (engl.: Stigmata, or Job the Dog, in: Philosophy Today 41 [1997], H. 1, 12–17), und Cixous' Roman *Les rêveries de la femme sauvage*, Paris 2000 (engl.: Reveries of the Wild Woman, Chicago, Ill., 2006); Derridas Essay zu Cixous *H. C. pour la vie, c'est à dire …*, in: Mireille Calle Gruber (Hg.), Hélène Cixous. Croisées d'une œuvre, Paris 2000, 13–140 (engl.: H. C. for Life, That is to Say …, Stanford, Calif., 2006); und Hélène Cixous, Portrait de Jacques Derrida en Jeune Saint Juif, Paris 2001 (engl.: Portrait of Jacques Derrida as a Young Jewish Saint, New York, 2004). Für eine Lektüre dieser Schriften siehe Ginette Michaud, Derrida & Cixous. Between and Beyond, or »what to the letter has happened,« in: New Literary History 37 (2006), H. 1, 85–106; für eine Analyse aus der Perspektive franko-maghrebinischer Literatur siehe die Aufsätze in Marta Segarra (Hg.), Hélène Cixous, in: Expressions maghrébines 2 (2003), H. 2; für eine postkoloniale Analyse zu Derrida und Cixous' algerischen Schriften siehe Pal Ahluwalia, Out of Africa. Post-Structuralism's Colonial Roots, in: Postcolonial Studies 8 (2005), H. 2, 137–154.

cixousschen *Wurzelfotos*, die Algerien, gleichsam von unten, als ein diasporisches Umfeld visualieren.[15] Andere Titel evozieren Schlüsselorte einer zeitgenössischen Theorie der Geistergeschichte der Nachmoderne – so Derridas *Spectres de Marx* (1993) – und, ausgeprochen buchstäblich, den Nexus von Archivierung und Affizierung – so Derridas *Mal d'archive* (1995).

Autobiografie aus Algerien, die Geistergeschichte der Nachmoderne und eine affektgeleitete Dekonstruktion des Archivbegriffs werden zu methodischen und theoretischen Dispositionen eines Denkens von Unheim(at)lichkeit entfaltet. Ihre Vernetzung zeigt sich in Derridas und Cixous' Schriften der späteren 1990er Jahre in eigentümlichen, oft titelbildenden Redefiguren sowie in spezifischen Kommentarformen zu solchen Figuren. Cixous' Essay *Mon Algériance* (1997) und ihr Roman *Rêveries de la femme sauvage* (2000) kündigen dabei ihrerseits flektierte Formen von Autobiografie aus Algerien an, und die darauf folgenden Titel von Derridas Essay zu Cixous, *H. C. pour la vie, c'est à dire …* (2000), und Cixous' *Portrait de Jacques Derrida en Jeune Saint Juif* (2001) machen *sotto voce*, in Aspirierung oder Homofonie und Paronomasie das Auftauchen neuer Kommentarformen zu solchen Redefiguren oder die sonderbare Radikalität ihres Gleitens hörbar (*saint juif*, der jüdische Heilige, assoziiert so sowohl *singe juif*, einen jüdischen Affen, als auch »die Silhouette Saint-Justs«).[16]

Derridas *Monolingualisme de l'autre* (1996) leitete diese performative und kritische Wende eines Denkens von Unheim(at)lichkeit ein. In der Redefigur einer nachmodernen Zugehörigkeit zu Geistern evoziert der Autor das Auftauchen einer Gefühlsstruktur und Wissensform des gegenwärtigen Momentes in Kultur, die mit unserer Erfahrung von Ort zu tun hat: »*Phantasma*, das bedeutet auch Phantom, Doppelgänger, oder Wiedergänger. Da sind wir. – Wir sind dabei, willst Du das sagen?«[17]

Was Derrida an dieser allgemeineren, nachmodernen Unheim(at)lichkeit interessiert, ist die Frage nach »Erfahrungen und Subjekten, die in der Lage sind [*qui sont justement en situation*] (aber was heißt *situieren* in diesem Fall?), davon exemplarisch Zeugnis abzulegen.«[18] Die Besonderheit der Bekenntnissituation, in der die cixoussche Redefigur in *Dedans* auftaucht und die Derrida in *Circonfession* konzeptualisierte, stellt sich hier als kriti-

15 *Circonfession* evoziert die *Confessiones* des Augustinus (354–430), der in Thagaste in Numidien, im Gebiet des heutigen Algerien, geboren wurde.

16 Hélène Cixous, Prière d'insérer, in: dies., Portrait de Jacques Derrida en Jeune Saint Juif, unpagniert.

17 Derrida, Die Einsprachigkeit des Anderen, 47; ders., Le monolingualisme de l'autre, 48. Nur die englische Übersetzung spricht direkt von Zugehörigkeit zu diesen Phantasmen und Geistern, von einem »belong[ing] among them«, 25. Ders., Monolingualism of the Other. The Prosthesis of Origin, Stanford, Calif./Cambridge 1998.

18 Derrida, Die Einsprachigkeit des Anderen, 48; ders., Le monolingualisme de l'autre, 48.

sche Frage, sowohl zum gegenwärtigen Moment in Kultur als auch zur traumatischen Lektüre dieses Moments in einer »bemerkenswerten und markanten [*remarquable et remarquante*] Beispielhaftigkeit« des Unheim(at) lichen.[19]

In den Spuren dieser früheren Denkfiguren und, wie Nancy Wood überzeugend argumentiert, auf der Basis einer neuen Historiografie der Juden Algeriens, die sich seit den späten 1980er Jahren in Frankreich etabliert hat, präsentiert sich Derridas Sprecher in *Monolingualisme de l'autre* »in Parodie als der exemplarische Franko-Maghrebiner«, der die Züge dieser allgemeinen Gefühlsstruktur und Wissensform bezeugt, offenlegt, und auf heftigere und lebendigere Weise, »plus à vif«, zu lesen gibt.[20] Derridas Ansatzpunkt einer jüdisch-algerisch-französischen Perspektive in einer Theorie von (Nicht-) Zugehörigkeiten ist diese kritische Parodie, die zwischen dem Franko-Maghrebiner als Kernzeugen und Schlüsselfigur unserer nachmodernen Zugehörigkeit zu Geistern und dem jüdischen Franko-Maghrebiner aus Algerien als einem besonders beredten Zeugen solch franko-maghrebinischer Unheim(at)-lichkeit gleitet. Das Thema dieser Parodie ist Terror, genauer: ein Terror in Sprachen und Kultur, der unsere nachmoderne Zugehörigkeit zu Geistern produziert und sich im französischen Maghreb verdichtet, in den 1990er Jahren insbesondere in einer »politics of linguicide« in Algerien.[21]

Derrida argumentierte in *Monolingualisme de l'autre*, dass solcher Terror »um den Preis von Wunden ausgeübt wird, die direkt dem Körper eingeschrieben werden«, und dass »Körper« hier sowohl den eigentlichen Körper als auch den Sprach- und Schriftkörper meint sowie »das, was Sprache und Schrift zu einer Sache des Körpers macht.«[22] Haut ist somit, wie Jay Prosser formulierte, eine »katachrestische Schnittstelle«, auf der ein Terror in Sprachen und Kultur und die Transgressionen der Psyche und des Sozialen, die solchem Terror folgen, ins Soma forciert werden.[23] Prosser argumentiert, dass markierte und stigmatisierte Häute »auf die kulturelle Verortung [*placement*] von Subjekten verweisen«. Dies legt nahe, dass der paradigmatische Zusammenhang von Haut und Zugehörigkeitsfragen, der eingangs beschrieben wurde, in einer katachrestischen Verknüpfung von Markierung und Verortung oder, in Derridas obigem Sinn, in einer Situierung liegt.

19 Ebd.
20 Nancy Wood, Vectors of Memory. Legacies of Trauma in Postwar Europe, Oxford 1999, 167–184. Das Derrida-Zitat stammt aus Le monolingualisme de l'autre, 40; Die Einsprachigkeit des Anderen, 38.
21 Emily Apter, The Translation Zone. A New Comparative Literature, Princeton, N.J./ Oxford 2006, 95f.
22 Derrida, Die Einsprachigkeit des Anderen, 50.
23 Jay Prosser, Skin Memories, in: Ahmed/Stacey (Hgg.), Thinking through the Skin, 52–68, hier 58.

Derrida verdeutlichte dies in *Monolingualisme de l'autre*, indem er darauf hinwies, dass Markierung und Remarkierung, aber auch Rand und Falte, insbesondere die einer allgemeinen Struktur und einer bezeugenden Singularität, die Artikulation von partikularen Erfahrungen von Sprache und Kultur »möglich und notwendig mach[en].«[24] Stigmata und andere Narben verknüpfen diese »scheinbar abstrakten Begriffe« der Artikulation zu Hautgeschichten.[25] Prossers Begriff *skin autobiographies* folgend können wir Derridas beschnittenes Bekenntnis in *Circonfession*, seine Parodie der »Passion eines franko-maghrebinischen Märtyers« in *Monolingualisme de l'autre* wie auch Cixous' wenig spätere Essays *Stigmates* und *Mon Algériance* als Hautautobiografien aus Algerien lesen, die einen allgemeinen Terror in Kultur und Sprache und ein allgemeines Gesetz direkt auf dem Körper in einer Einzigartigkeit aufzeigen, neu einschreiben, und so spürbar machen.[26]

Hautautobiografien aus Algerien

In diesen Hautautobiografien formuliert sich die jüdisch-algerisch-französische Perspektive in einer Theorie von (Nicht-)Zugehörigkeiten als eine Spiegelung von »präzisen und datierten Stigmata«, wie Cixous in der folgenden Passage aus ihrem *Portrait* Derridas sagt:

> »Wenn wir auch nicht die Beschneidung gemein haben [...] – zumindest nicht die des Penis, denn die andere, die des Herzens, die habe ich auch gekannt – *die* Beschneidung, der Jacques Derrida seine Nobelwunden verliehen hat, spiegeln wir dennoch eine Anzahl präziser und datierter Stigmata, Algier 1967, 1870, Oran 1940, Algier 1940, 1942, 1954, 1956, all diese Daten von Passagen, Vertreibungen, Naturalisierungen, Entstaatsbürgerungen, Auseinschließungen, Türen in dein Gesicht geschlagen, Daten von Kriegen, von Kolonisierung, Inkorporierung, Assimilierung, Assimulierung, Indige/ni/sierung, die die Archive dessen konstituieren, was er ›mein Nostalgerien‹ und ich ›meine Algerianz‹ nenne, Daten und Ausschläge [...], psychische Hautausschläge infolge des Ausbruchs nationalistisch-rassistischer Kräfte [...].«[27]

Cixous' Aufzählung »präziser und datierter Stigmata« greift die drei »kritischen Kernmomente« einer neuen Historiografie der Juden Algeriens auf, von denen Wood spricht: das Crémieux-Dekret von 1870, das den Juden Algeriens die französische Staatsbürgerschaft zusprach, das Vichy-Regime im Algerien der 1940er Jahre, das ihnen diese absprach, und den algerischen

24 Derrida, Die Einsprachigkeit des Anderen, 49.
25 Ebd.
26 Zu Prossers Begriff der Hautautobiografien siehe ders., Skin Memories, 58f.
27 Hélene Cixous, Portrait de Jacques Derrida en Jeune Saint Juif, 12f. (Übersetzung von der Verfasserin).

Unabhängigkeitskrieg und Exodus algerischer Juden in den 1950er Jahren – Momente, die Zugehörigkeitsfragen aufwarfen und verschärften, insbesondere zu franko-maghrebinischer Staatsangehörigkeit als einer ganz und gar »unsicheren, frischen, bedrohten und artifiziellen« Form von Zugehörigkeit, wie Derrida in *Monolingualisme de l'autre* unterstrich.[28] Cixous – wie auch Derrida – greift allerdings diese historiografischen Parameter jüdisch-algerisch-französischer (Nicht-)Zugehörigkeiten nicht einfach nur auf. Ihre Datenreihe macht diese Momente ortsspezifisch und persönlich – mit Algier und Oran als Geburtsorten Derridas und ihres eigenen – und zugleich dehnbar, idiomatisch und höchst kontrovers: 1867 beantragte ein Vorfahre Cixous' neben nur 144 anderen Juden Algeriens die französische Nationalität, weitaus früher als das Crémieux-Dekret erlassen wurde und in seiner Sehnsucht quer zu den zeitgenössischen jüdischen und arabischen Kollektiven von (Nicht-)Zugehörigkeit in Algerien.[29]

Die Stationen dieser Daten evozieren eine unablässig prekäre Ökologie und Choreografie von Zugehörigkeitsmöglichkeiten. Cixous' Rede von diesen Daten als »Archiv« einer gemeinsamen Thematisierung der Erfahrung eines Drinnen des Draußen, das sich hier teils wortwörtlich und grafisch artikuliert, suggeriert in Berufung auf Derridas »Nostalgerien« und ihre eigene »Algerianz« eine Verknüpfung von Archivierung und Affizierung, die Transgressionen der Psyche, insbesondere in Hinsicht auf Heimkommen und Gedächtnis, direkt an Orte prekärer Herkunft bindet. Die Assoziierung von Daten mit »psychischen Hautausschlägen« verdeutlicht, dass solche Transgressionen ins Soma forciert werden und dabei Transgressionen des Sozialen folgen, wie im »Ausbrechen nationalistisch-rassistischer Kräfte« zur Zeit des Vichy-Regimes in Algerien, das Cixous hier als Schlüsselmoment einer solchen Markierung aufruft.

Der historiografische Kern der späteren Schriften von Cixous und Derrida ist in diesem Sinn von der Problematik ihrer Hautautobiografien und von Zugehörigkeitsfragen nicht zu trennen. Die Rede von »präzisen und datierten Stigmata« und »psychischen Hautausschlägen« verweist auf eine Form von Historiografie, die ihre Strenge aus der Analyse von Hautgeschichten bezieht, aus der Markierung und Remarkierung, aus Rand und Falte in der Geschichte. Hautautobiografie aus Algerien präsentiert eine serielle Mise en Scène von beispielhaft unheim(at)lichen Dispositionen und sprachlichen und historischen Figuren für eine solche Analyse. Viele dieser Figuren provozieren eine spezifische sprachliche und historische Analyse und bringen diese an die Grenzen ihrer Möglichkeit, wie in Cixous' Szene eines anderen

28 Wood, Vectors of Memory, 179; sowie Derrida, Die Einsprachigkeit des Anderen, 31; ders., Le monolingualisme de l'autre, 33.

29 Siehe dazu Cixous, My Algeriance, 162 f.

Vorfahren phantasmatischer (Nicht-)Zugehörigkeiten: »mein Großvater Samuel Cixous als ein Zouave« in ihrem *Portrait de Jacques Derrida*. *Zouave* ist der Name von Einheiten der französischen Armee, die zwischen 1831 und 1962 in Algerien operierten und ursprünglich aus dem Berberstamm der Zouaoua rekrutiert wurden, aber *faire le zouave* meint in französischer Umgangssprache »einen Clown abgeben«: »Nous étions toujours de drôles de zouaves« (wir, jüdische Franko-Maghrebiner Algeriens, waren immer sonderbare Clowns).[30]

Cixous zufolge werfen solcherart idiomatische und enigmatische, von Staatskräften indes massiv als unsicher bestimmte Szenen von Sprache und Geschichte nicht nur Fragen nach »einer Zugehörigkeit auf, die aus Ausschließung und Nicht-Zugehörigkeit besteht«, sondern sie drängen auch unablässig auf ihre Beantwortung.[31] Die jüdisch-algerisch-französische Perspektive in einer Theorie von (Nicht-)Zugehörigkeiten ist vielleicht am besten als Effekt dieses Drängens zu verstehen und Hautautobiografie als der Kunstgriff des Versuchs, solch konstitutiv widersprüchliche und überladene Zugehörigkeiten direkt auf dem Körper einer Einzigartigkeit lesbar zu machen. Die Besonderheit dieser Perspektive liegt in einem Umdenken, dass nicht nur die konventionelle Assoziierung von Zugehörigkeit mit Wurzeln und Ort betrifft, sondern auch die kritischere mit Transport und Ort, die in Probyns Verständnis einer zeitgenössischen Theorie von (Nicht-)Zugehörigkeiten aufkommt.[32]

Wurzeldenken und Transportgefühle

Probyn plädiert für eine Analyse von (Nicht-)Zugehörigkeiten, die nicht den definitiven Momenten des Ankommens oder Heimkommens gilt, sondern Zwischenmomenten von Transport.[33] Ihre Schlüsselfigur ist die Trapezkünstlerin, im Moment ihres Flugs, »when the trapeze artist has let go of one ring but hasn't yet grasped the other.«[34] Das cixoussche Bild dieser Figur im *Port-*

30 Cixous, Portrait de Jacques Derrida en Jeune Saint Juif, 107 f. Zur Ironisierung jüdischer Herkunft und Abstammung in frühmodernen, romanischen Literaturen siehe Susanne Zepp, Herkunft und Textkultur. Über jüdische Erfahrungswelten in romanischen Literaturen 1499–1627 (= Schriften des Simon-Dubnow-Instituts; Bd. 13), Göttingen 2010, 98–108.

31 Cixous, Portrait de Jacques Derrida en Jeune Saint Juif, 108.

32 Probyn, Outside Belongings, 41.

33 Ebd., 42.

34 Ebd.

rait de Jacques Derrida ist weitaus präziser, näher und bedenklicher in der Zeichnung des Momentums einer solchen Akrobatik von Zugehörigkeiten:

»Ein Zirkusgefühl ergriff uns. Man sah so viele sogenannte ›Juden aus Algerien‹ [...] ihren Trapezakt im Leeren aufführen. Als Franzosen kostümiert, aber mit der Kippa, man sagte das Scheitelkäppchen, warfen sie sich, von der Stange ihrer alten Kultur gelöst, die sie weit, in Marokko, zurückgelassen hatten, in den Abgrund, die Arme der gegenüberliegenden Stange entgegengestreckt, dem ersehnten Französischen, aber da ist Frankreich, feindselig, das sie ihnen entzieht. Die jüdischen Trapezkünstler klammern sich ans Leere. Eine verhinderte Gemeinschaft [*communauté en contretemps*].«[35]

Der Akt dieser jüdischen Trapezkünstler aus Algerien, die schon lange die Stange jüdischer Kultur und hebräischer Sprache freigegeben haben und ihre Arme der französischen Sprache und Kultur entgegenstrecken, die Frankreich ihnen allerdings entzieht, zeichnet einen singulären, kollektiven Querstrich (frz. *contretemps*) durch Probyns Bild von Transport. Festgeklammert an eine gähnende und – im buchstäblichen Sinn von *contretemps* – gegenzeitliche »Leere«, aus dem Takt der Zeiten gekommen und permanent verhindert, machen die cixousschen Trapezkünstler einen gähnenden Abgrund unter unserer Akrobatik von Zugehörigkeit sichtbar. Ihr Akt erzwingt ein kafkaeskes kollektives »Zirkusgefühl«, das von der Leere und Verhinderung des Momentums und auch der »Chance« von Transport, wie Probyn sagt, strukturiert ist.[36]

Derrida zog im Epilog zu *Monolingualisme de l'autre* einen ähnlichen Querstrich, indem er von seiner Parodie des exemplarischen Franko-Maghrebiners als Szene eines schweren Verkehrsunfalls *(accident de circulation)* spricht, »an den ich unaufhörlich denke.«[37] Er evoziert in diesem Bild einer zwingenden Denkform die brechtsche Straßenszene und ihren Kunstgriff von Demonstration in Geste und Körperbewegung, ihren »Akt einer ›Kundgebung‹«, für eine nachmoderne Mise en Scène von Transport, in der der Augenzeuge selbst Opfer des Verkehrsunfalls ist, sein Gedächtnis beschädigt ist und seine Demonstration überaus verspätet und suspekt.[38] Derrida insistiert, dass sein post-brechtianischer, selbstparodierender Akt in *Monolingua-*

35 Cixous, Portrait de Jacques Derrida en Jeune Saint Juif, 106.

36 Die Trapezkünstler bei Probyn und Cixous folgen den Seiltänzern, die bei Kant und Michel de Certeau als Schlüsselfiguren kultureller Analyse und bei Kafka als Schlüsselfiguren einer deutsch-jüdischen Literatur auftreten, siehe dazu mein Buch »Lebendige Schrift«. Repräsentation und Idolatrie in Moses Mendelssohns Philosophie und Exegese des Judentums, München 2000, 36–40. Der signifikante Unterschied in Hinsicht auf das Verstehen von Sprache und Kultur besteht im Trapezaktmomentum von Transport als Schüssel zu Zugehörigkeitsfragen.

37 Derrida, Die Einsprachigkeit des Anderen, 135; ders., Le monolingualisme de l'autre, 131.

38 Ebd., 139. Zur Problematik von Zeugenschaft in der brechtschen Straßenszene und ihren nachmodernen Implikationen im Bereich von Performancekunst siehe meinen Artikel Aesthetics of Unease. A Brechtian Study of Anna Deavere Smith's Eyewitness Performance in

lisme de l'autre keineswegs autobiografischen, anamnetischen oder intellektuell bildungsromanhaften Konventionen folge, sondern eher als ein »Exposé dessen [zu lesen wäre], was für mich eine solche Selbst-Exposition vereitelt hat; was mich also diesem Hindernis ausgesetzt hat und mich gegen es geschleudert hat.«[39]

Prekäre Gegenläufigkeiten in Zeit und Raum und Verhinderungen, von Kontakt oder Autoexposition, strukturieren so das eigenartige Transportgefühl in Cixous' Bild der jüdischen Trapezkünstler aus Algerien wie auch das Transportdenken in Derridas franko-maghrebinischer Szene eines schweren Verkehrsunfalls. Im Festklammern an eine Leere und im Schleudern gegen eine Feindseligkeit oder ein Hindernis – *élancer* bei Cixous, *jeter* bei Derrida – zeigt die jüdisch-algerisch-französische Akrobatik von Zugehörigkeit, dass sie zugleich weniger und mehr als eine Bewegung von Zugehörigkeit oder ein kritischer phatischer Moment ist. Festklammern und Schleudern sind in diesem Sinn Hyperbole von Zugehörigkeit und Transport, extreme und verstörende Artikulationen von Kontakt und Bewegung in einer Inszenierung ihrer Verhinderungen. Hyperbolismus, sagt Derrida in einer plötzlichen Wende zur Selbstfigurierung in der dritten Person, sei in sein Leben und Denken, insbesondere der Dekonstruktion, eingedrungen, indem dieser

> »einen kleinen französischen Juden aus Algerien dazu verleitet habe, sich bis in die allertiefste Wurzel vor der Wurzel und in der Ultra-Radikalität mehr *und* weniger französisch, aber auch mehr *und* weniger jüdisch als alle Franzosen, alle Juden und alle Juden aus Frankreich, und [...]; [mehr und weniger frankophon-maghrebinisch] als alle frankophonen Maghrebiner zu fühlen und manchmal zu wagen, sich in der Öffentlichkeit so zu nennen.«[40]

Derrida ist sich durchaus der Lächerlichkeit solch »infantiler Allegationen« bewusst.[41] Er insistiert allerdings zugleich auf der Unausweichlichkeit und der Ernsthaftigkeit von Hyperbolismus in seinem Denken im Allgemeinen und seiner Parodie eines exemplarischen Franko-Maghrebiners im Besonderen. Die Szene des »kleinen französischen Juden aus Algerien«, des jüdischen Pied-noir in Algerien zeigt Kindheit als eine Gefühlsstruktur, wie Probyn sagt, die »historische Fakten, wissenschaftliche Präpositionen, empirische Beobachtungen, tatsächliche Erfahrungen, [...] Versuche, diese konkret zu machen [...] [und] phantasmatische Bilder« auf der Basis eines Hyberbolismus miteinander vernetzt und »als Fakt, Präposition, Beobach-

»Fires in the Mirror«, in: Partial Answers. Journal of Literature and the History of Ideas 7 (2009), H. 2, 299–318.

39 Derrida, Die Einsprachigkeit des Anderen, 135; ders., Le monolingualisme de l'autre, 131.

40 Ebd., 84 bzw. 82 f.

41 Ebd.

tung und Erfahrung inkorporiert.«[42] Als »Bewegung in einer Bewegung« weist Derridas Hyperbole jüdisch-algerisch-französischer Kindheit auf eine intime Unheimlichkeit dieser Gefühlsstruktur hin:»[Es gibt] [j]emand in mir, der die Dinge so fühlt, so und nicht anders.« Diese Unheimlichkeit sprengt »bis in die allertiefste Wurzel vor der Wurzel und in der Ultra-Radikalität« jede Vorstellung von Wurzeln und von Radikalität in einer Figur zugeschriebener und angenommener Herkunft.[43]

Cixous' Eröffnungsszene in *Mon Algériance* gibt uns ein genaueres Bild von dieser intimen Unheimlichkeit einer Kindheit und dem hyperbolischen Umdenken von Wurzeln und (Nicht-)Zugehörigkeit, das sie möglich und notwendig macht:

> »In dem lächelnden und glücklichen kleinen Mädchen, das ich war, versteckte ich (vor anderen und vor mir selbst) ein heimliches, ruheloses, verstohlenes Mädchen, das wohl wusste, dass es in Wahrheit anderswo geboren war. Das obskure Gefühl hier durch Zufall erschienen zu sein, nicht zu irgendeinem Hier durch Erbschaft oder Herkunft zu gehören, das physische Gefühl, ein brechbarer Pilz zu sein, eine Spore, die über Nacht aufgegangen ist, die nur mit hastigen und zerbrechlichen Wurzeln die Erde fasst. Ein anderes Gefühl in den Schatten: die unverwüstliche Gewissheit, dass ›die Araber‹ die wahren Sprösslinge dieses staubigen und parfümierten Bodens waren. Aber wenn ich barfuß mit meinem Bruder auf den heißen Pfaden Orans ging, spürte ich, dass die Sohle meines Körpers von den Handflächen der alten Toten des Landes freundlich gestreichelt wurde, und die Qual meiner Seele war gelindert.«[44]

Die cixoussche Szene des »heimlichen Mädchens« offenbart eine Gefühlsstruktur und Wissensform, die die diasporische Ökologie und die unheim(at)liche Choreografie jüdisch-algerischer (Nicht-)Zugehörigkeiten in mykologischen Begriffen – Pilz, Spore – und »barfuß« misst. Mykologische Interventionen zeigen, was unter unseren Metaphern oder zwischen unseren Theorien lebt und drängen uns, »das Myzelium in unsere Interpretationen von Kultur aufzunehmen.«[45] Cixous' Szene illustriert die Zerbrechlichkeit dieses Lebens unter unseren Metaphern und Theorien von (Nicht-)Zugehörigkeit, wie auch das buchstäbliche Eingehen des Myzeliums in eine bestimmte Erfahrung von Kultur. »In den Schatten«, als eine nächtliche und parasitische, querlebende Erscheinung am Ort von Anderen, und im Streicheln mit Totem ist die myko-

42 Probyn, Outside Belongings, 96 (Übersetzung von der Verfasserin), im Rahmen ihrer Untersuchung von Kindheit als einer Gefühlsstruktur in Queer-Literatur.

43 Derrida, Die Einsprachigkeit des Anderen, 84; ders., Le monolingualisme de l'autre, 82.

44 Cixous, My Algeriance, 153 (Übersetzung von der Verfasserin). In der frz. Ausgabe *Mon Algériance* ist die Stelle auf Seite 259.

45 Noam Gal elaboriert dies im Rahmen einer ökokritischen Lektüre von Kafkas Aphorismus zu Menschen als Baumstämmen im Schnee. Siehe ders., A Way with Nature, in: Critical Arts. South-North Cultural and Media Studies (in Vorbereitung).

logische Intervention durch das cixoussche »heimliche Mädchen« intim unheimlich, in einem literarischen und zugleich biotischen Sinn.

Diese Kindheitsszene eines Ich, das barfüßig die heißen Pfade der Geburtsstadt erkundet, macht auf der Sohle ihrer Füße die gesteigerte Biodiversität lesbar, die Myzelien ermöglichen, indem sie Totes und Lebendiges zur Generierung neuen Bodens verdicken. Das mykologische Streicheln dieses Ich markiert einen neuralgischen Moment in der Geschichte einer jüdisch-algerisch-französischen Zugehörigkeit zu Geistern; zugleich verweist es auf eine Hautautobiografie aus Algerien und ihre Thematisierung eines Terrors in Kultur mittels Stigmata und »psychischen Hautausschlägen«. Das Querleben von Myzelien und seine generative Referenz auf ein Anderswo, auf Andere und auf Totes provoziert hier ein »barfüßiges« Denken und Fühlen von Ort, das die Ökologie und Choreografie von (Nicht-)Zugehörigkeiten und den Nexus von Archivierung und Affizierung anders registriert: hyperbolisch heftiger oder sanfter.

Der cixoussche Gang auf den »heißen Pfaden« jüdisch-algerisch-französischer Herkunft macht so das Querleben des Myzeliums unter unseren Theorien von (Nicht-)Zugehörigkeiten sichtbar, als Öffnung einer kritischen und neuralgischen Perspektive, die Subjekte und Umwelten für einen Moment auf andere Weise nahe zusammendenkt. Ökokritische Literaturstudien aus den letzten Jahren sprechen von der zeitgenössischen Notwendigkeit eines solchen Denkens in unserem Verständnis von Kultur.[46] *Mon Algériance* zeigt in der Eröffnungsszene, wie dieses Denken sich aus der Kultur des Orts öffnet und die jüdisch-algerisch-französischen Zugehörigkeitsmöglichkeiten bestimmt. Statt Wurzeln und Transport wird hier ein Querleben am Ort gedacht, das bisher nur ansatzweise artikuliert ist, und das uns in neue Zugänge zu einer Theorie von (Nicht-)Zugehörigkeiten drängt.

46 Siehe dazu ebd.; sowie Hsuan L. Hsu, Fatal Contiguities. Metonomy and Environmental Justice, in: New Literary History 42 (2011), H. 1, 147–168.

Gelehrtenporträt

Klaus Kempter

Joseph Wulf: Ein Churban-Historiker

Auf dem großen Friedhof von Holon, südlich von Tel Aviv, liegen der polnisch-jüdische Historiker Joseph (Józef) Wulf und seine Frau Jenta begraben. Auf Anfrage bei der Verwaltung der Chewra Kadischa erfährt man die Koordinaten der Grabstelle und findet dort das Grabmal, dessen von Wulf selbst entworfene hebräische Gravur sein Lebensprogramm spiegelt. Er erscheint auf dem Grabstein als »Dr. Wulf«, was seinen Stolz auf den ehrenhalber erlangten akademischen Grad zum Ausdruck bringt. Unter der üblichen biblischen Formel »Mögen ihre Seelen eingebunden sein in das Bündel des Lebens« steht die Widmung »Im Gedenken an die Familienangehörigen, die in der Schoah umkamen und kein Grab haben«. Dieses Gedenken an die Familie und an die Gesamtheit der ermordeten Juden Europas hatte der Auschwitz-Überlebende Wulf seit Januar 1945, nachdem er von einem Todesmarsch in Oberschlesien geflohen war, in eine gewissermaßen objektive Form gebracht. Auf der Grabplatte wird er als *Historion haschoa* (Historiker der Schoah) bezeichnet. Von 1945 bis zu seinem Tod im Oktober 1974 hatte er sich dieser Mission gewidmet: die Geschichte der jüdischen Katastrophe im Zweiten Weltkrieg zu dokumentieren und die Erinnerung an das vernichtete jüdische Volk, vor allem dasjenige Osteuropas, wachzuhalten.[1]

Vor dem mit dem Datum 1941/45 markierten Bruch in der Geschichte hatte nichts darauf hingedeutet, dass Wulf jemals auf dem Gebiet der Geschichtsschreibung arbeiten würde. Er war am 20. Dezember 1912 als Sohn des aus Polen stammenden Händlers Jehoschua (Szyja) Wulf in Chemnitz zur Welt gekommen und hatte seine Kindheit und Jugend seit 1918 in Krakau verbracht. Dort besuchte er sowohl eine religiöse Schule – damit der orthodox-chassidischen Tradition der Familie folgend – als auch eine weltliche, die er mit der Hochschulreife abschloss. Etlichen autobiografischen Äußerungen ist zu entnehmen, dass Wulf auch die bekannte Jeschiwa in Mir absolvierte. Angaben über ein Universitätsstudium in Krakau, Paris und Nancy erwiesen sich indes als unzuverlässig. Vielmehr scheint Józef Wulf, von den Zuwendungen seines vermögenden Vaters lebend, sich in den dreißiger Jahren ein wenig ziellos in Krakauer Künstler- und Literatenkreisen bewegt zu

1 Der Autor veröffentlicht 2012 im Simon-Dubnow-Institut eine ausführliche Biografie über Joseph Wulf. Auf Einzelnachweise wird daher hier weitgehend verzichtet.

JBDI / DIYB • Simon Dubnow Institute Yearbook 10 (2011), 407–430.

haben. Er lernte den Maler Abraham Neuman und den Dichter Mordechaj Gebirtig kennen, knüpfte Kontakte zu dem in Wilna lebenden etwa gleichaltrigen Dichter Abraham Sutzkever und schrieb Feuilletons und »Literarische Miniaturen«, die kurz vor dem Überfall der deutschen Wehrmacht als Buch erschienen sein sollen. Das erste Werk Wulfs, das sich der Nachwelt erhalten hat, entstand unter der deutschen Besatzung: eine Skizze des jiddischen Klassikers Jizchak Lejb Perez, die »arische« Bekannte Wulfs in der Kriegszeit aufbewahrten. Es wurde 1948 auf Jiddisch, der Muttersprache Wulfs, in Mark Turkows Reihe *Dos poilische jidntum* in Buenos Aires veröffentlicht.[2]

Nach seiner Gefangenschaft in Auschwitz-Monowitz (von April 1943 bis Januar 1945), der Ermordung seiner Eltern, seines Bruders, der Schwägerin sowie der kleinen Nichte war die Beschäftigung mit Belletristik für den »verwöhnten Schöngeist«[3] Wulf zu einem Luxus geworden, der der Bewältigung drängenderer Aufgaben zu weichen hatte. Dichtung konnte ihm nach Auschwitz, wie er ein Vierteljahrhundert später Elie Wiesel gegenüber erklärte,[4] nicht mehr viel bedeuten. So gab es für Wulf, der sich am Ende des Kriegs anschickte, sein Leben in neue Bahnen zu lenken, keine echte Entscheidungssituation: Er hatte im März 1945 gerade in Krakau seine Frau und seinen neunjährigen Sohn wiedergefunden, die sich jahrelang in einem Erdloch auf einem polnischen Bauernhof versteckt hatten, als er von der Gründung der polnischen Jüdischen Historischen Kommission hörte. Wulf nahm umgehend Kontakt zu Philip Friedman, deren führender Persönlichkeit, auf und schloss sich der regionalen Krakauer Gruppe an.[5] Sein Leben stand fortan im Zeichen der Aufarbeitung der jüdischen Katastrophe von 1941 bis 1945, die Jahrzehnte später in unterschiedlichen Kontexten als Holocaust und Schoah bezeichnet wurde, in der frühen Nachkriegszeit unter Juden aber hebräisch als Churban (jidd. *churbn*), was soviel wie »Vernichtung« oder »Verwüstung« bedeutet und zuvor die symbolisch bedeutendsten Einschnitte der älteren jüdischen Geschichte, die zweimalige Zerstörung des Tempels, benannte. Wulf wurde zum »Churban-Historiker«.[6]

2 JosephWulf, Lejenendik Perezn [Perez lesen], Buenos Aires 1948; siehe Jan Schwarz, A Library of Hope and Destruction. The Yiddish Book Series »Dos poylishe yidntum« (Polish Jewry) 1946–1966, in: Gabriel Finder u. a. (Hgg.), Making Holocaust Memory (Polin. Studies in Polish Jewry, Bd. 20), Oxford/Portland, Oreg., 2008, 173–196.

3 Zentralarchiv zur Erforschung der Geschichte der Juden in Deutschland (nachfolgend JZA), B. 2/7 (Sammlung Henryk M. Broder), 91/15, Nr. 42, Joseph Wulf an David Wulf, 2. August 1974.

4 Joseph Wulf, Offener Brief an Elie Wiesel, in: Neue Jüdische Zeitung, 28. Februar 1970.

5 Archiv des Jüdischen Historischen Instituts Warschau 303/XX/371, Wulf an Friedman, 15. März 1945; JZA, B. 2/1 (Nachlass Joseph Wulf), 94/03, Ordner Bellum, Friedman an Wulf, 26. März 1945.

6 So seine Selbstbezeichnung z. B. in einem Brief an Gideon Hausner vom 10. August 1970, in: ebd., B. 2/1, Nr. 546.

Kollektive Historiografie

In den ersten beiden Nachkriegsjahren traf das Thema der Judenvernichtung noch auf vergleichsweise großes Interesse. Zu jener Zeit fanden die bedeutenden Prozesse gegen bekannte NS-Täter statt – nicht nur in Nürnberg, sondern auch in Osteuropa: In Wulfs Heimatstadt Krakau standen Mitglieder der Wachmannschaft von Auschwitz und der Kommandant des Lagers Płaszów, Amon Göth, den Wulf als Mörder seines Vaters betrachtete, vor Gericht. Die Presse berichtete eingehend von den Gräueltaten. Zugleich erschienen in verschiedenen Sprachen Memoiren von Überlebenden, Berichte aus den Lagern, aber auch erste Versuche einer »wissenschaftlichen« Beschreibung und Analyse des Konzentrationslagersystems, etwa aus der Feder des deutschen Politologen Eugen Kogon und des französischen Journalisten David Rousset.[7]

Systematische Bemühungen um die Aufarbeitung der nationalsozialistischen Vernichtungspolitik unternahmen die Jüdischen Historischen Kommissionen, die unter anderem in Polen, in den DP-Camps auf deutschem Boden, in Ungarn, Rumänien und der Tschechoslowakei entstanden, sowie einige Überlebende, die sich die historische, mitunter auch kriminalistische Aufklärung zur Lebensaufgabe gemacht hatten: Simon Wiesenthal, damals in Linz und später in Wien als Leiter eines »Dokumentationszentrums« tätig, ist der Bekannteste unter ihnen, aber auch der 2010 verstorbene Tuvia Friedman (Towia Frydman), der erst in Wien als historischer Ermittler arbeitete und diese Arbeit später in Haifa mit seinem Institute of Documentation for the Investigation of Nazi War Crimes fortsetzte, hat Wirksamkeit entfaltet.

Im Unterschied zu Friedmans und Wiesenthals Ein-Mann-Unternehmen waren die Jüdischen Historischen Kommissionen Akteure einer kollektiven Historiografie, die zunächst vornehmlich auf das Auffinden, Sammeln, Deponieren und Veröffentlichen von Material setzte.[8] Sie folgten dem Im-

7 Eugen Kogon, Der SS-Staat. Das System der deutschen Konzentrationslager, München 1946; David Rousset, L'univers concentrationnaire, Paris 1946; siehe auch z. B. Tadeusz Borowski, Byliśmy w Oświęcimiu [Wir waren in Auschwitz], München 1946 (vgl. die deutsche Ausgabe des später ergänzten Bandes: Bei uns in Auschwitz, München 2008); Primo Levi, Se questo è un uomo, Turin 1947 (dt. Frankfurt a. M. 1961: Ist das ein Mensch?).

8 Siehe hierzu v. a. die wichtigen Publikationen der letzten Jahre: Laura Jockusch, Chroniclers of Catastrophe. History Writing as a Jewish Response to Persecution before and after the Holocaust, in: David Bankier und Dan Michman (Hgg.), Holocaust Historiography in Context. Emergence, Challenges, Polemics and Achievements, Jerusalem 2008, 135–166; dies., Khurbn Forshung. Jewish Historical Commissions in Europe, 1943–1949, in: Jahrbuch des Simon-Dubnow-Instituts/Simon Dubnow Institute Yearbook 6 (2007), 441–473; Boaz Cohen, Holocaust Survivors and the Genesis of Holocaust Research, in: Johannes-Dieter Steinert und Inge Weber-Newth (Hgg.), Beyond Camps and Forced Labor. Current International Research on Survivors of Nazi Persecution, Osnabrück 2005, 290–300; Natalia Aleksiun, The Central Jewish Historical Commission in Poland 1944–1947, in: Finder

puls, der bereits in den Jahren der Schoah unter anderem in den oft kolportierten letzten Worten Simon Dubnows »Juden, schreibt alles auf!«, in zahlreichen Tagebuchaufzeichnungen, in Vassilij Grossmans und Ilja Ehrenburgs dann unveröffentlicht gebliebenem *Schwarzbuch der sowjetischen Juden* und in der Arbeit des sogenannten Ringelblum-Archivs im Warschauer Ghetto wirksam gewesen war. Das Ziel war es zunächst, Quellen für die spätere Geschichtsschreibung zu sichern, die in den Kriegs- und Nachkriegswirren vernichtet zu werden oder verloren zu gehen drohten. In der polnischen Jüdischen Historischen Kommission unternahm man aus diesem Grund unter anderem eine umfassende sozialwissenschaftliche Befragung von etwa 7 000 Überlebenden, deren Ergebnisse neben den Sammlungen des Ringelblum-Archivs heute zu den Kernbeständen des Warschauer Jüdischen Historischen Instituts zählen.[9]

In der Krakauer Kommission gehörte Wulf sofort zu den herausragenden Persönlichkeiten. Neben dem Vorsitzenden Michał Borwicz, der das Lager Janowski bei Lemberg überlebt hatte, und der stellvertretenden Vorsitzenden Nella Rost, der Tochter des früheren liberalen Krakauer Rabbiners Osias Thon, leitete er die Vereinigung als Sekretär. Er teilte mit Borwicz bis zu einem gewissen Grad persönliche Interessen und Werdegang, beide waren recht typische Repräsentanten der frühen jüdischen Nachkriegsgeschichtsbewegung: überdurchschnittlich gebildet, literarisch interessiert und ambitioniert. Borwicz, ungefähr im selben Alter wie Wulf, hatte vor dem Krieg bereits veröffentlicht: Literaturkritiken, literargeschichtliche Artikel, aber auch einen Roman. Weder Wulf noch Borwicz waren, obschon nun als Zeithistoriker tätig, ausgebildete Geschichtswissenschaftler. Überhaupt gab es in den Jüdischen Historischen Kommissionen nur wenige Historiker; überwiegend waren es Gymnasiallehrer. Bei der Mehrheit der Mitarbeiter handelte es sich um Intellektuelle und Akademiker, doch meist eher um solche mit philologischer oder journalistischer Vorbildung.[10]

u. a. (Hgg.), Making Holocaust Memory, 74–97; dies., Polish Historiography of the Holocaust. Between Silence and Public Debate, in: German History 22 (2004), 406–432; Stephan Stach, Geschichtsschreibung und politische Vereinnahmungen. Das Jüdische Historische Institut in Warschau 1947–1968, in: Jahrbuch des Simon-Dubnow-Instituts/Simon Dubnow Institute Yearbook 7 (2008), 401–431; ders., »Praktische Geschichte«. Der Beitrag jüdischer Organisationen zur Verfolgung von NS-Verbrechern in Polen und Österreich in den späten 40er Jahren, in: Fritz Bauer Institut (Hg.), Opfer als Akteure, Interventionen ehemaliger NS-Verfolgter in der Nachkriegszeit, Frankfurt a. M./New York 2008, 242–262. – Einige vertiefende Aufsätze hierzu werden im Jahrbuch des Simon-Dubnow-Instituts 11 (2012) folgen.

9 Viele dieser verschriftlichten Zeugenaussagen finden sich auch in den Hinterlassenschaften von Joseph Wulf im Zentralarchiv zur Erforschung der Geschichte der Juden in Deutschland (JZA) in Heidelberg, <http://www.uni-heidelberg.de/institute/sonst/aj/PERSONEN/WULF/wulf.htm> (14. September 2011).

10 Siehe die Kurzbiografien in der demnächst erscheinenden Überblicksdarstellung von Laura

Die Jüdische Historische Kommission von Krakau galt bald als die produktivste in Polen. Sie begnügte sich nicht mit Zulieferdiensten für die von Philip Friedman geleitete zentrale polnische Kommission, die ihren Sitz in Łódź genommen hatte, sondern begann schon 1945, unter dem Redaktionskollektiv Michał Borwicz, Nella Rost und Józef Wulf, selbstständig Bücher und Broschüren zu verlegen. Der erste Band, den die Redaktion in der Reihe *Bücher der Jüdischen Historischen Kommission der Woiwodschaft Krakau* veröffentlichte, war eine Edition von *Dokumenten des Verbrechens und Martyriums* im besetzten Polen.[11] Danach, im Jahr 1946, erschienen in rascher Folge weitere Schriften: Band 2 enthielt die im Montelupich-Gefängnis aufgeschriebenen Erinnerungen von Gusta Draenger über den jüdischen Widerstand in Krakau, eingeleitet von Joseph Wulf.[12] Michał Borwicz veröffentlichte auf der Grundlage eigener Erfahrungen eine Monografie mit dem Titel *Universität der Schergen* (Uniwersytet zbirów) über das Konzentrationslager Janowski und eine weitere über *Literatur im Lager* (Literatura w obozie). Des Weiteren erschien der Augenzeugenbericht von Rudolf Reder, der im November 1942 aus Bełżec entflohen war – eine überaus wichtige Quelle, da kaum jemand dieses Vernichtungslager überlebt hatte.

Besonders interessant war der sechste Band der Reihe, der aus Anlass des dritten Jahrestages der Zerschlagung des Krakauer Ghettos veröffentlicht wurde.[13] Darin berichtete Nella Rost über die »jüdische Gesellschaft Krakaus während der deutschen Besatzung«. Fotografien vermittelten einen Eindruck vom Leben der Juden unter der deutschen Herrschaft, etwa von den Demütigungen durch deutsche Soldaten oder dem Chaos bei der kurzfristig angekündigten Zwangsumsiedlung ins Ghetto. Das Buch thematisierte darüber hinaus den Kampf um Selbstbehauptung, indem es mittels eines Augenzeugenberichts einer der wenigen Überlebenden der Jüdischen Kampforganisa-

Jockusch, »Collect and Record!« Jewish Holocaust Documentation in Postwar Europe, 1943–1953, New York (in Vorbereitung).

11 Dokumenty zbrodni i męczeństwa. Kolegium redakcyjne Michał M. Borwicz, Nella Rost, Józef Wulf (Książki Wojewódzkiej Żydowskiej Komisji Historycznej w Krakowie, Bd. 1), Kraków 1945.

12 Diese polnischen Aufzeichnungen wurden in verschiedene Sprachen übersetzt und mehrmals in deutschen Ausgaben veröffentlicht, zuerst als: Gusta Dawidsohn-Draengerowa, Tagebuch der Justyna, in: Arnold Zweig, Im Feuer vergangen. Tagebücher aus dem Ghetto, Berlin (DDR) 1958, 167–298. Wulf war selbst Mitglied der Widerstandsgruppe um Abraham Leibowicz, Adolf Liebeskind und das Ehepaar Szymszon und Gusta Draenger gewesen und hatte Anfang 1943 einen Monat im damaligen Gestapo-Gefängnis Montelupich eingesessen, bevor er nach Auschwitz deportiert wurde. Zum jüdischen Widerstand in Krakau siehe Andrea Löw/Markus Roth, Juden in Krakau unter deutscher Besatzung 1939–1945, Göttingen 2011, 182–195.

13 W 3-cią rocznicę zagłady ghetta w Krakowie, 13. III. 1943–13. III. 1946 [Zum 3. Jahrestag der Zerstörung des Ghettos in Krakau. 13. März 1943–13. März 1946], Kraków 1946.

tion deren Widerstandsaktionen dokumentierte. Wulf trug einen Artikel über die Künstler Mordechaj Gebirtig und Abraham Neuman bei, die beide im Juni 1942 ermordet worden waren. Dem bewunderten Gebirtig setzte Wulf ein eigenes Denkmal in Form einer kleinen Auswahl aus dessen Gedichten unter dem Titel *s' brent*, für die er die Einleitung schrieb.[14]

Von 1945 bis Anfang 1947 beteiligte sich Wulf an der Herausgeberschaft und Redaktion von etwa dreißig Büchern. Zusammen mit Borwicz profilierte er sich so als einer der produktivsten »Survivor Historians« im frühen Nachkriegspolen, sodass die im Frühjahr 1946 erfolgte Kooptation der beiden Krakauer in das Leitungsgremium, die sogenannte Exekutive, der Zentralen Jüdischen Historischen Kommission trotz mancher Meinungsverschiedenheit mit deren Direktor Philip Friedman folgerichtig erschien.[15]

Die Zusammenarbeit Wulfs mit Friedman währte allerdings nur wenige Monate. Dieser verließ das Land aus politischen Gründen im Sommer 1946 und ging über München und Paris nach New York, wo er schließlich an der Columbia University wirkte.[16] Er war unter den frühen jüdischen Holocaustforschern einer der wenigen ausgebildeten Historiker und sehr bald der wichtigste in diesem Kreis. Wulf hielt bis zu Friedmans frühem Tod 1960 brieflich Kontakt zu ihm. Zwei weitere Mitglieder der fünfköpfigen Exekutive, der Historiker Józef Kermisz und der Literaturwissenschaftler Nachman Blumental, wanderten 1950 nach Israel aus, wo sie erst im Kibbuz der Ghettokämpfer nördlich von Akko an der Sammlung von Dokumenten aus der Zeit der Schoah arbeiteten, bevor sie in den Mitarbeiterstab der neuen Gedenk- und Forschungsstätte Yad Vashem in Jerusalem aufgenommen wurden. Beide bildeten in den folgenden Jahrzehnten wichtige Knotenpunkte in Joseph Wulfs internationalem Beziehungsnetz, das sich wesentlich aus polnisch-jüdischen Historikern, ehemaligen Weggefährten aus den Jahren des Terrors und jiddischen Schriftstellern zusammensetzte. Zu ihm gehörten Nella Rost, die seit 1950 in Uruguay für den Jüdischen Weltkongress (World Jewish Congress – WJC) arbeitete, Marc Turkow aus Warschau, nunmehr in Buenos Aires Präsident der südamerikanischen WJC-Abteilung, dessen Bruder, der Schauspie-

14 Ein Exemplar des Büchleins findet sich in der Bibliothek von Beit lochamei hagetaot (bei Akko/Israel).

15 Auch die Arbeit der Zentralen Historischen Kommission war von erstaunlicher Produktivität. Sie publizierte 1945/46 u.a. mehrere Bücher zum Warschauer Ghettoaufstand, der für die Überlebenden zur Ikone der jüdischen Geschichte des Zweiten Weltkriegs werden sollte; Autoren waren Józef Kermisz, Marek Edelman und Ber Mark, der spätere Direktor des Jüdischen Historischen Instituts in Warschau. Des Weiteren entstanden Studien zu den Vernichtungslagern in Chełmno, Bełżec, Sobibór sowie zu weiteren Lagern und Ghettos. Siehe Aleksiun, Polish Historiography of the Holocaust, 414–419.

16 Siehe die Biografie von Roni Stauber, Laying the Foundations for Holocaust Research. The Impact of Philip Friedman, Jerusalem 2009.

ler, Regisseur und Publizist Jonas Turkow, sowie Simon Wiesenthal und Bernard Mark, der Leiter des 1947 aus der polnischen Jüdischen Historischen Kommission hervorgegangenen Jüdischen Historischen Instituts in Warschau, dem der Emigrant Wulf aus politischen Gründen indes in allenfalls feindseliger Kooperation verbunden war. Der Austausch mit Abraham Sutzkever in Israel und Lajser Ajchenrand in Zürich blieb zeitlebens eng, während ein weiterer berühmter jiddischer Dichter, Itzik Manger, sich an der Peripherie des wulfschen Beziehungsnetzes befand.

Die engste Kooperationsbeziehung Wulfs bestand zu Michał Borwicz, mit dem zusammen er Anfang 1947 Polen verließ. Im offiziellen Auftrag der Jüdischen Historischen Kommission fuhren die beiden – Wulf in Begleitung von Frau und Sohn – nach Schweden und kehrten absprachewidrig nicht mehr zurück. Noch im selben Jahr siedelten sie nach Paris über, wo sie sich in eine große polnisch-jüdische Exilgemeinde eingliedern konnten. Sie riefen ein Zentrum für die Geschichte des polnischen Judentums (Centre pour l'Histoire des Juifs polonais) ins Leben, dem in schon gewohnter Hierarchie bis 1951 Borwicz als Direktor und Wulf als sein Stellvertreter vorstanden. Zugleich knüpften sie Kontakte zu den bestehenden Einrichtungen der Churban-Historiografie, besonders dem von Isaac Schneersohn – aus der Familie der Lubawitscher Rebben – bereits 1943 gegründeten Centre de Documentation Juive contemporaine (CDJC), dessen leitender Mitarbeiter der aus St. Petersburg stammende Léon Poliakov war. Sowohl Wulf als auch Borwicz waren in der zionistisch-sozialdemokratischen Partei Poale Zion Hitachdut aktiv. In diesem Zusammenhang kam es zu einem tiefen Zerwürfnis, das eine weitere Zusammenarbeit ausschloss. Wulf empfand seine Situation in Paris 1951 jedenfalls als so unhaltbar, dass er nicht nur aus dem gemeinsam mit Borwicz geführten Forschungszentrum ausschied, sondern Frankreich ganz verlassen wollte: Seit 1952 pendelte er zwischen Paris und West-Berlin und lebte vornehmlich in der »Stadt des Reichssicherheitshauptamts«.[17] Mit der Übersiedlung seiner Frau 1956 war die Migration in das Land der Mörder abgeschlossen.

Wulfs historiografische Arbeit lag nach dem Verlassen des polnisch-jüdischen Milieus, in dem er sich in Paris bewegt hatte, jahrelang brach. Die Jüdischen Historischen Kommissionen gerieten Ende der vierziger Jahre nach ihrer Auflösung oder – seltener – nach ihrer Transformation in historiografische und kommemorative Institute weithin in Vergessenheit, obwohl sie mitunter umfangreiche protohistoriografische Arbeit geleistet hatten und damit frühzeitig der späteren Holocaustforschung den Weg hätten ebnen können.

17 JZA, B. 2/1, 94/03, Ordner Allgemeine Korrespondenz, Wulf an Extra-Dienst, 8. August 1974.

Eine Pioniertat der Holocaustforschung

In autobiografischen Äußerungen führte Wulf die für einen Auschwitz-Überlebenden überraschende Übersiedlung nach Berlin auf den Plan zurück, den Deutschen ihre Verbrechensgeschichte entgegenzuhalten. Das dürfte indessen zu einem guten Teil eine Stilisierung sein, ein später konstruiertes, dann rückwärts projiziertes Lebensprogramm. Tatsächlich war der Gang nach Berlin zum einen der Notwendigkeit geschuldet, nach dem Scheitern in Paris eine neue Basis zu finden, und zum anderen dem Mangel an alternativen Möglichkeiten: Wulf war in Sprache, Bildung und Geschmack ganz und gar Europäer. Eine Auswanderung nach Israel – ein fremdes Land im arabischen Raum, durchtränkt, wie er glaubte, von »Western-Atmosphäre«[18] – kam für ihn ungeachtet seiner in der Kriegs- und Nachkriegszeit gewonnenen zionistischen Überzeugung Anfang der fünfziger Jahre nicht infrage, und auch sein Visum für die Vereinigten Staaten, das ihm sein Freund, der damalige Berliner Rabbiner Nathan Peter Levinson, beschafft hatte, konnte er nicht nutzen: Er scheute sich vor dem Neuanfang auf einem anderen Kontinent, in einer fremden Sprache,[19] wohingegen er – vom Jiddischen kommend – mit dem Deutschen nur wenige Schwierigkeiten hatte. Zudem gab es einen materiellen Anreiz: Sein Vater hatte in West-Berlin ein großes Mietshaus besessen, und Wulf, seit seinem Rückzug aus dem Pariser Forschungszentrum stellungslos, gedachte sein Erbe anzutreten.

Leben in Berlin bedeutete freilich zunächst einmal Isolation und Einsamkeit. Eine polnisch-jüdische Gemeinschaft existierte nicht, die meisten der insgesamt wenigen in Berlin lebenden Juden waren deutsche Juden, »Jeckes«, gegen die Wulf als selbstbewusster »Ostjude«, der offensiv als solcher auftrat, Vorbehalte hegte – er fand sie angepasst, assimiliert und unterwürfig. Der deutschen Mehrheitsgesellschaft stand er aus leicht erklärlichen Gründen ohnehin äußerst reserviert gegenüber: Wulf blieb Staatenloser und fühlte sich zeitlebens im Exil.

Im Rückblick schrieb Wulf von »zwei – drei schweren Jahren«,[20] in denen er versuchte, seinem Leben eine materielle Basis zu geben. Er knüpfte Kontakte zu Journalistenkreisen, schrieb für die amerikanische Jewish Telegraphic Agency, doch der Durchbruch gelang ihm erst 1954, als er zufällig den sozialdemokratischen Verleger Arno Scholz kennenlernte, der sich davon überzeugen ließ, ein dokumentarisches Buch über die nationalsozialistische Judenpolitik zu veröffentlichen. Wulf wandte sich an seinen Pariser Bekannten Léon Poliakov, der als ehemaliger Prozessbeobachter in Nürnberg und

18 Ebd., B. 2/1, 92/21, Nr. 37, Wulf an Ursula Böhme, 8. September 1969.
19 Wulf lernte nie Englisch zu sprechen, wenn er auch später englische Fachliteratur las.
20 JZA, B. 2/1, 00/03, Regal 15.13, Wulf, »Evtl. zur Einleitung (9.2.1965)«.

Verfasser der weltweit ersten Monografie über den Churban[21] einer der besten Kenner des Gegenstands und der Quellenlage war, und gewann ihn für die Mitarbeit an dem Dokumentenband. Während Wulf an der Konzeption des Buches arbeitete und die Verlagskontakte, das Kaufmännische und die Vermarktung organisierte, steuerte Poliakov den Großteil der Dokumente bei, von denen eine Vielzahl im Pariser CDJC lag. Das Ergebnis war der Band *Das Dritte Reich und die Juden. Dokumente und Aufsätze*, erschienen 1955 in Scholz' Arani-Verlag. Es war das erste Buch in deutscher Sprache, das sich explizit mit dem Judenmord beschäftigte – ein Werk, das die Initialzündung der Holocaustforschung in Westdeutschland hätte sein können, wenn das Thema damals auf breiteres historiografisches Interesse gestoßen wäre.

Dieser erste, umfangreiche Band des Herausgebergespanns Poliakov/Wulf bot einen Überblick über die damals bekannten aussagekräftigen Dokumente, die zum Teil in den Nürnberger Prozessen vorgelegen hatten, zum Teil später aufgefunden worden waren, darunter das Protokoll der sogenannten Wannsee-Konferenz vom Januar 1942, der Bericht von Kurt Gerstein über die Massenvergasungen in Bełżec und die 1946 in Haft verfassten Aufzeichnungen von Dieter Wisliceny, eines engen Mitarbeiters von Adolf Eichmann. Der Judenmord wurde mittels Dokumenten und einzelnen historiografischen Aufsätzen in seiner Genese, von der rechtlichen Diskriminierung über Beraubung und Vertreibung bis zur Vergasung in den Vernichtungsstätten auf polnischem Gebiet, dargestellt. In ihrem Vorwort betonten Poliakov und Wulf indes, dass der chronologische Ablauf nicht einfach ein Kontinuum bildete. Der Mord an den Juden war in ihren Augen keine Fortsetzung und kein Exzess des Raubs. Vielmehr erkannten sie in ihm den Umschlag von verbrecherischer Zweckrationalität zu gänzlicher Irrationalität. In der »Trunkenheit des Sieges« habe es »auch in früheren Zeiten schon Massenmorde« gegeben, »Frauen und Kinder wurden auf Schwerter gespießt«. In dieser Traditionslinie standen für Poliakov und Wulf auch die Kriegsverbrechen von Dresden und Hiroshima. »Noch nie aber wurde der Massenmord zum primären Zweck, zu einem stur verfolgten Selbstzweck, erhoben.«[22] Die beiden Herausgeber betonten mithin sehr früh die Jahrzehnte später so genannte Singularität des Holocaust. In der veröffentlichten Rezeption wurde diese Diagnose allerdings nirgends diskutiert.

Dies bedeutet nicht, dass das Buch nicht auf Interesse gestoßen wäre, doch dieses richtete sich nicht auf Interpretationen, sondern auf die bloßen Fakten,

21 Léon Poliakov, Bréviaire de la haine. Le IIIe Reich et les Juifs, Paris 1951 (engl.: Harvest of Hate. The Nazi Program for the Destruction of the Jews of Europe, New York 1956).

22 Léon Poliakov/Joseph Wulf, Das Dritte Reich und die Juden. Dokumente und Aufsätze, Berlin 1955, 3.

die seit Ende der vierziger Jahre, seit dem Auslaufen der alliierten Prozesse – eine deutsche gerichtliche Aufarbeitung fand seit der Gründung der Bundesrepublik praktisch nicht statt – dem Vergessen oder der Verdrängung anheimgefallen waren. *Das Dritte Reich und die Juden* geriet zu einem veritablen Erfolg auf dem Buchmarkt. Die erste Auflage von 3000 Exemplaren war trotz des hohen Preises von fast 40 Mark rasch verkauft, eine zweite erschien bereits 1956, später auch eine preiswerte gekürzte Sonderausgabe. Zudem wurde das Buch ins Französische, Niederländische und Spanische übersetzt. Es gab Besprechungen in lokalen und überregionalen Tageszeitungen, im Rundfunk wie auch in historischen Fachzeitschriften, und die Tendenz der Rezensionen war fast durchweg positiv: Die Publikation der Dokumente sei notwendig und verdienstvoll, das Buch biete endlich einen Überblick über die NS-Judenpolitik, hieß es allenthalben. Für die zweite Auflage warb der Verlag mit Zitaten der Nobelpreisträger Max von Laue, Max Born und Hermann Hesse, die das Buch der Jugend zur politischen Aufklärung empfahlen. Auch die etablierte bundesdeutsche Geschichtswissenschaft, die bislang einen großen Bogen um das Thema »Endlösung« gemacht hatte, akzeptierte Poliakovs und Wulfs »Dokumentation«, während sie im darauffolgenden Jahr fast unisono die deutsche Ausgabe der Gesamtdarstellung von Gerald Reitlinger[23] als unwissenschaftlich und ressentimentgeladen ablehnte.[24]

Diese günstige Aufnahme des Buches war unter anderem die Frucht einer ausgeklügelten, in brieflichen Diskussionen entworfenen Strategie der beiden »Autoren«,[25] die versuchten, wo möglich, die Abwehr der deutschen Leser gegen die Kränkung ihrer »nationalen Eigenliebe«[26] zu schwächen und Einwänden wie dem, sie als Betroffene seien nicht objektiv, von vornherein keine Grundlage zu bieten. Dem diente ein längeres Kapitel über »Solidarität und Hilfe« für die Juden seitens ihrer nichtjüdischen Mitbürger. Obwohl es in dieser Hinsicht in Deutschland, anders als in Italien, den Niederlanden oder Bulgarien, nicht viel zu vermelden gab – was Wulf durchaus bewusst war –,[27] erklärte man die gelebte Solidarität zu einer bedeutenden Strömung in der deutschen Bevölkerung. Eine andere Abteilung des Buches befasste

23 Gerald Reitlinger, Die Endlösung. Hitlers Versuch der Ausrottung der Juden Europas. 1939–1945, Berlin 1956.

24 Siehe Nicolas Berg, Lesarten des Judenmords, in: Ulrich Herbert (Hg.), Wandlungsprozesse in Westdeutschland: Belastung, Integration, Liberalisierung 1945–1980, Göttingen 2002, 91–139.

25 JZA, B. 2/1, 92/21, Nr. 102, Briefwechsel zwischen Poliakov und Wulf.

26 Léon Poliakov, Avant-propos à l'édition française, in: ders./Joseph Wulf, Le IIIe Reich et les Juifs, Paris 1959.

27 Vgl. neuerdings Arno Lustiger, Rettungswiderstand. Über die Judenretter in Europa während der NS-Zeit, Göttingen 2011.

sich mit den Leiden der Opfer. Poliakov und Wulf waren sich anfangs nicht einig, ob überhaupt Aussagen von jüdischen Verfolgten in das Buch aufgenommen werden sollten; sie entschieden sich am Ende dafür. Um aber der naheliegenden Kritik vorzubeugen, die Sicht von Verfolgten und KZ-Insassen könne überhaupt nicht unvoreingenommen sein, beschränkten sie sich auf Aussagen von Kindern und von Naturwissenschaftlern, die in Lagern eingesessen hatten, denn Kinder – so bemerkten sie in ihrer Einleitung – seien »noch unfähig, sich nationalen, rassischen oder gar politischen Erwägungen hinzugeben«, Wissenschaftler wiederum hätten gelernt, »subjektive Gefühle zurückzustellen«.[28]

Das wichtigste Element von Poliakovs und Wulfs publizistischer Strategie war aber die Wahl des Genres, dem der »Anthologie« von Dokumenten vorwiegend staatlicher Provenienz, als der »neutralste[n] und unvoreingenommenste[n]« Methode, die Deutschen mit ihrer verbrecherischen Vergangenheit zu konfrontieren.[29] Abgesehen vom Vorwort und den Einleitungen zu den einzelnen Kapiteln enthielt der Band keine expliziten Bewertungen der Editoren. Die Dokumente sollten für sich sprechen. Und tatsächlich wurde gerade diese »objektive« Qualität von den Rezensenten lobend hervorgehoben und der Machart von Reitlingers Monografie gegenübergestellt. Während diese von antideutschen Ressentiments zeuge, sei die »Chronik des Grauens« von Poliakov/Wulf von äußerster Sachlichkeit geprägt.[30]

Die dokumentarische Objektivität von Wulf/Poliakovs *Das Dritte Reich und die Juden* machte sogar Eindruck auf die Gemeinde überzeugter Nazis, die sich in Juan Domingo Peróns Argentinien versammelt hatte, um weiter unbehelligt ihrem politischen Glauben zu huldigen. Nach der Publikation des Buches geriet deren vergangenheitspolitische Strategie der Leugnung der Verbrechen, der Minimierung der Opferzahlen, der Entlastung des angeblich unwissenden »Führers« und der Schuldzuschreibung an obskure Kreise außerhalb der angeblich idealistischen NS-Führung ernsthaft ins Wanken.[31]

28 Dies., Das Dritte Reich und die Juden, 251.

29 JZA, B. 2/1, 92/21, Nr. 102, Poliakov an Wulf, 22. September 1954; Wulf an Poliakov, 24. September [1954].

30 Heinz-Günther Seraphim, Rezension zu Reitlinger, Die Endlösung, in: Das Historisch-Politische Buch 5 (1957), 50 f.; ders., Rezension zu Poliakov/Wulf, Das Dritte Reich und die Juden, in: Das Historisch-Politische Buch 4 (1956), 215. Zur Rezeption in der historischen Wissenschaft siehe ferner Harry Pross, Die deutsch-jüdische Katastrophe, in: Neue Politische Literatur 1 (1956), 243; Heinrich Muth, Zeitgeschichte. Innenpolitik seit 1933, in: Geschichte in Wissenschaft und Unterricht 8 (1957), 506–520, hier 511.

31 Bettina Stangneth, Eichmann vor Jerusalem. Das unbehelligte Leben eines Massenmörders, Zürich/Hamburg 2011, 232 f. Jahre später bereitete sich der aus Argentinien entführte Adolf Eichmann unter anderem mithilfe des ersten Buchs von Poliakov/Wulf auf seinen Prozess in Jerusalem vor.

Summa summarum lässt sich sagen, dass Wulfs erstes deutsches Buch ein ansehnlicher Erfolg war, der ihn zu weiteren publizistischen Unternehmungen anregte.

Aufklärung im Land der Täter

Schon im Jahr darauf, 1956, veröffentlichten Poliakov und Wulf eine weitere voluminöse Dokumentensammlung. Unter dem Titel *Das Dritte Reich und seine Diener* wurden zwei Gruppen von Amtsträgern des NS-Reichs in ihren Haltungen gegenüber den Juden und mit ihren Beiträgen im »Krieg gegen die Juden« dargestellt: Diplomaten und Wehrmachtsgeneräle. Poliakov und Wulf hatten Dokumente zusammengestellt, die die Verwicklung der deutschen gesellschaftlichen Eliten – als Mitwisser, aber auch als Mittäter – aufzeigten. Sie stützten sich, wie im ersten Buch, unter anderem auf Protokolle der einschlägigen Nürnberger Prozesse: des sogenannten Wilhelmstraßenprozesses gegen den ehemaligen Staatssekretär im Auswärtigen Amt, Ernst von Weizsäcker, und andere hochrangige Vertreter der Ministerialbürokratie und der Prozesse gegen die Wehrmachtsführung.

Die bundesdeutsche Gesellschaft hatte in ihrer überwiegenden Mehrheit abwehrend auf die justizielle Aufarbeitung der NS-Verbrechen durch die Alliierten reagiert. Weizsäcker war dabei zu einer Symbolfigur für die vermeintlich ungerechtfertigte politische Verfolgung der traditionellen adlig-bürgerlichen Eliten geworden. Analoges galt im Hinblick auf das Militär für Generalfeldmarschall Erich von Manstein, der in der Nachkriegszeit als apolitischer militärischer Führer, der lediglich seine soldatische Pflicht erfüllt habe, hohes Ansehen genoss. Das Buch Poliakovs und Wulfs stellte derlei Lesarten infrage. Mittels Quellenauszügen belegte es unter anderem Weizsäckers Mitwisserschaft bei der Deportation von Juden in die Vernichtungslager und seine Duldung dieser Verbrechen, ebenso wie die verbrecherischen Befehle Mansteins, der die Ermordung von jüdischen Zivilpersonen als den »geistigen Trägern des bolschewistischen Terrors« hinter der Ostfront rechtfertigte.[32] Dabei ging es Poliakov und Wulf nicht um Entlarvung einzelner prominenter Täter, sondern um die Gesamtschau der Verbrechen und des deutschen Apparats, der sie ins Werk gesetzt hatte. Nach der Lektüre von *Das Dritte Reich und seine Diener* konnten jedenfalls kaum mehr Zweifel an der weitgehenden Kollaboration der Wehrmacht und großer Teile des diplomatischen Dienstes bei der Ermordung der europäischen Juden bestehen.

32 Léon Poliakov/Joseph Wulf, Das Dritte Reich und seine Diener. Dokumente, Berlin 1956, 451–453.

Damit war in zahlreichen Einzelfragen ein – potenzieller – Anfang der Forschung markiert. Es sollte indes noch mehrere Jahrzehnte dauern, bis diese tatsächlich einsetzte.

Im danach folgenden dritten Dokumentenband, dem letzten, den er gemeinsam mit Léon Poliakov publizierte, nahm Wulf die geistige Elite des ehemaligen Deutschen Reichs ins Visier. *Das Dritte Reich und seine Denker*, wie sein spöttischer Titel lautete, musterte die Schriften von Wissenschaftlern, Publizisten und Journalisten im Hinblick auf ihre Haltung zum Nationalsozialismus. Über die Anlage des Bandes hatten zuvor Auseinandersetzungen mit Arno Scholz stattgefunden. Dieser erwartete ein Buch über die totalitäre Steuerung der öffentlichen Meinung und des Kulturbetriebs durch die Instanzen des Nazi-Staats und war überrascht, als Wulf stattdessen die freiwillige Zustimmung und den Opportunismus der Vertreter des deutschen Geisteslebens thematisierte. In Einzelfällen wie dem des Berliner Zeitungswissenschaftlers Emil Dovifat musste Wulf dann auf die Publikation einschlägiger Zitate verzichten, denn Scholz wollte bestimmte Personen nicht vor den Kopf stoßen. Am Ende bot das *Denker*-Buch wie schon die Vorgängerbände ein großes Panorama. Bedeutende Gelehrte wie der Philosoph Heidegger und der Physik-Nobelpreisträger Lenard standen neben aufstrebenden Nachwuchswissenschaftlern wie den Juristen Ernst Rudolf Huber oder Ernst Forsthoff, eingefleischte Nazis neben angepassten Konservativen, bekannte NS-Ideologen neben Redakteuren von Provinzzeitungen.[33] Sichtbarer noch als mit den Vorgängerbüchern betraten Poliakov und Wulf mit dem *Denker*-Band Neuland, denn hier ging es nicht um politische Geschichte und auch nicht direkt um die Verbrechen des NS-Staats, sondern um den kulturellen Hinter- oder Wurzelgrund, der auf allenfalls vermittelte Weise zur Barbarisierung Deutschlands beigetragen hatte. Das einzige vergleichbare Werk war bis dahin in Amerika erschienen: die Monografie *Hitler's Professors* (1946) des YIVO-Direktors Max Weinreich, die nie ins Deutsche übersetzt wurde.

Mit dem Buch über die *Denker* endete die Zusammenarbeit mit Poliakov, der sich nun ganz auf seine Hochschulkarriere in Frankreich konzentrierte und zu einem der führenden Forscher auf dem Gebiet der Ideologiegeschichte des Antisemitismus, dann auch des Rassismus wurde. In den folgenden Jahren arbeitete Wulf als Privatgelehrter allein, unterstützt nur von seiner von ihm selbst finanzierten Sekretärin, an weiteren Dokumentenbänden und einigen knappen monografischen Arbeiten, die sich schließlich zu einem Lebenswerk von 19 Büchern und unzähligen kürzeren Texten, vorwiegend Rundfunkbeiträgen, summierten.

33 Léon Poliakov/Joseph Wulf, Das Dritte Reich und seine Denker. Dokumente, Berlin 1959. Vgl. Nicolas Berg, Ein Außenseiter der Holocaustforschung. Joseph Wulf (1912–1974) im Historikerdiskurs der Bundesrepublik, in: Leipziger Beiträge zur jüdischen Geschichte und Kultur 1 (2003), 311–346, hier 320f.

So gab er in der Schriftenreihe der Bundeszentrale für politische Bildung zwei kleinere Dokumenteneditionen über die Ghettos von Warschau und Łódź heraus, schrieb eine kurze Biografie des norwegischen Judenretters Raoul Wallenberg, einen Abriss über die Nürnberger Gesetze von 1935 und eine sprachkritische Studie zum Vokabular der Nationalsozialisten.[34] Im Arani-Verlag folgte 1961 im Format der großen Bände, die er zusammen mit Poliakov gemacht hatte, *Das Dritte Reich und seine Vollstrecker*, das im Wesentlichen aus dem Bericht des SS-Kommandeurs Stroop über die Niederschlagung des Aufstands im Warschauer Ghetto und einer Sammlung von Kurzbiografien einiger daran beteiligter NS-Täter bestand.[35]

Wulfs Arbeiten konzentrierten sich stark auf Ereignisse und Personen; die gleichzeitig in der zünftigen Geschichtsschreibung auftretenden methodischen Innovationen der Strukturgeschichte interessierten ihn dagegen nicht. Sein kurzes Porträt Heinrich Himmlers und seine ausführlichere Studie zu Martin Bormann sind einer traditionellen, feuilletonistisch anmutenden Biografik verpflichtet, und auch eine größere Studie über die SS, die er im Auftrag des Magazins *Der Spiegel* ausarbeitete, dann aber andernorts veröffentlichen musste, da der Redakteur Heinz Höhne das Thema selbst bearbeiten wollte, nahm einzelne herausgehobene Personen (Himmler, Heydrich, Pohl und andere) zum Ausgangspunkt.[36]

In den frühen sechziger Jahren ermöglichte der Sigbert Mohn Verlag in Gütersloh Wulf mit regelmäßigen Honorarzahlungen über zwei Jahre die Erstellung von fünf großen Dokumentenbänden, die sich mit der Kulturpolitik des nationalsozialistischen Deutschland und der Rolle von Künstlern, Intellektuellen und Kulturfunktionären befassten. In einer großen Kraftanstrengung unterzog Wulf Literatur, bildende Kunst, Musik, Theater und Film sowie Presse und Funk einer näheren Betrachtung. Neben den Büchern, die er gemeinsam mit Poliakov herausgegeben hatte, stellt diese Reihe Wulfs Hauptwerk dar. Er war auf diese Editionen besonders stolz, handelte es sich doch um Pionierarbeiten; und tatsächlich dauerte es viele Jahre, bis die zuständigen Fachwissenschaftler großflächige Forschungen in Angriff nahmen.

All diese Publikationen fügen sich in der Gesamtschau zu einem groß angelegten Versuch, die bundesdeutsche Gesellschaft über ihre NS-Vergan-

34 Joseph Wulf, Vom Leben, Kampf und Tod im Ghetto Warschau, Bonn 1958 (2. Aufl. 1960); ders., Lodz. Das letzte Ghetto auf polnischem Boden, Bonn 1962; ders., Aus dem Lexikon der Mörder. »Sonderbehandlung« und verwandte Worte in nationalsozialistischen Dokumenten, Gütersloh 1963; ders., Raoul Wallenberg, Berlin 1959; ders., Die Nürnberger Gesetze, Berlin 1960.

35 Ders., Das Dritte Reich und seine Vollstrecker. Die Liquidation von 500.000 Juden im Ghetto Warschau, Berlin 1961.

36 Ders., Heinrich Himmler. Eine biographische Studie, Berlin 1960; ders., Martin Bormann. Hitlers Schatten, Gütersloh 1962; ders., L'Industrie de l'horreur, Paris 1970.

genheit aufzuklären. Wulf unternahm es, die aktive wie passive, direkte wie indirekte Beteiligung verschiedener Segmente dieser Gesellschaft, vor allem der Eliten, an den Verbrechen des NS-Reichs (und an deren geistiger Vorbereitung) dokumentarisch zu belegen. Diese Aufklärung richtete sich dann auch gezielt gegen historische Mythen und Legenden, deren Wuchern Wulf in privaten Briefen und unveröffentlicht gebliebenen Projektskizzen immer wieder beklagte. Dazu gehörten der Nimbus des Unpolitischen und Antinationalsozialistischen, den sich Angehörige der Wehrmachtsgeneralität oder des höheren diplomatischen Dienstes im Nachhinein zuzulegen bemüht waren, ebenso wie die unter Gelehrten und Intellektuellen weit verbreitete Behauptung, die eigenen pronazistischen Äußerungen seien bloße Camouflage gewesen, unter der sich eine entgegengesetzte Gesinnung verborgen habe. Seit den fünfziger Jahren plante Wulf eine metahistorische Veröffentlichung, in der er die Verfälschung und Verzerrung der Zeitgeschichte mittels der überbordenden Erinnerungsliteratur – etwa der bekannten Generalsmemoiren, zum Beispiel Mansteins *Verlorene Siege* – wie auch der journalistischen und akademischen Historiografie einer durchgreifenden Musterung und Korrektur unterziehen wollte. Eine solch systematische Publikation kam nicht zustande, Wulfs dezidiert kritisch-aufklärerische Stoßrichtung wurde aber in den späten Jahren unter anderem in seiner unveröffentlicht gebliebenen Arbeit über die Wehrmachtsführung, *Die verantwortlichen hohen Offiziere um Hitler*,[37] und verschiedenen weiteren öffentlichen Äußerungen besonders zum militärischen Widerstand deutlich. Im Jahr 1974, anlässlich des 30. Jahrestags des Staatsstreichversuchs vom 20. Juli 1944, lieferte Wulf sich eine briefliche Kontroverse mit der Gralshüterin des preußisch-adlig-militärischen »anderen Deutschland«, der *Zeit*-Herausgeberin Marion Gräfin Dönhoff, in der er auf die Ambivalenz zahlreicher Gestalten des Widerstands – vor allem deren oft langjährige Zustimmung zu Hitlers Eroberungs- und Kriegspolitik – hinwies.[38]

Resonanz

Anders als sein gängiges Image als tragische, stets unverstanden gebliebene und aus dem deutschen Geschichtsdiskurs ausgeschlossene Figur es will, empfand Joseph Wulf seine Arbeit auch nach dem großen Erfolg des ersten Buches als fruchtbar und befriedigend. Die Verkaufszahlen von *Das Dritte*

37 JZA, B. 2/7, 91/15, Nr. 40.
38 Ebd., B. 2/1, 94/03, Ordner Allgemeine Korrespondenz, Briefwechsel zwischen Wulf und Dönhoff.

Reich und die Juden erreichte er zwar nie wieder, doch auch *Das Dritte Reich und seine Diener* erlebte rasch eine zweite Auflage. Die Bormann-Biografie wurde ins Französische und ins Italienische übersetzt, und allmählich wurde Wulf zu einem gefragten Publizisten. Nach Arno Scholz' Arani-Verlag brachte der Colloquium-Verlag von Otto H. Hess Bücher von ihm heraus, und die Zusammenarbeit mit Sigbert Mohn verschaffte ihm für eine gewisse Zeit finanzielle Planungssicherheit. Von den Autorenvorschüssen konnte Wulf mit seiner Frau recht komfortabel leben und zudem eine Mitarbeiterin bezahlen. Überdies knüpfte er nützliche Kontakte zur Bundeszentrale für politische Bildung, die zwei Bücher und immer wieder auch Aufsätze von ihm publizierte. Er war in fast allen bundesdeutschen Rundfunkanstalten bekannt und bekam besonders in den sechziger Jahren lukrative Aufträge, die das Leitmedium Radio, in Einzelfällen auch das Fernsehen, für seine aufklärerischen Texte öffneten. Nach der Publikation der fünf Bände über die Kultur im Dritten Reich, die auf der Frankfurter Buchmesse 1963 einiges Aufsehen erregten, genoss er eine Zeitlang eine gewisse Prominenz, wurde vom *Spiegel* um Beiträge gebeten und von Journalisten interviewt.

Auch was die Bewertung seiner Arbeiten durch die zeitgenössische Kritik angeht, so lässt sich nicht von Ausgrenzung oder Isolation sprechen. Wulfs Bücher wurden im Rundfunk, in den großen überregionalen Zeitungen und Zeitschriften sowie in vielen lokalen Blättern besprochen, meist mit günstiger Tendenz. Die wissenschaftliche Rezeption in den wichtigen Journalen *Neue Politische Literatur*, *Das Historisch-Politische Buch* und *Geschichte in Wissenschaft und Unterricht* war keineswegs durchgängig von Geringschätzung und Feindseligkeit geprägt, wenn auch immer wieder die Verletzung wissenschaftlicher Standards kritisiert wurde, etwa Willkür bei der Quellenauswahl, mangelhafte Präsentation der Dokumente, fehlende Kommentierung und dergleichen.[39]

Scharfe inhaltliche Kritik war die Ausnahme, in ihrer Stoßrichtung und Argumentationsweise aber wiederum charakteristisch für den Stand der sogenannten Vergangenheitsbewältigung in den späten fünfziger und sechziger Jahren. Sie war vor allem gegen den angeblich anklägerischen Duktus der wulfschen Arbeiten gerichtet. Obwohl weder Wulf noch Poliakov die Absicht hatten, Enthüllungshistoriografie zu betreiben, blieb es nicht aus, dass in den veröffentlichten Dokumenten zahlreiche Namen auftauchten, deren Träger sich als NS-nah diskreditiert hatten, und das stieß nicht nur den

39 Siehe z. B. Thilo Vogelsang, Rezension zu Poliakov/Wulf, Das Dritte Reich und seine Diener, in: Das Historisch-Politische Buch 5 (1957), 242 f.; Hellmut Seier, Wissenschaft und Justiz im Dritten Reich, in: Neue Politische Literatur 5 (1960), 1089–1100; Hans Lamm, Diener des Unrechtsstaats, in: Allgemeine Wochenzeitung der Juden in Deutschland, 4. Januar 1957.

Bloßgestellten übel auf, sondern auch den Fürsprechern einer diskreteren Variante der Historiografie.

Martin Broszat, damals ein junger Mitarbeiter des später von ihm geleiteten Münchner Instituts für Zeitgeschichte, begegnete dem Band *Das Dritte Reich und seine Diener* mit einem veritablen Verriss in der Zeitschrift *Neue Politische Literatur*, in dem er den Aussagewert einzelner Dokumente und damit den ganzen Ansatz der Poliakov/Wulf-Bände infrage stellte: »Ein ›gez. X‹ unter einem Schriftstück aus dem Bereich der Judenverfolgung beweist noch nichts und besagt möglicherweise sehr wenig über die Verantwortlichkeit dieses Herrn X, ja es kann irreführend werden, wenn nicht gleichzeitig das ganze Geflecht von Kompetenzen, individuellen und allgemeinpolitischen Antrieben und Voraussetzungen entwirrt wird, die im Einzelfall wirksam gewesen sind.« Die »überaus komplizierte […] Frage nach der Haltung von Beamtenschaft, Offizierskorps und anderen berufsmäßigen Trägern des Staates zum Nationalsozialismus« lasse sich, anders als Poliakov und Wulf seiner Wahrnehmung nach annahmen, mit amtlichen Dokumenten nicht »zureichend beantworten«, weil »solche Zeugnisse wirklich eindeutig nur eine sehr formale Teilhabe einzelner Personen und Personenkreise (durch Unterschriften etc.) zu erweisen vermögen.«[40] Der rechtskonservativ-nationalistische Autor Armin Mohler griff in seiner Besprechung von *Das Dritte Reich und seine Denker* ebenfalls den Aspekt der Namensnennung und damit der Zuschreibung persönlicher Verantwortung kritisch heraus und lehnte das Buch »als eine Art Adressbuch« zur »Fortführung« der von ihm verabscheuten »Entnazifizierung« ab.[41] Ähnlich schroff urteilte der in Köln lehrende jüdische Soziologe Alphons Silbermann, der die NS-Zeit in der australischen Emigration verbracht hatte, über Wulfs fünfbändige Dokumentation zur Kultur im Dritten Reich. Diese stelle einzelne Personen bloß, ohne darauf einzugehen, ob sie sich nach dem Untergang des Dritten Reiches geläutert hätten. »Wer selbst einmal unter dem Übel des Denunziantentums hat leiden müssen«, erklärte Silbermann scharf und bündig, »der wird verstehen, wenn wir sagen, dass diese Art von ›Dokumentation‹ uns anwidert, selbst wenn sie mit noch so viel Fleiß erarbeitet ist.«[42]

Diese Kritiker sind, was ihre Herkunft und ihre politisch-ideologische wie wissenschaftlich-methodische Verortung angeht, nicht auf einen Nenner zu bringen. Sie repräsentierten zweifellos eine wichtige Unterströmung in der bundesdeutschen politischen Kultur, die vergangenheitspolitisch hegemo-

40 Martin Broszat, Probleme zeitgeschichtlicher Dokumentation, in: Neue Politische Literatur 2 (1957), 298–304.

41 Armin Mohler, Rezension zu Poliakov/Wulf, Das Dritte Reich und seine Denker, in: Das Historisch-Politische Buch 8 (1960), 244.

42 Alphons Silbermann, Was heißt Dokument, in: Die Welt, 27. Mai 1965.

niale, von Hermann Lübbe so genannte »asymmetrische Diskretion«, die zwar den Nationalsozialismus kategorisch ablehnte, die »Verstrickung« der Einzelnen aus Gründen des funktionalen gesellschaftlichen Zusammenhalts aber nicht thematisierte. In der Gesamtschau der Reaktionen auf Wulfs Arbeit bleibt dennoch festzuhalten: Dominant war die Abwehr der wulfschen Erkenntnisse, wie Broszat, Mohler und Silbermann sie praktizierten, keineswegs.

Dies heißt nicht, dass die Einsichten, die Wulfs Dokumente vermittelten, zum Allgemeingut geworden wären. Im Gegenteil: Der Befund der zahlreichen Rezensenten, es handle sich um notwendige und verdienstvolle Bücher, blieb bemerkenswert wirkungslos. Weder folgte auf das erste Buch eine breitere Beschäftigung mit dem Holocaust, noch gerieten die von Wulf und Poliakov in *Das Dritte Reich und seine Diener* breit behandelten Tätergruppen in die Diskussion. Die von Wulf allein geschriebenen und herausgegebenen Bücher machten ihn zwar zum Pionier, jedoch nur im Sinne eines Vorläufers, nicht in dem eines Wegbereiters. Die deutsche Historikerschaft ließ sich von ihm nicht anregen, ihre Aufmerksamkeit der »ungeheuerlichsten Tragödie unseres Jahrhunderts«[43] zuzuwenden.

Vielmehr gerieten Wulfs Arbeiten – auch ihre späteren Neuauflagen[44] – mehrfach in Vergessenheit. Für diesen Prozess steht beispielhaft die Geschichte der Erforschung des Auswärtigen Amtes im Nationalsozialismus: Die erste gründliche Spezialstudie zur alles andere als peripheren Rolle der Diplomaten bei der »Endlösung« erreichte die Öffentlichkeit in den siebziger Jahren. Sie stammte aus der Feder des amerikanischen Historikers Christopher Browning und wurde fast vier Jahrzehnte lang nicht übersetzt. Zu Anfang der neunziger Jahre erschien, verfasst von Hans-Jürgen Döscher, endlich eine vergleichbare deutsche Arbeit.[45] Beide rekurrierten indes nicht auf die Pionierarbeit von Poliakov/Wulf. Mehr als ein halbes Jahrhundert nach der Veröffentlichung von *Das Dritte Reich und seine Diener* und Jahrzehnte nach den Studien Brownings und Döschers erregte schließlich eine offiziöse Untersuchung zur NS-Vergangenheit des Auswärtigen Amtes die

43 Poliakov/Wulf, Das Dritte Reich und seine Diener, VII.

44 Der Rowohlt-Taschenbuchausgabe der fünf Kultur-Bücher (1966) folgten Neudrucke und Sonderausgaben bei Ullstein (1989). Der K. G. Saur Verlag realisierte 1978 eine Neuauflage der bei Arani erschienenen Dokumentenbände, desgleichen der Fourier Verlag im Jahr 1989.

45 Christopher Browning, The Final Solution and the German Foreign Office. A Study of Referat D III of Abteilung Deutschland 1940–1943, New York/London 1978; Hans-Jürgen Döscher, SS und Auswärtiges Amt im Dritten Reich. Diplomatie im Schatten der Endlösung, Frankfurt a. M./Berlin 1991. Zur Forschungsgeschichte siehe auch Hürter, Das Auswärtige Amt, die NS-Diktatur und der Holocaust. Kritische Bemerkungen zu einem Kommissionsbericht, in: Vierteljahrshefte für Zeitgeschichte 59 (2011), 167–192, hier 169 f.

deutschen Gemüter: Im Herbst 2010 erschien das umfang- und detailreiche Werk einer vom seinerzeitigen Bundesaußenminister Joseph Fischer 2006 eingesetzten namhaften Historikerkommission.[46] Die öffentlichen Reaktionen von Politikern wie dem amtierenden Außenminister Guido Westerwelle und mehreren seiner Vorgänger, von Journalisten wie dem FAZ-Herausgeber Frank Schirrmacher, und sogar von Geschichtsprofessoren, etwa dem Leiter der Historikerkommission Eckart Conze, waren angesichts der Enthüllungen weithin vom Gestus der Überraschung, der Erschütterung, des Schocks geprägt.[47]

Dabei unterschieden sich die wesentlichen Ergebnisse nicht von den Einsichten, die aus der *Diener*-Dokumentation zu gewinnen waren. Doch die dort dargebotenen Erkenntnisse hatten keinen Platz im gesellschaftlichen Langzeitgedächtnis gefunden, wogegen die Selbstbeschreibung der diplomatischen Elite als unpolitisch und gegenüber dem Nationalsozialismus resistent selbst in der Historikerschaft einen nachhaltigen Einfluss ausgeübt zu haben scheint. Die Historikerkommission des Auswärtigen Amtes jedenfalls pries sich im Jahr 2010 als Zerstörerin solcher Mythen und verschwieg die Pionierrolle Poliakovs und Wulfs, obwohl sie sich in einem erheblichen Teil ihrer Darstellung auf deren Dokumentation stützte.[48] Diese Geschichte des *Diener*-Buchs und seiner fehlenden Integration in die historische Fachwissenschaft ist durchaus symptomatisch für die akademische Rezeption von Wulfs Werk. Es bildete zu keiner Zeit einen Referenzpunkt der Fachöffentlichkeit. Die Bücher tauchen zwar hier und da der Vollständigkeit von Bibliografien halber auf, zur Forschungsgeschichte gehören sie nicht.

Dessen ungeachtet konnte Wulf sich im Zeitraum von der Mitte der fünfziger bis zum Ende der sechziger Jahre mit Recht als durchaus erfolgreich wahrnehmen. Seinen Adressatenkreis sah er in erster Linie nicht in den Fachleuten, sondern im politisch und zeithistorisch interessierten Laienpublikum. Dieses erreichte er, soweit das eben möglich war. Seine Arbeiten fanden genug Resonanz, damit er stolz auf seine Leistung als »Ein-Mann-For-

46 Eckart Conze u. a., Das Amt und die Vergangenheit. Deutsche Diplomaten im Dritten Reich und in der Bundesrepublik, München 2010.

47 Frankfurter Allgemeine Sonntagszeitung, 24. Oktober 2010, 1 und 33–39, bes. Frank Schirrmacher, Die Täter vom Amt, und die Protokolle der Gespräche Schirrmachers mit Eckart Conze und Joschka Fischer.

48 Eberhard Rondholz, »Und die Massenmörder züchten Blumen«, in: Konkret 1 (2011), 38 f.; Klaus Kempter, Der unbequeme Aufklärer. Joseph Wulf belegte schon vor 50 Jahren die Beteiligung des Auswärtigen Amtes am Holocaust, in: Jüdische Allgemeine, 16. Dezember 2010. Christopher Browning hingegen erkannte in seiner 2010 auf Deutsch erschienenen Studie Poliakov und Wulf als Vorreiter an: ders., Die »Endlösung« und das Auswärtige Amt. Das Referat D III der Abteilung Deutschland 1940–1943, Darmstadt 2010, 10.

schungsinstitut«[49] sein konnte. Verschiedene Preise, die er im Lauf der sechziger Jahre erhielt – der Leo-Baeck-Preis des Zentralrats der Juden, der Heinrich-Stahl-Preis der Berliner Jüdischen Gemeinde, die Carl-von-Ossietzky-Medaille der Internationalen Liga für Menschenrechte –, bestärkten ihn darin ebenso wie das Interesse der Presse an seiner Person oder die Tatsache, dass er mit bedeutenden deutschen und jüdischen Intellektuellen in Austausch treten konnte – darunter so unterschiedlich ausgeprägten Persönlichkeiten wie Ernst Jünger, Günter Grass und Nahum Goldmann. Den Höhepunkt der ersehnten Anerkennung erreichte er 1970, als die Philosophische Fakultät der Freien Universität Berlin ihm die Ehrendoktorwürde verlieh. Es war ihm gelungen, die Beschädigung, die sein Leben durch Auschwitz erlitten hatte, produktiv zu wenden. Wulfs Versuch der kämpferischen Traumabewältigung schien gelungen.[50]

Neue Unbefangenheit

Am Ende der sechziger Jahre schlug das Bild jedoch um. Auf unterschiedlichen Feldern musste Wulf feststellen, dass die seit Beginn des Jahrzehnts währende ertragreiche Periode der gesellschaftlichen Aufarbeitung der Vergangenheit, die das Schweigen der fünfziger Jahre abgelöst hatte, zu Ende ging. Dies zeigte sich zunächst beim Scheitern eines Vorhabens, auf das er große Hoffnungen gesetzt hatte: Zwischen 1966 und 1970 führte Wulf eine Bürgerinitiative an, die in der Villa am Großen Wannsee, in der am 20. Januar 1942 die Konferenz über die »Endlösung« stattgefunden hatte, ein Internationales Dokumentationszentrum zur Erforschung des Nationalsozialismus und seiner Folgeerscheinungen einrichten wollte. Er sammelte einen Kreis von vergangenheitspolitisch engagierten Aktivisten um sich und wappnete den neu gegründeten Verein zusätzlich mit einem Kuratorium, dem unter anderem Fritz Bauer, Karl Jaspers, Helmut Gollwitzer, Rolf Hochhuth, Max Horkheimer, Golo Mann, Kurt Scharf und Simon Wiesenthal angehörten. Trotz dieser prominenten Unterstützung und ungeachtet seiner anfänglichen Ermutigung des Vorhabens ließ der sozialdemokratische West-Berliner Senat sich nicht überzeugen. Erst erklärte er, die Wannsee-Villa für diesen Zweck

49 Hans Lamm, Der Kaddisch-Schreiber einer Generation. Heinrich-Stahl-Preis an Joseph Wulf verliehen, in: Allgemeine Wochenzeitung der Juden in Deutschland, 21. April 1967.

50 Barbara Breysach, Verbrennen, Widerstehen, Aufdecken und Bewahren. Über Joseph Wulfs Wirken in Krakau, Paris und Berlin, in: Margrid Bircken/Helmut Peitsch (Hgg.), Brennende Bücher. Erinnerungen an den 10. Mai 1933, Potsdam 2003, 95–109; Gespräch des Verfassers mit David Wulf, 17. Mai 2009.

nicht zur Verfügung stellen zu können, und dann brach er auch sein Versprechen, das Dokumentationszentrum an einem anderen Ort einzurichten.[51]

Zur gleichen Zeit musste Wulf, der von dem Dokumentationszentrum auch eine dauerhafte ökonomische Absicherung seiner Existenz erhofft hatte, erleben, dass seine publizistische Arbeit »nicht mehr gefragt«[52] war. Verlage und Rundfunkanstalten interessierten sich immer weniger für NS-Geschichte, Aufsatzmanuskripte und Buchideen Wulfs wurden ein ums andere Mal mit dem Hinweis abgelehnt, es gebe keinen Markt mehr für derlei Literatur. Insgesamt entstanden in den siebziger Jahren kaum noch empirische Studien über den Nationalsozialismus – zumal über dessen Judenpolitik –, stattdessen übte man sich in der Verbreitung vulgärmarxistisch inspirierter Faschismustheorien.

Zugleich bemerkte Wulf mit Sorge, dass die deutsche Haltung zu den Juden sich wandelte. War im Gefolge des Jerusalemer Eichmann-Prozesses und der Frankfurter Auschwitz-Prozesse, mit der nun endlich einsetzenden justiziellen und der sich verbreiternden publizistisch-historischen Aufarbeitung des Holocaust, der offiziöse Philosemitismus Staatsräson und die Unterstützung des neuen Staates Israel gerade im progressiven Lager selbstverständlich gewesen, so änderte sich das mit dem Juni-Krieg von 1967 schlagartig. Nun schwenkte die in der Öffentlichkeit lautstark sich artikulierende Neue Linke – die Gruppen der studentischen Außerparlamentarischen Opposition – auf Solidarität mit den Palästinensern und immer schärfere Kritik am angeblich kolonialistischen, dem amerikanischen Imperialismus dienstbaren Judenstaat um. Die seit 1969 amtierende sozialliberale Reformregierung unter dem Antifaschisten Willy Brandt passte sich im Zuge ihrer Entspannungspolitik gegenüber dem kommunistisch beherrschten Osten in mancher Hinsicht dessen Sprachregelungen an und subsummierte, wie die polnische Regierung, die gerade in einer antizionistischen Kampagne fast alle noch in Polen lebenden Juden vertrieben hatte, die jüdischen Opfer des Nationalsozialismus unter die ermordeten Angehörigen des polnischen Volkes, auf diese Weise den exzeptionellen Charakter des Holocaust verdrängend.

Diese »neue Unbefangenheit«[53] der vom linken Zeitgeist bewegten Bundesrepublik beunruhigte Wulf aufs Äußerste. In Briefen an den Theologen Helmut Gollwitzer, einen seiner engsten Gesprächspartner jener Jahre, und an den in Brüssel lebenden Monowitz-Kameraden Jean Améry beklagte sich

51 Gerd Kühling, Schullandheim oder Forschungsstätte? Die Auseinandersetzung um ein Dokumentationszentrum im Haus der Wannsee-Konferenz (1966/67), in: Zeithistorische Forschungen/Studies in Contemporary History 5 (2008), H. 2, <http://www.zeithistorische-forschungen.de/16126041-Kuehling-2-2008> (19. Juli 2011).

52 JZA, B. 2/1, 92/21, Nr. 17, Wulf an Eric M. Warburg, 12. Juni 1970.

53 JZA, B. 2/1, Nr. 647, Wulf an Jesco von Puttkamer, 17. Januar 1970.

Wulf bitter über die Geschichtsvergessenheit der neuen radikalen und der alten sozialdemokratischen Linken, nannte deren Abwendung von den existenziellen Nöten der israelischen Juden einen neuerlichen Verrat, eine Wiederkehr der traumatischen jüdischen Verlassenheit der Jahre 1939 bis 1945, und scheute sich nicht, auch öffentlich von linkem Antisemitismus zu sprechen.[54]

Seine eigene Verlassenheit, das Gefühl der Isolation, die Unmöglichkeit, sich mit den neuen politischen Strömungen in der Bundesrepublik, in die er zunächst große Hoffnung gesetzt hatte, zu verständigen, ist in Wulfs Briefen der letzten Jahre ein wiederkehrender Topos. Das Jahr 1968 stellte für ihn keinen Wendepunkt der Befreiung, Emanzipation und Demokratisierung dar, sondern einen Rückfall in Zeiten der Geschichtsvergessenheit und ein Dementi seiner eigenen aufklärerischen Arbeit. In einem Brief an seinen Sohn David vom August 1974 benannte er die kulturelle Hegemonie der Neuen Linken und das Desinteresse an den Verbrechen des Nationalsozialismus als zwei Seiten einer Medaille: »Dieses Land ist verpestet«, bilanzierte er resigniert, »die Jugend und die Studenten« und »andere Linke« befänden sich auf ideologischen Holzwegen, während die Mörder sich in Sicherheit wähnen konnten: »Ich habe hier 18 Bücher über das Dritte Reich veröffentlicht und das alles hatte keine Wirkung. Du kannst Dich bei den Deutschen totdokumentieren, es kann in Bonn die demokratischste Regierung sein – und die Massenmörder gehen frei herum, haben ihr Häuschen und züchten Blumen.«[55]

Zwei Monate später nahm Joseph Wulf sich das Leben. Für diesen Entschluss war sicher der Tod seiner geliebten Frau Jenta im Jahr zuvor entscheidender als die gesellschaftliche und politische Isolation, die in dem Brief an seinen Sohn zum Ausdruck kommt.[56] Unübersehbar ist aber auch, dass Wulf, der sich in den Nachkriegsjahrzehnten einen – stets prekären – Platz in der deutschen Gesellschaft erkämpft hatte, das Gefühl hatte, dieser Platz sei wieder verloren gegangen. Aus diesem Grund hat er vor seinem Suizid dafür Sorge getragen, dass der zunächst auf dem Berliner jüdischen Friedhof bestattete Leichnam seiner Frau nach Israel überführt und er selbst ebenfalls nicht in deutscher Erde begraben, sondern im jüdischen Staat zur letzten Ruhe gebettet wurde.

54 Ebd., Nr. 527, Wulf an Gollwitzer, 1. Juni 1973; ebd., Nr. 96, Wulf an Gollwitzer, 23. Januar 1974; ebd., 94/03, Ordner »Allgemeine Korrespondenz«, Wulf an Améry, 11. August 1974; Joseph Wulf, Antisemitischer Antizionismus (Leserbrief), in: Berliner Extra-Dienst, 16. August 1974.

55 JZA, B. 2/7, 91/15, Nr. 42, Joseph Wulf an David Wulf, 2. August 1974.

56 Gerhard Schoenberner, Ein Blatt für Joseph Wulf, in: Aktion Sühnezeichen/Friedensdienste (Hg.), Sachor – Nicht vergessen. Erinnerung an Joseph Wulf, Berlin 1989, 15–20.

Nachleben

Schon in seinen letzten Jahren war es um Wulf, der Mitte der sechziger Jahre einen ansehnlichen Bekanntheitsgrad erreicht hatte, still geworden. Seinen Tod brachte das Boulevardblatt *Bild* auf die Schlagzeile »Berühmter Berliner Forscher sprang aus dem 4. Stock«, und einige andere Zeitungen erwähnten den Suizid ebenfalls, doch weithin spiegelte das Schweigen der Presse die Randstellung, in die der jüdische Churban-Historiker am Ende wieder geraten war. Seine Sekretärin Ursula Böhme fasste es in einem Brief an den mit Wulf befreundeten Bundeswehr-Reformer Wolf Graf Baudissin lakonisch zusammen: »Ich weiß, dass Joseph Wulf für viele in Deutschland unbequem gewesen ist – ich wusste allerdings nicht, dass man so weit gehen würde, seinen Tod nicht zur Kenntnis zu nehmen (weder die *Zeit* noch der *Spiegel* haben bisher über ihn geschrieben).«[57] Und Jean Améry erklärte nach der Todesnachricht: »Ich war damals gerade bei der Buchmesse in Frankfurt, es hat mich empört, dass keine der deutschen Schriftsteller-Größen auch nur ein Wort darüber verlor.«[58] Als Wulf am 22. Oktober 1974 in Holon zu Grabe getragen wurde, waren neben seinem Sohn David, Ursula Böhme und einigen Gefährten Wulfs aus den Jahren des Churban nur noch Gerhard Schoenberner, der Autor der Fotodokumentation *Der gelbe Stern*, zeitweilige Mitstreiter Wulfs und nunmehrige Leiter des Goethe-Instituts in Tel Aviv, sowie dessen Frau Mira anwesend.

Kurz vor Wulfs Tod war der junge Journalist Henryk M. Broder, ebenfalls polnisch-jüdischer Herkunft, auf den einzelgängerischen Historiografen aufmerksam geworden. Er las in der linken Postille *Berliner Extra-Dienst* eine Polemik Wulfs, in der der neulinke, antizionistische Antisemitismus aufgespießt wurde. Zu einer persönlichen Begegnung kam es nicht mehr, aber Broder blieb auf Wulfs Spuren. Er beschäftigte sich eingehend mit dessen von seiner Mitarbeiterin Ursula Böhme verwahrten Hinterlassenschaften und stellte eine Fernseh- und Radiodokumentation zu Wulfs Leben zusammen, die von dessen dramatischem Tod ausging und Wulf als einen tragischen Außenseiter und Einzelgänger schilderte. Da es keine Filmaufnahmen und nur ganz wenige für den Hörfunk nutzbare Originaltöne Wulfs gibt, setzte Broder die Lebensgeschichte mithilfe von Interviews mit zeitweiligen Wegbegleitern in Szene. Die meisten von ihnen kannten Wulf nicht sonderlich gut, sie standen ebenfalls unter dem Eindruck des Suizids und der späten Jahre des Scheiterns. Mit diesen Arbeiten Broders sowie biografischen Skizzen des Archivars Walter Huder und des Journalisten Joachim March, zweier

57 JZA, B. 2/7, 91/15, Nr. 36, Böhme an Baudissin, 3. November 1974.
58 Ebd., B. 2/1, 94/03, Ordner »Allgemeine Korrespondenz«, Améry an Böhme, 25. November 1974.

Berliner Bekannter Wulfs, war der Ton für die weitere Rezeption von Wulfs Werk und Biografie, soweit eine solche überhaupt stattfand, angestimmt.[59] Seither erscheint Wulf fast durchgängig als Gescheiterter, als Außenseiter, dem nie Gehör geschenkt wurde,[60] und dessen Tod eine Spätfolge von Auschwitz war, wie es der von Broder zustimmend zitierte Nachruf der *Frankfurter Rundschau* so bündig wie suggestiv festhielt: »Das Martyrium von Joseph Wulf begann mit dem Einfall der Nazideutschen in Polen im September 1939, es hat, mit Unterbrechungen, 35 Jahre, bis zum Oktober 1974, gedauert.«[61] Auch Nicolas Bergs scharfsinnige Auseinandersetzung mit Wulf und seinem Werk, am bekanntesten in der Dissertation von 2003 mit dem Titel *Der Holocaust und die westdeutschen Historiker*, schrieb dieses Narrativ fort: Er sei »auf der ganzen Linie gescheitert«.[62] In Bergs Deutung wurde Wulfs Leben in Deutschland in erster Linie von mangelnder Anerkennung und der Verweigerung der Integration seiner Perspektiven durch die historische Fachwissenschaft bestimmt.[63]

So treffend diese Beobachtungen sind und so unzweifelhaft Wulfs Leben von den Schrecken des Holocaust und der mangelnden gesellschaftlichen Befassung damit geprägt war, scheint es kurz vor dem 100. Geburtstag an der Zeit, auch diese *lachrymose history* (Salo W. Baron) zu korrigieren und den anderen Wulf ins Licht zu rücken: den beinahe unermüdlichen, manchmal obsessiven Dokumentaristen, den streitbaren Aufklärer und kämpferischen Publizisten, von dem die Literaturwissenschaftlerin Barbara Breysach zu Recht behauptet hat, er sei, verglichen mit anderen ehemaligen Insassen von Konzentrationslagern, relativ ungebrochen aus Auschwitz zurückgekehrt.[64] Diesen Joseph Wulf, der mit Energie seiner Lebensaufgabe, der Historiografie des Churban, nachging, muss man sich als glücklichen Menschen vorstellen.

59 Walter Huder, Remigration als Todesfalle. In memoriam Joseph Wulf, in: ders., Von Rilke bis Cocteau. 33 Texte zu Literatur und Theater im 20. Jahrhundert, Berlin 1992, 397–428 (der Text stammt aus dem Jahr 1975); Joachim March, Joseph Wulf. Historiker der jüdischen Tragödie, Sender Freies Berlin, 30. März 1977 [30 Minuten], in: JZA, B. 2/1, 02/06, Nr. 8.

60 Siehe dazu auch diverse Beiträge in Aktion Sühnezeichen/Friedensdienste (Hg.), Sachor – Nicht vergessen. Erinnerung an Joseph Wulf.

61 Kurt Kaiser-Blüth (Nachruf), in: Frankfurter Rundschau, 17. Oktober 1974, zit. nach Henryk M. Broder, »… in den Wind gesprochen«, in: Journal für Geschichte 6 (1991), 41–48, hier 48.

62 Berg, Ein Außenseiter der Holocaustforschung, 316.

63 Ders., Der Holocaust und die westdeutschen Historiker. Erforschung und Erinnerung, Göttingen [3]2004; siehe auch ders., The Invention of »Functionalism«. Josef Wulf, Martin Broszat, and the Institute for Contemporary History (Munich) in the 1960s, Jerusalem 2003.

64 Breysach, Verbrennen, Widerstehen, Aufdecken und Bewahren, 104.

Dubnowiana

Dan Miron

Simon Dubnow as a Literary Historian

In the general introduction to his magnum opus, *Weltgeschichte des jüdischen Volkes*, Simon Dubnow defines his approach to the vast topic by juxtaposing it with that of the German-Jewish *Wissenschaft des Judentums*, which he sometimes labels "theological," and more often – "literary." According to the latter, he says, Jewish history since the downfall of the ancient Jewish state was characterized by only two continua: one passive and negative, and the other active and creative; that is, on the one hand, the Jews continuously played the role of passive victims of persecution; but on the other hand, they asserted their spiritual independence and volition by continuously evolving their unique religious culture through literary creativity. Dubnow rejected this "extreme" view, which, he said, "overlooked the social element in history and the role played by an autonomous public regimen in vouchsafing the continuity of national existence."[1] In contradistinction, his historical narrative, he contended, would present a social and non-literary history of the Jewish people. "I intend to write the history of the people and not that of its literature,"[2] he affirmed.

The reader, about to plunge into the multi-volume historical narrative, expects to find in it detailed descriptions of the various forms of social self-organization, through which the national commonalty asserted its autonomous existence under changing circumstances, and only few and marginal references to literary events or what we may call the textual dimension of Jewish history. However, even as he navigates his way through the first volume, the one focusing on biblical times, the reader immediately realizes how off the mark this expectation has been. As a matter of fact, all the ten volumes of Dubnow's opus are replete with sizeable sections in which hundreds of literary texts are summarized and discussed. True, the author does not allow his periodization of Jewish history to be decided primarily by literary factors, such as the composition of the various parts of the Bible or the

1 Simon Dubnow, Divrey yemey am-olam [World History of the Jewish People], 10 vols., Tel Aviv ^{3}1923–1940 (Heb.), here vol. 1, 2. This and the following footnotes consistently refer to the Hebrew editions of Dubnow's works. The reasons for this are the following: The Hebrew versions of his works were either prepared by the author himself or strictly supervised and corrected by him. Also these versions were mostly prepared at a late phase in the author's career (the 1930s), and therefore included last moment additions and corrections.

2 Ibid., 7.

JBDI / DIYB • Simon Dubnow Institute Yearbook 10 (2011), 433–445.

crystallization of the Talmud or the emergence of the so-called modern Jewish literature in the second half of the eighteenth century. His demarcation of specific historical time units is usually based on political rather than cultural developments. Nevertheless, once the units are demarcated, the author never forgets to survey, often in considerable detail, the literary production which accumulated throughout each specific unit. Usually he dedicates to such survey a separate chapter under the recurring title: "Das literarische Leben" (literary life). These chapters, if removed from their original contexts and arranged chronologically, one after the other, would amount to a sizeable volume, at least as long as any of the ten volumes of the history, for which a title such as "A Short History of Jewish Literatures" would not be inappropriate; for Dubnow's *Weltgeschichte* actually offers a continuous historical survey of the evolvement of Jewish literatures from the Bible to the Hebrew and Yiddish "Renaissance" of the early twentieth century. Moreover, to our day this is the only survey which purports to cover the entire span of literary activity throughout the three millennia of Jewish national existence, taking the reader all the way from Isaiah to Bialik and from the Deuteronomist to Ahad Ha'am.

Inevitable Lacunae

Of course, this survey covers the literary facts and developments as they were known and assessed by scholars at the beginning of the twentieth century. Thus we cannot expect to find in it references to important literary developments such as the extensive literary production by the Dead Sea sects during the decline of the Second Commonwealth, which was discovered in the 1940s and has been studied since then; or the production of those important mystical texts which were discovered and explored by Gershom Scholem and his disciples; or the rather intensive Hebrew-Italian Jewish literary life in Italy during the interim period between Manuello Romano and Moshe Chayim Luzzatto, of which little has been known until recently; or the continued existence almost to the present of the so-called Spanish or Andalusian Hebrew poetry, which we used to think had petered out after the expulsion of Spanish Jews at the end of the fifteenth century, whereas it has actually been kept alive in North Africa, Asia Minor, Iraq, and other places. By the same token, we cannot expect to find in Dubnow's historical survey the reflection of recent biblical archaeology and interpretation; or what we know now about the apocrypha of the Second Commonwealth and its aftermath. Such lacunae, however, are inevitable in a century-old historical survey of an active field of knowledge; and they should not hinder us from pondering – irrespectively of what has been added to our knowledge – the merits and limitations of Dubnow's literary-historical survey, and from asking ourselves what part (if any) of the methodological apparatus activated in Dubnow's survey has withstood the ravages of a stormy century and can perhaps still be regarded as useful; and what we can and should learn from the historian's mistakes (by which term I do not refer to factual errors or omissions, which can be corrected or filled in).

The Three Guiding Principles

The answers to such questions fall into two parts, a positive and a negative one. The first will dwell on what is enduring and still valuable in Dubnow's perspective on the evolvement of Jewish textual culture throughout the ages; the second would point to weaknesses which severely curtailed the scope and usefulness of this perspective even in its own time, i.e. the first decades of the twentieth century. The perspective under discussion was predicated on three inter-related principles, all of which are still relevant, and indeed are vitally important for the ongoing thinking about Jewish literary history: the principle of total inclusiveness; that of understanding Jewish literary production in terms that were existential and specifically historical rather than those dictated by ideational-essentialist concepts; and finally, the tacit acknowledging of the relatively discontinuous nature of Jewish writing in different times and even, due to ideological and geographical disparities, within each of the synchronized historical units as demarcated by the *Weltgeschichte*. In fact, it was this key term, *Weltgeschichte*, global history, which pointed to the intellectual source of all three principles. If the historical narrative was to embrace the full global scope of Jewish life in different times and parts of the world and under different circumstances, it had to be inclusive in everything, including the multifarious linguistic, stylistic, and ideological traditions of Jewish writing; traditions which sometimes impacted each other, but as often evolved separately, all but oblivious of each other's existence. And then, if that narrative was to be based upon the actual socio-political life of the people rather than upon the evolvement of their religious and textual traditions in themselves, then inevitably these traditions had to be studied within an existentialist rather than an essentialist frame of reference. In other words, they had to be understood as emanating from the reality of social life rather than from a guiding conceptual principle.

Inclusiveness

Dubnow's inclusiveness attested to by his decision not to overlook almost any brand of Jewish literary production known to the scholarship of his time in whatever language, whether a "Jewish" or non-Jewish one, is perhaps the most enduring merit of his survey. The historian allocated almost equal attention to texts written in Hebrew, or rather in the various Hebrews of different epochs, Aramaic, Greek, Arabic, Latin, Yiddish, Italian, German, Russian, French, and English. Not that he did not altogether stumble into some puzzling omissions. For instance, he altogether overlooked the ballads, romances, and hundreds of novels written during the nineteenth and twentieth century in Judesmo, referring only to some of the newspapers published in Greece in the early decades of the twentieth century; he did not as much as mention most of the Yiddish writing done by the early exponents of the Jewish Enlightenment in Germany and Eastern Europe, by writers such as Aharon Halle Wolfssohn, Isaac Euchel, Shlomo Ettinger, Yisrael Aksenfeld, Avraham Ber Gottlober, and Meyer Ayzik Dik. When some of these writers also employed other languages (Hebrew, German), this other aspect of their work would be mentioned, whereas their activity as Yiddish writers was glossed over. A telling case is that of RIVAL (Isaac Ber Levinzon), whose Hebrew contributions to the literature of the Enlightenment in Russia are summarized and evaluated while his Yiddish dramatic satires, the only part of his legacy which is still readable, are never mentioned. The "new" Yiddish literature started for Dubnow, as it had started for the young Sholem Aleichem (according to his literary articles written in the 1880s), with Abramovitsh's emergence as a Yiddish writer in the early 1860s together with the publication of the first Yiddish weekly *Kol Mevaser* (A Heralding Voice). However, already Sholem Aleichem made a point of publishing in his *Yidishe Folksbibliotek* (The Yiddish Popular Library) whatever excerpts he could lay his hands on from the writings of the earlier Yiddish Maskilim, and by the 1920s, when Dubnow arrived at that part of his history where the Yiddish writing of the Enlightenment should have found its place, a new generation of Yiddish scholars had already learned much about the history of Yiddish literature between Mendelssohn and Mendele (to quote the title of an anthology put together by Zalman Reyzen in 1923). This omission is particularly puzzling, since Dubnow was the last person one could accuse of disrespect for Yiddish writing. On the contrary, as a Jewish-Russian literary critic in the 1880s (working under the pseudonym "Criticus"), he played a decisive role in promoting Yiddish writing and replacing the habitual disrespect in which it had been held by the notion that there existed a Yiddish literature which amounted to a worthwhile national institution – a fact to which he justifiably pointed with pride in his autobiography and in his Yiddish book *Fun Zhar-*

gon tsu Yiddish (From Jargon to Yiddish). Perhaps it was this historical role he played as a critic which blinded him to the importance of the Yiddish writing which had preceded that of the writers he had "discovered" and patronized, Abramovitsh and Sholem Aleichem.

Whatever the reasons for this and other omissions, one must concede that given the state of contemporary scholarship, Dubnow's moments of myopia were few and far in between; and that this fact must be assessed against the background of almost rampant and unabashed ideologically-dictated exclusiveness, which was so characteristic of Jewish literary scholarship at the time. Nineteenth-century German Jewish historians, such as Heinrich Graetz, had turned their back on the mystical tradition, on Yiddish, on East European Jewish literature in general; early twentieth-century Hebraist critics and historians discounted almost everything that interested their Yiddishist rivals, and vice versa (although to a somewhat lesser degree). Bilingual writers, such as Abramovitsh, were studied by one group as if their work in the language favored by the other group did not exist. Ahad Ha'am, whom Dubnow treated with the utmost respect, proclaimed that only those Yiddish texts which would be adequately recast in Hebrew versions would find their place in the national memory and in Jewish literary history.[3] To our own day, some of these attitudes linger, already unsupported by an ideological rationale, and thus held on to through sheer inertia buttressed by ignorance. Thus, Dubnow's inclusiveness was and still is important. The only other literary historian of his time who evinced a similar open-endedness was Israel Zinberg, who in his *Geshikhte fun di literatur ba yidn* (The History of Literature Written by Jews) actually enlarged upon Dubnow's survey of Medieval and Renaissance Jewish literatures, filling in details and information about secondary figures. This is the reason why Zinberg's opus, translated into Hebrew and English under misleading titles, is still used, in spite of the fact that it is totally devoid of any thought-through principles of literary methodology.

Criteria for Literary Evaluation

All these, of course, do not mean that Dubnow did not have his likes and dislikes in the Jewish textual tradition, his emphases and cases of marginalization. Like all historians, he would not ascribe equal value to the various phenomena he described. His criteria, as far his evaluation of Jewish literary texts was concerned, were those of nationalism, rationalism, and what he

3 See Achad Ha'am, Tekhiyat haru'akh [The Revival of the Spirit], in: Kol kitvey Achad ha'am [Collected Works of Achad Ha'am], Tel Aviv 1947, 178–180.

regarded as legitimate emotionalism (i.e., emotionalism triggered by objective historical circumstances, such as national suffering). Of course, he also had to take into account the width and depth of the impact of texts he did not particularly like, like many of the texts of the mystical tradition, whose historical importance could not be denied. When all these factors came together, as in the case of Yehuda Halevi and Maimonides in the high Middle Ages, or those of Bialik and Ahad Ha'am in his own time, Dubnow's narrative would burst with superlatives, celebrating the highest achievements of Jewish creativity. With regard to the Talmud and the *Zohar* (Book of Splendor), the historian had his reservations, but would defer to the historical centrality of these texts, as attested to by their long-term influence. Often enough this led to imbalances. For instance, whereas the role of Eliyahu Levita, a fifteenth- to sixteenth-century Jewish Italian writer, as a Hebrew grammarian and linguist, was described in some detail, his adaptation of the Italian romance to be known as the early Yiddish epic *Bovo bukh* (Bovo Book) was barely mentioned. That, in spite of the fact that in its eighteenth- and nineteenth-century East European versions, this work, now known as *Bove mayse* (Bovo's tale), retained a wide popularity and shaped the Jewish popular imagination. The work was too replete with superstition, incredible fits of valor, and, perhaps, worst of all, with direct references to the burgeoning sexuality of the protagonists, for Dubnow to have any respect for it or its popularity. Another example is that of Berdichevsky, Ahad Ha'am's great rival, to whom the historian dedicated two or three bland sentences, whereas Ahad Ha'am was allotted an entire chapter. That, in spite of the fact that Berdichevsky, influenced by Nietzsche's philosophy, supplied Hebrew literature of the beginning of the twentieth century with its essential rationale, and, in his existentialist affirmation of Jewish writing in all languages and all forms, was in many ways much closer to Dubnow than Ahad Ha'am whose fanatic Hebraist purism as well as his restrictive agenda for Hebrew literature was rejected even by his most loyal disciple, Bialik. Apparently, Berdichevsky's Nietzschean orientation towards the irrational, elemental, and physical rendered him unattractive, if not repulsive, to a consistent rationalist such as Dubnow was.

Historical Existentialism

That notwithstanding, Dubnow's insistence on the historical-existential basis of literary history must be regarded as edifying, a permanent reminder of the dangers of strict ideologically oriented essentialism. Of course, philosophically he was as far from Existentialism as was Ahad Ha'am. They were both positivists whose understanding of culture and its development was based on models worked out by nineteenth-century philosophers of culture such as Spencer, Buckle, and Comte. However, Dubnow's turning away from essentialist principles to the actualities of social history made for a decisive difference between his approach to Jewish culture and that of the Odessa philosopher, whom he both admired and deeply disagreed with. Whereas Ahad Ha'am never let go of Hegelian essences that purportedly conditioned and organized historical reality, Dubnow became fully aware of the historical complexities which would not meekly comply with principles and abstract concepts. By seeing through these imagined essences and the imaginary order they superimposed upon the unruly historical realities, Dubnow arrived, among other things, at his Autonomist ideological stance, squarely opposed to that of Ahad Ha'am's spiritual or cultural Zionism. That, in its turn, led to the grand project of writing a new version of the Jewish historical narrative from its beginning to the present. Thus, the survey of Jewish writing, which formed an integral part of this project, inevitably differed from most other contemporary historical-literary narratives, even as Autonomism differed from the various brands of Zionism, Yiddishism, and Jewish Socialism, no matter how close it came to overlapping with some of them.

Dubnow's inclusiveness was, of course, essentially different from that of the aforementioned Zinberg. The latter's multi-volume literary history can be described as a descriptive bibliography, a series of more or less detailed summaries of hundreds of texts – many of them unknown to the modern reader. Dubnow's much shorter survey places texts within the contexts of social-intellectual life of specific Jewish communities and within specified time-space circumferences. This also sets Dubnow's survey apart from contemporary literary histories which were organized around an ideational-conceptual axes, such as: secularism (or even atheism) as the essence of modern Jewish writing; or that writing as the expression of a search for a synthesis, the universalism of the Enlightenment and the particularism of traditional Jewish culture, or between the "supiral" (i.e., spiritual, anti-mundane) element, which had dominated official Judaism through the rule of the Halacha, and the "terrestrial" element of instinctual cravings and the will to power and earthly dominance, which supposedly informed the mystical tradition and were asserted in its messianic visions, and so on.[4] Dubnow would not abide by all these as syntagmatic organizing principles, and this avoidance of controlling concepts of order – with the exception of autonomism (i.e. the fact that Jews, in whatever way, did retain their historical separateness or difference) – sheltered him from the many errors and the various brands of intentional myopia such grand schemes often lead to.

4 See Haim Nachman Shapira, Toldot hasifrut ha'ivrit hakhadasha [History of Modern Hebrew Literature], Tel Aviv 1940, 3–62.

Discontinuities

One must conclude that while positivist socio-political historicism had its own methodological pitfalls, it fended off, in the case of Dubnow, the characteristic intellectual penchant for superimposed conceptual order so characteristic of much of contemporary Jewish literary history, and allowed him to see what others refused to see or acknowledge, such as the fact that the history of the Jewish literary complex, in modern as well as in older times, was not amenable to any unifying scheme or principle other than the fact that it consisted of many literatures and sub-literatures which were "Jewish" because they were created by Jews and informed by their sense of being Jewish *(Judesein)*, whatever the definition or the characterization of this sense had been. This allowed Dubnow to notice what the arbitrary selectivity of many others hid; i. e. that there were not only continuities but also, and just as importantly, blatant discontinuities in the Jewish textual tradition. At the same time, it also protected him from basing his literary survey upon dramatic dichotomies, such as the exaggerated dichotomy between modernity and the tradition; as if tradition was monolithic and inherently unified by one or another principle, whereas modernity amounted essentially to a rebellion against this principle, as if modernity in itself did not consist of a conglomerate of different strands and mutually contradictory components (such as Hasidism and Enlightenment). All these were valuable correctives and still offer pertinent lessons the literary historian can take with him from reading the ten volumes of the *Weltgeschichte des jüdischen Volkes*.

Deficiencies: Gaffes of Bad Taste

The value of these lessons, however, is considerably curtailed by the deficiencies or limitations which every so often avert the historian's eye from the essence of the literary phenomena. Thus, his survey skips important insights and misses both obvious and less obvious truths. We have to turn our attention now to these shortcomings, which originated in part from the autodidactism which had deprived Dubnow of systematic literary education in any form or methodology, but which in their main part emanated from his essential character and intellectual make-up. The first among these to catch the eye is simply his lack of literary sensibility and the banality of his aesthetic sensibility. Dubnow simply did not know whether a given text was aesthetically well organized or not, superior or inferior, "good" or not so good. Of course, wherever he could base himself on a consensual truism, he freely pontificated. However, once he reached areas of uncertainty, he blundered. He knew that Ibn Gabirol was "a genial poet" and that Yehuda Halevi and, in modern times, Bialik were the greatest Hebrew poets since the biblical prophets and the psalmist, but he did not base his assessments of these poets upon original and convincing arguments. At the same time, he could see no intrinsic merit in the long tradition of the Hebrew *piyut* (liturgical poetry meant to serve as part of the synagogue ritual), with its characteristic devices of periphrasis, repetition, Midrashic reference and burgeoning linguistic inventiveness. The greatest practitioners of the various genres of this poetic tradition of intellectualized religiosity, such as Yosey ben Yosey and Eleazar Hakiliri, were portrayed by him as primitive rhymesters who had to invent new Hebrew words for their hackneyed rhyming, and where they should have straightforwardly "poured" out their emotions, they paraded an irrelevant Talmudic erudition. When he came to Shmuel Hanagid, whose war poems and dark metaphysical lyrics pondering entropy and death (of which his *Ben Kohelet* consisted) were undoubtedly one of the greatest poems ever written in the Hebrew language, all he could see in him was that he had been the precursor of the greater poets who followed him: Ibn Gabirol, Yehuda Halevi, and Moshe Ibn Ezra. Hanagid was better than the *paytanim* (poets who worked within the tradition of the synagogae *piyut*) who had preceded him, but still heavy-handed and clumsy in his style and prosody.

Approach to Hasidic Literature

Perhaps the most blatant examples of Dubnow's insensitivity crop up in his treatment of Hasidic literature, a topic he was one of the first to study. As long as the texts he covered were theoretical and more or less rationally organized around adequately defined principles (as in the case of Shneur Zalman's *Tanya*, the defining text of the CHABAD [an acronym of the Hebrew words *chochma*, *bina*, *da'at* – wisdom, perceptiveness, knowledge] movement), he would empathically summarize their contents; but as soon as the Hasidic writers waxed imaginative, symbolic, and presumably disorderly, Dubnow's judgment of them becomes a mere travesty. Here is what he had to say (not in the *Weltgeschichte* but in his *History of Hasidism*) about the tales of Rabbi Nachman of Bratslav, those masterpieces of the modern Jewish imagination, which at the beginning of the nineteenth century were as conducive to the florescence of the modern Jewish literary complex as were Heinrich Heine's *Rabbi von Bacherach* and the best achievement of the contemporaneous literature of the Hebrew Enlightenment, such *Megale temirin* (Revealers of Secrets) by Yosef Perl, and *Hatsofe leveyt yisra'el* (The Watchman unto the House of Israel) by Isaac Erter:

Rabbi Nachman invents extended fabrications, the offspring of an unchecked fantasy, utterly detached from reality and healthy common sense. These are yarns of the *Bove mayse* kind, only Nachman informs his stories with an unclear intention, "the meaning of which he expects others to fathom [...]. The teller is not aware of the fact that by basing his plots on *deus ex machina* solutions in the form of a devil or a *balshem*, he undermines his own basic idea, reducing the principle of 'naïveté' to mere superstition. [...] It is difficult to sift through this heap of nonsense and separate in it what is edible from the rubbish. [...] All Rabbi Nachman's tales are born out of the delirium of a religious enthusiast who is sick both physically and mentally. There is neither a religious idea in them nor a poetic vision. The style is crude and ugly. The language – a bad translation from Yiddish into Hebrew,"[5] etc.

This brings out more than the narrow-mindedness of a staunch and simplistic rationalist; rather it is an utter inability on the part of a reader to gauge the depth and meaning of poetic metaphors and symbols, to enter into their language of suggestion and indirectness, and to respond to their innate magic. Whoever stays immune to the magic of the parable about the fountainhead and the heart of the world included in Rabbi Nachman's *Tale of Seven Beggars* cannot adequately read poetry of any kind. By the same token, whoever does not see how Nachman astutely comments on the realities of modern historical life, such as that of capitalism and the connection between money and an unbridled craving for military conquest, which he so colorfully and pointedly conveys through the immediately understandable symbolism of his *Tale about the Master of Prayer*, can follow neither the realism inherent in all authentically symbolic texts nor the symbolism inherent even in the most realistic of novels or short stories. In short, Dubnow, whatever his assets, was a very inferior reader of imaginative and emotive texts. For a person who wished to comment on literary matters, whether as a critic or as a historian, this, needless to say, was a very unfavorable vantage point.

Lack of Critical Methodology

This severe flaw was, unfortunately, exacerbated by another one. Deprived of literary education, Dubnow was at a loss when called upon to describe (let alone analyze) a given literary text. He completely identified the text's entire "being" with what he deemed was its overt conceptual message or plotline or emotional upshot, and therefore he could not take into account any of the

5 Simon Dubnow, Toldot ha-hasidut [A History of Hasidism], 3 vols., Tel Aviv 1930–1932, here vol. 2, 307.

other components which participated in the making of the text; and as it is well known, even a purely discursive text, if only it possesses a literary dimension, is multi-layered and multi-faceted. Thus, Dubnow summarized discursive texts, retold the rudimentary "story" of mimetic ones, and was reduced to merely quoting lyrical texts, choosing his quotations either for their illustrative usefulness (i.e., the texts illustrated a historical situation he was describing) of for their emotional rhetoric. Characteristically, where he was not quoting the most famous excerpts from a poet's work (such as Yehuda Halevi's *Zion. Do You not Enquire?*), he chose from that poet's works what was most emotionally strident and therefore poetically inferior. Thus he chose from the corpus of Bialik's poems almost only what was second rate, with the exception of the obligatory passage from *In the City of Slaughter*. From this poem, he chose the horrific passage where God, the poem's speaker, instructed the poet-prophet to harbor in his heart his sense of shame and outrage and nurse it there as a poisonous snake which he would prepare through intentional starvation for its ferocious onslaught "with the cruel venom of asps" on Jewish victims of such disasters as the Kishenev pogrom of Easter 1903. To the quotation Dubnow added a particularly inopportune concluding remark: "Out of the poet's mouth the soul of the people spoke"[6] – a rhetorical flourish which clearly showed how far he was from gauging the depth of the poem's devastating modernism. Nothing could have been further from the "soul of the people" as it expressed itself through a long literary tradition of responses to catastrophic persecution, the tradition of the Hebrew *kina* (elegy) and poem of national complaint written in the spirit of the Biblical lamentations and Psalms 74, 79, and 137. It was exactly against this tradition that Bialik fulminated in his pogrom poem. He was out not to express the people's soul but to shatter it to smithereens, and once and for all savagely yank it out of its habitual mood of passive victimhood.

History Produces Literary Culture, but is also Changed by it

This example also highlights what to my mind was the most detrimental of Dubnow's flaws not only as a literary commentator but also as a social historian. Dubnow bye and large understood how the realities of social history conditioned culture and literature; but he hardly understood how culture and literature informed and changed the realities of social history. We can overlook his gaffes of bad taste and helplessness as a describer and interpreter of literary texts. After all, he was neither a literary historian nor a literary critic,

6 Idem, Divrey yemey am-olam, vol. 10, 236.

in spite of the role he played as "Criticus" in his *Voskhod* (Rise) days. But his inability to see how culture and art imbued the deeper layers of the social construct with their color and tonality makes us question the profundity of his historicism per se. Here is an example: Wishing to explain the extent of Bialik's meta-literary influence Dubnow without a moment of hesitation pointed to his service as a poet who gave expression to the national suffering and actually contributed to the emergence of Jewish self-defense in the face of anti-Semitic hooliganism and massacres. Whereas these claims may or may not be true, they certainly are totally off the mark where the main cultural achievement of Bialik as the greatest Jewish public poet of his time was concerned. This was no other than the invention and exploration of the interiority of the Jewish person both as an individual and as a member of the Jewish collective. Bialik, and in his wake a host of Hebrew and Yiddish poets and writers of poetry and prose fiction, rendered an unparalleled cultural service by imagining for their readers their mental existence as subjects rather than as members of a congregation or a national commonalty. The other writers whose role in this almost equaled that of Bialik were Yitskhok Leybush Peretz in Yiddish and Mikhah Yosef Berdichevsky in Hebrew. Of the work of the former, Dubnow said that it synthesized "the mind of the new generation" with the "naïve soul of the people,"[7] and of the latter he actually failed to say anything specific – which makes one doubt whether he was in possession of a far-reaching insight into the historical significance of the cultural revolution of which he himself was a part. By the same token, his comments on Rabbi Nachman's tales raise doubts with regard to him offering a real insight into the spiritual upheaval which found its expression in the rise of the Hasidic movement and its quick spread throughout large parts of Jewish Eastern Europe – that, without belittling the informative worth of his pioneering works about Hasidism, its various brands, and the endless quarrels which pitted it against its many enemies and also pitted many of its exponents against each other.

The Place of Literature in Dubnow's Own Intellectual Development

This failure of Dubnow as a historian becomes particularly pathetic when one sees how his own evolution as an intellectual and as an exponent of the nationalist intellectual revolution was nourished by literature. In his very

7 Ibid., 230.

readable autobiography, he told once and again of how the reading and absorbing of certain literary texts – particularly contemporary Hebrew ones – kindled in him emotions and intellectual cravings that drove him in his young days into a veritable bibliomania, and then eventually resulted in his own prolific literary activity. He tells, for instance, of the tremendous impression Abraham Mapu's two historical novels, *The Love of Zion* and *The Guilt of Samaria*, made on him. Not only was he flooded by the heat and light of "the ancient homeland's sun," but he also, for the first time in his life, understood that distant historical times could be rendered immediately accessible and present through the workings of the historical imagination. "I felt as if the heroes of biblical times stepped out of their graves and addressed me in their overwhelmingly potent language,"[8] he says. In other words, it was through belles letters that the young Dubnow was born as a historian. Mikhah Yosef Lebenzon's lyrical poems, particularly his famous elegiac ode *To the Stars*, became, Dubnow remembered, "my second book of psalms." They incorporated for him "all of philosophy and all of poetry." The crisis the young dying poet gave expression to "was clearly the one which I myself underwent;" by which Dubnow was saying that Lebenzon's existential crisis became for him a model through which he processed his own intellectual and familial crises.[9] By not being able to fully comprehend how literature changed him not only as a subject but also as a cultural and historical agent, a person who was not only living inside history but also working his way through it and in the process also changing it, Dubnow really epitomized a generational failure of the imagination, so characteristic of much of the pioneering Jewish scholarship of his time. This was a scholarship focused on the people of the book and fashioned by appropriately bookish people, who nevertheless did not learn how to dialectically and imaginatively read the book as divers who could plunge all the way to the bottom and then resurface. This, I believe, is the main negative lesson Jewish historians should learn from Dubnow: learn how to better read the book you seem to know so well.

8 Simon Dubnow, Sefer khayim [Book of Life], vol. 1, Tel Aviv 1936, 49.
9 Ibid., 60f.

Aus der Forschung

Felix Heinert

Der Rigaer Kahal – Jüdische Moderne und Rigaer Gegenerzählung

Der narrative Charakter einer jeden Geschichtsschreibung liegt auf der Hand, nur wird er nicht immer gesondert problematisiert.[1] Vor allem sind es tradierte Topoi und fortgeschriebene diskursive Rahmungen, an denen der narrative Charakter historiografischer Erkenntnis gut verdeutlicht werden kann. In den vergangenen drei Jahrzehnten war unter anderem die Nationalismusforschung für die kritische Reflexion des Verhältnisses von historischer Konstruktion und historiografischem Narrativ ergiebig, wobei ein enger Zusammenhang mit Projekten von Nation-Building sichtbar geworden ist.[2] Auch in den Jüdischen Studien ist die Auseinandersetzung mit eigenen Meistererzählungen Gegenstand der Forschung.[3]

Mit dem Konzept der Gegenerzählung – auch *counter-narrative*[4] – wird im Folgenden ein Interpretationsansatz vorgeschlagen, der nicht allein die

1 Wichtige Impulse für diesen Beitrag verdanke ich der Konferenz »Historicizing the Jewish People – A Conference in Honour of Simon Dubnow at 150« am Simon-Dubnow-Institut für jüdische Geschichte und Kultur in Leipzig im November 2010 sowie dem Feedback aus verschiedenen Forschungskolloquien. Besonders danken möchte ich Alexis Hofmeister (Basel) für seine Kommentare und Anregungen zu der ersten Version und Karsten Brüggemann (Tallinn) für diejenigen zur zweiten Version des Aufsatzes. – Zur Schreibung des Begriffs »*kahal*/Kahal« im vorliegenden Text: Er erscheint in kursiver Kleinschreibung, wenn es um die bezeichnete Institution außerhalb Rigas geht. Dies hat sich – mit guten Gründen – in der neueren Forschung eingebürgert. Weil der Begriff in den deutschsprachigen Quellen Rigaer Provenienz nicht nur in dieser Form gebräuchlich war (es erschienen die Schreibungen »Kahal«, »Kahalsamt«) und daher nicht unbedingt als Fremdwort und schon gar nicht als fachwissenschaftlicher Terminus technicus angesehen werden konnte, wird im Hinblick auf den Rigaer Kahal die Großschreibung angewandt. Diese unorthodoxe und uneinheitliche Schreibweise soll zugleich auf das Kernargument des Aufsatzes verweisen, dass nämlich die Rigaer Erzählung eine Gegenerzählung zur Meistererzählung jüdischer Moderne sei.

2 Das Feld der Nationalismusforschungen ist inzwischen kaum überschaubar. Explizit mit dem narrativen Charakter von Nationalgeschichten befasst sich die mehrbändige Reihe »Writing the Nation« des britischen Verlags Palgrave Macmillan. Zur Rolle von Historikern im Prozess der Nationalisierung von Geschichte bzw. der Konstruktion von Nation vgl. Stefan Berger/Chris Lorenz (Hgg.), Nationalizing the Past. Historians as Nation Builders in Modern Europe, Basingstoke 2010.

3 Auch hier hat sich das Forschungsfeld inzwischen stark erweitert. Zur Rolle von Historikern bei der Konstruktion jüdischer Vergangenheiten vgl. etwa Michael Brenner, Propheten des Vergangenen. Jüdische Geschichtsschreibung im 19. und 20. Jahrhundert, München 2006.

4 Der Begriff »*counter-narrative*« ist insofern ergiebig und vielleicht auch treffender, als er

JBDI / DIYB • Simon Dubnow Institute Yearbook 10 (2011), 449–472.

Dekonstruktion von Meistererzählungen verfolgt, sondern Letztere in ihrer narrativen und diskursiven Logik ernst nimmt und aus der Perspektive der Gegenerzählung neu befragt. Dies geschieht am Beispiel der Rigaer Gegenerzählungen, die vor dem Hintergrund jüdischer Meistererzählungen[5] der Moderne gelesen werden.

Ruben Wunderbars Erfindung einer Tradition

Während Generationen von Historikern den Richtungsvorgaben von Graetz, Dubnow, Dinur und anderen folgten, gab es insbesondere in konfessionell und ethnisch besonders heterogenen Gebieten Ostmitteleuropas nennenswerte eigene, aber viel zu oft in Vergessenheit geratene Ansätze, jüdische Verortungen mit den lokalen und regionalen Gegebenheiten historiografisch zu versöhnen.[6] Selten waren diese Geschichtsentwürfe unpolitisch, ging es doch, zumindest implizit, in aller Regel um die Aushandlung jüdischer Integrationsoptionen sowie die Spielräume jüdischer Differenz und jüdischer Selbstbehauptung. Ohne den Platz der jüdischen Gemeinde Rigas auf der Landkarte historiografischer »Großregionen« bestimmen zu wollen, lässt sich mit guten Gründen behaupten, dass sich hier relativ früh eine lokale und

semantisch enger mit dem Begriff »Narrativität« verknüpft ist. Zur geschichts- und literaturtheoretischen Diskussion der Struktur historischer Narrative vgl. Hayden White, The Fiction of Narrative. Essays on History, Literature, and Theory, 1957–2007, Baltimore, Md., 2010. Eine interessante experimentelle Skizze für den möglichen Gebrauch des *Counter-narrative*-Konzepts liefert Mads Mordhorst, From Counterfactual History to Counter-narrative History, in: Management & Organizational History 3 (2008), H. 1, 5–26. Im Folgenden wird dennoch der deutsche Begriff »Gegenerzählung« benutzt, weil er geschichtstheoretisch und kulturwissenschaftlich weniger stark verwurzelt zu sein scheint. Dies bietet die Möglichkeit, bestimmte kulturwissenschaftliche Paradigmata und Traditionen der Begriffsverwendung – u. a. des postkolonialen Diskurses – zu umgehen und den mit dem Begriff verbundenen Ansatz dem Zweck der Argumentation gezielt anzupassen. Latente oder programmatische Subversivität, ein oppositioneller oder missionarischer Impetus oder postkolonial verstandene Marginalisierung sind in dem Begriff »Gegenerzählung« ausdrücklich *nicht* enthalten.

5 Im Folgenden wird von Meistererzählungen im weiteren Sinne gesprochen, wobei unter diesen Begriff nicht nur historische oder historiografische Meistererzählungen subsumiert werden, sondern auch narrative Logiken dominanter Diskurse aus der Zeit vor der Herausbildung eigentlicher Meistererzählungen sowie spätere historiografische Narrative und Topoi, die mit diesen eng verknüpft sind. Die Herangehensweise ist zweigleisig: Neben der Rekonstruktion von gegenläufigen Konstellationen und nicht dominanten Gegenerzählungen wird deren Verschränkung mit den später zu (national-)historischen Meistererzählungen verdichteten Diskursen bezweckt.

6 Vgl. François Guesnet (Hg.), Zwischen Graetz und Dubnow. Jüdische Historiographie in Ostmitteleuropa im 19. und 20. Jahrhundert, Leipzig 2009.

regionale jüdische Tradition historiografischer Selbstverortung und gemeindlicher Selbstrepräsentation[7] herausbildete. Dieser Lokalismus örtlicher jüdischer Repräsentanten war mit Motiven und Narrativen verknüpft, die Vorstellungen eines Sonderwegs beinhalteten. Sie können als eine Gegenerzählung gelesen werden.

Ruben Joseph Wunderbar war wohl der erste moderne Historiograf der jüdischen Geschichte Kurlands und Rigas. In seiner 1853 erschienenen Monografie *Geschichte der Juden in den Provinzen Liv- und Kurland, seit ihrer frühesten Niederlassung daselbst bis auf die gegenwärtige Zeit* historisierte er eine regionale beziehungsweise lokale jüdische Vergangenheit und konstruierte damit zugleich eine regionale beziehungsweise lokale jüdische Tradition.[8] Weniger als zehn Jahre nach der Auflösung des *kahal*, des Selbstverwaltungsorgans der jüdischen Gemeinde, außerhalb Rigas schrieb Wunderbar in seiner oben erwähnten Geschichtsdarstellung:

> »Riga ist die einzige Stadt im ganzen russischen Reiche, in welcher die allgemeine Gesetzgebung in Betreff der Ebräer eine Ausnahme statuirt hat. So z. B. haben die dortigen Ebräer einen Kahal, welcher aber in allen andern Gouvernements, in denen den Ebräern bleibender Aufenthalt gestattet ist, kraft des Ukases vom 19. December 1844 aufgehoben und die Gemeinden unter die unmittelbare Verwaltung der Stadtmagisträte und Stadtdumen gestellt worden sind.«[9]

Wunderbar fährt mit weiteren Beispielen fort, die den Ausnahmestatus der jüdischen Gemeinde Rigas aufzeigen. Aus diesen und weiteren Zeilen tritt der historiografische Lokalismus hervor, der zweifelsohne auch eine politische Dimension hatte und mit der Institution und der symbolischen Bedeutung des Kahals verknüpft war. Neben der Bezugnahme auf den Kahal speiste sich Wunderbars Entwurf aus weiteren, zum Teil deutlich stärker betonten Motiven, die kulturell begründet wurden.

Kurz nach der Legalisierung der jüdischen Gemeinde war das lokalistische Konzept eines Rigaer Sonderwegs zu einem konstitutiven Bestandteil der

7 Siehe ausführlicher Felix Heinert, (Re-)Locating Jewishness and Representing Jewish Community in the Urban Space of Riga. Urban Elites, Local Politics and Cultural Self-Representations before and after 1905, in: Franziska Schedewie u. a. (Hgg.), Rethinking the Russian Revolution of 1905. Transcultural Perspectives. Festschrift dedicated to Heinz-Dietrich Löwe, Bloomington, Ind. (in Vorbereitung).

8 Ruben Joseph Wunderbar, Geschichte der Juden in den Provinzen Liv- und Kurland, seit ihrer frühesten Niederlassung daselbst bis auf die gegenwärtige Zeit. Nach den authentischen Quellen bearbeitet, Mitau 1853. Für Informationen zu Wunderbar siehe ebd., 74; Verena Dohrn, Die erste Bildungsreform für Juden im Russischen Reich in ihrer Bedeutung für die Juden in Liv- und Kurland, in: Aschkenas. Zeitschrift für Geschichte und Kultur der Juden 8 (1998), H. 2, 325–352, hier 331 f. Siehe auch Solomon Pucher, Ruben Wunderbar. Nekrolog, in: Allgemeine Zeitung des Judentums. Ein unparteiisches Organ für alles jüdische Interesse (nachfolgend AZJ) 33 (1869), 19 f. sowie ebd., 37 f.

9 Wunderbar, Geschichte der Juden in den Provinzen Liv- und Kurland, 16.

gemeindlichen (Selbst-)Repräsentation geworden. Die Institution der jüdischen Selbstverwaltung stellte jedoch nicht das eigentliche Zentrum der wunderbarschen Erzählung dar. Da der Kahal in Kurland, namentlich in der Hauptstadt Mitau, wo Wunderbar zum Zeitpunkt der Veröffentlichung der Darstellung tätig war, seit 1845 ebenfalls formal aufgelöst war,[10] überrascht diese Feststellung zunächst auch nicht unbedingt. Jedoch fällt auf, dass – abgesehen von der Erwähnung der Sonderstellung des Rigaer Kahals – Wunderbar in seiner Erzählung gerade nicht zwischen Kurland beziehungsweise Mitau und dem benachbarten Riga unterscheidet, das er aus seiner Tätigkeit kannte. Dies passt einerseits in seine mentale Landkarte hinein, in der Kur- und Livland eine Einheit bilden, andererseits ist es vor dem Hintergrund der hier verhandelten Fragen gerade deshalb umso beachtenswerter, weil hier zwei (anscheinend) entgegengesetzte Entwicklungen und Narrative in der wunderbarschen Gegenwartsdiagnose ineinanderfließen. Dies ist insofern von Interesse, als gerade der Auflösung des *kahal* im zeitgenössischen jüdischen sowie dem öffentlichen Diskurs – mit unterschiedlichen Vorzeichen – eine zentrale Bedeutung zugeschrieben wurde; nicht selten war es dieses Ereignis, das später Historikern wie Simon Dubnow den Stoff für ihre Meistererzählungen lieferte.[11]

10 Ebd., 56. Kurland nimmt bei der Delegalisierung des *kahal* insofern eine symbolische Zwischenstellung ein, als das Reichsgesetz von 1844 im Hinblick auf den *kahal* für Riga und die »privilegierten« Städte Kurlands zunächst Ausnahmeregelungen vorsah. Siehe Polnoe Sobranie Zakonov Rossijskoj Imperii [Vollständige Sammlung der Gesetze des Russländischen Imperiums], Bd. 19, Nr. 18546, § 1, Anm. In Kurland wurde die Institution demnach nicht kraft Reichsgesetz, sondern auf dem Verordnungswege durch das »Patent« der kurländischen Gouvernementsregierung vom 9. April 1845 aufgelöst. Siehe dazu etwa den Schriftwechsel aus den Jahren 1869–1870 zwischen der Livländischen Gouvernementsregierung und dem Rigaischen Rat sowie die vom Rat eingeholte Stellungnahme des Rigaischen Kämmereigerichts zu der möglichen Auflösung des Rigaer Kahals. Hier wurden das erwähnte »Patent« sowie das kurländische Modell diskutiert und verworfen: Latvijas Valsts Vēstures Archīvs [Historisches Staatsarchiv Lettlands] (nachfolgend LVVA), fonds (Bestand; nachfolgend f.) 749, apraksts (Findbuch; nachfolgend apr.) 1–2, lieta (Akte; nachfolgend l.) 1728, hier u. a. Bl. 5–9: Betreffend die Aufhebung des hiesigen Kahalsamts und Verschmelzung der Rigaschen Hebräergemeinde mit der übrigen Stadtgemeinde. In Kurland wurden die jüdischen Angelegenheiten »von der dem Stadt-Magistrate und der Gouvernements-Obrigkeit untergeordnete[n] Steuerverwaltung geführt«. »Für die Ebräerangelegenheiten« existierte folglich »eine der allgemeinen Steuerverwaltung eingefügte Abtheilung, die aus 4 Steuerältesten und dem Buchhalter« bestand. So die Auskunft des Mitauischen Stadtamts auf die entsprechende Anfrage des Rigaischen Stadtamts vom 22. Dezember 1888. LVVA, f. 2724, apr. 1, l. 472, Bl. 49: Führung der Einberufungs- und Familienlisten der Ebräer. In Kurland waren Juden auch nicht den Gewerbebeschränkungen unterworfen, konnten aber nicht in die Stadträte gewählt werden. Zum letztgenannten Aspekt siehe etwa Ob učreždenii vlastej i mest gorodskago upravlenija v Mitave [Über die Einrichtung der Obrigkeit und der städtischen Verwaltung in Mitau], in: Rižskij vestnik [Rigaer Mitteilungsblatt] 3 (23. November 1871), Nr. 265, 1.

11 Zu Dubnows Geschichtskonstruktion und Meistererzählung vgl. Anke Hilbrenner, Dias-

Nachdem Wunderbar auf knapp achtzig Seiten die Geschichte der Juden in Liv- und Kurland rekonstruiert hat, leitet er daraus auf den letzten vier Seiten des Buchs eine Zukunftsvision ab:

»Nachdem nun hier die Geschichte der ebräischen Gemeinden in Liv- und Kurland von der früheren Vergangenheit bis auf die Gegenwart speciell dargestellt worden ist, sei es zugleich schließlich erlaubt, diese ganze Periode zu concentriren [...] und dabei einen Blick in die Zukunft zu richten. Wir haben im Verlaufe dieser Geschichte zur Genüge ersehen, daß die hier lebenden Ebräer in verhältnissmässig viel geringerer Zeit, als dieses in der Regel an vielen andern Orten des In- und Auslandes geschehen ist, sich zu einer Stufe erhoben haben, auf der sie der ihnen verliehenen Bürgerrechte [sic!] nicht unwürdig erscheinen [...] Nun haben aber auch die hiesigen Ebräer in einer verhältnissmässig kurzen Zeit zur Genüge bewiesen, daß sie ihrer Aufgabe sich bewußt, und nach Kräften zu streben bemüht waren, um als nützliche Glieder der bürgerlichen Gesellschaft betrachtet zu werden [...].«[12]

Wunderbars sich hier artikulierender historiografischer und historischer Lokalismus enthält neben der politischen eine dezidiert kulturelle Selbstbeschreibungskomponente. Neben der im Zentrum stehenden historisierenden Selbstverortung in den deutschbaltisch verwalteten Ostseeprovinzen des Zarenreichs nimmt das Motiv der kulturellen Verbürgerlichung und fortgeschrittenen Entwicklungs- und Akkulturationsstufe im Zeichen der Aufklärung einen wichtigen Platz in seiner Darstellung ein:

»Selbst der unbemittelte Theil der hiesigen ebräischen Bevölkerung sucht seine Kinder in den Elementarkenntnissen entweder durch Privatunterricht, in den öffentlichen christlichen Lehranstalten, oder in den ebräischen Gemeinde- und Kronsschulen unterrichten zu lassen, und, die ältesten Personen abgerechnet, möchte die Zahl derer sehr klein sein, die nicht mindestens des deutschen Lesens und Schreibens kundig wären.«[13]

Bei der Begründung dieses jüdischen Lokalismus beziehungsweise Regionalismus greift Wunderbar auf den für das Gedankengut der Aufklärung typischen Nexus zwischen Bildung und »höherer« Moralität zurück:

»Ferner ist die Zahl derer nicht unbedeutend, welche wissenschaftliche Universitätsstudien machen, oder mindestens das Gymnasium und die Kreisschulen besuchen, und Einige haben sich auch öffentlich als strebsame Literaten u. Künstler gezeigt. Was den moralischen Zustand betrifft, so ist derselbe – abgesehn von der herrschenden Sittenreinheit im Innern der Familie – schon in so fern als ein höchst befriedigender zu erkennen, daß bei ihnen, laut den officiellen statistischen Notizen, gewisse Criminal-Verbrechen, wie z.B. Auflehnen gegen die gesetzlichen Autoritäten, absichtliche Tödtung, Verwandtenmord, Kindermord, Fruchtabtreibung, Blutschande, Päderastie u.s.w. gar

pora-Nationalismus. Zur Geschichtskonstruktion Simon Dubnows (= Schriften des Simon-Dubnow-Instituts, Bd. 7), Göttingen 2007.

12 Wunderbar, Geschichte der Juden in den Provinzen Liv- und Kurland, 77.

13 Ebd., 78.

nicht, und Excesse und Schlägerei in Veranlassung des Branntweinsaufens nur höchst selten vorkommen.«[14]

Diese historisch hergeleitete und teleologisch modellierte Stilisierungs- und Legitimationsrhetorik wird mit weiteren Beispielen angereichert, die aussagekräftige Selbstbeschreibungs- und Selbstinszenierungsfiguren enthalten:

»Freilich ist noch in sehr vielen Familien der hiesigen ebräischen Bevölkerung der gewöhnliche, verdorbene jüdische Jargon üblich, aber auch diesen sehen wir bei der neuern Generation immer mehr verschwinden. In den Familienzirkeln der bemittelten und reichen Ebräer aber hören wir meist eine unverdorbene deutsche, ja mitunter auch die russische und französische Sprache, und bei den Familienhäuptern sowohl, als besonders bei dem jüngern Geschlechte, ist meist eine sehr bedeutende Sorgfalt auf die Erziehung und den Unterricht verwandt, und der höhere jüdische Geschäftsmann steht dem gebildeten christlichen Kaufmann in keiner Beziehung etwas nach.«[15]

Lesen wir diese Zeilen vor der Folie der »quasikolonialen«[16] ethnosozialen und ethnokonfessionellen sowie demografischen Struktur der damals noch (im vornationalen Sinne) »deutschen« Stadt Riga und berücksichtigen wir dabei die Lage Rigas und der Region außerhalb des jüdischen Ansiedlungsrayons,[17] dann zeigt sich hier trotz aller Aufklärungs-, Emanzipations- und Akkulturationsrhetorik ein beachtliches Selbstbewusstsein, welches die Begründung einer lokalistischen jüdischen Tradition erst möglich machte. Mindestens bis zur Mitte des 19. Jahrhunderts war – ungeachtet der ständischen und regionalen Binnendifferenzierungen – das »deutsche« Selbst- und Fremdbild Rigas, und mit einigen Abstrichen auch der drei Ostseeprovinzen Livland, Kurland und Estland, nach außen hin so selbstverständlich, dass die ständischen, kulturellen, rechtlichen, sozioökonomischen und – in Städten wie Riga – demografischen Gegensätze zwischen »deutsch« und »nichtdeutsch« (oder »undeutsch«[18]) im Großen und Ganzen als einheitlich und sta-

14 Ebd.

15 Ebd.

16 Zur kritischen Diskussion der Anwendbarkeit des Begriffs »kolonial« auf die kurländische Gesellschaft vgl. Mathias Mesenhöller, Ständische Modernisierung. Der kurländische Ritterschaftsadel 1760–1830, Berlin 2009, 66 und (besonders anregend im Hinblick auf die deutschbaltischen Zivilisierungsmissionen des 19. Jahrhunderts) 447–472.

17 Zum jüdischen Ansiedlungsrayon sowie zu den Wohnrechtsbestimmungen für Juden im Zarenreich siehe Julij I. Gessen, Žitel'stvo i peredviženie evreev po russkomu zakonodatel'stvu [Wohnen und Mobilität der Juden nach der russischen Gesetzgebung], in: Lev Kacenel'son/David Gincburg/Avraam Garkavi (Hgg.), Evrejskaja ėnciklopedija. Svod znanij o evrejstve i ego kul'ture v prošlom i nastojaščem [Jüdische Enzyklopädie. Gesammeltes Wissen vom Judentum und seiner Kultur in Vergangenheit und Gegenwart] (nachfolgend EE), 16 Bde., hier Bd. 7, Moskau ^{2}1991, 590–597 (1. Aufl. St. Petersburg 1908–1913).

18 In den »deutschen« Ostseeprovinzen war seit dem Mittelalter das Begriffspaar »undeutsch«/»Undeutsche« stark verwurzelt, wobei die wenigen systematischen For-

bil angesehen werden konnten. So war etwa für lettisch- und estnischsprachige soziale Aufsteiger (ins Kleinbürgertum) die soziale Mobilität in dieser Zeit üblicherweise mit einer vollständigen »Germanisierung« verbunden. Abgesehen von der vereinzelten Präsenz russischer Beamter und Kaufleute sowie einer großen Gemeinde russischer Altgläubiger in der Moskauer Vorstadt Rigas, die im 19. Jahrhundert aufgrund der unsicheren rechtlichen Lage im Schatten der russisch-orthodoxen Staatskirche eine besondere Stellung einnahm,[19] war die Repräsentation der »deutschen« Stadt Riga[20] ein historisch abgeleiteter, durch Rechtsprivilegien bestätigter und gegen den zentralisierenden imperialen Zugriff wiederholt erfolgreich verteidigter symbolischer Grundkonsens. Dieser schien mit abweichenden historischen oder historiografischen Verortungen im und Aneignungen des Rigaer lokalen Raums nicht ohne Weiteres vereinbar zu sein.

Riga und die Tradition kommunaler Verortung

Die imperiale Obrigkeit hatte lange Zeit weder das Interesse noch die Mittel, diese Herrschaftskonstellation prinzipiell infrage zu stellen.

»Relations between the Russian state and the organs of local government in the Baltic provinces were based on the Capitulations of 1710, concluded by Peter the Great with the Riga estates and with the Livland and Estland provincial diets. The Capitulations guaranteed estate self-government, granted the Lutheran church a privileged position

schungen suggerieren, dass dieser zwar vordergründig und v. a. im neuzeitlichen Gebrauch die »autochthonen« Letten, Esten oder Liven meinte, jedoch zumindest ursprünglich auch »nicht autochthone« Russen oder gar all diejenigen, die eben nicht deutsch waren, adressieren konnte. Im administrativen Sprachgebrauch handelte es sich zunächst meist um eine ständische (soziokulturelle) Zuschreibung ohne explizit pejorative Konnotation. Im 19. Jahrhundert, im Zeitalter des aufkommenden Nationalen, erfuhr dieser Begriff schließlich einen Bedeutungswandel. Im 20. Jahrhundert hat er sich aus nachvollziehbaren Gründen vollends diskreditiert, wobei der Begriff in der baltischen Geschichtsschreibung immer noch als Terminus technicus gebraucht wird. Siehe Wilhelm Lenz, Undeutsch. Bemerkungen zu einem besonderen Begriff der baltischen Geschichte, in: Bernhart Jähnig/Klaus Militzer (Hgg.), Aus der Geschichte Alt-Livlands. Festschrift für Heinz von zur Mühlen zum 90. Geburtstag, Münster 2004, 169–184.

19 Zu Altgläubigen in Riga vgl. Peter Hauptmann, Rußlands Altgläubige, Göttingen 2005, 220–225, sowie die Beiträge in Illarion Ivanov (Hg.), Staroverie Latvii [Altgläubigentum in Lettland], Riga 2005. Die Geschichte der Rigaer Altgläubigen ist nach wie vor ein Forschungsdesiderat.

20 Im Folgenden wird die Perspektive auf Riga verengt. Im Übrigen ist es naheliegender, den äußeren Charakter der Stadt Riga als »deutsch« zu bezeichnen als den der gesamten »Region«, in der die (bäuerliche) Mehrheitsbevölkerung gerade nicht deutsch war und die Deutschbalten die Ober- und Mittelschicht darstellten.

under the patronage of local authorities and declared German to be the language of all instances of government, including crown offices, within the Baltic provinces.«[21]

In den Ostseeprovinzen behaupteten sich trotz des vereinheitlichenden Zugriffs des imperialen Zentrums bis zum Zusammenbruch des Reichs in wichtigen Bereichen autonome Selbstverwaltungsstrukturen. So wurden etwa die *Zemstva*, die ländlichen Selbstverwaltungsorgane, hier nie eingeführt und die allgemeine russische Justizreform erreichte die Region erst mit einer Verspätung von einem Vierteljahrhundert.[22] Nicht nur aus diesem Grund wäre es verkehrt, den »jüdischen Fall« isoliert zu betrachten. Vielmehr soll hier die jüdische Geschichte Rigas als »allgemeine« Geschichte gelesen werden.

Festzuhalten ist, dass die weitgehende (hanseatisch geprägte) Autonomie Rigas mit ihren vielfach konservierten Selbstverwaltungsmechanismen trotz einer jahrhundertealten ständischen Ordnung und trotz oder vielleicht infolge wechselnder imperialer Herrschaft einen Stabilitätsfaktor darstellte, der sowohl im Interesse lokaler Eliten als auch der imperialen Obrigkeit war.[23] Im Jahr 1845 wurde die historisch gewachsene Rechtsordnung der Ostseeprovinzen kodifiziert und damit in der Wahrnehmung lokaler Eliten auch symbolisch bestätigt.[24] Aus gutem Grund kann argumentiert werden, dass die deutschbaltischen Eliten in der Auseinandersetzung mit imperialen Reformbestrebungen die Vorstellung entwickelten und zunehmend zu verteidigen begannen, im Fall der Ostseeprovinzen beziehungsweise der Stadtverfassung Rigas handele es sich um einen Rechtsstaat,[25] in dem das geschriebene Recht die oberste Autoritätsinstanz darstellt.

Die Justizorganisation in den Ostseeprovinzen, zumal die ausgeprägte »quasikoloniale« Situation auf dem Land, unterschied sich zwar nur unwesentlich von der russischen Vorreformjustiz der 1860er Jahre, in erster Linie durch den Zugriff auf das kodifizierte Recht und einen ausgebildeten Juris-

21 Anders Henriksson, The Tsar's Loyal Germans. The Riga German Community. Social Change and the Nationality Question, 1855–1905, Boulder, Col., 1983, 6.

22 Vgl. Michael H. Haltzel, The Baltic Germans, in: Edward C. Thaden (Hg.), Russification in the Baltic Provinces and Finland, 1855–1914, Princeton, N.J., 1981, 111–204, hier 159.

23 Henriksson, The Tsar's Loyal Germans, 8.

24 Das *Provinzialrecht der Ostseegouvernements* wurde vom Zaren bestätigt und erschien in St. Petersburg in russischer Sprache sowie in offizieller deutscher Übersetzung. Vgl. Provinzialrecht der Ostseegouvernements. Erster Theil. Behördenverfassung. Nach dem Russischen Originale übersetzt in der Zweiten Abtheilung Seiner Kaiserlichen Majestät Eigenen Kanzellei, St. Petersburg 1845; Provinzialrecht der Ostseegouvernements. Zweiter Theil. Ständerecht. Nach dem Russischen Originale übersetzt in der Zweiten Abtheilung Seiner Kaiserlichen Majestät Eigener Kanzellei, St. Petersburg 1845; Provinzialrecht der Ostseegouvernements. Dritter Theil. Liv-, Est- und Curländisches Privatrecht, St. Petersburg 1864.

25 Henriksson, The Tsar's Loyal Germans, 11.

tenstand.[26] Jedoch barg die altständische Ordnung Rigas im russländischen Zusammenhang, das heißt in der Wahrnehmung von imperialer Obrigkeit und, in späterer Zeit, liberaler zarischer sowie deutschbaltischer Reformer, durchaus Zeichen von Modernität, welche sogar als Vorbild für liberale Reformen dienen konnten.[27] Verlässt man den engen Rahmen der klassischen Modernisierungstheorien, idealtypischen nationalstaatlichen Teleologien und Rückständigkeitsparadigmata, spricht auf der kommunalen Ebene einiges für das Fortwirken und die Modernisierungsfähigkeit ständischer und körperschaftlicher Strukturen in der sich modernisierenden Gesellschaft. Dies gilt auch außerhalb des Zarenreichs etwa für Zentraleuropa, wo durchaus ähnliche Entwicklungen zu konstatieren sind.[28] Mathias Mesenhöller hat in Bezug auf den kurländischen Ritterschaftsadel kürzlich in einer empirisch dichten Arbeit von »ständischer Modernisierung« gesprochen, wobei er dieses Phänomen für den Zeitraum von 1760 bis 1830, also die koselleckscher »Sattelzeit«, untersucht hat.[29] Sein Ansatz bietet Anregungen, um über den Zusammenhang von gesellschaftlicher Modernisierung und ständischen beziehungsweise körperschaftlichen Strukturen auch im jüdischen, im Besonderen im Rigaer Fall neu nachzudenken.

Kahal lokal, oder: Jüdische Moderne aus der Rigaer Perspektive

Im Folgenden geht es nicht darum, am Beispiel des Rigaer Kahals die Modernisierungsfähigkeit der jüdischen Gemeinde im Sinne einer historisch gewachsenen Vitalität oder einer kollektiven Fähigkeit zur Selbstermächtigung im dubnowschen Sinne hervorzuheben oder zu widerlegen. Von Interesse ist aber, dass in den Augen Dubnows und anderer jüdischer (nicht nur Diaspora-)Nationalisten des späten 19. und frühen 20. Jahrhunderts die Auf-

26 Jörg Baberowski, Autokratie und Justiz. Zum Verhältnis von Rechtsstaatlichkeit und Rückständigkeit im ausgehenden Zarenreich 1864–1914, Frankfurt a. M. 1996, 375.

27 Vgl. etwa Henriksson, The Tsar's Loyal Germans, 11.

28 Für den »borussisch«-deutschen Kontext hat die »Frankfurter« Bürgertumsforschung diesen Zusammenhang besonders nachdrücklich unterstrichen, wobei an dieser Stelle keine Positionierung in ihrem Sinne, also in ihrer Polemik gegen die andere Perspektiven, Fragestellungen und Definitionen stärker betonende »Bielefelder« Bürgertumsforschung vorgenommen werden soll. Einen guten Forschungsüberblick zum Thema bietet Thomas Mergel, Die Bürgertumsforschung nach 15 Jahren. Für Hans-Ulrich Wehler zum 70. Geburtstag, in: Archiv für Sozialgeschichte 41 (2001), 515–538.

29 Mesenhöller, Ständische Modernisierung; ders., Zivilgesellschaft und Ständegesellschaft. Überlegungen am Beispiel Kurlands im 19. Jahrhundert, in: Arnd Bauerkämper (Hg.), Die Praxis der Zivilgesellschaft. Akteure, Handeln und Strukturen im internationalen Vergleich, Frankfurt a. M. 2003, 131–160.

lösung der legalen Gemeindeselbstverwaltung 1844 nicht so sehr das jüdische »Kollektiv« im Sinne einer »Nation« erschüttert, jedoch die Gemeinde ihrer Selbstverwaltung beraubt hatte. Hier zeigt sich die enge narrative Verflechtung des dialektischen Schemas der *kahal*-Auflösung mit dem späteren Projekt kollektiver Selbstermächtigung unter dem Banner des jüdischen Nationalismus.

Bis heute wird der Auflösung der legalen körperschaftlichen jüdischen Autonomie in Russland von Historikern zentrale Bedeutung (sowohl für innerjüdische Entwicklungen wie auch für die Politik gegenüber Juden) zugeschrieben.[30] Dabei scheint trotz unterschiedlicher Interpretation und Gewichtung Konsens darüber zu bestehen, dass die Auflösung des *kahal* namentlich die *Wahrnehmung* der Zeitgenossen entscheidend prägte und den diskursiven Verlauf der jüdischen Geschichte im »langen 19. Jahrhundert« maßgeblich beeinflusste. Michael Stanislawski hat Auswirkungen und Wahrnehmungen der Auflösung der jüdischen Selbstverwaltung in Russland pointiert erfasst, wenn er feststellt, dass die eigentliche Struktur des *kahal* auch nach seiner formalen Auflösung im Grunde intakt blieb, während seine Funktion und sein Status innerhalb der russisch-jüdischen Gesellschaft sich nach 1844 signifikant wandelten.[31] Das habe zum großen Teil daran gelegen, dass es zum Zeitpunkt der formalen Auflösung nicht möglich gewesen sei, vorauszusehen, dass die Institution der jüdischen Gemeinde in der bisherigen Form überleben würde. Die wahrgenommene Herabstufung der Autorität des *kahal* sei, so Stanislawski, von bedeutender historischer Tragweite gewesen.

Zentrifugale Kräfte machten sich in den jüdischen Gemeinden gewiss bereits vor dem Jahr 1844 bemerkbar.[32] Vor dem Hintergrund der historischen Entwicklungen und Konflikte in vielen jüdischen Gemeinden zieht Stanislawski aus seinen Überlegungen über den Charakter und die Dynamik der jüdischen Emanzipation einen zwar kontrafaktischen, aber dennoch interessanten Schluss. Demnach hätte der Erosionsprozess der Gemeindeselbstverwaltung durch die obrigkeitliche Aufrechterhaltung der legalen Integrität sowohl des ständischen *soslovie*-Systems wie auch der Institution der autonomen jüdischen Gemeinde nicht aufgehalten werden können. Das Streben nach Loslösung von der Gemeinde im Namen legaler und sozialer Emanzipa-

30 Isaac Levitats, ein Kenner der jüdischen Geschichte des Zarenreichs, hat die Zäsur von 1844 gewählt, um seine zweibändige monumentale Studie zu gliedern. Vgl. Isaac Levitats, The Jewish Community in Russia, 1772–1844, New York 1970; ders., The Jewish Community in Russia, 1844–1917, Jerusalem 1981.

31 Michael Stanislawski, Tsar Nicholas I and the Jews. The Transformation of Jewish Society in Russia, 1825–1855, Philadelphia, Pa., 1983, 127.

32 Ders., Russian Jewry, the Russian State, and the Dynamics of Jewish Emancipation, in: Pierre Birnbaum/Ira Katznelson (Hgg.), Paths of Emancipation. Jews, States, and Citizenship, Princeton, N.J., 1995, 262–283, hier 267.

tion hätte die autonome Gemeindeselbstverwaltung auch ohne das gesetzliche Eingreifen zu Fall gebracht: »In the event, of course, the tsarist state subverted both its own estate structure and Jewish communal autonomy, with results that were unforeseen and, unfortunately, largely impervious to systematic evaluation.«[33]

Dass die gegenläufige Rigaer Konstellation von der bisherigen Forschung entweder weitgehend übersehen oder nicht weiter ernst genommen wurde, ist angesichts des miserablen Forschungsstands zur Geschichte der Juden in Riga[34] nicht weiter überraschend. Das Besondere am Rigaer Kahal ist jedoch, dass Phänomen *und* Narrativ sich als Gegenerzählung zu den Meistererzählungen der Geschichte körperschaftlicher jüdischer Autonomie im 19. Jahrhundert diskutieren lassen. Während der *kahal* in Russland 1844 als Institution delegalisiert wurde,[35] im Königreich Polen noch früher,[36] war es in Riga gerade umgekehrt: Die bis zum Zusammenbruch des Zarenreichs außerhalb des jüdischen Ansiedlungsrayons liegende jüdische Gemeinde wurde Anfang der 1840er Jahre legalisiert.[37] Der Kahal bestand in Riga bis 1893,[38] also ein halbes Jahrhundert länger als in den anderen Teilen des Zarenreichs und noch länger als dies im übrigen Europa[39] überwiegend der Fall gewesen war. Auch

33 Ebd.

34 Zur Zusammenfassung und Bewertung des bisherigen Forschungsstandes siehe Felix Heinert, Ein jüdisches Bildungsprojekt im lokalen Raum Rigas. Die Institutionalisierung jüdischer Aufklärung in Riga um 1900 und die Zielutopien der Gründer der Rigaer Abteilung des Vereins zur Verbreitung von Bildung unter den Juden in Russland, in: Zeitschrift für Ostmitteleuropa-Forschung 56 (2007), H. 1, 1–49, hier 2–12.

35 Vgl. John D. Klier, The »kahal« in the Russian Empire. Life, Death and Afterlife of a Jewish Institution, 1772–1882, in: Jahrbuch des Simon Dubnow Instituts/Simon Dubnow Institute Yearbook 5 (2006), 33–50.

36 Vgl. Eli Lederhendler, The Road to Modern Jewish Politics. Political Tradition and Political Reconstruction in the Jewish Community of Tsarist Russia, Oxford 1989, 46–52. Zum Königreich Polen, wo jedoch keine Delegalisierung, sondern eine grundlegende Umgestaltung und Beschneidung der Kompetenzen der Gemeindeinstitution erfolgte, vgl. I. Grinbaum, Evrejskaja Obščina v Carstve Pol'skom [Jüdische Gemeinde im Zartum Polen], in: Vestnik evrejskoj obščiny [Mitteilungsblatt der jüdischen Gemeinde] 1 (September 1913), 9–20, hier 9f.

37 Siehe Anton Buchholtz, Geschichte der Juden in Riga bis zur Begründung der Rigischen Hebräergemeinde im J. 1842, Riga 1899, 95–103.

38 Vgl. Adolf Ehrlich, Entwickelungsgeschichte der Israelitischen Gemeindeschule zu Riga. Ein Beitrag zur Kulturgeschichte. Mit dem Plane des ersten Schulhauses, St. Petersburg 1894, 32. Zur Auflösung des *kahal* siehe auch die offizielle Mitteilung der Livländischen Gouvernementsverwaltung im Mestnyj otdel [Lokalteil] der Lifljandskija Gubernskija Vedomosti [Livländische Gouvernementsnachrichten] 41 (28. Juni 1893), Nr. 70, 1. Die Mitteilung bezieht sich auch auf Kurland. Vgl. zum Hintergrund meine Erläuterungen zum legalen Charakter der dort 1845 auf dem Verordnungswege erfolgten Auflösung des *kahal*.

39 Vgl. Israel Bartal, From Corporation to Nation. Jewish Autonomy in Eastern Europe, 1772–1881, in: Jahrbuch des Simon Dubnow Instituts/Simon Dubnow Institute Yearbook 5 (2006), 17–31, hier 18–21.

in anderen Teilen Europas ist das dominante Narrativ prägend, wonach die Auflösung »vormoderner«, körperschaftlicher jüdischer Autonomie entweder den Eintritt in die Moderne markierte oder zumindest eine wichtige Vorbedingung für jüdische Modernisierung und »Normalisierung« bedeutete.[40]

Gewiss, die jüdischen Körperschaften hörten nicht einfach auf zu existieren: schon gar nicht im Zarenreich, wo für Juden bis zum Zusammenbruch des Imperiums eine Vielzahl obrigkeitlicher Sonderbestimmungen und *kollektiver* Pflichten galt; auch für andere Teile Europas ist ihr Verschwinden keinesfalls pauschal zu konstatieren.[41] Im Zarenreich durchlief die jüdische Gemeindeselbstverwaltung, wie Israel Bartal betont, außerdem einen Transformations- und Differenzierungsprozess: »Hasidism, the regional yeshiva, and the hevra merged into a new current and became a living link between the vanishing kahal and the modern Jewish politics.«[42]

Kahal und Bürgerrecht(e)[43]

Ausgangspunkt der folgenden Überlegungen ist noch einmal Wunderbars Vokabular zur lokalen Gegenwartscharakteristik aus dem Jahr 1853. Er spricht gleichzeitig von »Kahal«, »Bürgerrechten«, »bürgerlicher Gesellschaft« etc. Wie aber sind seine Äußerungen im Kontext ihres Bezugsorts und ihrer Entstehungszeit zu verstehen? Streng genommen besaßen die Mitglieder der Rigaer »Hebräergemeinde« zu der Zeit kein Bürgerrecht. Der deutschbaltische Historiker Anton Buchholtz bemerkt dazu lakonisch: »Das Rigische Bürgerrecht haben sie bis heute [1899] nicht erlangt, es dürfte

40 Vgl. die pointierte Diskussion des Zusammenhangs von jüdischer Moderne und der Auflösung jüdischer Körperschaft ebd.

41 Zu West- und Zentraleuropa vgl. eine aufschlussreiche Diskussion in Robert Liberles, Emancipation and the Structure of the Jewish Community in the Nineteenth Century, in: Leo Baeck Institute Year Book (nachfolgend LBIY) 31 (1986), 51–67.

42 Ebd., 24–27. Bartals erkenntnisreiche und weiterführende Argumentation ist vor dem Hintergrund des Rigaer Falls an einer Stelle zu korrigieren: »As far as is known, only in Moravia did the old corporations maintain a legal existence after the middle of the nineteenth century.« Ders., From Corporation to Nation, 21. Zu Mähren und der Institution der »politischen Judengemeinde« siehe Michael L. Miller, Reluctant Kingmakers. Moravian Jewish Politics in Late Imperial Austria, in: Central European University Jewish Studies Yearbook 3 (2002–2003), 111–123.

43 Die Pluralform ist insofern nicht unproblematisch und letztlich anachronistisch, als es im Zarenreich, zumal vor 1905, keine »allgemeinen«, reichsweit gültigen Bürgerrechte gab, weder für Juden noch für Nichtjuden, von Jüdinnen und Nichtjüdinnen ganz zu schweigen. Zum allgemeinen Problemzusammenhang vgl. die Beiträge in Olga Crisp/Linda Edmondson (Hgg.), Civil Rights in Imperial Russia, Oxford 1989, hier bes. den Beitrag von John D. Klier, The Concept of »Jewish Emancipation« in a Russian Context, 121–144.

ihnen, zumal die Gilden ihrer politischen Rechte entkleidet sind, wohl niemals gewährt werden, auch ist mir nicht bekannt geworden, dass sie sich jemals darum beworben hätten.«[44] Was die Behauptung im letzten Teil des Satzes angeht, so irrte Buchholtz, denn spätestens in den Rigaer Stadtverfassungsreformdebatten der 1860er Jahre sind solche Bemühungen von jüdischen Repräsentanten dokumentiert.[45] Anders Henriksson sah in dem Verbot, in die Gilden einzutreten und (bis 1858) Immobilien in der Stadt zu erwerben, den Grund dafür, dass Juden in Riga eine unterprivilegierte Minderheit von Kleinhändlern und Kaufleuten bildeten.[46]

Woraus schöpfte Wunderbar sein eminent selbstbewusstes Vokabular? Der Widerspruch zwischen dem Bestehen des Kahals und dem Fehlen des Bürgerrechts ist unstreitig; seine lokale beziehungsweise regionale Gegenwartscharakteristik kann so ohne Weiteres im Sinne einer kulturellen und politischen Utopie von der bürgerlichen Gesellschaft sowie von »Bürgerlichkeit« als einem kulturellen System gelesen werden, ohne damit die Spannung zwischen Universalismus und Partikularismus kleinzureden.[47] Auch in Zentral- und Westeuropa war die bürgerliche Gesellschaft um die Mitte des 19. Jahrhunderts, genauer: 1853, ein Projekt, ein soziokultureller Wertehimmel, aber keineswegs politischer Konsens oder gar erreichter Rechtszustand.

Im Übrigen kann Wunderbars Lokalismus beziehungsweise Regionalismus bei näherer Betrachtung einflussreiche Meisternarrative konterkarieren,

44 Siehe Buchholtz, Geschichte der Juden in Riga bis zur Begründung der Rigischen Hebräergemeinde im J. 1842, 103.

45 Vgl. die aus faktografischer Sicht bis heute wichtige Studie von Gerhard Masing aus dem Jahr 1936, in der er die allgemeinen Reformdebatten und -kämpfe der 1860er Jahre um die Rigaer Stadtverfassung und Stadtverwaltung rekonstruiert hat und dabei an einigen Stellen auch kurz auf die »Judenfrage« eingeht: ders., Der Kampf um die Reform der Rigaer Stadtverwaltung (1860–1870), Riga 1936, hier z. B. 80.

46 Henriksson, The Tsar's Loyal Germans, 3. Bis 1858 hatten für die Mitglieder der Rigaer »Hebräergemeinde« gewerbliche Einschränkungen gegolten. »[D]as Recht zum eigenen Grunderwerb von Immobilien, zur Beschäftigung mit dem Kleinhandel und zur Bildung von Handwerkzünften« wurde ihnen 1858 durch den Ukas des Regierenden Senats zugestanden, was das Rigaische Kämmereigericht in der erwähnten Stellungnahme an den Rigaischen Rat vom 16. Mai 1870 zu dem Resümee bewog, »daß die Staatsregierung die Emancipation der Juden im Ganzen begünstigt«. LVVA, f. 749, apr. 1–2, l. 1728, Bl. 6–6 v.

47 Vgl. die allgemeinen Überlegungen etwa in Hans-Ulrich Wehler, Die Zielutopie der »Bürgerlichen Gesellschaft« und die »Zivilgesellschaft« heute, in: Peter Lundgreen (Hg.), Sozial- und Kulturgeschichte des Bürgertums. Eine Bilanz des Bielefelder Sonderforschungsbereichs (1986–1997), Göttingen 2000, 85–92; Manfred Hettling, Bürgerliche Kultur. Bürgerlichkeit als kulturelles System, in: ebd., 319–339; Frank-Michael Kuhlemann, Bürgertum und Religion, in: ebd., 293–318. Für das späte Zarenreich siehe allgemein Guido Hausmann, Stadt und lokale Gesellschaft im ausgehenden Zarenreich, in: ders. (Hg.), Gesellschaft als lokale Veranstaltung. Selbstverwaltung, Assoziierung und Geselligkeit in den Städten des ausgehenden Zarenreichs, Göttingen 2002, 13–166.

wonach der »Osten« Europas – zu dem Riga gerade auch in der jüdischen Geschichtsschreibung gewöhnlich gezählt wird – im 19. Jahrhundert den Zug jüdischer Verbürgerlichung und jüdischer Emanzipation erst spät bestiegen, wenn nicht verpasst habe. Für die »Judenemanzipation« scheint dies jedenfalls dann zu gelten, wenn Emanzipation – nach dem oft zitierten »deutschen« beziehungsweise »zentraleuropäischen« Muster[48] und aus dem Erwartungshorizont der Akteure heraus – als Prozess sowie als Versprechen begriffen und nicht vom Ergebnis her betrachtet wird. In Anlehnung an Larry Wolffs Argument von der »invention of Eastern Europe«[49] lässt sich auch für die diskursive Spaltung jüdischer Gemeinden Europas entlang der imaginierten West-Ost-Grenze eine ähnliche Beobachtung festhalten.[50]

Dass diese diskursiven Konstrukte gerade in den kulturellen Kontaktzonen und politischen Grenzgebieten, wie die Ostseeprovinzen des Russländischen Reichs und Riga im Besonderen sie darstellten, zeitweise wenig Sinn besaßen und vor allem dem Erwartungshorizont der Akteure nicht entsprachen, deuten Wunderbars Gegenwartscharakteristik und Vergleichsmatrix an. Wohlgemerkt handelte es sich bei Wunderbar um einen weltgewandten Mann, der mit den praktischen und theoretischen Seiten der jüdischen Emanzipation sowie den Bildungs- und Rabbinatsreformen vor allem in Zentral- und Osteuropa nicht bloß aus Büchern vertraut war. Davon zeugen seine regelmäßigen Publikationen in der deutsch-jüdischen Presse, so zum Beispiel in der *Allgemeinen Zeitung des Judentums*,[51] und in der regionalen deutschbaltischen Presse. 1863 veröffentlichte er in der Wochenschrift *Das Inland* den Reisebericht *Die israelitischen Schulen des Auslandes in Vergleich zu den hierländischen hebr. Kronsschulen*.[52] Zum Zeitpunkt der Veröffentlichung seiner *Geschichte der Juden in den Provinzen Liv- und Kurland* war Wunderbar »als Religionslehrer an der hebräischen Kronsschule zu Mitau und als beeidigter Translateur der hebräischen Sprache für das kurländische

48 Vgl. Werner E. Mosse, From Schutzjuden to Deutsche Staatsbürger Jüdischen Glaubens. The Long and Bumpy Road of Jewish Emancipation in Germany, in: Birnbaum/Katznelson (Hgg.), Paths of Emancipation, 59–93.

49 Larry Wolff, Inventing Eastern Europe. The Map of Civilization on the Mind of the Enlightenment, Stanford, Calif., 1994.

50 Zu der korrespondierenden begrifflichen Dichotomie sowie normativen Aufladung der Unterscheidung von »Ostjuden« und »Westjuden« vgl. Steven E. Aschheim, Brothers and Strangers. The East European Jew in German and German Jewish Consciousness, 1800–1923, Madison, Wis., 1982.

51 Vgl. zum Beispiel Ruben Joseph Wunderbar, Geschichte der Juden in Kurland und Zustand derselben in der kurländischen Gouvernementsstadt Mitau, in: AZJ 11 (1847), 182f., 192–194, 211–213, 254–256 und 267–270; ders., Die Rabbiner-Commission in St. Petersburg, in: ebd. 22 (1858), 99–102.

52 Erschienen unter diesem Titel in: Das Inland. Eine Wochenschrift für Liv-, Est- und Kurland's Geschichte, Geographie, Statistik und Literatur 28 (1863), 763–769 und 778–782.

Gouvernement angestellt«,[53] zuvor hatte er das Amt des Lehrers und stellvertretenden Schulleiters der israelitischen Gemeindeschule in Riga, einer jüdischen Reformschule mit imperialem Modellcharakter, ausgeübt.[54]

Auf der Suche nach einer Erklärung für Wunderbars Gegenwartsdiagnostik und Fortschrittsglauben in der Frage des Bürgerrechts beziehungsweise der »Bürgerrechte« kann Gerhard Masings Darstellung des allgemeinen Wandels der städtischen Verfassung Rigas herangezogen werden, auch wenn sie stellenweise teleologisch wirkt. Masing verweist darauf, dass die ständische Verfassung der Stadt Riga Russen erst im Jahr 1841 (!) die Möglichkeit gewährte, das Bürgerrecht mit allen seinen Rechten und Pflichten zu erwerben, nachdem in früheren Jahren die strengen Gewerbeverordnungen gemildert (1818) und der Eintritt in die Rigaische Steuergemeinde wesentlich erleichtert (1823/25) worden waren. Im Jahr 1866 wurde auch der Zunftzwang für Rigaer Handwerker abgeschafft, wobei Russen bereits vor 1841 partiell Zugang zu Handwerksberufen erhalten hatten.[55] Dies war vermutlich Teil des impliziten Erfahrungs- und Erwartungshorizonts Wunderbars.

Die Rigaische Bürgergemeinde[56] blieb zwar, könnte man ergänzen, auch später eine überwiegend deutschbaltisch geprägte Körperschaft. Hinzu kommt, dass Angehörige der lettischsprachigen Unterschichten und eine Handvoll lettischer Kleinunternehmer – abgesehen von sozialen Aufsteigern,

53 Wunderbar, Geschichte der Juden in den Provinzen Liv- und Kurland, 74.

54 Zur Geschichte der Schule vgl. Ehrlich, Entwickelungsgeschichte der Israelitischen Gemeindeschule zu Riga, passim. Zum imperialen Modellcharakter der Schule vgl. Dohrn, Die erste Bildungsreform für Juden im Russischen Reich, 329–335. Zu Wunderbars Schaffen siehe auch seine mehrbändigen Abhandlungen zur biblisch-talmudischen Medizin, die er zwischen 1850 und 1860 veröffentlichte: ders., Biblisch-talmudische Medicin; oder, Pragmatische Darstellung der Arzneikunde der alten Israeliten, sowohl in theoretischer als practischer Hinsicht. Von Abraham bis zum Abschlusse des babylonischen Talmuds, d. i. von 2000 v. Chr. bis 500 n. Chr. Mit Einschluss der Staatsarzneikunde und mit besonderer Berücksichtigung der Theologie. Nach den Quellen in gedrängtester Kürze bearbeitet, Riga/Leipzig 1850–1860.

55 Masing, Der Kampf um die Reform der Rigaer Stadtverwaltung, 3. Die latent eingeschriebene Teleologie in Masings Darstellung wird im letzten Absatz seiner Dissertationsschrift, wo die Reformdebatten der 1860er Jahre abschließend beurteilt werden, besonders deutlich: »[Es] hätte aber auch eine noch so schnelle Beendigung der Reformarbeiten und die Einführung einer neuen Verfassung den Untergang des deutschen Riga nicht aufhalten können, weil Riga sich nicht nur gegen Angriffe von außen zu wehren hatte, sondern weil der Feind auch im eigenen Lager stand. Die in Riga ansässigen Russen hätten mit Hilfe des eben erwachenden lettischen Nationalismus eben doch dem Zuge der Zeit folgend auch das neue Gebäude zerstört.« Ebd., 134.

56 Zum rechtshistorischen Unterschied zwischen Bürger-, Einwohner- und Steuergemeinde der Stadt Riga vgl. Masing, Der Kampf um die Reform der Rigaer Stadtverwaltung, 5 f.; Die ständische Stadtgemeinde in der Vergangenheit, Gegenwart und Zukunft. Vortrag, gehalten am 13. November 1908 in der Gesellschaft für kommunale Sozialpolitik in Riga von Eugen Blumenbach, Sekretär der Rigaschen Steuerverwaltung, in: Hefte der Gesellschaft für kommunale Sozialpolitik in Riga 1 (1908), H. 8, 185–198.

die in aller Regel eine vollständige »Germanisierung« durchliefen – ebenfalls mehrheitlich keine politischen Mitspracherechte im Sinne des Rigaischen Bürgerrechts hatten. Es bleibt zu fragen, wie viele Nicht-Bürger es um die Jahrhundertmitte überhaupt als reizvoll erachteten, sich um das Rigaische Bürgerrecht mit all seinen Vorbedingungen, Rechten, Pflichten und Abgaben[57] zu bewerben; und ob angesichts der demografischen, politischen und ökonomischen Übermacht der Rigaischen »Deutschen« die (lokal)politischen Ambitionen von zugezogenen oder alteingesessenen »Nichtdeutschen« oder »Undeutschen« zu der Zeit überhaupt nennenswert waren. Und bei allen Unterschieden der städtischen Verfassungen ist festzuhalten, dass die allgemeine Beteiligungsbereitschaft und Begeisterung für die Belange und Aufgaben der städtischen Selbstverwaltung auch in den anderen Städten im Inneren des Zarenreiches in dieser Zeit nur schwach ausgeprägt waren.[58] Beachtenswert in diesem Zusammenhang ist auch Robert Liberles' Beobachtung im Hinblick auf deutsch-jüdische Emanzipationsbestrebungen im borussisch dominierten Zentraleuropa. Hierbei ging es, entgegen der landläufigen Annahme, weniger um Fragen der politischen Diskriminierung und um politische Ambitionen.[59]

Nachdem 1841 also das Rigaische Bürgerrecht auch für Russen zugänglich gemacht worden war, wurde 1842 nach mehrjährigem Hin und Her die damals noch kleine »Rigasche Hebräergemeinde« durch die persönliche Intervention des Zaren offiziell legalisiert. Sie blieb bis zum Ersten Weltkrieg

57 »[Voraussetzungen] für den Eintritt in die Bürgergemeinde sind 1) christliche Konfession, 2) russische Untertanenschaft, 3) freier Stand, 4) untadelhafte Führung, 5) Zugehörigkeit zu einer Gilde. […] Der Aufzunehmende muß ein Bürgergeld zahlen und den Bürgereid schwören. […] In die kleine Gilde werden nur Handwerker aufgenommen, die Glieder einer der Zünfte sind und zur Klasse der Meister gehören. In die große Gilde werden 1) Kaufleute und Bankiers, 2) Künstler und Literaten, 3) Goldschmiede, 4) emeritierte Kaufleute, 5) emeritierte Literaten aufgenommen. Der Rat besteht aus 20 Personen und zwar aus Literaten und Kaufleuten in gleicher Zahl (4 Bürgermeister und 16 Ratsherrn).« Siehe auch die folgende aufschlussreiche Anmerkung Masings zum Punkt 2 der Aufnahmeberechtigten in die große Gilde: »Das Recht Bürger gr. Gilde zu werden, hatten die Literaten (akademisch Gebildeten) schon früh aufgegeben. Erst 1863 wurde eine grössere Anzahl Literaten in die grosse Gilde aufgenommen. Nach wie vor wurde ihnen aber die Aufnahme in die Brüderschaft verweigert; erst 1872 wurde sie ihnen dank dem energischen Eintreten des Ältermanns Molien gestattet.« Masing, Der Kampf um die Reform der Rigaer Stadtverwaltung, 6.

58 Vgl. Daniel R. Brower, The Russian City between Tradition and Modernity, 1850–1900, Oxford 1990, 17 f.

59 »To think of the emancipation struggle in Germany as an effort to have Lasker and Lassalle elected to public office is to misread the entire effort of ninety years. […] Political discrimination was not the essence of the problem – only to some limited extent, the symbol." Robert Liberles, Was There a Jewish Movement for Emancipation in Germany?, in: LBIY 31 (1986), 35–49, hier 44 f.

durch ihre Lage außerhalb des jüdischen Ansiedlungsrayons[60] eine »privilegierte« Gemeinde. Im Sinne der imperialen Gesetzgebung bot sie nämlich den meisten Juden des Reichs keine Niederlassungsperspektive, wobei in den folgenden Jahrzehnten dennoch jüdische Akademiker, Gildekaufleute, ehemalige jüdische Soldaten, Zunfthandwerker,[61] Familienmitglieder der privilegierten Personen und zum Teil auch Illegale in die Stadt kamen. Die von Max Lilienthal aus München wenige Jahre vor der endgültigen Legalisierung der Gemeinde gegründete Israelitische Gemeindeschule Rigas sollte nach dem Plan der zarischen Obrigkeit eine jüdische Reformschule mit reichsweiter Ausstrahlung werden.[62] Außerdem lieferten wohl der Sonderstatus und das Symbol des Rigaer Kahals in der wunderbarschen Erzählung einen gewissen Ausgleich für das noch nicht gewährte Bürgerrecht.

Verallgemeinernd gesprochen verlief das lokale Rigaer »Experiment« der »selektiven Integration«[63] und schrittweisen (ebenfalls selektiven) »Judenemanzipation« mit nicht nennenswerter zeitlicher Verzögerung nach dem Muster der schrittweisen Emanzipation in vielen deutschen Staaten Zentraleuropas, allerdings mit dem Unterschied, dass in Riga nicht die Auflösung körperschaftlicher jüdischer Selbstverwaltung, sondern deren Institutionalisierung einen entscheidenden praktischen und vor allem symbolischen Faktor darstellte. Aus der Sicht der jüdischen Meistererzählungen der Moderne – »östlicher« wie »westlicher« Provenienz – ist es umso erstaunlicher, dass die offizielle Institution gemeindlicher jüdischer Selbstverwaltung in Riga die Bezeichnung »Kahal« trug. Bereits das Wort war in einflussreichen inner-, nicht- und antijüdischen Diskursen der Zeit zu einem anachronistischen Symbol erklärt worden, das unter anderem einer jüdischen Modernisierung im Weg gestanden habe. Im Zarenreich hat der notorisch gewordene Konvertit Jakov Brafman den Begriff prominent und nachhaltig an den Pranger gestellt.[64] Dieser war aber auch schon zuvor öffentlich in Misskredit geraten. Stanislawski fasste diesen Zusammenhang so: »As a result, for the bulk of the period from 1844 to 1917, the Jewish communities in Russia strove

60 Kurland lag ebenfalls außerhalb des Ansiedlungsrayons, hatte aber aus polnischer Zeit eine jüdische Bevölkerung »geerbt«. Siehe Julij I. Gessen, Art. »Kurljandija« [Kurland], in: EE, Bd. 9, 926–932, hier bes. 929–932.

61 Für diese Gruppen der jüdischen Bevölkerung galten spezielle, reichsweit gültige Ausnahmeregelungen.

62 Bis zur staatlichen Russifizierung, die ab dem Schuljahr 1888/89 schrittweise umgesetzt wurde, blieb Deutsch die Unterrichtssprache an der Schule. Vgl. Ehrlich, Entwickelungsgeschichte der Israelitischen Gemeindeschule zu Riga, 30f.

63 Zu Begriff und Kontext der »selektiven Integration« im russisch-jüdischen Zusammenhang vgl. Benjamin Nathans, Beyond the Pale. The Jewish Encounter with Late Imperial Russia, Berkeley, Calif., 2003.

64 Jakov Brafman, Kniga kagala. Materialy dlja izučenija evrejskogo byta [Das Buch vom *kahal*. Materialien zum Studium des jüdischen Alltags], Wilna 1869.

mightily to hide or disguise their internal organizations and deliberations, lest they be accused of perpetuating the *kahal.*«[65]

Der bis 1893 unter dieser Bezeichnung bestehende Rigaer Kahal hinterließ umfangreiche Archivbestände.[66] Diese machen deutlich, dass der Kahal in das körperschaftliche, administrative, sozialpolitische und soziokulturelle Gefüge der Stadt eingebettet war, ohne dass es sich freilich um die Art »vormoderner« jüdischer Institution gehandelt hätte, wie sie in den Diskursen über den *kahal* in der Regel angenommen wurde. Das gilt sowohl für den Grad seiner innergemeindlichen Autonomie, wie auch für das Verhältnis gegenüber der Obrigkeit.[67] Die hier vertretene These läuft aber darauf hinaus, dass es irreführend wäre, von der Existenz *der* authentischen, vormodernen jüdischen Autonomie auszugehen.[68]

Die Dynamik jüdischer Emanzipation in Riga: Eine Bilanz

Als Mitte der 1860er Jahre Reformprojekte der Rigaer Stadtverfassung sowie des Rigaer Bürgerrechts in den politischen und körperschaftlichen Gremien der Stadtverwaltung sowie auf der Ebene des Generalgouvernements diskutiert wurden, musste auch die »Judenfrage« mitverhandelt werden. Wie Masing in seiner Studie zu diesen allgemeinen Reformdebatten deutlich

65 Stanislawski, Russian Jewry, the Russian State, and the Dynamics of Jewish Emancipation, 267.

66 Siehe LVVA, f. 7358.

67 So waren, um lediglich einen Aspekt zu nennen, nach einem Ukas des Zaren aus dem Jahr 1867 die Geschäfte des Rigaer Kahals durch einen nichtjüdischen Vertreter der lokalen Obrigkeit zu beaufsichtigen. LVVA, f. 7358, apr. 3, l. 102: Betreffend die Ernennung des Rig. ält. Polizeimeisters Koslow zum Vorsitzenden des Rig. Kahals und die demselben dargebrachte Gratulation, 1867–1869. Vgl. auch die Anweisung des Rigaer Kriegsgouverneurs und Baltischen Generalgouverneurs vom Anfang Dezember 1859 über die Einrichtung einer ständigen Aufsicht über den Rigaer Kahal: LVVA, f. 3, l. 2139, Bl. 117: Perepiska s Pribaltijskim general-gubernatorom, ministerstvom narodnogo prosveščenija i dr. o porjadke kreščenija evreev, ustrojstve evrejskich škol i dr. (1713–1876) [Korrespondenz mit dem Baltischen Generalgouverneur, dem Ministerium für Volksbildung etc. über die Regelung der Taufe von Juden, Einrichtung von jüdischen Schulen etc. (1713–1876)].

68 Zwar gibt es gute Gründe, von einer bestimmten vormodernen Form des *kahal* und der jüdischen Gemeinde in »Ostmitteleuropa« im Allgemeinen zu sprechen, doch scheint die Suche nach dem ursprünglichen, dem authentischen, gewissermaßen unverfälschten, vormodernen *kahal* (und die Annahme, es hätte eine solche »authentisch« vormoderne Institution jüdischer Autonomie jemals gegeben) eher ideologischen oder/und politischen Interessen zu entsprechen, denn einem fruchtbaren Forschungsprogramm. Zu der Zentralität des *kahal* in jüdischen Geschichtsnarrativen und politischen Konzeptionen (insbesondere bei Dubnow) vgl. Hilbrenner, Diaspora-Nationalismus, hier v. a. 116–242.

macht, gab es hier zunächst recht unterschiedliche Positionen, die im Laufe der Verhandlungen aber pragmatisch auf einen gemeinsamen Nenner gebracht wurden.[69] Schließlich

»war in den Sitzungen der 15-er Kommission unter dem Beifall aller die Ansicht geäußert worden, daß von einer Aufnahme der Juden in die Bürgerschaft nicht die Rede sein könne, solange ihre bisherige Gemeindeorganisation, das ›Kahal‹, bestehe. Wenn diese Organisation vom Staate aus aufgehoben worden sei, werde man die Juden aufnehmen können. Im endgültigen Entwurf vom Juni 1865 war diese ganze Frage nicht weiter erwähnt worden. Das hatte zur Folge, daß mehrere Glieder der rigaschen Hebräergemeinde an den Rat ein Gesuch richteten mit der Bitte, doch noch die Aufnahmemöglichkeit von Juden in die Bürgerschaft nachträglich in den Entwurf hineinzunehmen.«[70]

Mitten in der lokalen und vom imperialen Zentrum aus beobachteten Reformdebatte, in der es weniger um Juden denn um die grundsätzliche Ausgestaltung der Rigaischen Stadtverfassung und -verwaltung ging, wurde die »Judenemanzipation« zu einem Politikum,[71] konnte der dominante überlokale Diskurs beziehungsweise die Meistererzählung[72] über jüdische Modernisierung und »Normalisierung« offensichtlich nicht länger ignoriert werden. Zugleich bot der Rekurs auf diesen überlokalen Diskurs lokalpolitisch einen Weg, konträre Positionen zu entschärfen und die Frage letztlich doch zu vertagen. So wurde das an den Zaren persönlich adressierte Gesuch von 22 Repräsentanten der Rigaer »Hebräergemeinde« vom Rigaschen Rat an die Ältermänner der Gilden übersandt.[73] Die damit beauftragte Kommission hatte bereits zuvor entschieden, die Anregung des Generalgouverneurs aufzunehmen und die Juden nach der Auflösung des Kahals in die Bürgerschaft zu inkorporieren. »Allerdings«, so Masing, »beschränkte die Kommission die [in Aussicht gestellte] Erlaubnis auf die zu Riga angeschriebenen Juden, also auf rund 400 Personen, weil sonst aus verschiedenen Gründen ein allzu großer Zudrang zu erwarten sei.«[74] Letzteres hatten auch die Repräsentanten des Kahals und die der jüdischen Gemeinde beantragt.[75] Dabei betonten sie, dass

69 Vgl. dazu Masing, Der Kampf um die Reform der Rigaer Stadtverwaltung, 28 f., hier bes. Anm. 31 mit einem Beispiel einer minoritären und offen antijüdischen Position, ferner 34 f., 37, 39 f., 47, 68 und 79 f.

70 Ebd., 79 f.

71 Vgl. dazu etwa die Hinweise auf die Verhandlung der Judenemanzipation in der liberalen russischen sowie in der liberalen deutschbaltischen Presse in ebd., 111 und 113.

72 Hier wird bewusst der eingangs erläuterte breit gefasste Begriff benutzt.

73 Siehe dazu LVVA, f. 749, apr. 1–2, l. 1361, Bl. 144–147: Betreffend die Reform der Communalverfassung Rigas, Bd. 1. Siehe auch Masing, Der Kampf um die Reform der Rigaer Stadtverwaltung, 80.

74 Ebd., 80.

75 Hierbei ist zu berücksichtigen, dass die Rigaer jüdische Gemeinde nicht aus allen (steuerpflichtigen) jüdischen Einwohnern der Stadt bestand, sondern zunächst nur aus den im

Riga damit die erste Stadt im gesamten Reiche wäre, die eine vollständige »Judenemancipation« vollzöge, und fügten hinzu:

»Möge Ein Wohledler Rath und die Bürgerschaft in die Berathschlagung dieses Gesuchs treten, durchdrungen von der ganzen Wichtigkeit der Gewährung derselben, nicht nur für die hierbei zunächst interessirten in Riga ansässigen Juden, sondern auch für die Stadt, indem die Annahme dieses Gesuchs den Beweis der wahren Liberalität liefern wird.«[76]

In Bezug auf die Zukunft der Institution jüdischer Selbstverwaltung erläuterten die Antragsteller:

»In Riga würde demnach, nach erfolgter bürgerlicher Gleichstellung der jüdischen Einwohner der Stadt mit den christlichen, die politische Zusammengehörigkeit der ersteren völlig aufhören, die bisher bürgerliche Gemeinde sich auf Grundlage ihres besonderen Cultus in eine kirchliche verwandeln, welche der Commune gegenüber keine andere Stellung, als die kirchlichen Gemeinden der christlichen Confessionen, einnehmen würde.«[77]

Letztlich versandeten praktisch alle in der zweiten Hälfte der 1860er Jahre angestoßenen Projekte zur allgemeinen Reformierung der Rigaischen Stadtverwaltung.[78] Kurz darauf, im Juni 1870, wurde im Zarenreich die allgemeine Städteordnung bestätigt, die mit wenigen Ausnahmen – darunter die drei Ostseeprovinzen – reichsweit einen einheitlichen Rechtsrahmen für die Verfassung und Verwaltung der Städte schuf.[79] Masing weist – in Abgrenzung zu dem ausgeprägten körperschaftlichen Charakter der Bürgerschaft und Stadtverwaltung Rigas – zu Recht auf die wesentlichen Merkmale der russischen Städteordnung hin: die Wahlfähigkeit aller Bürger, die entweder in Besitz einer Immobilie oder steuerpflichtige Handel- und Gewerbetreibende sind,

Zuge der Legalisierung der Gemeinde zu Riga eingeschriebenen Juden, wobei mit dem Zuzug aus dem Ansiedlungsrayon im Lauf der Jahrzehnte das prozentuale Verhältnis dieser Gruppe zur jüdischen Gesamtbevölkerung der Stadt immer kleiner wurde, was regelmäßig zu Konflikten führte. Die übrigen in Riga wohnhaften Juden kamen zwar in den Genuss der wohn- und mobilitätsrechtlichen Vorteile der »selektiven Integration« im Sinne von Benjamin Nathans, hatten aber – sofern sie nicht als zur Rigaer Gemeinde zugehörig verzeichnet wurden – weder das Rigaische Bürgerrecht noch das Recht der Vertretung im Kahal. Daher geht es bei der Diskussion der Dynamik jüdischer Emanzipation *vor* der Einführung der ersten russischen Städteordnung im Jahr 1877 nur um die erste Gruppe. Im Kahal war die zweite Gruppe bis zu seiner Auflösung 1893 nicht vertreten.

76 LVVA, f. 749, apr. 1–2, l. 1361, Bl. 146 v.

77 Ebd., Bl. 145.

78 Masing, Der Kampf um die Reform der Rigaer Stadtverwaltung, 96.

79 Vgl. etwa Valeriia A. Nardova, Municipial Self-Government after the 1870 Reform, in: Ben Eklof/John Bushnell/Larissa Zakharova (Hgg.), Russia's Great Reforms, 1855–1881, Bloomington, Ind., 1994, 181–196.

und ein Drei-Klassen-Wahlrecht, das auf die Beschränkung des Einflusses der unteren Klassen hinauslief.[80]

In Riga – und in den Ostseeprovinzen im Allgemeinen – wurde die Städteordnung erst 1877 mit einer Reihe von bedeutenden Modifikationen eingeführt.[81] »Damit hatte sich die Regierung über den Anspruch Rigas hinweggesetzt, daß nur eine Reform durchgeführt werden dürfe, die die Zustimmung der rigaschen Stände gefunden hat.«[82] Viele Besonderheiten der Rigaischen Stadtverfassung und -verwaltung blieben allerdings weiterhin unangetastet. So war beispielsweise der Rigasche Rat bis zur Justizreform von 1889 für die Gesetzgebung zuständig. Erst danach verloren die beiden Gilden ihre politische Funktion und wurden zu privatrechtlichen Institutionen.[83] Ebenfalls 1889 wurde Deutsch als Amtssprache abgeschafft, de facto war bis 1889 Russisch auf der lokalen Verwaltungsebene – nicht zuletzt aufgrund der Haltung der in personeller Hinsicht weiterhin deutschbaltischen Stadtverwaltung – eher eine Ausnahmeerscheinung gewesen, was zu regelmäßigen Konflikten mit der Gouvernementsverwaltung geführt hatte.[84] Deutsch blieb bis 1889 auch die Amtssprache des Kahals, dann folgte im August des Jahres die Anweisung der Gouvernementsverwaltung, ab sofort die gesamte Geschäftskorrespondenz in russischer Sprache zu führen. Sollte die Rigaische Stadtverwaltung den russischsprachigen Schriftverkehr nicht akzeptieren, müsse das Kahalsamt dies unverzüglich melden, hieß es.[85]

Der Kahal war auch nach der Einführung der Städteordnung von 1877 aus dem körperschaftlichen und institutionellen Gefüge der Stadt nicht mehr wegzudenken, ja, es handelte sich inzwischen um eine so fest verwurzelte Körperschaft und, wenn man so will, eine Behörde, dass man sie nicht ohne weitreichende Folgen für die gesamte Verfassung der Stadt abschaffen konnte. Folgerichtig kamen im Zusammenhang mit den Reformdebatten der späten 1860er und frühen 1870er Jahre die konkreten Schwierigkeiten, die die Auflösung des Rigaer Kahals nach sich ziehen würde, als Argumentationsfigur in den obrigkeitlichen Beratungen der Frage deutlich zur Sprache.

80 Masing, Der Kampf um die Reform der Rigaer Stadtverwaltung, 124.

81 Ebd., 97; Ulrike von Hirschhausen, Die Grenzen der Gemeinsamkeit. Deutsche, Letten, Russen und Juden in Riga 1860–1914, Göttingen 2006, 165–169.

82 Masing, Der Kampf um die Reform der Rigaer Stadtverwaltung, 97.

83 Vgl. von Hirschhausen, Die Grenzen der Gemeinsamkeit, 168.

84 Zu Konflikten vgl. ebd., 106.

85 LVVA, f. 7358, apr. 1, l. 16: Predpisanie Lifljandskogo Gubernskogo Upravlenija o vedenii deloproizvodstva i perepiski s učreždenijami na russkom jazyke; Doklad Kagala o jazyke deloproizvodstva s 1835 goda, 1889 [Anweisung der Livländischen Gouvernementsverwaltung über Geschäftsführung und Korrespondenz mit Behörden in russischer Sprache; Bericht des Kahals über die Sprache der Geschäftsführung seit dem Jahr 1835, 1889]. Der deutsche Originalbetreff der Akte lautet »Betreffend die Geschäftsführung und Correspondenz des Rig. Kahalsamtes in russ. Sprache«.

So hieß es etwa in einem internen Gutachten der speziell hierzu eingesetzten Kommission des Rigaischen Rats vom 6. Oktober 1870:

»Gerade in diesem Augenblick […] fehlt es an Anhaltspunkten zur Bestimmung der Modalitäten, unter welchen für die hiesige Ebräergemeinde in der Steuer-Verwaltung ein Verwaltungsorgan geschaffen werden könnte. Eine hierauf sich beziehende Vorlage würde höchst wahrscheinlich zunächst auf eine Revision des gesammten Steuerwesens [der Stadt] […] führen. Es dürfte sich daher empfehlen, vorläufig an der Existenz des Kahals […] nicht zu rütteln, und erst nach dem Erscheinen einer neuen Stadtverfassung, eine Reform in der Verwaltung der hiesigen Ebräergemeinde in Angriff zu nehmen.«[86]

1877 erhielten alle in Riga ansässigen Juden und andere Einwohner, die bestimmte Voraussetzungen erfüllten, das aktive und passive Wahlrecht für die Stadtverordnetenversammlung; zwischen 1878 und 1893 gab es in der Stadtverordnetenversammlung stets auch einige jüdische Abgeordnete, von denen viele mit der Institution des Kahals mehr oder weniger eng assoziiert waren.[87] Das eng definierte Rigaische Bürgerrecht im Sinne der Zugehörigkeit zu beiden Gilden blieb zwar den Rigaer Juden weiterhin verschlossen, jedoch büßte es nun ohnehin stark an Bedeutung und Attraktivität ein. Zwar gab es in der Zeit streng genommen weder allgemeingültige noch allgemein geltende Bürgerrechte im Zarenreich, was auch die zutreffende Beobachtung neuerer Forschungen erklärt, dass im Zarenreich sich »meistens Bürgerlichkeit ohne Bürger«[88] zeigte. Doch im klar umgrenzten lokalen Raum Rigas sowie einiger anderer Städte des Reiches entfaltete sich die »Gesellschaft als lokale Veranstaltung«,[89] in der »Bürger-Rechte« im Sinne bürgerlicher Partizipations- und kommunaler Mitgestaltungsmöglichkeiten einen öffentlichen Handlungs- und Erfahrungsraum generierten.

In diesem Raum gab es weitere 15 Jahre lang Platz für den Kahal, auch wenn er selbstverständlich die komplexen Strukturen der jüdischen Gemeinde der Stadt in keiner Weise auch nur annähernd erschöpfend abbildete. Dennoch war der Kahal als institutioneller, administrativer und symbolischer Raum ein wichtiger Referenzrahmen, eine Appellationsinstanz oder auch Anlass für Polemik und Kritik – und dies auch und vielleicht sogar gerade für Gruppen und Personen, die aufgrund wohnrechtlicher Bestimmungen und machtpolitischer Dynamiken im Kahal nicht repräsentiert waren.[90]

86 LVVA, f. 749, apr. 1–2, l. 1728, Bl. 15 v.

87 Siehe dazu ausführlicher in Heinert, (Re-)Locating Jewishness and Representing Jewish Community in the Urban Space of Riga (in Vorbereitung).

88 Hausmann, Stadt und lokale Gesellschaft im ausgehenden Zarenreich, 33.

89 Vgl. dazu die pointierte Diskussion in ebd. Zu Riga siehe von Hirschhausen, Die Grenzen der Gemeinsamkeit.

90 Hierfür gibt es empirische Belege, die hier jedoch nicht ausgebreitet werden können.

Dass die Städteordnung von 1877 die körperschaftlichen Selbstverwaltungsstrukturen in Riga nicht abschaffte und körperschaftliche und ständische Institutionen weiterhin wesentliche Akteure sowie Referenzpunkte der Modernisierung waren, steht also außer Frage.[91]

Ausblick

Im Rigaer Fall lässt sich die Auflösung des Kahal im Zuge der Einführung der revidierten russischen Städteordnung 1893 und einer wahrnehmbaren »Russifizierung«[92] der Ostseeprovinzen des Zarenreichs mit ungewöhnlicher Trennschärfe studieren. Das liegt unter anderem daran, dass staatliche Archive in jenen Jahren zu unverzichtbaren Grundpfeilern moderner Verwaltung geworden waren und das Soziale zunehmend verwissenschaftlicht wurde.[93] Zugleich erlaubt es der Blick auf die Prozesse während und nach der Auflösung des Rigaer Kahals und nahezu aller anderen legalen jüdischen Wohlfahrtsinstitutionen der Stadt zu analysieren, wie eine jüdische Gemeinde sich ohne legale Gemeindeselbstverwaltung angesichts gänzlich zurückgenommener kommunalpolitischer Mitspracherechte[94] und zugleich mit einer Reihe obrigkeitlich auferlegter sowie innergemeindlich (re-)formulierter Gemeindeverpflichtungen neu konstituieren kann.[95]

91 Außerdem sei an dieser Stelle auf die aus dem Vergleich mit dem kurländischen Ritterschaftsadel gewonnene Beobachtung und offene Frage Mesenhöllers verwiesen, der das bemerkenswerte Fortbestehen und -wirken (deutschbaltischer) stadtständischer Eliten in Riga zu Recht als Forschungsdesiderat bezeichnet hat: »Den stadtständischen Eliten scheinen Ansätze konstruktiver Krisenbewältigung insgesamt leichter gefallen zu sein; [...] Von hier aus wäre freilich mit einer anderen Fokussierung nach den 1914/17 abgeschnittenen Entwicklungspotenzialen der Ständegesellschaft überhaupt zu fragen.« Mesenhöller, Ständische Modernisierung, 149, Anm. 94.

92 Immer noch grundlegend als Überblick, wenn auch im Zugang inzwischen nicht mehr aktuell: Thaden (Hg.), Russification in the Baltic Provinces and Finland. Vgl. auch demnächst Karsten Brüggemann (Hg.), Russland an der Ostsee, Köln (in Vorbereitung).

93 Zum Konzept der Verwissenschaftlichung des Sozialen in den Geschichtswissenschaften vgl. Lutz Raphael, Die Verwissenschaftlichung des Sozialen als methodische und konzeptionelle Herausforderung für eine Sozialgeschichte des 20. Jahrhunderts, in: Geschichte und Gesellschaft 22 (1996), 165–193. Zu Riga vgl. von Hirschhausen, Die Grenzen der Gemeinsamkeit, bes. 54–56.

94 Die revidierte gesamtrussische Städteordnung, die in Riga 1893 eingeführt wurde, entzog Juden das aktive und passive Wahlrecht. Außerdem wurde ein Numerus Clausus für jüdische Schüler und Studenten an Rigaer Bildungseinrichtungen eingeführt.

95 Erste Überlegungen dazu in meiner Fallstudie zur Entstehung der Rigaer Abteilung des Vereins zur Verbreitung von Bildung unter den Juden in Russland: Heinert, Ein jüdisches Bildungsprojekt im lokalen Raum Rigas, 23–45.

Dieser noch eingehend zu untersuchende Zusammenhang ist für die Erörterung der Frage von Bedeutung, inwieweit die Überlagerung und Konvergenz von Erfahrungen und Narrativen die gezielte Tradierung der Rigaer Gegenerzählung verhindert haben könnten. Im Gegensatz zur Meistererzählung, die als solche gerade im Fin de Siècle, etwa zeitgleich mit der Auflösung des Rigaer Kahal, in nationaljüdischer Zielrichtung von Dubnow und anderen programmatisch verdichtet und verbreitet wurde, hatten die Rigaer Gegenkonstellationen und Gegenerzählungen das Zeitalter der Nationalisierung nur gestreift. Sie waren stets lokal- und fallbezogen geblieben, erst so konnten sie ihre diskursive Kraft entfalten und aufrechterhalten.

Literaturbericht

Ferenc Laczó

Models of Culture and Historical Changes – The Hungarian Jewish Journal *Libanon*, 1936–1943

> "The task of the historian approaching the events of the last decade will prove more difficult [...] all so many anti-Jewish provisions can only provide the bare bones of this story into which the life of Jewry, with its virtues as well as faults, will have to be filled in. The task of that future historian shall consist of drawing the picture of the struggle for life and death of this pluralistic community."
>
> Ilona Katzburg, in: Libanon (1943), 85

This study offers a detailed analysis of the Hungarian Jewish journal *Libanon*.[1] This important organ was published in altogether thirty-four issues between 1936 and 1943. *Libanon* started off at the peak of Hungarian Jewish intellectual activities and served as one of the central forums of the increasingly desperate search for orientation and direction.[2] During the years of World War II, it was one of the few remaining organs where Hungarian Jewish intellectuals could still publish their ideas, formulate their (usually rather veiled) reactions to contemporary developments and express their hopes and fears for the future.[3] In this respect, *Libanon* is unique: there is no other Hungarian Jewish periodical which started in the mid-1930s and survived long into the war years, right until the end of 1943. In this practical sense, *Libanon* was the most lasting Hungarian Jewish intellectual initiative of its times and

1 The article is the reworked version of a chapter of my doctoral dissertation titled "Between Assimilation and Catastrophe. Hungarian Jewish Intellectual Discourses in the Shadow of Nazism" written and defended at the Central European University in Budapest in 2011. An earlier Hungarian-language version of this article appeared as Ferenc Laczó, Kultúramodellek és történelmi változások. A "Libanon" című magyar zsidó folyóirat [Models of Culture and Historical Changes. The Hungarian Jewish Journal "Libanon"], in: Aetas 1 (2010), 43–65.

2 The choice of its title was not explained but the cover of the issues depicted the *Cedrus Libani*, an important Jewish (Biblical as well as Talmudic) symbol.

3 Sándor Scheiber lists fourteen new Hungarian Jewish organs (which were not necessarily in Hungarian) and a total of fifty-three such periodicals issued at least once in 1936. By comparison, ten years earlier there were only twenty-two and thirty years earlier, in 1906 merely twelve. By 1943 only thirteen were allowed to be published, among them *Libanon* as the organ of the National *(Országos)* Hungarian Jewish Museum. See idem, Magyar zsidó hírlapok és folyóiratok bibliográfiája 1847–1992 [Bibliography of Hungarian Jewish Newspapers and Journals, 1847–1992], Budapest 1993, 216.

JBDI / DIYB • Simon Dubnow Institute Yearbook 10 (2011), 475–507.

it took an unprecedented form of organized collective violence for this journal to cease to appear and never to be published again.

Its high average quality, striking inner plurality and special timing all make this journal an exceptionally exciting source for intellectual historians, but nor detailed exploration of it has been attempted to date, neither in Hungarian not in any other language. One of the aims of this contribution therefore is to provide an analytical summary, a relatively detailed exposé of this precious part of Hungarian Jewish intellectual discourses of the 1930s and early 1940s. The introduction offers an overview of the general characteristics of *Libanon*, followed by a discussion of the contents of this journal gauged through two analytical lenses. The first explores models of culture explicitly articulated by its contributors, and identifies five central ones, illustrating them by excerpts from the writings of their main advocates.[4] The second offers a diachronic analysis, scrutinizing the reflection of momentous and drastic historical changes on the pages of this journal.

Each of these two questions is discussed in a separate subchapter. The differences between them are not only a matter of focus and content, but they in fact presuppose different perspectives. The first section models the heterogeneous conceptions of the foundational idea of *Libanon*, namely Jewish culture and Hungarian Jewish culture in particular. It is thus interested in synchronic diversity. The second exploration is diachronic: it reconstructs important shifts throughout the years of *Libanon's* publication, most of all the appearance of certain new ideas and the changing analogies of Jewish fate.[5]

General Remarks on *Libanon*

Prior to tackling these two questions the basic characteristics of the journal are introduced and the similarities and differences between the two main periods of its history are discussed. *Libanon* released eight volumes, had altogether thirty-four issues on a total of 1,132 pages. Over this period, it had

4 In his book on Jewish historiography and the question of postmodernism, Moshe Rosman analyzes four different models of early modern Polish Jewish culture that were employed by various groups of historians. See idem, Hybrid with What? The Relationship between Jewish Culture and Other People's Culture, in: idem, How Jewish is Jewish History?, London 2007, 82–110. This article served as an inspiration and source of ideas for the second subchapter.

5 This said, I would like to avoid presenting an unduly homogeneous story of some kind of linear evolution. At the same time, the decision to narrate a story is unavoidably based on a selection of evidence. It leaves out additional, more permanent aspects of the journal and cannot do full justice to the diversity of voices either.

107 contributors who published under their full name, out of whom fifty-two appeared in only one of the eight volumes, while only three authors, József M. Grózinger, Fülöp Grünwald and Jenő Zsoldos, published in each of them.[6] Personal relationships between the most important contributors must have been close, and many of the leading personalities of *Libanon* also shared institutional affiliation: most of the teachers of the Jewish Boys' and Girls' Gymnasium of Pest who, bearing in mind the journal's focus on the humanities, could be considered potential contributors, wrote for this organ. All three editors of the first four years, József M. Grózinger, Zoltán Kohn and Jenő Zsoldos, were employed at this gymnasium.[7]

Generational discourses were only infrequently employed in *Libanon*, and there were hardly any instance of generational self-definition. However, in another, more objective (but from the discursive point of view less substantial) sense *Libanon* might be considered a generational initiative. The birthdates of several key contributors show that they were born in the decade and a half prior to 1900, and were thus between fourty and fifty years old when they launched *Libanon* in 1936.[8]

In 1940, the number of Hungarian Jewish periodicals was drastically reduced, from thirty-seven to twenty-four, and it was precisely at this time that the National Jewish Museum assumed the role as the publisher of *Libanon*. Until then, *Libanon* was published under the subtitle *Zsidó tudományos és kritikai folyóirat* (Jewish Scholarly and Critical Journal), but after 1940, simultaneously with the imposition to highlight the category "Zsidó lap" (Jewish Paper) on its cover, *Libanon* adopted the subtitle *Az Országos Magyar Zsidó Múzeum Tudományos és Művészeti Egyesület tudományos és művészeti folyóirata* (The Scholarly and Artistic Journal of the Scholarly and Artistic Association of the Hungarian National Jewish Museum). In 1940, Ernő Munkácsi, the Director of the Museum, was appointed chief editor.[9]

6 *Libanon* compiled a list of contributors for every year of its publication except 1943. There were ten new contributors in this last volume, and having added them to the previous lists I arrived at the number 107. Zoltán Kohn wrote for seven volumes and is missing from the year 1943, unless he published under the initial K. Sámuel Kandel, Lenke Steiner, and József Turóczi-Trostler published in six of the *Libanon* volumes. Fluctuation between the volumes was not too high. The two greatest exceptions to this rule are György Goldberger who wrote in the first four years but not afterwards, and György Balázs who was active in years five to eight but not previously.

7 On the Gymnasium, see the study of László Felkai, A budapesti zsidó fiú- és a leánygimnázium története [The History of the Jewish Boys' and Girls' Gymnasium of Budapest], Budapest 1992, esp. 72–75.

8 To highlight the birthdates of five significant authors: Fülöp Grünwald was born in 1887, József Turóczi-Trostler in 1888, József M. Grózinger in 1891, Aladár Komlós in 1892, and Jenő Zsoldos in 1896.

9 Ernő Munkácsi (born 1896, Páncélcseh – died 1950, Budapest), son of the linguist Bernát

Two years later, at the beginning of 1942, the editorial board was expanded to seven members and from then on, Ernő Kanizsai and Jenő Zsoldos served as its two main editors.[10]

The role of the teachers of the Jewish Gymnasium was somewhat less central to the journal in its second period, but it certainly did not become irrelevant. Jenő Zsoldos and József M. Grózinger, the two authors who practically set the tone of the entire journal in the early years, were somewhat less active after 1940. In some respects, the focus of the journal became broader in this phase, above all through the presentation of the life and possessions of the Museum.[11] The contours of different sections of *Libanon* arguably became sharper as well, and some new article series were introduced such as the one discussing various Jewish spiritual directions in modern times. On the other hand, largely due to the ever more radical restrictions of the war years, the otherwise highly prominent book review section covered narrower ground, featuring, for example, most of the items in the "Javne" book series of the Magyar Zsidók Pro Palesztina Szövetsége (Alliance for Palestine of Hungarian Jews).[12]

It would still be exaggerated to write of a conscious and consistent change of direction of *Libanon* in the 1940s. The contours of the sections might have become sharper, but the changes were otherwise rather peripheral, leaving the three basic elements of the journal – the sections Studies, Criticism and Smaller Contributions – untouched throughout these years.[13] At the same

Munkácsi, was a lawyer and secretary of the Israelite Community of Pest as well as its prosecutor, later the chief secretary of the Jewish Council. He served as the director of the Jewish Museum and was also active as an art historian. The Fittler brothers and their wives hid and saved him and his family in Kistarcsa, just outside Budapest. See Kinga Frojimovics/Judit Molnár (eds.), A világ igazai Magyarországon a második világháború alatt [The Righteous among the Nations in Hungary during the Second World War], Budapest 2009.

10 The seven members in 1942/43 were Ernő Kanizsai and Jenő Zsoldos as editors, and György Balázs, Fülöp Grünwald, József M. Grózinger, Zoltán Kohn and Ernő Munkácsi as board members.

11 Summaries of annual assemblies, annual reports, presentations of exhibitions, descriptions of explorations, visual communication of important objects belonging to the Museum as well as reproductions of important written documents in the Museum's possession were the concrete manifestations of this.

12 This Zionist undertaking was modeled on Schocken Verlag. "Javne" books comprised altogether seventeen volumes between 1941 and 1944. Until 1941, there were book reviews and book notes. In 1936, *Libanon* reviewed sixty-one books (fourty reviews and twenty-one notes), in 1937 fifty-four (thirty-one and twenty-three), in 1938 sixty (thirty-four and twenty-six), in the brief volume of 1939 only twenty-one (thirteen and eight), in 1940 again fifty-three (twenty-five and twenty-eight). In the last three years, there were no more book notes, and the journal only published sixteen reviews in 1941, twenty in 1942 and fifteen in 1943. Thus, until the beginning of the age of general discrimination the average was close to sixty, while in the last three volumes it fell below twenty.

13 The last of these represented a transition between the former two, without being strictly

time, close reading reveals major differences in content and important shifts of emphasis between the various volumes.

In spite of the fact that the shifts in the early 1940s are best understood as a modification, rather than as a genuine change of direction, the dual periodization of *Libanon* clearly holds up to closer scrutiny on another level. The year 1940 can be considered a new beginning since the story of *Libanon* was basically one of decline until 1939. Quantitative indicators may be the best way to support this claim: in the first year of enthusiastic publication, *Libanon* had six issues on 276 pages, but in the following years the circumstances drastically worsened and the zeal also gradually disappeared. *Libanon* managed to release a meager two issues on altogether fourty pages in 1939, the year when the so-called Second Jewish Law was passed. The overall picture of the four years (1940–1943) when *Libanon* was institutionally embedded, i. e. published by the Museum, shows much greater stability: there were three or four issues each year, never less than ninety-six but never more than 128 pages per annum.

Hungarian Jewish periodicals experienced a period of flourishing in the mid-1930s when the search for directions was ripe and the crisis of orientation perceptible but not yet severe. The sense of crisis in an increasingly anti-Semitic environment, the search for internal renewal, and this boom of publishing activities were doubtlessly strongly related. In some of these publications, such as *Libanon*, Jewish intellectual life was manifested in its colorful inner diversity. Not being strictly committed to any political-ideological line, *Libanon* would regularly exhibit signs of internal differences and polarization on certain controversial questions such as the question of assimilation or the defining characteristics of Jewish culture (as shown below).[14] At the same time, consciously held intra-Jewish animosities were on the wane in the war

distinguished from either: pieces in Smaller Contributions could at times be longer than those in Studies (though this was partly concealed by the difference in the font size). At other times book reviews were released in this section under a different heading. The section Journal Review appeared until 1939, going through publications in six languages, but only spent very few words on each. In the first issue of 1939 there were Hungarian, Hebrew, German, French, Italian, and English journals under review. Most attention was usually devoted to German and Hebrew publications that were covered by Grózinger.

14 The concept of assimilation was used in the broadest and most encompassing sense by Imre Waldapfel who called Károly Pap a "programmatic Jewish writer" but labeled his art clearly Hungarian in a "rooted way" and argued that Pap should be seen as having reached the "highest level of assimilation." Idem, Pap Károly. Irgalom [Mercy], in: Libanon (1936), 268. On the other hand, Endre Szegő reflected critically on assimilation already in 1937 (when reviewing Ákos Molnár's *A hitehagyott*), which according to him lifted people out of time, making them leave behind the old but without allowing them to dissolve in the new, leading them to a "loss of balance, in exchange for a questionable gain that they shall see through a list of obsessions, biases [and …] interests." Idem, Molnár Ákos. A hitehagyott [The Renegate], in: ibid. (1937), 199.

years when drastically narrowing opportunities and the perception of the need for closer defensive cooperation softened the differences and led Hungarian Jews to seek greater unity.

Libanon has a special place among Hungarian Jewish journals that have, as a matter of course, contributed to a highly pluralistic intellectual realm. It would be wrong to conceive of this special place as implying some sort of isolation: the authors of *Libanon* had connections to other organs and there were some substantial overlaps in content with other publications. Even the authors who left a strong mark on *Libanon* and invested a substantial amount of their time into this publication wrote for numerous other Hungarian Jewish organs. They may have published their longer studies in the *Izraelita Magyar Irodalmi Társulat Évkönyve* (*INIT*-Yearbook of the Israelite Hungarian Literary Society) and some of them appeared in *Magyar Zsidó Szemle* (Hungarian Jewish Review), both of which were closely affiliated with the Rabbinical Seminary of Pest though the first had more popular appeal while the latter was strictly committed to scholarship. They also contributed to one or more of the six numbers of the *Ararát Évkönyv* (Ararát Yearbook) that aimed to foster Jewish literature in the years of World War II, above all, but there were similar connections with *Múlt és Jövő* (Past and Future), the chief Zionist periodical in Hungarian, and even (nominally) non-Jewish journals such as *Nyugat* (Occident), the most prestigious Hungarian artistic journal of the first half of the twentieth century.[15] What is more, it was quite common in *Libanon* for authors whose works were reviewed to appear as contributors, too. It is clear that members of the Hungarian Jewish intellectual elite did not only pay attention to each other's scholarly work but typically knew each other personally. In turn, personal acquaintance often meant shared involvement in various undertakings.

In spite of these close connections and overlaps, *Libanon* did have a special profile among the Hungarian Jewish publications of the period. Without forgetting about parallel and alternative venues, *Libanon* remains one of the few Hungarian Jewish attempts to regularly publish programmatic ideas, and to offer insightful and up-to-date coverage of cultural, themes. *Libanon* officially conceived of its role as "filling a gap" with a self-declared task to establish a forum for "the smoldering interests of Hungarian Jewry."[16] It man-

15 The level and the kind of Jewishness that ought to be attributed to *Nyugat* continues to be a source of some controversy and debate. For instance, in the monograph of Tamás Ungvári, the retrospective, racial division of *Nyugat* authors is presented as the fatal step in Hungarian literary life. Ungvári views such polemic (pursued notably by László Németh) as the symbolic negation of the contract of assimilation. Idem, Csalódások kora. A "zsidókérdés" magyarországi története [The Age of Disappointments. The History of the "Jewish Question" in Hungary], Budapest 2010, 302.

16 Beköszöntő [Introduction], in: Libanon (1936), 1. The contributors identified several such

aged to consistently combine articles of high quality and the ambition to communicate scholarly, cultural and historical insights with attempts to define the nature as well as the external relations of Jewish culture.[17] Thereby, the authors of *Libanon* wanted to influence collective identity discourses – in markedly different ways, as we shall see. As a less prominent item on its agenda, *Libanon* also sought to publish reflections on current issues of the Hungarian Jewish community and topical problems of public life, even if there were reservations about addressing too many topicalities – while later on the censorial supervision of the journal also had obvious repercussions in this respect. At the same time, the issues tackled on the pages of *Libanon* clearly suggest that large-scale historical changes intervened with the intentions of its creators and impacted its contents more than was the case with the *IMIT Yearbooks*.

No introduction of *Libanon* would be complete without a note on the impressive and multifaceted contemporary culture of the group of authors contributing to it. *Libanon* not only attracted a representative sample of the grand old men of Hungarian Jewish scholarly life (among those of the generation born around 1870, Bernát Heller, Sándor Büchler, and Béla Bernstein all published in *Libanon* in 1942), but some of the most promising members of the younger generation contributed several of their early writings to this journal too. István Hahn wrote for *Libanon* on numerous occasions, Sándor Scheiber was first mentioned as a student, later on his own writings appeared as well, while the name of László Gonda (a teacher in Debrecen at this time) was

gaps. One opinion was that falsely understood assimilation "kills Jewish peoplehood," meaning that in spite of being excluded "Jewish self-sufficiency" did not emerge. Fülöp Grünwald warned that even though "the Jewish question has become the most debated problem of our political and societal life," there were simply no reliable historical studies on the theme. Idem, Virág István. A zsidók jogállása Magyarországon [The Legal Status of Jews in Hungary], in: ibid. (1937), 68. In a review of Agnon in 1941, most likely authored by Pál Hirschler, we read the following: "if we had a Jewish intellectual life, but let's be frank, we do not have it." Is Jehudi, Smuél Joszéf Agnon. Tengerek szívében [In the Heart of the Seas], in: ibid. (1941), 89.

17 There are further instances of explicit self-definition scattered around the pages of *Libanon*. In one place we read that "this journal [… is] intent on creating Hungarian-Jewish culture." Pál Kardos, Zsolt Béla. Kakasviadal [Cockfight], in: ibid. (1939), 12, while elsewhere we encounter the proud (and somewhat elitist) statement that in *Libanon* "only scholarly matters are dealt with." Válasz Bibliophilnek [Answer to Bibliophil], in: ibid. (1936), 136. Later we find that the Museum considered its institutional task to be the protection and maintenance of Jewish historical self-consciousness, and the publication of *Libanon* was part of this effort. Ernő Munkácsi, A Zsidó Múzeum Mendel prefektus-emlékérme (Örkényi Strasser István szobrászművész alkotása) [The Memorial Plaque of Mendel Prefect by the Jewish Museum (The Work of the Sculptor István Örkényi Strasser)], in: ibid. (1940), 1. Moreover, all members of the Museum's association would automatically receive a copy of *Libanon*. Múzeumegyesületi közlemények [Announcements of the Museum Society], in: ibid. (1941), 95.

evoked when the recipients of a writing competition award were announced.[18] Most importantly, there was the abovementioned cohort of authors belonging to the middle generation – József M. Grózinger, Fülöp Grünwald, Aladár Komlós, József Turóczi-Trostler and Jenő Zsoldos, among others.

In addition to this, we find references to a good number of the most exciting Jewish intellectuals of the first half of the twentieth century, several of whom were not that widely known at this time, but acquired admirable reputations later on. References were made to Gershom Scholem, for instance, the researcher who first started serious scholarly inquiries into Jewish mysticism and Messianism,[19] but also to intellectuals such as Hugo Bergmann,[20] the philosopher who served as the Rector of the Hebrew University of Jerusalem or perhaps *the* leading Jewish historian in twentieth century America, Salo W. Baron who taught at Columbia University from 1930 until 1963.[21] Other references included Abraham Heschel, who had just completed his dissertation in Berlin and was to become influential in more conservative circles in the United States later on,[22] Ernst Cassirer some of whose impressive works in the history of philosophy have just appeared (seventy years later) in Hungarian translation,[23] and, last but not least, Leo Strauss, who would serve as a source of inspiration for American Neoconservatives decades later, but who was at this time still writing his early works on Jewish topics.[24] This impressive list illustrates how familiar some of the contributors must have been with contemporary Jewish high culture as it was just developing internationally, and provides a background to the main topic of the following statements: the analysis of cultural models.

18 A Zsidó Gimnázium Barátainak … [To the Friends of the Jewish Gymnasium …], in: ibid. (1938), 96. Gonda received praise for his submission. I mention him since he and Scheiber decided decades later to write the history of Hungarian Jewry together, dividing the periods. Gonda's volume was published after his death (and the change of regime). László Gonda, A zsidóság Magyarországon, 1526–1945 [Jewry in Hungary, 1526–1945], Budapest 1992.

19 He is mentioned with his original German name Gerhard Scholem. Folyóiratszemle [Journal Review], in: Libanon (1937), 103. Later on his name appears as Schalem. G. M. J., G. Schalem. Chalomotav sel hasabatai R. Mordechaj Askenezi [The Dreams of Mordecai Ashkenazi, a Follower of Sabbatai Sevi], in: ibid. (1940), 61.

20 József M. Grózinger, Az ismeret és az igazság problémája [The Problem of Knowledge and Truth], in: ibid. (1936), 257.

21 Folyóiratszemle, in: ibid. (1936), 176.

22 Zoltán Kohn, A vallási és prófétai lelki típus [The Religious and Prophetic Spiritual Types], in: ibid. (1937), 25–29. Between 1946 and his death in 1972, Heschel was employed at the Jewish Theological Seminary of America.

23 József M. Grózinger, Ernst Cassirer. Descartes. Lehre, Persönlichkeit, Wirkung, in: ibid. (1940), 94 f. Most important among these is the appearance of *Die Philosophie der Aufklärung* in Hungarian, translated by Katalin Scheer and published by Atlantisz in 2007.

24 József M. Grózinger, Filozófia és törvény [Philosophy and Law], in: Libanon (1937), 23 f.

Models of Jewish Culture

The two most productive authors of *Libanon* were Jenő Zsoldos and József M. Grózinger. They were almost equally prominent in defining the journal and contributed a great many articles especially to its first volumes, besides serving as its editors. Their interests and platform can be distinguished in many ways, so much so that there is a stark contrast between their models of culture. Zsoldos, indubitably the more well-known of the two, published mostly, though not exclusively, literary historical articles.[25] On the basis of *Libanon*, it is safe to argue that Zsoldos was primarily interested in the Hungarian past and its Jewish aspects. He was particularly keen on exploring Hungarian-Jewish connections with an emphasis on the first half of the nineteenth century and, to a lesser extent, the Biblical (Judeo-Christian) common ground.[26] As he stated in one of his articles, "the story of Hungarian-Jewish cultural assimilation remains unwritten" and "we do not have an overview of Hungarian-Jewish history of real scholarly value."[27] Judging from his contributions to *Libanon*, his intention was, above all, to inquire into the broadly conceived story of cultural assimilation, and to this end he labored to present many precious details of this story, often on the basis of newly uncovered sources.[28] Elements that could be useful in the strengthening of positive poli-

25 Jenő Zsoldos (born 1896, Budapest – died 1972, Budapest) was a literary historian, linguist, and pedagogue. He graduated in Hungarian and Latin and received his doctorate in 1923. Starting in 1920, he taught at the Jewish Girls' Gymnasium and served as director between 1939 and 1965. In the period under question, he edited two volumes, one of them together with Turóczi-Trostler. Idem/József Turóczi-Trostler (eds.), Száz év előtt. Az első magyar-zsidó írónemzedék [A Hundred Years Ago. The First Hungarian-Jewish Generation of Writers], Budapest 1940; Jenő Zsoldos (ed.), Magyar irodalom és zsidóság [Hungarian Literature and the Jewry], Budapest 1943.

26 Zsoldos maintained that "perhaps there is no other European literature which for centuries was as closely related to the Bible as Hungarian was." Idem, Irodalmunk új talmudszemlélete [New Views on the Talmud in Our Literature], in: Libanon (1942), 16.

27 Idem, A zsidóság szerepe Pest és Buda megmagyarosodásában [The Role of Jewry in the Hungarianization of Pest and Buda], in: ibid. (1937), 125–128. He also aimed to account for this absence: he believed the religious strata were not preoccupied with it, the worldly strata did not even think of it and it had no place in the curricula of Hungarian universities either.

28 Zsoldos' ambition yielded the following explorations, among others: a piece on the Talmudic borrowings and its concrete sources in the book of anecdotes by Péter Bod from 1760. Idem, Bod Péter Szent Hiláriusa és a Talmud [Szent Hilárius of Péter Bod and the Talmud], in: ibid. (1936), 212 f. He also wrote on Jews in Hungarian plays of the late eighteenth century and the appearance of first "Hungarian Hungarian Jew" on stage in 1820. Idem, A zsidó a XVIII. századvég magyar drámájában [The Jew in Late Eighteenth Century Hungarian Drama], in: ibid. (1937), 63–65. Moreover, he published on a Hungarian article by Zsigmond Hirsch (Egy ismeretlen magyar-zsidó író [An Unknown Hungarian-Jewish Writer], in: ibid. [1940], 44–46), on Ignác Benedek who wrote pro-Jewish pamphlets in 1848 (Benedek Ignác és emancipációs röpirata [Ignác Benedek and his pro-Emancipation

tical-cultural traditions occupied prominent places in many of his pieces.[29] In all likelihood, Zsoldos hoped that by making the readers aware of these traditions, he could contribute to the development of a Hungarian literary canon opposed to those of anti-Semitic inspiration.

In the inaugural issue of *Libanon*, in his discussion of the Jeremiadic source of the Hungarian National Anthem, *Hymnus* by Ferenc Kölcsey, Zsoldos wrote of a Hungarian-Jewish parallelism springing from a shared ancient source.[30] Six years later, in 1942 he made a similar, but generalized statement according to which "the turn of the eighteenth and nineteenth centuries is the time when the 'Jewish' Bible and the Talmud started to be treated in a fair manner in our homeland," adding that the Romantic era discovered "the Jew" as well as the previously unexplored areas of Jewish spiritual and material life.[31] This (in Zsoldos' terms) "Romantic period of Hungarian history" and especially its specific perspectives on Jews as well as the first Jews writing in Hungarian were among his recurrent themes. He often wrote on rationalism in general and more specifically on the relation of national Romanticism and the Enlightenment.[32] It seems he took the opposition between the two periods for granted, which is considered much less self-evident by contemporary scholarship about Hungary and East-Central Europe more generally.[33]

Many of his contributions to *Libanon* can be read as parts of his attempt to create a canon of Hungarian writers particularly devoted to Jewry. In the second issue, he presented the pro-Jewish views of Péter Vajda, who believed that the Hungarian and Hebrew languages were related. In Zsoldos' interpre-

Pamphlet], in: ibid. [1937], 90); on why the accusation of anti-nationalism leveled against Zsigmond Saphir was unjust (A Pesther Tageblatt és az Athenaeum [Pesther Tageblatt and Athenaeum], in: ibid. [1940], 6–11).

29 Note that the label Jewish was neither automatically nor uncritically used. Aladár Komlós, for instance, sent in his corrections twice: he explained that Ignác Hönigh (1811–1848), who published two medical treatises in 1829 and 1835 in Hungarian, was (as opposed to widespread perception) not a Hungarian Jewish author (and could thus not qualify as the first Hungarian Jewish author) and that László Arany active in Izraelita Magyar Egylet during the early 1860s was not the son of János Arany (one of the most famous Hungarian poets of the nineteenth century). In another instance, Zsoldos set out to show that a supposedly Hungarian rabbi who appears in literary histories as Dávid Czvittinger was invented through a misinterpretation of sources.

30 Jenő Zsoldos, Kölcsey és Jeremiás [Kölcsey and Jeremiah], in: Libanon (1936), 28 f.

31 Idem, Irodalmunk új talmudszemlélete, 17. He wrote on József Ponori Thewrewk, who was the first to compile a collection of the treasures of the Talmud in Hungarian, ahead of all Hungarian Jews. Idem, Az első talmudi gyöngyszemek irodalmunkban [The First Talmudic "Pearls" in Our Literature], in: ibid. (1942), 82 f.

32 On the relations between the Enlightenment and Judaism, see the work in intellectual history of Adam Sutcliffe, Judaism and Enlightenment, Cambridge 2003.

33 See Endre Bojtár, Hazát és népet álmodánk … Felvilágosodás és romantika a közép- és kelet-európai irodalmakban ["We Dreamt Up Homeland and People" … Enlightenment and Romanticism in the Literatures of Central and Eastern Europe], Szekszárd 2008, 20 f.

tation, Vajda was the first to turn "the idea of emancipation into a general national problem without any reservations," adding that, when the Hungarian past was discovered, the Jewish past had a vivid presence in Hungary as religious-Biblical knowledge.[34] Zsoldos also wrote on Viktor Cholnoky's theory that placed "the Semitic" next to "the Turanian," and here he tellingly referred to Cholnoky as the successor of Vajda.[35] Elsewhere, he devoted attention to János Hetényi, a "progressive, romantic and rationalist" who was supposedly the single "respectfully objective" evaluator of Jewish trading activities in Hungary of his days.[36] The Biblical imagery of the books of András Fáy, who in his words "consistently validated the spirit of rationalism in his Protestantism," also appeared among his subjects.[37] Furthermore, in one of his reviews, he specifically referred to Zoltán Franyó as someone who attempted to "defend universal human culture, and within it the Jewish spirit, against anti-Semitism."[38]

In the second volume of *Libanon*, Zsoldos narrated the history of "the fiction of common fate." Discussing the Hungarian literary references to the destruction of ancient Jerusalem, he provided an excellent short history of this idea, beginning with the sixteenth century and focusing not only on its propagators, but also on its opponents.[39] Nevertheless, it is clear that, at least to a certain extent, Zsoldos also wanted to promote the idea of similarity. When dealing with the book of Frigyes Riedl on Kölcsey, he presented his own rather striking ideas: he found Biblical or Jewish equivalents for three of "our mission-devoted" poets. According to this view, Petőfi "made the role of poets similar to the people-liberating leadership of Moses," Komjáthy

34 Jenő Zsoldos, Vajda Péter zsidószemlélete [The Views on Jews of Péter Vajda], in: Libanon (1936), 50.

35 Idem, Cholnoky Viktor és a semi kultúra [Viktor Cholnoky and Semitic Culture], in: ibid. (1936), 225. Zsoldos quoted the attempt by a Jewish nineteenth century author, Herman Bauer-Márkfi, to apply the theory of linguistic relations originally invented by János Sylvester. Idem, A magyar zsidó nyelvrokonság történetéhez [On the History of Hungarian Jewish Linguistic Connections], in: ibid. (1937), 195 f. At the same time, *Libanon* featured similar attempts by contemporary authors: Dávid Fokos-Fuchs pondered whether the repetition of word roots in Hungarian might be due to some Biblical-Hebrew influence – or at least to the same way of reasoning. Dávid Fokos-Fuchs, Bibliai hatások a magyar nyelvben [The Impact of the Bible on Hungarian], in: ibid. (1937), 10–12.

36 Jenő Zsoldos, Irodalmunk zsidószemlélete: Hetényi János [The View of Jews in Our Literature. János Hetényi], in: ibid. (1938), 131–138.

37 Idem, Bibliai képek Fáy András műveiben [Biblical Imagery in the Works of András Fáy], in: ibid. (1939), 7.

38 Idem, Franyó Zoltán. Zsidógyűlölet [Jew-Hatred], in: ibid. (1937), 162.

39 Idem, Jeruzsálem pusztulása a magyar irodalomban [The Destruction of Jerusalem in Hungarian Literature], in: ibid. (1937), 91 f. Elsewhere he also expresses decidedly ahistorical ideas, for instance when discussing the art of Béla Révész he wrote that it approached "the original motives of the Jewish soul" and expressed "eternal Jewish sadness." Idem, Révész Béla és a zsidóság [Béla Révést and the Jewry], in: ibid. (1938), 6–9.

"wanted to reach the end-point of his worldview through identification with the Messiah" while Kölcsey "took on the role of the Prophets of the Old Testament."[40] This peculiar principle of convergence is probably the most radical expression of Zsoldos' Hungarian-Jewish ideas (note that he used the two expressions with a hyphen), and provides an excellent illustration of his assimilation-integrationist perspective on Hungarian Jewish culture.

József M. Grózinger, the other most diligent author of *Libanon*, published most of his pieces in the first period of *Libanon*. He was a philosopher who cherished German-Jewish culture, although the evidence regarding the development of his writings in *Libanon* suggests that he increasingly oriented himself also towards Hebrew culture. Grózinger published his main work on the history of Jewish philosophy in German.[41] Importantly, in the introduction of this work, which he released in 1930, Grózinger announced that he originally wanted to write in Hebrew, but eventually decided that his presentation of Jewish philosophers would be able to reach a larger audience if it appeared in German.[42]

In *Libanon*, he analyzed various moments in the history of philosophy, focusing on the aspects relevant from the Jewish point of view. It appears that he considered his two main tasks to be, on the one hand, the coherent presentation of Jewish spiritual life based on the conviction that religion and scholarship/philosophy made up a harmonious unit and, on the other, communicating across languages, i.e. providing Hungarian summaries of important Jewish-related philosophical works published in foreign languages, mostly in German and Hebrew. He mainly chose to write on authors who resonated with his personal preferences, but his convictions can be most easily accessed on those occasions when he opted to argue with someone. For instance, in his study on Lev Shestov, Grózinger declared that Shestov's ideas were unscholarly. Shestov supported the thesis of the irreconcilability of religion and scholarship and this was even worse in his eyes. In reaction, he somewhat

40 Idem, Riedl Frigyes. Kölcsey Ferenc, in: ibid. (1939), 34.

41 Grózinger's articles in *Libanon* were obviously written in Hungarian but even here he hardly ever expressed his Hungarian identity. I found the strongest sign of his Hungarian consciousness in a review of a Modern Hebrew language course book republished in Debrecen, where he remarked that "[w]e consider the inclusion of the German equivalent of words redundant." Idem, Ch. C. Groszmann. Szifrénu mahadurah sénit metukevet [Hebrew Coursebook for High School Students], in: ibid. (1938), 126.

42 Idem, Geschichte der jüdischen Philosophie und der jüdischen Philosophen von Moses Mendelssohn bis zur Gegenwart, Bd. 1: Von Moses Mendelssohn bis Salomon Maimon, Berlin 1930. Grózinger was born in the eastern part of Hungary in the small village of Csengerújfalu in 1891. He studied in Budapest and (for his doctorate) in Pécs. His other main publications include a study of Kantian metaphysics (both in Hungarian and German) and of Bernát Alexander from the late 1920s as well as shorter philosophical and pedagogical works.

indignantly remarked that this was against the traditional Jewish interpretation of Holy Scripture.[43]

When summarizing the ideas of Wilhelm Sole, Grózinger declared that the task of Jewish philosophy "is and has always been to rationally explain and thereby strengthen the divine origin of faith."[44] Thus, it was among his most important goals to reject and revise the ideas of Ernest Renan who maintained that Jewry was unphilosophical. He wanted to show that "Prophetism has given European thought not only monotheism but also philosophy."[45] In this quest, Hermann Cohen, Maimonides and Spinoza proved particularly important for him. The Marburg-based leading neo-Kantian, Hermann Cohen, was clearly among his favorite philosophers. Cohen viewed religion as a universal function of reason and thought of Jewry as its most ancient source, both of which must have appealed to Grózinger.[46] Moreover, Grózinger referred to Maimonides as the founder of European monotheist philosophy.[47] He also contested that Spinoza was ever a pantheist and considered him a rationalist philosopher as well as a mystical and fanatical believer, stating that he was a saint committed to both religion and freedom.[48]

In spite of appearing next to each other on Grózinger's platform of Jewish philosophy, the abovementioned trio was no doubt eclectic and somewhat paradoxically selected. Crucially, Cohen took the stance that Spinoza's ideas caused Jewry great misfortunes. Cohen also denied that his thinking had Jewish sources and firmly supported his expulsion from the community.[49] Grózinger circumvented such complexities and contradictions: his canon was evidently meant to stress commonalities and not to highlight inner Jewish differences. At the same time, his basic canon of the whole of modern philosophy was centered on Jewish authors: at one point, he even explicitly remarked that "in the polyphonic concert of modern philosophy [...] the conductors have been two Jewish thinkers. Hermann Cohen from Marburg

43 Idem, Leo Schestow vallásfilozófiai elmélete [The Religious Philosophical Theory of Lev Shestov], in: Libanon (1942), 110–113.

44 Idem, Wilhelm Sole. Kulturprobleme des Judentums, in: ibid. (1940), 30.

45 Idem, A prófétizmus útja a legújabb gondolkodásig [The Road of Prophetism until the Thinking of Today], in: ibid. (1941), 79.

46 Samu Szemere, Cohen Hermann, in: ibid. (1942), 35.

47 József M. Grózinger, Maimonides és a mai filozófia [Maimonides and Contemporary Philosophy], in: ibid. (1936), 120.

48 While Spinoza was considered a heretic for centuries, his symbolic reintegration as a Jew (which required a new concept of the Jewish nation) was peaking around this time, parallel with another great debate on pantheism, which immensely raised interest in his thinking. On these matters, see Benjamin Lazier, God Interrupted. Heresy and the European Imagination between the World Wars, Princeton, N. J., 2008, 77, and 84.

49 Ibid., 85–88.

[… and] Henri Bergson from Paris."[50] The following statement is exceptionally revealing when trying to understand Grózinger's model of culture:

"Jewish philosophy, as we have discussed in several places, has always declared Jewish ideas. Whether it happens to be Platonic in Alexandria, whether it builds a geometric system of philosophy in Amsterdam or establishes a new Kantian School in Marburg – it always teaches Jewish philosophy. The thinking of the Jewish philosopher can only be Jewish. It has a Judeogenic basis and is rooted in Jewish soil. Even though external influences can modify the rudiments of thought, they cannot change their origins."[51]

On another occasion, Grózinger announced that the great scholarly question of the future would be what "that mysterious fluid is that reveals the Jewish origin even of works neither concerned with a Jewish problematic, nor written on specifically Jewish themes."[52] Elsewhere he asserted that the "meaning of life and existence, the peculiar meaning and goal of Jewish existence and life can only be sought through a philosophy emerging out of the Jewish soil and mentality."[53]

Even though such attempts to distinguish and essentialize the qualities of Jewish thought play a central role in Grózinger's philosophical reflections on the pages of *Libanon*, some of his remarks contradict the notion that his thinking was exclusionary. His image of Jewish tradition seems to be rather inclusive: this can, for instance, be seen in his presentation of Chaim Nachman Bialik's theory of duality or in his review of Dezső Schön's novel on Hasidism, *Istenkeresők a Kárpátok alatt* (Godseekers under the Carpathions). At the same time, there is an interesting ambivalence or double standard in his language: two of the expressions he employed were *Wille zur Wahrheit*[54] and *Wille zum Wert*.[55] Most probably, he meant these expressions as a chal-

50 József M. Grózinger, Bergson, in: Libanon (1941), 8. On the contemporary Jewish theological and philosophical "soul searching" in Germany see, most recently, Thomas Meyer, Vom Ende der Emanzipation. Jüdische Philosophie und Theologie nach 1933 (= toldot. Essays zur jüdischen Geschichte und Kultur; Bd. 7), Göttingen 2008.

51 József M. Grózinger, Kurt Sternberg. Philosophische Probleme im biblischen und apokryphen Schrifttum der Juden, in: Libanon (1938), 123. He employed an almost identical formulation three years later: "The Jewish philosopher – whether he creates Platonic philosophy in Alexandria, builds on Aristotelian bases in Spain, spins Cartesian mathematical formulas in Amsterdam or whether he propagates antimechanistic vitalism in Paris – writes Jewish philosophy." Idem, Bergson, 12.

52 Idem, Sigmund Freud irracionalizmusa [The Irrationalism of Sigmund Freud], in: Libanon (1940), 39.

53 Idem, A zsidó filozófiai időszerűsége [The Topicality of Jewish Philosophy], in: ibid. (1936), 212.

54 Idem, A neokantianizmus legújabb héber rendszerezője [The Newest Hebrew Systematizer of Neo-Kantianism], in: ibid. (1938), 51.

55 Idem, A gonoszság szerepe a világtörténelemben [The Role of Evil in World History], in: ibid. (1940), 120. Groszmann. Szifrénu mahadurasémlt metukevet. Grózinger used both expressions in German.

lenge to the thinkers who based their views on the concept of (the will to) power – most notably Nietzsche –, for he believed that human endeavors ought to be both logical and ethical. His vocabulary reveals more though: when he wrote on a Hebrew volume published in Cracow, he employed precisely those expressions he so categorically rejected elsewhere, namely he discussed "the vitality" of Hebrew culture and even more strikingly "the absolute will" of the Hebrew spirit, which supposedly knew "no limits."[56]

To sum up: Grózinger reflected on the basic characteristics of the religious and philosophical Jewish spirit and considered history instrumentally, building a canon around the idea of Jewish specificity and, what is more, of a Jewish essence with universal philosophical relevance.[57] We might call this a *universalist-essentialist* model of culture, while Zsoldos presented an *assimilationist-integrationist* model through emphasizing the positive local, Hungarian and Hungarian Jewish traditions, pointing to shared cultural bases and evoking the idea of common fate.[58] Grózinger's model of culture had no close parallel in *Libanon*. Next to Zsoldos, the most articulate expression in favor of such an assimilationist-integrationist model can be found in the writings of Ilona Katzburg, who recurrently referred either to the humanist tradition or to an inclusive version of organic national unity – and sometimes both.[59] A practical illustration of this model, often evoked on the pages of *Libanon*, was the person of Bernát Munkácsi (the father of Ernő Munkácsi, who served as chief editor starting in 1940).[60] Bernát Munkácsi was typically depicted as a scho-

56 Idem, Széfer hasanah lijhudé polánija, in: ibid. (1938), 88.

57 According to Grózinger "the Jew" was forward-looking, "protection of the past and respect for history are mere instruments to [...] building the future" for him. Idem, Az individuálpszichológia zsidó eredete [The Jewish Origins of Individual Psychology], in: ibid. (1937), 194.

58 An excellent illustration is provided by Zsoldos' attempt to distance himself from Béla Zsolt, whom he accused of inventing differences (compare with the ideas of Aladár Komlós). Zsoldos proposed a discourse based on class, stating that "[w]e feel cultural assimilation has made such fictitious differences impossible to assert. The Jewish and Christian petit bourgeoisie live within the same societal horizon and are becoming similar to each other." Idem, Zsolt Béla. A Wesselényi utcai összeesküvés [The Wesselényi Street Conspiracy], in: ibid. (1937), 99.

59 See, most of all, on humanism and the image of the Jew: Ilona Katzburg, Humanista zsidószemlélet [The Humanist View on Jews], in: ibid. (1938), 70. Elsewhere she went on to generalize: "Jewry has always been a member and organic part of larger cultural units," and expressed her belief that Jewish history can only be explored within these larger national frames; see idem, A zsidóság történeti és művészettörténeti emlékei Délolaszországban [The Jewish Historial and Artistic Heritage of Southern Italy], in: ibid. (1940), 53.

60 The autobiographical writing of Bernát's father, originally written in Hebrew, was released in Hungarian just a few years ago. It is an important primary source on nineteenth-century Hungarian Jewry. See Méir Ávrához Munk, Életem történetei [The Stories of my Life], Budapest 2002.

lar enthusiastically researching ancient Hungarians, a patriot writing "universally valid scholarly works" who was simultaneously deeply committed to Jewry. Thus, Bernát Munkácsi appeared as a hero of Jewish integration (as opposed to assimilation).

In addition to these two, most elaborately presented models of culture, several other alternatives found their place on the pages of *Libanon*, of which those articulated by József Turóczi-Trostler, Imre Keszi and Aladár Komlós were the most coherent ones. Apart from these five, there were also a small number of Hungarian nationalist[61] and occasionally even irredentist utterances[62] and some statements referring to the contemporary "Jewish rebirth" and national movement in a positive and supportive manner.[63]

Turóczi-Trostler's model emerges from several unusually long contributions, some of which had only some Jewish references. In one article, somewhat unexpectedly (though one might say in accordance with his rhapsodic writing style), he stated that "ever since the Renaissance, the number of Jewish and non-Jewish transmitters of culture has constantly increased, which assures that the mutual exchange of values and forms and the process of assimilation will not be overshadowed in the epochs of darkest oppositions and deepest isolation."[64] To borrow a relatively recent popular term, these ideas depict the multiculturalism (or interculturalism) of modern times. Turóczi-Trostler formulated it to contest Jewish and other isolationisms both normatively and empirically, though elsewhere he argued that due to the molding power of collective memory and its unavoidably different contents, works of non-Jews with "authentic Jewish content" were nearly impossible to find – and futile to seek. Even so, he thought that Jews undergoing the (unfinished)

61 See, for instance, Lenke Steiner's observation that a certain book was "Hungarian, therefore quality literature." Idem, Sándor Pál. Fajok [Races], in: Libanon (1937), 30. Elsewhere she declared that "the enthusiastic Hungarianness of Jewish Hungarians is a well-known fact in occupied territories." Idem, Ignácz Rózsa. Anyanyelve magyar [Mother Tongue. Hungarian], in: ibid. (1937), 97. Four years later, under radically different circumstances she explored the possibilities of Jewish writers to "arrive at lyrical occasions" and recommended to them the concern for their "own natural community." Idem, Das Lied von Bernadette, in: ibid. (1941), 94.

62 The most peculiar of these was when Ábrahám Klein asserted that even Rashi believed that "nature itself has created Hungary as a unified empire, the break-up, the reduction of which is not only a historical sin and injustice but an outrage against nature." Idem, Rási értelmező módszere [The Interpretative Method of Rashi], in: ibid. (1940), 43.

63 In the first volume, Salamon Widder reflected on the Hebrew Renaissance on the basis of the works of Mendele Moicher Sefarim, in the last Ernő Szilágyi wrote of "the complete culture" of the Zionist political workers' movement, which also happened to be "rooted in the soil." Similar topics and phrases can be found in each *Libanon* volume.

64 József Turóczi-Trostler, Fenékkel fölfordult világ [World Upside Down with its Ass], in: Libanon (1941), 35.

process of multicultural exchange represented mixed types and he showed a keen interest in the results of such, in his eyes, partial fusions.

He was not the only one to conceive of the current state of Jewish culture as a melting pot: Ernő Munkácsi also wrote that "the history of the Jewish Diaspora is the summary of mutual cultural impacts."[65] A number of other articles in *Libanon* addressed the currently also fashionable and relatively widely researched topic of intercultural transmission and borrowing: a significant number of its pages were devoted to influences and receptions, overlaps and agents of transmission.[66]

By contrast, Imre Keszi's model of Jewish culture was based on Hungarian *népi* (populist or peasantist, roughly *völkisch*) ideas.[67] He pressed for a peculiar Jewish authenticity and hoped for cooperation with Hungarian *népi* intellectuals.[68] At the same time, his contribution unavoidably exposed the ambivalences and contradictions inherent to assuming a *népi* stance as a Hungarian Jew: Keszi argued vehemently against "mask-wearing" and "ill-intended role-playing," and instead propagated an open and unproblematized Jewish collective identity. He declared that they (thereby providing a rare instance of speaking in the name of an unspecified collective on the pages of *Libanon*) identified with the historical past of Jewry, and that their crucial reference points were Jerusalem (emphatically not Tel Aviv) and Hungary – ancient tradition and current country, not the modern Jewish national movement. When discussing the complex, rather metaphorical thought of László Németh, a leading Hungarian *népi* intellectual, Keszi sought to justify Németh's stance on the »Jewish question« by polemically expressing that his (widely per-

65 Ernő Munkácsi, A vatikáni könyvtár "Palatini" kéziratai [The "Palatini" Manuscripts of the Vatican Library], in: ibid. (1936), 252.

66 For instance, there were several studies on the mixed nature of Jewish musical tradition in the first volume. (Imre Keszi registered some traces of classical Greek-Latin music in Spanish-Jewish music, while Bence Szabolcsi sought to understand the origins of the various elements of Yiddish dancing songs, etc.). I found the most complex illustration of the idea of (intra-Jewish) transmission in another one of Bence Szabolcsi's studies. Writing in Hungarian, Szabolcsi reported on a woman from Cracow who found in Cairo a score of a Spanish-Jewish melody written around 1400 for the Song of Songs – and published this finding in German. Idem, Zsidó zenei nyelvemlék. A legrégibb kotázott bibliadallam [Jewish Musical Linguistic Heritage. The Oldest Biblical Melody in Music Sheet], in: ibid. (1941), 67.

67 A path-breaking comparative study on *völkisch* and *népi* thought is Gergely Romsics, The Memory of the Habsburg Empire in German, Austrian, and Hungarian Right-Wing Historiography and Political Thinking, 1918–1941, Boulder, Col., 2010.

68 Imre Keszi (1910–1974), born Krámer, was from an intellectual family. He specialized at university in Hungarian and German and studied musicology (music history as well as folk music). He started his publishing career as a poet and musicologist. He soon quit writing poetry and switched to prose, but continued to write on music all his life. After 1944, Keszi became a notorious (and deeply resented) communist literary critic.

ceived) anti-Semitism was merely "the fiction of Jews."[69] Keszi even called him the "most authentic Hungarian." In his eyes, Németh's relevant pieces demanded no more than Jewish self-knowledge. It is particularly interesting that while Németh argued that Jewish writers and their "literary movement" did not belong to the literature of "Hungariandom," thus forcing upon them a choice between supposedly opposed sides, Keszi rather paradoxically expressed his hope that "the stance of Hungarians is revealed in his words" but rejected the obligation to choose between what Németh admittedly presented as irreconcilable options. Instead, Keszi wrote of "fateful harmony" that in his eyes existed between Jews and Hungarians and proposed the striking of a "fraternal alliance."[70]

In 1937, when reviewing a new history of modern Hungarian literature published by Aladár Schöpflin, Keszi summarized Schöpflin's view that "the actual bourgeois functions [...] were left to be taken up by Jews," but here too he would have wished to see a report on new Jewish literature of "internal accounting and self-knowledge of the Jewish nationality [*nemzetiségi önismeret*]" – just as he thought that relevant aspects of Marxist literature and works dealing with the roles Jews played in the years of "revolution, emigration and conjuncture" were unduly neglected by Schöpflin.[71] In the same volume of *Libanon*, in 1937, Pál Budai also propagated Jewish institution-building on a *népi* (*völkisch*) basis. He proposed the establishment of an academy training Jewish cantors and grand choirs in order to replace the "un-Jewish" grand opera style and spread *népi* songs instead. This implies that Budai suggested an unusual combination of religious Zionist and *népi* ideas.[72]

Last but not least, Aladár Komlós also formulated his model of Jewish culture on the pages of *Libanon*. He relied on the notion of its distinctiveness, but his concept was much more inclusive than what *népi* interpretations offered. We find cultural ideas in two of his major articles in *Libanon* where he laid out his otherwise eminently controversial stance without rhetorical flourishes. Whereas one article explicated his approach to Hungarian Jewish

69 A recent reinterpretation of László Németh's thinking during the 1930s stresses its affinities with the *konservative Revolution* in particular: Márton Békés, A hagyomány forradalma. Németh László politikája [The Revolution of Tradition. The Politics of László Németh], Budapest 2009.

70 Imre Keszi, Németh László és a zsidóság [László Németh and Jewry], in: Libanon (1937), 47.

71 Idem, A zsidóság magyar irodalmi szerepe [The Role of Jewry in Hungarian Literature], in: ibid. (1937), 108. The work under review is Aladár Schöpflin, A magyar irodalom története a XX. században [The Story of Hungarian Literature in the Twentieth Century], Budapest 1937.

72 Pál Budai, A zsidó templomi zene kérdése [The Question of Jewish Liturgical Music], in: Libanon (1937), 78–81.

literature and literary history, the other offered reflections on the history of Hungarian Jewish assimilation. On the former question, Komlós expressed himself in favor of including all authors of Jewish origins, not because he accepted racial perspectives, but because the Jewish "social situation" was supposedly different.[73] In his opinion, the Jewish collective had been going through one of its gravest crises which left many marks in literature as well – may these be manifested in preference shown for displaying (honest or dishonest) indifference, in peculiar taboos or otherwise.[74] Though Komlós referred to the difference he saw in the societal situation of Jews in an undifferentiated way and without any reference to overlaps with the Christian parts of the population, he expressed his belief that these communities were merely organs that together composed the body of the nation. Therefore dual solidarity was eminently possible, and was also very real, an idea which Komlós illustrated by comparing the Jewish soul to an ellipsis with two focal points.[75] As opposed to Grózinger's belief in some Jewish spiritual essence with universal relevance, Komlós' cultural model formulated on the pages of *Libanon* stressed Jewish specificity and its particular relevance: this specificity was historically and socially determined.

In another of his *Libanon* articles, Komlós provided a case study of the problems, misunderstandings and personal tragedies of assimilation as well as a concrete application of his theory of the decisive nature of origins. He expressed his conviction that only Ignotus (originally Hugó Veigelsberg [1869–1949], one of the founders of *Nyugat*) managed to succeed both at being a leader in Hungarian literary life as a Hungarian Jew and a true representative of the interests of the best Hungarian writers of his day. In Komlós' eyes, the positions Ignotus took and his fate were ultimately deeply influenced by his origins – the way Ignotus was eventually discarded he qualified

73 *Libanon* also published stances opposed to the concept of Jewish art, partly motivated by the protest against exclusion: Ernő Naményi declared that "artists cannot be categorized according to their denominational belonging." Idem, Zsidó művészek kiállítása [The Exhibition of Jewish Artists], in: ibid. (1940), 20. When the summary on five years of exhibitions was provided in 1943, he maintained that these exhibitions "completely lacked unity." Idem, Az OMIKE képzőművészeti csoportjának V. kiállítása [The Fifth Exhibition of the Fine Artists of OMIKE], in: ibid. (1943), 81.

74 Aladár Komlós, Egy megirandó magyar-zsidó irodalomtörténet elé [Foreword to a Yet to be Written Hungarian-Jewish Literary History], in: ibid. (1936), 5. When writing on Tamás Kóbor, Lenke Steiner expressed similar ideas: "If today, cautiously and modestly, we decided to take into account the values of Jewish writers for Hungarian literature, even if merely in the sphere of the history of objects, then we would have to accomplish another task of evaluation: we would have to analyze to what extent these writers expressed their Jewishness and how significant they have become for Jewry. We have to operate with the 'principle of ourselves' as recommended by János Horváth." Idem, Kóbor Tamás, in: ibid. (1942), 38.

75 Komlós, Egy megirandó magyar-zsidó irodalomtörténet elé, 5.

as revealing his "Jewish fate."[76] In accordance with the identity option he formulated in the *IMIT Yearbooks*, one of the crucial passages of this article addressed the conflictual nature and potentially tragic consequences of assimilation. Building on the idea of a partial Hungarian and Hungarian-Jewish agreement and aiming to mediate between two half-truths as he saw them, Komlós wrote:

"Ignotus was right in maintaining that it is impossible to demand assimilation and to complain that the assimilated differs from the receiving nation, but didn't he forget that it is equally impossible to want to maintain one's racial characteristics while making demands to be accepted as completely alike? The conflict between these two impossible, yet so understandable truths composes the tragedy of assimilation."[77]

The Reflection of Historical Changes

Due to its special though certainly unintentional "timing" (1936–1943), *Libanon* is a fascinating primary source on historical developments and their discursive reflection in this period. The journal started appearing shortly before the beginning of harsh and increasingly encompassing anti-Jewish discrimination, and in its very last issue its authors witnessed the extermination of European Jewry, in despair and uncertainty, and hoping against all hope for the survival of Hungarian Jewry. At this, last, stage of the history of *Libanon* we read:

"We do not know what divine providence has ordered, whether it will allow Hungarian Jewry to welcome the dove signaling the end of the cataclysm. But we have to trust in this and we must keep […] those spiritual treasures above water, which on our continent we *almost alone* have the chance to protect."[78]

Neither providing analyses on the current European, Hungarian or Hungarian Jewish political life, nor publishing reflections on contemporary historical developments were among the explicit aims of *Libanon*. On the basis of this source alone not even a partial version of the historical narrative could be written – too many fundamental facts never found their way into its pages. At the same time, the evolution of Hungarian Jewish interpretations of the chances and dangers facing the community can only be understood in relation to the ongoing historical process. In other words, *Libanon* can provide important insights into the reactions of a sizeable group of consciously Jew-

76 Idem, Ignotus, in: Libanon (1943), 47.

77 Ibid., 44 f.

78 Az Országos Magyar Zsidó Múzeum közgyűlése [The Assembly of the National Hungarian Jewish Museum], in: Libanon (1943), 110 (emphasis added).

ish Hungarian intellectuals to worsening discrimination and mounting difficulties in this crucial period and, more generally, allow us to study the evolution of their agendas and positions in the course of these eight years.

More specifically, my aim is to show through what stages *Libanon* arrived from the agenda of creating a Hungarian-Jewish culture in 1936 to the necessity of saving the remains of a culture and the sense of responsibility towards the future of the entire European Jewish culture by 1943. Their sense of hope, trust in the power of scholarly means and open polemic with Nazism were gradually replaced by voices of doubt. This was due, in the first place, to the growing but hardly ever openly discussed discrimination within Hungary itself. Later on, in parallel with the demand for religious renewal, several articles reinterpreted Orthodoxy in a positive light and occasionally pieces justifying or even propagating the Jewish national program appeared as well. While the analogies of contemporary Jewish fate highly revealingly changed to end up expressing the unprecedented nature of the ongoing destruction, some clear references to the Shoah can also be found in the last volume of the journal.

One of the most intriguing aspects of the first volumes of *Libanon* is the open polemic with Nazism. This presupposed the situation of some kind of debate, which was neither literally meant, nor practically conceived, but nevertheless defined the virtual addressees and set the tone of these contributions. Nor is it surprising to find the authors referring to the unscientific nature of racism, as at this point their belief in the power of properly scientific *(tudományos)* ideas to determine the future seemed unshaken – one might add that, rather ironically, their only reservations were about the present.[79] It is more unexpected from the contemporary point of view that this recurrent polemic often took the shape of rewriting Nazi ideas and changing their connotations into their opposites.

Three remarkable articles on Nazism deserve attention. The most encompassing is Zoltán Kohn's *Old and New Paganism*, in which Kohn construed an opposition of world historical significance between Western or Greek pagan ideals and Eastern Semitism, which gave rise to monotheism.[80] In the Nazi "insanity that is the myth of blood," he aimed to uncover the hatred of Judeo-Christianity, but also highlighted rationalism as one of the indirect causes of the hatred of humans.[81] With a clear sense of irony, Kohn even

79 Ábrahám Klein remarked that "[i]n this strange world of terrible realities, fairy tales acquire greater credibility than truths." Idem, Shylock, in: ibid. (1936), 251.

80 Zoltán Kohn applied this opposition even to Italy, contrasting the "Greek ethos" of the South with the "religious ecstasy" of the North.

81 Kohn specifically referred to the genealogical chain whereby mechanistic-naturalistic worldview, monist-pantheism, atheism and the self-serving love of science were successively derived.

called the infamous work of Alfred Rosenberg titled *Myth of the Twentieth Century* the "Bible of the new German revelation,"[82] and mockingly added that perhaps Rosenberg was correct to believe in the German-Greek connection, i. e. to maintain that the Germans were pagans in their heart of hearts. In sum, Kohn's crucial aim here is to show that even though in practice they are often opposed, theoretically and ultimately Christianity and Judaism belonged together.

Grózinger took on the ideas of Erich Jaensch, the representative figure of Nazi philosophical anthropology and "anthropological psychology." Grózinger not only called Jaensch's attempts futile, but used a peculiar method of subversion: he asked the rhetorical question whether the idea of a philosophy close to life was not perhaps directly borrowed from *homo iudaicus*?[83] Similarly, Imre Keszi discussed the "arsenal of our enemies in the *Geisteswissenschaften*" on the basis of the ideas of Wilhelm Stapel, one of the important thinkers of the conservative revolution in the 1920s who committed himself to the "National Socialist worldview" at the beginning of the 1930s. With the confidence of someone more cultured than his opponent, Keszi observed: "I am not sure whether we can rejoice over all this without feeling some inner pain. Let us not forget that once upon a time this was the nation of Dilthey!"[84]

In the same volumes of *Libanon* from the mid-1930s, alongside some early signs of the intellectual struggle against anti-Semitism in Hungary,[85] there were still clearly laudatory statements on the German nation such as "they are the leading nation today in culture, science, music." For instance, György Bokor categorized Bertalan Hatvany's rejection of Germans as "unfortunately one-sided and politically motivated."[86] It seems that while the authors of *Libanon* considered anti-Semitism a serious enemy and did not disregard

82 Zoltán Kohn, Régi és új pogányság [Old and New Paganism], in: Libanon (1936), 65.

83 József M. Grózinger, A mai német filozófia és a nacionálhumanizmus [Contemporary German Philosophy and National Humanism], in: ibid. (1936), 242.

84 Imre Keszi, Wilhelm Stapel. Die literarische Vorherrschaft der Juden in Deutschland 1918 bis 1933, in: ibid. (1937), 32.

85 György Kecskeméti published an article titled *Az antiszemitizmus szociológiája* (The Sociology of Anti-Semitism) in the very first issue of *Libanon*. In the same volume, Imre Keszi offered an overly long polemic with what he called the "aggregation of citations" published by Lajos Fehér under the title *Zsidóság* (Jewry) (Keszi himself referred to the lack of balance between the effort he spent on discrediting the work and the attention it truly deserved). Later on, Keszi also shared rather sarcastic views on Gyula Farkas's infamous work, *Az asszimiláció kora a magyar irodalomban*, even suspecting that this book was written "in order to be translated into German." Imre Keszi, Az asszimiláció kora a magyar irodalomban [The Age of Assimilation in Hungarian Literature], in: ibid. (1939), 27.

86 György Bokor, Ázsia lelke [The Soul of Asia], in: ibid. (1936), 209.

its manifestations in Hungarian intellectual life, the monstrosity of the Nazi regime and the magnitude of the threat it posed did not yet become clear to them. This might not be all that surprising since in its early years many thought the Nazi regime would not last for long and that the threat it posed should not be exaggerated.

On the other hand, Hungarian Jewish elites were well-known for their active bilingualism, and their deeply held respect towards German culture might well have played a part in hindering clearer appreciations of the emerging political realities.[87] Similarly to their German counterparts, some Hungarian Jewish intellectuals used the subversive strategy of fashioning themselves as more intimate knowers and more legitimate representatives of German culture than the "intellectual *Führer*" of the new regime at this time. Taking this fact and this subversive strategy into account, their attempt to have an open debate with the Nazi ideas becomes more understandable, but it does not change the fact that the reserved and cultured polemic they pursued did not attest to an overly sharp sense of political realism. In any case, unlike in the *IMIT Yearbooks*, there is little reflection in *Libanon* on "the thorough perversion of Germans:" their shocking turn from admirable levels of culturedness to utter barbarism. What can be stated with certainty is that in the *Libanon* issues of the mid-1930s, the occasional belittling of Nazis would still often be followed by different and much more positive opinions about Germans, creating certain ambivalences in judgment.

It is a remarkable development in *Libanon's* discussion of Nazi Germany that articles such as the aforementioned three could no longer be found in later volumes. The single exception was Grózinger's reflection on a work by a non-Jewish German, Johannes Hessen in 1941, a pro-Western and anti-Nazi

87 There are several interesting smaller signs of this German orientation: Birobidjan was spelled Birobidschan (instead of Birobidzsán), Shestov appeared as Schestow (instead of Sesztov) while a quote from the Polish writer Władysław Stanisław Reymont was rendered in German in 1942. When *IMIT's* British style *Pentateuch* (based on the edition popularly known as the Hertz Chumash) was discussed in the same year, it was stated that "[f]or readers used to German commentaries it will perhaps appear slightly strange that there are hardly any philological references." Ottó Komlós, Mózes Öt Könyve és a Haftárák [The Five Books of Moses and the Haftaras], in: ibid. [1942], 61). Homeland and ideal national scientific community did not have to coincide either: in 1943, Mózes Rubinyi called Bernát Munkácsi (whose committed Hungarianness and deeply felt Jewishness were already noted) "a German scholar in the classical sense" who shall "forever remind us of a shiningly beautiful age of the past." Mózes Rubinyi, Bernát Munkácsi, in: ibid. (1943), 63. There were positive remarks even on the contemporary German scholarly community: in his review of Ferenc Hevesi, Grózinger stated that "[t]he German summary included at the end of the book enables the scholarly world to properly value Ferenc Hevesi's merits" – let us remember that this also appeared in 1943. József M. Grózinger, Dr. Hevesi Ferenc. Az ókor zsidó bölcselete [Jewish Philosophy of Ancient Times], in: ibid. (1943), 85.

philosopher who aimed to compare and contrast Prophetism with Platonism.[88] In a footnote, Grózinger felt compelled to remark what can be of little surprise value to those aware of Nazi expectations and their fulfillments (or at least concurrence with them) in publications: "Hessen does not even mention Jewish philosophers."[89] Only Imre Keszi and Andor Fenyvesi used explicit wording. Keszi wrote that in the Nazi mass movement "what is great is precisely what is terrifying." In a similar vein, Fenyvesi added that "a religious war is under way with all its fanaticism and brutality."[90] A more concrete reference to the ongoing destruction than these can first be read in 1938 when in the *Libanon* section Journal Reviews (which appeared in small font at the very end of the issues), the following lines were printed: "an unknown author paints a shocking image of the quiet, cruel and well planned gradual erasure of German Jewry."[91]

This assessment of the German situation came only a little ahead of the first mention of potential discrimination in Hungary. Uttered by Fülöp Grünwald, it took the form of a strong understatement: "in the 'hysterical' spring of 1938 when some wish to revise emancipation."[92] At the same time, he noted that the organization of Jewish social work was now urgently needed in order to set up the infrastructure ahead of the "arrival of obliging necessities."[93] Even less straight forward than the striking understatement just quoted was Grünwald's employment of the official euphemisms: he wrote about "the debate around the law to assure societal and economic balance more effectively."[94] It appears that in his writings from the late 1930s, Grünwald preferred to maintain a certain air of detachment and exposed an ideal of objectivity, in spite of its obvious practical difficulties.[95]

88 The work in question is Johannes Hessen, Platonismus und Prophetismus. Die antike und die biblische Geisteswelt in strukturvergleichender Betrachtung, Munich 1939.

89 József M. Grózinger, A prófétizmus útja a legújabb gondolkodásig [The Road of Prophetism until the Thinking of Today], in: Libanon (1941), 79.

90 Andor Fenyvesi, Szabó Lajos és Tábor Béla. Vádirat a szellem ellen [Indictment against the Spirit], in: ibid. (1936), 272.

91 Folyóiratszemle, in: ibid. (1938), 32.

92 Fülöp Grünwald, Stern Samu. A zsidókérdés Magyarországon [The Jewish Question in Hungary], in: ibid. (1938), 53.

93 Idem, Eppler Sándor. A budapesti zsidóság szociális munkája [The Social Work of Budapest Jewry], in: ibid. (1938), 54.

94 Idem, Bakonyi László. A kongresszusi zsidó hitközségek statisztikája [The Statistics of Congress Jewish Communities], in: ibid. (1938), 90.

95 Note that one of the rare references from later on also refers to the anti-Jewish law in a neutral way, stating, in connection with the *Ararát Yearbook* that "the air of law XV. from 1938 defines the topicality of some of the published writings." (-ö), Ararát évkönyv. Zsidó magyar almanach. 1939 [Ararát Yearbook. Hungarian Jewish Almanach], in: ibid. (1939), 15.

The ways doubts about the future started to appear provides a much better indicator of the changes that were taking place and could not fail to impact the contributors of *Libanon*. In the discussion of Endre Sós' *In Front of the Doors Slammed Shut* the rhetorical question was posed: "Who could count on the work of a new generation of scholars amidst the current circumstances?"[96] Some signs of fatalism were expressed as early as 1938: when reviewing the book of Ernst Sommer on the expulsion of Jews from Spain in the fifteenth century, Pál Kardos asked whether "its topicality would not remain eternal – in spite of the intention of its author?"[97] Moreover, this was the time when Mór Fényes' ideas on the unreliability of scholarship were published, where he concluded that religion did not need to seek the approval of scholarship.

An arguably even more characteristic symptom of the uncertainties of Hungarian Jewish intellectuals suffering under discrimination is the fact that Zoltán Kohn thought of the tragic condition of German Jewish youth in 1938 as reflecting the tragedy of Jewish youth worldwide. He referred to the possibility of living outside Europe, claiming that the only hope left was in the possibility of fleeing, but even to this he added the doubtful question of whether "life could truly be better and more peaceful anywhere for Jewish youth today?"[98] Soon afterwards Kohn assumed a much more militant voice to express a rather utopian desire: "[O]h, how I wish that the fight of the silenced moral law in the spirit of the Prophets would begin as soon as possible against the mad godless forces."[99] In 1940, Grózinger also went much further than revealing merely his doubts: "[W]herever we look, everywhere we see despair, suffering, resignation, uncertainty and hopelessness."[100] By this time he believed that when a future historian of the spirit would observe the distorted face of "the first four decades of the twentieth century, he will call this century *seaculum diabolicum*."[101] To Imre Keszi, his age appeared as "a bottomless, putrid and insidious swamp."[102]

By contrast, E. M. (most likely Ernő Munkácsi) appeared nearly optimistic when he chose to indulge in uncovering historical constants, and thus con-

96 (-ld-), Sós Endre. Becsapott ajtók előtt [In Front of Slammed Doors], in: ibid. (1938), 62.

97 Pál Kardos, Ernst Sommer. Kelt Granadában 1492 [Message from Granada], in: ibid. (1938), 86.

98 Zoltán Kohn, Günther Friedländer. Jugend zwischen gestern und morgen, in: ibid. (1938), 110.

99 Idem, A profétizmus Ignaz Ziegler szemléletében [Prophetism in the View of Ignaz Ziegler], in: ibid. (1939), 6.

100 József M. Grózinger, Vallásfilozófiai kórkép [Clinical Picture of Religious Philosophy], in: ibid. (1940), 19. It might be just a coincidence but it is at this point that he reviewed a German work for the first time not in its original version but in its Hebrew translation.

101 Idem, Sigmund Freud irracionalizmusa, 37.

102 Imre Keszi, Fenyő László. Hűség [Loyalty], in: Libanon (1940), 26.

cluded that the current problems of Hungarian Jewry were "the same now as they used to be a hundred years ago" – essentially problems related to the lack of emancipation.[103] György Balázs assessed the situation in 1940 similarly when he wrote that "[t]hey [the Jews of nineteenth-century Hungary] could not have imagined that two generations later the same troubles, dangers and suffering will await their descendents, which they and their ancestors had to endure for centuries."[104] In another article of Ernő Munkácsi we find yet another historical analogy: his generation "lives through times which were almost unprecedented in the past 2000 years,"[105] namely it had to pass "at once, all of a sudden, from legal equality and the complete possession of the rights of citizens to the pain and suffering of legal restriction and a condition without legal rights."[106] At the same time, Munkácsi clearly considered "the ancient model" desirable, according to which Jewry managed to adapt while staying loyal to its religion.[107]

It is another symptom of the changing times that, even though there were some lines supportive of the Zionist movement already in previous volumes, in 1940 this movement appeared in a new, wider perspective for the first time when Lipót Herman made the following statement: "The building up of Palestine means the defense of honor for civilization, a civilization which enables pogroms, the persecution and murder of Jews."[108] The voices of a new type of soul searching became stronger around this time: Sámuel Kandel, referring to the ideas of Martin Buber, wrote on the renewal of religious beliefs among the people and quotes "the idea of the sacred gathering of a truly humane community" in Zion.[109] Grózinger also related to the possibility of religious rebirth. He argued namely that the belief that the world was governed by the order of divine necessity should be maintained. Grózinger was

103 E. M., A magyar zsidóság újta vezércikkek tükrében. Összeállította. Dr. Ballagi Ernő [The Path of Hungarian Jewry in the Mirror of Leading Articles. Compiled by Dr. Ernő Ballagi], in: ibid. (1940), 59. (E. M. stood as M. E. in the original.)

104 György Balázs, Az erdélyi szombatosok 1941. tavaszán [The Transylvanian Sabbatarians in the Spring of 1941], in: ibid. (1941), 22.

105 Ernő Munkácsi, Az ókori zsidóság feliratos történeti forrásai (I. közlemény) [The Inscriptions of Ancient Jewry as Historical Source (First Contribution)], in: ibid. (1940), 68.

106 Ibid.

107 Idem, Az ókori zsidóság feliratos történeti forrásai (Befejező közlemény) [The Inscriptions of Ancient Jewry as Historical Source (Last Contribution)], in: ibid., 118. He also expressed his conviction that the ancestors from ancient times could "trust in the reward of good deeds and in eternal life amidst great misfortunes and world-shattering events."

108 Lipót Herman, Gerő Ödön, in: ibid. (1940), 13.

109 Sámuel Kandel, Martin Buber. A zsidóság megújhodása [The Renewal of Judaism], in: ibid. (1940), 88. On the idea of Renaissance in modern Judaism see the recent work: Asher D. Biemann, Inventing New Beginnings. On the Idea of Renaissance in Modern Judaism, Stanford, Calif., 2009.

convinced that this belief would "reemerge renewed and reborn out of the current catastrophe."[110]

References to the lack of Jewish self-defense also became more frequent and their tone sounded more accusatory by the early 1940s. Discussing a book by Pál Kardos, Jenő Zsoldos talked of the "causes of decay," pointing to the fact that there was hardly any effort to create a meaningful intellectual and spiritual life for Jewish youth.[111] Endre Sós voiced similar observations in a collectively though only partly self-accusatory way: "We did not show enough resistance against the mass of accusations addressed towards us and directly at us, even though these accusations at times amounted to 'blood libel' in seemingly literary shape."[112] What only a few years earlier were still formulated as positive plans and seemed at worst painful but corrigible absences started to appear as irredeemable losses, as proofs of sinful negligence.

Still, the most dramatic expressions from the very early 1940s can be found in the report of the annual assembly of the National Hungarian Jewish Museum held on the 21 September 1941. It is remarkable how much sharper the formulations of this oral presentation were than the characteristically restrained written words. "Many of us feel that the cup of our misfortune is close to being filled. In these horror-filled, apocalyptic times, Messianic, miraculous beliefs are spreading among the masses."[113] Here Munkácsi attempted to adopt the tone as well as display the idealism and fanaticism of Prophets when he asked: "[I]sn't it the sin of sins that Hungarian Israel, in its hour of critical need, isn't ready to recognize reality and draw appropriate conclusions from it? […] Do we deserve the divine miracle when our ranks are rife with undisciplined behavior and internal splits?"[114] As the understanding emerged that what was at stake was the bare survival of Hungarian Jews in the middle of a continent-wide Judeocide,[115] the historical analogy with Spanish Jews of the fifteenth century gained prominence: the declared Hungarian Jewish aim was now "besides the saving of our lives, the saving of our spiritual treasures."[116]

110 József M. Grózinger, A gonoszság szerepe a világtörténelemben [The Role of Evil in World History], in: Libanon (1940), 121.
111 Jenő Zsoldos, Kardos Pál. Levél egy kibujdosott barátom után [Letter Sent After a Friend Who Fled into Emigration], in: ibid. (1940), 59.
112 Endre Sós, Makai Emil, in: ibid. (1941), 46.
113 Az Országos Magyar Zsidó Múzeum Közgyűlése [The Assembly of the National Hungarian Jewish Museum], in: ibid. (1941), 56.
114 Ibid., 57.
115 Múzeumegyesületi közlemények [Announcements of the Museum Society], in: Libanon (1941), 95.
116 Ibid., 96.

In addition to the growing awareness of terrible dangers and the yearning for spiritual renewal, in the second issue of 1942 we for the first time find a decidedly pro-Orthodox stance. According to Sámuel Kandel, in Orthodoxy "all those forces can be found in front of which the modern Jew has to bow down. These values are there in the moral commitment to accept sacrifices and, if needs to be, even to accept martyrdom."[117] In Kandel's eyes, it was through Orthodoxy that Jewish national life was successfully preserved (though in peculiar form, as he admitted) until this day. In his characterization, modern Jews were distinguished mainly by their powerlessness and a lack of true community. Moreover, in assimilation he saw no more than the continuation of "the desire to convert by other means." Although he considered the existing Jewish institutional infrastructure adequate for accomplishing the necessary mission, he believed that in order to fulfill their urgent tasks they would have to assume new roles well beyond their current ones: "[A]ll our institutions would have to be elevated and turn into pieces of the living Bible," he wrote.[118]

The next issue of *Libanon*, still in 1942, featured an article by Pál Weisz on Conservative Judaism. He distinguished it from Orthodoxy, propagating moderate reform in the vein of Zacharias Frankel. At the same time, he presented moderate reform as a combination of faithful maintenance of traditions with a free spirit and thus essentially different not only from its Orthodox but also from its Neolog alternative. Seeing something "hopelessly un-Jewish" in liberal reformers of Judaism, Weisz believed they provided lukewarm substitutes that unavoidably led to bankruptcy.[119] Towards the end of his article, he also expressed his support for a religious Zionist position: he maintained that "the task of creating a Jewish homeland in the land of the ancestors flows naturally from Jewish conservatism."[120]

Contrary to Weisz, Ernő Kanizsai declared liberal Jewry "more valuable" and presented it even as "more Jewish." Kanizsai pictured liberal Jews as the group that not only searched for the essence but taught it too. At the same time, he admitted that liberal Jews tended to consider their conscience and reason the arbiter of what qualified as "inspired and eternal law," and thereby accepted the distinction that only the task of religion was stable, but "the solution could never be."[121] This platform rooted in the religious Enlighten-

117 Sámuel Kandel, A mai zsidó útja [The Road of the Jew Today], in: Libanon (1942), 45.

118 Ibid. Interestingly, when the current *IMIT Yearbook* was reviewed in *Libanon* in 1942, the article of Aladár Komlós in it merited a similar summary: "[T]he modern Jew of the turn of the century left behind his Jewishness, but that of the present day returned to it." Idem, Évkönyv [Yearbook], in: Libanon (1942), 127.

119 Pál Weisz, Konzervatív zsidóság [Conservative Jewry], in: ibid. (1942), 70.

120 Ibid., 72.

121 Ernő Kanizsai, A liberális zsidóság [Liberal Jewry], in: Libanon (1943), 18.

ment undoubtedly proved conducive to the discovery and accumulation of spiritual wealth, but when the organization of collective self-defense became the most urgent task, its potential left something to be desired. This emerging realization, next to the perception of the need for inner Jewish reconciliation, seems to be behind the shifts in emphasis we observe in *Libanon*.

Around the same time, Zoltán Kohn formulated his comprehensive critique along the lines similar to Weisz's, but with a crucial difference: for Kohn, emancipation was the main culprit. "The distancing of the modern Jewish soul from religion and faith started with European emancipation and we see the culmination of this process today," he wrote.[122] In Kohn's assessment, form had always been essential to Jewishness, and any attempt to make faith independent of form lacked Jewishness from the beginning and, quite unsurprisingly, led to the general weakening of faith. Kohn explicitly argued that there was an unalterable connection between culture and religion and that in the interest of self-preservation, Jewry needed to maintain the religious character of its culture.[123] In his presentation, Neolog Jewry offered no more than a "religious substitute" at a time of "a 150 year-long short circuit of religion and faith."[124] Once again, Orthodoxy appeared as a positive example: "Only the minority of closed and traditionally loyal Jewry defended itself adequately against the danger of dissolution."[125] So while Kohn presented a narrative of decline and stressed the decisive nature of the current stage of history, he did so in the hope of religious rebirth. It is a surprising twist on his previously expressed ideas that he closed his lines with words of trust, stating that the consequence of current developments would be "the rebirth of Jewish humanity that shall turn out to be a sacred kind of humanity."[126]

122 Not much earlier than this, writing on the book *Nordau* by Béla Révész, Kohn had argued that Libanon's former approach was retrospectively justified: "Only few people know [...] but experts, professional literary scholars have never forgotten about the Jewishness of Béla Révész and, what is more, our journal remembered it in a nice study that appeared a few years ago." Idem, Révész Béla. Max Nordau élete [The Life of Max Nordau], in: ibid. (1941), 27f.

123 According to Kohn, "the meaning of the concept of Jewry cannot be transformed so much as to become a mere distorted analogy of the original and primary: Jewry as a religious phenomenon." Idem, Holtponton (A mai zsidóság helyzetképe) (Folytatás) [At a Deadlock (The Situation of Jewry Today) (Continuation)], in: ibid. (1942), 109.

124 Ibid., 108.

125 Ibid., 79. The recent monograph of Kinga Frojimovics analyzes the social history and opposition between Orthodox and Neolog Jewry. She claims in various places that these two trends within Jewry largely defined themselves in opposition to each other. See, for instance, Kinga Frojimovics, Szétszakadt történelem. Zsidó vallási irányzatok Magyarországon 1868–1950 [History Torn Apart. Jewish Religious Trends in Hungary 1868–1950], Budapest 2008, 19.

126 Kohn, Holtponton (A mai zsidóság helyzetképe) (Folytatás), 110.

In 1942 the sense of immeasurable tragedy and hope for rebirth could still be presented as if they were in equilibrium. This verbal exercise can be detected, for instance, in a sentence by Fülöp Grünwald who wrote that "Europe is just ahead of a major reorganization, and the settlement of the Jewish question is an unavoidable part of this reorganization."[127] The other main sign of the hope for survival of Hungarian Jewish intellectuals writing for *Libanon* is that voices of national commitment resurfaced again at the time of the Kállay Double (Hungary's timid attempts to negotiate with the Allies, while the country was still contributing enough to the cause of the Axis side not to appear disloyal and provoke direct Nazi occupation).[128]

On the ongoing mass murder there were only few words. This scarcity of references was partly due to the partial lack of information (which, in the view of what was published in the *IMIT Yearbooks*, must have been very partial indeed) and, more crucially, was evidently related to the level and type of censorship applied in wartime Hungary. With that in mind, probably much more remarkable than the relative scarcity of detailed information was the fact that such references were nevertheless published and distributed in Budapest even in the course of 1943. The first unmistakable reference to the widespread genocide of European Jewry on the pages of *Libanon* is from 1943. It appeared in an article titled *Zionism* by Ernő Szilágyi. Szilágyi identified the event as the destruction of the "*Ostjude*" when he stated: "We do not yet see, do not have the courage to see the elementary and unprecedented change which the perdition of Eastern European Jewry amounts to."[129] Szilágyi addressed the horror from the Zionist point of view: in his opinion, for the

127 Fülöp Grünwald, Lőw Lipót, in: Libanon (1942), 76. He articulated similar notions in *IMIT Yearbooks* of the early 1940s to which he contributed annual reports (the last one of which was released in 1942). See Ferenc Laczó, A válságtudat történetisége. A Horthy-kor és a nácizmus egykorú magyar zsidó értelmezéseiről [The Historicity of the Sense of Crisis. On Contemporary Hungarian Jewish Interpretations of the Horthy Era and Nazism], in: Múltunk. Politikatörténeti folyóirat [Our Past. Journal of Political History] 3 (2011), in print.

128 Grünwald quoted a letter of a Jew full of complaint that was written in April 1848 (when Jewish emancipation was not yet declared by the Hungarian revolutionaries), but at the end of his article he unexpectedly discussed the later turn: "[S]oon afterwards the Jewish youth of Pest hurried to defend the homeland." Idem, Az Országos Magyar Zsidó Muzeum levéltárából [From the Archive of the National Hungarian Jewish Museum], in: ibid. (1942), 121. In his review of Jenő Mohácsi, B. Sz. (most probably Bence Szabolcsi) wrote of the "ideal national assimilation" of Márk Rózsavölgyi around this time. Idem, Mohácsi Jenő. Hegedű és koldusbot [Violinist and Beggar], in: ibid. (1942), 128. Ernő Munkácsi also complained that no Hungarian additions were made to the Hungarian translation of Cecil Roth's writings on the Jewish Middle Ages, since these "could have provided light and consolation in the dark night." Munkácsi thus wanted to see the idea that Hungary was the best place for Jews revived. Idem, Cecil Roth. Zsidó középkor [Jewish Middle Ages], in: ibid. (1942), 29.

129 Ernő Szilágyi, A cionizmus [Zionism], in: ibid. (1943), 49.

"*Ostjude*" Zion was an idea as well as a reality, but "none of this exists any longer." At the end of his article, we read a prognosis of Israeli national rebirth emerging out of this immeasurable misfortune: "And when the grass starts to grow on the millions of new graves in the Galut, the message will get everywhere that they should all come up here."[130]

In the very last issue of *Libanon* (the fourth of volume eight), the report of the annual assembly that had taken place on 31 October 1943 was printed. This report described the catastrophe of the recent past in a more detailed way and in more concrete terms than Szilágyi did, but at the same time it introduced an interesting duality. On the one hand, it is announced for the first time that the contemporary Jewish tragedy had no historical analogy: "We read in Josephus Flavius that at the siege of Jerusalem a million Jews perished. In the course of last year, more weaponless men, weak women, innocent and helpless children and old people have become victims of furious racial struggle."[131] On the other, when discussing the fate of Hungarian Jewry, "complete deportation" was mentioned as the most extreme possibility, though it was linked to the threatening but unspecified notion of "the final solution of the Jewish question." The deployment of the Nazi expression here could either be taken to mean merely the disappearance of Jews from Hungary through their complete deportation, or be rightly interpreted by those who possessed enough information to imply genocide that would quickly follow: "State laws and decrees, anti-Jewish societal movements [...] in their manner wish to prepare for the final solution of the Jewish question, which – as was repeatedly stated – could be nothing else but the complete deportation of Jewry."[132]

Conclusion

Libanon added a special shade and made significant contributions to the colorful and rich though ruinously narrowing palette of Hungarian Jewish journals of the 1930s and early 1940s. *Libanon* proved to be the only periodical that continued to be released for eight years after its launching in the mid-1930s, still before the beginning of severe and ever stricter discrimination, and thus ended up among the few Jewish journals to be published regularly

130 Szilágyi, A cionizmus, 51.

131 Az Országos Magyar Zsidó Múzeum igazgatóságának jelentése az 1942–43. évről [The Directorial Report of the National Hungarian Jewish Museum about 1942–43], in: Libanon (1943), 112.

132 Ibid., 118.

during the years of World War II all the way until the end of 1943, the year before the Hungarian Holocaust. The impressive contemporary culture of its contributors, its pluralistic nature documenting the soul-searching of Hungarian Jewish intellectuals and its special historical "timing" together mean that *Libanon* is one of the most precious sources on Hungarian Jewish intellectual discourses of this momentous period. In addition to the insights it provides into simultaneous, competing conceptions of Jewish culture, it can help us understand the ongoing historical process as it was seen by a crucial segment of Hungarian Jewish intellectuals and as it impacted their positions and agendas.

In addition to more easily decodable Jewish and Hungarian nationalist utterances, I have identified five central and well articulated models of culture, which reveal the heterogeneity of the foundational ideas expressed in *Libanon*. These were the assimilationist-integrationist, the multiculturalist, the (rather ambivalent) *népi*, the model founded on the idea of Jewish philosophical-spiritual essence with universal relevance (or universalist-essentialist) and, last but not least, the model of Jewish specificity with particular relevance (or particularist). Each of these models can be illustrated by the position taken by one or several important authors and traced in their writings. Thus, the contribution explicated that Jenő Zsoldos wanted, above all, to revive positive Hungarian-Jewish traditions and present the idea of Hungarian-Jewish community of fate through his explorations in literary history. The ideas of Turóczi-Trostler can be placed one step away. He denied the existence of barriers in modern times and presented interactions and exchanges as partly defining each culture. Formulating his ideas on a world-historical scale, he saw Jewry as an integral part of this global process, as a group influencing others and being influenced by them. In his eyes, Jews were participants in intercultural processes that did not eliminate significant differences but clearly resulted in more mixed forms. Opposed to such ideas, Aladár Komlós based his program for a Jewish literary history on the idea of the peculiar, distinguishable fate of the Jewish community, emphasizing that their Jewish specificities and societal position were of such decisive relevance that they could be overlooked neither by scholars, nor by Jewish people at large. Komlós believed that there were basic problems with the way assimilation was conceived and with the forms Hungarian-Jewish shared life assumed, which resulted in a severe crisis of Hungarian Jewry – a crisis that in his eyes existed irrespective of and beyond the frightening anti-Semitism of the outside world. József M. Grózinger explored the specificities of the Jewish (philosophical and religious) spirit, arguing that it was exceptional and remained largely self-enclosed, although it shaped the non-Jewish world. In Grózinger's perception, Jewish philosophers were both entirely Jewish in their thought and the greatest of modern philosophers, which obviously implied that ideas deriving from essential qualities of Jews had universal relevance. At the same time, he presented a rather heterogeneous and inclusive image of Jewish traditions. Last but not least, Imre Keszi called for Jewish *völkisch* self-knowledge which had a peculiar acoustics in contemporary Hungary. Keszi grappled with the ambivalence of applying the *népi* agenda to Hungarian Jews: in spite of his supportive and even glorifying words for László Németh, he criticized the idea of *völkisch* exclusivity.

Such reflections of historical changes as are available on the pages of *Libanon* suggest that, even though Hungarian Jewish intellectuals' reactions to contemporary developments rarely took more elaborate forms, there have been several important shifts over the years of its publication. In the second half of the 1930s, cultural plans were future-oriented and indicating strong commitments to initiate and to create. In the early phase of *Libanon*, the belief in *Wissenschaft* was still dominant and the open intellectual polemic with anti-Semitism and Nazi ideas presupposed a climate of at least relatively open debate and an "external," i.e. non-Jewish audience. Understandably, as the extent of legal discrimination increased from 1938 onwards, the still recurrent expressions of hope were now increasingly accompanied by doubt, and the aforementioned "virtual debate" ceased. Second, by the early 1940s many authors discussed the possibility of a Jewish religious and national renewal, which must have appeared as a way out of the tragic present to many of them. Third, in addition to new, more positive attitudes towards Zionism and its depiction in a more emphatic light, several articles critical of Neolog Jewry appeared simultaneously with partial but tangible improvements in the assessment of conservative Judaism and even Orthodoxy – so much so that in the last volumes of *Libanon*, Orthodox Jews were occasionally depicted as the model for the suffering Hungarian Jewish community as a whole.

Abstracts

Elena Agazzi
Erfahrung und literarische Form:
Über den Standort des Erzählers in W. G. Sebalds *Austerlitz*

The paper attempts to analyze W. G. Sebald's last work *Austerlitz* (2001), which was strongly influenced by his reading of Jean Améry's texts, especially *Jenseits von Schuld und Sühne* (1966). This autobiographical essay calls for a defense of human rights as conceived by the Enlightenment and provides harsh testimony on the bodily and moral injuries the Austrian writer suffered as a detainee in Fort Breendonk (Belgium). The book also underlines Sebald's tendency to come to terms with the issue of the Shoah in a "hetero-directed" way, starting from the defense of the subject and his/her right to transmit the truth. This approach is an answer to the writer's mission, as outlined by Walter Benjamin in his 1932 essay *Der Erzähler*, on the basis of Nikolai Lesskow's experience. Within the complex task of representing the "Zivilisationsbruch," Sebald keeps a balance between the use of historical materials and of fiction. He thus preserves a sincere emotional and ethical commitment towards human suffering, especially in regard to the strong criticism encountered by Günter Grass' *Aus dem Tagebuch einer Schnecke* (1972), which deals with the persecutions of the Jews in Danzig.

Hans-Joachim Hahn
Akademischer Exzentriker, häretischer Christ oder »nichtjüdischer Jude«:
Aspekte des Sprachdenkens bei Eugen Rosenstock-Huessy

The work of Eugen Rosenstock-Huessy and especially his "thinking of language" (Sprachdenken) form a somewhat difficult object of inquiry within Jewish history. He himself has been termed a Jewish apostate, an academic eccentric, and a heretic Christian. While he attracted some interest within Jewish historiography as the Christian opponent of Franz Rosenzweig in the famous "Leipziger Nachtgespräch" of 7 July 1913, his own conversion and lifelong ambivalent interest in Jewish matters are far less illuminated. This article explores Rosenstock-Huessy's work and biography against the background of the conditions for assimilated Jews in Wilhelminian and Weimar Germany. It examines some marginal remarks and traces throughout his publications, where the whole complex of his attitude towards the academic sphere and also of his conversion is reflected. Isaac Deutscher's phrase of the "non-Jewish Jew" offers in this connection an interesting model in order to better understand the work of this original and transversal thinker.

Felix Heinert
Der Rigaer Kahal –
Jüdische Moderne und Rigaer Gegenerzählung

The Riga kahal offers a remarkable counter-narrative to the master narratives of Jewish corporate autonomy in nineteenth-century Europe. Remarkably, while the kahal was officially dissolved (more precisely, delegalized as an institution) in Russia in 1844, in Riga the process was precisely the opposite. The Jewish community of Riga, located outside the Pale of Settlement up to the collapse of the Russian Empire, was legalized in the early 1840s, when the Riga kahal gained legal recognition – at a time when it was being disestablished elsewhere. The state eventually dissolved the kahal in Riga in 1893, half a century later than in other parts of the empire and still later than was the case with the "pre-modern" institution of Jewish corporate autonomy in most other parts of Europe. However, the dissolution of the kahal as an institution was rather inconsequential in practice but still symbolically efficacious. This article aims to analyze the specific Riga constellation as well as the historical discussions centering on the Riga kahal, linking these issues to a certain Riga counter-narrative. Departing from this counter-narrative, the article also revisits and renegotiates central narratives of Jewish modernity and Jewish historiography.

Heidi Hein-Kircher
Jewish Participation in the Lemberg Local Self-Government:
The Provisions of the Lemberg Statute of 1870

Lemberg is still regarded as a prime example of irenic and fruitful multiethnic cohabitation in the cities and towns of East-Central Europe. However, a closer look at the first legal act establishing the modern municipal self-administration in 1848, and especially at the Statute of 1870, makes clear that for Jews the scope of political and social integration in the city's population was limited. From 1848 on, a rigid census restricted the electorate and excluded the Jewish masses in particular from it. Furthermore, the number of councilors was restricted to fifteen or twenty (out of 100); furthermore, the Statute of 1870 differentiated between Jewish and Christian concerns. Jewish councilors were not permitted to decide on what was deemed "Christian concerns." Most of the city's concerns were denoted as such, which constantly caused arguments in the town council. Hence, the legal provisions established a barrier impeding political integration.

Carola Hilfrich
Unheim(at)liche Zugehörigkeiten:
Algerien als Ort von Herkunft und Gedächtnis bei
Jacques Derrida und Hélène Cixous

This paper explores how HélèneCixous and Jacques Derrida's writings on Algeria condense and radicalize the paradigmatic frameworks of an emergent theory of (un-)belonging. First, it shows how this theory shifts post-Hegelian thinking "through the skin" to the ecology and choreography of (un-)belonging so as to address the experience of an inside of the outside, and vice versa. This applies to all modes of belonging, that is, linguistic, cultural, historical, and biotic participation as well as citizenship, national, sexual, and ecological. It argues next that Cixous and Derrida's writings on Algeria present a Jewish-Algerian-French perspective in this emergent theory, attentive to diasporic ecologies and choreographies of (un)belonging, unhomely lives, and a terror in language and culture forced into the soma of singularity. In form of "skin autobiographies" from Algeria, their writings articulate this state as a hyperbole of root and transport, which reveals more and worse about these original fantasies of belonging.

Alexis Hofmeister
Jüdische und »gesellschaftliche« Mission –
Partizipation von Juden in der städtischen Öffentlichkeit Odessas

Jewish participation in municipal self-government was quite common in Odessa until the end of the second third of the nineteenth century. This was a distinguishing feature of Odessa compared to other Russian cities. But towards the end of the nineteenth century the political climate in the Russian Empire was changing. Several factors contributed to the decrease of significance of the municipal self-government for the Jewish public sphere in the Russian Empire. While the regional and the municipal administration fell into the hands of illiberal bureaucrats, the Empire tried to isolate its Jewish subjects by limiting their public, educational, political, and economic space. Furthermore, social tensions among the Jewish population increased. At this critical point, Jewish associations and the Jewish press were of principal importance for the Jewish nation-building as well as for the democratization of the Jewish polity. Ambivalence – a marker of Jewish belonging to different political frames – was irreversibly beginning to melt away under the compelling influence of modernity.

Saulius Kaubrys
Integration, Participation, and Exclusion:
Lithuanian Jews in Municipal Self-Governments, 1918–1940

In this article, three characteristics of Jewish participation in municipal self-governments in Lithuania between 1918 and 1940 are presented. The first characteristic is related to the changing results of Jewish electoral campaigns: the number of Jews elected to the municipal councils decreased. The second one is the pragmatic group behavior of Jewish councilors – differentiated here as cooperative, competitive, and routine behavior. The third one concerns trends in the activity of the Jewish representatives in the local self-governments, characterized according to their nature as marginal-episodic, occasional, and constructive-coordinating. The activity of the Jewish councilors in Lithuanian municipal councils was exceptionally constructive. However, their proposals, especially those concerning the interests of the Jewish community, were often rejected and marginalized by other council members.

Klaus Kempter
Joseph Wulf:
Ein Churban-Historiker

The Jewish documentarian and publicist Joseph Wulf (1912–1974), born in Cracow, has almost been forgotten for a long time; occasionally he has been the focus of studies in journalistic biography and historical inquiry. He collaborated with Léon Poliakov in editing the first book on the destruction of European Jewry. To date, research has focused primarily on his role in the West German debate on the Nazi past. It has projected the image of an isolated outsider whose efforts to enlighten foundered on the rocks of an established guild of historians relatively deaf to Wulf's views, and blind to his perspective. This study, based on a systematic evaluation in particular of Wulf's personal papers, seeks to broaden the knowledge about the early Holocaust historian Wulf and to work out a more differentiated assessment of his lifework. Along with his historiographic work of the 1950s based in Berlin, the study explores the immediate postwar years when Wulf, a survivor of Auschwitz, was active as a leading member of the Cracow and later the Central Polish Jewish Historical Commission, where he developed his distinctive methodology. Tracing Wulf's activity and his life in Berlin – which he regarded as a form of exile –, the study demonstrates that although his work has left no lasting traces in the research on contemporary history he achieved quite significant success in the eyes of the general public and his readers.

Hanna Kozińska-Witt
Warschau und »seine« Juden:
Kommunalpolitik und das jüdisch-polnische Verhältnis im
Warschauer Stadtparlament (1919–1939)

The article deals with the developments of Jewish and non-Jewish representation in the Warsaw municipal council during the interwar period. These developments were accompanied by constant competition between the two main factions in Warsaw municipal politics: nationalists and leftists. Both struggled to become the dominant force in the municipal council, and to this end instrumentalized the "Jewish question," interpreting it either in "national" or "social" terms. The text explores the question whether the Warsaw municipal council acted in its politics toward the Jewish representation and the Jewish residents of the city in an independent manner, or if it simply reflected the general political issues of the national state.

Yael Kupferberg
Von der poetischen Sprache des Diesseits –
Heinrich Heine und der Logos des Witzes

Wit is considered the distinctive sign or discursive logo of Heine's poetic language. Nonetheless, this same element of wit was seized upon to dismiss Heine's lyric poetry as "linguistic rape," "frivolity," and ultimately as "Jewish" – thus denying him the cachet and status as a "German poet." The essay attempts an analysis of the complex phenomenon "wit" against the theoretical backdrop of psychoanalysis and Romantic poetic conceptions. It also explores the vocabulary of Heine's reception. The main finding is that in devaluating Heine's use of wit, poetic language discards its own civilizing achievement. Even more: the defensive reception of wit reveals a discourse of exclusion that translates anti-Jewish negative sentiment and bias into the realm of aesthetics – ideologically, politically, and in terms of religion.

Ferenc Laczó
Models of Culture and Historical Changes –
The Hungarian Jewish Journal *Libanon*, 1936–1943

The article analyzes the thirty-four issues of the Hungarian Jewish journal *Libanon*. The journal was launched by teachers of the Jewish Gymnasium of Pest in 1936 and appeared as the official organ of the Jewish Museum between 1940 and 1943. Although it is a sophisticated journal with a wide range of content, and was brought out at a time generally recognized to be of crucial importance, its pages have remained underexplored by scholars. After introducing the general characteristics of *Libanon*, the article focuses on two questions. First, five models of culture are presented and compared that were explicitly articulated in the journal, namely the assimilationist-integrationist, the interculturalist, the particularist, the universalist-essentialist and the *népi* (populist) conception. Second, the reception of historical changes through a period of increasing discrimination and exclusion is explored, together with the question how this impacted the perspectives of this group of Hungarian Jewish intellectuals.

Albert Lichtblau
Jüdische Politik im »Roten Wien«:
Das Wirken zionistischer Mandatare im Wiener Gemeinderat

The Jewish population in Vienna, some 10 percent of the population of the metropolis in the early 1920s, constituted an important segment of the electorate. However, the existing parties did little to address its interests, which led to Zionist lists putting forward candidates in the elections to the municipal council. Initially, the strategy seemed to bear fruit, with three candidates elected to the council. But then the project collapsed, and the 1927 election testified to the end of autonomous Jewish municipal council representation. The article focuses on the programs, electoral results, biographies, and activities of the Zionist councilors, their inclusion and isolation within the municipal council in Vienna, as well as the echo within the Jewish community and the struggle against anti-Semitic currents in "Red Vienna" at the time.

Dan Miron
Simon Dubnow as a Literary Historian

Dubnow's declared intention in his magnum opus, *Weltgeschichte des jüdischen Volkes*, was to write a comprehensive social and political history of Jewish civilization based on evolving patterns of national self-organization rather than a history of a religious sect and its spiritual creativity. Nevertheless, he dedicated much space and attention to the various literatures Jews created throughout the ages. The article examines the principles which inform Dubnow's literary survey (inclusiveness, nationalism, and historical existentialism) and ponders their relevance in our time. It also sharply delineates the limitations of Dubnow's concept of literary history and the shortcomings of his practice as a literary commentator. He could demonstrate how social history produces a literary culture, but failed to realize that this culture, in its turn, changed social history. The article ends with a note – based on Dubnow's autobiographical *Book of Life* – on the important role literature (the

Hebrew fiction and poetry of the nineteenth century) played in the intellectual development of Dubnow himself.

Ulrich M. Schmid
Historische Katastrophen und epische Tragik:
Vasilij Grossmans narrative Bewältigung des Zweiten Weltkriegs

Vasily Grossman's novel *Life and Fate* (1959) is more than just a literary elaboration on World War II and the Holocaust – it presents a valid narrative of history. This paper argues that Grossman promotes a certain interpretation of the historical catastrophes in his text and – following Lev Tolstoy's example in *War and Peace* – adds philosophical digressions to his novel. *Life and Fate* can be considered as a case in point for Gustav Špet's theory on the logic of history from the 1920s. According to Špet, history is only possible within the "word," i.e. the interpretive framework of an ideological system. A late echo of Grossman's treatment of the tragic events Timothy Snyder recently has called the "Bloodlands" can be found in Emanuel Levinas' philosophy.

Gábor Schweitzer
The Age of Discrimination:
Marginalizing Jews in the Hungarian Local Government Regime, 1920–1941

The paper discusses the legal and public administrative measures resulting in the reduction of the number of Jewish protagonists in local municipalities in interwar Hungary. The intention to reduce Jewish presence was demonstrated in the legislative process of reforming the municipal board of the capital city of Budapest in 1920, and later it was pursued in a broader context. During the process of modifying the structure of the municipal boards of the counties and cities enjoying borough status in the 1920s, the legislators had a distinct intention to lower the number of Jews among the so-called highest land-taxpayers participating in these self-governmental bodies. The process of "de-Judaization" of the local self-governmental bodies was sped up and finally accomplished by the anti-Jewish laws passed in response to the German policy in the years 1939 to 1941.

Marcos Silber
Ambivalent Citizenship –
The Construction of Jewish Belonging in Emergent Poland, 1915–1918

The paper argues that the embryonic Polish state expressed ambivalence in regard to molding its Jewish subjects into state citizens. On the one hand, the Jews were included in the state's political and disciplinary institutions, but on the other, they were excluded from the community on grounds of ethno-national sentiments. Such ambivalent practice becomes obvious with the analysis of election laws to municipal and state institutions between 1915 and 1918. The paper claims that the mechanism of inclusion shaped the Jewish population as "one of us" while simultaneously, the mechanism of exclusion shaped Jews as "aliens." The reason for this is twofold: the inclusion of the Jews was a result of the state institutions' need to consolidate their power and their preoccupation with governing and supervising all inhabitants; their exclusion was rooted in the objective to keep up an ethnic hierarchy in the new Polish state. This ambivalent process was achieved through the use of a discourse of "equality before the law," a universalistic rhetoric of liberty and tolerance. Such discourse, however, served as a cover for the ethno-national aim to anchor ethnic distinctiveness in an institutional system of social and political inequality. The paper's claim is that this dialectics led to the bankruptcy of the model of a universal citizenship.

Anastasia Telaak
»Vivre livre ou mourir!« –
Zur Ethik des Realen im Werk Alejandra Pizarniks

The search for "the true place of poetry" forms the challenging core of the literary œuvre of Alejandra Pizarnik, who was born in 1936 in Argentina into a family of Jewish immigrants from the Ukraine and committed suicide in 1972. Departing from the concept of the "wound," she particularly questions the "empty law" (Deleuze, Blanchot), one of the crucial topics of modern European philosophy and literature, as well as the premises of female poetic subjectivity in view of the "void of the real" (Lacan, Žižek). Relating to Jewish European writers such as Kafka, Benjamin, Scholem, Derrida, and Jabès, her quest for poetic and ethical truth reveals a thorough reflection on traditional and modern Jewish thinking, on messianism, and the "emptiness of revelation" (Scholem). At the same time, linking the concept of the wound to the figures of void and silence, Pizarnik's poetic person tries to retrace the traumatic places of memory in modern Jewish and European history, thus calling for a discussion of concepts of Jewish identity after the Shoah.

Mirjam Thulin
Tradition und Edition:
Der Verein Mekize Nirdamim als gelehrtes Netzwerk

The *Wissenschaft des Judentums* (Science of Judaism) was a transnational community comprised of rabbinical and non-rabbinical scholars, who in the nineteenth century secured, produced, transmitted and consolidated Jewish knowledge through an array of scientific modes of documentation. Due to their lack of institutionalization and the exclusion of the *Wissenschaft des Judentums* from the halls of academe, the Jewish community of scholars communicated largely through networks of correspondence, exchange, and travel. Scientific projects like the association Mekize Nirdamim were an integral component and reference point of these learned networks alongside networks of correspondence and knowledge maintained by individual prominent scholars, scientific journals and the rabbinical seminaries. Mekize Nirdamim sought to publish both traditional Jewish literature and scientific editions. This main purpose comprised the common work of the members who were located dispersed across a substantial geographical expanse. The correspondence of the members of the association illuminates the forms of scientific collectivity of the *Wissenschaft des Judentums* and the manner in which Jewish scholarly networks functioned in the nineteenth century.

Michał Trębacz
"Our Power is Not the Number of Seats:"
The Bund's Representatives in the Łódź City Council, 1919–1939

The article investigates the role of Bundists in the Łódź city council in the interwar period. First, it traces the influences of Bund in this municipal body and its relations with other parties – Polish, Jewish, and German. The Bundists could cooperate only with the socialist factions, both Polish and German. Nevertheless, this collaboration benefited the Bundists who achieved a significant impact on the city's policy and could partly realize their political program. Second, the article draws a collective portrait of the Bund councilors based on available biographic data (age, education, occupation etc.). It is concluded that they shared some common features: they belonged to the *intelligentsia* or were trade unionists, and while there were some younger ones among them, most were more experienced. The social structure of the Bundist councilors was quite common for workers' parties at that time.

Sebastian Voigt
Pierre Goldmans Prozess:
Literarische Interventionen von Hélène Cixous und Régis Debray

The essay deals with the writings of Hélène Cixous and Régis Debray on Pierre Goldman, both published in 1975. German-language research has to date not examined these texts, although they are key texts of postwar French history. Both authors underscore Goldman's exceptionality, yet at the same time view him as exemplifying a certain generation and a specific memory. While Debray looks upon Goldman's life as embodying the history of the radical left, Cixous regards him as a representative of French Jews born around 1945. Though both perspectives are justified, they fail to completely grasp Goldman's contradictory personality.

Wacław Wierzbieniec
Lwów, Przemyśl, and Rzeszów:
Jewish Representation in Municipal Self-Governments

This article deals with three municipalities in the territory formerly part of the Habsburg Empire in the interwar period: Lwów, Przemyśl, and Rzeszów – towns on the state's periphery, with large Jewish communities and relatively large numbers of Jewish councilors. The text focuses on the transfer of the liberal administrative tradition from Habsburg times in the period of Galician autonomy and shows problems caused by the policy of "Polonizing" these territories pursued by the Polish state authorities. It compares the reaction of city self-governments to anti-Semitic propaganda and to the pogroms that occurred in Lwów, Przemyśl, and Rzeszów. The activities of Jewish councilors are identified, and the extent to which they incorporated specific interests of the Jewish community into general municipal policy is examined.

Robert Zwarg
Frankfurt in Madison –
Zur Rezeption der Kritischen Theorie in Amerika

The article tries to outline central questions for an investigation of the reception of the Frankfurt School in America, from the late sixties to the end of the eighties. Through a tentative and selective working analysis of the major sources, it is argued that two foci are important for such an attempt: First, one has to look into the historical and political differences between the European conditions in which the key texts of Critical Theory are rooted and the American realities they were applied to when received by the New Left in that period. Second, the tension between the political impulse and academia, which was the prime space in which this intellectual transfer took place, is relevant. The article argues that Critical Theory became a major intellectual framework because it seemed to provide answers during the political crisis of the New Left in the United States in the late sixties. Also, the experience of emigration by many Frankfurt School theoreticians attracted special attention among young readers of the second generation, finding themselves in a state of alienation.

Contributors

Elena Agazzi graduated in philosophy at the University of Pavia in 1985, and in foreign languages and literatures in 1989. Since 1992 she has been Associate Professor of German Studies and, since 2002, Full Professor at the University of Bergamo. She was teaching at the University of Göttingen and, as Visiting Professor, at the University of Mannheim. Her research interests include classical and romantic as well as contemporary German literature and the relationship of literature with figurative arts and science from the eighteenth to the twentieth century. She translated several works by Friedrich Schlegel, Johann Wolfgang Goethe, Alfred Döblin, Gottfried Benn, and Ilse Aichinger into Italian. *Publications:* Tropen und Metaphern im Gelehrtendiskurs des 18. Jahrhunderts, Hamburg 2011 (ed.); Heimkehr. Eine zentrale Kategorie der Nachkriegszeit. Geschichte, Literatur und Medien, Berlin 2010 (ed. together with Erhard Schütz); Representing Light across Arts and Sciences. Theories and Practices, Göttingen 2010 (ed. together with Enrico Giannetto and Franco Giudice); Graecomania. Der europäische Philhellenismus, Berlin/Amsterdam 2009 (ed. together with Gilbert Hess and Elisabeth Décultot); La grammatica del silenzio di W.G. Sebald, Rome 2007; Der fragile Körper. Zwischen Fragmentierung und Ganzheitsanspruch, Göttingen 2005 (ed. together with Eva Kocziszky); La memoria ritrovata. Tre generazioni di scrittori tedeschi e la coscienza inquieta di fine Novecento, Milano 2003 (Germ. 2005); Il prisma di Goethe. Letteratura e scienza nell'età classico-romantica, Naples 1996.

Hans-Joachim Hahn studied German linguistics and literature, philosophy, Dutch philology, and German as a foreign language in Berlin, Amsterdam, and Manchester. He is co-founder of the Villigst Research Network on National Socialism, Racism, and Anti-Semitism. From 2006 to 2011 he was Research Associate at the Simon Dubnow Institute for Jewish History and Culture. His current research focuses on Jewish discourses on Europe between the Enlightenment, the Haskalah and the twentieth century, on problems of Realism, and also on comics and memory. *Publications:* Kommunikationsräume des Europäischen. Jüdische Wissenskulturen jenseits des Nationalen (forthcoming) (ed. together with Tobias Freimüller, Elisabeth Kohlhaas, and Werner Konitzer); Amerika als »Judenland«. Eine antisemitische Metapher in der Literatur, in: Nicolas Berg (ed.), Kapitalismusdebatten um 1900. Über antisemitisierende Semantiken des Jüdischen, Leipzig 2011 (= Leipziger Beiträge zur jüdischen Geschichte und Kultur; vol. 6), 389–407; Europäizität und innerjüdisches Othering. »Ostjuden« im literarischen Diskurs von Heine bis Zweig, in: Caspar Battegay/Barbara Breysach (eds.), Jüdische Literatur als europäische Literatur. Europäizität und jüdische Identität 1860–1930, Munich 2009, 124–138; Transitraum Deutsch. Literatur und Kultur im transnationalen Zeitalter, Wrocław/Dresden 2007 (ed. together with Jens Adam, Lucjan Puchalski, and Irena Światłowska); Repräsentationen des Holocaust. Zur westdeutschen Erinnerungskultur seit 1979, Heidelberg 2005.

Felix Heinert studied East European history, medieval and modern history, and sociology at the University of Cologne. There, he is currently preparing his doctoral thesis, focusing on "Topographies of Jewish self-locations in the urban space of Riga around 1900." He is fellow of the German National Academic Foundation (Studienstiftung des deutschen Volkes) as well as of the interdisciplinary research school a.r.t.e.s. at the University of Cologne. From September to December 2007, he was a Research Assistant at the Simon Dubnow Institute for Jewish History and Culture. *Publications:* Locating Jewishness and Representing Local Jewry in the Urban Space of Riga before and after 1905, in: Frank Grüner/Raphael Utz/Felicitas Fischer von Weikersthal (eds.), Rethinking the Russian Revolution of 1905. Transcultural Perspectives. Festschrift for Heinz-Dietrich Löwe, Bloomington, Ind. (in preparation); Ein jüdisches Bildungsprojekt im lokalen Raum Rigas. Die Institutionalisierung jüdischer Aufklärung in Riga um 1900 und die Zielutopien der Gründer der Rigaer Abteilung des Vereins zur Verbreitung von Bildung unter den Juden in Russland, in: Zeitschrift für Ostmitteleuropa-Forschung 56 (2007), no. 1, 1–49.

Heidi Hein-Kircher studied East European, modern and medieval history, political sciences, and Yiddish at Duesseldorf University and received her PhD there in 2000. From 1996 to 2007 she taught there, and since 2004 at Marburg University. Since 2003 she has been Research Associate at the Herder Institute, Marburg, since 2009 as department head of the "Wissenschaftsforum." Her current research project focuses on the history of Lemberg under Habsburg rule. *Publications:* Der Führer im Europa des 20. Jahrhunderts, Marburg 2010 (ed. together with Benno Ennker); Die Entwicklung der Lemberger Selbstverwaltung im Rahmen der habsburgischen Gemeindeordnung von der Revolution 1848 bis zur Verabschiedung des Statuts 1870, in: Markus Krzoska/Isabell Röskau-Rydel (eds.), Stadtgeschichte in Polen, Munich 2006, 83–106; The Idea of Lviv as a Bulwark against the East, in: Christian Emden (ed.), Imaging the City, vol. 2, Oxford 2006, 321–338; Der Piłsudski-Kult und seine Bedeutung für den polnischen Staat 1926–1939, Marburg 2002 (Pol. 2008).

Carola Hilfrich studied German literature and philosophy at the Universities of Munich, Berlin, and Jerusalem, receiving her PhD from the latter in 1999. Since 2000 she has been Lecturer and, since 2007, Senior Lecturer in Comparative Literature and Cultural Studies at the Hebrew University of Jerusalem. In 2000, she founded the Hebrew University's Program in Cultural Studies and served as its head from 2000 to 2003. In 2005, she co-headed, with Galit Hazan-Rokem and Ilana Pardes, the Project "Literature and Ethnography. Theory, History, and Interdisciplinary Practice" at the Hebrew University's Institute for Advanced Studies. Since 2010, she has been head of the Academic Advisory Committee of the Hebrew University's Lafer Center in Women and Gender Studies. Her current research project focuses on ecologies and choreographies of belonging. *Publications:* Aesthetics of Unease. A Brechtian Study of Anna Deavere Smith's Eyewitness Performance in "Fires in the Mirror," in: Partial Answers 7 (2009), no. 2, 299–318; "The Self is a People." Autoethnographic Poetics in Hélène Cixous's Fictions, in: New Literary History 37 (2006), 217–235; Anti-Exodus. Countermemory, Gender, Race, and Everyday Life in Toni Morrison's Paradise, in: Modern Fiction Studies 52 (2006), no. 2, 321–349; "Making Writing Readable Again." Between the Discourse on Idolatry and Cultural Criticism, in: The Journal of Religion 82 (2005), no. 2, 267–292; »Lebendige Schrift«. Repräsentation und Idolatrie in Moses Mendelssohns Philosophie und Exegese des Judentums, München 2000; Zwischen den Kulturen. Theorie und Praxis des interkulturellen Dialogs, Tübingen 1997 (ed. together with Stéphane Moses).

Alexis Hofmeister studied East European history, Jewish studies, and modern history at the University of Cologne and at University College London. He received his PhD from the University of Cologne in 2007, where he was Assistant Professor at the Department of East European History from 2005 to 2011. Currently he is preparing a research project focusing on imperial biographies at the University of Basel. Current research interests include Jewish privileges in medieval and early modern Poland, comparative imperial studies of Eastern Europe and Jewish autobiographies. *Publications:* Feindliche Brüder. Russländisches Judentum und ukrainische Nationsbildung, in: Andreas Kappeler (ed.) Die Ukraine. Prozesse der Nationsbildung, Cologne et al. 2011, 215–229; Imperiale Selbstbeschreibungen? Jüdische Autobiographik aus dem Russischen und Osmanischen Reich, in: Angela Rustemeyer/Guido Hausmann (eds.) Imperienvergleich. Beispiele und Ansätze aus osteuropäischer Perspektive. Festschrift für Andreas Kappeler, Wiesbaden 2009, 269–292; Pogrom und Politik. Gewalt, Kommunikation und die Neuausrichtung jüdischer Erwartungshorizonte im Zarenreich, in: Walter Sperling (ed.) Jenseits der Zarenmacht. Dimensionen des Politischen im Russischen Reich 1800–1917, Frankfurt a.M./New York 2008, 375–407; Selbstorganisation und Bürgerlichkeit. Jüdisches Vereinswesen in Odessa um 1900, Göttingen 2007 (= Schriften des Simon-Dubnow-Instituts; vol. 8).

Saulius Kaubrys studied modern history at the University of Vilnius, where he received his PhD in 1989. From 1983 to 2011, he taught at the Department of contemporary history at the University of Vilnius. He is Associate Professor at the Faculty of History there. *Publications:* Was the Jewish Community of Kaunas Exceptional? An Analysis of Lithuania's Census of Public Organisations, 1931, in: Transversal. Zeitschrift für Jüdische Studien 11 (2010), no. 1, 87–102; Border Minorities of Lithuania (1918–1939). A Case of the German Community, in: Kari Alenius/Anita Honkala/Sinikka Wunsch (eds.), Itämeren itälaidalla. On the Eastern Edge of the Baltic Sea, vol. 2, Rovaniemi 2009, 207–216; Lithuanian Poles in 1938. Symptoms of Collective Behaviour and its Aetiology, in: Vesture. Avoti un Cilveki [From Source to Biography]. Proceedings of the Seventeenth International Scientific Readings of the Faculty of Humanities, Daugavpils 2009, 145–150; German Public Organisations of Kaunas (the Analysis of the Data of the 1931 Census), in: Avoti un Cilveki. Starptautiskas konferences XVI zinatniskie lasijumi materiali, Daugavpils 2007, 119–125; A Study of Circumstances Which Stimulated the Process of Turning the Lithuanian Language into the State Language (1918–1922), in: Starptautiskas konferences XV zinatniskie lasijumi materiali, Daugavpils 2006, 80–89; Lietuvos stačiatikių bažnyčia 1918–1939 m., [The Lithuanian Orthodox Church, 1918–1939], Vilnius 2003 (together with Andrius Marcinkevičius); National Minorities in Lithuania. An Outline, Vilnius 2002.

Klaus Kempter studied at the Universites of Tübingen and Heidelberg and received his PhD in medieval and modern history from the latter in 1996. From 1999 to 2001, he was Research Associate at the Historical Institute of Heidelberg University. He has been Managing Director of the Modern Languages Faculty there since 2001. From 2009 to 2011, he was Research Associate at the Simon Dubnow Institute of Jewish History and Culture. He is presently working on a biographical study of Joseph Wulf which is scheduled to appear in 2012. *Publications:* Bildung und Wissensgesellschaft, Berlin 2006 (ed. together with Peter Meusburger); Eugen Loderer und die IG Metall. Biographie eines Gewerkschafters, Filderstadt 2003; Von Napoleon bis zur Gegenwart, in: Konrad Dussel (ed.), Enzberg. Vom römischen Gehöft zur modernen Industriegemeinde, Ubstadt-Weiher 2000, 183–289; Die Jellineks 1820–1955. Eine familienbiographische Studie zum deutschjüdischen Bildungsbürgertum, Düsseldorf 1998.

Hanna Kozińska-Witt studied art history and history in Cracow and Tübingen. She is a Tenured Researcher specializing in the history of Eastern Europe, and is associated with the Leipzig Centre for the History and Culture of East Central Europe (GWZO), the Simon Dubnow Institute for Jewish History and Culture, and the Martin Luther University in Halle. At present she is working on a book focusing on the activities of Jews in Polish municipal self-governments (in Polish). *Publications:* Żydzi w poznańskiej Radzie Miejskiej. Uwagi wstępne. [Jews in the City Council of Poznań. Some Introductory Comments], in: Studia Historica Slavo-Germanica 28 (2008–2010) [2011], 225–244; A World before a Catastrophe. Kraków Jews between the Wars, in: Polin 23 (2010), 409–414; The Association of Progressive Jews in Cracow, 1864–74, in: ibid., 119–134; Krakau in Warschaus langem Schatten. Konkurrenzkämpfe in der polnischen Städtelandschaft, 1900–1939, Stuttgart 2008; Wohnen in der Großstadt, 1900–1939. Wohnsituation und Modernisierung im europäischen Vergleich, Stuttgart 2006 (ed. together with Alena Janatková); Die Krakauer Jüdische Reformgemeinde, 1864–1874, Frankfurt a.M. 1999.

Yael Kupferberg studied German literature and Jewish studies in Berlin, Potsdam, and Tel Aviv. In 2010 she received her PhD from the Freie Universität Berlin. From 2007 to 2008 she was Fellow of the German National Academic Foundation (Studienstiftung des deutschen Volkes, Leo Baeck Fellowship Programme) and Research Scholar at the Department of Germanic Languages and Literatures at the University of Pennsylvania. She worked at the Jewish Museum Berlin from 2001 to 2008. Her current research project focuses on the question of "Recht und Gerechtigkeit" in German-Jewish literature and philosophy between 1800 and 1933. *Publications:* Dimensionen des Witzes um Heinrich Heine. Zur Säkularisation der poetischen Sprache, Würzburg 2011; Kultur und Bildung. Paradigmen deutsch-jüdischer Emanzipation, in: Dan Diner (ed.), Leipziger Beiträge zur jüdischen Geschichte und Kultur 3 (2005), 157–173; Weihnukka. Mit Jesus fremdgehen, in: Hanno Loewy (ed.), »Solls der Chanukkabaum heißen«. Chanukka, Weihnachten, Weihnukka. Jüdische Geschichten vom Fest der Feste, Berlin 2005, 113–115; Philosemitismus im Kontext der deutschen Nachkriegszeit, in: Julius H. Schoeps (ed.), Leben im Land der Täter. Juden im Nachkriegsdeutschland, Berlin 2001, 267–283.

Ferenc Laczó studied modern history, philosophy, and literature at the University of Utrecht and at the Central European University. He received his PhD from the latter in 2011. He is now Research Associate at the newly founded Imre Kertész Kolleg at Friedrich-Schiller-Universität Jena where he is responsible for the thematic area "Intellectual Horizons. East Central Europe in the Twentieth Century." His current research focuses on questions of politics and morality. *Publications:* Negotiating Historicity. Hungarian Jewish Scholarly Perspectives on the Relevance, Content and Meaning of History in the Age of Catastrophe, in: Leo Baeck Institute Year Book (2011) (in print); A válságtudat történetisége. A Horthy-kor és a nácizmus egykorú magyar zsidó értelmezéseiről [The Historicity of the Sense of Crisis. On Contemporary Hungarian Jewish Interpretations of the Horthy Era and Nazism], in: Múltunk. Politikatörténeti folyóirat [Our Past. Journal of Politics and History] 3 (2011) (in print); Magyar zsidó helyzetértékelések és tervek a második világháború idején. Eszmetörténeti elemzés az Ararát évkönyvek alapján [Hungarian Jewish Assessments of the Situation and Plans during World War II. An Intellectual Historical Analysis Based on the Ararát Yearbooks], in: Múltunk. Politikatörténeti folyóirat 4 (2010), 148–165; Magyar zsidó identitásopciók. Tudományos szövegek identitásdiskurzusainak elemzése a Horthy-korban megjelent "IMIT évkönyvek" alapján [Hungarian Jewish Identity Options. The Analysis of Identity Discourses of Scholarly Texts Based on the "IMIT Yearbooks" Published in the Horthy Era], in: Regio. Kisebbség, Politika, Társadalom [Regio. Minority, Politics, Society] 3 (2010), 91–115.

Albert Lichtblau studied history and political sciences at the University of Vienna. He was a staff member of the Institute for Economic and Social History at the University of Vienna, and Research Associate at the Center for Research on Anti-Semitism at TU Berlin and at the Institute for the History of the Jews in Austria. He is currently Chair of the Centre for Jewish Cultural History and Professor in the Department of History at the University of Salzburg, where he teaches contemporary history. His fields of scholarly expertise are Jewish, genocide, and migration studies, oral history and audiovisual history. *Publications:* Opening Up Memory Space. The Challenges of Audiovisual History, in: Donald A. Ritchie (ed.), The Oxford Handbook to Oral History, Oxford/New York 2011, 277–284; Memory Going Global. The Jewish Museum and Holocaust Centre in Cape Town, in: AJS Perspectives. The Magazine of the Association for Jewish Studies (Spring 2010), 20–22; Kulturtransfer, Netzwerk und Schlammschlacht. Exilfußball in New York und Shanghai, in: Toni Niewerth/Tomasz Jurek/Wolf-Dieter Mattausch (eds.), Jüdischer Sport und Jüdische Gesellschaft. Jewish Sport and Jewish Community, Berlin 2010, 299–318; "Galitsianer" and the Mobility of Stereotypes, in: James Jordan/Tony Kushner/Sarah Pearce (eds.), Jewish Journeys. From Philo to Hip Hop, London/Portland, Oreg., 2010, 100–124.

Dan Miron is Professor emeritus of the Hebrew University in Jerusalem and, since 1987, the holder of the Leonard Kay Chair for Hebrew and comparative literature at Columbia University in New York. A literary critic and a historian of modern Jewish writing, he is the author of about a thousand articles, studies, and monographs, and of more than forty books of literary scholarship and criticism covering much of Jewish literary writing throughout the last 200 years. *Publications:* The Focalizing Crystal. Vladimir Jabotinsky as a Novelist and a Poet, Jerusalem 2011 (Heb.); The Prophetic Mode in Modern Hebrew Poetry, New York 2010; From Continuity to Contiguity. Toward a New Jewish Literary Thinking, Stanford, Calif., 2010; Verschränkungen. Über jüdische Literaturen, Göttingen 2007 (= toldot. Essays zur jüdischen Geschichte und Kultur; vol. 5) (Heb. 2005); The Image of the Shtetl and Other Studies of Modern Jewish Literary Imagination, Syracuse, N. Y., 2000; H. N. Bialik and the Prophetic Mode in Modern Hebrew Poetry, Syracuse, N. Y., 2000 (Heb. 2000); Ashkenaz. Modern Hebrew Literature and the Pre-Modern German Jewish Experience, New York 1989.

Ulrich M. Schmid studied German and Slavic literature at the Universities of Zurich, Heidelberg, and Leningrad. He received his PhD from the University of Basel in 1995. From 1992 to 2003, he taught at the Slavics Department there. In 2003 he was appointed Assistant Professor at the University of Bern. From 2004 to 2007, he served as Professor of Slavic Literatures at the University of Bochum. Since 2007, he has been Professor of Russian Culture and Society at the University of St. Gallen. *Publications:* Lew Tolstoj, Munich 2010; Literaturtheorien des 20. Jahrhunderts, Stuttgart 2010 (ed.); Russische Medientheorien, Bern 2005 (ed.); Russische Religionsphilosophen des 20. Jahrhunderts, Freiburg i. Br./Basel/Vienna 2003; Ichentwürfe. Russische Autobiographien zwischen Avvakum und Gercen, Zurich/Freiburg i. Br. 2000.

Gábor Schweitzer studied legal and political sciences at Eötvös Loránd University, Budapest. He received his PhD there in 2008. Since 1993 he has been on the staff of the Department of Public Administration, currently as Senior Research Fellow, in the Institute for Legal Sciences of the Hungarian Academy of Sciences. He has taught legal history since 1996, at present as Assistant Professor in the Department of Legal History in the Faculty of Legal and Political Sciences at Eötvös Loránd University. His special fields of interest are the history of the Hungarian public administration, the history of legal education in Hungary, the constitutional regulation of church and state relations as well as Hungarian Jewish history in modern times. *Publications:* Az önkormányzatiság színe és fonákja. A fővárosi tövényhatósági bizottság szabályozása 1920–1930 között [The Legal Regulation of the Municipal Board of Budapest between 1920 and 1930], Budapest 2010; Szimbolika és közjog. Az állami és nemzeti jelképek helye a magyar alkotmányos rendszerben

[Symbolics and Public Law. State and National Symbols in the Hungarian Constitutional System], Pozsony 2010 (together with Iván Halász); Peregrination in Germany. Bódog Somló at the Universities of Leipzig and Heidelberg, in: Acta Juridica Hungarica (2010), no. 2, 109–121 (together with Iván Halász); Gyula Farkas und die Zeit der literarischen Assimilation, in: Tamás Lichtmann/Petra Török (eds.), Angezogen und abgestoßen. Juden in der ungarischen Literatur, Frankfurt a. M. 1999, 69–108.

Marcos Silber received his PhD from Tel Aviv University in 2001. He is a Senior Lecturer in the Department of Jewish History at Haifa University. His research interests include Jewish politics and culture in twentieth century Poland and Lithuania. *Publications:* Equal Citizenship, Different Nationality. The Struggle for Autonomy in Poland during World War I (forthcoming; Hebr.); Sightseeing and Nearsightedness. Tours in Vilna of the Late 1930s and the Right to the City, in: Nicolas Berg/Omar Kamil/Markus Kirchhoff/ Susanne Zepp (eds.), Konstellationen. Über Geschichte, Erfahrung und Erkenntnis. Festschrift für Dan Diner zum 65. Geburtstag, Göttingen/Oakville, Conn., 2011, 125–141; Polish-Israeli Diplomatic Relations. A Selection of Documents 1945–1967 (ed. together with Szymon Rudnicki), Warsaw 2009 (Pol.; Heb. 2009); Jews and Non-Jews in the Public Sphere in Poland (1848–1939). A Brief Prolegomenon, in: Jahrbuch des Simon-Dubnow-Instituts/Simon Dubnow Institute Yearbook 7 (2008), 115–125 (ed. of the thematic focus); "Immigrants From Poland Want to Go Back." The Politics of Return Migration and Nation Building in 1950s Israel, in: Journal of Israeli History. Politics, Society, Culture 27 (2008), no. 2, 201–219.

Anastasia Telaak studied Latin American, Spanish, German, and French literature at the Universities of Freiburg i. Br., Madrid, Cologne, and Jerusalem. She received her PhD from the University of Freiburg i. Br. in 2001. Her current research project focuses on the poetic œuvre of Alejandra Pizarnik. *Publications:* Wunder und Wunden. Itzik Mangers Gedichte in einer jiddisch-deutschen Ausgabe, in: Bulletin der Rose-Ausländer-Stiftung 4 (2005); Zwischen Lüge und Verrat. Die Shoah im Textcorpus der argentinischen Dichterin Alejandra Pizarnik, in: Joseph Jurt (ed.), Die Literatur und die Erinnerung an die Shoah. Akten einer Arbeitstagung am Frankreich-Zentrum der Universität Freiburg, Freiburg i. Br. 2003; Körper Sprache Tradition. Jüdische Topographien im Werk zeitgenössischer Autorinnen und Autoren aus Argentinien, Berlin 2003; »Sprache die zittert in der Hand der Zeit«. Exil und Erinnerung in der Lyrik Juan Gelmans, in: Die Horen 211 (2003), 143–145; La Jerusalem de Else Lasker-Schüler, in: NOAJ. Revista Literaria. Asociación de Escritores Judíos en Lengua Hispana y Portuguesa 11 (1996), 46–65.

Mirjam Thulin studied modern history and Jewish studies in Berlin. At the same time she worked at the Max Planck Institute for the History of Science. Subsequently she became a doctoral fellow of the Simon Dubnow Institute for Jewish History and Culture and received her PhD in modern history from the University of Leipzig in 2011 with a thesis titled "Kaufmanns Nachrichtendienst. Ein jüdisches Gelehrtennetzwerk im 19. Jahrhundert." Since 2011 she has been Research Associate at the Martin-Buber-Professorship of Jewish Thought and Philosophy at the Goethe University Frankfurt am Main. *Publications:* Wissenschaft des Judentums und Institution. Die modernen Rabbinerseminare als gelehrte Netzwerke, in: Hans-Joachim Hahn et al. (eds.), Kommunikationsräume des Europäischen. Jüdische Wissenskulturen jenseits des Nationalen (forthcoming); Jewish Networks, in: European History Online (EGO), ed. by the Institute of European History (IEG), Mainz, 3 December 2010, <http://www.ieg-ego.eu/thulinm-2010-en> (6 September 2011); Vom Schreiben jüdischer Geschichte im Zeitalter des nationalen Denkens. Zum Begriff der Nation in Heinrich Graetz' »Geschichte der Juden«, in: Transversal 8 (2007), no. 2, 95–114.

Michał Trębacz studied history at the University of Łódź and received his MA in 2008. Afterwards he was an Assistant at the Center for Jewish Research at the University of Łódź; since 2009 he has been Research Associate at the Institute of National Remembrance in Łódź. Between 2007 and 2009 he was a member of the editorial board publishing the five-volume Chronicle of the Łódź Ghetto, 1941–1944. His current research project (PhD thesis) is a biography of Izrael Lichtenstein, a Bund leader in interwar Łódź and a well-known pedagogue. *Publications:* »Słuchają słów Prezesa …«. Księga przemówień Chaima Mordechaja Rumkowskiego ["They are Listening to the Words of the Chairman …" The Book of Chaim Mordechaj Rumkowski's Speeches], Łódź 2011 (ed. together with Adam Sitarek); »Rzadko kiedy żydowski dom łączył w sobie tyle światów i tyle wartości …«. Polsko-żydowska mozaika Rafała Lichtensteina. Przyczynek do dziejów inteligencji wielokulturowej Łodzi ["Rarely a Jewish House Combined so Many Worlds and so Many Values …" A Polish-Jewish Mosaic of Rafał Lichtenstein. A Contribution to the History of the Intelligentsia in Multicultural Łódź], in: Rafał Stobiecki/Jacek Walicki (eds.), »Należę do polskiej szkoły historycznej«. Studia i szkice ofiarowane prof. Jakubowi Goldbergowi z okazji odnowienia doktoratu na Uniwersytecie Łódzkim ["I belong to the Polish Historical School." Studies and Sketches Dedicated to Prof. Jakub Goldberg on the Occasion of Awarding him the Honorary Doctorate of the University of Łódź], Łódź 2010, 51–63; Kronika getta łódzkiego/Litzmannstadt Getto 1941–1944 [The Chronicle of Łódź's Ghetto/Litzmannstadt Ghetto, 1941–1944], 5 vols., Łódź 2009 (ed. together with Julian Baranowski et al.).

Sebastian Voigt studied history, philosophy, German language and literature, and education in Freiburg i. Br., Amherst (Mass.), and Leipzig. He completed his MA in 2006 with a thesis on the genesis of religious and political pluralism in the United States. During his studies he had scholarships from the Rosa Luxemburg Foundation, the Fulbright Commission, and the German National Academic Foundation (Studienstiftung des deutschen Volkes). From 2003, he was a Student Assistant, then Research Assistant, and subsequently Research Associate at the Simon Dubnow Institute for Jewish History and Culture. He has been a doctoral fellow there since 2009, supported by the Hans Böckler Foundation. His PhD project focuses on leftist Jewish intellectuals in postwar France. *Publications:* Das Verhältnis der DDR zu Israel, in: Bundeszentrale für politische Bildung (ed.), Dossier 60 Jahre Israel, Bonn 2008, <www.bpb.de/themen/XEBFIJ,,0,Das_Verh%E4ltnis_der_DDR_zu_Israel.html> (20 September 2011); Die Dialektik von Einheit und Differenz. Über Ursprung und Geltung des Pluralismusprinzips in den Vereinigten Staaten von Amerika, Berlin 2007.

Wacław Wierzbieniec studied modern and contemporary history at the University of Rzeszów and received his PhD there. He is Professor of History and Chair of the Department of East European History and Culture and of the Department of Jewish History and Culture at the University of Rzeszów. *Publications:* Wielki Strajk chłopski w 1937 roku. Uwarunkowania i konsekwencje [The Great Farmers' Strike in 1937. Preconditions and Aftermaths], Rzeszów 2008 (ed.); Polska – Europa – Świat XX wieku. Studia ofiarowane Profesorowi Włodzimierzowi Bonusiakowi w czterdziestolecie Jego pracy twórczej [Poland – Europe – World in the Twentieth Century. Studies Dedicated to Professor Włodzimierz Bonusiak in the Light of his Fortieth Year of Work], Rzeszów 2005 (ed.); The Processes of Jewish Emancipation and Assimilation in the Multiethnic City of Lviv during the Nineteenth and Twentieth Century, in: J. Borland/G. Day/K. Z. Sowa (eds.), Political Borders and Cross-Border Identities at the Boundaries of Europe, Rzeszów/Bangor 2002; Żydzi w województwie lwowskim w okresie międzywojennym. Zagadnienia demograficzne i społeczne [Jews in the Lwów Voivodeship in the Interwar Period. Demographic and Social Aspects], Rzeszów 2003; Judaica polskie w XIX wieku [Polish Judaica in the Nineteenth Century], Kraków 1999; Społeczność żydowska Przemyśla w latach 1918–1939 [The Jewish Society in Przemyśl, 1918–1939], Rzeszów 1996.

Susanne Zepp is Professor of Romance Literatures at Freie Universität Berlin. Since 2003 she has been Deputy to the Director at the Simon Dubnow Institute of Jewish History and Culture. She earned her PhD from Freie Universität Berlin in 2002 and her habilitation from the University of Cologne in

2009 with a venia legendi in Romance literatures and cultures. Her main fields of research are Spanish literature (medieval and early modern times; twentieth century) as well as Latin American, Portuguese and French literatures (nineteenth and twentieth centuries), and Jewish literatures. *Publications:* Konstellationen. Über Geschichte, Erfahrung und Erkenntnis. Festschrift für Dan Diner zum 65. Geburtstag, Göttingen/Oakville, Conn., 2011 (ed. together with Nicolas Berg, Omar Kamil, and Markus Kirchhoff); Herkunft und Textkultur. Über jüdische Erfahrungswelten in romanischen Literaturen 1499–1627, Göttingen/Oakville, Conn., 2010 (= Schriften des Simon-Dubnow-Instituts; vol. 13); The Holocaust in Spanish Memory. Historical Perceptions and Cultural Discourse (ed. together with Antonio Gómez López-Quiñones), Leipzig 2009 (= Leipziger Beiträge zur jüdischen Geschichte und Kultur; vol. 7); Kanon und Diskurs. Über Literarisierung jüdischer Erfahrungswelten, Göttingen 2009 (= toldot. Essays zur jüdischen Geschichte und Kultur; vol. 4, together with Natasha Gordinsky); Hispanistik, Paderborn 2004 (second edition 2008; together with Natascha Pomino); Jorge Luis Borges und die Skepsis, Stuttgart 2003.

Robert Zwarg studied translation (English/Spanish), philosophy, and cultural studies in Leipzig, Davis (Calif.), and Mexico City. In 2009 he completed his MA with a thesis on Max Horkheimer. Since then he has been a doctoral fellow at the Simon Dubnow Institute for Jewish History and Culture. His dissertation project focuses on the American reception of the Frankfurt School and is being funded by the German National Academic Foundation (Studienstiftung des deutschen Volkes). *Publications:* Europa in Amerika. Über die Akademisierung der Kritischen Theorie, in: Hans-Joachim Hahn et al. (eds.), Kommunikationsräume des Europäischen. Jüdische Wissenskulturen jenseits des Nationalen (forthcoming); Revolution, Power and Violence. An Introduction to Arendt's and Benedict's Correspondence, in: Constellations 16 (2009), no. 2, 295–301; Jürgen Habermas und die Kritik des Produktionsparadigmas, in: Kulturwissenschaftliche Studien 10 (2009), 32–47; The German Left and Israel, in: Dissent Magazine (2009), 10–13.